André Jardin

Alexis de Tocqueville

Leben und Werk

Aus dem Französischen
von Linda Gränz

Campus Verlag · Frankfurt/New York
Editions de la Maison des Sciences de l'Homme · Paris

Die französische Ausgabe erschien unter dem Titel »Alexis de Tocqueville 1805-1859«
bei Hachette, Paris.
© Hachette 1984.

Die deutsche Ausgabe wurde im Einvernehmen mit dem Autor gekürzt.

Dieses Buch erscheint im Rahmen eines 1985 getroffenen Abkommens der Wissenschafts-
stiftung Maison des Sciences de l'Homme und dem Campus Verlag. Das Abkommen beinhaltet
die Übersetzung und gemeinsame Publikation deutscher und französischer geistes- und sozial-
wissenschaftlicher Werke, die in enger Zusammenarbeit mit Forschungseinrichtungen beider
Länder ausgewählt werden.

Cet ouvrage est publié dans le cadre d'un accord passé en 1985 entre la Fondation de la Maison
des Sciences de l'Homme et le Campus Verlag. Cet accord comprend la traduction et la publica-
tion en commun d'ouvrages allemands et français dans le domaine des sciences sociales et humai-
nes. Ils seront choisis en collaboration avec des institutions de recherche des deux pays.

CIP-Titelaufnahme der Deutschen Bibliothek

Jardin, André:
Alexis de Tocqueville : Leben und Werk / André Jardin. Aus
dem Franz. von Linda Gränz. – Frankfurt/Main ; New York :
Campus Verlag ; Paris : Ed. de la Maison des Sciences de
l'Homme, 1991
Einheitssacht.: Alexis de Tocqueville ‹dt.›
ISBN 3-593-34434-3 (Campus)
ISBN 2-7351-0413-3 (MSH)

Umschlaggestaltung: Atelier Warminski, Büdingen
Umschlagabbildung und Frontispiz: Alexis de Tocqueville,
Lithographie von Théodore Chassériau; © bpk, Berlin.
Satz: L. Huhn, Maintal
Druck und Bindung: Fuldaer Verlagsanstalt GmbH, Fulda
Printed in Germany

Alexis de Tocqueville

Inhalt

TEIL II
VON AMERIKA ZUR »DEMOKRATIE IN AMERIKA«

Teil III
Der Deputierte von Valognes

Teil IV
Tocqueville während der Zweiten Republik

Teil I
Tocqueville vor Amerika

1
Eine Adelsfamilie während der Revolution

Am 11. Thermidor des Jahres XIII (dem 29. Juli 1805) wird in Paris in der »Rue de la Ville-L'Evêque 987, Division du Roule ... Alexis-Charles-Henri [geboren]..., Sohn von Hervé-Louis-François-Jean Bonaventure Clérel, Grundbesitzer[1], 33 Jahre, und Louise-Madeleine Le Peletier Rosanbo, 33 Jahre, verehelicht in der Gemeinde Malesherbes, Departement Loiret«.

Die Clérel gehörten zum alten normannischen Adel. 1590 wurde durch Heirat auf der Cotentin-Halbinsel eine jüngere Linie des Geschlechts begründet, durch die der Familie das Lehen Auville im Pfarrbezirk Tocqueville zufiel.

Die Clérel von Tocqueville dienten in ihrer Jugend freiwillig in den königlichen Heeren; ihre Hauptsorge aber galt der Verwaltung ihres Besitzes. Kaum einen von ihnen zog es an den Hof; die Aufenthalte in ihrem Stadthaus in Valognes befriedigten ihr Bedürfnis nach urbanem Leben vollkommen. Entgegen einer manchmal geäußerten Auffassung waren sie keine einfachen Landjunker, sondern gehörten zu den im Westen Frankreichs häufig anzutreffenden Grundherren, die sich ihren Ländereien und den dort lebenden Menschen verbunden fühlten und sich von dieser bodenständigen Lebensweise durch keine noch so ruhmvollen Dienste im Heer und bei Hofe abbringen ließen.

Alexis' Vater, Hervé-Bonaventure, konnte einen beträchtlichen Grundbesitz im Cotentin sein eigen nennen[2]. Als während der Restau-

---

1 Nach dem Manuskript in der Beinecke Library der Yale Universität, Fonds Tocqueville A 1.
2 Einer seiner Nachfahren, É. de Blic, verfaßte über ihn ein Büchlein mit dem Titel: *Hervé Clérel, comte de Tocqueville*. Dijon. 1951.

ration der Versuch unternommen wurde, erneut eine Art Adelshierarchie einzuführen, wurde ihm 1820 durch ein königliches Diplom Ludwigs XVIII. der Grafentitel verliehen.[1]

Im Jahre 1789 jedoch sympathisiert Hervé de Tocqueville wie viele junge Adlige mit der noch jungen Revolution und ersehnt ein freiheitliches System, in dem Gesetzesherrschaft und Königstreue keine Gegensätze mehr wären. Als in Brüssel die ersten Emigrantenregimenter entstehen, wird er ungefragt in das Musketierregiment des alten Montboissier eingeschrieben: Nachdem er zunächst dem Drängen seiner Familie nachgegeben hat und nach Brüssel gereist ist, kehrt er aber bald nach Paris zurück und tritt in die königliche Garde Ludwigs XVI. ein. Er findet Unterkunft bei einem Gitterschmied im Faubourg Saint-Victor, dessen Ergebenheit gegenüber Tocquevilles Familie sich später bestätigen sollte.

Am Morgen des 10. August rückt er mit dem in seinem Stadtviertel stationierten Zug der Nationalgarden aus, der anscheinend bereit ist, die Tuilerien zu verteidigen. Auf dem Weg dorthin aber mischen sich Grüppchen aus dem Volk unter die bürgerlichen Kontingente, wodurch die Stimmung auf einmal umschlägt und sich gegen Ludwig XVI. richtet. Hervé de Tocqueville muß fliehen. Da er nun als verdächtig gilt, verläßt er Paris und findet zunächst Unterschlupf in der Picardie. Im Januar 1793 kehrt er jedoch nach Paris zurück, denn mit Hilfe eines Unterhändlers ist seine Heirat mit der ebenfalls zwanzig Jahre alten Louise Le Peletier de Rosanbo, der Enkelin Malesherbes' arrangiert worden. Nach der Hinrichtung Ludwigs XVI. hatte Malesherbes, der den König vor dem Revolutionstribunal verteidigt hatte, zusammen mit seinen Angehörigen die Hauptstadt verlassen und sich nach Malesherbes im Loiret zurückgezogen. Dort trifft am 31. Januar auch Tocqueville ein und wird von dem berühmten alten Mann, obwohl dieser ihn bisher nicht persönlich kannte, »wie ein Sohn« empfangen.[2]

---

1 Über die Voraussetzungen, unter denen diese Titel verliehen wurden, und über das dabei angewendete Verfahren siehe: A. Révérend 1902: 153 f.

2 Die wichtigste Quelle hierfür sind die *Mémoires* von Hervé de Tocqueville, auf die É. de Blic kaum zurückgegriffen hat. Diese Aufzeichnungen Tocquevilles blieben unveröffentlicht bis auf den Abschnitt über die Revolutionszeit, den sein Sohn Édouard unter dem Titel »Épisodes de la Terreur« in *Le Contemporain, Revue d'Économie chrétienne*, Januar 1861, veröffentlichte. Wertvolle Hinweise finden sich auch in G. Collas 1961, wo die in Combourg wiederaufgefundene Korrespondenz wiedergegeben ist, die der Vater des Autors von *Über die Demokratie in Amerika* und die Mutter des Verfassers von *Les Mémoires d'outre-tombe* (dt.: *Von Jenseits des Grabes. Denkwürdigkeiten*) ausgetauscht hatten.

Aus den *Mémoires* Hervé de Tocquevilles geht hervor, daß die Familie Malesherbes' trotz der Schreckensherrschaft eine relativ glückliche Zeit verlebte. Natürlich war man besorgt, und das Familienoberhaupt hielt sich bereit – falls man es darum ersuchte –, die Königin zu verteidigen und notfalls sein Leben zu opfern; im Grunde glaubte Malesherbes jedoch an eine vorübergehende Krise. So kehrte man zu dem halb intellektuellen, halb ländlichen Lebensstil zurück, den er so liebte: Lektürestunden und philosophische Diskussionen wechselten sich ab mit Gartenarbeiten und der Erledigung von Dorfangelegenheiten. Die Bauern und kleinen Leute brachten ihrem ehemaligen Herrn, der sich ihnen gegenüber immer als wohlgesonnen und wohltätig erwiesen hatte, weiterhin Vertrauen und Zuneigung entgegen[1]. Als er verhaftet und nach Paris gebracht wurde, hängte die Gemeinde Malesherbes sogar einen Protestanschlag aus.

Der scheinbare Frieden in Malesherbes fand, wie Hervé de Tocqueville berichtet, am 17. Dezember 1793 ein jähes Ende: »Wir saßen gerade bei Tisch, als der Pförtner des Schlosses mit völlig verstörtem Gesicht eintrat und in ungewohnten Worten sagte: ›Citoyen Rosanbo[2], hier sind zwei Citoyens aus Paris, die nach Euch verlangen.‹ Wir erbleichten alle. Monsieur de Rosanbo begab sich sogleich hinaus, und wir waren äußerst beunruhigt, weil er nicht wieder erschien. Bald erfuhren wir, daß es sich bei den Citoyens aus Paris um zwei Arbeiter handelte, die zu Mitgliedern des Revolutionskomitees der Sektion von Bondy aufgestiegen waren und soeben einen Familienvater aus dem Kreise seiner Kinder herausgerissen hatten, um ihn ins Gefängnis abzutransportieren. Sie führten einen Haftbefehl mit sich, der vom Allgemeinen Sicherheitsausschuß des Konvents ausgestellt worden war.[3]

Bei einer Durchsuchung der Pariser Wohnung von Monsieur de Rosanbo in der Rue de Bondy, die vom Revolutionskomitee der zuständigen Pariser Sektion angeordnet worden war, hatte man das Original der geheimen Protestnote des Pariser Parlaments entdeckt, mit der es gegen seine eigene Auflösung durch die Constituante protestierte. Das Dokument hatte Monsieur de Rosanbo in seiner Eigenschaft als Präsident der

---

1 Außer in den *Mémoires* von Hervé de Tocqueville findet sich eine Beschreibung des damaligen Lebens in Malesherbes auch in P. Grosclaude 1961.
2 Rosanbo war der Schwiegersohn Malesherbes'; seine jüngste Tochter Louise heiratete Hervé de Tocqueville. (A.d.Ü.)
3 H. de Tocqueville 1861: 32

Ferienkammer zur Aufbewahrung erhalten. In Malesherbes selbst fand man nur einen, im übrigen unbedeutenden Brief der ins Ausland geflüchteten Madame de Montboissier, der jüngsten Tochter Malesherbes'.

Die Familienmitglieder wurden verhaftet, nach Paris gebracht, auf verschiedene Gefängnisse verteilt und schließlich alle zusammen nach Port Libre[1] verlegt; einer nach dem anderen wurde im Schnellverfahren abgeurteilt: Am 20. April 1794 wurde Monsieur de Rosanbo hingerichtet, am darauffolgenden Tag Malesherbes selbst. Hervé de Tocqueville, seine Ehefrau und Louis de Rosanbo überlebten bis zum 9. Thermidor und wurden drei Monate später befreit.

Die Schrecken der Revolution hinterließen jedoch bleibende Spuren. Zuallererst bei den Menschen: Als Hervé de Tocqueville eines Morgens im Gefängnis erwachte, war er über Nacht ergraut. Die Gesundheit seiner Frau hatte Schaden genommen, und auch ihr psychisches Gleichgewicht fand sie nie mehr wieder. Aus den wenigen Zeugnissen, die uns über ihre Person zur Verfügung stehen, ist zu entnehmen, daß sie ständig über Migräne klagte, launisch, ungeduldig und verschwendungssüchtig war und unter einer latenten Melancholie litt, die bei den Überlebenden der Schreckensherrschaft wohl keineswegs selten auftrat. All das überschattete das Familienleben während der Jugendjahre Alexis de Tocquevilles.

Auch auf materiellem Gebiet hatte die Revolution ihre Spuren hinterlassen. Gewaltige Aufgaben erwarteten das einundzwanzigjährige Familienoberhaupt nach seiner Befreiung aus dem Gefängnis. Über eines der schwierigsten Probleme erfahren wir aus wiederentdeckten Briefen Hervé de Tocquevilles. Aus ihnen wird ersichtlich, welche Schwierigkeiten sich bei der Wiederbeschaffung adliger Besitztümer ergaben, denn die Gebäude waren am Verfallen, die Wälder verwüstet und das Vermögen eingezogen worden. Zu diesen Schwierigkeiten gesellten sich noch juristische Probleme: Als Vormund seiner minderjährigen Verwandten aus der älteren Linie der Familie konnte Hervé de Tocqueville diesen den Besitz Combourg nur nach endlosen Verhandlungen mit den jüngeren Töchtern sichern, die sich Vorteile der neuen Rechtsbestimmungen gegenüber dem alten bretonischen Feudalrecht zunutze machen wollten. Weniger bekannt, aber kaum geringer, waren die Schwierigkeiten, die der aus Pachtgütern bestehende Besitz der Rosanbo um Lannion berei-

---

1 Port-Royal war während der Revolution in Port Libre umbenannt worden.

tete. In Malesherbes und Tocqueville gestalteten sich die Dinge wohl einfacher, doch befanden sich beide Schlösser in äußerst heruntergekommenem Zustand. Jedenfalls wurde die Hartnäckigkeit des Grafen Hervé schließlich von Erfolg gekrönt: 1826 konnte Hervé de Tocqueville ein jährliches Einkommen von 75 000 Francs deklarieren[1].

Das Leben des Grafen Hervé de Tocqueville und seiner Angehörigen läßt sich für die Zeit des Kaiserreichs nicht lückenlos, Jahr um Jahr, nachverfolgen, doch ist ihr jahreszeitlich bedingter Lebensrhythmus bekannt: Nachdem die Familie die warme Jahreszeit zunächst einige Male in Malesherbes verbracht hatte, verlegte sie ihre Sommerresidenz nach Schloß Verneuil[2]. Den Winter über hielt sie sich in der Hauptstadt auf.

Anscheinend wurde in Verneuil wenig über Politik gesprochen. Hingegen diskutierte man leidenschaftlich über jede philosophische, historische oder literarische Neuerscheinung und vergnügte sich wie im sorglosen 18. Jahrhundert bei Gesellschaftsspielen. Die liberalen Anwandlungen von 1789 schienen ganz und gar vergessen.

Zwar hatte Hervé de Tocqueville 1804 vom Kaiser das Amt des Bürgermeisters von Verneuil übertragen bekommen, doch wollte das nichts heißen: Aufgaben auf Gemeindeebene hatten in den Augen der Gutsbesitzer immer noch gleichsam den Charakter feudaler Verpflichtungen. Überdies hat Hervé de Tocqueville hinter der Fassade scheinbarer Untätigkeit wahrscheinlich im Untergrund gearbeitet und zumindest dem im Exil lebenden Grafen von Artois als Informant gedient. Im Jahre 1815 sollte er seine 26 Jahre währende Treue zu »Monsieur«[3] geltend machen, ohne jedoch zu präzisieren, worin diese bestanden habe. Und am Schluß seiner *Mémoires*, die er an seinem Lebensabend verfaßte, versichert er, daß ihm das für seine Zeitgenossen seltene Glück zuteil geworden sei, nur einem einzigen Herrn gedient zu haben.

Es kann daher nicht überraschen, daß Napoleons Sturz im Jahre 1814 bei Hervé de Tocqueville große Hoffnungen weckt. Am 30. März kehrt er zusammen mit seiner Familie inmitten der kriegsführenden Armeen von Verneuil nach Paris zurück. Er nimmt an den royalistischen Demonstrationen in Paris teil und verdingt sich mit seinem Sohn Hippolyte zusammen in der Reitergarde, die »Monsieur« und die königliche

---

1 Diese Angaben stammen aus dem Erkennungsbogen, den H. de Tocqueville als Präfekt auszufüllen hatte (Personalunterlagen der Präfekten: Archives Nationales, F^1, b^1 174 (9)).
2 Verneuil-sur-Seine
3 Mit »Monsieur« ist der Bruder des Königs gemeint. (A.d.Ü)

Familie eskortieren sollte. Graf Hervé möchte der neuen Staatsmacht freilich auf längere Sicht dienen. Er spricht mit seinem Onkel Damas, der versucht, ihn von seinen Ambitionen abzubringen: Ludwig XVIII., so versichert er ihm, sei entschlossen, nur bereits im Amt befindliche Männer in seine Dienste zu nehmen. Diese königliche Entscheidung wurde aber, falls sie wirklich existiert hat, in kürzester Zeit von der Flut royalistischer Forderungen hinweggeschwemmt.

Überdies muß die königliche Familie um ihrer eigenen Sicherheit willen Royalisten in ihre Dienste nehmen, und auch die einstmals vom Grafen von Saint-Germain aufgelösten Leibwachen und *compagnies rouges* werden wieder aufgestellt. In dieser Eliteeinheit hat jeder Kavallerist ein Oberleutnants- und jeder Brigadier ein Hauptmannspatent; jeder Unteroffizier ist Schwadronsführer, jeder Leutnant ein Oberstleutnant! Scharenweise strömen junge Männer aus adligen Familien zu dieser Garde. Auch die beiden älteren Söhne des Grafen Hervé, Hippolyte und Edouard, lassen sich dort verpflichten.[1]

Der Graf selbst erhält einen Verwaltungsposten: Der Innenminister, Abbé de Montesquiou, ernennt ihn am 18. Juni 1814 zum Präfekten des Departements Maine-et-Loire.

Beim Aufbau eines neuen, monarchistisch gesonnenen Verwaltungsapparates wäre es undenkbar erschienen, diesen treuen Royalisten zu übergehen, einen Mann, der seine Stellung als Groß-Schwiegersohn von Monsieur de Malesherbes betonte – dem Verteidiger Ludwigs XVI., der für diesen sein Leben gelassen hatte. Dafür hatte Ludwig der XVIII. zu viel Anstand und »Monsieur« zu viel Herz.

---

1 Siehe ihre Akten im Militärarchiv von Vincennes.

2

Die Laufbahn des Vaters

Man hat sich häufig über die Unerfahrenheit jener royalistischen Adligen mockiert, die 1814 – und das übrigens nur in sehr beschränktem Umfang – die Verwaltungsbeamten des Kaiserreichs ablösten. Oft zu Unrecht, wie wir meinen; und im vorliegenden Fall läßt sich aus den sehr vollständigen Archiven Hervé de Tocquevilles, die weder die Fehler noch die Qualitäten dieses Mannes verhehlen, keinerlei Inkompetenz auf administrativem Gebiet ersehen[1].

Während des Kaiserreichs hatte er sich als wenig regimetreuer, aber nichtsdestoweniger arbeitsamer Bürgermeister erwiesen. »Da ich die Gemeindegesetzgebung studieren mußte, konnte ich Grundkenntnisse der Verwaltung auf höherer Ebene erwerben, und dies trug Früchte, als ich die Präfektenlaufbahn einschlug«, schreibt er in seinen *Mémoires*.

Zu Beginn seiner Amtszeit als Präfekt von Angers sah sich Hervé de Tocqueville jedoch mit einem großen politischen Problem konfrontiert, das alle administrativen Schwierigkeiten bei weitem überstieg. In den weiterhin royalistisch gesinnten Regionen, die als solche die napoleonische Zentralisierung ablehnten, zeigten sich starke autonomistische Bestrebungen. Im Süden, wo der Royalismus sowohl auf dem Lande als auch in den Städten viele Anhänger hatte, träumte man von einem »südfranzösischen Königreich« unter der Herrschaft des Herzogs von Angou-

---

1 Dieses Kapitel konnte nach Auswertung der im Archivsaal von Tocqueville vorhandenen Dokumente (von denen in den Archives Nationales unter der Signatur 154 AP ein Verzeichnis und eine Mikroverfilmung aufbewahrt sind) und der teilweise veröffentlichten *Mémoires* Hervé de Tocquevilles geschrieben werden.

lême; im Westen führten die Menschen im Bocage[1] ein abgeschiedenes Leben, doch lief ihr Verlangen nach Unabhängigkeit dem Jakobinertum in den Städten zuwider, wo die Bourgeoisie die Errungenschaften der Revolution, insbesondere die Nationalgüter, bewahren wollte. Zwischen diesen beiden, von gegenseitigem Haß erfüllten Strömungen mußten die Vertreter der Zentralmacht als unparteiische Schiedsrichter auftreten. Hervé de Tocqueville gesteht aber, er sei ein zu ausgeprägter Royalist gewesen, als daß man seine Überparteilichkeit nicht in Zweifel gezogen hätte.

Dies erleichterte jedoch seine Position gegenüber den Royalisten in dieser Region kaum: Die Vendeer vom linken Loireufer und die Chouans im Nordwesten des Departements bildeten immer noch kleine ländliche und wehrhafte Republiken, die nur ihren lokalen Führern folgten, von denen die wichtigsten d'Andigné im Norden und d'Autichamp in der Region von Beaupréau waren. Tocqueville versuchte, die einheimischen Führer auf seine Seite zu bringen, um die Kontrolle über sie zu erlangen, doch blieben sie mißtrauisch und fürchteten um ihr lokales Ansehen. Tocqueville, der aus dem bedeutendsten Geschlecht im Cotentin (das auch zum Bocage gehörte) stammte, beging von Anfang an den Fehler, sich als einer der ihren zu präsentieren. Denn sogleich beschwerte sich die gegnerische Partei – die »bleus« (wozu insbesondere die Bourgeoisie von Angers gehörte, welche sich mit der Rückkehr der Bourbonen arrangiert hatte, aber Adlige und Geistliche haßte) – in Paris. Sie bildete eine sehr entschlossene Fraktion, die sich trotz ihrer vorläufigen Niederlage nicht geschlagen gab. Als der Herzog von Angoulême das Departement besuchte, wurde er von der Kavallerie der Vendeer von Saumur bis vor die Tore von Angers eskotiert; dort erwartete ihn die Nationalgarde der Stadt, und ohne das Einschreiten der lokalen Führer hätten sich die beiden Verbände eine regelrechte Feldschlacht geliefert.

Zwischen den beiden verfeindeten Parteien standen nur die Gemäßigten (die von den Vendeern verächtlich als »patauds«[2] bezeichnet wurden), die zu schwach waren, als daß sie den staatlichen Organen eine große Stütze hätten sein können.

Hätten die Friedensbemühungen des Präfekten (dem man durchaus Einzelerfolge zubilligen muß) auf längere Sicht Erfolg gehabt? Das läßt

---

1 Landschaft im Nordwesten Frankreichs. (A.d.Ü.)
2 Dt.: Tolpatsch, Trampeltier. (A.d.Ü.)

sich nicht beurteilen, denn seit dem 8. März 1815 verbreitete sich die Kunde von der Rückkehr Napoleons. Am 14. März bezog der Herzog von Bourbon, dem die Verteidigung Westfrankreichs übertragen worden war, in der Region von Beaupréau Stellung. Der Präfekt, der in Angers geblieben war, schlug Verteidigungsmaßnahmen wie zum Beispiel die Befestigung der Loireübergänge vor. Er konnte sich jedoch nicht mit d'Autichamp einigen, dem die militärische Organisation oblag.

Auf die Garnisonen konnte man nicht zählen, und den Vendeern fehlte es an Munition. Sehr schnell mußte man daher auf ein unmittelbares Eingreifen verzichten, und während der zweiten Restauration führten Tocqueville und d'Autichamp eine scharfe Auseinandersetzung, in deren Verlauf sie sich gegenseitig der Unentschlossenheit bezichtigten. Der Wahrheit entspricht wohl eher, daß sie sich beide der Sache des Königs verpflichtet fühlten, daß jedoch weder der Herzog von Bourbon noch sie selbst an die Möglichkeit eines improvisierten Widerstands glaubten. Alle nahmen daher wahrscheinlich mit stillschweigender Befriedigung die Geleitbriefe entgegen, die ihnen der Gendarmerieoberst Noireau, der die Kontrolle über Angers erlangt hatte, anbot.[1]

Tocqueville zog sich mit seiner Familie nach Lannion zurück. Etwas später begab er sich jedoch nach Caen, wo, anders als in der Bretagne, nicht das Tragen der blauweißroten Kokarde verlangt wurde. Als ihn die Nachricht von Waterloo erreichte, reiste er sofort nach Paris zu seinem Verwandten Pasquier, der mit dem Wiederaufbau der Verwaltung betraut worden war.

Dieser entschied, Tocqueville nicht nach Angers zurückzuschicken, und ernannte ihn am 13. Juli 1815 zum Präfekten des Departements Oise. Die öffentliche Meinung war hier, dem Präfekten zufolge, in zwei Lager gespalten: Die einen standen der Restauration ablehnend gegenüber, die anderen befürworteten sie, setzten sich jedoch nicht aktiv dafür ein. »Ich spürte sogleich, daß man der schlechten Partei allen Einfluß nehmen und Uneinigkeit unter ihren Anhängern säen mußte, um ihre Verbindungen untereinander zu zerstören; gleichzeitig bemühte ich mich sehr, die Begeisterung der Diener des Königs zu wecken und sie zu einer aktiven Masse zu verschmelzen, die durch gemeinsames Handeln

---

1 Um sich gegen die Anschuldigungen d'Autichamps zu verteidigen, verfaßte der Präfekt ein *Mémoire justificatif* (Denkschrift zur Verteidigung), von dem sich eine Abschrift in seinem Privatarchiv befindet (154 AP I^c 1), die die in seinen *Mémoires* enthaltenen Erläuterungen vervollständigt.

an allen Orten des Departements den Aufwieglern die Kräfte raubte oder sie vielleicht sogar völlig entmutigte.«

Die erste Maßnahme, die er zu diesem Zweck ergriff, war eine Säuberung unter den Bürgermeistern, die zweite ein ebensolches Vorgehen bei den Steuereinnehmern: Bei den letzteren gelang sein Vorhaben nicht ganz so vollständig, doch schaffte er es immerhin, Skeptiker zum Schweigen zu bringen. Anschließend bemühte sich Tocqueville, alle politisch bedenklichen Schulmeister zu entfernen, »deren schlechtes Beispiel die heranwachsende Generation verdirbt und sie zu Unordnung und weiteren Revolutionen verleitet«, doch konnte er dieses Vorhaben nur im Arrondissement von Beauvais zu Ende führen. Er bildete auch Feldhütereinheiten und unterstellte sie der strengen Oberaufsicht der Gendarmerieoffiziere und -unteroffiziere.

Besonders großen Wert legte Tocqueville auf die Organisation der Nationalgarde, die Unruhen verhindern und die Stimmung in der Öffentlichkeit beeinflussen sollte. Zunächst stellte er eine berittene Garde auf, deren Mitglieder sich aus den Reihen der Großgrundbesitzer rekrutierten und von denen er eine Korporalschaft auf jeden Kanton verteilen wollte. Immer wenn in einer Gemeinde »aufrührerisches Geschrei oder alarmierende Gerüchte ertönen..., würde sich die berittene Garde dorthin begeben..., würde durch ihre Präsenz und ihre Worte die Schwachen beruhigen, die Böswilligen einschüchtern und die Liebe zum Souverän und zu den Gesetzen verbreiten«.

Unberittene Garden bildete er in Senlis, Compiègne und Noyon; aber während er in die Eliteeinheiten der Grenadiere und Jäger nur Männer aufnahm, die seiner Einschätzung nach verläßliche Stützen des Regimes darstellten, schob er zweifelhafte Leute, auf die man im Ernstfall nicht zurückgreifen würde, zu den Füsilieren ab.

Um all dies zu organisieren, setzte sich der Präfekt mit seiner ganzen Person ein. Nach dem Vorbild der Intendanten des Ancien Régime unternahm er regelrechte Ausritte, bei denen er mit den Bürgermeistern oder auch mit einfachen Leuten Kontakt aufnahm und ihre Vorschläge auflistete. Aufgrund seines guten Verhältnisses zu den Abgeordneten des Departements (deren bemerkenswerteste Persönlichkeit sein angeheirateter Cousin Kergorlay war[1]) hatte Tocqueville einige Schwierigkeiten,

---

1 Der Briefwechsel zwischen Alexis de Tocqueville, dem Sohn des Präfekten, und Louis de Kergorlay, dem Sohn des Deputierten, wurde von M. Lesourd (Paris. 1977) veröffentlicht.

seine Untergebenen zu disziplinieren. So sah er sich schließlich gezwungen, Fleury, den Unterpräfekten von Senlis, seines Amtes zu entheben, weil dieser in der Gunst des Hofes stand und deshalb meinte, seinen Urlaub außerhalb des Departements ohne vorherige Genehmigung verlängern zu können.

Dennoch waren (entgegen einer manchmal geäußerten Auffassung) weder die Schwierigkeiten mit den zugeordneten Amtsstellen noch die feindselige Haltung der Bevölkerung der Anlaß für seine Versetzung.[1] Vielmehr war das Verhältnis zwischen dem Präfekten des Departements Côte-d'Or, Monsieur de Choiseul, und den dortigen Royalisten getrübt, weil dieser die Rückkehr Napoleons von der Insel Elba für ein Werk der Vorsehung erklärt hatte und während der Hundert Tage im Amt geblieben war. Daraufhin ließ Innenminister Vaublanc, um den Royalisten gefällig zu sein, die Präfekten von Dijon und Beauvais austauschen.

Tocqueville erhielt seine Ernennung am 31. Januar 1816 und trat seinen Posten in Dijon am 24. Februar an. Die ersten Amtshandlungen des neuen Präfekten entsprachen den Instruktionen Vaublancs: Hierzu gehörten die Überwachung des Schießpulververkaufs und des Tragens von Waffen; das Verbot aufrührerischer Schriften; die Schließung von Wirtshäusern, in denen subversive Äußerungen laut geworden waren; die Überwachung von Kolporteuren und Schaustellern; und die Inhaftung »einiger Intriganten« aufgrund des Gesetzes vom 29. November 1815, das es erlaubte, verdächtige Personen in Verwaltungshaft zu nehmen. Außerdem vollendete Tocqueville die von Monsieur de Choiseul geschaffenen Organisationsstrukturen der Nationalgarde, und hier insbesondere der berittenen Garde, und führte eine entschlossene Säuberung unter den Geistlichen durch: Monseigneur Reymond wurde nach Paris gerufen, und in seiner Abwesenheit befreite Generalvikar Collin den Klerus von zweifelhaften Elementen. Angesichts all dieser Maßnahmen ereiferten sich die Liberalen gegen den »tyrannischen Präfekten der Côte d'Or«. Tocqueville, der sich gegen ein solches Urteil verwahrte, erklärte, er habe die Gegner während der ersten drei Monate nach seinem Amtsantritt durch seine harten Maßnahmen abschrecken wollen, um dann später sehr viel nachsichtiger zu verfahren.

---

1 Die Versetzung Tocquevilles löste bei den royalistischen Abgeordneten des Departements Oise Proteste aus.

Seine Hauptaufgabe sah Tocqueville – nach dem Vorbild der Intendanten des 18. Jahrhunderts – jedoch in der Lenkung der wirtschaftlichen Angelegenheiten seines Departements. Dies zeigte sich manchmal in Maßnahmen, die sogar er selbst später als unbedacht bezeichnen sollte: Am 4. März 1816 verbot er angesichts einer drohenden Knappheit die Ausfuhr von Getreide aus dem Departement. Dieser Erlaß, der auch dann sehr entschieden angewandt wurde, wenn es sich lediglich um Getreidelieferungen handelte, die durch das Departement transportiert wurden, brachten dem Präfekten eine Verwarnung durch die Regierung und einen höflichen, aber entschiedenen Protest des Lyoner Präfekten Chabrol ein. Als durch eine Überschwemmung der Saône die Schiffahrt auf dem Fluß eingestellt werden mußte, konnte Tocqueville jedoch ohne allzu großen Gesichtsverlust einen Rückzieher machen; am 14. März hob er den Erlaß auf, da dieser, so gab er vor, durch die Umstände überflüssig geworden sei[1].

Zu Beginn des Jahres 1817 nahm Tocqueville, nachdem er durch das ganze Departement gereist war und sich bei allen Bürgermeistern informiert hatte, eine Bestandsaufnahme aller Ressourcen des Departements Côte d'Or vor. Dabei unterstrich er besonders die Mängel und eingefahrenen Methoden in der Landwirtschaft und sann auf Abhilfe. Er gab Instruktionen an die Unterpräfekten aus und wollte sogar die Landwirtschaftliche Gesellschaft wiederbeleben. Doch blieb ihm auf diesem Gebiet keine Zeit mehr zum Handeln: Der Minister wies ihn an, mit dem Präfekten des Departements Moselle, Lachenède, die Posten zu tauschen.

Am 25. März 1817 wurde er in Metz in sein Amt eingesetzt[2]. Zu diesem Zeitpunkt befand sich das Land mitten in einer Versorgungskrise, die das Departement Moselle besonders hart traf: Es hatte unter der Last einer harten, preußischen Besatzung zu leiden, und in den Kantonen Longwy, Longuyon und Sarreguemines war beinahe die gesamte Ernte durch Hagelschauer vernichtet worden. Die Landbevölkerung war manchmal sogar gezwungen, sich von Gras zu ernähren.[3]

Lachenède hatte keine Anstrengungen unternommen, die Katastrophe, die schon im vorangehenden Jahr abzusehen gewesen war, einzu-

---

1 154 AP I^c 4.
2 Siehe H. de Tocqueville 1861 (vgl. Fußnote S. 21) sowie sein Privatarchiv (154 AP I^c 11 und 12).
3 Zur Situation im Departement Moselle siehe H. Contamine 1932.

dämmen. Der Bürgermeister von Metz allerdings, Monsieur de Turmel, hatte schon im November Maßnahmen ergriffen, die nachahmenswert schienen: Er hatte sich an die Kapitaleigentümer in der Stadt gewandt, die ihm – gedeckt durch städtische Geldreserven – insgesamt 187 000 Francs zu einem Zins von 5 % geliehen hatten. Dadurch hatte er Getreide kaufen, Armenwerkstätten einrichten und kostenlose Mahlzeiten ausgeben können. Tocqueville dehnte diese Maßnahmen auf das ganze Departement aus: Eine neugegründete Aktiengesellschaft streckte Gelder in Höhe von 410 400 Francs vor, die durch eine Zusatzsteuer von 10 Centimes gedeckt waren; mit diesem Kapital kaufte Tocqueville für 1,1 Millionen Francs Lebensmittel, und zwar neben Getreide auch Reis, dessen besonderen Nährwert er hervorhob. Auch aus der königlichen Privatschatulle konnte er Unterstützung beschaffen. Er bemühte sich, das Getreide zu den am schlechtesten versorgten Märkten zu dirigieren und ließ es, von Fall zu Fall, zum Selbstkostenpreis oder noch darunter verkaufen.

Tocqueville war bei der Bekämpfung der Krise in seinem lokalen Verantwortungsbereich mit großer Sorgfalt vorgegangen. Er verbot die Bettelei, die an sich illegal war, aber in der Praxis toleriert wurde, und bildete in jeder Gemeinde eine Kommission aus dem Pfarrer und drei steuerpflichtigen Bürgern, die über die Besteuerung der Wohlhabenden entscheiden sollten. Auf Kantonsebene waren Armenpfleger für die Verteilung von Hilfsgütern verantwortlich und hatten die Verwaltungsbehörden zu informieren. Außerdem setzte der Präfekt körperlich Gesunde und Kräftige unter den Armen bei den Instandsetzungsarbeiten der Gemeindewege ein. Gegen Ende des Jahres war die Krise unter Kontrolle gebracht, die Aktionäre hatten ihr Geld zurückbekommen; 1819 konnte das Departement Moselle sogar Getreide ausführen. Dennoch mußte Tocqueville voller Bedauern mitansehen, wie die von ihm geschaffenen Hilfseinrichtungen, die er zu einer dauerhaften Institution hatte ausbauen wollen, wegen des mangelnden Interesses der Notabeln nicht mehr genutzt wurden. Ebenso beklagte er, daß er die Gemeinden nicht ohne langwierige Verhandlungen zur Durchführung des von ihm erstellten Wegeinstandsetzungsplans verpflichten konnte.[1]

Das Departement Moselle litt ebenso wie viele andere unter der Unfähigkeit der Bürgermeister. Tocqueville hatte bereits kurz nach sei-

---

1 154 AP I^c 9 und 10.

nem Amtsantritt Notabeln zu Inspektoren ernannt, um etwas Licht in die Rechnungsführung der Gemeinden zu bringen und um illegale polizeiliche Anordnungen aufzuheben. Ob es nun um Gemeindewege oder um die städtische Polizei ging, es scheint, daß Tocquevilles Pläne eigentlich eine ländliche Aristokratie englischer Prägung erfordert hätten und daß er auch bewußt die Schaffung ähnlicher Strukturen anstrebte. Weder die Institutionen noch die sozialen Strukturen des Departements Moselle schienen dieses jedoch zu erlauben....

Tocqueville war der einzige Präfekt in Metz während der Restauration, der der regionalen Verwaltung seinen persönlichen Stempel aufdrückte. Aber auch wenn das Departement Moselle nicht von solch heftigen Unruhen erschüttert wurde wie das Departement Côte d'Or, so war es doch ebensowenig ein »gutes« Departement: Insgesamt stand die Bevölkerung der Monarchie eher resigniert als begeistert gegenüber. Die in diesem Departement stationierten Garnisonen, unter denen sich auch zahlreiche, auf halben Sold gesetzte napoleonische Offiziere (etwa 900) befanden, erforderten unablässige Wachsamkeit. Tocquevilles Amtsperiode umfaßte die Zeit, in der die Geheimbünde besonders aktiv waren, und der Präfekt argwöhnte, daß lokale Elemente mit Hilfe von Postkutschern als Boten Kontakte nach Paris unterhielten.

Mit den Großgrundbesitzern, Schmiedemeistern und Industriellen im Departement teilte Tocqueville die Sorge um das öffentliche Wohlergehen. Unterstützt durch den Generalrat versuchte er sein möglichstes, um die Schäden der Besatzungszeit zu beseitigen und die verschiedenen Wirtschaftszweige zu fördern.

Der weitaus bedeutendste Erwerbszweig war damals die Landwirtschaft. Tocqueville rief erneut die Landwirtschaftliche Gesellschaft ins Leben, die ursprünglich im Jahre X gegründet worden war; auch wenn ihm dies nur vorübergehend gelang, so empfahl die Gesellschaft doch Maßnahmen, deren Anwendung der Präfekt durchzusetzen versuchte: die Einschränkung des freien Weiderechts, die Einfuhr von besseren Traubensorten, die Ausgabe von Sämereien zur Wiederaufforstung, die sorgfältige Auswahl von Zuchttieren, um den dezimierten Viehbestand aufzustocken. Er empfahl außerdem den Anbau von Futterpflanzen und die Anwendung von Kunstdünger, den verstärkten Anbau von Kartoffeln und Roter Beete und hätte auch gerne dem Tabakanbau zur Verbreitung verholfen. Auch eine Änderung des Zollrechts, durch die der Export von Wein in die preußischen Provinzen möglich geworden wäre, hätte seinen Wünschen entsprochen. Überdies befürwortete Tocqueville die Einführung von Versicherungen gegen Hagel und Feuer, für die sich der liberale Industrielle Chédeaux mit besonderem Engagement einsetzte.

War die Landwirtschaft auch der wichtigste Wirtschaftszweig im Departement Moselle, so hatte die Industrie doch eine weitaus größere Bedeutung als im Côte d'Or. Die Schmiedemeister spielten eine wichtige gesellschaftliche Rolle. Die herausragende Persönlichkeit im Generalrat war François de Wendel. Er baute Minette[1] ab, verwendete Steinkohle und arbeitete mit der neu erfundenen Walztechnik. Die Tuchherstellung hingegen befand sich im Niedergang – eine Folge der starken Dezimierung des Schafbestands durch die schweren Regenfälle des Jahres 1816 und des Friedens, der zu einem Rückgang der Produktion von Uniformen und Tschakos geführt hatte; die Stickereien von Chédaux beschäftigten 800 Arbeiter und exportierten sogar nach Amerika; hingegen fehlte es den Kristallglasmanufakturen und den von dem Bayern Urtzschneider in Sarreguemines errichteten Steingutfabriken zuweilen an Absatzmärkten.

Zwar konnte Tocqueville, was die zur Exporterleichterung nötigen Regierungsmaßnahmen anging, nur Empfehlungen aussprechen, doch bemühte er sich in Übereinstimmung mit dem Generalrat die Transportwege auszubauen. Natürlich konnte er keine Kanalprojekte zur Verbindung von Mosel, Marne und Saône durchsetzen. Er begann jedoch, mit Unterstützung Bouquets, eines energischen Chefingenieurs, das Straßennetz zu verbessern: So ließ er in seinem Departement mehr als 200 km Straßen bauen und subventionierte den Bau und die Wartung von zahlreichen Wegen. Die Arbeiten hätte er, auch hier wieder nach englischem Vorbild, gern von Großgrundbesitzern überwachen lassen; um deren Ausführung zu sichern, führte er den Frondienst wieder ein.

Noch einem weiteren Bereich galt die Aufmerksamkeit des Präfekten: der Elementarschulbildung[2]. Man kennt die damaligen Auseinandersetzungen zwischen dem als »liberal« eingestuften *enseignement mutuel*[3] und dem insbesondere bei den Brüdern der *Doctrine chrétienne*[4] praktizieren

---

1 Lothringer Eisenerz. (A.d.Ü.)
2 154 AP I^c 11 und H. de Tocqueville 1961 (vgl. Fußnote S. 21).
3 Unterrichtsform, bei der sich die Schüler gegenseitig unterrichten. (A.d.Ü.)
4 Eine zum Zwecke des Katechismusunterrichts gegründete religiöse Vereinigung, die gegen Ende des 16. Jahrhunderts etwa zur gleichen Zeit sowohl in Rom als auch in Frankreich entstanden war; in Frankreich wurden sie während der Revolution aufgelöst.

enseignement simultané[1]. Dies hielt Tocqueville jedoch keineswegs davon
ab, 1818 eine Vereinigung zu protegieren und finanziell zu unterstützen,
die in Metz eine Schule einrichtete, in der nach dem Prinzip des *enseignement mutuel* unterrichtet wurde. Und in seinen *Mémoires* versicherte er,
daß er sich noch gar keine Meinung gebildet habe und deshalb diese
beiden Unterrichtsformen nebeneinander bestehen lasse. Er kümmerte
sich auch um die Juden in Metz, die noch kaum integriert waren, und
wollte ihnen die Möglichkeit verschaffen, durch Bildung der Unwissenheit und dem Elend des Ghettos zu entkommen. Außerdem gründete er
eine *école normale*[2], die zweite in ganz Frankreich (1821). Das Problem
der Volksbildung scheint ihm wahrhaft am Herzen gelegen zu haben: Er
beschuldigte den Minister Corbière auf das Heftigste, das Volk ganz
bewußt in Unwissenheit gehalten zu haben. Als Freund der Universität
hatte Tocqueville auch keinerlei Konflikte mit dem Klerus. So behielt er
Bischof Jauffret, der »allen gegenüber weise und tolerant« gewesen sei,
in bester Erinnerung.

Das Departement Somme, in dem Tocqueville das Amt des Präfekten
nur widerwillig antrat, galt als »gutes« Departement. Er hielt die dort
lebenden Menschen jedoch für apathisch und scheint sich etwas gelang-
weilt zu haben.

Das paradoxeste an der Amtszeit dieses Präfekten, der ein guter
Royalist und Katholik war, waren jedoch seine schlechten Beziehungen
zur *Congrégation*[3]. So beklagt er, daß durch eine von Pater Guyon in
einer Predigt angemahnte Mission der »intolerante Eifer« der Frauen
angestachelt worden sei und die Beamten moralisch verpflichtet gewesen
seien, an einer großen Prozession teilzunehmen. »Ich machte eine kleine
Reise nach Paris und wurde dort ziemlich schwer krank«, fügte er hinzu.
Sein Verhältnis zu den Jesuiten von Saint-Acheul – die unbedingt ihren
Leibarzt als Professor an der Hochschule für Medizin in Amiens eingesetzt wissen wollten, obwohl er keine juristisch einwandfreie Vergangen-

---

1 Unterrichtsform, bei der die Schüler von einem Lehrer unterrichtet werden.
2 Lehrerbildungsanstalt. (A.d.Ü.)
3 Der Begriff bezieht sich auf die erstmals im 16. Jahrhundert gegründeten katholischen Bru-
   derschaften der Marianischen Kongregation. An dieser Stelle ist speziell die zu Beginn des 19.
   Jahrhunderts gegründete Kongregation *Auxilium Christianorum* gemeint, die den antiklerika-
   len Strömungen nach der Französischen Revolution entgegenwirken wollte (A.d.Ü.); siehe
   auch G. de Bertier de Sauvigny o.O., o.J.

heit hatte – war alles andere als ungetrübt. Und Tocqueville bemühte sich, den Herzog von Angoulême und sogar Karl X. von dem Verdacht reinzuwaschen, sie hätten mit den Jesuiten sympathisiert, womit er sich im Widerspruch zur herrschenden Meinung befand.

Die Inthronisierung des neuen Souveräns erfüllte Tocqueville mit der lebhaften Hoffnung, Amiens bald verlassen zu können. Der plötzliche Tod des Präfekten von Versailles, Destouches, ließ diesen Wunsch Wirklichkeit werden: Tocqueville wurde sogleich zu seinem Nachfolger ernannt (Juni 1826).

Er nahm seine Amtsgeschäfte im Departement Seine-et-Oise unverzüglich auf: »Zum ersten Mal seit zwölf Jahren war mir die Versetzung in eine andere Präfektur willkommen. Ich hatte mir immer gewünscht, dieses Amt im Departement Seine-et-Oise zu erhalten; es brachte mich meinen Interessen näher, bewahrte mir aber gleichzeitig eine Situation, die mir angenehm war, und ermöglichte mir weiterhin die Beschäftigungen, die meinen Bedürfnissen entsprachen.«

In der Tat war Versailles keine gewöhnliche Präfektur; manchmal wurde sie als die erste von ganz Frankreich bezeichnet. Die Bedeutung des Departements Seine-et-Oise lag nicht nur darin, daß es sich hier um ein großes und prosperierendes Gebiet handelte, sondern hing auch damit zusammen, daß der dortige Präfekt eine Art Amphibium, halb Verwaltungsbeamter, halb Höfling darstellte. Der Tocqueville verliehene Titel eines *gentilhomme de la chambre*, eines Kammerherrn, sanktionierte lediglich formell ein Faktum. Obwohl das baufällige Schloß nicht für längere Aufenthalte geeignet war, erschien der König jedes Jahr, um im Stile des Ancien Régime die Verbindungen mit seiner geliebten Stadt zu pflegen: »Alle Menschen in der Stadt durften ihn bei seiner Ankunft begrüßen... Er nahm die Parade der Garnison ab, machte in der offenen Kutsche eine Spazierfahrt im Park und beschloß den Tag mit einem Diner im *Grand Trianon*[1]. Das Volk durfte sich während des Essens bei der Tafel aufhalten.« Im Herbst ging der König in den Wäldern von Versailles auf die Jagd. Überdies gab es im Departement Seine-et-Oise noch andere Fürstenresidenzen: Villeneuve-l'Etang, das die Herzogin von Angoulême dem Marschall Soult abgekauft hatte; Rosny, das der Herzogin von Berry gehörte und in dessen Kapelle das Herz ihres Gatten ruhte; und vor allem Saint-Cloud, die Sommerresidenz des Monarchen, wohin

---

1 H. de Tocqueville 1861 (vgl. Fußnote S. 21).

sich der Präfekt jeden Sonntag begab, um ihm seine Aufwartung zu machen und als quasi-offizieller Repräsentant des Departements aufzutreten.

Zudem befand sich der Präfekt jetzt nicht nur in der Nähe seiner Besitzungen in der Normandie und Bretagne und auch seiner Frau, die weiterhin in Paris lebte, sondern er war auch in seinem neuen Departement keineswegs ein Fremder. So besaß er – wie wir bereits angemerkt haben – das Schloß Verneuil und hatte dieser Gemeinde als Bürgermeister vorgestanden. Sein Schwager Louis de Rosanbo, der Mitglied der Pairskammer war und zu dem er ein herzliches Verhältnis unterhielt, war Besitzer von Schloß Mesnil bei Fontenay-Saint-Père, nicht weit von Mantes; sein anderer Schwager, Le Peletier d'Aunay lebte in Mareil in der Nähe von Montfort-l'Amaury; sein Cousin Molé schließlich bewohnte das prächtige Anwesen von Champlâtreux. Die Sitzungen des Generalrates wurden so gleichzeitig zu Familientreffen. Zwar zeichnete sich dieser Generalrat durch eine überwiegend liberale Gesinnung aus, doch waren hier Persönlichkeiten aus demselben Milieu unter sich, und der Oppositionsführer war niemand anders als Le Peletier d'Aunay. Am Ende der Sitzungsperiode des Jahres 1827 stimmte der Generalrat jedenfalls ein Loblied auf den Präfekten an.

Dessen politischer Eifer war im übrigen mittlerweile abgeflaut: Seine ultra-royalistische Einstellung hatte sich durch Enttäuschung und Besorgnis relativiert; zudem war er schon 55 Jahre alt. Das hinderte ihn jedoch nicht daran, zu Pferde seine traditionelle Rundreise zu unternehmen, während deren Verlauf er sich von der Entwicklung jenes Departements, das er vor zwölf Jahren verlassen hatte, sehr überrascht zeigte: Insbesondere fielen ihm die zahlreichen, entlang der Flußläufe errichteten Fabriken auf, und er konstatierte, daß die Verwaltung insgesamt zufriedenstellend arbeitete. Daher blieb ihm ausreichend Zeit für gesellschaftliche Vergnügungen, und er gab in der Präfektur Empfänge, die sich durch all den von ihm so favorisierten Prunk auszeichneten. Trotz seiner Bemühungen frequentierten aber die Adligen aus dem Stadtteil Saint-Louis und die Bourgeoisie aus Notre-Dame in stillschweigendem Einverständnis getrennte Salons (D'Abrantes 1835-1836 Bd. VI: 460 ff.).

Am 4. November 1827 wurde Tocqueville die Pairswürde verliehen. Da diese mit dem Präfektenamt für inkompatibel erklärt worden war, überließ er seinen Posten im Januar 1828 dem Baron Capelle.

Der Graf verließ Versailles mit Bedauern, denn er hatte Freude an seinem Amt und fürchtete das Rednerpult. Er war nicht mehr von dem heftigen Verlangen nach einer politischen Karriere erfüllt, so wie es 1821 und 1823 der Fall gewesen war, als er sich mit dem Gedanken trug, sich im Departement Manche bzw. Moselle als Deputierter aufstellen zulassen. Auch hatte er nicht aktiv um die Pairswürde nachgesucht wie bei seiner Ernennung zum Präfekten von Amiens und anläßlich der Krönung Karls X.. Sein Sohn Alexis zog daraus den melancholischen Schluß: »Nun hat mein Vater endlich die Pairswürde erlangt. Vor vier Jahren hatte er sie so heftig ersehnt und darum gebeten. Jetzt hat er nicht darum nachgesucht und ist trotzdem mit dem ganzen Schub hineingerutscht?[1]. So geht es auf der Welt zu. Er hat seinem Mißfallen an dieser Maßnahme bereits Ausdruck verliehen, bevor er ernannt wurde; seither hat er seine Auffassung nicht geändert, und ich bin überzeugt, er hat Recht damit.«[2]

Tocquevilles Entwicklung wird durch eine Tatsache unterstrichen: In der Pairskammer gab es damals drei Fraktionen: die reinen Ultraroyalisten (Herzog von Havré), die »Zentristen« (Herzog von Montremart) und die Liberalen (Barbé-Marbois). Tocqueville entschied sich gegen einen Beitritt zu der ersten Gruppierung, sondern gesellte sich den »Zentristen« zu.

Im übrigen hielt er sich in der Kammer keineswegs passiv zurück, sondern ergriff häufig das Wort. Als Mitglied der mit der Ausarbeitung der Gemeinde- und Departementsgesetzgebung betrauten Kommission veröffentlichte er seine persönliche Meinung in einer kleinen Schrift[3]; auf dem Rednerpult vertrat er die Auffassung, daß das öffentliche Bildungswesen in der Hand des Souveräns bleiben sollte; er bekämpfte die Anhänger Villèles in der Frage der Änderung des Wahlgesetzes. Dem Ministerium Martignac stand er nicht abgeneigt gegenüber, und als später Martignac durch Polignac ersetzt wurde, stimmte ihn dieser sehr bedenklich, obwohl er hoffte, daß Chabrol und Courvoisier in der Lage sein würden, Polignac bis zu einem gewissen Grad Einhalt zu gebieten.

Ein Tocqueville bleibt aber trotz allem immer ein treuer Vasall. So

---

1 Anspielung auf den »Pairs-Schub«, der gleichzeitigen Ernennung von 73 Adligen zu Mitgliedern der Pairskammer, mit der die Regierung Villèle im Jahre 1827 liberale Tendenzen einzudämmen versuchte. (A. d. Ü.)
2 A. de Tocqueville 1977, Teil 1: 118. Brief an Kergorlay vom 23. November 1827.
3 H. de Tocqueville 1829.

war er 1829 bereit, als Präsident der Wahlversammlung von Valognes zu fungieren, und seine damalige Rede, die uns bis heute erhalten geblieben ist, stellte einen Aufruf zur Königstreue dar. Nichtsdestoweniger entschied sich die Wahlversammlung von Valognes für einen Bonapartisten, den Oberst de Bricqueville, einen Schwager seines Sohnes Hippolyte. Und in der Departementswahlversammlung wurden zwei der vier rechtsgerichteten Kandidaten nur mit äußerst knapper Mehrheit gewählt...[1]

Durch die Revolution von 1830 verlor Hervé de Tocqueville seinen Pairstitel. »Nach so vielen enttäuschten Hoffnungen, Wechselfällen und zerstörten Illusionen verspürte ich das Bedürfnis, mich in der Annehmlichkeit familiärer Gefühle von dem enttäuschenden Schauspiel der menschlichen Leidenschaften zu erholen.« Tocqueville starb erst 1856 und konnte folglich einen langen Lebensabend genießen. Nachdem er 1836 Witwer geworden war, verbrachte er seine Tage abwechselnd bei seinen Kindern oder in Paris, Lannion und schließlich in Clairoix nahe bei Compiègne, in einem bescheidenen Haus, wo Madame Guermarquer, die er gegen Ende seines Lebens in aller Stille heiratete, ihm den Haushalt führte. Während dieser ganzen Zeit verzichtete er keineswegs auf intellektuelle Betätigung, wobei das große Drama seines Lebens, die Französische Revolution, im Mittelpunkt stand. Als Ergebnis seiner Reflexionen veröffentlichte er 1847 eine *Histoire philosophique du règne de Louis XV* und anschließend die Schrift *Coup d'oeil sur le règne de Louis XVI:* beides Werke eines gebildeten Mannes, jedoch von recht mittelmäßiger und langweiliger Denkart. Lediglich in den ebenfalls gegen Ende seines Lebens verfaßten und weitgehend unveröffentlicht gebliebenen *Mémoires* erkennt man die Brillanz des früheren Präfekten wieder.

»Was den Adel der Restauration von dem des späteren 19. Jahrhunderts unterscheidet, ist die Rolle, die er im Dienste des Staates spielte, eine Rolle, die Privileg und Pflicht zugleich war.« Diese Bemerkung von Guillaume Bertier de Sauvigny über die Präfekten dieser Zeit gilt in jeder Beziehung auch für den Grafen Hervé. Nachdem er durch seine Heirat in die im Ancien Régime zahlenmäßig eng begrenzte Klasse der poten-

---

1 Tocquevilles Rede vor der Wahlversammlung ist in den Archives Tocqueville erhalten (Dokument ohne Signatur).

tiellen Ministeranwärter aufgestiegen ist, festigt sich seine Gefolgschaft gegenüber den Bourbonen durch Malesherbes' Opfer. Tocqueville, dieser so gütige und höfliche Mann, beansprucht für sich und seine Familie das Recht, dem Staate in dem ihm zustehenden Rang in der Ämterhierarchie zu dienen. Ehrgeizig und prunkliebend, gibt er sein Vermögen ohne Bedenken im Dienste des Königs aus. Doch zwischen dem Souverän und ihm selbst steht die Regierung, zu der zwar einesteils Verwandte und Pairs, aber manchmal auch Emporkömmlinge gehören, deren Anweisungen er am liebsten nicht Folge leisten würde. Zwar ist er bestrebt, mit den Ministern zusammenzuarbeiten, doch erträgt er es nur schlecht, ihnen als bloßes Instrument zu dienen. Diese ersten Präfekten der Restaurationszeit sind immer noch von dem Geist der Unabhängigkeit der napoleonischen Intendanten und Präfekten, »jener kleinen Despoten«, durchdrungen und sollten um 1820 durch gefügige Beamte moderner Prägung ersetzt werden.

Tocquevilles Originalität besteht darin, sich diese Unabhängigkeit fast bis zum Ende der Restaurationszeit bewahrt zu haben. Solange der Ultraroyalismus von 1815 eher eine gefühlsmäßige Einstellung als eine Doktrin war, eine Verbindung von Treue zum Souverän und Liebe zur Freiheit im altverstandenen Sinne, kann man ihn im wesentlichen als Ultraroyalisten bezeichnen. Als sich aber diese Strömung zu einem bloßen Klüngel von Hof und Kirche entwickelte, verlor er seine Begeisterung für den Staatsdienst und zog sich 1830 enttäuscht zurück.

Mit gutem Recht hat man zu ergründen versucht, inwieweit Hervé de Tocqueville das Denken seines Sohnes geprägt hat. Dies ist keine einfache Frage: Wenn Alexis de Tocqueville sich auch geistig von seiner Familie entfernt, so bekundet er deshalb nicht weniger Zuneigung und Respekt für seine Angehörigen und ist bestrebt, diese Divergenzen zu kaschieren: Er ist in keiner Weise ein »Mann der Ressentiments«.

Die *Charte provinciale* des Grafen Hervé erschien einigen Exegeten als Quelle der Dezentralisierungsvorstellungen seines Sohnes. Wir sind hier anderer Auffassung: Die Genese dieser Ideen läßt sich im Verlauf von Alexis' Amerikareise mitverfolgen.[1] Außerdem war Hervé de Tocqueville von König Karl X., der über Dezentralisierungspläne im Bereich der königlichen Verwaltung beunruhigt war, zum Mitglied einer

---

1 Siehe S. 16.

von Martignac berufenen Studienkommission ernannt worden, die diese Fragen untersuchen sollte. In der Schrift, in der er seine Vorstellungen darlegt, warnt Hervé de Tocqueville vor der Schaffung neuer Institutionen und empfiehlt statt dessen, »die bestehenden Institutionen mit den Prinzipien der *Charte politique* in Einklang zu bringen.« Dies könne durch die Wahl lokaler Notabelngremien geschehen, die aber nur beraten dürften und deren Beschlüsse alle dem Vertreter des Königs unterbreitet werden müßten, der die alleinige Handlungsbefugnis habe. So bliebe die Macht des Königs unangetastet, jedoch könne er vielleicht bei Unstimmigkeiten mit den Kammern in diesen nachgeordneten Gremien Unterstützung finden. All das verrät den ehemaligen Präfekten.

Wie bereits erwähnt, sollte Graf Hervé 1847 eine *Histoire philosophique du règne de Louis XV* (Philosophische Geschichte der Herrschaft Ludwigs XV.) und anschließend das Werk *Coup d'oeuil sur le règne de Louis XVI* (Blick auf die Herrschaft Ludwigs XIV.) veröffentlichen. Sein offensichtliches Anliegen besteht darin, zu einem besseren Verständnis der Ursachen der Französischen Revolution zu gelangen. Manche Themen darin scheinen bereits auf *Der alte Staat und die Revolution* hinzuweisen: die Entwicklung der Sitten, die Rolle der Philosophen, der Niedergang des Adels. Doch ergeben sich diese Übereinstimmungen nur bei oberflächlicher Betrachtung. Das Werk, das weitgehend erzählerischen Charakter aufweist und im Stil des 18. Jahrhunderts geschrieben ist, beschäftigt sich zum großen Teil mit dem Hof und der Außenpolitik. Vor allem ist es typisch für das, was Alexis später in *Über die Demokratie in Amerika* als »aristokratische Geschichte« bezeichnen sollte: Der König und die Regierenden, ihre Tugenden und Laster spielen eine entscheidende Rolle. So erscheint bei Hervé de Tocqueville zum Beispiel die Amoralität des Regenten als Ursache für das ruinöse Scheitern des Lawschen Finanzsystems[1], das die Gier nach Gold anstatt den Respekt vor dem geburtsmäßigen Rang gefördert und damit die Nation verdorben und den Adel korrumpiert habe. Wir sind hier also noch weit entfernt von den scharfen und stringenten Analysen in *Der alte Staat und die Revolution*.

Auch in den Moralvorstellungen werden Divergenzen sichtbar, die auf den Generationsunterschied zurückzuführen sind: Obwohl Graf Hervé behauptet, die Freiheit zu lieben, verursachen ihm die von ihm

---

1 Nach dem schottischen Bankier John Law. (Anm. d. Ü.)

veranlaßten Verhaftungen von 1815 kaum Gewissensbisse. »Das war damals üblich«, bemerkt er ohne weiteren Kommentar in seinen *Mémoires*. Für seinen Sohn stellt sich hingegen sehr wohl das Problem der Gehorsamsverweigerung, als er als Richter einer illegalen Anordnung des Ministeriums Polignac Folge leisten soll. Graf Hervé hält zwar sehr wenig von Polignac, ruft aber aus Gehorsam gegenüber dem Souverän dazu auf, ihn zu wählen. Ein kurzer Brief vom 30. Juli 1830 beweist, daß er sich der Divergenzen mit seinem Sohn bewußt ist: »Für welche Partei du dich auch entscheidest, tue es nicht unbedacht, denn das Ministerium wird mit aller Härte durchgreifen.«

Dennoch: Obwohl schwer einzugrenzen und zu fassen, ist der Einfluß des Vaters auf den Sohn beträchtlich.

Dies gilt vor allem für das grundlegende Lebenskonzept: Graf Hervé hatte sein gesamtes Leben dem Dienst am Staate gewidmet, hatte sich selbst (und sein Vermögen) rückhaltlos verausgabt. Sein Sohn sieht darin die eigentliche, aus aristokratischen Zeiten ererbte Tugend, ohne die das Leben einer Art Dekadenz anheimfällt.

Alles in allem war Graf Hervé in seiner Jugend ebenso stark wie Chateaubriand von dem Milieu um Malesherbes geprägt worden, dessen Worte und Taten von fortwährender Reflexion bestimmt waren. Den Gefallen am intellektuellen Leben, den an sich selbst gerichteten Anspruch, die eigenen Gedanken klar auszudrücken und zu Lebensregeln zu machen – genau das hat er geerbt und weitergegeben: Alexis de Tocqueville trug sich mit dem Gedanken, die Lebensgeschichte seines Vorfahren, auf den er stolz war, niederzuschreiben. »Weil ich der Enkel von Monsieur de Malesherbes bin..., habe ich diese Dinge geschrieben«, so sagte er einmal. Das Bewußtsein der eigenen Herkunft verwandelte sich bei ihm in den Anspruch, ein konsequenteres intellektuelles Leben zu führen als gemeinhin üblich, um auf diese Weise besser die öffentlichen Tugenden ausüben zu können. Es scheint, daß dieses Ethos den wesentlichen Aspekt des väterlichen Erbes darstellt.

3
Die Familie

Seine *Mémoires* und die Aufzeichnungen, die er während seiner Präfektenlaufbahn verfaßt hatte, geben Aufschluß über die Persönlichkeit von Alexis de Tocquevilles Vater. Über seine Mutter, Louise de Rosanbo (1772-1836), ist uns weit weniger bekannt. Ihre Korrespondenz ist nicht erhalten, und auch andere schriftliche Zeugnisse aus ihrer Hand sind rar; ebenso bleiben Andeutungen über ihre Person von dritter Seite flüchtig.

»Diese arme Frau, die so oft krank und immer verdrießlich und unzufrieden war, eine Blume, die von den Prüfungen der Schreckensherrschaft gar zu sehr mitgenommen wurde«, schreibt Antoine Rédier (Rédier 1925:31). Und er hat sicherlich recht, wenn er diese schreckliche, im Alter von zwanzig Jahren erlittene Prüfung erwähnt, die tägliche Ausrufung der Verurteilten im Gefängnis, der Abtransport eines großen Teils der Angehörigen zum Schafott. Louise de Rosanbos unheilbare Nervenschwäche haben wir bereits erwähnt (s. S. 16). Und dennoch kam sie kraft ihrer Jugend in den darauffolgenden Jahren zuächst dagegen an. Erst mit etwa vierzig Jahren gewann die Neigung zur Neurasthenie unwiderruflich die Oberhand, zog sie sich in sich selbst zurück – bis sie an einem Januartag im Jahre 1836 »nach zwanzig leiderfüllten Jahren dahinscheidet[1]«, schreibt Alexis an seine Cousine de Grancey. Doch war die im Hause der Familie herrschende Traurigkeit, die Alexis in einem in Amerika verfaßten Brief an seinen Bruder Édouard erwähnt[2], zeitweilig

---

[1] Unveröffentlichter Brief an Madame de Grancey vom 11. Januar 1836, Archives de Grancey.
[2] Brief an seinen Bruder Édouard vom 20. Januar 1832, aufbewahrt in der Beinecke Library, Yale Universität.

auch schon während der Zeit des Kaiserreichs spürbar. In Verneuil kümmerte sich die Schloßherrin um die Armen, ließ die Kranken von ihrem Hausarzt behandeln, interessierte sich für das Leben der Dorfbewohner. Die im Schloß lebende Gesellschaft war nicht nur in die trübselige Betrachtung der Vergangenheit versunken. Man diskutierte mit Begeisterung über neuerschienene Bücher, spielte Scharade, und die *Mémoires* von Hervé de Tocqueville schildern uns Chateaubriand als fröhlichen Gast, der sich anläßlich der Rückkehr des Hausherrn als altes Weib verkleidet. 1814 folgt Madame de Tocqueville ihrem Gatten in die Präfektur von Angers und nach der zweiten Restauration nach Beauvais. Um 1817 läßt sie sich in Paris nieder, und ab dieser Zeit kränkelt sie fortwährend. 1831 dankt ihr Alexis für zwei Briefe, die sie ihm nach Amerika gesandt hatte, so, als ob dies eine über ihre Kräfte gehende Anstrengung gewesen sei[1], und Louis de Kergorlay äußert seine Bewunderung, daß sie dem alten Abbé Lesueur bei seiner letzten Krankheit beigestanden habe. Die labile Gesundheit von Édouard und Alexis scheint ein mütterliches Erbe gewesen zu sein, ebenso wie Édouards Neigung zur Neurasthenie und Alexis' fortwährend Ängste. Seine allzeit wache Sensibilität scheint der Autor von *Über die Demokratie in Amerika* wohl kaum der unerschrokkenen Selbstsicherheit des Grafen Hervé zu verdanken.

Wie ihr Bruder Louis de Rosanbo scheint Madame de Tocqueville von einem glühenden Royalismus und Katholizismus erfüllt gewesen zu sein, die beide eng miteinander verknüpft waren. Einem Royalismus, wie er in den Salons der Restaurationszeit zu finden war und der weit weniger nuanciert war als bei den Politikern, bemerkt Hyde de Neuville, der höchstwahrscheinlich öfter im Hause Tocqueville verkehrte. Daher steht Madame de Tocqueville natürlich im Mittelpunkt einer Familienszene, die den jungen Alexis stark beeindruckte und die er sehr viel später gleich zweimal, sowohl Lady Thereza Lewis als auch Corcelle, erzählen sollte:

»Noch heute erinnere ich mich, so als ob ich gerade dort wäre, an einen bestimmten Abend in einem Schloß, in dem mein Vater damals lebte und wo eine große Zahl näherer Verwandter zu einem Familienfest zusammengekommen war. Meine Mutter, die eine sanfte und klare Stimme hatte, begann ein zur Zeit der inneren Unruhen bekanntes Lied zu singen, dessen Verse sich auf das Unglück des Königs Ludwig XVI.

---

1 Brief an seine Mutter vom 19. Juni 1831, Beinecke Library.

und seinen Tod bezogen. Als sie zu Ende gesungen hatte, weinten alle, aber nicht etwa über das Unglück, das den Einzelnen getroffen hatte, und nicht einmal über die vielen Verwandten, die sie im Bürgerkrieg und auf dem Schafott verloren hatten, sondern über das Los dieses Mannes, der seit über fünfzehn Jahren tot war und den die meisten derer, die ihn hier beweinten, niemals gesehen hatten. Aber dieser Mann war der König gewesen.«[1]

Diese Erinnerungen sollten sich als prägend für jenes kleine Kind erweisen, das fünfzehn Jahre nach dem Tode des Königs erst drei Jahre und, als die Familie Verneuil, wo sich diese Szene abspielt, verläßt, erst acht Jahre alt ist. Doch sollte sich Tocqueville noch 1853 an diese Zeit erinnern: Damals seien »die politischen Leidenschaften hochherzig und uneigennützig [gewesen], und man ersehnte etwas anderes als Ruhe um jeden Preis[2]«. Er teilt auch die Begeisterung der Familie über die erste Restauration, hilft bei der Demontage der Napoleonstatue und ruft »Es lebe der König!«. Zu dieser Zeit ist er nicht einmal neun Jahre alt.

Madame de Tocqueville glaubte an die Möglichkeit einer religiösen und legitimistischen Restauration in Frankreich. Ihr Beichtvater ist Abbé Legris-Duval, Almosenverteiler der *Congrégation* und »Père de la Foi«, d.h. ein heimlicher Jesuit. Sie begeistert sich für eine Messe in Angers, die zu einer Sühnezeremonie für die Verbrechen der Revolution gerät.[3] Im Jahre 1830 sendet Henrion – ein Freund von Alexis, Sohn eines Sekretärs des im Exil lebenden Grafen der Provence und von Graf Hervé in Metz so gut wie an Sohnes Statt angenommen – seinem Kameraden einen leidenschaftlichen Brief. Darin fordert er ihn auf, jenen Eid zu verweigern, den die Julimonarchie Richtern abverlangt. Alexis ist erzürnt, daß Henrion ihm diesen Brief durch seine Mutter hat überbringen lassen, und Henrion selbst gibt zu, daß er darin einen Weg sah, seinen Beschwörungen mehr Gewicht zu verleihen[4]: Madame de Tocqueville stand folglich wie ihr Bruder Louis de Rosanbo, der seinen Sitz in der Pairskammer aufgab, jedem Zugeständnis an »Philippe« ablehnend gegenüber. Im darauffolgenden Jahr erwähnt sie in einem Brief an ihren Sohn den bösen Salonklatsch über die Amerikaner, und Alexis weist in sei-

---

1 A. de Tocqueville 1867a:384. Brief an Lady Lewis vom 6. Mai 1857.
2 A. de Tocqueville 1983a:86. Brief an Corcelle vom 3. Dezember 1853.
3 Urkundensammlung Tocqueville.
4 Unveröffentlichte Briefe, Beinecke Library.

ner Antwort energisch diese oberflächliche und falsche Sicht jenes Volkes zurück, in dessen Mitte er gerade weilt.[1]

Bei Tocquevilles Mutter ist also eine größere religiöse und politische Unversöhnlichkeit festzustellen als bei dem Grafen Hervé. Zwar hielt dieser nichts von Messen und mochte auch die Jesuiten nicht, die er einer laxen Moral und der Neigung zur Intrige beschuldigte (einzig für jene Jesuiten, die Paraguay zivilisierten, hegte er Bewunderung). Doch zeigt er in seiner *Histoire philosophique* auch keinerlei Nachsicht gegenüber den jansenistischen Übertreibungen des voraufgehenden Jahrhunderts. Im Grunde repräsentierte er die gallikanische Tradition der Parlamentarier des 18. Jahrhunderts, die bei vielen seiner Zeitgenossen, die sich als »gute Royalisten« verstanden, lebendig geblieben war.

Die Verpflichtungen des Vaters und die Verschlossenheit der Mutter führten dazu, daß es dem kränklichen und sensiblen Kind, das Alexis de Tocqueville war, manchmal an Zärtlichkeit fehlte. Doch brachte ihm der alte, der Familie verbundene Hauslehrer, Abbé Lesueur, eine Fürsorge entgegen, die er mit tiefer Zuneigung beantwortete. Als Tocqueville während seines Aufenthalts in Boston vom Tod des Achtzigjährigen erfährt, schließt er sich ein und verfaßt einen herzzerreißenden Brief an seinen Bruder Édouard, der als einziger in der Lage ist, ihn zu verstehen: »Ich habe... den heftigsten und bittersten Schmerz empfunden, den ich jemals in meinem Leben verspürt habe... Ich liebte unseren guten alten Freund ebenso wie unseren Vater; er hatte uns die gleiche Sorge zukommen lassen, die gleiche Beunruhigung und ebensolche Zärtlichkeit empfunden; und dennoch ist er uns nur allein durch sein freies Wollen verbunden... Man kann sich überhaupt nicht an die Vorstellung gewöhnen, plötzlich den Rückhalt seiner Kindertage, den lebenslangen Freund (und welch einen Freund!) dahingehen zu sehen..., einen Menschen, dessen ganze Gedanken, dessen gesamte Zuneigung allein uns galten; der nur für uns zu leben schien.«[2]

Abbé Lesueur war bereits in den letzten Jahren des Ancien Régime Mentor des jungen Hervé de Tocqueville gewesen. Als eidverweigernder Priester mußte er emigrieren. Nach seiner Rückkehr nach Frankreich lebte er bei der Familie seines ehemaligen Schülers, die er seitdem nie

---

1 In Philadelphia verfaßter Brief an seine Mutter vom 24. Oktober 1831. Unveröffentlichte Passage.
2 Brief an Édouard vom 10. September 1831, Beinecke Library.

mehr verließ. Daher wurde er, nachdem er den Grafen Hervé erzogen hatte, zum Lehrer und Vertrauten von dessen drei Söhnen, und seine Vorliebe für Alexis, den jüngsten, kann kaum bezweifelt werden. Er zeigte sich ehrgeizig in Bezug auf dessen Zukunft und sah voraus, daß dieser sich als »aufgeklärter Präsident... herausragender Redner oder... berühmter Diplomat« einen Namen machen würde. Als Louis de Kergorlay, Alexis' Freund und Cousin, ihm nahelegt, sich ebenso wie er selbst für eine militärische Laufbahn zu entscheiden, protestiert Lesueur, daß es schade sei, eine solche Begabung unter einem Helm zu ersticken, und erbietet sich, »Monsieur Loulou zu bitten, sich um seine eigenen Angelegenheiten zu kümmern«[1].

Natürlich mußte ein solcher Hauslehrer vor allem darum bemüht sein, seinem Schützling eine religiöse Erziehung zu vermitteln. Hierzu sollte man zunächst die persönlichen Auffassungen des im Schoße dieser katholischen Familie lebenden Abbé kennen. Zwar liegen hierüber keine gesicherten Erkenntnisse vor, doch lassen sich in Tocquevilles Bibliothek gewisse Hinweise finden, da hier trotz unzweifelhafter Verluste noch alte Bände aus der Zeit vor Alexis' Geburt oder aus seiner Jugend vorhanden sind. Dabei handelt es sich zunächst um die Werke der großen Redner (Bossuet, Fléchier, Bourdaloue, Fénelon) oder der Moralphilosophen der Aufklärung (Pascal, La Rochefoucauld etc.); von den Kirchenvätern findet sich lediglich ein einziger, nämlich Augustinus, doch haben alle Werke über christliche Erziehung einen strengen, wenn nicht gar schon jansenistischen Charakter. Sicher hat Abbé Lesueur seinen Schüler nicht aus dem lateinischen Kommentar zum Vierten Evangelium des Jansenius, dessen Exemplar von ihm signiert ist, unterrichtet[2]. Doch findet sich unter den eindeutiger erzieherisch ausgerichteten Werken die *Idée de la religion chrétienne* von Hersan, einem Lehrer an der Sorbonne, der wegen seiner jansenistischen Tendenzen in Schwierigkeiten geraten war; außerdem *Les Instructions générales en forme de catéchisme*, die nichts anderes waren als der vierbändige Katechismus, der die Billigung von Colbert, dem jansenistischen Bischof von Montpellier, gefunden hatte; und *La Doctrine chrétienne* (dt.: *Die christliche Lehre, dargestellt in der Form frommer Lesestücke*) des Abbé Lhomond. Wenn dieser seit langem berühmte Pater und Autor von *De Viris illustribus* auch kein

---

1　Archives Tocqueville, Akte 9.
2　Diese Tatsache wurde von R.P. Gibert erkannt.

militanter Jansenist gewesen zu sein scheint, so kann man ihm doch keine laxe moralische Haltung vorwerfen: »Die Erbsünde hat eine tiefe Dunkelheit in unserem Geist und große Verderbnis in unserem Herzen verbreitet. Wir werden unwissend und mit einem starken Hang zum Bösen geboren: Das sind die beiden Hauptquellen unserer Sünden; wir sündigen nur, weil wir unsere Pflichten nicht kennen oder weil wir, wenn wir sie kennen, lieber unseren Neigungen folgen als unserem Wissen«. (Lhomond 1783:348) Falls der junge Alexis sich mit dieser Abhandlung auseinandergesetzt hat oder in den Unterrichtsstunden darüber hörte, so könnte hierin der Ursprung seiner pessimistischen Sicht der menschlichen Natur liegen. Derzufolge verleiten unsere Instinkte uns zum Bösen, wenn wir nicht, was jedoch schwierig ist, in aufgeklärter Weise von der Freiheit Gebrauch machen, sie durch das Bewußtsein unserer Würde zu bekämpfen.

Wie auch immer, der tugendreiche Abbé wußte ebensowenig wie Madame de Tocqueville Thron und Altar zu trennen und machte mit der christlichen Nächstenliebe vor den Liberalen halt. Über diese schrieb er am 14. September 1822: »Ganz Europa ist von dieser verfluchten Rasse verseucht... Man muß Wege finden, um der Ansteckung Einhalt zu gebieten. Wir bräuchten eine Quarantänestation auf den Sibirischen Meeren, auf der die Oberhäupter der Pestkranken eingesperrt werden könnten; sie würden dort nicht vierzig Tage, sondern vierzig Jahre festgehalten. Ich bin überzeugt, daß kein einziger von ihnen zurückkommen würde. Sie würden sich gegenseitig vergiften, töten, aufessen... Ich würde sie mitten in der Nacht auf einen Dampfer verfrachten, der sie auf schnellstem Wege nach Le Havre bringen würde. Dort läge ein Schiff bereit, das sie zu ihrem Bestimmungsort bringen würde. Käme ein starker Sturm auf, so würde das die Reise abkürzen... Die Haie, die ja sehr gierig nach Fäulnis sein sollen, hätten an dieser abscheulichen Ladung eine sehr gute Mahlzeit, und die armen Haie würden daran sterben...«[1]

Dieser Brief mag absichtlich so überspitzt formuliert sein, umden Adressaten zu amüsieren. Er stellt aber keineswegs ein Modell für Toleranz und Mäßigung dar.

Die drei Persönlichkeiten, die aus den voraufgehenden Generationen das familiäre Umfeld bildeten, weisen den zugänglichen Informationen zufolge also unterschiedliche Züge auf: Madame de Tocqueville steht der

---

1 Archives Tocqueville, Akte 9.

Gegenwart ablehnend gegenüber und tritt leidenschaftlich für einen Kreuzzug zur Wiederherstellung der Vergangenheit ein; der Graf de Tocqueville zeichnet sich als Diener des Königs und guter, aber gallikanischer Christ durch eine an praktischer Erfahrung gereifte Anpassungsfähigkeit aus; der Abbé verharrt in antiliberalen Ressentiments und einer strengen Gläubigkeit, die nur durch seine menschliche Sanftmut gelindert werden. Insgesamt zeichnen aber all diese verschiedenen Aspekte das Bild eines ultraroyalistischen, aristokratischen und dem Volk gegenüber paternalistisch eingestellten Milieus, das nur wenig von den Zeitströmungen berührt wird.

Dennoch darf man nicht vergessen, daß Alexis de Tocqueville als jüngstes Kind wohl auch dem Einfluß älterer Brüder ausgesetzt war. »Monsieur de Tocquevilles Vater war einer der reaktionärsten Präfekten während der Restauration... Das ist nicht alles: Monsieur de Tocqueville hat einen noch lebenden und sehr lebendigen, ja äußerst lebendigen Bruder, der ein Paradebeispiel für einen hartgesottenen Anhänger Karls X. ist.« Mit diesen Worten stellte *Le Globe* vom 5. Juli 1842 seinen Lesern den ältesten Bruder, Hippolyte, vor.

Hippolyte, der am 1. Oktober 1797 geboren wurde, trat am 1. Juli 1814 in die königliche Leibwache ein und machte während der Restauration eine militärische Karriere. Er nahm im Range eines Dragonerhauptmanns an der Intervention in Spanien teil. Nachdem er für die Expedition nach Algier nicht ausgewählt worden war, paßte er einen Moment ab, in dem die Gemahlin des Dauphins gerade in ihre Kutsche stieg, und ersuchte sie, ihn Bourmont als Adjutanten zu empfehlen. Als dieser ihn aber keineswegs in seine Dienste nahm, überwarf sich Hippolyte in seinem Verdruß mit jenen Kameraden, die das Glück hatten, in das Expeditionscorps gerufen worden zu sein. Am 15. Oktober 1830 quittierte er den Dienst, nachdem er zuvor noch abgewartet hatte, ob die Julitage nicht einen europäischen Krieg auslösen würden. Vergebens sollte er 1840 und 1848 versuchen, wieder in der Armee Fuß zu fassen. Als Eigentümer des Schlosses von Nacqueville, das er durch seine Heirat mit Émilie Évrard de Belisle de Saint-Rémy erworben hatte, betrieb er Viehzucht, beschäftigte sich aber auch mit Fragen der Seefahrt. Manchmal beriet er seinen Bruder bei diesbezüglichen Problemen, bedrängte ihn aber auch mit Bitten um Empfehlungen für Protégés, die, wirft man einen näheren Blick in die sie betreffenden Dokumente, nicht alle klug ausgewählt schienen.

Seine Begeisterungsfähigkeit erinnert manchmal an jene des Grafen Hervé zu Beginn seiner Laufbahn. Als glühender Legitimist veröffentlichte er 1833 die *Lettres aux Normands*, ein Pamphlet gegen die Julimonarchie, das Ausdruck der Ablehnung des sogenannten »juste milieu« war – »Partei des Hasses und der Angst« –; wohlwollender zeigte er sich gegenüber den Bonapartisten, deren Patriotismus er würdigte, und den Republikanern, denen seiner Auffassung nach die Zukunft gehörte, die er aber beschwor, sich wieder den Legitimisten anzuschließen, wo sie sich einen ihnen angemessenen Platz erobern würden. Diese kleine Schrift erklärt – ohne sie zu rechtfertigen – in gewissem Maße die künftigen politischen Wandlungen Hippolytes. 1834 drängt er Hyde de Neuville, bei den Parlamentswahlen in Cherbourg gegen seinen eigenen Schwager, den Oberst Bricqueville, zu kandidieren, einen alten Soldaten des Kaiserreichs, der während der Restauration ein erbitterter Gegner der Bourbonen gewesen war und sich unter Louis-Philippe der dynastischen Opposition angeschlossen hatte. 1842 jedoch, als er seinen Bruder beauftragt, sich für seine Wiederaufnahme in die Armee einzusetzen, ist er es, der den alten Chateaubriand stützt, als dieser die französischen Legitimisten in London um den Grafen von Chambord schart – genau zu jener berühmten Zusammenkunft, die Guizot durch eine Abstimmung in der Kammer öffentlich verurteilen ließ. »Was für ein Mensch!« seufzte Alexis, der durch diese Torheiten peinlich berührt war. Aber die Republik von 1848 eröffnete Hippolyte eine politische Karriere: Er wandelte sich zu einem entschlossen linksgerichteten Befürworter der Republik und trat, nachdem er mit Hilfe seines Bruders zum Generalrat gewählt worden war, bei einer Teilwahl zur Constituante gegen den Kandidaten der Ordnungspartei, den Grafen Daru an, der ein politischer Verbündeter und geschätzter Nachbar von Alexis war. Er scheiterte jedoch jämmerlich, da er nur die Stimmen der Roten, insbesondere die der Arbeiter der Werft von Cherbourg auf sich vereinigen konnte, während der größte Teil der Landbevölkerung in diesem konservativen Departement für seinen Konkurrenten stimmte.[1]

Wenn Hippolyte auch in einem Brief beteuert, er habe die Wiederherstellung des Kaiserreichs mit freudloser Resignation erlebt, so sollte

---

1 Am 7. Januar 1849 erhielt Daru bei den Teilwahlen, die durch den Rücktritt Reibels notwendig geworden waren, 15 514 Stimmen; Le Marois, ein anderer konservativer Kandidat konnte 9 713 Stimmen auf sich vereinigen, während die republikanischen Kandidaten, Henry und Hippolyte de Tocqueville, nur 3 525 bzw. 2 417 Stimmen erhielten.

er sich doch bald den neuen Machthabern annähern. Als seine beiden Brüder in Streit geraten, weil Édouard sich öffentlich zum Regime bekennt, ergreift er leidenschaftlich für ihn Partei. Zudem pflegt er in noch weit stärkerem Maße als Édouard Umgang mit den am Kaiserlichen Hof verkehrenden Kreisen. »Der Bürger Tocqueville brennt darauf, Senator zu werden«, mockiert sich Alexis. Doch ist er äußerst aufgebracht, als seine Schwägerin Émilie den Ball der Cherbourger Festtage 1856 mit einer Quadrille eröffnet, wo sie sich in der gleichen Tänzergruppe wie Seine Majestät befindet und bei dieser Gelegenheit mit dem Titel »Comtesse de Tocqueville« angesprochen wird – einer Anrede, die eigentlich Alexis eigener Ehefrau zukommt. Es ist übrigens vor allem Émilie, diese »Brut der Belisles«, gegen die sich sein Unmut richtet: »Ihr Gemahl ist für sie wie ein Pachtgut. Er hat, egal auf welche Weise, ein bestimmtes Einkommen einzubringen. Heutzutage aber sind Männer in der Position Hippolytes auf derartige Weise nur ertragreich, wenn sie bestimmte Posten erreicht haben.«[1]

Trotz all dieser Schwankungen bleibt das Verhältnis zwischen den beiden Brüdern herzlich. Als Alexis 1849 Minister wird, wandelt sich Hippolyte zum eifrigen, ehrenamtlichen Sekretär. Die familiären Kontakte zwischen Alexis, sofern er allein ist, und »den Hippolytes« sind häufig. Kurz vor seinem Tode stattet ihm sein Bruder in Cannes einen längeren Besuch ab, bei dem er sich als aufmerksamer Krankenpfleger erweist. »Mein armer Hippolyte, was für ein jämmerlicher Charakter, aber welch goldenes Herz!« schreibt Alexis in einem seiner letzten Briefe.[2]

Der Sturz des Zweiten Kaiserreichs ließ den republikanischen Glauben in Hippolyte wiedererstehen. Diesmal ging er geschickter vor als 1848: Es gelang ihm, sich unter Berufung auf das geistige Erbe seines Bruders, einen Platz in dem Schub unabsetzbarer Senatoren zu sichern, die von der Nationalversammlung gewählt wurden, eine Wahl, die dank des Bündnisses zwischen Republikanern und Legitimisten unter Führung Gambettas zustande kam.

Der zweite Bruder, Édouard, wurde im Jahre 1800 geboren und stand Alexis nicht nur altersmäßig, sondern auch vom Temperament her näher.

---

1 A. de Tocqueville 1967, Teil 3: 22. Brief an Beaumont vom 22. Januar 1858.
2 Ebd.: 613. Brief an Beaumont vom 3. Februar 1859.

Über lange Zeit zeichnete sich das Verhältnis der beiden Brüder durch eine tiefe geistige Verbundenheit aus, die sie trotz ihrer verschiedenen Lebenswege aufrechtzuerhalten versuchten und die auch durch heftige Meinungsverschiedenheiten während des Kaiserreichs nicht vollkommen zerbrach. Mit sechzehn Jahren hatte Édouard wie sein älterer Bruder die militärische Laufbahn eingeschlagen, und es war nur sein schlechter Gesundheitszustand (er litt vor allem unter Gelenkrheumatismus), der ihn 1822 zum Ausscheiden zwang, als er gerade in den Rang eines Oberleutnants aufgestiegen war. Es scheint, als ob er deswegen jahrelang sehr verzweifelt gewesen wäre. Erst durch seine Eheschließung im Juni 1829 fand er sein Gleichgewicht wieder: Es handelte sich um eine sehr reiche Heirat mit einer Bürgerlichen: Die Braut, Alexandrine Ollivier, war die Tochter eines Gouverneurs der Bank von Frankreich, der während der Restauration zunächst Abgeordneter und dann Pair de France geworden war. Édouard wurde durch seine Heirat zu einem der 200 größten Aktionäre der Bank von Frankreich und vor allem Verwalter eines großen Landguts im Departement Oise, nämlich Baugy, dessen Schloß von einem 100 Hektar großen Park umgeben war (Szramklewicz 1974:286 ff.).

Édouard de Tocqueville war ein arbeitsamer und charakterfester Mensch, er zeigte großes Verantwortungsgefühl bei seinen familiären Pflichten und eine Neigung zur Melancholie, die möglicherweise auf seinen Gesundheitszustand zurückzuführen war. In älteren Jahren zog er wegen seiner übertriebenen Frömmigkeit und seiner Sparsamkeit den Spott seines jüngeren Bruders auf sich. Dennoch war er keineswegs nur auf die Verwaltung seines eigenen Hab und Guts fixiert. Wirtschaftliche und soziale Probleme, das Zollsystem und der Kampf gegen den Pauperismus waren für ihn Anlaß zur fortwährenden Reflexion. Er veröffentlichte einige kleinere agrarwirtschaftliche Schriften und wirkte an den *Annales de la Charité* mit. Mehr als sein Bruder scheint er in seinem Denken von Alban de Villeneuve-Bargemonts *Économie politique chrétienne* geprägt worden zu sein. Er möchte die natürlichen Gesetze der Ökonomie durch für die Landwirtschaft günstige Maßnahmen abmildern und in der zeitgenössischen Gesellschaft die christlichen Grundsätze bewahren. Alexis de Tocqueville mochte Alexandrine zwar lieber als seine andere Schwägerin, er warf ihr jedoch vor, daß sie um ihren Mann eine bürgerliche Atmosphäre schaffe und seinen Horizont einschränke. In seinen *Erinnerungen* beschreibt er voller Verärgerung, wie furchtsam sie am Tag des 24. Februar gewesen sei: »Meine Schwägerin hatte wie üblich den Kopf verloren. Schon vermeinte sie, ihren Gatten tot und ihre Töchter geschändet zu sehen... Besonderen Ärger erregte bei mir, daß meine Schwägerin in ihre ständigen Wehklagen über das Schicksal ihrer Angehörigen in keiner Weise ihr Land einbezog. Sie war eine Frau von einer eher überschwenglichen als tiefen und reichen Empfindsamkeit. Obwohl sie ansonsten sehr gütig und sogar äußerst geistvoll war, hatte sich jedoch ihr Denken verengt und ihr Herz verschlossen, weil sie sich auf eine Art frommen Egoismus beschränkt hatte, durch den sie einzig für den lieben Gott, ihren Gatten, ihre Kinder und vor allem ihre Gesundheit lebte und sich kaum für andere Menschen interessierte; die ehrenhafteste Frau und schlechteste Bürgerin, die man antreffen kann.«[1]

Als Édouard 1852 für den *Corps législatif* kandidierte, löste dies einen heftigen Konflikt zwischen den beiden Brüdern aus. Édouard war zwar kein offizieller Kandidat und kümmerte sich vor allem um die Verteidigung religiöser Belange, doch er bekannte sich zu dem neuen Regime. Tocqueville befürchtete möglicherweise, auch wenn er dies abstritt, Verwechslungen mit seiner eigenen Person und schrieb seinem Bruder einen sehr scharf formulierten Brief: »Der Verlust der Freiheit, mein Verzicht auf das öffentliche Leben, die Erniedrigung meines Landes, das Exil meiner Freunde oder ihr freiwilliges Auseinandergehen hatten bei mir, so glaube ich, kein so großes Gefühl der Bitterkeit ausgelöst wie diese tiefgehende Meinungsverschiedenheit zwischen uns.«[2] Édouard befürchtete einen vollständigen Bruch mit seinem Bruder. Dieser versicherte ihm jedoch, daß ihm weiterhin seine volle Zuneigung gelte, obwohl es von da an für beide nicht mehr möglich war, sich miteinander über das wichtigste Thema ihrer Zeit zu unterhalten. Die Tatsache, daß Édouard haushoch von dem offiziellen Kandidaten geschlagen wurde, trug wahrscheinlich zur Beilegung der Unstimmigkeit bei.

Tocqueville, der kinderlos geblieben war, brachte in seinen späteren Lebensjahren all seine Zuneigung seinen Neffen, den Söhnen Édouards, entgegen. Ihre Erziehung, die sie nach dem Willen ihrer frommen Eltern in einer von Geistlichen geleiteten Internatsschule in Paris erhielten, hatte ungleiche Früchte getragen. René, Offizier im Garderegiment der Kaiserin, war ein »sehr liebenswürdiger Junge, aber viel zu schnell be-

---

1 A. de Tocqueville 1964: 61 f.
2 Brief an Édouard vom 14. Februar 1852, Archives Tocqueville.

reit, sich der Gunst schöner Frauen zu erfreuen… und vor allem Rivalen oder sogar Ehemännern einen Tritt in den Allerwertesten zu verpassen.«[1] Sein Onkel mußte im Jahre 1853 nach Saumur reisen, um eine peinliche Geschichte mit gerichtlichem Nachspiel zu bereinigen, die René durch seine kleine Schwäche provoziert hatte. Alexis nutzte die Gelegenheit, um ihm »tüchtig den Kopf zu waschen…, aber vergeblich. Denn in diesem Kopf bleibt nichts hängen. Er ist genauso wie Hippolyte mit zwanzig, mutig wie ein Löwe, aber nicht mehr Gehirn als ein Spatz.« Immer wieder spürt man Tocquevilles Nachsicht für diesen Neffen, der ihn wohl mit seinem Ungestüm an die eigene Jugend erinnerte. Es war jedoch Renés Bruder Hubert, der überdies sein Patenkind war, welchem Alexis de Tocqueville eine Art geistiges Familienerbe zukommen lassen wollte. Er machte Hubert zum Vorwurf, er sei zu ernst, zu gesetzt und zu wenig mondän für den Attachéposten an der Berliner Botschaft, zu dem er ihm verholfen hatte. Er versuchte jedoch, ihn mit der Wahrung der westfranzösischen Grundherrentradition der Familie, die mit den Bauern in enger Gemeinschaft zu leben pflegte, zu betrauen. So schrieb er seinem Neffen nach eingehender Durchsicht der Tocquevilleschen Urkundensammlung am 23. Februar 1857: »Ich habe die Linie unserer Väter über 400 Jahre zurückverfolgen können. Während all dieser Jahre lebten sie immer in Tocqueville, und ihre Geschichte ist mit der in der Umgebung lebenden Bevölkerung eng verknüpft. Es liegt ein gewisser Reiz darin, den Fuß wieder auf jene Erde zu setzen, auf der die Vorfahren ansässig waren, und inmitten von Menschen zu leben, deren Herkunft mit der unseren auf das Engste verbunden ist. Ich erwarte dich, um diese Forschungen zu Ende zu führen, die zwar für niemand anderen als für uns von Bedeutung sind, hier jedoch von sehr großer Bedeutung. Meine Neugier ließ mich auch einen Blick auf die alten Tauf- und Heiratsurkunden der Gemeinde tun; sie gehen zum Teil bis ins 16. Jahrhundert zurück. Bei dieser Lektüre stellte ich fest, daß wir vor 300 Jahren Paten einer sehr großen Zahl von Dorfbewohnern waren.«[2]

Dennoch hatte Alexis de Tocqueville diesen Traditionen anscheinend durch seine im Oktober 1835 geschlossene Ehe mit Mary Mottley, einer Engländerin von keineswegs standesgemäßer Geburt, abgeschworen.

---

1 A. de Tocqueville 1967, Teil 3: 172. Brief an Beaumont vom 5. Dezember 1853.
2 A. de Tocqueville 1867b: 433 ff. Brief an Hubert de Tocqueville.

Seine besten Freunde hatten ihm von dieser Verbindung abgeraten, sowohl Kergorlay, dem Mary Mottley diese Haltung wohl niemals ganz verzieh, als auch Beaumont, der jedoch viel diplomatischer war und dank der Bemühungen seiner Frau, Clémentine de La Fayette, Marys Vertrauen vollständig zurückgewinnen konnte. Mary Mottley hatte Tocqueville 1828 oder 1829 während der Zeit seiner Richtertätigkeit in Versailles kennengelernt: Sie lebte in der Nähe seiner Wohnung bei ihrer Tante, Mrs. Belam, und während seiner Amerikareise fungierte Ernest de Chabrol, der weiterhin die Wohnung in der Rue d'Anjou bewohnte, die er zusammen mit Tocqueville gemietet hatte, als »Briefkasten« für seine Nachbarin. Die Heirat im Jahre 1835 stellte nur die Legalisierung einer bereits lange bestehenden Verbindung dar. Über Mary Mottleys Jugend ist wenig bekannt, die Biographen sind sich über ihr Alter nicht einig: Den Angaben zufolge war sie zwischen sechs und neun Jahre älter als ihr Ehemann. Sie sei in Stonehouse als Tochter von George Mottley und Mary Martin geboren worden und habe ihr Elternhaus sehr früh verlassen, um bei ihrer Tante in Frankreich zu leben. Sicher ist, daß ein großer Teil ihrer Familie im Jahre 1857 in Portsmouth lebte, daß sie Brüder hatte, die in der britischen Marine als Offiziere dienten, und daß sie möglicherweise mit Admiral Sykes verwandt war.

Der gängigen Auffassung zufolge, wie sie bei Rédier wiedergegeben ist, war sie häßlich und hatte große, gelbe Zähne. Zwar erwähnt ihr Gatte ihr »starkes Gebiß«, aber ein heute in Yale befindliches Medaillon zeigt ein Gesicht, das sehr wohl eine gewisse Anmut aufweist. Ihre Schwägerinnen amüsierten sich anscheinend ungeniert über ihre Fehler im Französischen und lästerten über ihre übertriebene Vorliebe für Hunde aller Größen. In dieser Hinsicht teilte Tocqueville ihre Neigungen: In seinen Briefen zeigt er sich besorgt über die Gesundheit der Tiere, wenn er sich fern von ihnen aufhält.

Schließlich heißt es manchmal, Mary Mottley habe »keinen Pfennig besessen«. Sicherlich hinderte sie Alexis daran, reich zu heiraten. Jedoch vermachte sie Beaumont keineswegs unbedeutende persönliche Rücklagen und bezog zum Zeitpunkt ihrer Heirat 8 000 bis 10 000 F an Rentenerträgen. Kurz, Madame de Tocqueville stammte aus einer Familie der britischen mittleren Bourgeoisie, die möglicherweise durch ihren Kinderreichtum sehr belastet war. So wie es scheint, widersprach diese Heirat den Ratschlägen, die Tocqueville bald seinem Freund Kergorlay für die Brautschau geben sollte: »Es gibt eine allgemeine Regel, von der ich an Deiner Stelle auf keinen Fall abweichen würde: nämlich sich eine Frau nur in einer Familie zu suchen, die von beiden Seiten her zu dem gehört, was wir vor fünfzig Jahren *unsere Klasse* genannt hätten.«[1] Natürlich gibt er zu verstehen, daß es Frauen gibt, die aufgrund ihrer »geistigen« oder »seelischen Größe« eine Ausnahme darstellen können. Trifft das auf Mary Mottley zu?

Dies ist angesichts der verfügbaren Quellen keine einfache Frage. Um ein ihren eigenen Vorstellungen entsprechendes Bild von sich zu vermitteln, unterzog Madame de Tocqueville nach dem Tode ihres Mannes die Familienarchive einer strengen Durchsicht, wobei natürlich die an ihre Person gerichteten Briefe ihres Gatten besonders zensiert wurden. Von einer recht großen Zahl von Tocquevilles Briefen kennen wir nur von ihr erstellte Kopien, in denen sich verschwenderische Lobreden auf ihre Person finden, aber keine eventuellen Vorbehalte. Von der Korrespondenz vor der Eheschließung ist fast nichts mehr erhalten. Auch die Urteile Dritter über Madame de Tocqueville sind rar: Beaumont, ihr Erbe, schreibt, sie sei eine herausragende Frau gewesen, die ihrer Aufgabe als Tocquevilles Ehefrau nicht gewachsen gewesen sei – eine Aufgabe, die, so räumt er ein, allerdings nicht leicht gewesen sei.[2] Louis de Loménie wollte sogar anläßlich ihres Todes einen Artikel schreiben, um zu beweisen, daß sie keineswegs jene »unbedeutende« Person gewesen sei, für die sie manchmal gehalten wurde, doch setzten die Freunde der Verstorbenen alles daran, diesen berüchtigten Schwätzer zum Schweigen zu bringen. Sie selbst beklagt in einem nach dem Tode ihres Mannes verfaßten Brief, daß er gerade in dem Augenblick gestorben sei, als sie begann, sich seiner Gegenwart zu erfreuen; in einem anderen Brief versichert sie aber, daß sie viel mehr Einfluß auf ihn gehabt habe, als allgemein angenommen wurde. All das ist nicht sehr präzise, klingt jedoch einen Ton nüchterner als jene Sammlung von Lobreden aus den Briefen des verheirateten Paares.

Sicher ist allerdings, daß Alexis de Tocqueville zu seiner Frau eine große Zuneigung hegte, die lange Zeit auch erotischer Natur war. Vor allem war und blieb sie für ihn aber ein Hort des Friedens und der Ruhe. »Sie versöhnen mich mit der Welt und mir selbst«, schrieb er einmal[3]. Er glaubte, daß diese Ruhe und das Vertrauen, das er in seine

---

1 A. de Tocqueville 1977, Teil 2: 36. Brief an Kergorlay vom 5. Juli 1838.
2 Unveröffentlichter Brief von Beaumont an Kergorlay, Archives de Kergorlay.
3 Unveröffentlichter Brief an seine Frau vom Juli 1832.

Frau hatte, eine Garantie für sein eigenes Leben darstellten. Wer dies sah, ahnte, daß jene Frau, die etwas älter war als ihr Gatte, etwas Mütterliches an sich hatte, was diesem unbeständigen Mann, der sein Leben lang in mancher Beziehung einem verwöhnten Kind glich, genau entsprach.

Sie verfügte über eine gewisse Bildung, las deutsch und italienisch und zeigte wie ihr Ehemann eine Vorliebe für Reiseberichte aus fernen Ländern. Sie fühlte sich von der ländlichen Einsamkeit angezogen, liebte schöne Landschaften und, so scheint es, weit weniger die Atmosphäre der Pariser Salons. Unleugbar besaß sie ein Urteilsvermögen und eine Aufrichtigkeit, die sie die kleinen Vorteile einer opportunistischen Karriere verschmähen ließ. Mehr als einmal erwähnt Tocqueville diese Tugend und stellt sie zum Beispiel den Machenschaften seiner Landsmännin Madame de Lamartine gegenüber, die versuchte, den Dichter in das Amt das Kammerpräsidenten zu drängen.

Doch neben Urteilsvermögen und gesundem Menschenverstand stand andererseits eine geringe physische Widerstandskraft: Sie hatte ein Nierenleiden, klagte dann später über Rheumatismus. Eine Krankheit ihres Mannes, eine etwas längere Reise reichten aus, um ihre Gesundheit zu erschüttern. Zu diesen Beschwerden kamen noch psychische Schwierigkeiten.

Das tägliche Leben mit einem ungeduldigen, launischen Ehemann war nicht immer eine Erholung. So zeigte sich Tocqueville über die Langsamkeit seiner Frau oft auf das Äußerste gereizt. Eine Anekdote erzählt, daß er eines Tages, als sie endlos lange an einer Fleischpastete aß, einen Teller genommen und in ihre Richtung geschleudert habe. Daraufhin nahm sie sich seelenruhig noch ein Stück Pastete. Diese Szene ist charakteristisch für ihr Verhältnis: Tocqueville ereiferte sich, fing an zu toben und versuchte dann gegenüber seiner schmollenden Frau wieder einzulenken. Ihre Starrköpfigkeit sicherte ihr das letzte Wort, und im häuslichen Rahmen führte sie das Regiment. Bezeichnenderweise wurde im Hause Tocqueville Englisch gesprochen. Die Erneuerung von Pachtverträgen handelte sie selbst direkt mit den Bauern aus. Tocqueville zeigte sich manchmal beunruhigt darüber, daß sie sich gegenüber Bediensteten und der Bevölkerung weniger milde und nachsichtig zeigte, als es bei seiner Familie üblich gewesen war. Nach Art der Ehemänner, die sich einem despotischen Regiment unterworfen fühlen, scheint Tocqueville einige Male durch heimliche Affären Revanche genommen zu haben, deren Spuren aber von seiner Witwe sorgfältig beseitigt wurden.

Er hatte schon immer ein feuriges Temperament gehabt, und 1843 gestand er Kergorlay, der als Friedensstifter zwischen ihm und Mary auftrat, ein wenig kläglich: »Wie könnte ich verhindern, daß mein Blut immer noch wie vor zwanzig Jahren in Wallung gerät, sobald sich mir irgendeine Frau nähert?«[1] Da er an der Seite einer Frau lebte, die älter war als er selbst, schien ihm dies kaum gelungen zu sein, noch schien er ihre Eifersuchtsanwandlungen beschwichtigen zu können.

Noch andere Temperamentsunterschiede führten zu Konflikten zwischen Tocqueville und seiner Frau. So schreibt er, wieder an Kergorlay: »Wir verstehen uns vom Herzen, jedoch nicht vom Verstand her; unsere Naturen sind zu verschieden. Ihre langsame und bedächtige Empfindungsweise ist mir völlig fremd. Sie wird niemals verstehen, daß ich unter dem Eindruck des Augenblicks die widersprüchlichsten Dinge tun kann und ganz plötzlich den Pfad verlasse, der mich zu der Sache führt, die ich am leidenschaftlichsten ersehne.«[2] Kurz, eine etwas längere eheliche Zweisamkeit führte rasch zu Verstimmungen, daher das Verlangen der Eheleute nach der Gesellschaft eines Dritten.

Letzten Endes schien sich Mary Mottleys Einfluß auf Tocqueville auf den Rahmen des ehelichen Lebens beschränkt zu haben. Ihr Mann bemühte sich, auf sie Rücksicht zu nehmen, versäumte es nie, ihr nach seinen Besuchen bei adligen Verwandten zu sagen, wie sehr man es bedauert habe, daß sie ihn nicht begleitet habe. Sicherlich traf sie auch eine gewisse Auswahl, was die Beziehungen des Paares zu anderen Familien anging. So ist sie den Beaumont und den Corcelle verbunden, verkehrte aber noch lieber mit Bürgerlichen wie den Dufaure und den Freslon. Außerdem unterhielt sie recht enge Beziehungen zu Landsleuten wie der Familie des Konsuls Hammond in Cherbourg und den Schwestern Lagden in Paris, die den alternden Mérimée betreuten und deren Gräber übrigens noch heute das ihre in Cannes einrahmen. Madame de Tocqueville hatte darüber hinaus ihre eigenen weltanschaulichen Ansichten. Von der politischen Einstellung her neigte sie zum Liberalismus und wünschte manchmal, daß auch ihr Ehemann sich eindeutiger hierzu bekennen möge. Was ihre religiösen Überzeugungen anbetraf, so war sie vor ihrer Heirat auf den katholischen Glauben getauft worden und zeigte sich als aufrichtige und gar engstirnig fromme Konvertitin. Sie

---

1 A. de Tocqueville 1977, Teil 2: 121. Brief an Kergorlay vom 27. September 1843.
2 Ebd.: 127.

drohte Falloux mit einem Gerichtsverfahren, falls er den Brief veröffentlichen sollte, in dem ihr Ehemann Madame Swetchine seine metaphysischen Zweifel dargelegt hatte, und sprach ungnädig von »seiner Heldin«, mit einer Art nachträglicher Eifersucht auf den geistigen Einfluß, den diese auf Alexis ausgeübt hatte. Sie kannte keinerlei Nachsicht für die Schwächen ihrer Zeitgenossen und hat über manche ihrer Mitmenschen unbarmherzige Urteile hinterlassen.

4
Erziehung und Emanzipation

Alexis de Tocqueville war etwa zwölf Jahre alt, als seine Mutter beschloß, ihrem Gatten nicht mehr an die verschiedenen Orte zu folgen, an die ihn seine Präfektenlaufbahn führte. Von 1817 bis 1820 lebte ihr Sohn bei ihr in Paris, unter der gütigen Aufsicht des Abbé Lesueur. Im April des letzten Jahres jedoch rief ihn Graf de Tocqueville zu sich nach Metz.

Dort wurde Alexis de Tocqueville zunächst der Obhut Monsieur Madelaines anvertraut, einem Lehrer der vierten Klasse des *collège*. Im November 1821 trat er in die Rhetorikklasse des *collège royal* ein und machte im darauffolgenden Jahr am selben Institut auch einen Abschluß in Philosophie. Diese Bildungseinrichtung wurde damals von dem Geistlichen Abbé Sainsère, einem einfachen Bakkalaureus, geleitet und galt als eines der besten Institute in der Provinz, insbesondere was die Naturwissenschaften und die Vorbereitung auf das Auswahlverfahren für die *École polytechnique* anbetraf; auch der Unterricht in den Geisteswissenschaften war von achtbarem Niveau. (Carriez 1924)

Als sein Sohn im August 1823 in Metz seine Prüfung in Philosophie ablegte, verließ Graf de Tocqueville die Stadt, um nach Amiens zu gehen, wo er am 27. Juni des gleichen Jahres zum Präfekten ernannt worden war. Alexis de Tocqueville besuchte seinen Vater dort nur einige wenige Male. Er ging nach Paris zurück, um Jura zu studieren, und wohnte dort, abgesehen von einem Zeitraum, in dem er ein Zimmer im Quartier Latin gemietet hatte, bei seiner Mutter in Faubourg Saint-Germain. Im August 1826 beendete er sein Jurastudium. Sein Vater war zu dieser Zeit (seit dem 14. Juni desselben Jahres) bereits Präfekt von Versailles.

Im *collège* zeigte sich Alexis de Tocqueville von Anfang an als guter Schüler. In Rhetorik erhielt er in einer guten Klasse, wo ein gesunder Wettbewerb herrschte, einen Ehrenpreis und fünf weitere Preise bzw. Belobigungen. Wir wissen nicht, ob er in der Philosophieklasse ebenso brillant abschnitt, denn er war in diesem Jahr längere Zeit krank. Bei der Abschlußprüfung wurde er jedoch mit drei weißen Kugeln (boules blanches[1]) ausgezeichnet.[2]

Der Unterricht in Metz wies im Vergleich zu den Pariser Gymnasien Lücken auf. So wurde kein Englisch unterricht, während diese Sprache in der Hauptstadt bereits Wahlfach war (in Metz wurde sie erst ab 1829 angeboten). Dennoch erwarb sich Tocqueville einige Grundbegriffe, wie aus Briefen des Abbé Lesueur hervorgeht. Es scheint außerdem, daß in diesem Institut kein Geschichtsunterricht – nicht einmal die elementarsten Grundbegriffe – angeboten wurde, obwohl dieses Fach 1818 von Royer-Collard eingeführt worden war und im Prinzip von speziell ausgebildeten Lehrern unterrichtet werden sollte.[3] Tocquevilles Schulhefte, so unvollständig und schlecht geführt sie sein mögen, geben indes Auskunft über die generelle Ausrichtung des Unterrichts. In Arithmetik, Geometrie und Algebra wurden nur Grundkenntnisse vermittelt; diese Fächer wurden erst in den höheren Klassen unterrichtet. Die Übersetzungen aus dem Griechischen waren kurz und von geringem Schwierigkeitsgrad. Latein hingegen spielte eine wichtige Rolle. So wie es sich in der Rhetorik gehört, nahm die Redekunst einen vorrangigen Platz ein: Sie war das Hauptthema in einem Kurs über die literarischen Genres; die Redner machten den größten Teil der besprochenen Autoren aus. Sicher vermittelten Horaz und Racine (und hier insbesondere das Trauerspiel Athalja) einige poetische Grundbegriffe, doch waren es Cicero, Demosthenes und Quintilian, die einem eingehenderen Studium unterzogen wurden. Von den Aufsatzthemen sind nur noch einige wenige bekannt: so zum Beispiel im lateinischen: *»De laudibus Demosthenis«* und im französischen: »Die Bedeutung der Redegabe beim Menschen«[4]. Über das letztere Thema existieren noch Ausführungen, die wohl als eine vom Lehrer erstellte Musterlösung anzusehen sind. Darin wird er-

---

1 Anfang des 19. Jhs. gab es im französischen Notensystem eine zusätzliche Auszeichnung für besonders gute Noten: Es wurden weiße, rote oder schwarze Kugeln vergeben. (A.d.Ü.)
2 Brief Abbé Lesueurs (September 1824).
3 Siehe Gerbod sowie über die Stadt Metz H. Contamine 1932.
4 Archives Tocqueville, Akte 46.

läutert, daß ein guter Redner über Begabung verfügen muß, daß er diese durch Arbeit entwickeln muß und sie nur im Dienste der öffentlichen Tugenden einsetzen darf. Diese Gemeinplätze lassen erkennen, nach welch starren Kategorien dieser Unterricht aufgebaut war und daß er einen Aufguß aus alten ciceronischen Themen darstellte – gleichzeitig aber den Dienst am Staate als Leitbild präsentierte, was dem Tocqueville-schen Familienethos vollkommen entgegenkam. Der humanistische Unterricht führte also ganz natürlich zum Anwaltsstand und in die Politik.

Tocqueville – der sich später als so scharfzüngig erweisen sollte – war anscheinend ein respektvoller Schüler. Sein Rhetoriklehrer Monsieur Mougin war ein entschiedener Anhänger der Klassiker und witterte nichts Gutes in den neuen literarischen und politischen Strömungen. Er verspürte keine Scheu, die großen Themen anzupacken, und hatte Essays über »die Moral« und »die Geschichte« verfaßt, die er seinem Schüler zukommen ließ. Dieser erbat seinen Rat, nachdem er Metz verlassen hatte und im Begriff war, sein Jurastudium aufzunehmen. Monsieur Mougins Antwort, die uns bis heute erhalten geblieben ist[1], ist nicht uninteressant, denn sie weist bereits darauf hin, welche Studienrichtung Tocqueville nach dem Gymnasium einschlagen sollte.

Zunächst beglückwünscht Monsieur Mougin seinen ehemaligen Schüler dazu, daß er so eifrig Juravorlesungen besuche, räumt aber ein, daß diese für ein erfolgreiches Bestehen des Examens nicht unentbehrlich seien. Er fügt hinzu:

»Die öffentlichen Vorlesungen über Geschichte, Literatur und andere Gebiete werden Sie beschäftigen und eine Zeitlang zerstreuen. Wie ich Sie kenne, ist es Zufall, ob sie Sie auch fesseln werden.« Der glückliche Umstand, von »einer öffentlichen Vorlesung gefesselt zu sein«, sollte bei der Vorlesung von Guizot, von der später noch die Rede sein wird, eintreten. Dann aber empfiehlt Monsieur Mougin das Studium der Geschichte: »Ich komme dahin, daß die Geschichte die notwendigste und schwierigste von allen Ihren Studien ist. Sie scheint für alle das gleiche zu sein, und doch muß sie jeder auf andere Weise bewältigen. Neben allgemeinen Betrachtungen, neben dem Blick auf den Verlauf von Ereignissen, den Ursprung unserer Gesetze, den Fortschritt der Künste etc. scheint es mir, daß Sie sich vor allem die Beziehungen Frankreichs zu seinen Nachbarstaaten angelegen sein lassen und sich des Einflusses be-

---

1 Archives Tocqueville, Akte 9.

wußt werden sollten, den Frankreich in jeder Epoche, in der Veränderungen im politischen System Europas stattgefunden haben, selbst ausgeübt hat oder dem es ausgesetzt war.«

Geschichte sollte verstanden werden als Erklärung der Zeit auf der Grundlage des Vergleichs zwischen mehreren Staaten; diese Prinzipien sollte Tocqueville nicht vergessen, und möglicherweise bestätigten sie nur jene Gedanken, die er selbst seinem ehemaligen Lehrer dargelegt hatte.

Die Erkundung der väterlichen Bibliothek in der Präfektur von Metz spielte für die geistige Entwicklung des Heranwachsenden eine weit wichtigere Rolle als die im Gymnasium empfangene, traditionalistische Bildung. Bis dahin hatte Alexis seine Zeit eher mit Spielen als mit Lesen verbracht; er hatte die in seiner Kindheit erlernten Gewißheiten nicht in Frage gestellt. Als er nun unvermittelt und ohne Einschränkung mit dem Reich der Ideen in Berührung kam, spürte er, wie seine Welt ins Wanken geriet: Er behielt diesen Schock in genauer und schmerzhafter Erinnerung, wie er fünfunddreißig Jahre später Madame Swetchine anvertraute:

»Ich weiß nicht, ob ich Ihnen je von einem Ereignis in meiner Jugend erzählt habe, das in meinem ganzen Leben eine tiefe Spur hinterlassen hat: wie ich nämlich, als ich während der Jahre, die unmittelbar auf die Kindheit folgen, in eine Art Einsamkeit verschlossen und einer unersättlichen Neugier hingegeben, welche für ihre Befriedigung nur die Bücher einer großen Bibliothek vorfand, kunterbunt allerlei Begriffe und Gedanken in meinen Kopf gestopft habe, die sonst zu einem anderen Alter gehören. Mein Leben war bis dahin in meinem Innern voller Glauben verlaufen, der nicht einmal den Zweifel in mein Herz hatte dringen lassen. Damals trat der Zweifel ein, oder richtiger, er brach mit unerhörter Gewalt ein, nicht nur der Zweifel an diesem oder jenem, sondern der universale Zweifel. Ich erfuhr plötzlich die Empfindung, von der die Leute sprechen, die ein Erdbeben erlebt haben, wenn der Boden unter ihren Füßen sich heftig bewegt, die Wände um sie herum, die Decke über ihrem Kopfe, die Sachen in ihren Händen, die ganze Natur vor ihren Augen. Ich wurde von der schwärzesten Melancholie ergriffen, faßte den äußersten Widerwillen gegen das Leben, ohne es zu kennen, und war wie zerschmettert von Angst und Schrecken beim Anblick des Weges, den ich noch auf der Welt zu gehen hatte. Heftige Leidenschaften befreiten mich aus diesem Zustand der Verzweiflung. Sie lenkten mich vom Anblick dieser Gedankenruine ab, um mich auf vernünftige Gegenstände zu weisen. Von Zeit zu Zeit aber gewinnen diese Eindrücke meiner frühen Jugend (ich zählte damals sechzehn Jahre) wieder Gewalt über mich. Dann sehe ich wieder die Gedankenwelt sich drehen, und ich stehe verloren und verwirrt in dieser allgemeinen Bewegung, welche alle Wahrheiten umstürzt oder erschüttert, auf die ich mein Glauben und Handeln gebaut habe.«[1]

Diese Bibliothek umfaßte, nach dem zu urteilen, was davon noch in Schloß Tocqueville erhalten geblieben ist, die Klassiker des 17. Jahrhunderts und Übersetzungen antiker Autoren; hingegen nur wenige moderne Schriftsteller, wobei Chateaubriand eine Ausnahme darstellte; außerdem zahlreiche Reiseberichte, die wohl darauf hindeuten, daß Tocqueville mit seiner lebenslangen Neugier auf die Eigenarten und Sitten der verschiedenen Länder der Erde nicht der erste in seiner Familie war; schließlich waren dort auch mit Ausnahme der Enzyklopädisten, die möglicherweise im Laufe der Jahre abhanden kamen, die großen Philosophen des 18. Jahrhunderts zu finden: Voltaire, Montesquieu, Buffon, Rousseau, Mably, Raynal. Es ist nicht leicht abzuschätzen, welchen von diesen Autoren Tocqueville gelesen hat und wann. Offensichtlich war es aber die Lektüre von Voltaire und Rousseau, die in ihm jenen Zweifel säte, von dem er einige Jahre später schreiben sollte, daß er eines der drei großen Unglücke der Menschen darstellte: »Wenn ich die menschlichen Leiden in eine Rangfolge bringen sollte, dann wäre es die folgende: 1. Krankheiten; 2. Tod; 3. Zweifel.«[2]

In dem von uns zitierten Brief äußert sich Tocqueville sehr präzise über den Zeitpunkt dieser Krise: Er war sechzehn Jahre alt, sein Geburtstag im Juli 1821 fiel in die Anfangszeit seines Aufenthaltes in Metz, als er zum ersten Mal in seinem Leben sich selbst überlassen war.

Dieser »universale Zweifel« galt den geheiligten sozialen Werten der aristokratischen Welt. Henry Reeve sollte er später anvertrauen, daß er sich deren Anachronismus schon als sehr junger Mann bewußt geworden war – eine Erkenntnis, die wohl aus dem Wechsel zwischen Gymnasialbesuchen und einsamer Reflexion geboren wurde. Dennoch fand sich hier auf einer anderen Ebene als in den Erinnerungen der Familie der

---

1 A. de Tocqueville 1983 a, Teil 2: 315, Brief vom 26. Februar 1857.
2 Bemerkungen aus den *Carnets d'Amérique*, zitiert von Beaumont in: A. de Tocqueville 1866 b: 14.

allgegenwärtige Schatten der Französischen Revolution wieder, jener akuten Phase einer weiter zurückreichenden Bewegung, die immer noch am Wirken war, um die verderblichen Werte der Vergangenheit endgültig zu vernichten.

Diese Bewußtwerdung führte Alexis zur allmählichen Entdeckung jenes großen Problems, das ins Zentrum seines Denkens rücken sollte, nämlich der Ablösung der aristokratischen durch die demokratische Welt. Daher auch zunächst sein Verlangen, etwas über die Geschichte zu erfahren, um dieses Problem zu erhellen.

Der schwerwiegendste Aspekt der Krise Tocquevilles ist aber zu diesem Zeitpunkt der Verlust des Glaubens. Tocqueville war nicht um jeden Preis bestrebt, eine metaphysische Gewißheit zu entdecken. Möglicherweise war er zu sehr von der jansenistischen Moral geprägt, um im Glauben etwas anderes zu sehen als eine Gabe Gottes; vielleicht hatte ihm sogar seine religiöse Erziehung jene Vorstellung von einem weit entfernten Gott vermittelt, wie sie die Jansenisten des 18. Jahrhunderts gehabt hatten, eine Vorstellung, durch die er einen von christlicher Moral geprägten Deismus entwickelte. Jesus Christus, Mensch und Gott zugleich, scheint seinem Denken fremd; er taucht nur als gesichtsloses und jedes Mysteriums beraubtes Symbol eines entscheidenden Fortschritts in der Geschichte der Zivilisation auf. Tocqueville geht nicht weiter als bis zum *Consensus omnium* über die Existenz Gottes und ein Leben nach dem Tode, was man wohl als verzerrtes Abbild der Lamennaisschen Apologetik werten kann: Der *Essai sur l'indifférence en matière de religion* (dt.: *Versuch über die Gleichgültigkeit in Religionssachen*), der im Jahre 1817 erschienen war, wurde damals in weiten Kreisen gelesen und diskutiert.

Alexis de Tocqueville offenbarte seine Zweifel seinem Cousin Louis de Kergorlay. Sein Brief ist nicht mehr erhalten, wohl aber Louis' Antwort vom 16. Mai 1823:

»Du hattest mir nicht das Geringste von den Zweifeln, den Ungewißheiten erzählt, die Dich quälen. Ich sehe sehr gut, daß sie in Deinem Geiste entstehen. Was ich aber gar nicht verstehe, ist, daß sie durch das, was Du siehst, verstärkt werden. Allerdings habe ich mich viel früher als Du daran gewöhnt, allem zu mißtrauen, was mich umgab, weil ich schon viel früher von Schlechtem umgeben war... Du begehst hier wieder einen Fehler, der mir schon immer an Dir aufgefallen ist; Du schenkst dem Urteil der großen Masse der Menschen zuviel Beachtung... Wirst

Du etwa einem dummen, ungläubigen Menschen eher glauben als Christian[1], als »bébé«[2] etc., deren Auffassungen wir unter uns oft scharf verurteilen?«[3]

Kergorlay betont also Tocquevilles Entdeckung, daß die von seiner Familie anerkannten Werte von der zeitgenössischen Gesellschaft abgelehnt werden. Nur beiläufig erwähnt er allerdings Tocquevilles Lektüre der Philosophen, die nach dessen eigener Aussage in seinem Brief an Madame Swetchine die Krise ausgelöst hatte.

Abbé Lesueur wurde all dessen erst 1824 gewahr, als er feststellte, daß Alexis seinen österlichen Pflichten nicht nachgekommen war. Als der alte Hauslehrer ihn daraufhin zur Rede stellte, schrieb ihm Alexis, daß er zwar glaube, aber nicht praktizieren könne[4]. Diese Antwort war Ausdruck jugendlichen Ungestüms, denn Tocqueville hatte keineswegs die Absicht, sich zu bessern. Sie stellte nur einen Teil der Wahrheit dar und erweckte insgesamt einen falschen Eindruck: Soweit ihre unvollständig erhaltene und verstümmelte Korrespondenz ein Urteil zuläßt, wich Alexis einer Glaubensdiskussion aus, die sowohl für den alten Mann als auch für ihn nur schmerzlich gewesen wäre.

In der zitierten Passage des Briefes an Madame Swetchine gibt Tocqueville eindeutig zu verstehen, daß die von ihm im Alter von sechzehn Jahren durchlebte geistige Krise die Ursache für die Entfesselung sinnlicher Leidenschaften war – und nicht umgekehrt. In seinen Aufzeichnungen findet man die Spur dieser Leidenschaften ab 1821. Doch konnten diese seine innere Unruhe nicht besänftigen. Allzu menschlich und sensibel wie er war, war es wohl unvermeidlich, daß er sich uneingeschränkt auf diese jugendlichen Gefühlsstürme einließ, wie es das Beispiel Rosalie Malyes zeigt.

Rosalie Malye wurde am 15. September 1804 in Bitche geboren. Sie war die Tochter eines pensionierten Majors, der in der Präfektur von Metz als Archivar tätig war. Rosalie lebte bei ihrer älteren Schwester Amélie. Über ihre äußere Erscheinung ist uns nichts bekannt.

---

1 Gemeint ist Christian de Chateaubriand, der Ordensgeistlicher werden sollte.
2 In der Familie Tocqueville benutzter Kosename für den Abbé Lesueur (dt.: »Baby«).
3 A. de Tocqueville 1977, Teil 2: 60 f.
4 Unveröffentlichter Brief, Archives Tocqueville, Akte 10. Dieser Brief wurde zweifellos von Madame de Tocqueville verstümmelt, das Datum wurde entfernt: Der Brief stellt eine Antwort auf ein Schreiben von Abbé Lesueur vom 8. September 1824 dar.

Die gegenseitige Leidenschaft von Tocqueville und Rosalie dauerte etwa fünf Jahre. Nachdem Alexis Metz verlassen hatte, verbrachte Rosalie 1825 eine gewisse Zeit in Paris; er selbst kehrte mehrere Male nach Metz zurück, um sie zu sehen. Zwar wurde die Affäre dem Grafen de Tocqueville zu Ohren gebracht, doch weiß man nicht, wie er reagierte.

Führte diese heftige Leidenschaft letztlich zu einer Mesalliance? Kergorlay hatte dies voller Befürchtungen vorausgesehen, jedoch ließ sich Tocqueville um das Jahr 1826 überzeugen, das Verhältnis in Freundschaft zu verwandeln.

Schwieriger war es, Rosalie zum Verzicht zu bewegen, möglicherweise hatte sie sich, obwohl sie das Gegenteil vorgab, in Illusionen gewiegt und wollte nicht eine große Liebe aufgeben, die sie für sich als unwiderruflich betrachtete. Letztlich fügte sie sich aber doch. Am 9. April 1828 heiratete sie François Begin, einen Rentier, der wie sie selbst keinerlei Vermögen besaß, und gewährte ihm eine fiktive Mitgift, wie es damals in solchen Fällen üblich war. Kergorlay und Tocqueville versuchten, dem Ehemann ein Einkommen zu sichern, indem sie ihm die Leitung eines Postamts übertrugen – ein Amt, das damals bisweilen nach dem gleichen Verfahren vergeben wurde wie später die Konzessionen für Tabakläden. Man weiß nicht, ob sie damit Erfolg hatten. Rosalie, die während der ersten Zeit ihrer Ehe immer noch sehr traurig war, erhielt von Tocqueville mit Zitronensaft[1] geschriebene Briefe. Auch später dachte er noch manchmal an sie, anscheinend schickte sie ihm jedoch einen seiner Briefe zurück.

Tocqueville seinerseits hatte während seiner Zeit als Hilfsrichter in Versailles mehrere unverbindliche Affären, seine Briefe an Beaumont aus den Jahren 1828 und 1829 bestätigen dies.[2] Jedenfalls lernte er noch vor der Julirevolution Mary Mottley kennen, die er später heiraten sollte. Wie wir gesehen haben, sollte diese Heirat bei Kergorlay dieselbe Entrüstung hervorrufen wie die befürchtete Mesalliance mit Rosalie Malye. Auch hier handelte es sich um eine Heirat mit einer Bürgerlichen ohne großes Vermögen, mit der ihn eine mehrjährige Liaison verband. 1828 hatte sich Tocqueville noch der Furcht vor einem Skandal gebeugt. Doch was auch immer er zu dieser Zeit über die nach französischer Art arran-

---

1 Dadurch ist das Geschriebene unsichtbar und kann erst gelesen werden, wenn es vor eine Lichtquelle gehalten wird. (A.d.Ü.)
2 Zum Beispiel ein Brief vom 5. Oktober 1828 in: A. de Tocqueville 1967, Teil 1: 47 ff.

gierten Heiraten dachte, durch die Menschen, welche sich kaum kannten, für ein ganzes Leben aneinander gebunden wurden: Damals konnte er sich noch nicht amerikanische Ehen zum Vorbild nehmen, konnte noch nicht bewundern, welche Freiheit junge Menschen jenseits des Atlantiks im Umgang miteinander genossen. Erst 1835, im Alter von 30 Jahren, verweigerte er sich durch seine Heirat mit Mary Mottley den in seiner Gesellschaft üblichen »guten Partien«; er hatte sich durch seinen schriftstellerischen Erfolg einen Namen gemacht und »folgte seinen Neigungen« (was später Napoleon III. ironisch über seine Heirat mit Eugénie sagen sollte!), was er sieben Jahre früher noch nicht gewagt oder gewollt hatte.

Auf einer andere Ebene schuf das Idyll von Tocqueville und Rosalie Malye einen Mißklang zwischen Liebe und Freundschaft. Denn Alexis' bester Freund, Louis de Kergorlay, der in Metz Umgang mit den beiden Schwestern Malye pflegte, riet zu einer Beendigung des Verhältnisses und bemühte sich, dies zu forcieren, indem er Rosalie zu einer Eheschließung drängte. Louis war für Alexis de Tocqueville ein lebenslanger Freund, der einzige, dem er vollkommenes Vertrauen schenkte, wie er 1847 schrieb. »In dem Maße, wie ich an Lebenserfahrung gewonnen und die Welt der Politik näher kennengelernt habe, bin ich mir noch gewisser geworden, daß Du der einzige Freund warst, auf den ich zählen konnte, der einzige, dessen Gefühle niemals durch all die kleinen Leidenschaften beeinträchtigt wurden oder werden konnten, die auf lange Sicht sogar die festesten Bande gewöhnlicher Freundschaften lösen.«[1]

Der Freund war der Sohn von César de Kergorlay, dem Deputierten des Departements Oise, später Pair de France, einem der unerbittlichsten Ultraroyalisten der Restauration. Seine Mutter war Blanche de la Luzerne, die Tochter des Neffen von Malesherbes. Madame de Kergorlay und Madame de Tocqueville waren folglich Cousinen. Louis de Kergorlay, der im August 1804 geboren wurde, war ein brillanter Schüler (er war Preisträger im Wettbewerb der besten Gymnasiasten), besuchte die *École Polytechnique* und anschließend die Artillerieschule in Metz. Er nahm an der Expedition nach Algier teil, quittierte aber nach der Revolution von 1830 den Dienst, weil er keinen Eid auf das neue Regime ablegen wollte. Danach war er vollauf mit der Verwaltung des Fami-

---

1 A. de Tocqueville 1977, Teil 2: 211.

lienbesitzes und der Suche nach einer Ehefrau beschäftigt, wozu er fünfzehn Jahre benötigte. Er faßte Vorsätze, ein stärker geistig ausgerichtetes
Leben zu führen, und begann, sich mit der Entwicklung Deutschlands
zu beschäftigen, führte diese Studien jedoch nicht zu Ende. 1849 gründete er zusammen mit Arthur Gobineau *La Revue provinciale*, von der
jedoch nur einige wenige Ausgaben erschienen. Während des Zweiten
Kaiserreichs übernahm er, weil er auf eine einträgliche Beschäftigung
angewiesen war, einen Posten im Verwaltungsrat der Bergwerke im Gebiet von Sambre und Maas. Nach Tocquevilles Tod unterstützte er Beaumont bei der Veröffentlichung der nachgelassenen Schriften ihres Freundes und befürwortete dabei eine strenge Auswahl der Texte, die der
Öffentlichkeit zugänglich gemacht werden sollten. 1871 wurde er Abgeordneter in der Nationalversammlung und zeigte sich als glühender
Legitimist betrübt über die mißlungene Restauration des Königtums
durch den Grafen von Chambord. Später hegte er den Ehrgeiz, ein Buch
über die Verfassung zu schreiben. Bevor er aber dieses Projekt vollenden
konnte, starb er im Jahre 1880 und hinterließ zu diesem Thema nur
unredigierte Aufzeichnungen[1]. Nach brillanten Anfängen, die Anlaß zu
großen Hoffnungen gegeben hatten, insgesamt also ein mißlungenes Leben, was auf seine Weigerung zurückzuführen ist, die politische Entwicklung des Landes zu akzeptieren, und auf seine Unfähigkeit, aus
einem gewissen Kreis von Ideen und Traditionen auszubrechen.

Seit seiner Kindheit pflegte er Umgang mit seinem Cousin Alexis de
Tocqueville und verbrachte seine Ferien mit ihm. Beide Heranwachsenden waren schon vor Alexis' Aufenthalt in Metz eng miteinander befreundet. Louis war ein Jahr älter, in seiner Ausbildung weiter fortgeschritten und, so schien es, geistig reifer. Er übte auf seinen Cousin
einen starken Einfluß aus, der bei Abbé Lesueur – zu Unrecht – Arg-
wohn hervorrief, denn kein Geist hätte weniger subversiv sein und noch
größeren Respekt vor den überkommenen Werten der Seinigen zeigen
können als Kergorlay. Tocqueville sollte ihn zu Recht als »seinen Lehrer«
bezeichnen. Er hatte es sich zur Gewohnheit gemacht, Kergorlay in
intellektuellen Zweifelsfragen um Rat zu bitten, so auch, als er seine
Schrift über die *Demokratie in Amerika* verfaßte. Tocquevilles Methode,
komplexe Sachverhalte zu entwirren und sie dann mit einem großen

---

1 Kergorlays Aufzeichnungen sind in der Bibliothèque de l'Arsenal aufbewahrt, Signaturen
14091-14097.

Prinzip in Zusammenhang zu bringen, scheint zum Teil das Ergebnis seiner Diskussionen mit Kergorlay gewesen zu sein. Auf diese Weise half der Freund Tocqueville, sein Denken klarer zu strukturieren. »Ich betrachte dich weiterhin als den *einzigen* Menschen auf der Welt, der meine Gedanken, wenn ich sie ausdrücke, vollkommen versteht und sie zu ergänzen und zu befruchten weiß, indem er alles hinzufügt, was ähnlichen Ursprungs ist«, so schreibt ihm Alexis de Tocqueville einige Monate vor seinem Tod. 1838, als Kergorlay bei der Ausarbeitung des zweiten Bandes von *Über die Demokratie in Amerika* sich anscheinend als besonders aktiver Berater zeigt, schreibt Alexis an Beaumont: »Louis ist hier gerade vier Tage zu Besuch; ich hatte mich in ein System von Ideen verstrickt, aus dem ich mich nicht mehr befreien konnte. Ich war in eine wahre geistige Sackgasse geraten, aus der er mir innerhalb weniger Stunden herausgeholfen hat. Dieser Knabe birgt wahre Schätze in sich, die er aber allein nicht zu nutzen versteht.« Tocqueville zeigte sich auch bekümmert über die Unfähigkeit des Freundes, ein großes Werk zu verfassen. »Du bist einer der hervorragendsten Geister, die ich jemals kennengelernt habe, die Erfahrung des reifen Alters bestätigt in dieser Hinsicht nur die Eindrücke der Jugend. Wo liegt also jener unsichtbare Mangel, jene verborgene Schwäche, die diesen unbestreitbar überlegenen Geist daran gehindert hat, seine natürlichen Früchte hervorzubringen? Nichts hat mich in meinem Leben mehr beschäftigt als diese Frage«, schreibt er ihm 1856.

Außer dem sehr persönlichen Einfluß, den Louis de Kergorlay auf seinen Freund ausübte, bemühte er sich, ihm in den Wechselfällen des Lebens beizustehen. Er, der eingeschworene Anhänger Karls X., zögerte nicht, Alexis praktische Ratschläge zu geben, wie er seine Position in der Deputiertenkammer verbessern könne. Ebenso wie Alexis zeigte er ein großes Interesse an Algerien, und möglicherweise war sogar er es, der die Begeisterung des Freundes für die Kolonisierung des Landes weckte.

Manchmal versuchte Kergorlay sogar ganz direkten Einfluß auf den Freund auszuüben: Als Alexis aus Metz zurückkam, beschwor er ihn, die Militärlaufbahn einzuschlagen, und in den Jahren 1823 bis 1824 studierte Alexis tatsächlich weiterhin Mathematik, um in die Militärakademie von Saint-Cyr einzutreten. Doch hier gebot der Abbé Lesueur Louis' Einflußnahme Einhalt: »Es ist dieses Original Louis de Kergorlay, der ihm diese Idee in den Kopf gesetzt hat. Sie werden sich bald wiedersehen, und ich habe die feste Absicht, Monsieur Loulou zu bitten, uns in Frieden zu lassen.«[1]

Alexis de Tocqueville fügte sich den Ermahnungen seiner Angehörigen und absolvierte von 1823 bis 1826 ein Jurastudium. Wahrscheinlich begann er während dieser Zeit (wie in dem Brief von Monsieur Mougin erwähnt) auch Geschichte zu studieren, worüber später noch zu sprechen sein wird. Allerdings scheint er sich bis 1826 vornehmlich der Vorbereitung seiner juristischen Lizenz gewidmet zu haben.

Abgesehen von einigen kurzen »Diktaten von Monsieur Delvincourt« über Rechtsgeschichte, wurde in den Vorlesungen hauptsächlich Zivil- und Prozeßrecht behandelt – und zwar in ihrer pragmatischsten Form: Es handelte sich um eine völlig zweckgerichtete Ausbildung, welche »die intellektuelle Schulung und die geistige Öffnung für die Probleme der Rechtsentwicklung und Rechtsphilosophie vernachlässigt«. Diese trockene Arbeit schien Tocqueville, obgleich er zu Beginn seines Studiums großen Fleiß zeigte, überhaupt nicht begeistert zu haben, und in seiner Lizenz-Prüfung erhielt er nur eine weiße und zwei rote Kugeln. Zur Prüfung gehörte üblicherweise die Vorlage von zwei schriftlichen Arbeiten, einer in lateinischer und einer in französischer Sprache. Die erste mit dem Titel »De usurpationibus aut de usucapionibus« war in korrektem, aber einfallslosem Latein verfaßt, die zweite behandelte das Thema »Aufhebungs- oder Nichtigkeitsklage«. Beide zusammen umfassen dreizehn Seiten, die in keiner Weise den zukünftigen Autor von *Über die Demokratie in Amerika* vorausahnen lassen.

Nach Beendigung seines Jurastudiums reiste Alexis zusammen mit Édouard nach Italien und Sizilien. Dieser war, seitdem er die Armee verlassen hatte, beschäftigungslos, und beide Brüder waren sehr reiselustig. 1823 hatte Édouard die Schweiz besucht und einen Bericht über seine Fahrten verfaßt, den er sorgfältig hatte vervielfältigen lassen. Wie damals üblich, bedeutete es für Alexis eine Art Krönung seines Studiums, jenes Land zu bereisen, das den Geist der klassischen Antike beschwor.

Die Reise läßt sich nicht genau datieren: Die beiden Brüder waren im Dezember 1826 aufgebrochen und kehrten erst nach der Ernennung von Alexis zum Hilfsrichter in Versailles (6. April 1827) zurück. Im Ja-

---

1 Archives Tocqueville, Akte 9.

nuar 1827 hielten sie sich in Rom auf, Anfäng März verließen sie Neapel, um sich per Schiff nach Sizilien zu begeben.

Die Eindrücke, Reflexionen und Bemerkungen Tocquevilles füllten zwei dicke Manuskriptbände im Quartformat, von denen der zweite, der sich mit Sizilien beschäftigte, 350 Seiten umfaßte. Sie gingen später verloren, bevor Beaumont die Gesamtausgabe der Werke veröffentlichen konnte.[1]

Beaumont schreibt, daß man durch dieses Manuskript »den Verlauf der geistigen Entwicklung Tocquevilles, sein Umhertasten, seine Irrtümer, seine Selbstkorrekturen und die verschlungenen Pfade, auf denen er schließlich auf seinen wahren Weg gelangte, mitverfolgen« könne. Will man dem Urteil eines so kompetenten Mannes wie Beaumont glauben, so kommt Tocquevilles Persönlichkeit in diesem Reisebericht nach und nach zum Vorschein. Zunächst tritt er als eifriger Reisender auf, der Museen besucht, Gemälde und Medaillen bewundert und bemüht ist, die großen Regeln der antiken Architektur zu verstehen. Während seines Aufenthalts in Rom versucht er sich in einem Essay, der in gewisser Weise an die *Ruines* (dt.: *Ruinen oder Betrachtungen über die Revolutionen der Reiche*) von Volney erinnert. Er schläft auf dem Kapitol ein, träumt von den großen Männern Roms, von der Freiheit und dem Ruhm der Stadt, bis er durch eine Mönchsprozession und das Horn eines Rinderhirten geweckt wird: Daraufhin sinnt er über die Vergänglichkeit von Imperien nach. Das einzige uns bekannte Brieffragment über diesen Aufenthalt in Rom, das die Trostlosigkeit der römischen Landschaft und der Ruinen beschreibt, erinnert vom Inhalt und mehr noch von der Form her an Chateaubriand.[2]

Chateaubriands Einfluß wird auch in den wenigen, von Beaumont veröffentlichten Fragmenten deutlich[3]: so bei der Darstellung des Unwetters während der Überfahrt von Neapel nach Sizilien und bei der Beschreibung der Insellandschaft, wobei jedoch die Schilderung des Ätnaaufstiegs etwas persönlichere Züge aufweist.
Es ist jedoch eine andere, von Beaumont veröffentlichte Passage, nämlich der Dialog zwischen einem Neapolitaner und einem Sizilianer, in dem Tocqueville »seinen wahren Weg« wiederfindet: nämlich in der

---

1 A. de Tocqueville 1866b; einführende *Notice* Beaumonts über Tocqueville.
2 A. de Toqueville 1977, Teil 1: 96. Fragment eines Briefes an Louis de Kergorlay.
3 Diese Fragmente wurden veröffentlicht in: A. de Tocqueville 1866b, Teil 1: 37-54. Sie sind Gegenstand einer Studie von N. Facon: 1973: 187-200.

Reflexion über die Voraussetzungen und die Auswirkungen der Freiheit. In Sizilien, das durch Eroberung und Depotismus erstarrt ist, ist die unterworfene Aristokratie der Insel ebenso entwürdigt wie die Aristokratie des Eroberervolks. Der Dialog endet mit hoffnungsvollen Anklängen: Das freiheitliche Europa wird dieses Reservat des Depotismus, das nun durch seine isolierte Stellung angreifbar geworden ist, nicht dulden.

In diesen kurzen Fragmenten findet sich ein Satz, der indirekt ein überraschendes Licht darauf wirft, in welch lebendiger und besorgter Erinnerung diesem jungen Aristokraten die Wirren der Revolution geblieben sind, obwohl er zu Beginn des Jahres 1827 völlig berechtigte Hoffnung auf eine hürdenlose Karriere zu haben scheint. So äußert er nach einigen bereits sehr bezeichnenden Reflexionen über das Elend des Exils, daß er »an die Möglichkeit des Gefängnisses gedacht hat, auf welches bei Zeiten sich vorzubereiten die Erfahrung der letzten vierzig Jahre als nicht lächerlich erwiesen hat«. Es ist also keineswegs die Revolution von 1830, die bei Tocqueville das Gefühl der Instabilität der Gegenwart hervorruft, sondern diese Besorgnis war schon seit seiner »Krise von Metz« unterschwellig vorhanden. Das Jahr 1830 sollte die Wunde lediglich wiederaufbrechen lassen.

5
Versailles und die Revolution von 1830

Den Posten eines Hilfsrichters am Gericht von Versailles, der Alexis de Tocqueville am 6. April 1827 übertragen worden war, hatte man, wie der Bericht des Generalstaatsanwalts an den Justizminister beweist, eigens für ihn geschaffen: »Ich sähe einen großen Vorteil darin, dem Gericht von Versailles einen vierten Hilfsrichter zuzuteilen, und in der Hoffnung, daß Eure Hoheit diesen Vorschlag, den ich dem guten Funktionieren des Gerichts für zuträglich halte, billigen werden, habe ich die Ehre, Euch Monsieur Charles-Alexis de Tocqueville zu präsentieren, einen jungen Rechtsanwalt und Sohn des Herrn Präfekten von Seine-et-Oise, der diese Ernennung sehnlichst wünscht. Monsieur de Tocqueville hat ein sehr gutes Studium absolviert. Er zeigt großen Eifer, und es erscheint mir äußerst angemessen, seinem Vater eine Gunst zu gewähren, die zwischen der Verwaltung und der Justiz in Versailles eine wirkliche Verbindung schaffen würde, welche in vielerlei Hinsicht sehr vorteilhaft wäre.«[1] Im Juni trat der neue Richter sein Amt an und bezog in der Präfektur ein Quartier. Im Januar 1828 mußte Graf de Tocqueville den Posten seinem Nachfolger, dem Baron Capelle, überlassen. Alexis bezog daraufhin eine Wohnung in der Rue d'Anjou, wo er zunächst mit Gustave de Beaumont, einem jungen stellvertretenden Staatsanwalt, zusammenwohnte. Nachdem dieser nach Paris versetzt worden war (27. September 1829), zog dessen Amtsnachfolger Ernest de Chabrol ein.

Das Gericht von Versailles hatte zwei Kammern und zählte einen Präsidenten, einen Vizepräsidenten, sieben Richter, davon zwei Unter-

---

1 Personalakte in den A.N.

suchungsrichter, einen königlichen Anwalt und dessen drei Stellvertreter und vier Hilfsrichter. Drei Generationen trafen hier zusammen: jene, die schon unter dem Ancien Régime erwachsene Männer gewesen waren, jene, die die Revolutionszeit während ihrer Kindheit miterlebt hatten, und jene, die während der Konsulatszeit oder des Kaiserreichs geboren worden waren.[1]

Der Gerichtspräsident Jacques Brunet war 1745 geboren worden. Er war Anwalt am Pariser Parlament gewesen, hatte während der Revolution das Amt eines Distriktverwalters ausgeübt, war dann Deputierter im Rat der Fünfhundert geworden und hatte während der Konsulatszeit ein Richteramt übernommen. Ein anderer Richter, Leleu-Lafontaine, war ein beinahe ebenso erfahrener Mann. Unter dem Ancien Régime war er zwölf Jahre Musketier im Regiment von Custine gewesen. Nachdem er 1791 in Jouy-en-Josas zum Schiedsmann gewählt worden war, wurde er im Jahre 1800 ebenfalls Richter. Obwohl vollkommen taub, weigerte er sich, sein Amt aufzugeben, wenn man ihm nicht eine Unterstützung zukommen ließe, die ihm seine vom Croix de Saint-Louis gewährte Pension verdoppelte. In der zweiten Generation schien besonders Douet d'Arcq (1787 geboren) herauszuragen, der seine Laufbahn gegen Ende des Kaiserreichs in Italien begonnen hatte und nun das Amt des königlichen Anwalts innehatte; ebenso Bernard de Mauchamp (1793 geboren), der 1818 zunächst zu einem der Stellvertreter des königlichen Anwalts und später zum Untersuchungsrichter ernannt worden war; er war von Villèle seines Amts enthoben worden, weil er die Wahl Le Peletier de'Aunays empfohlen hatte; Martignac hatte ihn jedoch wieder in seine Funktionen eingesetzt. Zur jungen Generation gehörten die Stellvertreter des königlichen Anwalts und die Hilfsrichter: Raudot (Cougny et Robert) und Gustave de Beaumont gehörten zu den ersteren und sollten sich zu ihrer Zeit einen Namen machen; was die Hilfsrichter anbetrifft, so ist uns von zweien nichts Persönliches bekannt; die anderen beiden sind Élie de Beaumont, der Cousin von Gustave und Bruder des berühmten Geologen, der eine Tochter von Le Peletier d'Aunay heiraten sollte, und schließlich Tocqueville selbst.

Die Arbeit des Gerichts erforderte umfassende juristische Kenntnisse. Das lag nicht nur daran, daß Versailles auch Sitz des Schwurgerichts war und deshalb neben Zivil- auch Strafsachen zu verhandeln wa-

---

1 Personalakten in den A.N., Almanach royal, 1828, 1829, 1830.

ren, sondern es mußten außerdem nebeneinander das Pariser Gewohnheitsrecht, die Revolutionsgesetzgebung und der Code Napoléon angewendet werden, je nach zeitlicher Lage der zu entscheidenden Fälle. Angesichts der Länge der Verfahren konnte es zum Beispiel in Verjährungsfällen geschehen, daß Lücken oder Überschneidungen zwischen den aufeinanderfolgenden gesetzlichen Regelwerken auftraten. Die Abhängigkeit der Gesetze von den sich wandelnden politischen Systemen und den gesellschaftlichen Gepflogenheiten war für jeden denkenden Geist so offensichtlich, daß man sich bemühte, die einzelnen Fälle auf bestimmte, allgemeingültige Prinzipien zurückzuführen.

Die Aufgaben der Hilfsrichter waren überdies nur ungenau definiert. Sie erhielten keine Vergütung und absolvierten alles in allem ihre »Lehrzeit«. Der königliche Anwalt oder einer seiner Stellvertreter konnte ihnen einen Fall zum Studium zuweisen, den sie dann vor dem Gericht vertreten mußten; sie konnten auch bei Verfahren als Ersatzleute herangezogen werden.

Zu den ihnen übertragenen Aufgaben gehörten manchmal auch Untersuchungsverfahren, durch die sie ganz direkt mit der im Volk herrschenden Feindseligkeit gegenüber dem Regime konfrontiert wurden. So wurde Tocqueville im Mai 1828 mit einem solchen Auftrag nach Saint-Germain beordert, wo an die fünfzig jungen Leute eines Abends mit einer aus Taschentüchern gefertigten blauweißroten Kokarde aufmarschiert waren und immer wieder »Es lebe der Kaiser!« gerufen hatten. In seinem Bericht hob der junge Richter besonders die stillschweigende Komplizenschaft der Zeugen hervor, die seine Untersuchung erschwert hatte. Er verwarf allerdings die Vorstellung, daß es sich um ein Komplott oder um einen durch die bittere Armut ausgelösten Aufstand gehandelt haben könnte: Diese jungen Leute hätten nach Zechgelagen in einigen Schenken einfach das mit lauter Stimme zu sagen gewagt, was sie insgeheim dachten.[1]

Jedes Jahr hielt einer der jungen Hilfsrichter oder Anwälte zu Beginn der Sitzungsperiode über ein vorher festgelegtes Thema eine Rede. 1827 hatte Gustave de Beaumont eine heikle Frage zu behandeln gehabt, »Die Diskretion der Richter in politischer Hinsicht«. 1828 oder 1829 war Tocqueville an der Reihe, der über ein klassischeres Thema, nämlich »Das Duell«, zu referieren hatte. Schon bei dieser Gelegenheit wird sein be-

---

1 Archives Tocqueville, Akte 68.

sonderes Interesse für das Verhältnis zwischen Sitten und Gesetzen offensichtlich, das eine Konstante seines Werkes bilden sollte. Im ersten
Teil seiner Rede versucht er zu zeigen, daß das Duell nach den geltenden
Gesetzen nicht strafbar sei. Im zweiten Teil fügt er hinzu, daß die Gesetze das Duell notwendigerweise nicht sanktionieren können, weil sie
ohne die Sitten nichts seien und die Sitten das Duell nicht ausdrücklich
verurteilten. Die fehlende Verurteilung des Duells sei auf die Tatsache
zurückzuführen, daß die Ehre eine der Grundlagen der Gesellschaft sei.
Dennoch betrachtet Tocqueville das Duell als ein Übel, das nur durch
ein über dem Ehrbegriff stehendes moralisches oder religiöses Gefühl
beseitigt werden könne: »Die Vorstellung, eine göttliche Belohnung verdient zu haben, und nicht die, dem Schafott entkommen zu sein, sollte
jeden über den Verlust seines Ansehens bei den Menschen trösten, und
die öffentliche Meinung wird sich dann von selbst wandeln. Bemüht
euch darum, daß die Religion, diese göttliche Stütze der menschlichen
Tugend, ihren Platz in den Seelen wiederfindet, aus denen sie unter solchen Anstrengungen vertrieben wurde, ändert den Menschen, bevor ihr
den Bürger ändert... Dann werdet ihr wirksame Gesetze machen.«[1]

Tocqueville hatte sein Amt ohne Begeisterung auf das Drängen seiner
Familie und aus Vernunftgründen übernommen. Alles sah danach aus,
als könne er dort eine reibungslose Karriere machen, denn, so erfahren
wir von Beaumont, das Andenken an Malesherbes genoß während der
Restauration im Richterstand noch Ansehen.[2] Es ist allerdings äußerst
wahrscheinlich, daß Tocqueville über das Richteramt hinaus bereits eine
politische Laufbahn ins Auge faßte. Dies galt zum Beispiel auch für
Raudot, einen stellvertretenden königlichen Anwalt in Versailles und
Sohn eines Abgeordneten und Großgrundbesitzers aus dem Nivernais.
1849 sollte Tocqueville diesem in der Ordnungspartei wiederbegegnen,
und in der Nationalversammlung von 1875 sollte Raudot als der letzte
Verteidiger dezentralistischer Gedanken auftreten. Ähnliche Ambitionen
hegte sehr wahrscheinlich auch Beaumont, dem Tocqueville 1829
schrieb: »Wir müssen uns nun unseren Zielen stellen. Und dann bekräftigt er noch: »Wir müssen den Politiker in uns heranbilden.« Tocqueville
hatte gute Chancen, politische Funktionen zu übernehmen, die damals
in der Provinz nur bei einer gewissen familiären Stellung zugänglich wa-

---

1 Archives Tocqueville, Akte 68.
2 A. de Tocqueville 1866b; einführende *Notice* über Tocqueville.

ren. Der Adel auf dem Contentin war es »gewohnt, uns an seiner Spitze marschieren zu sehen«, sollte er bald schreiben, und Graf Hervé de Tocqueville, der Pair de France war, wurde 1829 zum Präsidenten der Wahlversammlung von Valognes bestimmt, um dort den ordnungsgemäßen Ablauf der Wahlen zu sichern.[1] Diese familiäre Stellung wollte Graf Hervé seinem jüngsten Sohn, dessen Fähigkeiten er erkannt hatte, sichern, und in diesem Sinne sollte man Alexis auch bei der Aufteilung des Familienbesitzes im Jahre 1836 das Château de Tocqueville überschreiben. Während also die beiden älteren Söhne auf eine militärische Laufbahn hingelenkt wurden, hielt man den dritten davon ab, weil man ihm die Verwirklichung dessen ermöglichen wollte, was die ständige, aber in seinen eigenen Augen zu spät erkannte Ambition seines Vaters gewesen war: eine parlamentarische Funktion. Alexis aber ist, als er Hilfsrichter wird, kaum zweiundzwanzig Jahre alt; er muß nach den während der Restauration geltenden Gesetzen noch achtzehn Jahre warten, bis er in die Deputiertenkammer gewählt werden kann. Das Richteramt stellt für ihn deshalb sowohl eine vorläufige berufliche Karriere dar als auch, im Falle unvorhergesehener Umstände, einen möglichen Ersatz für ein Leben in der Politik.

Der junge Mann muß sich also zunächst mit der Aussicht auf eine Richterlaufbahn bescheiden. Nach Aussage Blossevilles und auch Tocquevilles eigenem Eingeständnis zufolge scheint er seine geringe Neigung für diesen Berufsweg kaum verhehlt zu haben. Er war damals von schmächtiger und schlanker Gestalt und hatte ein kindliches und zugleich etwas kränkliches Gesicht mit großen, schwarzen, blitzenden Augen, das von langen, seidigschwarzen Haaren eingerahmt wurde. Er war meist schweigsam und zeigte eine gewisse Steifheit, die als Stolz oder Verachtung gedeutet wurde, in Wahrheit zum Teil aber auch Ausdruck von Geistesabwesenheit, Schüchternheit und Mißtrauen war. Er lebte auf, sobald jemand ein Gesprächsthema anschnitt, das ihn interessierte. Laut Blosseville bemerkte Beaumont einmal, daß für Tocqueville das nützlichste Gespräch das interessanteste sei (Passy 1898:107)[2]. Wenn er aber gefügiger wurde, dann nicht nur deshalb, weil Beaumont ihn lehrte zu katzbuckeln, sondern auch, weil er bei einem Teil der Gerichtsmitglieder eine gute, kameradschaftliche Atmosphäre vorfand, in der er

---

1 Tocquevilles Rede vor der Wahlversammlung ist in den Archives Tocqueville aufbewahrt (siehe auch S. 32, Fußnote).
2 A. de Tocqueville 1967, Teil 1: 98. Brief an Beaumont vom 8. Mai 1830.

zeigen konnte, daß sich unter dem äußeren Schein im Grunde ein »recht braver Kerl« verbarg. Seit dem Juli 1827 schreibt er Kergorlay, daß die Vorurteile gegen ihn geschwunden seien: »Meine Kollegen, die alle mehr oder weniger *eingebildet* wirken, bieten doch mehr Rückhalt, als ich zunächst angenommen hatte. Sie bringen mir nun fast alle eine Freundschaft und gute Kameradschaft entgegen, die mir ... recht angenehm sind ... Ich habe unter ihnen ein oder zwei wirklich ehrenhafte junge Leute voll guten Sinnes und voller Gewissenhaftigkeit gefunden.« Aus einem Gefühl der Demütigung über seine verhältnismäßig dürftigen Fähigkeiten bei der Anwendung juristischer Prinzipien (deren abstraktes Studium bei ihm überdies »Widerwillen« hervorgerufen hatte[1]) interessiert er sich eher für konkrete Gerichtsurteile, die ihn ebenso beschäftigen wie sein geliebtes Thema, das Herz. Jedoch stößt er auf dauerhafte Schwierigkeiten, wenn es um die mündliche Rede geht: Er muß nach Worten suchen, verstümmelt seine Gedanken und blickt mit Neid und »Zorn« auf jene, die voller Eloquenz über alles mögliche sprechen. Und seinem Bruder Édouard schreibt er ungefähr zur gleichen Zeit: »Die Arbeit, obwohl ermüdend, ist eine Sache, die man unbedingt lernen muß ... Hier ist nicht das Leben, wie man es sich mit sechzehn Jahren vorstellt, voller Gefühle und Illusionen, sondern leider das dem Menschen natürlichste Leben und das, wo er noch am ruhigsten die letzte Ruhestatt erreicht.[2]

Nach 1830 wurde Tocqueville *suppléant*[3] – dies war der neue Name, den Hilfsrichter nach der Revolution erhalten hatten –, gab aber seinen Posten 1832 auf, ohne eine feste Anstellung oder eine Besoldung erhalten zu haben.

Obwohl die Richtertätigkeit für Tocquevilles geistige Entwicklung insofern von Bedeutung war, als er sich später immer für die juristischen Aspekte gesellschaftlicher Probleme interessierte, so beanspruchte dieses Amt dennoch nicht seine ganze Aufmerksamkeit während seiner Versailler Zeit. Wirkliche geistige Anregungen erhielt er durch die Freundschaften, die er damals schloß: mit Blosseville, Chabrol und vor allem mit Beaumont. Alle vier waren adliger Herkunft, katholisch und Anhänger des Legitimismus. Kurioserweise waren Blosseville, Beaumont und Tocque-

---

1 A. de Tocqueville 1977, Teil 1: 107. Brief an Kergorlay vom 23. Juli 1827.
2 Unveröffentlichter Brief an seinen Bruder Édouard vom 9. Juli 1827.
3 Frz.: *suppléant*: dt.: Stellvertreter, Ersatzmann.

ville selbst, obwohl sie sich erst in Versailles kennengelernt hatten, alle drei Cousins von Le Peletier d'Aunay, der damals an der Spitze der liberalen Opposition im Generalrat stand.

Ernest de Blosseville, 1799 geboren, war der älteste von ihnen und starb 1886. Louis Passy widmete ihm ein Buch (*Le Marquis de Blosseville*, 1898), das seine späten Lebensbekenntnisse wiedergibt, und, was die Versailler Zeit angeht, nicht sehr wohlwollend über Tocqueville urteilt. 1854 hatte Blosseville das Akademiemitglied gebeten, sich um den Titel eines korrespondierenden Mitglieds des *Institut de France* zu bewerben, doch hatte sich Tocqueville dem entzogen. Dies verdüsterte im nachhinein Blossevilles Erinnerungen an die Zeit in Versailles, wo sie sehr herzliche Beziehungen zueinander unterhalten hatten. Blosseville entstammte einer legitimistisch gesonnenen Familie aus dem Departement Eure; mit zwanzig hatte er im *Le Conservateur* Chateaubriands sein Debut als Schriftsteller gegeben, und als dieser Außenminister geworden war, hatte er Blosseville 1823 während der Intervention in Spanien nach Madrid entsandt und dort seinem Freund Talaru, dem damaligen französischen Botschafter, unterstellt. Im Juni 1827, als Blosseville zum Rat an der Präfektur von Versailles ernannt worden war, hatte ihn Tocquevilles Vater sehr gut empfangen; unter dessen Nachfolger Baron Capelle wurde er Erster Sekretär. Er interessierte sich ebensosehr für Archäologie wie für Literatur und Politik, und hier insbesondere für alles, was mit seiner Heimat, der Normandie, zusammenhing. Zu Beginn der Julimonarchie verfaßte er eine *Histoire des colonies pénales de l'Angleterre dans l'Australie* (Geschichte der englischen Strafkolonien in Australien). Schon seit mehreren Jahren hatte er sich mit dem Strafvollzugssystem beschäftigt. Möglicherweise war sogar er es, der (wie Passy anzudeuten scheint) Tocquevilles und Beaumonts Aufmerksamkeit auf das Einzelzellensystem lenkte, das er in Genf kennengelernt hatte, und damit den beiden Freunden den Vorwand für ihre Reise nach Amerika lieferte. Blosseville war in der Tat ein äußerst zuvorkommender Freund, und Tocqueville sollte später während seines Amerikaaufenthalts bei ihm Auskünfte über das französische Verwaltungsrecht einholen.

Ernest de Chabrol-Chaméane übernahm im September 1829 Beaumonts Posten als stellvertretender königlicher Anwalt in Versailles, genau jene Stelle, um die sich Tocqueville vergeblich bemüht hatte. Chabrol, mit dem Tocqueville seine Wohnung teilte, war der Neffe des ehemaligen Marineministers des Ministeriums Villèle. Tocqueville kannte ihn schon seit seiner Kindheit und war ihm während des Jurastudiums wiederbegegnet. Chabrol war mehr als nur Jurist; er interessierte sich z.B. auch für die deutsche Philosophie. Tocqueville, der seine intellektuellen Qualitäten nicht besonders hervorhob, gibt zu, daß sein offener und unkomplizierter Charakter ihn zu einem sehr angenehmen Kameraden machte.

Die Freundschaft zwischen Tocqueville und Beaumont sollte, abgesehen von einigen Unstimmigkeiten am Ende der Julimonarchie[1], ihr ganzes Leben währen. Beaumont, der etwas älter war als Tocqueville (er wurde 1802 geboren), war am 26. Februar 1826 zum Stellvertreter des königlichen Anwalts in Versailles ernannt worden, nachdem er das gleiche Amt in Bar-sur-Aube ausgeübt hatte.

Tocqueville und Beaumont hatten sehr vieles gemeinsam. Zunächst die soziale Herkunft: Die Beaumonts gehörten zu den vornehmsten Familien der Touraine. Durch seinen Kinderreichtum hatte sich das Geschlecht von einer Generation zur nächsten, von einem Schloß zum anderen über den normannischen Bocage und über das Departement Maine verbreitet. Im Süden dieser Provinz, im lieblichen Tal des Loir, hatte sich Jules, Gustaves Vater, niedergelassen. Er war aus Beaumont-la-Ronce, dem Stammort der Familie in der Touraine, gekommen und hatte sich in einer anderen Ortschaft namens Beaumont, nämlich Beaumont-la-Chartre, niedergelassen. Ebenso wie Alexis bei den Tocquevilles gehörte Gustave zu jenem Teil seiner Familie, der dem legitimen König unverbrüchlich die Treue hielt. Sein Vater Jules war nur Generalrat, doch einer seiner Onkel, Armand, hatte einen Präfektenposten und war noch enger als Tocquevilles Vater der ultraroyalistischen Partei verbunden. Andere Männer der Familie hingegen hatten dem Kaiserreich gedient, so zum Beispiel Marc-Antoine, ein rechter Haudegen, der mit der Schwester von Davoust verheiratet war, oder André, der als politischer Freund der *Tascher de la Pagerie* zum Kammerherrn des Kaisers ernannt wurde und eine Gegenrede Madame Sans-Gênes erntete (Comte de Beaumont 1907). Bei den Beaumonts pflegte man ebenso wie bei den Tocquevilles mit Vorliebe geistige Interessen, wie aus den Briefen hervorgeht, die Gustave seinen Angehörigen aus Amerika schickte (obwohl sich diese Neigungen später im Trott des Provinzlebens verloren).

---

1 Zu Beaumont siehe neben dem in A. de Tocqueville 1967 veröffentlichten Briefwechsel zwischen ihm und Tocqueville das klassische Werk von G.W. Pierson 1938 und die Einleitung zu Beaumont 1973.

Letztlich waren es jedoch wohl eher ihre gegensätzlichen Persönlichkeiten, die sie miteinander verbanden: Heinrich Heine verglich sie mit dem Öl und dem Essig im Salat (Heine 1868:314). Gustave de Beaumont war gutmütig, herzlich und umgänglich, mit einer Spur von Gerissenheit, die für einen Mann aus dem Westen Frankreichs typisch war, aber seiner grundlegenden Aufrichtigkeit keinen Abbruch tat. Seine Redseligkeit mochte Tocqueville anfangs etwas irritiert haben, doch konnte Beaumont ihn durch einen geschickten Schachzug für sich gewinnen: Da er der königlichen Anwaltschaft angehörte, bot er ihm schlicht und einfach die Aufteilung der Fälle zu. »Eine Freundschaft, die, ich weiß nicht wie, sofort da war«, schrieb Tocqueville 1828 oder 1829. Mag sein, daß diese Freundschaft nicht so spontan wie beschrieben entstand, doch trifft es zu, daß Tocqueville Beaumont gegenüber ein Vertrauen empfand, das er ansonsten niemandem entgegenbrachte.

Ihre Freundschaft wies zwei Charakteristika auf, die in allen Freundschaften Tocquevilles wiederzufinden waren: Er bedurfte eines Vermittlers zwischen sich und der Außenwelt und eines Menschen, der ihm half, sein Mißtrauen gegen sich selbst abzubauen. Beaumont wußte beide Rollen zu spielen, die erste mit großem Einfühlungsvermögen, die zweite mit Verantwortungsbewußtsein. In den Augen dritter war Beaumont überdies der Stern unter den Staatsanwälten Versailles', dem aufgrund seiner spontanen, glänzenden und manchmal etwas platten Eloquenz eine große Zukunft zu winken schien. Tocqueville stand hier etwas in seinem Schatten.

Doch Beaumont, obwohl manchmal oberflächlich, besaß Urteilsvermögen und ein feines Gespür; er wußte, wie er Tocqueville einzuschätzen hatte, erkannte seine intellektuelle Überlegenheit und akzeptierte seinen Einfluß. Daher auch der Bereich, in dem sich ihre Freundschaft am engsten gestaltete: ihre gemeinsamen Studien.

Wie wir gesehen haben, hatte sich Tocqueville nach seinem Jurastudium bemüht, dieses zu ergänzen, insbesondere durch das Studium der Geschichte. Beaumont bemühte sich ebenfalls, sein Wissen in diesem Bereich zu erweitern, und beide begannen miteinander über ihre Erkenntnisse zu diskutieren. So verfaßte Tocqueville, inspiriert von dem englischen Historiker Lingard, einem Katholiken, einen langen Brief über die Geschichte Englands. Er liefert darin eine kurze Analyse der *Histoire des ducs de Bourgogne* (Geschichte der Herzöge von Burgund) von Barante, während Beaumont Anmerkungen zur *Histoire de la Révolution* von Thiers macht. Gemeinsam erarbeiteten sie sich mit Hilfe der Lektüre von J.-B. Say die Grundlagen der politischen Ökonomie. In einem bedeutenden Brief vom 25. Oktober 1829 legt Tocqueville seinem Freund dar, welches Ziel ihre Studien haben sollten: »Wir müssen den Politiker in uns heranbilden. Und dafür müssen wir die Geschichte der Menschen, und hier insbesondere jener, die unmittelbar vor uns gelebt haben, studieren. Die andere Geschichte ist nur insofern von Nutzen, als sie uns einige allgemeine Vorstellungen über die Menschheit insgesamt vermittelt und eine Vorbereitung auf die erstere darstellt.«[1] Dann erläutert Tocqueville, daß diese Geschichte um die Revolutionen kreist, um den Zustand der Völker vor, während und nach diesen Revolutionen. Er fügt hinzu – er kehrte zu diesem Zeitpunkt gerade von einer Reise in die Schweiz zurück –, daß er seit kurzem sehr von dem Einfluß der Geographie auf die »politischen Streitigkeiten« der Völker beeindruckt sei. So kristallisierte sich neben der zeitlichen Erklärung auch eine räumliche Dimension der Geschichte heraus, die zu seinem Werk *Über die Demokratie in Amerika* führte.

Es wäre falsch, die scheinbare Verachtung allzu wörtlich zu nehmen, die Tocqueville in der eben zitierten Passage gegenüber den »allgemeinen Vorstellungen über die Geschichte der Menschheit« kundtut. Mochten sie auch, für sich genommen, für die Ausbildung des Politikers nicht ausreichen, so sind sie jedoch ein unentbehrlicher Beitrag dazu. Schon seit Jahren suchte Tocqueville in der Geschichte eine Erklärung des Menschen; enttäuscht von der Geschichtenerzählerei eines Thiers und der Schulmeisterei des »Griesgrams« Lingard, fand er endlich in der Person Guizots eine Leitfigur und einen Lehrer.

Dieser nahm seine Vorlesungen, die 1822 verboten worden waren, am 11. April 1828 wieder auf. Er sprach dort über das Thema *Histoire de la civilisation en Europe*, eine breit angelegte Einführung zur *Histoire de la civilisation en France*, über die er von Dezember 1828 bis Mai 1830 lesen sollte. Die Aufzeichnungen Tocquevilles über einen Teil der zwischen dem 11. April 1829 und Mai 1830 gehaltenen Vorlesungen sind erhalten (Pouthas 1923); er hatte aber auch schon frühere Vorlesungen gehört oder Beaumonts Mitschriften dieser Veranstaltungen gelesen. In einem an den Freund gerichteten Brief vom 30. August 1829, dessen

---

1 A. de Tocqueville 1967, Teil: 93.

Schluß leider verlorengegangen ist, wodurch uns Tocquevilles vollständiger Kommentar vorenthalten bleibt, schreibt er: »Wir müssen das diesen Winter noch einmal lesen, mein lieber Freund, es ist gewaltig in der Analyse der Ideen und der Angemessenheit der Worte, gewaltig in seiner Wahrhaftigkeit.« Die Analogien, die den Einfluß Guizots auf die großen Themen seines Werkes *Der alte Staat und die Revolution* beweisen, sind schon früher aufgezeigt worden: Klassenkampf, Niedergang des Feudalismus, Einschätzung der Aufklärung etc. (Hoeges 1974: 328-353). Was Tocqueville jedoch sofort entdeckte, war eine umfassende Geschichte der Zivilisation, wie aus seinen Aufzeichnungen über Guizots Vorlesung vom 18. Juli 1829 hervorgeht:

»Die Geschichte der Zivilisation ... will und muß alles gleichzeitig umfassen. Sie muß den Menschen in allen Situationen seiner gesellschaftlichen Existenz untersuchen. Sie muß seine geistige Entwicklung an den Ereignissen, den Sitten, den Meinungen, den Gesetzen und den geistigen Monumenten verfolgen, sie muß in ihn selbst hineinblicken, muß die fremden Einflüsse abschätzen, denen er sich ausgesetzt findet. Mit einem Wort, es gilt ein Bild des ganzen Menschen während eines gegebenen Zeitraums zu entwerfen, und die Geschichte der Zivilisation ist nichts anderes als die Gesamtheit aller Begriffe, die sich auf ihn beziehen.«[1]

Würden wir »gegebener Zeitraum« durch »gegebenen geographischen Rahmen« ersetzen, fänden wir dann in dieser Darlegung von Guizots Methode nicht das Bemühen um eine Analyse der amerikanischen Gesellschaft, bei der ständig eine Verbindung zwischen den sozialen Beziehungen und dem Innenleben des demokratischen Menschen hergestellt wird?

Und sicherlich war Guizots Lektion noch weiterreichend: Trotz seiner Abhängigkeit von äußeren Umständen sei der Mensch der Gestalter der Geschichte und als solcher einem moralischen Urteil unterworfen. Bei Tocqueville wird eine fatalistischere, mehr auf Vorbestimmtheit ausgerichtete Auffassung erkennbar, die möglicherweise auf Bossuet oder seine jansenistische Erziehung zurückgeht, eine Auffassung, die nichtsdestoweniger die Mitwirkung des Menschen fordert, der die Entwicklungen zum Guten oder zum Schlechten zu beeinflussen vermag. Tocqueville, der sich immer über Thiers amoralische Geschichtsauffassung ent-

---

1 Archives Tocqueville, Akte 69.

rüstet hatte, steht hier Guizot nahe, der ihn lediglich in einer Tendenz bestätigt, die schon von vornherein seiner Natur entsprach.

Beaumonts Versetzung nach Paris im September 1829 war Tocqueville als Katastrophe erschienen. Er wußte, wie leicht Beaumont neue Bekanntschaften schloß und wie »vergeßlich« er war, und fürchtete das Alleinsein. Doch waren seine Ängste unbegründet: Beaumont verbrachte seine ganze freie Zeit in Versailles. Da er dort allerdings zärtliche Bande geknüpft hatte, braucht man seine freundschaftliche Ergebenheit nicht allzusehr zu bewundern. Die vier Freunde kamen jedenfalls zu Diskussionen zusammen, bei denen in diesen Jahren, 1828-1829, die politische Entwicklung, die von ihnen bereits als recht beunruhigend empfunden wurde, im Vordergrund stand. Glaubt man den *Souvenirs* Carnés[1], der sie kannte und ihnen ein Wohlwollen entgegenbrachte, das von Tocqueville nicht erwidert wurde, so begegneten sie dem Ministerium Martignac mit mäßigen Sympathien, dem Ministerium Polignac dann jedoch mit zunehmender Sorge – genau jener Regierung, die die »verrückten« Royalisten von Versailles freudig begrüßten, weil sie voraussahen, daß der König »aufs Pferd steigen würde«.

Tocquevilles Haltung angesichts der Krise, die zur Revolution führte, ist uns dank einiger Briefe an seinen Bruder Édouard bekannt. Mit den Briefen, die er in der Zeit vom 9. August 1829 bis zum 6. Mai 1830 schrieb, wollte er den auf Hochzeitsreise in Italien befindlichen Bruder über den Verlauf der Ereignisse informieren.[2]

Der erste dieser Briefe wurde zum Zeitpunkt der Einsetzung des Ministeriums Polignac verfaßt. Dieses konnte weder das Vertrauen der amtierenden Kammer erringen noch erreichen, daß diese einer Änderung des Wahlgesetzes zustimmte; die von Polignac angesetzten Neuwahlen sollten nur zu einer identisch zusammengesetzten Kammer führen. »Sie haben sich auf ein System von Staatsstreichen eingelassen, auf eine Gesetzgebung durch Ordonnancen, das heißt, auf die Frage, ob die Macht nun beim König oder beim Volk liegt, auf einen Turnierkampf, auf eine Partie, bei der meiner Meinung nach die Volksmacht nur ihre Gegenwart, der König aber seine Gegenwart und seine Zukunft aufs Spiel

---

1 Zur Stimmung unter der Jugend im Jahre 1829 siehe L. de Carné (o.J.).
2 Briefe an Édouard vom 9. August 1829, vom 15. und 24. März, 6. und 29. April und 6. Mai 1830; teilweise unveröffentlicht.

setzt.« Wenn er seine Minister immer einer Konfrontation mit der Kammer aussetzt, wird sich der König selber schwächen, weil man von ihm Garantien für die Zukunft verlangen wird. Tocqueville sah mit vollkommener Klarheit, welche Situation Karl X. durch sein Vorgehen heraufbeschworen hatte.

Im darauffolgenden März richteten die 221 Deputierten ihre Bittschrift an den König, der darauf voller Hochmut reagierte. »All das erinnert ein wenig an Ludwig XIV., doch das französische Volk Ludwigs XIV. könnte sehr gut zusammen mit ihm gestorben sein.« In Wahrheit hatte sich die Monarchie absichtlich in eine verzweifelte Lage gebracht, um ihre Anhänger um sich zu sammeln. Aber die Kammer, die augenblicklich die Schuld nur bei den Menschen suchte, sollte sie schließlich bald bei den Institutionen suchen.

Am 6. April »spricht der König nur von Stärke, die Minister von Festigkeit, die besonnenen Royalisten machen sich Sorgen um die Zukunft, und die Verrückten, die in der Überzahl sind, schweben im siebten Himmel. Sie reden nur noch von Staatsstreichen, von einer Änderung des Wahlgesetzes per Ordonnanz.«

Die Royalisten verzehren sich wie in Koblenz vor Ungeduld, aber niemand hat Vertrauen in Polignac.

6. Mai: »Sich über die Charte hinwegzusetzen, das heißt, sich selbst vom Thron stürzen zu wollen.« Tocqueville sieht voraus, daß die Gerichte sich weigern würden, die illegalen Ordonnanzen anzuwenden und billigt dies auch. Er ahnt »den Sturz des herrschenden Hauses« voraus.

Seine Klarsicht und sein Pessimismus haben jedoch bei Tocqueville keine unversöhnliche Oppositionshaltung gegen den König zur Folge. Er kritisiert die Einstellung Chateaubriands und des *Journal des débats* und scheint gutzuheißen, daß sein Vater als Präsident der Wahlversammlung des Departements Manche versucht, die Wähler für den König zu gewinnen.

In seinen *Erinnerungen* sollte er zugeben: »Für Karl X. hatte ich bis zuletzt einen Rest von ererbter Anhänglichkeit bewahrt, aber dieser König fiel, weil er Rechte verletzt hatte, die mir teuer waren« (Tocqueville 1954:112). Und hier lag zweifellos Tocquevilles Dilemma, als die *Trois Glorieuses* anbrachen: Sie versetzten diesem »Rest von ererbter Anhänglichkeit« einen entscheidenden Schlag.

Über den Verlauf der Julirevolution in Versailles berichten zum einen Passy, der sich auf die Aussagen Blossevilles beruft, welcher sich zu diesem Zeitpunkt in der Präfektur befand und daher einen guten Überblick hatte; und zum anderen Beaumont, wenn auch etwas lückenhafter. Dieser Teufelskerl hielt sich am Morgen im Pariser Justizpalast auf, spazierte dann inmitten der Aufstände durch die Stadt, begab sich zum königlichen Heer, wo einer seiner Onkel diente, und abends schließlich nach Versailles, wo ihn eine gastliche Schlafstatt erwartete; am nächsten Tag kehrte er im Morgengrauen nach Paris zurück.[1]

In Versailles kursierten am 27. Juli verworrene Gerüchte über die Bekanntgabe der Ordonnanzen, dann wurde die Garnison in die Hauptstadt beordert. Am 29. Juli bemächtigte sich der Pöbel der Waffen, die sich in der Kaserne der Leibwache befanden, und stürmte das Rathaus.

Die Nationalgarde stellte sich den Massen entgegen, um Blutvergießen und ein Massaker an den Royalisten zu verhindern. Ein Rechtsanwalt, der als Offizier in der Garde diente, gab vor, die Barrikaden kontrollieren zu wollen, und brachte die Aufständischen auf diese Weise dazu, ständig hin und her zu patrouillieren. Als sie schließlich erschöpft Rast machten und in der Nacht vom 29. zum 30. Juli auf den Straßen einschliefen, sammelte die Nationalgarde die Waffen wieder ein.

Am Morgen des 31. sah Blosseville, der sich im Rathaus aufhielt, Alexis de Tocqueville eintreten: »Er brachte ... ein Munitionsgewehr zurück, das er zwei Tage zuvor als Freiwilliger der Nationalgarde erhalten hatte. Er nahm mich zur Seite und sagte mir in einem Ton, der Schmerz und Demütigung verriet: ›Es ist nichts mehr zu machen; alles ist vorbei. Am Posten der Barrikade von Saint-Cloud habe ich gerade den Konvoi der Monarchie vorbeifahren sehen; die Kutschen des Königs, seiner Kinder und Enkelkinder und der Minister sind alle von der Leibwache umringt. Und, Sie werden es mir kaum glauben, die Wappenschilder der königlichen Kutschen sind schmutzbedeckt.‹« (Passy 1898:129 f.)

Schon am Vorabend hatte er einen kurzen Brief an Mary Mottley geschrieben: »Das in Paris vergossene Blut, das Geläute der Sturmglocken, all das verfolgt mich unaufhörlich. Was die Bourbonen angeht, so haben sie sich wie Feiglinge benommen und sind nicht den tausendsten Teil des Blutes wert, das für ihre Sache geflossen ist.«[2]

Der Ton, in dem Tocqueville hier über den König spricht, hat sich seit den jüngsten Briefen an Édouard radikal gewandelt. Nichtsdesto-

---

1 Dieser Bericht Beaumonts ist in der Beinecke Library der Yale Universität aufbewahrt.
2 Archives Tocqueville, Akte 18.

weniger sehen sich Tocqueville und Beaumont noch nicht als Liberale und machen sich über den »Cousin« Le Peletier d'Aunay lustig. Und dennoch haben auch sie das Gesetz über den König gestellt und sehen in den Vorgängen der Julitage einen Akt, der eine »geregelte« Freiheit schaffen kann. Diese Form der Freiheit ist aber bereits Tocquevilles politisches Ideal, und es scheint, daß er sich einzig aus Treue zu den Auffassungen seiner Familie nicht eingesteht, wie sehr seine Ansichten denen der gemäßigten Liberalen um den neuen Souverän ähneln.

6
Abreise nach Amerika

Tocqueville verurteilte das Vorgehen Karls X. scharf und bedauerte seinen Sturz nicht, doch hätte er eine Inthronisierung des Herzogs von Bordeaux unter der vorläufigen Regentschaft des Herzogs von Orléans gewünscht. Ein sehr theoretischer Wunsch, denn Louis-Philippe, der im Verdacht stand, sich nicht für eine solche Lösung eingesetzt zu haben, bemühte sich immer wieder zu beweisen, daß sie tatsächlich nicht zu verwirklichen gewesen sei. Eine solche Regelung aber hätte die alte Loyalität zur Monarchie unangetastet gelassen und die Gewissenskonflikte jener Männer beruhigt, die dem Souverän in alter Treue verbunden waren. Jedoch, so wie es entstand, erschien das neue Regime als das einzige – und in diesem Augenblick auch noch sehr zerbrechliche – Bollwerk gegen die revolutionäre Anarchie. Wie seine Freunde Beaumont und Chabrol und auch sein Bruder Hippolyte, der einen europaweiten Umsturz befürchtete, entschloß sich Tocqueville, am 16. August den Eid zu leisten, den man von den Richtern und königlichen Anwälten in Versailles verlangtc (nachdem er vom Hilfsrichter zum *suppléant* umbenannt worden war, mußte er diesen Eid überdies im Oktober erneuern). Er erfüllte diese Pflicht nur unter großen inneren Konflikten, wie ein Brief an Mary Mottley beweist:

»Letztlich habe ich diesen Eid geleistet. Ich habe mir vor meinem Gewissen nichts vorzuwerfen, aber ich fühle mich nichtsdestoweniger tief verletzt und würde diesen Tag zu den unglücklichsten meines Lebens zählen ... Ich befinde mich im Krieg mit mir selbst, was ein neuer, für mich schrecklicher Zustand ist. Wie sich meine Stimme verändert hat, als ich diese drei Worte ausgesprochen habe, ich fühlte, daß mein Herz zum Zerspringen klopfte.« Und in dem gleichen Brief fügt Tocqueville hinzu: »Ich muß die Gegenwart von Menschen vermeiden, die ich zwar schätze, aber dennoch gleichzeitig mißbillige.«[1] Innerhalb seiner eigenen Familie war sein Vater, der von Karl X. zum Pair ernannt worden war, *ipso facto* aus der hohen Kammer ausgeschlossen worden, während sein Onkel Rosanbo und der Vater Louis de Kergorlays lieber auf ihren Pairstitel verzichteten, als sich der Eidespflicht zu unterwerfen. Innerhalb der Familie gemahnte noch die gegenseitige Zuneigung zur Toleranz; auf gesellschaftlicher Ebene aber verhielt es sich anders.

Wie wir gesehen haben, hatte die Nationalgarde den Adel am 30. und 31. Juli gegen die Angriffe des Pöbels geschützt. Diese Solidarität der oberen Klassen war aber nur ein flüchtiger Reflex gewesen. Noch nie war die Feindseligkeit und Verbitterung zwischen Aristokratie und Bourgeoisie so groß gewesen; es war sogar nicht einmal mehr möglich, die Salons im Quartier Saint-Louis und im Quartier Nôtre-Dame nebeneinander zu besuchen. Ein aus der Normandie stammender Freund Blossevilles, ein gemäßigter Mann, sprach im Oktober 1830 von »dieser abscheulichen Versailler Gegend, wo man in so unangenehmer Weise zwischen zwei Parteien zerrieben wird, von denen die eine ebenso rechthaberisch und unvernünftig ist wie die andere«[2]. In der affektgeladenen Atmosphäre nach den *Trois Glorieuses* unterstellte man jungen Justizbeamten, die einen Eid abgelegt hatten, einen niedrigen Ehrgeiz, der sie dazu triebe, die ehrenvolle Tradition ihrer Familie zu verraten. Wollten sie gesellschaftliche Affronts vermeiden oder gar der unterschwelligen Verachtung alter Liberaler entgehen, so gebot ihnen die Vernunft, Abstand zu gewinnen, damit sich die Gemüter wieder beruhigen konnten.

Seit August 1830 beschäftigte sich Tocqueville mit dem Problem, seine Laufbahn, deren Wahl er nun bedauerte, aufgeben zu müssen. »Wenn ich meine Laufbahn aufgeben muß und nichts mich zwangsweise in Frankreich zurückhält, bin ich entschlossen, dem Müßiggang des Privatiers zu entfliehen und einige Jahre lang das bewegte Leben eines Reisenden zu führen. Schon lange verspüre ich den größten Wunsch, Nordamerika zu besuchen. Ich werde dort sehen, was eine große Republik ist«, schreibt er am 26. August an Charles Stoffels, den Bruder Eugènes. Am 4. Oktober rechtfertigte er gegenüber demselben seine Reisepläne

---

1 Archives Tocqueville, Akte 18; zitiert in A. Rédier 1925: 85 f.
2 L. Passy 1898: 153. Brief von Le Prévost an Blosseville (Oktober 1830).

mit der Sorge um seinen beruflichen Werdegang. Tocqueville sah seine Zukunft also pessimistisch. Falls sich das Regime an der Macht hielte, würde er nur durch Diensteifrigkeit vorwärts kommen können, was er auf keinen Fall zu tun gedachte. Sollte es stürzen, so würde sich ihm durch eine neue Revolution eine Laufbahn in einer Partei nur auf einem unbedeutenden Rang eröffnen:

»Nehmen Sie gegenwärtig einmal an, ich würde, ohne auf meinen Richterposten zu verzichten, so daß ich mich auf meine Dienstjahre berufen kann, nach Amerika reisen: fünfzehn Monate vergehen. In Frankreich bilden sich die Parteien heraus; man erkennt nun genau, welche mit der Größe des Landes und seinem inneren Frieden nicht zu vereinbaren ist; man kehrt also mit einer klaren, prägnanten und von jeglichem Engagement unbelasteten Meinung zurück. Allein schon durch diese Reise haben Sie sich von der gewöhnlichsten Klasse abgehoben. Die Erkenntnisse, die Sie bei einem so berühmten Volk gewonnen haben, heben Sie von der Masse ab. Sie wissen nun, was das genau ist, eine riesige Republik, warum sie hier praktikabel ist und dort nicht. Alle Aspekte der öffentlichen Verwaltung haben Sie einen nach dem anderen studiert. Sie verspüren bei Ihrer Rückkehr nach Frankreich sicher eine Kraft, die sie bei Ihrer Abreise nicht hatten. In einem günstig gewählten Moment kann irgendeine Publikation die Öffentlichkeit auf Ihre Existenz aufmerksam machen und das Interesse der Parteien wecken.«[1] Die Sorge um die berufliche Laufbahn, die Tocqueville hier erwähnt, bewegte auch Beaumont: Aufgrund seiner beruflichen Position in der Anwaltschaft stand er vor dem quälenden Dilemma, sich entweder mit Eifer für das neue Regime einzusetzen oder sich dem Verdacht auszusetzen, im Herzen Anhänger Karls X. geblieben zu sein. Und da auch er den größten Teil seiner freien Zeit in Versailles verbrachte, war er den gleichen gesellschaftlichen Anfeindungen ausgesetzt wie Tocqueville. Es galt also einen beruflichen Vorwand für die lange Abwesenheit, die eine Amerikareise bedeutete, zu finden; einen Vorwand, der nur Tarnung für die tiefere, intellektuelle Rechtfertigung für diese Studie über die Neue Welt war.

Ein Problem, dessen sich die aufgeklärte Meinung seit mehreren Jahren sehr deutlich bewußt geworden war, bot schließlich den geeigneten Ansatzpunkt: die Ablösung des französischen Gefängnissystems durch ein richtiges Strafvollzugssystem. In Frankreich existierten mehrere Kate-

---

1 Unveröffentlichter Brief, Archives Stoffels d'Hautefort.

gorien von Gefängnissen, vom Untersuchungsgefängnis bis zum Zuchthaus, doch herrschten in der Praxis wahrhaft anarchische Zustände, die von den zeitgenössischen Schriftstellern, und hier insbesondere von Balzac, heftig angeprangert wurden. Die meisten Gefängnisse waren »Kloaken«, »Schulen des Verbrechens«. Man traf dort in einem erstaunlichen Durcheinander Kriminelle, alte Bekannte der Strafkammern, jugendliche Diebe, ja sogar lediglich psychisch Gestörte. Tocqueville und Beaumont war dies nur zu gut bekannt, denn sie hatten das Untersuchungsgefängnis in Versailles und das Zentralgefängnis in Poissy, in dem eine äußerst schlechte Disziplin herrschte, besucht. In den vorausgehenden Jahren hatten sie sich mit ihrem Freund Blosseville über die Deportation und über Methoden zur Bestrafung und zur Besserung von Häftlingen unterhalten. Die Statistiken zeigten, daß der Anteil an verurteilten Rückfälligen in Frankreich größer war als in allen anderen Ländern, die solche Erhebungen durchführten.

Schon im Oktober verfaßte Beaumont einen Bericht an den Innenminister. Darin legte er die genannten Fakten dar und führte aus, welchen Nutzen es für Frankreich habe, dem Beispiel Englands und der Schweiz zu folgen, die durch den Bau aufwendiger Modellgefängnisse einen Rückgang der Kriminalität hatten bewirken können. Doch Beaumont, der offensichtlich geschickt zu argumentieren wußte, fügte hinzu, daß die Erfahrungen der Nachbarländer noch zu neu seien, um dem Minister nützlichen Aufschluß zu geben. Um verläßliche Erkenntnisse zu gewinnen, müsse man noch weiter fortgehen, in die Vereinigten Staaten: Dort existierten schon seit längerer Zeit verschiedene Strafvollzugsordnungen, die aber alle so effizient seien, daß, auf das gesamte Land bezogen, im Durchschnitt nur jeder 32. Verurteilte rückfällig würde. Französische Kriminalisten wie Lucas hätten diese amerikanischen Systeme zwar schon untersucht, aber da sie niemals gesehen hätten, wie diese konkret funktionierten, hätten sie weder eine eindeutige Erklärung für die moralische Besserung der Häftlinge noch für die geringen Kosten der neuen Gefängnisse liefern können (Beaumont hob diesen Punkt, der dazu geeignet war, die sparsamen Finanzexperten einer bürgerlichen Kammer zu beeindrucken, besonders hervor). Es sei also dringlich, an Ort und Stelle eine Untersuchung durchzuführen und hierzu zwei des Englischen mächtige Beobachter dorthin zu entsenden, die über mehrere Monate hinweg ihre

Eindrücke austauschen könnten.[1] Die Rückschlüsse aus diesen Beobachtungen könnten schließlich zu einer Reform des Strafrechts führen.

Dieser Bericht wurde dem Minister am 31. Januar 1831 vorgelegt und konnte sich der vollen Unterstützung Le Peletier d'Aunays erfreuen, der nun Vizepräsident der Kammer und eine der herausragenden Persönlichkeiten des gemäßigten Orleanismus war. Die beiden jungen Rechtsgelehrten wurden daraufhin von Innenminister Montalivet mit der ersehnten Mission beauftragt und vom Justizminister für achtzehn Monate beurlaubt (6. Februar 1831).

Wie wir aber gesehen haben, standen hinter dieser Reise noch umfassendere und tiefgehendere Beweggründe. Die Liberalen der Restaurationszeit hatten die englischen Institutionen als Modell vorgeschlagen; nun aber waren diese Institutionen sogar auf der Insel ins Wanken geraten, und in Frankreich hätten die *Trois Glorieuses* das Land beinahe noch viel weiter mit fortgerissen und zu einer demokratischen Republik gemacht. Zwar hatte die politische Klasse diese Entwicklung gebremst, doch der neuen Monarchie, die mit einem Taschenspielertrick installiert worden war, schien eine ungewisse Zukunft beschieden; die Gefahr einer republikanischen Revolution war nicht gebannt. Die Idee der Republik, die alle in höchstem Maße beschäftigte, beschwor verworrene und widersprüchliche Vorstellungen herauf: antike Stadtstaaten, die auf dem festen Gerüst der politischen Tugenden ruhten; Schweizer Kantone, die das im 18. Jahrhundert geltende Dogma bestätigten, daß Demokratie nur in kleinen Staaten möglich sei; andererseits aber auch der große Umsturz von 1793, die Diktatur und die politischen Clubs, die Schreckensherrschaft und die Guillotine, was schließlich alles in Anarchie geendet hatte. Allerdings lenkten all diese Besorgnisse auch den Blick auf jene große Republik jenseits des Atlantiks, die alte Sympathien genoß[2]. Die Legitimisten sahen sie keineswegs mit solcher Bitterkeit wie die früheren britischen Machthaber, was eine Beleidigung für Ludwig XVI. gewesen wäre. Sie begnügten sich damit, die Stabilität der amerikanischen Republik durch außergewöhnliche Umstände zu erklären und vorauszusagen, daß diese nicht ewig dauern werde. Auch die Liberalen hatten den Eindruck, daß dieses außergewöhnliche demokratische

---

1 *Note sur le système pénitentiaire et sur la mission confiée par M. le ministre de l'Intérieur à MM. Gustave de Beaumont et Alexis de Tocqueville.* Paris 1831.

2 Was das damals neuerwachte Interesse für die amerikanische Republik anbetrifft, siehe R. Rémond 1962.

System einem noch wenig kultivierten Land entspräche und die politische Ausprägung eines goldenen ländlichen Zeitalters sei, das in Europa unwiderruflich der Vergangenheit angehörte. Und dennoch hatten eine Generation vorher der alte La Fayette, der durch die Revolution aus dem Schatten getreten war, und seine Freunde, die *idéologues*[1], prophezeit, daß es in Europa eines Tages Institutionen amerikanischen Typs geben werde. Die Revolution von 1830 warf also ein Dilemma auf: Präsentierte das Leben in Amerika Bilder aus der Vergangenheit oder Szenen aus der Zukunft?

Es ist nicht mehr festzuhalten, inwieweit Tocqueville diese Tradition der *idéologues* gekannt hatte. Jedenfalls machte er sich ihre Sicht der Zukunft zu eigen, welche ihn 1835 zu einem Brief anregte, in dem er in noch stärkerem Maße als in dem Brief an Charles Stoffels vom 4. Oktober 1830 die tieferen Gründe seiner Reise nach Amerika darlegt und bestätigt, daß er ein solches Vorhaben schon lange vor der Julirevolution ins Auge gefaßt hatte. Dieser Brief, von dem uns nur eine Kopie vorliegt, läßt sich mit Sicherheit auf das Jahr 1835 datieren. Er wurde (nach Angabe der Archive von Yale) im Rahmen von Tocquevilles Briefwechsel mit Kergorlay veröffentlicht. Wir neigen jedoch eher zu der Auffassung, daß er an Eugène Stoffels gerichtet war, denn Kergorlay hatte die Entstehung der *Demokratie in Amerika* aus zu großer Nähe mitverfolgt, als daß eine solche grundsätzliche Erklärung aufschlußreich für ihn gewesen wäre.

»Ich bin so tief überzeugt, wie man es nur von irgend etwas auf dieser Welt sein kann, daß wir durch unsere Gesetze und Sitten unaufhaltsam auf eine fast völlige Gleichheit der gesellschaftlichen Bedingungen zusteuern. Wenn die Bedingungen gleich sind, sehe ich zugegebenermaßen kein Zwischending mehr zwischen einer demokratischen Regierung (und darunter verstehe ich nicht die Republik, sondern eine Gesellschaftsform, in der alle mehr oder weniger an den Regierungsgeschäften mitwirken) und der ohne Kontrolle ausgeübten Regierung eines Einzelnen. Ich zweifle keinen Augenblick daran, daß wir mit der Zeit zum einen oder zum anderen gelangen werden.«

Und weiter unten bringt er diese Überzeugung mit seiner Amerikareise in Verbindung: »Schon seit beinahe zehn Jahren beschäftige ich

---

1 Bezeichnung, die von Napoleon I. geprägt wurde, um eine zwischen 1795 und 1800 entstandene Gruppe von Philosophen zu diffamieren, die sich »Idéologistes« nannten. (A. d. Ü.)

mich mit einem Teil der Dinge, die ich Dir vorher dargelegt habe. Ich bin nur in Amerika gewesen, um mir über diesen Punkt Klarheit zu verschaffen. Die Strafvollzugsordnung war nur ein Vorwand: Ich habe ihn benutzt, um mir überall in den Vereinigten Staaten Zutritt zu verschaffen. In diesem Land habe ich über meine Erwartungen viele Dinge gesehen, darunter einige, die mit den Fragen zu tun haben, die ich mir schon so oft gestellt habe. Ich bin keineswegs mit dem Gedanken, ein Buch zu schreiben, dorthin gereist, sondern die Idee zu dem Buch ist mir dort gekommen. Ich sagte mir, daß jeder Mensch seine Gedanken der Gesellschaft ebenso zur Verfügung stellen müßte wie seine Körperkräfte.«[1]

Tocqueville wollte also das Funktionieren einer Demokratie, dem Zukunftsmodell für Frankreich, kennenlernen. Was er jedoch zur Entstehung seines Buches äußert – daß es ohne vorherige Absicht aus seinen Erfahrungen in Amerika geboren sei –, stimmt wohl kaum mit der Wirklichkeit überein. In dem von uns zitierten Brief vom 4. Oktober 1830 hegte er bereits den Plan, die Öffentlichkeit mit einem Werk über das politische Leben in Amerika zu beeindrucken. Er hatte diesen Gedanken Beaumont mitgeteilt, und dieser meinte, da sie ja zusammen an einer Studie über die amerikanische Strafvollzugsordnung arbeiteten, könnten sie auch gemeinsam ein noch wichtigeres Werk über die Regierung und die Sitten des amerikanischen Volkes verfassen. Als sie sich bereits auf dem Schiff nach New York befanden, schrieb Beaumont seinem Vater am 25. April 1831: »Wir haben große Pläne im Sinn ... Wir werden Amerika sehen, indem wir seine Gefängnisse besuchen, wir werden seine Einwohner, seine Städte, seine Institutionen, seine Sitten sehen; wir werden die Mechanismen seiner republikanischen Regierung kennenlernen. Diese Regierung ist in Europa überhaupt nicht bekannt. ... Das wäre doch ein gutes Buch, welches eine genaue Vorstellung vom amerikanischen Volk vermitteln, eine umfassende Darstellung seiner Geschichte liefern, seine grundlegenden Charakterzüge zeichnen, seine Gesellschaftsordnung analysieren und so viele falsche Auffassungen in diesem Punkt richtigstellen würde?«[2] Hier lag also bereits der Plan zu einem Buch über Amerika vor, der einige in der *Demokratie* wiederaufgenommene Themen umfaßt, aber als gemeinschaftliche Arbeit von Tocqueville

---

1 A. de Tocqueville 1977, Teil 2: 373 ff.
2 G. de Beaumont 1973:28.

und Beaumont gedacht war. Die Entscheidung, ein solches Werk in Angriff zu nehmen, stand sicherlich noch nicht unwiderruflich fest, doch hatten die Freunde eine solche Arbeit bereits seit längerem in Erwägung gezogen.

Es war Tocqueville, der – nach Aussage Beaumonts durch alle uns bekannten Fakten bestärkt – als erster auf das Vorhaben der Amerikareise kam.[1]

Die beiden Freunde schifften sich am 2. April in Le Havre ein. Das Schiff, für das sich Alexis und Gustave entschieden hatten, die *Le Havre*, fuhr unter amerikanischer Flagge. Es handelte sich um eine Brigg von 500 Tonnen, die am 20. März ohne Fracht von Liverpool gekommen war. Sie verfügte über achtzehn Mann Besatzung, hatte in Frankreich 163 Passagiere an Bord genommen und Industrieerzeugnisse aus Lyon geladen.[2] Die Reise begann zunächst ungünstig, das Schiff fuhr bei einem Ablegeversuch um die Mittagszeit im Hafen fest. Es konnte aber die nächste Flut nutzen und verließ Le Havre um Mitternacht. Die Brigg mit ihrem beeindruckenden Segelwerk paßte sich wie eine Nußschale allen Bewegungen des Ozeans an, und die Überfahrt verlief je nachdem, ruhig oder stürmisch. In den ersten Tagen litt die Mehrheit der Passagiere unter der Seekrankheit. Beaumont blieb davon verschont; Tocqueville konnte sich jedoch erst wieder nach vier Tagen erheben; nach sechs Tagen lernte man sich an Bord allmählich untereinander kennen. Die Dauer einer Überfahrt schwankte von Mal zu Mal und konnte unter Umständen dreimal so viel Zeit in Anspruch nehmen wie im günstigsten Fall erforderlich: Auf dieser Fahrt benötigte die *Le Havre* 38 Tage, was über der durchschnittlichen Reisedauer lag.

Der gebotene Komfort war bescheiden, die Verpflegung wurde zum Teil durch Vieh und Geflügel gesichert, die man neben dem Proviant mitführte. Aufgrund der mangelnden Voraussicht des Kapitäns mußten jedoch gegen Ende der Reise Zucker und Mehl rationiert werden. Auf Segelschiffreisen entwickelte sich im allgemeinen eine Form von Geselligkeit, die noch intensiver war als die in den Postkutschen des 19. Jahrhunderts. Unsere beiden Reisenden bemühten sich vor allem, Englisch zu sprechen, was ihnen durch die tägliche Konversation mit Miss Edwards, einer jungen Amerikanerin, erleichtert wurde. Ein englischer

---

1 A. de Tocqueville 1866b; einführende *Notice* Beaumonts über Tocqueville.
2 Nach den Angaben in den Schiffsregistern von Le Havre.

Gutsbesitzer namens Palmer, der früher Abgeordneter im britischen Parlament gewesen war, und vor allem der reiche New Yorker Großhändler Schermerhorn waren ihre ersten Informanten über Amerika. Diese Reisegefährten sollten sie später in New York wiedersehen.

Obwohl beide sehr empfänglich für das romantische und wechselvolle Schauspiel des Meeres waren, das die einzige Abwechslung in dem monotonen und abgeschiedenen Leben auf dem Schiff darstellte, unterwarfen sie sich doch einem strengen Arbeitsrhythmus: Nach dem Aufstehen um 5.30 Uhr arbeiteten sie bis zum Frühstück um 9 Uhr und begaben sich danach noch einmal von 11 Uhr bis 15 Uhr, wenn das Mittagessen serviert wurde, an ihre Arbeit. Gegen 19 Uhr gingen sie zu Bett, ohne am Abendessen teilgenommen zu haben. Abgesehen davon, daß sie sich später in Amerika noch daran gewöhnten, den Abendtee zu sich nehmen und sich dann in Gesellschaft zu begeben, war dies schon genau der Arbeitsrhythmus, den sie auch während ihres Aufenthalts in den Vereinigten Staaten beibehalten sollten. Während der Überfahrt übersetzten sie eine strafrechtliche Abhandlung eines englischen Autors, lasen eine Geschichte der Vereinigten Staaten, reflektierten gemeinsam über den *Cours d'économie politique* von J.B. Say (dt.: *Handbuch der praktischen Nationalökonomie*).[1] Sie begannen auch, Informationen über die amerikanische Gesellschaft zu sammeln, wobei ihnen die Gespräche mit Palmer und Schermerhorn als Quelle dienten.

Am 9. Mai rief der Ausguck: »Land in Sicht!« Der amerikanische Kontinent lag vor ihnen.

---

1 Diese Informationen stammen aus dem zitierten Brief Beaumonts vom 21. April und aus den Briefen, die Tocqueville am 25. April und 8. Mai an seine Eltern schrieb. Letztere sind als Abschriften in der Beinecke Library der Yale Universität aufbewahrt. Sie werden demnächst im Rahmen der *Œuvres complètes* (Band mit Familienkorrespondenz) veröffentlicht.

Teil II
Von Amerika zur
»Demokratie in Amerika«

7

Der Beginn des Aufenthalts in Amerika

Alexis de Tocqueville und Gustave de Beaumont gingen am 11. Mai 1831 in New York an Land; am 20. Februar 1832 sollten sie sich im gleichen Hafen und auf dem gleichen Schiff wieder nach Le Havre einschiffen. Ihr Aufenthalt in Amerika dauerte also nur neun Monate. Eine kurze Zeit, um ein so riesiges und vielfältiges Land zu erkunden, zumal sie einen Teil ihres Aufenthalts der Untersuchung des Gefängniswesens widmen mußten und weil ihnen zu Beginn ihre unzureichenden Englischkenntnisse hinderlich waren und zu Mißverständnissen führten.

Ihre Zeit in den Vereinigten Staaten läßt sich einerseits in Studienaufenthalte, während derer die beiden Freunde jeweils eine gewisse Zeit lang in einigen großen Städten im Osten lebten, und andererseits in Reiseperioden aufteilen. Insgesamt absolvierten sie drei längere Aufenthalte: in New York und seiner Umgebung (11. Mai bis 30. Juni 1831), in Boston, Philadelphia und Baltimore (9. September bis 22. November 1831), dann Washington und wieder New York (18. Januar bis 20. Februar 1832). Diese Aufenthalte bildeten den Rahmen für zwei große Reisen, von denen die erste die Freunde in den Nordwesten und nach Kanada führte, während sie sich beim zweitenmal in den Süden begaben, den Mississippi hinunter und dann wieder nordwärts durch den alten Süden über New Orleans nach Washington. Von den 286 Tagen in der Neuen Welt und den 271 Tagen in den Vereinigten Staaten verbrachten sie 140 Tage, d.h. die Hälfte des Aufenthalts, in den großen Städten. Die große Reise in den Süden (mit den Stationen Nashville, New Orleans, Washington) dauerte trotz allerlei Mißgeschicke nur vierzig Tage, und wenn man die Zeit, die sie in Baltimore verbrachten, noch zu ihrem Aufenthalt im Süden rechnet, so kommt man insgesamt auf weniger als fünfzig Tage. Bei diesem an sich schon kurzen Aufenthalt in den Vereinigten Staaten, kam also ganz besonders der Süden zu kurz – und zwar so sehr, daß die Reisenden nicht wirklich in den Geist des Alten Südens und seine komplexe Gesellschaftsstruktur eindringen konnten, deren Aristokratie eine so große Rolle in der Geschichte der jungen Republik gespielt hatte. Michel Chevalier traf damals jene immer noch klassische Unterscheidung zwischen zwei Typen von Amerikanern, den Yankees und den Südstaatlern (Chevalier 1836, Bd. II: 222; Rémond 1962: 725 ff.). Tocqueville hatte vor allem erstere beobachtet und mit ihnen gesprochen. Daß er letztere nicht besser kennenlernte, lag jedoch nicht in seiner Absicht: Die beiden Freunde mußten ihren Aufenthalt vorzeitig beenden, weil der Justizminister gedroht hatte, die Zeit ihrer Beurlaubung von achtzehn und zwölf Monate zu verkürzen, und weil sie ihre Pläne aufgrund unvorhergesehener Komplikationen ändern mußten: Weder konnten sie ihren Aufenthalt in Charleston verwirklichen, wo sie die Gesellschaft des Südens besser kennenlernen wollten, noch konnten sie Präsident Madison einen Besuch abstatten.

Sofort nach ihrer Ankunft in New York bezogen Tocqueville und Beaumont Quartier in einer Familienpension am Broadway, der damals zu den besten Adressen gehörte. Palmer, der ehemalige Abgeordnete im britischen Parlament, zu dem sie auf dem Schiff freundschaftliche Beziehungen geknüpft hatten, wohnte ebenfalls dort und führte sie in seinen amerikanischen Bekanntenkreis ein. Sie informierten auch Serurier, den Botschafter in Washington, und Durant-Saint-André, den Konsul in New York. Ersterer wies sie jedoch darauf hin, daß die Gefängnisse in den Zuständigkeitsbereich der Einzelstaaten und nicht des Bundesstaates fielen; der zweite pflegte kaum Kontakte mit Amerikanern. Tocqueville und Beaumont führten auch siebzig Empfehlungsschreiben mit sich, doch fanden sie so leicht Eingang in die New Yorker Gesellschaft, daß sich diese beinahe als überflüssig erwiesen.

Am 12. Mai veröffentlichte der *Mercantile Adviser* eine Nachricht, die bald von der gesamten Presse übernommen wurde:

»Wie wir erfahren, sind zwei Justizbeamte, die Herren Beaumont und de Toncqueville (sic), mit dem Schiff *Le Havre* angereist, um im Auftrag des Innenministers die verschiedenen Strafanstalten in unserem Lande zu besichtigen und um darüber nach ihrer Rückkehr nach Frankreich einen Bericht zu verfassen. Auch in andere, vornehmlich europäische Länder, wurde eine Kommission entsandt, denn die französische Regierung beabsichtigt, ein Strafvollzugssystem einzuführen, und bemüht sich, alle zu diesem Zweck erforderlichen Informationen zu erhalten. Wir zweifeln nicht daran, daß den eben eingetroffenen Gentlemen in unserem Lande jede erdenkliche Hilfe gewährt wird.« (Pierson 1938: 58)

Die ersten, die die beiden jungen Franzosen empfingen oder ihnen einen Besuch abstatteten, waren ebenfalls Fachleute – Richter, Rechtsgelehrte, Anwälte. Die Berichte in den Zeitungen »haben eine Dienstfertigkeit zur Folge, die uns jeden Tag immer wieder aufs neue überrascht; nicht nur, daß uns alle öffentlichen Orte zugänglich gemacht und alle Dokumente zur Verfügung gestellt werden, nein, die Direktoren der Institutionen holen uns sogar, um sie uns zu zeigen«, schrieb Tocqueville am 28. Mai an den Abbé Lesueur. Der Richter Morse bot ihnen, aus rein kollegialer Ergebenheit, wie es scheint, sofort seine Unterstützung an und stellte sie am 15. Mai dem Bürgermeister von New York vor. Dieser wollte ihnen nicht nur ihre Aufgabe erleichtern, sondern auch deren Bedeutung durch einen feierlichen Akt betonen. Am 25. Mai, um 10 Uhr, fuhr eine Kolonne von fünf Kutschen, in denen sich Tocqueville und Beaumont, der erste Magistrat der Stadt und die *aldermen*[1] (insgesamt 25 bis 30 Personen) befanden, zunächst zur Aufnahmeanstalt für junge Kriminelle; anschließend besuchten sie die Irrenanstalt von Bloomingdale, wo die beiden Franzosen von der Aussichtsterrasse aus das Panorama der Stadt bewundern konnten; schließlich besichtigten sie noch das Taubstummenheim und das Armenhospiz, wo man ihnen zu Ehren ein Bankett gab. Dann wurden sie und ihre Begleiter mit einem Boot zum Gefängnis auf Blackwell's Island gebracht. Als Tocqueville dem Abbé Lesueur von diesem Mittagessen berichtete, fügte er hinzu: »Ich gestehe, daß ich während dieser erhabenen Zeremonie heimlich lachen mußte, wenn ich daran dachte, wie sehr 1 500 Seemeilen die Position eines Menschen verändern können. Ich stellte mir vor, welch' mehr als untergeordnete Rolle ich vor zwei Monaten in Frankreich gespielt hatte und sah daneben die vergleichsweise gehobene Stellung, die wir hier bekleideten; das geringe Aufsehen, das unsere Mission bei uns erregte, und dann die Aufmerksamkeit, die sie hier hervorruft; all das nur wegen dieses schmalen Meeresarms, von dem ich vorher sprach.«[2]

---

1 *Aldermen* (engl.): gewählte Ratsherren und Stadträte (A.d.Ü.).
2 A. de Tocqueville 1865: 17. Brief an den Abbé Lesueur vom 28. Mai 1831 (anhand des Manuskripts berichtigt).

Aber nicht nur die Fachleute empfingen die beiden jungen Franzosen voller Wohlwollen; auch die New Yorker Gesellschaft war ihnen gegenüber sehr aufgeschlossen. Zu Beginn hatten Beaumont und Tocqueville befürchtet, daß man in ihnen Sendboten eines nach der Republik strebenden Landes sehen würde und eventuell bei den Mahlzeiten einen Toast zu Ehren des Regimes von 1830 und La Fayettes ausbringen könnte. Ihre Gastgeber waren jedoch über ihre soziale Herkunft zu gut informiert, um eine solche Ungeschicklichkeit zu begehen. Die Sympathie für den »Helden der zwei Welten« – dessen politische Ideen man zu ihrer Überraschung übrigens sehr häufig nicht ernst nahm – erzeugte seinen Landsleuten gegenüber ein positives Vorurteil, gleich welcher politischen Richtung sie angehörten.

Im Frankreich der Restauration trafen sich in den Salons Männer des öffentlichen Lebens, Inhaber wenig ausfüllender ziviler und militärischer Ämter, doch vor allem Müßiggänger, die sich zuweilen Studien ohne praktischen Nutzen widmeten und von den Erträgen ihres Grundbesitzes lebten. Die Revolution hatte nämlich keineswegs den Geschmack für den adligen Lebensstil ausgerottet, sondern ihn im Gegenteil in das Bürgertum hineingetragen. Kaufleute und Industrielle hingegen befanden sich in diesen Kreisen bei weitem in der Minderzahl. In dieser Hinsicht bot sich deshalb für Tocqueville und Beaumont eine der ersten Überaschungen in New York. Abends traf man Männer, die den Tag im Büro oder im Kontor verbracht hatten: Bankiers, Juristen und Kaufleute. Gesellschaftliche Vergnügungen bedeuteten für sie den Abschluß eines Tages, an dem sie heftig um Profit gekämpft hatten. Das New Yorker Milieu (das sie in ihren Briefen nur ungern als »Gesellschaft« im Sinne einer müßiggängerischen Elite bezeichneten) nahm sie sehr schnell in seine Mitte auf: Ihr Reisegefährte, der Kaufmann Schermerhorn, versammelte alle Ehemaligen aus dem »Salon« der Schiffspassagiere, ihr Bankier Nathaniel Prime lud sie zu einem Empfang anläßlich der Hochzeit seiner Tochter Mathilda ein. Die glänzendsten dieser Zusammenkünfte fanden nicht einmal immer in den städtischen Hotels statt. Es war nämlich die Jahreszeit gekommen, in der man sich in den Landhäusern am Ufer des Hudson oder des East River aufhielt. In diesen reichen New Yorker Kreisen waren viele Emporkömmlinge anzutreffen, aber auch Abkömmlinge der englisch-holländischen Kolonialaristokratie, ja sogar echter europäischer Adel, über den sich Tocqueville zu Unrecht wegen seines Wunsches nach einem Familienwappen lustig machte: Die Livingstons, die sich den beiden Franzosen sofort wohlgesonnen zeigten, stammten aus der schottischen Feudalaristokratie, und der große Mann dieser Familie, der damals Außenminister von General Jackson war, hatte Louise Davezac de Castera, eine adlige Kreolin aus Santo Domingo geheiratet; die Familie Cruger stammte von deutschem Adel ab; der frühere Finanzminister Gallatin kam aus einer Schweizer Notabelnfamilie.[1] Im Verlauf ihrer Reise lernten Tocqueville und Beaumont noch andere Amerikaner kennen, die zwar stolz auf ihre Nationalität waren, aber dennoch nicht das alte Europa und seine Hierarchien vergessen hatten. Gallatin zum Beispiel war Botschafter in Paris und London gewesen und kannte die besten Kreise in diesen beiden Hauptstädten. Tocqueville und Beaumont erkannten möglicherweise nicht immer, wie gut manche ihrer Gesprächspartner das Erstaunen der beiden jungen europäischen Aristokraten angesichts der Neuen Welt verstanden.

Wie auch immer, beide sahen das gesellschaftliche Leben New Yorks als den besten Weg zum Verständnis der amerikanischen Gesellschaft an: Zunächst verbesserten sie ihre Englischkenntnisse, drangen durch die Beobachtung der Umgangsformen tiefer in die Sozialpsychologie vor und nutzten vor allem gesellschaftliche Anlässe als Gelegenheiten, nützliche Kontakte zu knüpfen. Dort bemühten sie sich um individuelle Gespräche mit jenen Leuten, die geeignet erschienen, ihnen Aufschluß über Institutionen und Sitten zu geben: Die New Yorker Notabeln schienen sich äußerst bereitwillig zu solchen Interviews zur Verfügung zu stellen und erklärten sich teilweise sogar bereit, den beiden Franzosen schriftliche Aufzeichnungen zu überlassen.

Denn von Anfang an war ihre Untersuchung über Amerika auf ein bestimmtes Ziel ausgerichtet:

»Seit wir hier sind, haben wir im Grunde nur einen einzigen Gedanken: das Land kennenzulernen, das wir durchreisen; um das zu erreichen, müssen wir von vornherein die Gesellschaft zergliedern, müssen

---

1 Die herausragendsten Persönlichkeiten der Familie Livingston waren in dieser Generation Robert-R. Livingston de Clermont (1746-1813), der mit Frankreich den Kauf Louisianas ausgehandelt hatte, und Edward Livingston (1764-1836), ein großer Jurist, der 1829 Senator in Louisiana, 1831-1833 Staatssekretär und schließlich Botschafter in Paris wurde (1833-1835). Siehe dazu W.-B. Hatcher 1940. Albert Gallatin (1761-1849) war Finanzminister (1801-1814), dann Botschafter in Paris (1816-1823) und in London (1826-1827), schließlich von 1831 bis 1839 Präsident der National Bank von New York.

herausfinden, aus welchen Bestandteilen sie sich bei uns zusammensetzt, damit wir hier sinnvolle Fragen stellen können und nichts vergessen. Diese sehr schwierige, aber reizvolle Untersuchung läßt uns eine Fülle von Einzelheiten erkennen, die aufgrund ihrer Masse verlorengehen, wenn man sie nicht einer Analyse unterzieht; und sie bringt uns auf eine Vielzahl von Bemerkungen und praktischen Ideen, auf die wir sonst niemals gekommen wären. Das Ergebnis dieser Arbeit ist eine Reihe von Fragen, auf die wir unermüdlich nach Antworten suchen. Da wir genau wissen, was wir fragen wollen, sind auch die kürzesten Gespräche aufschlußreich, und wir können sagen, daß es keinen Menschen gibt, gleich auf welcher Stufe der Gesellschaft er steht, der uns nicht etwas lehren kann.«[1]

Die gesellschaftliche Struktur und deren Verhältnis zu den Institutionen – das also ist der Hauptgegenstand ihrer Untersuchung. Die ökonomischen Gegebenheiten werden nur insofern berücksichtigt, als sie Auswirkungen auf die Lebensweise der Menschen haben. Den New Yorker Hafen und den Hudson vor Augen, begnügt sich Tocqueville mit der Aussage, daß dort große Betriebsamkeit herrsche. Doch verändern die hohen Lohnkosten sowohl das Verhältnis zwischen Arbeitern und Unternehmern als auch die Eigentumsverhältnisse. Die vielfältigen Möglichkeiten zur Nutzung der natürlichen Ressourcen binden den Bürger an das Land und fördern damit seine staatsbürgerliche Gesinnung: Dieses sind die Fakten, die aufgrund ihrer Auswirkungen auf die sozialen und politischen Strukturen interessant sind.

Während der New Yorker Zeit widmen sich Tocqueville und Beaumont am intensivsten der Untersuchung des Strafvollzugssystems. Es ist so, als ob sie in größter Eile eine Strafarbeit erledigen würden, die ihnen »zum Hals heraushängt«[2], welche sie aber dennoch mit beispielloser Gewissenhaftigkeit ausführen. Dabei bemühen sie sich, das Fehlen von Statistiken über die Quote der Rückfälligen wettzumachen, welche infolge der amerikanischen Dezentralisierung nicht systematisch geführt wurden. Sie leisten ein enormes Arbeitspensum, besuchen in New York die Anstalt für kriminelle Jugendliche, weil sie glauben, daß diese leichter zu bessern seien als eingefleischte Verbrecher. Aber vor allem haben sie das Strafvollzugssystem im Auburn-Gefängnis vor Augen: Tags-

---

1 A. de Tocqueville 1867 b: 22. Brief an seinen Vater vom 3. Juni 1831.
2 Unveröffentlichter Brief an Chabrol vom 20. Juni 1831. Abschrift in der Beinecke Library.

über gemeinsame Arbeit, Unterbringung in Einzelzellen während der Nacht – so funktioniert dieses auch von französischen Kriminalisten empfohlene Verfahren. Vom 29. Mai bis 6. Juni halten sie sich in Sing Sing am Ufer des Hudson auf und zeigen sich überrascht, daß hier neunhundert Häftlinge unter Aufsicht von dreißig Wärtern in freier Natur arbeiten. Es gelingt ihnen, dieses Geheimnis zu ergründen, und am 7. Juni erläutert Beaumont seiner Familie in einem Brief: absolutes Redeverbot und eine unerbittliche Disziplin. Nach dem Besuch des »Mutterhauses« Auburn sollte Tocqueville ihre Eindrücke in einem Brief an Chabrol genauer darstellen: »Es trifft zu..., daß der Gesundheitszustand der Häftlinge in Auburn unglaublich gut ist, daß die Disziplin bewundernswert ist, daß schließlich die Arbeit der Häftlinge die Kosten der Anstalt und mehr deckt: All das trifft zu, aber [die französischen Philanthropen] vergessen zu sagen, daß all dies nicht durch Überzeugungskraft, sondern durch ein Instrument erreicht wird, das die Amerikaner *the cat* nennen und das wir als Peitsche bezeichnen... Die Peitsche, das ist es also, was M. Lucas seit zehn Jahren empfiehlt, was er liebevoll im Namen der Menschenfreundlichkeit fordert.«[1]

Das Leben der beiden jungen Franzosen in New York verläuft inmitten eines Strudels von gesellschaftlichen Anlässen und Lektürearbeit dennoch in asketischer Monotonie.

»Wir stehen immer sehr früh auf... Wir frühstücken um 8 Uhr, wie es hier üblich ist. Dann gehen wir in das *Athenäum*, eine Art öffentliche Bibliothek, in der man französische, englische und amerikanische Zeitungen findet. Diese Einrichtung dürfen wir umsonst benutzen, ebenso wie eine andere Bibliothek der gleichen Art, in der man noch mehr interessante Werke findet [zweifellos die New Yorker Society Library]. Wir verbringen dort soviel Zeit wie nur möglich, um Statistiken über den Zustand der Bevölkerung, die öffentlichen Einrichtungen und alle politischen Fragen, die uns beschäftigen, zu erstellen.

Wenn wir unseren zahlreichen Freunden entkommen können, bringen wir unsere Ideen über das, was wir gesehen haben, zu Papier, überlegen uns Fragestellungen und skizzieren die Grundzüge eines großen Werkes, mit dem wir uns eines Tages einen Namen machen wollen. Nie haben wir auch nur die Hälfte von dem erledigt, was wir alles zu tun hätten, wenn es zum Mittagessen läutet.

---

1 Unveröffentlichter Brief an Chabrol vom 16. Juli 1831. Abschrift in der Beinecke Library.

Wir nehmen an einem Tisch Platz, der mit Speisen gedeckt ist, die eher gehaltvoll als gut zubereitet sind... Abends begeben wir uns in Gesellschaft.«

In einem früher verfaßten Brief an seine Mutter hatte Tocqueville gewisse Details dargelegt, die ihren Tagesablauf genauer erläuterten, und einige ihrer Schwierigkeiten bei der Anpassung an die amerikanischen Eßgewohnheiten geschildert:[1]

»Wir kommen um drei Uhr zurück, um zu Mittag zu essen; um fünf Uhr ziehen wir uns für gewöhnlich in unsere Zimmer zurück und ordnen unsere Aufzeichnungen, bis wir uns um sieben Uhr zum Tee in Gesellschaft begeben. Diese Lebensweise ist sehr angenehm und, so glaube ich, auch sehr gesund; sie widerspricht aber allen unseren Gewohnheiten... Das Fehlen von Wein bei den Mahlzeiten empfanden wir zu Beginn als äußerst störend, und es ist unvorstellbar, welche Mengen die Menschen hier verzehren. Sie wissen, daß sie neben Frühstück, Mittagessen und Tee, zu dem die Amerikaner Schinken essen, auch noch ein sehr üppiges Abendessen und eine nachmittägliche Zwischenmahlzeit zu sich nehmen.«

Wie Tocqueville und Beaumont bis zu ihrer Abreise nach Sing Sing am 29. Mai über die amerikanische Gesellschaft dachten, erfahren wir aus Aufzeichnungen, die vor allem aus der Mitte des Monats stammen; es scheint aber, daß sich ihre Eindrücke in der Periode zwischen ihrer Ankunft in New York und dem Zeitpunkt, als sie etwas Abstand zu der Gesellschaft der großen Hafenstadt gewannen, nur wenig änderten. Natürlich spürten sie von Anfang an die Unterschiede zwischen der amerikanischen und der französischen Lebensweise, legten sich dafür jedoch nicht gleich ein umfassendes Erklärungssystem zurecht. Vom Augenblick ihrer Abreise an jedoch kristallisierten sich aus ihren Beobachtungen einige große Themen heraus, die sie im Laufe des Juni vertiefen sollten.

Die Umgangsformen und Verhaltensweisen der Amerikaner ließen sogleich eine Gesellschaft mit weit weniger ausgeprägten Klassenunterschieden erkennen als in Europa. Es gäbe keine elegante Elite mit einer verfeinerten Bildung; doch stellt Tocqueville auch fest, daß sogar der kleinste Kaufmannsgehilfe nicht den »üblen Ton» auf den Lippen habe, der in den französischen Volksschichten üblich sei. Alle Amerikaner

---

1 A. de Tocqueville 1867 b: 12. Brief an seine Mutter vom 14. Mai 1831.

seien »ernst, gesetzt, reserviert, und sie tragen alle die gleiche Kleidung«. Am 16. Mai folgert Beaumont: »Sie sind ein Kaufmannsvolk« und »von dem Durst nach Reichtum besessen, der wenig ehrenhafte Leidenschaften wie Habgier, Betrügerei und Unaufrichtigkeit zur Folge hat«. Tocqueville faßt diesen Gedanken noch weiter: »Die gesamte Gesellschaft scheint zu einer einzigen mittleren Klasse verschmolzen.« Eine sehr weitreichende Feststellung, scheinen sich doch hier die ersten Umrisse seiner Vision einer demokratischen Gesellschaft abzuzeichnen.

Eine Tatsache frappiert die beiden Freunde ganz besonders: die Annäherung der Stellung von Mann und Frau, die in der feinen französischen Gesellschaft ihrer Zeit so unterschiedliche Plätze einnehmen. In Amerika ist die Frau schon um 7 Uhr morgens auf den Beinen und den Tag über beschäftigt. Die jungen Mädchen führen ein sehr freies Leben. Sie dürfen sich tagsüber teilweise ohne Begleitung in der Öffentlichkeit bewegen, werden von jungen Leuten aus ihrem Bekanntenkreis angesprochen, ohne daß dies Anlaß zur Entrüstung lieferte, und empfangen diese gegebenenfalls auch unter vier Augen im Besuchszimmer ihres Vaters. Wenn sie sich mit einem jungen Mann verloben, dann aus freiem Willen, wobei sie dann in der Zeit vor ihrer Hochzeit fast nur noch zusammen mit diesem in der Öffentlichkeit erscheinen. All das geschieht eher aus Neigung denn aus sozialer Konvention. Man darf annehmen, daß die amerikanischen Sitten bei Tocqueville bittere Erinnerungen wachriefen. Als Kergorlay sich als Vermittler einer reichen und glänzenden Partie anbietet, die man Tocqueville für die Zeit nach seiner Rückkehr nach Frankreich zu versprechen geneigt ist, sollte er antworten, daß er kein junges Mädchen heiraten würde, das er nicht persönlich kenne.[1] Die amerikanische Sittenstrenge, die die jungen Mädchen vor Fehltritten bewahrt, bestimmt auch das Leben der verheirateten Frauen – diesmal aber dadurch, daß sie sich auf ihre häusliche Sphäre zu beschränken hat: »Keine Bälle, fast gar keine gesellschaftlichen Anlässe mehr«, sie verbringt ihre Zeit damit, »ihren Gatten zu bewundern«, schreibt Tocqueville an seine Schwägerin Émilie, wobei er höchstwahrscheinlich pädagogische Hintergedanken verfolgt. Alles in allem, so fügt er hinzu, »gibt es hier kein Herumscharwenzeln, man würde sich sehr schnell die Finger verbrennen«[2].

---

1 Unveröffentlichter Brief an Kergorlay, Archives Tocqueville.
2 A. de Tocqueville 1867 b: 27 f. Unveröffentlichter Brief an Émilie vom 9. Juni 1831.

Beaumont, der sich von dieser Sittenstrenge sehr beeindruckt zeigt, führt sie auf das Fehlen von Müßiggängern zurück und verweist als Gegenbeispiel auf die französischen Garnisonsstädte, wo eine äußerst lockere Moral herrscht. Tocqueville wiederum hebt neben den Lastern der mittleren Klassen insgesamt die Tugenden dieser Gesellschaft hervor: Ernsthaftigkeit und Respekt vor einem Sittengesetz, das für das ganze amerikanische Volk Geltung hat. Dazu gehört auch der sofort spürbare Einfluß der Religion auf die Sitten, der einen Gegensatz zu der antireligiösen Einstellung eines großen Teils der Republikaner und der liberalen Linken in Frankreich bildet. Tocqueville ahnt, daß hier einer der Schlüssel liegt, die den Geist der demokratischen Gesellschaft in den Vereinigten Staaten verständlich machen können.

Noch ein anderer Zug der amerikanischen Gesellschaft fällt sofort ins Auge: die fehlende Präsenz einer Regierungsgewalt. Beaumont zeigt sich schon bei ihrer Ankunft über das Fehlen einer militärischen Streitmacht überrascht: Tocqueville seinerseits ist frappiert, daß Beamte hier anders als in Frankreich keinen besonderen Respekt genießen: Sie erfüllen eine Aufgabe, werden dann aber im Verhältnis zu ihresgleichen wieder Menschen wie alle anderen. »Die Gesellschaft läuft von ganz alleine, und glücklicherweise werden ihr keine Hindernisse in den Weg gelegt; das Regieren scheint mir hier kinderleicht zu sein.«[1] Dieses Funktionieren der Gesellschaft und die gleichzeitige Untätigkeit der Regierung scheint für Tocqueville zum ersten Mal jene Frage aufzuwerfen, die ihn später noch so sehr beschäftigen sollte: Ist die Zentralisierung ein Segen oder ein Übel?

Doch bewirkt das Fehlen einer Regierungsgewalt auch, daß sich keine klar abgegrenzten Parteien bilden. Die beiden jungen Franzosen glauben, daß solche Parteien einen Kampf um die Macht nach sich ziehen. Sie kommen aus einem Land, wo Legitimisten, jakobinische Republikaner und die mittlere Bourgeoisie seit den Julitagen des Jahres 1830 mit allergrößter Heftigkeit um den Besitz des Staatsapparats kämpfen. Im Vergleich dazu scheint sich in ihren Augen in den Vereinigten Staaten mit ihren dezentralisierten Strukturen das politische Leben in persönlichen Konflikten und Provinzstreitigkeiten zu erschöpfen. Wohl eine etwas verzerrte Sicht von Jacksons Amerika, die sich aber durch die Gegensätze zwischen beiden Ländern erklärt.

---

1 A. de Tocqueville 1977, Teil 1: 224. Fragment eines Briefes an Kergorlay.

Und dennoch »funktioniert« die amerikanische Gesellschaft, dennoch ist sie von fieberhafter Aktivität, von einer »universalen Bewegung« erfüllt, die den Profit zum Ziel hat und sich durch die dem Menschen von der Natur gebotenen Möglichkeiten erklärt: »Auch wenn die politische Laufbahn so gut wie verschlossen ist, so eröffnen sich dem menschlichen Tun doch tausend, zehntausend andere Möglichkeiten. Die ganze Welt erscheint hier als formbare Materie, die der Mensch nach seiner Vorstellung hin- und herwendet und gestaltet: Ein immenses Feld, von dem noch nicht einmal der kleinste Teil durchschritten ist, eröffnet sich hier der Industrie. Es gibt hier keinen Menschen, der nicht vernünftigerweise hoffen kann, die Annehmlichkeiten des Lebens zu erlangen; keinen, der nicht weiß, daß seine Zukunft, sofern er arbeiten will, gesichert ist.«[1]

Diese Chancen zur persönlichen Bereicherung fördern die Entwicklung des Unternehmergeistes und die rastlose Mobilität der ganzen Gesellschaft: »Ein Amerikaner kann seine Lebensverhältnisse zigmal ändern; er wechselt ständig seinen Wohnort und gründet immer wieder neue Unternehmen.«

Dieses Land, das durch seine natürliche Beschaffenheit so besonders gesegnet ist und dessen Angesicht sich durch die Bemühungen jedes Einzelnen mit anderswo unbekannter Geschwindigkeit verändert – verfügt dieses Land auch über Institutionen, die sich nach Europa verpflanzen ließen? Tocqueville zweifelt daran, an diesem schönen Abend des 3. Juni, als er auf einem Baum sitzt, der die Landschaft am Hudson River überragt. Während sich Beaumont müht, die Umgebung zu zeichnen, versucht Tocqueville seinem Vater eine Zusammenfassung seiner dreiwöchigen Amerikaerfahrung zu liefern: »Je mehr ich von diesem Land sehe, desto mehr, so gebe ich zu, bin ich von folgender Wahrheit überzeugt: daß es fast keine politischen Institutionen gibt, die in sich grundlegend gut oder schlecht sind, und daß alles von der materiellen Situation und dem gesellschaftlichen Zustand des Volkes abhängt, auf das man sie anwendet.«[2] Und in dem sechs Tage später verfaßten Brief an Chabrol erläutert Tocqueville, daß für diese »Gesellschaft ohne Wurzeln, ohne Erinnerungen, ohne Vorurteile, ohne eingefahrene Bräuche, ohne ge-

---

1 Unveröffentlichter Brief an Chabrol vom 9. Juni 1831. Abschrift in der Beinecke Library.
2 Brief an seinen Vater vom 3. Juni 1831, von Beaumont mit umfangreichen Abänderungen veröffentlicht. A. de Tocqueville 1867 b: 24; korrigiert nach der Abschrift in den Archives Tocqueville.

meinsame Ideen, ohne Nationalcharakter, die hundertmal glücklicher ist als die unsere«, die Republik sicherlich die beste Regierungsform ist – eine Republik, die sich, »ganz anders als die Republiken der Antike« auf den Nutzen des Einzelnen gründet[1].

Ein Brief, den Tocqueville aus Amerika über seine Mutter an seinen engsten Vertrauten, Louis de Kergorlay, sandte, ist uns nicht mehr erhalten. Doch könnte eine kurze Passage aus seinen Tagebüchern, die auf den 18. Mai datiert ist, sehr wohl ein Fragment dieses Briefes sein. Tocqueville bemerkte dort: »Bisher begeistert mich das, was ich sehe, überhaupt nicht, weil ich weiß, daß es mehr der Natur der Dinge als dem menschlichen Willen zu verdanken ist.«[2] Sicher ist auch, daß der »hochnäsige« Stolz der Amerikaner ihn vor den Kopf stieß. Überdies störte er sich ebenso wie die englischen Reisenden an gewissen derben Umgangsformen, wie zum Beispiel der Sitte, während eines Gesprächs auszuspucken oder Tabak zu kauen; oder auch der Gewohnheit, dem Erstbesten demonstrativ die Hand zu schütteln (White 1923). Tieferliegende Hindernisse für eine spontane Sympathie für die Vereinigten Staaten waren zudem das einseitige Profitstreben der Amerikaner und ihr mangelndes Interesse für Literatur und Kunst (das er wohl etwas übertrieb).

Im übrigen war Tocqueville von den ersten Tagen an von dem Schauspiel beeindruckt, daß ihm die freie Aktivitätsentfaltung der Amerikaner bot. In dem Fragment des Briefes an Kergorlay, in dem er die bereits erwähnten Vorbehalte gegenüber der amerikanischen Lebensweise vorbringt, fügt er hinzu: »Das Schauspiel, das sich mir hier bietet, ist nichtsdestoweniger ein immenses Schauspiel... Hier handelt die menschliche Freiheit in ihrer ganzen Kraft, und ihre Energie nährt sich aus allem, was dem Einzelnen nützlich ist, ohne jemandem zu schaden.« Genau genommen war es vielmehr der Wunsch, vorauszusehen, ob zukünftige Gesellschaften in der Lage sein würden, die Freiheit des Menschen zu bewahren, der Tocqueville nach Amerika führte – und weniger die Absicht, die Funktionsweise der Institutionen zu untersuchen. Möglicherweise waren ja einige der so offensichtlichen Fehler der amerikanischen Gesellschaft, ja, sogar der Stolz, ihr anzugehören, nur die Kehrseite der Freiheitsliebe. Und könnte diese, anders als ein anarchischer Instinkt,

---

1 Unveröffentlichter Brief an Chabrol vom 9. Juni 1831.
2 A. de Tocqueville 1977, Teil 1: 224.

stinkt, nicht zu einem wohlüberlegten Patriotismus führen, der ja die dauerhafte Grundlage der Existenz eines Staates war?

Ein Ereignis schien Antwort auf diese Frage zu geben. Die beiden Freunde waren von New York nach Albany gefahren, um in der schlichten Hauptstadt des Staates einige Verwaltungsarchive einzusehen. Am 4. Juli nahmen sie dort zusammen mit der Regierung des Staates New York an der jährlichen Feier zum Tag der Unabhängigkeitserklärung teil. Die Zeremonie entbehrte nicht einer gewissen Komik: Die Handwerkerinnung und die Miliz marschierten, ohne daß dies geplant gewesen wäre, geordnet und mit großer Ernsthaftigkeit auf. In der Kirche kam die Prozession dann zum Stillstand, und man sang, nur von einer Flöte begleitet, einige Lieder nach der Melodie der *Marseillaise*. Ein Rechtsanwalt hielt eine Rede, die sich in Gemeinplätzen verlor. Beim Verlesen der Unabhängigkeitserklärung jedoch kam eine Stimmung auf, die Tocqueville folgendermaßen beschreibt: »Es schien, als ob eine elektrische Spannung die Herzen aller erbeben ließ. Dabei handelte es sich hier keineswegs um eine theatralische Inszenierung. Die Verlesung dieses so vollständig erfüllten Unabhängigkeitsversprechens, die Rückbesinnung eines ganzen Volkes auf den Augenblick seiner Geburt, die Vereinigung der lebenden Generation mit der toten, mit der sie für einen Moment alle edlen Leidenschaften teilte, all das hatte etwas tief Empfundenes und wahrhaft Großes an sich.«[1]

Im Laufe ihres Aufenthalts in den Vereinigten Staaten sollten Tocqueville und Beaumont die Mängel und Fehler der Demokratie beobachten und festhalten. Doch war die anfängliche Frage, ob dieses System es erlaube, die Würde des Menschen zu bewahren, nun nicht mehr ohne Antwort. Die Waage hatte sich bereits zugunsten von Sympathie und Hoffnung geneigt.

---

1 Unveröffentlichter Brief an Chabrol vom 16. Juli 1831. Siehe auch den Brief Beaumonts an seine Schwester Eugénie vom 14. Juli 1831 in: G. de Beaumont 1973: 90 f.

8

»Frontier« und Große Seen

Tocquevilles und Beaumonts Reise nach Albany markierte eine neue Etappe in den Amerikaerlebnissen der beiden Freunde: Im Mai und Juni hatten sie in New York ein geregeltes und asketisches Leben geführt, fast ausschließlich Strafanstalten besichtigt und Gespräche geführt, die ihrem zukünftigen Werk dienlich waren. Sogar die Teilnahme an Abendgesellschaften hatte vor allem dazu gedient, ihnen einen Einblick in die amerikanische Lebensweise zu vermitteln. Bis zum 7. September, als sie wieder einen ähnlichen Lebensrhythmus aufnehmen sollten, erlebten sie eine Zeit der Ferien und der Abenteuer. Sicherlich erinnerte manches hin und wieder an die vorausgehende arbeitsreiche Periode ihrer Reise: So ihre Gespräche mit Elam Lynds und der fünf- oder sechstägige Aufenthalt (ab dem 9. Juli) im Auburn-Gefängnis, der der Untersuchung des Strafvollzugssystem gewidmet war. Elam Lynds hatte das Einzelzellensystem im Auburn-Gefängnis eingeführt, war dann in Ungnade gefallen und fristete sein Leben nun als Eisenwarenhändler in Syracuse. Als sehr viel wichtiger für das Studium der amerikanischen Institutionen erwies sich aber ihr Besuch bei James Canfield Spencer, den sie in Albany kennengelernt hatten und der sie in der Zeit vom 16. bis 18. Juli bei sich in Canandaigua empfing. Dieser ehemalige Rechtsanwalt war damals auf dem besten Wege, eine hochrangige Persönlichkeit zu werden: Er war bereits Kongreßabgeordneter gewesen und hatte dann an der Neufassung der Statuten des Staates New York mitgewirkt; später sollte er Kriegs- und anschließend Finanzminister werden und der erste Übersetzer von *Über die Demokratie in Amerika*. Trotz der Ablenkung, die die Gesellschaft der beiden Töchter Spencers den Freunden bot, ließen sie sich von diesem gewandten Juristen genau über bestimmte Bereiche des amerikanischen Lebens aufklären: den Einfluß der Pressefreiheit auf die Gesellschaft, die Rolle der Religion als Gegengewicht zu den demokratischen Freiheiten, die Bedeutung der Judikative und die konservativen Tendenzen der Juristen, den Nutzen des Zwei-Kammer-Systems in der Demokratie – alles Fragen, bei denen Spencers Einfluß in dem zukünftigen Werk über die *Demokratie* spürbar werden sollte. Zwischen zwei Gesprächen und Ausfahrten auf den See kommt Spencer auch auf ein Problem zu sprechen, dem die besondere Neugier der beiden Freunde gilt, nämlich das Schicksal der Indianer.[1]

Seit ihrer Abfahrt aus New York hatten sich Tocqueville und Beaumont den klassischen Visionen der französischen Reisenden gegenüber gesehen: dem Wald, der *wilderness*, aber auch dem Leben der Indianer, der Ureinwohner. All das hatte gleichzeitig auch das schlechte Gewissen wachgerufen, alte Verbündete im Stich gelassen zu haben, und im Zusammenhang damit auch die Erinnerung an das große, durch den Pariser Vertrag verlorene Kolonialreich beschworen.

Noch am Vorabend ihrer Abreise aus New York hatte Beaumont eine Reiseroute ausgearbeitet, die sich kaum von jener unterschied, die Tocqueville zehn Tage zuvor skizziert hatte[2]. Nach einem kurzen Aufenthalt in Albany sollte die Reise zunächst nach Saratoga führen (einen von der feinen Gesellschaft besuchten Kurort, auf dessen Besuch sie wahrscheinlich wegen des Aufenthalts in Canandaigua verzichteten); dann Sayracuse und die berühmten Wasserfälle von Trenton, die Mrs. Trollope und Milbert so begeistert hatten; schließlich Auburn, Niagara und nach Überquerung des Ontariosees Montreal und Quebec. Diese Stationen entsprachen denen einer gut geplanten Vergnügungsreise. Die beiden Freunde schienen diese Reiseroute auch nicht nur *pro forma* aufgestellt zu haben, um ihre Familien zu beruhigen. Als sie dann aber aufgebrochen waren, regte sich bei Tocqueville die Abenteuerlust. Von der *wilderness* und den Indianern angelockt, verleitete er seinen Reisegefährten, der etwas zögerlich war, weil er befürchtete, daß der Freund sich kräftemäßig übernehmen könnte, einen Abstecher nach Michigan und zu den Großen Seen zu machen: Dies stellte einen beträchtlichen

---

1 Über den Aufenthalt Tocquevilles und Beaumonts in Canandaigua siehe G.W. Pierson 1938: 216 ff.

2 G. de Beaumont 1973: 68 ff. Brief Beaumonts an seinen Vater vom 29. Juni 1831.

Umweg nach Westen und Norden dar, bis an die Grenzen der zivilisierten Welt.

Auf schlechten Straßen fuhren sie durch das Tal der Mohawks in Richtung der Großen Seen. Die Landschaften, die sie dabei durchquerten, hatten den Rahmen zu der Erzählung *Der letzte der Mohikaner* gebildet, die Fenimore Cooper 1826 veröffentlicht hatte, doch die Indianer, die Hauptakteure der Geschichte (die während des Siebenjährigen Krieges spielte), waren verschwunden. Nur noch ein einziges Dorf, Oneida Castle, war inmitten der europäischen Kolonisierung übriggeblieben, und die ersten Indianer, die ihnen begegneten, liefen bettelnd hinter ihrer Kutsche her.[1]

Am übernächsten Tag jedoch, dem 8. Juli, unternahmen Tocqueville und Beaumont eine wundersame und romantische Pilgerfahrt. Sie befanden sich zu diesem Zeitpunkt in Fort Brewerton, in der Nähe des Oneidasees. Eine der beiden Inseln in diesem See war einstmals von einem jungen französischen Edelmann bewohnt worden, lag nun aber wieder verlassen. Der frühere Siedler stammte aus einer Familie aus der Nähe von Lille, den La Croix de Watines, die später aussterben sollte. Der junge Edelmann, der 1786 nach Amerika gekommen war, hatte sich 1791 mit seiner Frau und seinen beiden Kindern, zu denen später noch ein drittes geboren wurde, auf der Insel im Oneidasee niedergelassen. Etwa zwei Jahre später war die französische Familie ans Nordufer des Sees gezogen, in eine neue Siedlung namens Rotterdam. Dort hatte der Franzose Fritz von La Roche und 1795 La Rochefoucauld-Liancourt kennengelernt. Nach den brieflichen Berichten ihres Sohnes hatte Sophie von La Roche die 1798 erschienene Erzählung »Erscheinungen am See Oneida« verfaßt.[2]

Der vielseitige Autor und Pädagoge Joachim-Heinrich von Campe begann zu dieser Zeit die zwölf schmalen Bändchen seiner *Kinderbibliothek* zu veröffentlichen, die alsbald ins Französische übersetzt wurden. In den 10. Band nahm er den Roman von Sophie von La Roche in einer für seine jugendliche Leserschaft adaptierten Form auf; dieses Plagiat machte dann den Hauptteil des 1803 erschienenen Bandes aus. Im gleichen Jahr erschien auch im 11. Band die Liste der Abonnenten der ge-

---

1 Zu Oneida Castle siehe: A. de Tocqueville 1957: 223; sowie G. de Beaumont 1973: 94.
2 Die Episode am Oneidasee ist Thema einer Studie von V. Lange 1948: 48-74; siehe auch G.W. Pierson 1938: 197 ff.

samten Reihe, in der auch ein Tocqueville (Hippolyte) aufgeführt wurde, der – obwohl er damals erst fünf Jahre alt war – wohl nur Alexis' älterer Bruder sein konnte. Es steht kaum zu bezweifeln, daß der damals noch Ungeborene einige Jahre später in der Bibliothek seines älteren Bruders Campes Erzählung fand. Und es ist ebenfalls recht wahrscheinlich, daß er auch den 11. Band der Reihe, der die Bräuche der Indianer nach den Schilderungen Carvers darstellte, voller Begeisterung las.

Jedenfalls machte Campes Erzählung, die dem Geschmack des 18. Jahrhunderts entsprechend »empfindsam« und sogar etwas weinerlich klang, einen tiefen Eindruck auf ihn: »Dieses Buch hatte in meinem Gemüt eine tiefe und dauerhafte Spur hinterlassen. Ich könnte nicht sagen, ob die Wirkung von der Begabung des Verfassers, vom wirklichen Reiz der Geschehnisse oder vom Einfluß des Alters herrührte; aber die Erinnerung an diese beiden Franzosen vom Oneidasee war mir unverwischt im Gedächtnis geblieben.« (Tocqueville 1960: 109)

Jener Watines, den Sophie von La Roche und Campe schilderten, hatte mit dem wahren Watines nur geringe Ähnlichkeit. Dieser, ein leichtfertiger und habgieriger Mensch, war als verarmter Edelmann nach Amerika gekommen, um wieder zu Vermögen zu gelangen – jedoch ohne Erfolg. Eine Schicksalswendung hatte ihn dann am Ende der Direktoriumszeit wieder nach Frankreich verschlagen. Hätte Tocqueville vor seiner Abreise die *Voyage dans les États-Unis* von La Rochefoucauld-Liancourt gelesen, so wäre er enttäuscht oder aufgeklärt gewesen. La Rochefoucauld-Liancourt beschreibt seine Begegnung mit Watines folgendermaßen: »Obwohl er Kartoffeln und Zwiebeln zusammenklaubte, zeigte sich in seiner Physiognomie und seinem Benehmen etwas Vornehmes; und bald erfuhren wir von ihm, daß er einst Herr einer Vicomté in der Nähe von Lille gewesen war, Sohn eines Vaters, der einen Teil seines Vermögens durchgebracht hatte; und da er selbst ebenfalls verschwenderisch gewesen war, hätte er kurz vor der Revolution seine kleine Seigneurie für vierundzwanzigtausend Livres verkauft, um diese in Amerika zu mehren, und hätte die ganze Summe für unvernünftige Ausgaben und unbedachte Unternehmungen in den Städten vergeudet, weshalb er seit drei Jahren den Boden bearbeite. Sein Name ist Watines. Er lebt seit drei Jahren am Oneidasee, ein Jahr davon hat er mit den Indianern verbracht, über die er viel Gutes sagt; dann ein Jahr auf einer Insel in der Mitte des Sees, wo er allein mit seiner Frau lebte und wo er an die zwanzig Morgen gerodet hat; schließlich ließ er sich vor fünfzehn Monaten in Rotterdam nieder, wo M. Schreiber ihm hundert Morgen Land verkauft und bei den Verkaufsbedingungen die allergrößte Zuvorkommenheit bewiesen hat. Der instabile Charakter von M. de Watines ist sogar seiner eigenen Aussage zufolge eher für alle die Ortswechsel verantwortlich als irgendeine besonnene Berechnung.«[1] (La Rochefoucauld-Liancourt)

Sophie von La Roche und Campe hatten ihn als von der französischen Revolution vertriebenen Emigranten dargestellt, der mit seiner jungen Frau nach Amerika gekommen war. Diese hätte ihre Eltern während der Schreckensherrschaft durch die Guillotine verloren und aus Trauer und aufgrund der Schmerzlichkeit des Exils die Einsamkeit gesucht, weit weg von Ihresgleichen. Die Person, deren Spuren Tocqueville und Beaumont wiederfinden wollten, war also zum Symbol für die Leiden des emigrierten Adels geworden. Die Freunde brachen zu Pferde von Fort Brewerton auf und erkundigten sich am Ufer des Oneidasees bei einer Fischersfrau nach dem Franzosen. Diese zeigte ihnen die besagte Insel, die noch den Namen »Franzoseninsel« trug. Sie selbst hatte den Einsiedler nicht gekannt, weil sie erst seit einundzwanzig Jahren an diesem Ort lebte; doch erwähnte sie die dramatische und natürlich unzutreffende Tatsache, daß die Frau des Franzosen auf der Insel begraben sei. Sie lieh ihnen ein Boot, damit sie zur Insel fahren konnten, welche einer auf dem Wasser schwimenden Baumgruppe glich. Dort angekommen bahnten sich die Freunde einen Weg durchs wuchernde Unterholz und entdeckten die einstige Rodung, die bereits zum Dickicht geworden und nur noch an den jungen, aufschießenden Bäumen erkennbar war. Ein halb abgestorbener Apfelbaum wies ihnen den Weg zu der Weinrebe am Haus, dessen spärliche Überreste vom Gras überwuchert waren. »In der Nähe kletterte eine Pflanze, die wir zuerst für ein Schlinggewächs hielten, an den höchsten Bäumen empor, sie rankte sich um die schlanken Stämme oder hing wie eine Blattgirlande von ihren Zweigen herab; als wir sie näher betrachteten, erkannten wir eine Weinrebe.« (Tocqueville 1960: 113; merkwürdigerweise war diese Weinrebe bereits in Campes Erzählung erwähnt worden!). Aber natürlich fanden sie weder die Grabstätte von Madame de Watines noch die Tonurnen, die sie laut Campe zum Gedenken an ihre durch die Guillotine umgekommenen Eltern errichtet hatte. Tocqueville jedoch schloß seinen Bericht über ihren Besuch auf der »Franzoseninsel« mit folgender Bemerkung: »Die-

---

1 Siehe auch G.W. Pierson 1938: 201 ff.

ses Erlebnis ist das, was mich nicht nur während meines Amerikaaufenthalts, sondern seitdem ich angefangen habe zu reisen, am heftigsten interessiert und bewegt hat«. Und er verarbeitete dieses Thema zu einem sehr romantisch gefärbten Bericht, den Beaumont später in seiner Ausgabe von Tocquevilles Werken veröffentlichte. (Tocqueville 1960: 106 ff.)

Darin findet sich seine schon in der *Voyages en Sicilie (Reise nach Sizilien)* geäußerte Furcht wieder, eines Tages einzig aufgrund seiner adligen Herkunft ins Exil gehen zu müssen. Diese Angst, die durch die Revolution von 1830 noch geschürt wurde, ist in mehreren in Amerika verfaßten Briefen spürbar und wird auch von Beaumont geteilt.

Bei ihrer Ankunft in Amerika war es eine der großen Enttäuschungen für die beiden Freunde gewesen, eine baumlose Landschaft vorzufinden. Hinter Albany waren sie jedoch auf die großen amerikanischen Wälder gestoßen, die überall durch die Rodungen der Siedler dezimiert wurden, von denen aber immer noch beeindruckende Flächen erhalten waren, durch die nur eine außerordentlich schlechte Straße führte. Doch wie wir gesehen haben, hatte diese Wildnis ihre ursprünglichen Bewohner, die Indianer, verloren. »Vor zehn Jahren waren sie hier, sagte man uns; dort vor fünf, dort vor zwei Jahren ... Hier ... versammelte sich der große Rat des Irokesenbundes.« Als Tocqueville und Beaumont schließlich am 19. Juli Buffalo erreichten, war die Stadt voller Indianer, die die regelmäßige Zahlung entgegennehmen wollten, die ihnen die Regierung der Vereinigten Staaten für die Abtretung ihres Landes gewährte. »Nie habe ich, scheint mir, eine gründlichere Enttäuschung erfahren«, schreibt Tocqueville. Die Indianer, die er an diesem Tag zu Gesicht bekam, waren von kleiner Statur, mit schmächtigen Gliedern, »ihre Haut braun und ölig, ihre Haare schwarz und steif; sie tragen europäische Kleidung, in denen sie sich aber sichtlich wie gefangen vorkommen«. Es sind »Menschen, die durch unsere Weine und Liköre abgestumpft sind, schlimmer noch als die ebenfalls abgestumpften Volksmassen in Europa«. In ihren Gesichtern findet sich keine »Spur der stolzen Tugenden,... die der Geist der Freiheit erweckt« (Tocqueville 1960: 30 f.). Der Zusammenbruch des Irokesenreiches hatte zum Niedergang jenes jämmerlichen Rests von Stämmen geführt, die dieses Reich einstmals gebildet hatten. Eine Lektion, an die sich der Politiker Tocqueville noch erinnern sollte.

Um den von Chateaubriand und Cooper beschriebenen Indianern zu begegnen, mußte man weiter nach Westen bis an jene sich ständig verändernde Grenze gehen, die das Vordringen des weißen Mannes markierte. Dies rief wieder Tocquevilles alte Sehnsucht nach einer Reise in den Westen wach. Beaumont brachte zunächst einige Einwände bezüglich der schwachen Gesundheit seines Gefährten vor, ließ sich dann aber überzeugen, weil er ebenso neugierig auf das Leben der Indianer war wie Tocqueville. Am 19. Juli legten sie in Buffalo ab und fuhren über den Eriesee und den Detroit River zu der gleichnamigen Stadt, wo sie am 23. Juli ankamen. Vom Dampfboot aus bewunderten sie die majestätischen Wälder, registrierten die Kontraste zwischen der Zivilisation und der Wildnis, die einerseits durch einen schottischen Soldaten in Paradeuniform symbolisiert wurde, der am englischen Ufer auf Posten stand, während andererseits am anderen Ufer nackte Indianer mit Ringen in der Nase ihr Lager aufgeschlagen hatten. Detroit selbst war ein sehr französisch geprägtes Dorf, das sich von den Rodungen der amerikanischen Siedler beträchtlich unterschied. Die beiden Reisenden versuchten den Amerikanern verständlich zu machen, daß sie zu den Grenzen der kolonisierten Gebiete vorzudringen wünschten. Es gelang ihnen jedoch nur schwer, ihr Anliegen zu verdeutlichen, so daß sie schließlich beschlossen, zu Pferde nach Saginaw aufzubrechen, das an dem gleichnamigen Fluß lag, der in den Michigansee mündete.

Hätten sie den Michigansee überquert und wären flußaufwärts gefahren, so hätten sie diese kleine Niederlassung wohl ganz leicht erreicht, und zu Unrecht glaubten sie, daß das Dampfboot dort nur einmal pro Jahr anlege (Pierson 1938:285). Doch erschien ihnen der Landweg sehr viel reizvoller: ein Ritt von 165 Kilometern über immer unwegsamere Pfade, die durch jenes Gebiet führten, wo sich Zivilisation und Wildnis gegenseitig durchdrangen und das faktisch die »Grenze« darstellte. Nach drei Tagen, am 26. Juli, erreichten sie Saginaw, nachdem sie in Pontiac und Flint-River Zwischenstation gemacht hatten. Von dort kehrten sie nach einem zweitägigen Aufenthalt, vom 28. bis 30. Juli, wieder nach Detroit zurück.

Tocqueville, der für Naturschauspiele sehr empfänglich war, versuchte seine Eindrücke in seinem Bericht *Quinze jours dans le désert* (dt. *In der nordamerikanischen Wildnis*) zu beschreiben: So schildert er zum Beispiel die Unwirklichkeit der nächtlichen Landschaft: »Die Finsternis gab nun dem Wald ein neues und furchterregendes Aussehen. Das Auge erspähte ringsum nur noch unbestimmt geballte Massen ohne Ordnung und Maß, seltsame und groteske Gestalten ohne Zusammenhang, phantastische Bilder, die den Wahnvorstellungen eines Fieberkranken entstiegen schienen.« (Tocqueville 1960:82) Er kommt hier auf Vorstellungen und Bilder Chateaubriands zurück, der in seinem *Journal sans date* einen ähnlichen Wald beschrieben hatte: die ungeheure Ausdehnung des Waldes, die mit dem Meer vergleichbar ist; die aufeinanderfolgenden Baumgenerationen, wo die toten Bäume allmählich mitten unter den lebenden verwesen, bis von ihnen nur noch »ein langer Streifen rötlichen Staubs im Gras« übrig ist[1]. Bei der Veröffentlichung von Tocquevilles Essay schrieb Sainte-Beuve mit der ihm eigenen Boshaftigkeit, daß jener »uns in sehr schöner Prosa eine Landschaft schildert, deren Poesie uns Chateaubriand als erster in kühnen und erhabenen Zügen vermittelt hat« (Sainte-Beuve 1862:98). In Wirklichkeit haben die beiden Autoren das Großartige dieser unberührten Welt völlig unterschiedlich empfunden. Chateaubriand, der sich im Kanu durch diese Landschaft bewegt, besingt ausgelassen die Schöpfung und sagt dem Schöpfer Dank: »Ursprüngliche Freiheit, endlich finde ich dich wieder! Hier bin ich, wie der Allmächtige mich geschaffen hat; als Herrscher über die Natur werde ich im Triumph über die Wasser getragen, während die Bewohner der Flüsse meine Fahrt begleiten, die Völker der Luft mir ihre Hymnen singen, die Tiere der Erde mich grüßen, die Wälder ihre Wipfel vor mir verbeugen.«

Für Tocqueville sind diese wahnhaften Phantasien eines Menschen, der den gesellschaftlichen Zwängen entkommen ist, nur »falsche Farben« und verkennen die »lächerliche Beschränktheit des Menschen«. Der Wald ist dunkel, feucht und gleichförmig. »Die Vorstellung der Unendlichkeit hält Euch in Bann. Die stete Wiederholung der gleichen Szenen, ihre Eintönigkeit überrascht und bedrückt die Einbildungskraft.« In schweigender Regungslosigkeit erstarrt, erscheint sie besonders beängstigend. »Wenn mitten am Tage die Sonne glühende Strahlen auf den Wald herabsendet, ist es oft, als ginge durch seine Tiefen ein langgezogenes Stöhnen, ein klagender Ruf, der in der Ferne forthallt. Es ist das letzte Wehen des ersterbenden Windes. Alles um uns versinkt dann in ein so unergründliches Schweigen, in eine so völlige Regungslosigkeit, daß eine Art religiöser Bangnis unser Gemüt ergreift... Es ist, als habe der Schöpfer für einen Augenblick sein Antlitz abgewendet und als seien die Kräfte der Natur von Erstarrung befallen.« (Tocqueville 1960: 75 ff.)

---

1 Siehe dazu E. Doran 1976: 44-61.

Dieser Gott, der sich von seiner Schöpfung abwendet, diese »religiöse Bangnis« angesichts der unverständlichen Gesetze der Vorsehung – würde man übertreiben, wenn man darin den Widerhall einer jansenistischen Erziehung sähe?

Doch die Vorsehung hat noch ein anderes, ein tröstlicheres Gesicht: Sie hat diese einsame Wildnis zur Wiege der Zivilisation bestimmt. Just in Saginaw ertönt ein Büchsenschuß, dessen Echo durch das Tal hallt und der Tocqueville wie »ein langer und erschreckender Kriegsschrei [erscheint], den die Zivilisation bei ihrem Vordringen ausstieß« (Tocqueville 1960:98). Eben weil der Wald dem Menschen den Weg bereitet, fühlt sich Tocqueville von ihm so angerührt und bedauert sein Verschwinden. Und das seelische Behagen, das er in Saginaw empfindet, liegt in dem momentanen Gleichgewichtszustand zwischen der urzeitlichen Gegenwart und der zukünftigen Eroberung durch den Menschen begründet.

Die Expedition nach Saginaw ist noch in anderer Hinsicht lehrreich. Zunächst läßt sie die beiden Reisenden die Enttäuschung vergessen, die ihnen die Indianer in Buffalo bereitet hatten. Ab Flint River werden sie von einem jungen indianischen Führer vom Stamm der Chippewa durch den Wald geleitet; sie bewundern die animalische Eleganz seines Gangs und seine geschärften, an das Leben im Wald angepaßten Sinne, die die Gegenwart von Vögeln und Wild erspüren, von denen die beiden Europäer nichts ahnen. Jedoch bewundern sie bei diesem und bei anderen Indianern, denen sie begegnen, ebenso ihre Würde, ihre Ausdauer und ihre Freiheitsliebe. Sie studieren eifrigst ihre Bräuche und gelangen zu dem Schluß, daß die Indianer im Kriege zwar schrecklich, im täglichen Leben aber sanft und gütig seien. Es sei die Sorge um ihre Freiheit als Jäger und Nomaden und ihre Verachtung für die Knechtschaft, der sich die weißen Ackerbauern unterwürfen, die ihren Niedergang besiegele. Und Beaumont, der *Les Soirées de Saint-Pétersbourg*[1] gelesen haben mag, beschäftigt sich insbesondere mit der Frage, ob die Eingeborenenkulturen einen frühen Entwicklungszustand der Menschheit oder eine imNiedergang befindliche, höhere Zivilisationstufe repräsentieren: ein Problem, das in der Romantik die Gemüter so vieler Zeitgenossen bewegte. Er gelangt sogar zu der Überzeugung, daß die indianischen Völker eine Seitenlinie der europäischen Rassen sein könnten. Jedenfalls halten we-

---

1 J. de Maistre 1821.

der er noch Tocqueville die Indianer für eine unterlegene Rasse, die man aus der menschlichen Gemeinschaft ausschließen dürfe; sie hätte ihren angestammten Platz in der Schöpfungsgeschichte der Menschheit.

Das Problem der Begegnung verschiedener Kulturen und Rassen wird Tocqueville und Beaumont in voller Schärfe in Saginaw bewußt. Es handelt sich dabei um einen ganz kleinen Ort mit nur etwa dreißig Einwohnern, um einen jener winzigen Handelsposten, die eine Anlaufstelle für die mit Pelzen handelnden kanadischen »Reisenden« darstellen und zum Ausgangspunkt für die Erschließung des Landes geworden sind. Obwohl kaum mehr als dreißig Menschen in diesem Mikrokosmos leben, finden sich hier dennoch drei Rassen, die sich jeweils ihre Eigenheiten bewahrt haben: Seit dem 18. Jahrhundert sind in diesem Gebiet Franzosen ansässig, die vor allem von der Jagd leben; dann einige amerikanische Siedler, die die Vorhut des unaufhaltsamen Marsches nach Westen bilden; schließlich die frühesten Bewohner der Gegend, die Indianer, die am Rande des Dorfes in Wigwams leben.

Die Franzosen scheinen Tocqueville und Beaumont sehr vertraut. Es sind Menschen aus Westfrankreich, die mit normannischem Akzent sprechen (der den beiden Freunden in Detroit nicht aufgefallen zu sein scheint, obwohl bezeugt ist, daß dieser Dialekt noch 1860 von der Mehrheit der Bevölkerung gesprochen wurde). Und die Franzosen und Engländer in Saginaw unterscheiden sich ebensosehr voneinander wie jene, die an den Ufern der Seine oder der Themse leben.

Die ersteren haben sich die Tugenden und die Laster ihres Volkes bewahrt. Der in Amerika lebende Franzose ist ein leidenschaftlicher Jäger und immer zu einem Ausflug in die Wildnis bereit; er ist »ein fröhlicher Franzose geblieben, unternehmungslustig, stolz auf seine Abstammung, der den Kriegsruhm leidenschaftlich liebt, eher eitel als eigensüchtig, ein Instinktmensch, der ersten Gefühlsregung eher als der Vernunft gehorchend und der die Geltung dem Geld vorzieht« (Tocqueville 1960:89). Er paßt sich mühelos dem Leben in der Wildnis an, behandelt die Indianer herzlich und ohne Herablassung, läßt sich ohne weiteres mit den Frauen der Wilden ein und gründet manchmal auch mit einer Indianerin einen Hausstand, für den er trotz seines ruhelosen Lebens eine altertümliche Anhänglichkeit empfindet. Der angelsächsische Einwanderer hingegen »ist kalt, zäh, ein unversöhnlicher Streithahn; er liebt den Boden, und er entreißt dem Leben in der Wildnis alles, was er ihr nehmen kann. Er kämpft ohne Unterlaß gegen sie, er raubt ihr jeden Tag einige ihrer Merkmale... er hält Ruhm für leeres Gerede, und nach seiner Überzeugung wird der Mensch nur geboren, um sich Wohlstand und die Annehmlichkeiten des Daseins zu erringen« (Tocqueville 1960:90 f.). Die unterschiedlichen Konfessionen vergrößern sicherlich noch die Distanz zwischen Franzosen und Engländern, doch existiert bei beiden ein ureigener Kern, der auf das jeweilige nationale Temperament zurückzuführen ist. Das, was an ihnen unveränderlich ist, nämlich die Möglichkeit, an ihnen das Dogma von der Gleichheit aller Menschen zu beweisen, sollte für Tocqueville ein bedeutsamer Reflexionsgegenstand bleiben, und es scheint nicht so, als ob er diese Widersprüche jemals gelöst hätte. Schon in Saginaw erregen die *bois-brûlés*[1], die französisch-indianischen Mestizen, seine Aufmerksamkeit. Sie haben kein leichtes Schicksal, denn sie werden von tragischen Widersprüchen zerrissen: »Stolz auf seine europäische Abstammung, verachtet er die Wildnis, und dennoch liebt er die wilde Freiheit, die dort herrscht. Er bewundert die Kultur und kann sich ihrer Herrschaft nicht völlig unterwerfen. Seine Neigungen stehen im Widerspruch zu seinen Gedanken, seine Ansichten zu seinen Sitten. Seine Seele, die in diesem ungewissen Licht ihren Weg nicht erkennt, wirft sich mühsam in den Windeln eines allgemeinen Zweifels herum.« (Tocqueville 1960:93) Man darf sich nicht von dem pessimistischen Ton dieser Bemerkungen täuschen lassen: Tocqueville befürwortet sehr wohl. die Rassenvermischung, und wenn er diese Auffassung nicht deutlicher vertreten hat, dann deswegen, weil er es Beaumont überließ, dieser Entrüstung über die Rassentrennung in den schönsten Passagen des Romans *Marie* (dt.: *Die Wüstenbraut*) Ausdruck zu verleihen. Die Widersprüche in der Seele des Mestizen stellen in Tocquevilles Augen keine Verurteilung seiner Existenz dar. Sie sind nur ein besonderer Fall jener schmerzhaften Konflikte, die in der Seele jedes Menschen toben, sind der unvermeidliche Preis seiner Freiheit.[2]

Nachdem die beiden Freunde nach Detroit zurückgekehrt waren und kurz das Staatsgefängnis von Michigan in Augenschein genommen hatten, bereiteten sie sich am 1. August auf die Abreise nach Buffalo vor. Hierzu schreibt Beaumont am 2. August an Chabrol: »...man teilte uns mit, daß ein großes Dampfboot, die *Supérieur,* mit zweihundert Personen

---

1 »Bois-brûlé« ist ein nur im Quebec des 19. Jhts. gebrauchter Ausdruck für Mestizen indo-amerikanischer und franko-kanadischer Herkunft (A.d.Ü.).
2 Über den Gegensatz zwischen Franzosen und Engländern und über die *bois-brûlés* siehe A. de Tocqueville 1957: 358 ff.; siehe auch A. Jardin 1977: 200-219.

sonen an Bord von Buffalo kommend in Detroit angelegt habe und nach Green Bay am Ende des Michigansees weiterfuhr, wobei es auf dem Weg dorthin in Sault-Sainte-Marie, das den Huronsee und den Oberen See trennt, und in Michillimachinac, das zwischen dem Michigansee und dem Huronsee liegt, haltmachen würde. Nichts kommt den Großen Seen an Schönheit gleich. Die Gegenden, von denen ich gerade sprach, sind beinahe unbekannt, und zum ersten Mal hat sich ein Dampfboot mit Reisenden *à la mode* in diese verlassenen Gebiete gewagt, in die noch nie ein größeres Schiff vorgestoßen war. Zunächst sagten wir uns: ›Wir werden nicht fahren‹, aber dann war die Versuchung so groß, daß wir ihr nachgaben.«[1]

Die Gesellschaft an Bord des Schiffes bestand vor allem aus Amerikanern und Engländern, die sich auf einer Vergnügungsreise befanden. Die Seen mit ihrem klarem Wasser und die sie fast überall umgebenden Wälder boten ein großes, wenn auch etwas gleichförmiges Schauspiel. Wenn das Boot anlegte, widmete sich Beaumont der Malerei und Tocqueville ging auf die Jagd; in einem Rindenboot fuhren beide, geführt von zwei Mestizen, die alte französische Lieder sangen, die Stromschnellen von Sault-Sainte-Marie hinunter. Doch waren sie bestrebt, sich mit den dort lebenden Franzosen und mit deren Vermittlung auch mit den Indianern zu unterhalten. Diesen stellten sie sich vor, besichtigten die Wigwams oder nahmen am Lagerfeuer Platz.

Bevor sie nach Kanada vordrangen, stand noch ein kurzer, touristischer Abstecher zu den Niagarafällen auf ihrem Programm, den zu versäumen unerhört erschienen wäre. So mieteten sie am 17. August eine Kutsche und verbrachten die beiden darauffolgenden Tage an den Wasserfällen.

Das sich ihnen bietende Schauspiel war so gewaltig, daß es sich jeglicher Beschreibung zu entziehen schien. Sie wanderten auf der schmalen Halbinsel, die den Abgrund überragt, unter den Fällen hindurch; ein ungefährlicher Spaziergang, wie Tocqueville seiner Mutter schreibt. Einem früheren Kollegen aus Versailles gegenüber gab er jedoch zu, daß er infolge des heftigen Winds und der mangelnden Luftzufuhr beinahe ohnmächtig geworden wäre.[2] Wie auch schon in den Wäldern ist er von der Größe der Natur überwältigt: »Der ganze Strom bildete einen kri-

---

1 G. de Beaumont 1973: 116.
2 Unveröffentlichter Entwurf eines Briefs an Dalmassy, Archives Tocqueville, Akte 2.

stallenen Bogen, der für die Sonnenstrahlen beinahe undurchdringlich war, der Tag erschien als weißliches Zwielicht. Um Sie herum eine feuchte Dunkelheit und ein Atmosphäre von Zerstörung und Chaos, die etwas wahrhaft Fürchterliches an sich hatte.« Er fügt noch hinzu, daß man dieses Schauspiel nicht mehr lange sehen werde, der Wald um die Niagarafälle sei durch Rodungen schon lichter geworden: »Die Römer errichteten Glockentürme auf dem Pantheon; in weniger als zehn Jahren werden die Amerikaner ein Sägewerk oder eine Getreidemühle am Fuße des Katarakts gebaut haben.«

Am 20. August waren sie wieder in Buffalo und brachen an Bord des Dampfers *The Great Britain* über den Ontariosee und den Sankt-Lorenz-Strom nach Montreal auf.

9
Zwischenspiel in Kanada

»Ich bin verwundert, daß dieses Land in Frankreich so unbekannt ist. Vor nicht einmal sechs Monaten glaubte ich wie alle Welt, daß Kanada vollkommen englisch geworden sei. Ich war bei dem Machtwechsel von 1763 stehengeblieben, durch den die französische Bevölkerung auf sechzigtausend Personen geschrumpft war.«[1] Die französische Öffentlichkeit, die die Entwicklung der Vereinigten Staaten aufmerksam verfolgte, ignorierte, was in Kanada geschah. Die Beziehungen zu dem früheren Neu-Frankreich gestalteten sich nach der Rückkehr eines Teils der oberen Klasse in das Mutterland schwierig: Es existierte keine direkte transatlantische Schiffsverbindung, und es bestand keine Möglichkeit, sich dort als Siedler niederzulassen (als sich dies nach 1830 änderte, blieb die Zahl der französischen Auswanderer überdies äußerst niedrig); bis 1850 gab es keine Konsuln, die die französischen Interessen hätten vertreten können (Brunn 1974: 14-17). Während so viele Länder Tausende von französischen Emigranten aufnahmen (die Vereinigten Staaten je nach Schätzung zehn- bis zwanzigtausend), flüchtete nach Kanada nur eine kleinere Anzahl von Klerikern (55 Personen zwischen 1793 und 1802; Galarneau 1970)[2].

In Kanada war während des Amerikanischen Unabhängigkeitskrieges kaum etwas in Bewegung geraten. Die kanadische Öffentlichkeit hatte die Revolutionsereignisse in Frankreich (abgesehen von gewissen Vorbehalten des Klerus) bis zum Jahre 1793 mit Sympathie verfolgt, die sich später aber in Ablehnung verkehrte (Galarneau 1970). 1791 hatte Pitt die Gemü-

---

1 A. de Tocqueville 1867a: 56. Brief an Abbé Lesueur vom 7. September 1831.
2 In dem klassischen Werk von F. Baldensperger 1925 wird Kanada nicht erwähnt.

ter besänftigt, indem er Kanada Freiheiten und repräsentative Institutionen gewährte.

Von da ab gab es zwei unterschiedliche Kolonien, Ober-Kanada und Unter-Kanada.[1] Letztere umfaßte die französische Bevölkerung im Tal des Sankt-Lorenz-Stroms, die Städte Montreal und Quebec. Quebec wurde Provinzhauptstadt und Sitz des Gouverneurs, der den König von England repräsentierte. Der Gouverneur wurde durch einen von ihm ernannten Exekutivrat unterstützt; die gesetzgebende Gewalt wurde von zwei Kammern ausgeübt: von einer auf breiter Basis gewählten gesetzgebenden Versammlung und von einem aus ernannten Mitgliedern bestehenden gesetzgebenden Rat. Durch die Gewährung der Pressefreiheit, die Anwendung des *habeas corpus* und die Beibehaltung der französischen Gesetze, erhielt die Bevölkerung gewisse Freiheitsgarantien. Diese Institutionen konnten dennoch nicht die Harmonie des politischen Lebens sichern. Die jährliche Abstimmung über alle Subsidien und die Reservierung gewisser Staatseinnahmen für eine Zivilliste waren alte Streitpunkte. Um 1830 strebten die französischstämmigen Kanadier die Umwandlung des durch Ernennung bestimmten gesetzgebenden Rates in eine zweite gewählte Kammer an, die die Grafschaften repräsentieren sollte. Die Konflikte wurden 1831 vorübergehend entschärft, als der damalige autoritäre Gouverneur, Lord Dalhousie, durch den auf Ausgleich bedachten Lord Aylmer ersetzt wurde.

In Konfliktfällen oder wenn der Bestand der Institutionen gefährdet schien, schickten die Frankokanadier Abgeordnete nach London, wo die Schiedsentscheidungen des Mutterlandes nicht immer zu ihrem Nachteil ausfielen: Insbesondere die englischen Radikalen waren ihnen wohlgesonnen. Auf diese Weise konnten sie eine drohende Vereinigung der beiden Teile Kanadas im Jahre 1828 verhindern, die eine Anglisierung Unter-Kanadas zur Folge gehabt hätte.

Tocqueville und Beaumont hatten sich am 10. August in Buffalo eingeschifft, um den Ontariosee zu überqueren; am darauffolgenden Tag erreichten sie den Sankt-Lorenz-Strom, der im See entsprang, und befanden sich in Kanada. Am 23. August kamen sie in Montreal an, von wo sie am Abend des darauffolgenden Tages an Bord des Dampfers *John Molson*, dem Paradeschiff der Sankt-Lorenz-Flotte, nach Quebec auf-

---

1 Die Begriffe Unter- und Oberkanada gab es nur im 19. Jh. und nur in englischer und französischer Form. (A.d.Ü.)

brachen, das sie nach etwa zwanzig Stunden erreichten. In Quebec, das wie ein strahlendes Juwel in der Landschaft lag, hielten sie sich bis zum 31. August auf. Anschließend fuhren sie wieder den Sankt-Lorenz-Strom hinauf und waren am 2. September erneut in Montreal; von dort reisten sie sogleich nach Albany weiter, schifften sich am 3. September in Saint-John am Champlain-See ein und nahmen anschließend in Whitehall eine Kutsche, mit der sie am 5. September in Albany eintrafen.[1] In seinem Brief an den Abbé Lesueur schreibt Tocqueville über Unter-Kanada: »Wir fühlten uns wie zu Hause, und überall empfing man uns als Landsleute.« Dieser Gedanke wird in all ihren Aufzeichnungen spürbar. Mit keinem Wort erwähnen sie jedoch Ober-Kanada, durch das sie gleichwohl von Kingston bis Montreal gereist waren – immerhin eine Route, die Pavie zufolge keineswegs uninteressant war (Pavie 1833, Bd. I: 128 ff.). Sie straften also das britische Kanada mit einer Verachtung, die in gewisser Weise auf De Gaulle vorausweist.

Nach der Ankunft in ihrem Studiengebiet Unter-Kanada gingen sie nach den gleichen Methoden vor wie in den Vereinigten Staaten: Unterredungen über bestimmte Themen mit ausgewählten Gesprächspartnern, direkte Beobachtung von Institutionen, Land und Leuten; Zufallsgespräche, die noch auf zusätzliche Aspekte hinwiesen.

In Montreal konnten sie ein Empfehlungsschreiben von Generalvikar Powers für den Abbé Quiblier, den Leiter des großen Jesuitenseminars, vorweisen. Diese Bildungseinrichtung war in den Anfangszeiten der Kolonisierung entstanden und stellte ein Tochterinstitut von Saint-Sulpice in Paris dar, das zu seiner Gründung und seinem Unterhalt über die Einkünfte aus einer großen Seigneurie verfügen konnte. Das Seminar hatte nicht nur Priester ausgebildet, sondern auch viele gebildete Kanadier waren dort erzogen worden. Der Abbé Joseph-Vincent Quiblier (1796-1852), der Tocqueville als ein aufgeklärter Mann erschien, war kein gebürtiger Kanadier: Er stammte aus der Gegend von Lyon, war in Saint-Sulpice zum Priester ausgebildet worden und 1825 nach Montreal gekommen, wo er das Seminar von 1831 bis 1846 leitete. Anschließend

---

1 Während ihres Aufenthalts in Unter-Kanada datierten Tocqueville und Beaumont die gleichen Ereignisse mit einem Tag Unterschied, wobei Tocqueville immer ein späteres Datum angibt als Beaumont. Zutreffend sind jedoch die Angaben des letzteren: Als die beiden Freunde sich nach Beauport begeben, um sich mit den Bauern, die gerade aus der Kirche kommen, zu unterhalten, datiert Tocqueville dieses Ereignis auf den 29. August. Dies war jedoch ein Montag. Beaumont hingegen spricht vom 28. August, einem Sonntag.

übte er sein Amt in England als Gemeindepfarrer aus und kehrte vor seinem Tod nach Frankreich zurück. Er war also ein Mann, der mit Abstand über die Kanadier urteilte und keine Vorurteile gegen die Engländer hegte.[1]

In Montreal begegneten Tocqueville und Beaumont auch den Brüdern Mondelet. Dominique, der ältere (1799-1863), war zu diesem Zeitpunkt gerade in die gesetzgebende Versammlung gewählt worden, doch schon 1832 ernannte ihn der Gouverneur zum Mitglied des Exekutivrats, und sein Sitz in der Versammlung wurde für vakant erklärt. Im Jahre 1834 mußte er bei seiner Kandidatur gegen Louis-Joseph Papineau eine Niederlage hinnehmen. 1842 wurde er ebenso wie sein jüngerer Bruder Charles (1801-1876), der ein Werk über die Elementarschulbildung veröffentlicht hatte, zum Richter ernannt. Die Brüder Mondelet gehörten folglich zu jener Fraktion, die der englischen Verwaltung gegenüber am ehesten zu Zugeständnissen bereit waren.[2]

Tocquevilles und Beaumonts Hauptinformant in Quebec war John Neilson (1776-1848), mit dem sie mehrere Gespräche führten und der ihnen das einstmals von den Jesuiten gegründete Huronendorf von Lorette zeigte. John Neilson, der in Schottland geboren war, wurde mit vierzehn Jahren Gehilfe seines Onkels, der die *Québec Gazette* leitete, und 1797 dessen Nachfolger. Schon sehr bald schloß er Freundschaft mit Papineau, und trotz seiner schottischen und protestantischen Herkunft scheinen sie über lange Zeit hinweg in der Nationalversammlung, der Neilson von 1818 bis 1834 angehörte, Verbündete gewesen zu sein. 1822 und 1828 begab er sich zweimal im Auftrag der französischen Partei nach London, um die Vereinigung der beiden Teile Kanadas und eine Anglisierung zu verhindern. Doch neigte er eher zu einer versöhnlichen Haltung gegenüber der englischen Verwaltung, während Papineau ihr nun mit größrer Ablehnung begegnete. 1834 kam es zum Bruch zwischen den beiden Männern.[3]

Durch Neilson lernten sie auch den Cousin Papineaus, Denis-Benjamin Viger, kennen, der einen noch härteren Oppositionskurs gegen die Engländer vertrat. Doch geht aus den Aufzeichnungen der beiden Franzosen nichts genaues über Vigers Auffassungen hervor.

---

1 A. de Tocqueville 1957: 77 f.
2 Ebd.: 78 f.
3 Ebd.: 80 ff.

Ebensowenig erfahren wir über die Auffassungen von Jean-Thomas Taschereau (1778-1832), den sie über seinen in der Touraine lebenden Cousin kennengelernt hatten. Als einziger Richter französischer Nationalität war er sicher kein Gegner der englischen Verwaltung.

Insgesamt gesehen sind die Hauptgesprächspartner Tocquevilles und Beaumonts meist gut unterrichtete Männer, die den 1791 geschaffenen Status zwar aufrechterhalten wollen, aber eine Einigung mit der englischen Verwaltung wünschen. Der Name Louis-Joseph Papineaus, der ein Symbol für den Widerstand der Frankokanadier wurde – eines zunehmend heftigeren Widerstandes, der schließlich zum Aufstand führen sollte –, wird nicht erwähnt. Andererseits findet sich (mit Ausnahme eines anonym bleibenden englischen Kaufmanns, dessen Feindseligkeit gegenüber den Franzosen trotz seiner eigenen, anderslautenden Aussagen durchscheint) keine repräsentative Analyse der Meinung der englischen Minderheit. Wir erfahren nichts über die Auffassungen des Gouverneurs oder eines Beamten aus seiner Umgebung, obwohl es während der Amtszeit des auf Ausgleich bedachten Lord Aylmer interessant und wohl auch möglich gewesen wäre, deren Standpunkte einzuholen.

Die beiden jungen Franzosen hatten ihr Soll an Vergnügungsreisen bereits durch die Exkursion an die Niagarafälle erfüllt und widmeten sich während ihrer Rundreise durch Kanada wieder anderen Beschäftigungen. Dennoch blieben sie für die Schönheiten ihrer Umgebung empfänglich: Sie bewunderten den Sankt-Lorenz-Strom und wanderten an dessen rechtem Ufer bis nach Saint-Thomas, zehn Meilen östlich von Quebec, wo der Fluß eine Breite von sieben Meilen erreicht. Tocqueville schrieb an den Abbé Lesueur: »Man möchte meinen, man sähe den Ärmelkanal im Binnenland.« Der berühmte Wasserfall, mit dem sich der Montmorency in den Strom ergießt, enttäuschte sie etwas, und es ist nicht bekannt, ob sie die in der Nähe liegenden Abrahamsebenen besuchten, wo Montcalm den letzten Trumpf des französischen Reiches ausgespielt hatte. Über die Städte äußern sich die Freunde nur knapp: Beaumont begnügt sich mit dem Gemeinplatz, daß Montreal eine Insel und Quebec eine Festung sei; Tocqueville bemerkt, daß letztere zwar malerisch sei, aber eher den Städten in der französischen Provinz als den in den Vereinigten Staaten ähnele. In Quebec, so Tocqueville, sprächen alle Französisch, und doch sei Englisch Handelssprache und die Sprache der begüterten Klassen und des Theaters.

Doch vor allem möchten die beiden Franzosen die bäuerliche Gesellschaft beobachten, um festzuhalten, welche Unterschiede sie im Vergleich zu den amerikanischen Pionieren aufweist, und um vor allem nach eventuellen Ähnlichkeiten mit ihrer eigenen Heimat, dem Westen Frankreichs, zu suchen. Vom Dampfboot aus bewundern sie die Ernte und das daraus resultierende lebhafte Treiben in den ländlichen Gebieten auf diesem Streifen fruchtbarer Erde, durch den der große Strom hindurchzieht: »Die Ufer des Sankt-Lorenz sind vollständig landwirtschaftlich erschlossen und dicht besiedelt, die Häuser und Dörfer ähneln den unseren mehr. Alle Spuren der *wilderness* sind verschwunden; statt dessen bestellte Felder, Kirchtürme und eine Bevölkerung, die ebenso zahlreich ist, wie in unseren Provinzen.«[1] Es ist nicht mehr der amerikanische Siedler, der den Besucher auf der Schwelle seines Blockhauses erwartet, sondern ein Dorfbewohner, der ihn in die saubere und ordentliche Stube von Häusern bittet, die »Wohlstand atmen«. Die Kirchen sind reich, aber geschmackvoll verziert. Tocqueville und Beaumont überzeugen sich von der Richtigkeit von Neilsons Auffassung, daß der Kanadier »eine bewundernswerte Rasse« sei: »Der Bauer ist kräftig, wohlgestaltet und gut gekleidet. Sein Wesen ist von einer offenen Herzlichkeit, die dem Amerikaner fehlt. Er ist höflich, ohne unterwürfig zu sein, und empfängt Euch wie seinesgleichen, aber mit Zuvorkommenheit... Insgesamt gesehen erschien uns dieser Menschenschlag den Amerikanern zwar an Wissen unterlegen, an Herzensbildung jedoch überlegen. Man verspürt hier in keiner Weise jenen Geschäftssinn, der in allen Handlungen und Worten des Amerikaners erkennbar wird. Der Verstand der Kanadier ist wenig gebildet, aber einfach und geradeheraus, sie sind unbestreitbar nicht so einfallsreich wie ihre Nachbarn, doch scheint ihr Empfindungsvermögen höher entwickelt; ihr Leben ist vom Herzen, das der anderen vom Kopf geleitet.«[2] Und etwas später sollte Tocqueville an seinen Bruder Hippolyte schreiben: »Die Franzosen Amerikas verfügten über alles, was ein großes Volk braucht. Sie sind immer noch der schönste Sprößling der europäischen Familie in der neuen Welt.«[3]

Diese Menschen sind herzlich, reden, lachen, singen und tanzen gerne und bilden dadurch einen Gegensatz zum wortkargen Individua-

1 A. de Tocqueville 1957 : 210.
2 Ebd.: 213 f.
3 A. de Tocqueville 1867b: 87. Brief an Hippolyte vom 26. November 1831.

lismus des Amerikaners. Ihr Gemeinschaftssinn zeigt sich in ihrem spontanen Zusammenhalt, wenn einer von ihnen von einem Unglück getroffen wird: Sie legen zusammen, um durch Seuchen verlorenes Vieh zu ersetzen, arbeiten gemeinsam am Wiederaufbau einer Scheune, die durch Blitzschlag abgebrannt ist.

Das Dorf bildet faktisch eine geschlossene lokale Gemeinschaft, auf die die Regierung kaum Einfluß nehmen kann, denn ihr einziger Repräsentant ist der Befehlshaber der Miliz. Was das Dorf regiert, ist die kollektive Meinung: Wer gegen Bräuche und Sitten verstoßen oder ein Verbrechen begangen hat, erfährt eine solch massive Ablehnung durch die Gemeinschaft, daß er das Dorf verlassen muß. Dem ganzen Dorf als Ratgeber dient der Priester, der selbst aus der bäuerlichen Bevölkerung stammt und all deren Besorgnisse und Freuden teilt: »Daher sind die Kanadier aus Prinzip und aus politischer Leidenschaft religiös. Der Klerus bildet hier die oberste Klasse, und zwar nicht, weil ihn die Gesetze, sondern die öffentliche Meinung und die Sitten an die Spitze der Gesellschaft stellen.«[1] Für die englische Regierung sind die katholischen Geistlichen Demagogen. Tocqueville hingegen erscheinen sie aufgeklärt und liberal, der Aberglaube und die religiösen Bräuche, die in meridionalen Breiten so verbreitet sind – und die er verabscheut –, sind ihnen fremd.

Diese Gesellschaft ähnelt dem Frankreich des Ancien Régime in Tocquevilles Augen viel mehr als der Gesellschaft im Mutterland, die seit der Revolution das neue Frankreich darstellt. In Kanada herrscht noch das Feudalrecht, jedoch in abgemilderter Form. Die Bauern müssen nur eine sehr viel niedrigere Grundrente zahlen; sie sind verpflichtet, ihr Getreide in der Mühle des Grundherrn mahlen zu lassen, wenn auch für eine geringere Abgabe als in den Vereinigten Staaten üblicherweise für das Vermahlen gezahlt werden muß. Zwar muß an den Grundherrn eine Verkaufsgebühr gezahlt werden, die höher ist (ein Zwölftel des Preises), aber durch die stabilen Bevölkerungszahlen fast hinfällig wird. Neben diesen Feudalabgaben entrichten die Bauern noch den Zehnten an den Priester, der jedoch eigentlich nur ein Sechsundzwanzigstel der Ernte beträgt. Dennoch stellt Tocqueville entgegen den Versicherungen John Neilsons fest, daß die Grundherren nicht besonders beliebt sind und daß der Zehnte nur mit einem gewissen Widerwillen gezahlt wird. Ansonsten zahlen die kanadischen Bauern keinerlei Steuern.

---

1 A. de Tocqueville 1867b: 57. Brief an Abbé Lesueur vom 7. September 1831.

Insgesamt also ein gesundes, glückliches Volk, das zum Teil in einem geschlossenen Wirtschaftssystem lebt, aber unbestreitbar über einen gewissen Wohlstand verfügt.

Und dennoch drohen ihm bestimmte Gefahren, denen ein besiegtes Volk immer ausgesetzt ist.

Diesen Eindruck gewinnt Tocqueville zu Beginn seines Aufenthalts in Quebec, als er wie immer, wenn irgend möglich, aus beruflichem Interesse einer Gerichtsverhandlung beiwohnt. Er gerät dabei in einen burlesken Prozeß, wo der Beklagte vom Kläger beschuldigt wird, ihn als »Galgenvogel« und »Schmutzfink« beschimpft zu haben. Die Verhandlung und die Plädoyers werden in zwei Sprachen gehalten, und die Beteiligten verstehen sich nur halb. Tocqueville kommt zu dem Schluß: »Niemals war ich überzeugter als nach diesem Gerichtsverfahren, daß das größte und nicht wiedergutzumachende Unglück, das einem Volk zustoßen kann, darin besteht, erobert worden zu sein.«[1]

Dieses Unglück zeigt sich im Verhältnis der beiden Ethnien. Tocqueville schätzt die Bevölkerung Unter-Kanadas auf 600 000 Menschen und den Anteil an Frankokanadiern auf etwa neun Zehntel davon (den offiziellen Statistiken des Jahres 1831 zufolge sind diese Zahlen zu hoch; demnach hätte es nur 553 134 Einwohner gegeben, darunter 450 000 Franzosen). Nichtsdestoweniger sind fast alle Beamten Engländer, die Angehörigen der oberen Klassen und der freien Berufe sind englischer Abstammung. Englisch ist Handelssprache, was soweit geht, daß sogar an Orten, wo die Bevölkerung fast ausschließlich frankophon ist, Laden- und Wirtshausschilder in englischer Sprache beschriftet sind. Alle Zeitungen sind englisch, mit Ausnahme des *Le Canadien,* dessen Wahlspruch »unsere Religion, unsere Sprache, unsere Gesetze« lautet und der ständig gegen die Behörden opponiert. John Neilson ist der Auffassung, daß die französische Sprache in Kanada zum Verschwinden verurteilt sei. Tocqueville ist bisweilen ebenfalls geneigt, dies zu glauben, während Beaumont dieser Prognose skeptisch gegenübersteht.[2]

Damit Kanada der vollständigen Anglisierung entgehen kann, ist nach Tocquevilles Meinung eine gewisse gegenseitige Ablehnung zwischen beiden Volksgruppen erforderlich. Diese ist zwar vorhanden, jedoch in den oberen Klassen wenig ausgeprägt, obwohl Franzosen und

---

1 A. de Tocqueville 1957: 212 f.
2 Siehe dazu die treffenden Einwände Beaumonts in: G. de Beaumont 1973: 134.

Engländer bis zu diesem Zeitpunkt nur wenig Kontakte zueinander hatten. Tocqueville glaubt, daß die Trennung zwischen beiden Ethnien, die sich jeweils ihre eigenen Bräuche und Denkweisen bewahrt haben, weiterhin strikt aufrechterhalten werden muß, sogar in den Kreisen der Politiker: »In Quebec existiert bereits eine Klasse von Männern, die eine Verbindung zwischen Franzosen und Engländern herstellen: Engländer, die mit Kanadiern verschwägert oder mit der englischen Verwaltung unzufrieden sind, sowie dort ansässige Franzosen. Diese Gruppe ist in der Presse durch die *Gazette de Québec,* einer Zusammenstellung aus französischen und englischen Beiträgen, vertreten und in den politischen Gremien durch M. Neilson und wahrscheinlich noch einige andere, die uns nicht bekannt sind. Sie ist es, die ich am meisten fürchte, was das zukünftige Schicksal der kanadischen Bevölkerung angeht... Wenn sie jemals den Platz der oberen und aufgeklärten Kreise der Kanadier einnehmen würden, so wäre der Nationalcharakter dieses Volkes unwiderbringlich verloren. Sie würden wie die Westbretonen in Frankreich dahinvegetieren. Glücklicherweise verhindert die Konfession Heiraten zwischen den beiden Volksgruppen und bewirkt, daß sich im Klerus eine aufgeklärte Schicht herausbilden kann, für die es von Interesse ist, französisch zu sprechen und sich mit der französischen Literatur und dem französischen Denken auseinanderzusetzen.«[1]

Tocqueville hatte sich eingehend über die Fortschritte in der Volksbildung informiert und hoffte, daß sich die große Masse der kanadischen Bevölkerung durch den Erwerb von mehr Wissen stärker ihrer Herkunft bewußt würde. Doch war er schon immer der Auffassung gewesen, daß die Befreiungsbewegung eines Volkes oder einer Klasse von einer intellektuellen und sozialen Elite angeführt werden sollte.

Im Grunde ist er enttäuscht, daß die aufgeklärten Kreise unter den Franzosen oder auch der Klerus sich nicht entschiedener der englischen Regierung entgegenstellen. Aus dem oben zitierten Text geht hervor, daß er sogar seinem Hauptinformanten Neilson mißtraut – obwohl er dessen Verdienste sehr wohl anerkennt. Aus seinen Worten wird auch ersichtlich, warum Beaumont und er sich am 29. August in das zwei Meilen von Quebec entfernt gelegene Dorf Beauport begaben und versuchten mit den Menschen, die dort gerade aus der sonntäglichen Messe kamen, ins Gespräch zu kommen.[2]

---

1 A. de Tocqueville 1957: 215 f.
2 Ebd.: 214 ff.

Es ging ihnen dabei nicht nur um das Vergnügen, ganz direkt, ohne Mittelsmänner, mit Landsleuten zu sprechen. Sie wollten auch erfahren, ob die Bevölkerung sich der großen Gefahr, die sie bedrohte, bewußt war, nämlich der Umklammerung durch schottische und irische Einwanderer. Im Jahre 1830 waren 28000 Einwanderer nach Kanada eingereist, 1832 sollten es 66000 werden. In Unterkanada wurden sie unentgeltlich auf freiem Grund und Boden, der sich im Besitz des Staates oder des Klerus befand, angesiedelt. Ein Großteil von ihnen ließ sich jedoch in Oberkanada nieder. Während dessen wanderte der frankokanadische Bevölkerungsüberschuß in die Städte ab. Im kanadischen Volk, das im 18. Jahrhundert die sich durch unerhörte Kühnheit auszeichnenden Waldläufer hervorgebracht hatte, gewann nun ein anderer Zug des französischen Temperaments die Oberhand, nämlich Trägheit und Zaghaftigkeit: Nur ein sehr geringer Teil der Frankokanadier brach auf, um neues Land zu erschließen. Ihr Schicksal drohte also, wenn man Tocquevilles eindringlichen Vergleich wiederaufnimmt, den gleichen Verlauf zu nehmen wie das der Westbretonen in Frankreich.

Tocqueville und Beaumont erfuhren durch ihre bäuerlichen Gesprächspartner zwar Bestätigung in ihren Ansichten, doch konnte ein sonntäglicher Plausch natürlich nicht den Strom eingefahrener Gewohnheiten umleiten. Die beiden Freunde hatten jedoch ganz klar erkannt, welche Chance hier vertan worden war: Ein Versäumnis, das später so viele Historiker der frankokanadischen Bevölkerung zum Vorwurf machen sollten, deren Menschenüberschuß sich nicht nur in den Städten Kanadas, sondern auch in denen der Vereinigten Staaten verloren hatte, wo er sich schnell anglisiert hatte.

Tocqueville und Beaumont kamen zu dem Schluß, daß das, was den französischen Kanadiern am meisten fehle, ein Volkstribun sei, der unaufhörlich für ihre Unabhängigkeit kämpfte. Dieser Gedanke wurde von Tocqueville bereits am Abend des 28. August geäußert: »Sie haben alles in sich, was erforderlich wäre, um in der Neuen Welt ein Abbild Frankreichs zu schaffen... Einem genialen Mann, der die nationalen Leidenschaften des Volkes verstehen und spüren würde und fähig wäre, sie zu entwickeln, ihm fiele hier eine vortreffliche Rolle zu.«[1] Und Beaumont skizziert den Plan, den solch ein kanadischer O'Connell zu verfolgen hätte: »Ihm fiele in Kanada eine edle, ehrenvolle und gefährliche Rolle

---

1 A. de Tocqueville 1957: 212.

zu. Die Rolle eines Mannes, der sich ganz und gar dem kanadischen Volk verschreibt, nur für dessen Belange lebt, dessen Leidenschaft weckt, um dessen Existenz zu erhalten, sich den uneigennützigen und kostenlosen Rat aller Angehörigen des Volkes sichert, ganz und gar einer der ihren wird: der zum Gegner der Regierung wird, wenn sich eine Gelegenheit bietet, diese anzugreifen, und tausend Zugeständnisse von den Regierenden erlangt; der immer noch mehr fordert und schließlich, wenn die Leidenschaften von Herrscher und Untertanen erregt sind, wenn das Volk über seine wahren Interessen aufgeklärt ist, mit lauter Stimme die Worte Unabhängigkeit und *Freiheit* ausruft!!!«[1]

Tocqueville meint, einen solchen Mann leider nirgends zu erblicken. Und doch war dies genau die Rolle, die Louis-Joseph Papineau angestrebt hatte, der zu dieser Zeit einen so großen Einfluß im kanadischen Volk hatte und dessen Widerstand gegen die englische Herrschaft zum Aufstand von 1837 führte. Sein Name fehlt, wie wir bereits erwähnt haben, merkwürdigerweise in den Aufzeichnungen Tocquevilles und Beaumonts.

Mochte Tocqueville auch an ein Fortbestehen des kanadischen Volkes geglaubt haben, so konnte er sich doch kaum eine Unabhängigkeit des englischen Oberkanada von den Vereinigten Staaten vorstellen. Als Reeve ihn 1838 nach dem Aufstand um eine Stellungnahme bat, die auch den Mitgliedern der englischen Regierung mitgeteilt werden könnte, wollte sich Tocqueville weder öffentlich noch privat äußern. Er riet jedoch, daß man den Anglokanadiern, deren Vorurteile »unglaublich« seien, mißtrauen solle. Wenn die Frankokanadier auch keine so geschickten Kaufleute und unternehmungsfreudigen Pioniere seien und daher unvermeidlicherweise bald von der englischen Volksgruppe eingekreist sein würden, so »sind sie doch ein energischer Volksstamm, fähig zur Begeisterung, zur Aufopferung und zu gewaltigen und unerwarteten Anstrengungen..., den man niemals wird zwingen können, sich für längere Zeit gegen seinen Willen dem Mutterland unterzuordnen.«[2]

Dieselben Charakterzüge, die Tocqueville hier den Frankokanadiern zuerkennt, hatte er auch den Franzosen des Ancien Régime zugeschrieben...

Tocqueville hat seine Briefe und Aufzeichnungen nicht publiziert, so daß die Öffentlichkeit nur sehr bruchstückhaft durch die von Beaumont

---

1 G. de Beaumont 1973: 137.
2 Brief an Reeve vom 3. Januar 1838, veröffentlicht von E. McInnis 1938: 394 ff.

herausgegebene Ausgabe seiner *Œuvres* davon Kenntnis gewann. Auch das gut lesbare, aber oberflächliche Buch von Théodore Pavie, der Kanada im Jahre 1829 bereist und im Jahre 1833 seine *Souvenirs transatlantiques* veröffentlicht hatte, erreichte kein breiteres Publikum. Erst nach 1851 begann sich die französische Öffentlichkeit für Kanada zu interessieren. Das spektakulärste Ereignis dieser Zeit war der Besuch der Korvette *La Capricieuse* im Juli 1855 in Quebec und Montreal und der triumphale Empfang, den man dem Kommandanten Belvèze bereitete. Aber bereits die *Lettres d'Amérique* von Xavier Marmier (1851) und *La Promenade en Amérique* von Jean-Jacques Ampère (1855), in dem auf 52 Seiten über Kanada berichtet wird und das mehrere direkt aufeinanderfolgende Auflagen erlebte, sind Ausdruck dieses erwachenden Interesses. Im übrigen ließe sich aus Ampères Schilderungen leicht ersehen, inwieweit er durch seine Gespräche mit Tocqueville beeinflußt wurde (Ampère räumt diesen Einfluß selbst ein), wenn er nicht sogar dessen Reiseaufzeichnungen gelesen hatte. Tocqueville ist also indirekt für das wiedererwachende Interesse an dem ehemaligen Neufrankreich mitverantwortlich.

Die zweiwöchige Reise durch Kanada hatte eine prägende Wirkung auf das Denken Alexis de Tocquevilles. In der Überzeugung, daß Frankreich Kolonien brauche, studierte er an Ort und Stelle die Folgen, die sich aus den Fehlern der Kolonisierungstradition des Ancien Régime ergeben hatten, und verfaßte nach seiner Rückkehr die Schrift *Quelques raisons qui s'opposent à ce que les Français aient de bonnes colonies*[1] (Einige Gründe dafür, daß die Franzosen keine guten Kolonien haben), wo er Vergleiche mit der britischen Tradition zog. Vor allem aber sollte er sich später bemühen, sich diese Einsichten bei der Kolonisierung Algeriens, dem großen Anliegen seiner politischen Laufbahn, zu Nutze zu machen.

---

1 A. de Tocqueville 1962: 35 ff.

10
Von Boston bis Baltimore

»Massachusetts... ist offensichtlich ein altes Land: Unter ›alt‹ verstehe ich ein Land, das zweihundert Jahre zählt... Man sieht weder... Baumstümpfe auf den Feldern noch Blockhütten, die als Wohnhäuser dienen. Die Äcker sind sorgfältig eingezäumt; es wird eine Vielzahl von Feldfrüchten angebaut, und alles deutet darauf hin, daß die Einwohner den Boden bis auf das letzte nutzen, weil das Land bereits so dicht besiedelt ist.«[1]

Die Ankunft in Massachusetts bedeutete nicht nur das Ende des kanadischen Zwischenspiels, sondern führte die beiden Strafvollzugsexperten wieder an die Probleme des Gefängniswesens und die zukünftigen Autoren wieder an das Studium der Sitten und Institutionen in den Vereinigten Staaten heran.

Die Bostoner Gesellschaft unterschied sich merklich von der New Yorks. Am 20. September bemerkte Tocqueville: »Boston ist eine schöne Stadt, die malerisch auf mehreren Hügeln inmitten von Flußläufen gelegen ist... Die Gesellschaft, oder zumindest jene, in die wir eingeführt wurden, und ich glaube, es ist die beste am Ort, gleicht beinahe vollkommen den oberen Klassen in Europa. Es herrschen Luxus und ausgesuchter Geschmack. Fast alle Frauen sprechen gut französisch, und alle Männer, denen wir bisher begegnet sind, waren in Europa. Ihre Manieren sind vornehm, ihre Gespräche drehen sich um geistige Themen; man spürt, daß man dem Kaufmannsgeist und dem Gewinnstreben, die die New Yorker Gesellschaft so vulgär machen, entronnen ist.«[2] Die beiden Franzosen waren in

---

1 G. de Beaumont 1973: 144. Brief Beaumonts an seinen Bruder Jules vom 16. September 1831.
2 A. de Tocqueville 1957: 227. Zu dem Aufenthalt in Boston insgesamt siehe: G. W. Pierson 1938: 351-439.

dem berühmten Hotel Trémont abgestiegen, dem ersten großen Luxushotel in den Vereinigten Staaten, das zwei Jahre zuvor eröffnet worden war. Es war mit Unterstützung von Bostoner Mäzenen erbaut worden, die dem Erscheinungsbild ihrer Stadt etwas mehr Glanz verleihen wollten. Jedes Zimmer verfügte über einen eigenen Empfangssalon; man stellte jedem Gast Hausschuhe zur Verfügung, während seine Stiefel gewichst wurden; die Bedienung oblag einem Heer von Lakaien, die auf ein Läuten hin erschienen. In Boston war man auch stolz auf die prunkvollen Wohnsitze mancher Bürger, welche von bekannten Architekten erbaut worden waren, die auch an der Konstruktion öffentlicher Monumente und Gebäude für reiche Gemäldesammler oder Bibliotheksbesitzer mitgewirkt hatten. Ein Multimillionär wie David Sears wohnte in einem wahren Palast, und die beiden Freunde gestanden, daß sie noch niemals so gut gegessen hätten wie bei einem Diner, zu dem er sie eingeladen hatte.

In Boston waren die ersten Kontakte zu den Bürgern schwieriger herzustellen als anderswo: Man drängte sich Fremden hier nicht so leicht auf wie in New York. Die beiden Freunde standen deshalb zunächst vor verschlossenen Türen. Dies sollte jedoch nur wenige Tage dauern; sobald ihre gesellschaftliche Stellung und ihre Mission einmal bekannt waren, öffnete sich ihnen in der guten Bostoner Gesellschaft Tür und Tor, und sie wurden gleichsam in einen Strudel gesellschaftlicher Ereignisse hineingerissen. »Wir haben keine freie Minute mehr; man verfolgt uns mit Einladungen; wir dinieren fast niemals in unserem Hotel und haben bisher jeden Abend an einem Ball oder einer politischen Versammlung teilgenommen«[1], schreibt Beaumont am 25. September an seinen Bruder Achille.

Die alte Puritanerstadt war immer noch ein sehr lebendiges religiöses Zentrum. Es gab dort sechzig Gotteshäuser, und die verschiedenen Glaubensgemeinschaften lieferten sich heftige Kontroversen. Durch ihre Mission lernten Tocqueville und Beaumont Geistliche kennen, die sich nicht nur durch besonderen Eifer, sondern auch durch unbestreitbare intellektuelle Qualitäten auszeichneten: So Louis Dwight, Sekretär der Gefängnisgesellschaft, und der körperlich schwache Tuckerman, ein Mann der Praxis, der aber auch interessante Schriften über die Volksbildung verfaßt hatte. Sehr wichtig war vor allem die Begegnung mit Channing, der durch seine Beredsamkeit und seine Schriften zu einem der be-

---

1 G. de Beaumont 1973: 156; siehe auch G.W. Pierson 1938: 355 f.

rühmtesten Vertreter des Unitarismus avanciert war. Tocqueville war bereits mit einem anderen unitarischen Pastor, nämlich Jared Sparks, bekannt, der 1828 nach Paris gekommen war, um dort Archivstudien zu betreiben; nichtsdestoweniger war Tocqueville bis zu seinem Amerikaaufenthalt die unitarische Lehre völlig unbekannt gewesen. Jared Sparks war allerdings in der Hauptsache Historiker und hatte bereits durch sein Werk *Leben und Briefwechsel George Washingtons* Berühmtheit erlangt. Während Tocquevilles Amerikareise arbeitete er an einem Werk über den Gouverneur Morris und an einer Geschichte der Vereinigten Staaten. Er zeigte den beiden Franzosen seine umfangreiche Manuskriptsammlung und erschloß ihnen im Gespräch historische Gesichtspunkte, die ihnen bisher verborgen geblieben waren. In Boston lebten aber auch Akademiker, die in Harvard lehrten, wie Quincy und Ticknor; Publizisten wie Alexander Everett, ehemals Botschafter in Europa, der nun die *North American Review* herausgab, und Nathan Hale, der Herausgeber des *Boston Daily Advertiser*; schließlich ein junger Deutscher, Franz Lieber, der in Waterloo und Griechenland gekämpft und sich danach zur Auswanderung entschlossen hatte. Lieber, ein gemäßigter Liberaler, hatte innerhalb weniger Jahre die ersten sieben Bände der *Encyclopaedia Americana* veröffentlicht, die er seinen beiden neuen Freunden zum Geschenk machte; später sollte er dann auch noch ihr *Du Système Pénitentiaire aux États-Unis et de son application en France* (dt.: *Amerikas Besserungssystem und dessen Anwendung auf Europa*) übersetzen.

Letztlich waren in Boston auch berühmte Politiker anzutreffen: Daniel Webster, der für seine Reden im Kongreß berühmt war und später für das Präsidentenamt kandidieren sollte, die beiden Freunde aber ansonsten enttäuschte; John Quincy Adams, der ehemalige Präsident, eine »Art entthronter König«, der von großer intellektueller Regsamkeit schien. Als Tocqueville während eines Diners bei Everett neben ihm sitzt, zeichnet er dessen Äußerungen sorgfältig auf.[1] Sie fanden also in Amerika eine zahlenmäßig kleine gesellschaftliche Gruppe vor, die vorrangig intellektuellen Interessen nachging und für sie die bestmögliche Informationsquelle darstellte, was eine Gesamtsicht des amerikanischen Volkes, seines gesellschaftlichen Lebens und seiner Regierung anging. Doch befand sich diese Elite in der Opposition, sie hatte nichts für Jackson übrig, ja, verachtete ihn sogar. Da Tocqueville diese Tatsache in

---

1 A de. Tocqueville 1957: 97 ff.

der *Demokratie in Amerika* außer Acht läßt, werden in diesem Werk bestimmte neue Strömungen des amerikanischen Lebens unterschlagen.

In Boston gab es eine Vielzahl von »ernsthaften« Autoren. Die beiden Franzosen erschienen ihnen als potentielle Leser, und so kehrten Tocqueville und Beaumont jeden Abend die Taschen voller Broschüren ins Hotel Trémont zurück. Diese Literatur ist uns nur zum Teil erhalten geblieben; manchmal hatte Tocqueville sie wohl gar nicht gelesen, denn die Seiten waren nicht einmal aufgeschnitten; zum Teil fiel sie auch den Würmern in Schloß Tocqueville zum Opfer...

Der Aufenthalt in New York hatte mit einer Feststellung und einer Frage geendet: Die amerikanische Gesellschaft bestand aus Angehörigen der Mittelklasse, die voneinander unabhängig waren und inmitten derer die Regierung wie unsichtbar blieb. Und dennoch »funktioniert« diese Gesellschaft, verfolgte sie eine einheitliche Richtung.

Tocqueville ist um eine strukturelle Analyse dieser egalitären Gesellschaft bemüht. Vor allem möchte er besser verstehen, wie eine Gesellschaft aus kleinen, voneinander unabhängigen Grundbesitzern entstehen kann, die ihm als die eigentliche Grundlage der amerikanischen Gesellschaft erscheinen. Livingston hatte ihm gegenüber als Begründung angeführt, daß Kinder jeweils zu gleichen Teilen erbten; Adams sollte ihn darauf hinweisen, daß die Möglichkeit, im Westen Land zu erwerben, dort als sein eigener Herr zu walten und ein Vermögen zu erwerben, die Ursache für das Fehlen von Pächtern und Landarbeitern sei. Andere Gesprächspartner sollten auf Livingtons Äußerungen zurückkommen, d.h. auf die klassische Erklärung der liberalen Nationalökonomen, die zweifelsohne kaum auf Amerika anwendbar war. Doch war noch ein anderer Faktor für die grundlegende Gleichheit dieser Gesellschaft verantwortlich: die Schnelligkeit, mit der große Vermögen aufgebaut wurden und wieder zerfielen. Tocqueville führt dies auf die Tatsache zurück, daß diese Vermögen durch Gewinne im Handel oder bei Bankgeschäften gemacht werden und nicht durch Grundbesitz abgesichert sind. Wenn es in Amerika also auch sehr viele reiche Leute gibt, so finden sich doch, zumindest in den Nordstaaten, keine stabilen Vermögen – es kommt häufig vor, daß der Sohn eines reichen Kaufmanns sich finanziell ruiniert. Infolgedessen existiert auch keine gesellschaftliche Klasse, die man als Geldadel bezeichnen könnte.

Doch noch mehr Aufmerksamkeit schenkt Tocqueville jener Kraft, durch die diese Gesellschaft vorangetrieben wird. Am 20. September schreibt er den folgenden bedeutenden Gedanken nieder: »Eine der glücklichsten Auswirkungen, die das Nichtvorhandensein einer Regierung hat (sofern ein Volk in der glücklichen Lage ist, darauf verzichten zu können, was selten vorkommt), ist die daraufhin unweigerlich erfolgende Entwicklung von individueller Stärke. Jeder Mensch lernt, selbständig zu denken und zu handeln, ohne auf die Unterstützung einer fremden Kraft zu zählen, die, so umsichtig sie auch sein mag, niemals auf alle gesellschaftlichen Bedürfnisse eingehen kann. Derjenige Mensch, der auf diese Weise daran gewöhnt ist, sein Glück aus eigener Kraft zu suchen, steigt in seiner eigenen Achtung wie in der der anderen; seine Seele gewinnt an Stärke und gleichzeitig an Größe.«[1]

Es existieren nur zwei Arten von Gesellschaften, in denen man ohne Regierung auskommt, und beide repräsentieren zwei einander extrem entgegengesetzte Stufen der Zivilisation: die Gesellschaften der Wilden, wo sich der Mensch mit der Befriedigung der elementarsten Bedürfnisse zufriedengibt; und die sehr hochentwickelten Gesellschaften, in denen der Mensch, der einen Bedarf an gesellschaftlichen Verbesserungen feststellt, seinesgleichen zur freiwilligen Mitarbeit aufruft, was voraussetzt, »daß er jene Gesellschaftsordnung erreicht hat, in der ihm sein Verstand ermöglicht, das, was ihm nützlich ist, klar zu erkennen«.

Die Vorbedingung für eine solche Gesellschaftsordnung ist ein hohes Bildungsniveau des gesamten Volkes. Coolidge behauptet, das amerikanische Volk sei das am besten gebildete auf der Welt; anders als manchmal in Europa zieht hier niemand den Nutzen der Volksbildung in Zweifel. Tocqueville stellt zahlreiche Fragen zur Freiheit der Bildung und versucht herauszufinden, welchen Anteil die Allgemeinheit an der Organisation des Bildungswesens hat.

Anders als in Europa tendiert dieses System, auch wenn die Ausbildungszeiten immer länger werden, keineswegs dazu, verbitterte Menschen, die der Gesellschaft gegenüber feindselig eingestellt sind, heranzuziehen. Dafür ist die Gesellschaft zu mobil und kennt, insgesamt gesehen, (obwohl Tocqueville dieses Wort nicht benutzt) keine scharfen Klassenschranken. Vor allem bleibt diese Erziehung immer christlich und folgt den in der amerikanischen Gesellschaft geltenden moralischen Normen.

»[Hier] geht jeder davon aus, daß der Unterricht moralischen und religiösen Prinzipien gerecht wird. Wer ein entgegengesetztes System

---

1 A. de Tocqueville 1957: 89 f.

einführen wollte, der würde einen allgemeinen Aufschrei, eine Art Volksaufstand provozieren, und jeder würde sagen, daß keine Bildung immer noch besser sei als eine solche Art von Bildung. Alle unsere Kinder lernen mit der Bibel lesen«, wird Tocqueville von Pastor Dwight versichert[1]. Tocqueville glaubt, die staatsbürgerliche Gesinnung der Amerikaner beruhe auf ihrer Religiosität, die zugleich Sittenstrenge und die Übernahme staatsbürgerlicher Pflichten fordere. Daher erklärt sich auch sein Interesse für die religiöse Entwicklung des Landes. Sicherlich bekriegen sich hier die verschiedenen Religionsgemeinschaften zum Teil auf das Heftigste, doch verblassen die dogmatischen Unterschiede angesichts der einheitlichen moralischen Grundsätze. Und diese Grundsätze, so meint Tocqueville, würden sich auch im Verlauf der zweifachen Entwicklung, die er der Religion in Amerika prophezeit, nicht ändern: Bei den Intellektuellen hin zum Unitarismus, der, obwohl Channing dem heftig widersprach, möglicherweise in Deismus münden würde; und dann der Katholizismus mit seiner streng unitarischen Disziplin, der bei den Massen immer mehr Anhänger gewinnt. Aber die Religion, die den Geist der Bürger formt, schöpft ihre Kraft aus seiner so gut wie vollkommenen Unabhängigkeit vom Staat, erkennt aber gleichzeitig die Prinzipien der Demokratie an.

Es sind diese beiden Themen – das aufgeklärte Volk und das religiöse Volk – mit denen sich der zukünftige Autor der *Demokratie* während dieser Etappe der Reise vornehmlich beschäftigt. An ihnen orientiert sich die öffentliche Meinung, ohne die die republikanischen Institutionen nicht funktionieren können.

Die amerikanischen Institutionen werden nur verständlich, schreibt Jared Sparks, wenn »man sich vergegenwärtigt, wie das Land kolonisiert wurde. Die erste Ansiedlung entstand in Plymouth, und es lebten dort nur hundertundein Menschen; sie war von einer riesigen Einöde umgeben, die nur von einigen Wilden bewohnt wurde. Was ihre Rechte und Regierungsformen anbetraf, so befanden sich die neuen Siedler bei ihrer Ankunft gleichsam im Naturzustand. Um ihre Beziehungen zueinander zu regeln und um ihre Sicherheit zu gewährleisten, einigten sie sich auf ein System von sozialen und politischen Regeln, die Gesetzescharakter hatten. Dies war die einfachste Form der Republik«[2]. So erklärte Sparks

---

1 A. de Tocqueville 1957: 85.
2 H.B. Adams: 1898: 17. Bericht von Jared Sparks; siehe auch das Gespräch mit Jared Sparks in: A. de Tocqueville 1957: 95 f.

– auf eine Weise, die an das 18. Jahrhundert erinnert – die Entstehung der *townships*. Die *townships* wiederum wurden zu *counties* zusammengefaßt, die *counties* zu Staaten, und später schlossen sich die letzteren, d.h. die verschiedenen Kolonien, während des Kampfes gegen England und während der Revolution zusammen. Die amerikanische Republik ist von der Basis her aufgebaut, die höheren Ebenen verfügen nur über soviel Macht, wie ihnen von den unter ihnen stehenden Ebenen übertragen wurde. Dieser natürliche Rahmen einer Demokratie, die sich auf die Volkssouveränität gründet, existiert in Europa nicht. Um hier die Freiheit wiederherzustellen, muß sich der Staat gegenüber seinen untergeordneten Behörden entlasten und per Gesetz die Dezentralisierung einführen: »In Amerika haben die freiheitlichen Sitten freie politische Institutionen geschaffen; in Frankreich müssen die freien politischen Institutionen die Sitten prägen.«

Was Amerika angeht, so kann Tocqueville die schöpferische Kraft der Basis, die in einer spontan ausgeübten Demokratie eine normale Erscheinung ist, mit eigenen Augen beobachten: Das große politische Thema in den Vereinigten Staaten ist zu diesem Zeitpunkt der Zolltarif. Der Süden, der Baumwolle exportiert und gewerbliche und industrielle Erzeugnisse importiert, fordert eine Senkung der Zölle; der Norden, der um den Bestand seiner jungen Industrie fürchtet, will die Zölle aufrechterhalten. Nun aber hatte Theodore Sedgwick, ein überzeugter Anhänger des Freihandels, den Tocqueville in Stockbridge kennengelernt hatte, in der Presse die Gründung einer Gesellschaft vorgeschlagen, die der Forderung nach Senkung der Zinsen Nachdruck verleihen sollte. Diese Idee fand einen solchen Anklang, daß bald darauf Volkskonvente gewählt wurden, die den Kampf gegen den Zolltarif organisierten. Stellte eine solche spontane Äußerung von Demokratie nicht eine Gefahr für die staatlichen Institutionen dar, oder würden die Initiatoren sich damit begnügen, Einfluß auf die öffentliche Meinung zu nehmen? Diese Frage ließ Tocqueville nicht mehr los.[1]

Manchmal bringen ihm solche Gegensätze zwischen dem Süden und dem Norden das alte, aus dem 18. Jahrhundert stammende Axiom ins Gedächtnis zurück, daß die Republik für einen großen Staat nicht geeignet sei, und er bezweifelt, ob das föderalistische System hier ausreichend Abhilfe schaffen kann. Die eigentliche Gefahr für den Zusammenhalt

---

1 Siehe A. de Tocqueville 1957: 237 f. Ähnliche Eindrücke finden sich bei Beaumont 1973: 131.

der Vereinigten Staaten ist jedoch das Problem der Sklaverei. Schon in Boston haben sich Tocqueville und Beaumont mit Amerikanern über dieses Thema unterhalten, und hier insbesondere mit Mr. Clay, einem Plantagenbesitzer aus Georgia, der sich gerade in der Stadt aufhielt. Tocqueville versucht auch, in dieser Frage den früheren Präsidenten Adams auszuhorchen, und meint bei diesem eine pessimistische Haltung herauszuhören, was die Zukunft der Union angeht. Seit Boston scheinen die beiden Franzosen zu ahnen, daß die Emanzipation der Sklaven nicht das geeignete Mittel ist, um die absolute Trennung beider Rassen und ihre Feindseligkeit zu überwinden. Damit stellt sich für sie eine neue Frage bezüglich der Zukunft, und in der Folge sollten sie sich immer wieder mit diesem Problem beschäftigen.

Als sie Neuengland verlassen, scheinen sie also einen Überblick über die Entwicklung der amerikanischen Demokratie gewonnen zu haben. Natürlich bleiben noch deren Mechanismen und Zusammenhänge mit den »Sitten« zu untersuchen sowie zu erkunden, wie sich die Demokratie in den verschiedenen Teilen des Landes gestaltet. Die folgende Bemerkung scheint, obwohl sie erst einige Zeit nach ihrer Abreise aus der Stadt (25. Oktober) niedergeschrieben wurde, ihre Erfahrungen in Boston zu resümieren:

»Der bewunderswerte Effekt republikanischer Regierungen (dort, wo sie Bestand haben) liegt nicht darin, daß sie den Anblick von *Regelmäßigkeit*, von *methodischer Ordnung* bei der Regierung eines Volkes bieten, sondern darin, daß sie *ein Abbild des Lebens* präsentieren. Die Freiheit führt nicht alle ihre Vorhaben mit der gleichen Vollendung aus wie der intelligente Despotismus, aber längerfristig bringt sie mehr hervor als dieser... Sie erfüllt den ganzen Sozialkörper mit einer Geschäftigkeit, einer Kraft, einer Bewegung, die ohne sie niemals da wäre und die Wunder vollbringt.«[1]

Trotz gewisser Einschränkungen, was den allgemeinen Wert der Demokratie betrifft, fällt also ihr Urteil über die amerikanische Republik doch sehr viel günstiger als aus während ihrer Zeit in New York.

In Boston hatten sich Tocqueville und Beaumont wieder den Problemen des Strafvollzugswesens zugewandt, das sie über mehrere Wochen vernachlässigt hatten. In der Stadt selbst hatten sie die Aufnahmeanstalt für junge Kriminelle besucht, die ihnen noch mehr als diejenigen in New

---

1 A. de Tocqueville 1957: 184.

York als nützliche und gut durchdachte Einrichtung erschien. Außerdem das Gefängnis von Charleston, das nicht nach dem Auburn-System (nächtliche Einzelhaft) organisiert war, sondern nach dem in Pennsylvania üblichen System der ständigen Einzelhaft. Es ist interessant, daß die beiden Autoren in ihrem Buch über das »Besserungssystem« diese Form des Strafvollzugs nicht ausdrücklich befürworten, obwohl sich Beaumont in seinem Brief an seinen Bruder Jules vom 16. September dafür ausspricht: »Überall sieht man die unbestreitbaren Vorteile dieses Systems, das nun generell in allen Staaten der Union übernommen wird. Ich zweifle nicht im geringsten an seiner Überlegenheit. Die einzige Frage, die sich in Frankreich stellen wird, wird die nach den für seine Einführung nötigen Aufwendungen sein«.[1] Beaumonts Urteil gründet sich hauptsächlich auf die psychologischen Erkenntnisse, die Tocqueville im Gefängnis von Charleston gewonnen hatte, als er die in Einzelhaft befindlichen Häftlinge unter vier Augen befragt hatte.

Im Wetherfield-Gefängnis, das der einzige Grund für ihren Aufenthalt in Hartford war, fanden sie wieder das Auburn-System vor. Sie vermerkten jedoch eine im Vergleich zum Mutterhaus weniger strenge Disziplin und schrieben in einem Bericht nach Paris, daß dieses Gefängnis »alle Gewähr für Sicherheit und Sauberkeit böte, die man sich wünschen könne«. Tatsächlich jedoch ahnten sie nichts von der schlechten Behandlung, der unzureichenden Essensversorgung und fehlenden Beheizung, unter denen die Häftlinge litten und für die ein korrupter Oberaufseher verantwortlich war: Dieser Mann wurde bereits zu jener Zeit von einem Richter, der das Gefängnis inspiziert hatte, angeprangert; der Skandal wurde später an die Öffentlichkeit gebracht. (Pierson 1938: 446 f.)

Philadelphia, die alte Quäkerstadt, war das Zentrum der amerikanischen Philanthropie. Die Reise der beiden französischen Experten hatte dort bereits Aufsehen erregt, bevor sie persönlich erschienen waren, und der Empfang, den man ihnen bereitete, hatte nichts von der kühlen Distanz an sich, mit der man ihnen in Boston begegnet war. Zu dem leidenschaftlichen Interesse, das die Philanthropen der Stadt dem Strafvollzugswesen entgegenbrachten, kamen die Rivalitäten zwischen Theoretikern und Praktikern. »Man streitet sogar darüber, wer uns mehr mit Beschlag belegen wird«, so schreibt Tocqueville am 18. Oktober, »acht Tage vor

---

1 G. de Beaumont 1973: 149.

unserer Ankunft hatte der Oberaufseher der Anstalt seine Karte beim französischen Konsul hinterlegt und gebeten, daß er bei unserer Ankunft sofort informiert werden möge..., während sich die zur Untersuchung von Strafvollzugstheorien gegründete Gesellschaft zur gleichen Zeit versammelte und eine Kommission ernannte, die uns bei unseren Studien helfen sollte. Am selben Tag erhielten wir von dem Oberaufseher eine Einladung zum Diner und den Brief eines Quäkers (ein Theoretiker par excellence), der uns nicht mit *Monsieur* anredete, sondern uns *duzte* und uns anhielt, mit ihm und einigen seiner Freunde zu dinieren.«[1] Die beiden Franzosen hatten bald mehr Gelegenheit zum Besuch von wohltätigen Einrichtungen, als sie eigentlich gewünscht hatten. Das neuerbaute Gefängnis von Cherry Hill bot von außen den Anblick eines Feudalschlosses, und die Einzelzellen waren kreisförmig angeordnet, so daß sie von einem zentralen Punkt aus überwacht werden konnten. Die Besichtigung von Strafvollzugseinrichtungen, die Gespräche mit Philanthropen, und hier insbesondere mit den Quäkern (obwohl deren Einfluß in der Stadt im Schwinden begriffen war und sie selbst untereinander zerstritten waren) – für all diese Studien zum Strafvollzugssystem sollten die beiden Franzosen zum letzten Mal während ihres Amerikaaufenthalts viel Zeit aufwenden. Jedoch war die Stadt noch aus ganz anderen Gründen interessant als aufgrund der *Society for Alleviating the Miseries of the Public Prisons* (Gesellschaft zur Linderung der Mißstände in öffentlichen Strafanstalten).

Französische Reisende und ehemalige Einwanderer brachten Philadelphia ein positives Vorurteil entgegen. Die Gesellschaft der Stadt war gastfreundlicher und toleranter als die Menschen im puritanischen Boston und zeigte sich über die in New York vorherrschende Geschäftstüchtigkeit erhaben. Der Aufenthalt der beiden Freunde schien diesen generellen Eindruck zu bestätigen: Sie wurden von der *American Philosophical Society* empfangen, wo Beaumont sich außerordentlich langweilte, und zu deren Mitglied Tocqueville im Jahre 1842 ernannt werden sollte. Beide schätzten die Dinereinladungen der Quäker, doch nahmen sie vor allem an den Gastmählern und Bällen der reichsten Bürger teil, wo man einer auserlesenen Gesellschaft begegnete. Sie machten Bekanntschaft mit hohen Politikern und den besten Rechtsanwälten am Ort: der Bürgermeister der Stadt, Richards, der Gouverneur Howard, der berühmte

---

1 Brief an seine Schwägerin Alexandrine vom 18. Oktober 1831, Kopie in der Beinecke Library. Zu dem eilfertigen Empfang, den man ihnen in Philadelphia bereitete, vgl. G.W. Pierson 1938: 458 ff. und 461.

Direktor der Federal Bank, Biddle; dann einige von jenen bevorzugten Gesprächspartnern, die Europa gut kannten, wie der ehemalige Botschafter Brown, der hochgebildete Franzose Duponceau, der seit fünfzig Jahren in Amerika lebte, und vor allem Robert Walsch. Dieser war Abkömmling einer irischen Familie, von der sich einige Seitenlinien in Frankreich niedergelassen hatten (und von denen er möglicherweise abstammte, denn er hatte während des Kaiserreichs in Frankreich gelebt). Walsch hatte zahlreiche kleinere Schriften verfaßt, und in seinem Salon wurde hervorragend musiziert, was diesem eine besondere Atmosphäre verlieh. Später, als er Generalkonsul in Paris geworden war, sollte Tocqueville immer wieder in seinem Haus in der Rue de Rivoli zu Gast sein.

Wenn man Tocqueville glauben darf[1], war sein Wunsch, nach Philadelphia zu reisen, dadurch verstärkt worden, daß er in Boston die Problematik des Zolltarifs kennengelernt und die Wahl des Volkskonvents miterlebt hatte, der gegen die geltenden Zollbestimmungen vorgehen wollte: In Philadelphia nämlich tagte dieser Konvent, der ihm als am weitesten fortgeschrittene Stufe der Volkssouveränität erschien und möglicherweise sogar die staatlichen Institutionen selbst gefährden könnte. Als er jedoch in der Stadt eintraf, hatte sich der Konvent gerade aufgelöst. Nach zehn Tagen öffentlicher Diskussion hatten die Teilnehmer ein flammendes Kommuniqué herausgegeben, das dem Kongreß sein verfassungsmäßiges Recht, die Zollbestimmungen des Landes zu regeln, absprach. Ein Rechtsanwalt aus der Stadt beschwichtigte jedoch Tocquevilles Sorge mit der Bemerkung, daß man in einer Demokratie all diese verbale Gewalt nicht für bare Münze nehmen dürfe und daß es sich im Grunde nur um einen Appell an die öffentliche Meinung handele.

Aber wenn Tocqueville auch über die möglichen Gefahren der politischen Vereinigungen beunruhigt ist, so zeigt er sich gleichzeitig auch von der moralischen Kraft fasziniert, die von ihnen ausgehen kann. So fallen ihm die »Mäßigkeitsvereine« auf, zu denen er am 10. Oktober bemerkt, daß sie »eines der bemerkenswertesten Dinge in diesem Land« seien, daß es sich um »den Zusammenschluß von Menschen [handele], die sich gegenseitig versprechen, sich eines Lasters zu enthalten, und die im Gemeinschaftsleben Unterstützung finden, um dem zu widerstehen, was das Intimste und Ureigenste jedes Menschen ist, seinen eigenen Trieben.«[2]

---

1 Brief an seinen Vater vom 7. Oktober 1831, nach einer Kopie in der Beinecke Library.
2 A. de Tocqueville 1957: 236.

Noch ein anderes Problem bewegt Tocqueville, und wenn auch hier zum erstenmal in seinen Aufzeichnungen davon die Rede ist, so sollte ihn diese Frage doch während seiner ganzen politischen Laufbahn verfolgen: Entscheiden sich die amerikanischen Wähler aus den Volksschichten gegen Männer aus den alteingesessenen Familien, wie es in Frankreich der Fall war? (Tocqueville bezieht sich hier im Geiste auf die Erste Republik.) Der Bürgermeister von Philadelphia versichert ihm auf seine Frage hin, daß das Volk in Pennsylvania vor allem Kandidaten aus den mittleren Klassen wähle, die ebenso fähig seien zu regieren wie Politiker aus den oberen Klassen. Andere Gesprächspartner bestätigen, daß sowohl gute als auch schlechte Entscheidungen getroffen würden. Es sei aber keine systematische Ablehnung reicher oder alteingesessener Familien zu beobachten.

Überdies hat sich Tocqueville in seiner Eigenschaft als Richter schon seit langem Gedanken über den Einfluß der Jurisprudenz auf die Politik gemacht. Als vorherrschendes Charakteristikum des Gerichtswesens – das übrigens sehr komplex ist und zwischen den einzelnen Staaten Unterschiede aufweist – erscheint der Einsatz von Geschworenen, der sowohl in Zivil- als auch in Strafsachen üblich ist. Tocqueville läßt sich die Funktionsweise der amerikanischen Gerichte, die in ihren Grundstrukturen immer noch den englischen Gerichtshöfen gleichen, bis ins Detail erklären.

In einem Brief an seinen Freund Chabrol bemüht er sich, dieses System so genau wie möglich zu erklären.[1] Die Tatsache, daß in Amerika immer noch das Gewohnheitsrecht gilt, scheint auf den ersten Blick eine gewisse Willkür der Rechtsprechung nach sich zu ziehen. In Wahrheit aber wird die Demokratie in diesem Bereich durch die Anwesenheit des Richters eher eingeschränkt, weil dieser den Prozessen vorsitzt und die Macht hat, die Entscheidungen der Geschworenen aufzuheben, und zwar nicht nur de jure, sondern auch de facto. Hingegen kann er selbst nur aufgrund von *ill behaviour* abgesetzt werden, eine Begründung, die nur aufgrund eines gegen ihn anzustrengenden Verfahrens ins Feld geführt werden kann. Die von den Geschworenen verkörperte Macht des Volkes wird also in der Praxis von den Juristen eingeschränkt und gemäßigt. Und wenn dieses System auch keine unfehlbare Garantie für eine

---

1 Unveröffentlichter Brief an Chabrol vom 26. November 1831, nach einer Kopie in der Beinecke Library.

unparteiische und aufgeklärte Rechtsprechung bietet, so erhält andererseits das Volk dadurch Einblick in juristische Probleme. Dies sei ein Beispiel dafür, daß die demokratischen Institutionen zur Erziehung der Bürger beitrügen, und Tocqueville meint, daß dies gelegentliche Schwachstellen bei weitem aufwiege.

Die innere Bewegung, die für die Dynamik der demokratischen Gesellschaft verantwortlich ist, ist Tocqueville in Boston bewußt geworden. In Philadelphia analysiert er die Mechanismen dieser Bewegung: Was Pennsylvania betrifft, kommt er insgesamt ebenfalls zu einem optimistischen Urteil. Die Demokratie ist hier in der Lage, gegen ihre eigenen Schwächen bestimmte Möglichkeiten der Abhilfe zu entwickeln. Gilt das aber auch für die ganze Union?

Noch eine andere Frage, die ebenfalls in Boston Gestalt angenommen hat, beschäftigt Tocqueville und Beaumont weiterhin: das Problem der Sklaverei, die »Wunde« der Union. Ist es möglich, die Sklaverei abzuschaffen, ohne daß die Vereinigten Staaten auseinanderbrechen, und wenn ein solcher Schritt unternommen würde, welche Konsequenzen ergäben sich daraus?

Vor ihrem Aufenthalt in Philadelphia hat dieses Problem für Tocqueville und Beaumont weitgehend abstrakten Charakter. Wenn Pennsylvania auch kein Sklavenstaat mehr ist, so stellen doch Farbige einen bedeutenden Anteil der Bevölkerung. Die beiden Franzosen erkennen, daß das amerikanische Sklavereiproblem eigentlich vor allem ein Rassenproblem ist, welches nicht durch die Freilassung der Sklaven gelöst werden kann.

Schon kurz nach ihrer Ankunft erleben sie bei einem Theaterbesuch die Auswüchse der Rassentrennung, welche Beaumont in seinem Roman *Marie ou l'Esclavage*[1] beschreiben sollte: Selbst eine Frau mit »blütenweißem Teint« wird auf den Rang für Farbige verwiesen, wenn bekannt ist, daß sie einen mulattischen Vorfahren hat. Die freigelassenen Schwarzen dürfen nicht wählen – die öffentliche Meinung ist dagegen –, sie können ihre Kinder nicht in dieselben Schulen schicken wie die Weißen und ihre Toten nicht auf denselben Friedhöfen beerdigen.

Diese Untersuchung über das Verhältnis zwischen Weißen und Schwarzen bzw. Herren und Sklaven vollzieht sich vor einem dramatischen Hintergrund, der Tocqueville und Beaumont nicht entgehen

---

1 Siehe Beaumont 1835.

konnte. Im County Southampton (Virginia) hatte am 21. und 22. August ein visionärer Sklave, Nat Turner, die Schwarzen zum Aufstand gegen ihre Herren angestiftet; mehr als fünfzig Weiße waren daraufhin massakriert worden. Am 30. Oktober war Nat Turner gefaßt und zusammen mit 16 Gefährten zum Tode durch Erhängen verurteilt worden; das Urteil sollte am 11. November vollstreckt werden. Die Gesprächspartner der beiden jungen Franzosen in Philadelphia sehen kaum eine Lösung für das Rassenproblem: Die Abschaffung der Sklaverei würde nichts verändern. Duponceau geht in seinem Pessimismus sogar so weit, einen Krieg zwischen den beiden Rassen vorauszusagen, durch den die in der Minderzahl befindlichen Schwarzen vernichtet werden würden.

Ihr dringendes Verlangen, einen Staat kennenzulernen, in dem die Sklaverei immer noch existierte, veranlaßte die beiden Franzosen, nach Baltimore in Maryland zu reisen, wo sie sich vom 28. Oktober bis zum 6. November aufhalten sollten. Die Sklaverei war hier im Abnehmen begriffen, doch die freigelassenen Schwarzen mußten streng von den Weißen getrennt leben. Am 29. November besuchten die beiden Freunde ein Pferderennen, bei dem ein Schwarzer sich gleichzeitig mit den Weißen in die Arena gewagt hatte. Einer von diesen vertrieb den Schwarzen daraufhin mit Peitschenhieben, was jedoch niemanden erstaunte, nicht einmal den Geprügelten selbst.

Andererseits war Baltimore jene Stadt in den Vereinigten Staaten, wo man bei Festmählern, Pferderennen oder in der Kleidung den größten Luxus entfaltete. Verschwendung, Frivolität und Großzügigkeit verrieten hier die Sitten der Südstaaten: Schon bei ihrer Ankunft wurden die beiden Franzosen zu einem Ball mit einer Eintrittsgebühr von fünf Dollar eingeladen und erhielten eine Einladung zum Essen nach der anderen. Neben der Sklaverei, die, wie gesagt, stark im Rückgang begriffen war, ließen sich noch andere bemerkenswerte Züge dieser Gesellschaft beobachten: so die Reste der alten Kolonialaristokratie, die aufgrund der Zerstückelung der Güter selbst einen Niedergang erlebte. Tocqueville und Beaumont dinierten bei dem größten Grundbesitzer der Union, Charles Carroll, der mit 95 Jahren der letzte noch lebende Unterzeichner der Unabhängigkeitserklärung war. Ein Mann, den die reisenden Notabeln wie ein historisches Monument besuchten, dessen Gedächtnis aber noch so gut war, daß er die Zeit der Revolution schildern konnte. In Baltimore fand Tocqueville seinen Eindruck bestätigt, daß gerade jene Mitglieder der großen Familien, die die Unabhängigkeit und die Demokratie akzeptiert hatten, anstatt sich auf die Verteidigung alter Privilegien zu versteifen, aufgrund des allgemeinen Wahlrechts (das in Maryland bereits existierte) in öffentliche Funktionen gewählt wurden. Die Bevölkerung von Baltimore hatte nach der Revolte von Santo Domingo durch französische Zuwanderer frisches Blut erhalten. Die Stadt war Sitz des einzigen Erzbischofs in den Vereinigten Staaten und kulturelles und politisches Zentrum des Katholizismus: Der Katholizismus war der Glaube der Armen gewesen, und seine Verbreitung wurde durch die Demokratie gefördert; er gewann nicht nur durch den Zustrom armer irischer Einwanderer an Boden, sondern auch durch konvertierte Protestanten aus den mittleren und oberen Klassen.

Tocqueville ließ alle Gedanken, die man ihm dargelegt hatte, reifen, bevor er sie abwägte und seine Schlüsse zog. Erst am 30. November, also neun Tage, nachdem er Philadelphia verlassen hatte und den Ohio in Richtung Cincinnati hinabfuhr, brachte er eine Reihe von Bemerkungen zu Papier und zog so Bilanz aus den Gesprächen in Philadelphia und Boston.

Dort analysierte er das wesentliche Charakteristikum der sozialen Gleichheit in Amerika: Sie schloß keineswegs Unterschiede aus, die sich auf den Umfang des Vermögens gründeten; das Geld schuf hier »eine wirklich privilegierte Klasse, die für sich bleibt«. Doch war dieses Kriterium der sozialen Stellung nicht so rigide wie der durch Geburt erworbene Rang, denn unterschiedliche Vermögensverhältnisse waren kein Hindernis dafür, daß sich Familien durch Heirat miteinander verbanden.[1]

Aber noch zwei andere Erkenntnisse erschienen ihm sicher: »Es gibt etwas, das uns Amerika unwiderlegbar beweist und das ich bereits geahnt hatte: daß nämlich die mittleren Klassen einen Staat regieren können. Ich weiß nicht, ob sie sehr schwierige politische Situationen gut bewältigen würden. Doch kommen sie mit den normalen gesellschaftlichen Vorgängen zurecht. Trotz all ihrer kleinmütigen Leidenschaften, ihrer lückenhaften Bildung, ihrer ordinären Sitten, sind sie offensichtlich in der Lage, praktische Intelligenz zu entwickeln, und dies erweist sich als ausreichend...«

Montesquieus Maßstab, demzufolge sich die Republiken in der Antike auf die Tugend gründeten, ist für die modernen Demokratien nicht ausreichend:

---

1 A. de Tocqueville 1957: 278 ff.

»Als weiteren Punkt führt uns Amerika vor Augen, daß die Tugend, anders als man lange behauptet hat, nicht das einzige ist, was den Republiken Bestand verleihen kann, sondern daß diese Gesellschaftsordnung mehr als alles andere durch Wissen gefördert wird. Die Amerikaner sind kaum tugendhafter als andere: sie sind aber unendlich mehr gebildet (ich spreche hier von der großen Masse) als irgendein anderes Volk, das ich kenne...«[1]

Die Gesellschaft des Südens jedoch schien aufgrund ihrer aristokratischen Eliten und der weit ungebildeteren Massen weniger für das republikanische System geeignet als der Norden. Gegen Ende seines Aufenthaltes in Baltimore schrieb Tocqueville den folgenden wichtigen Gedanken nieder:

»Soweit ich beurteilen kann, erscheint mir die Republik als eine Gesellschaftsordnung, die dem Süden der Vereinigten Staaten nicht so natürlich und angemessen ist wie dem Norden. Liegt das an dem unterschiedlichen Bildungsgrad und der unterschiedlichen physischen Konstitution der Menschen im Norden und Süden und an den daraus resultierenden Charakterunterschieden in den beiden Teilen des Landes? Oder ist es eher so, daß die aufgeklärten Klassen des Südens mit dem Führen der Regierungsgeschäfte in einer Demokratie noch nicht so vertraut sind und Geheimes an die Öffentlichkeit dringen lassen, während die gleichen Klassen im Norden solche Geheimnisse verbergen? Eben das entzieht sich noch meiner Kenntnis. Sicher ist, daß ich von den beiden Teilen der Union einen unterschiedlichen Eindruck gewonnen habe. Im Norden bietet sich mir, zumindest von außen, das Bild einer starken, geregelten und beständigen Regierung, die den dort herrschenden materiellen und sittlichen Gegebenheiten vorzüglich angemessen ist. Im Süden hat der Verlauf der Regierungsgeschäfte etwas Fiebriges, Ungeordnetes, Revolutionäres und Leidenschaftliches an sich, das nicht diesen Eindruck von Stärke und Beständigkeit vermittelt.

Aber wenn im Süden die bereits bestehenden aristokratischen Traditionen mit der Demokratie in Konflikt geraten konnten, würde diese dann im Westen nicht andere Schwierigkeiten mit sich bringen – dort, wo die Gesellschaft sich von selbst und völlig ungeordnet aus den eintreffenden Siedlern bildete, die keinerlei Bindungen zueinander hatten, und wo aufgrund des Fehlens von Traditionen und sozialem Ansehen

---

1 A. de Tocqueville 1957: 278 ff.

gewissermaßen eine chemisch reine Demokratie entstand? Insbesondere auf den Westen zielte auch jener Gedanke, den Tocqueville während seiner Fahrt mit dem Dampfboot auf dem Ohio niederschrieb: »In Amerika ist es äußerst interessant, die Neigungen und Instinkte der sich selbst überlassenen Demokratie zu untersuchen und zu sehen, zu welcher Ordnung sie die Gesellschaft, die sie beherrscht, zwangsläufig führt.«

Es war unvorstellbar, daß ein Reisender, der die Neue Welt erkundete, nicht den Westen und den Süden bereiste, die anders waren als der Norden. Und der »politische Soziologe« konnte nicht beurteilen, inwieweit Sitten und Gesetze übereinstimmten, ohne jene Gesellschaften kennengelernt zu haben, von denen die eine älter und die andere jünger als die Yankee-Gesellschaft war.

11

Durch den Westen und den Süden

Tocqueville und Beaumont verließen Philadelphia höchstwahrscheinlich am 21. November 1831. Sie beabsichtigten, nach Cincinnati zu reisen, dem geschäftigen Zentrum des Staates Ohio. Diese wild wachsende Stadt lag in einer Region, die eine sehr rasche Entwicklung erlebte. Die Freunde glaubten sich dort besser über die Probleme des Westens informieren zu können als während ihres kurzen Abstechers zur *frontier* im voraufgegangenen August. Von Cincinnati wollten sie dann durch Kentucky nach Charleston weiterreisen, mit einem kleinen Umweg über Virginia und Tennessee, und dann in dieser Stadt in Südkarolina einen längeren Aufenthalt verbringen. Nützliche Gesprächspartner – ein Teil der guten Gesellschaft von Charleston war übrigens französischer Herkunft – würden sie über das Leben im Süden aufklären. Nach der Erkundung der »Yankee«-Welt, die sie als das vorherrschende Element der Amerikanischen Föderation ansahen, würden sie sich zunächst wieder in die rauhe Gesellschaft des Westens und dann in die von den Sitten her weniger demokratische Sklavenhaltergesellschaft begeben, die sie in abgeschwächter Ausprägung schon in Baltimore kennengelernt hatten.[1]

Bei ihrer Abreise aus Philadelphia hatten sie jedoch mit einem so strengen Winter zu kämpfen, wie er seit Menschengedenken noch nicht vorgekommen war. Er bescherte ihnen unangenehme und gefährliche Zwischenfälle und stellte ihre Pläne mehrmals in Frage. Der Winter überraschte sie während der Überquerung des Allegheny-Gebirges, so daß sie Pittsburgh erst nach einer erschöpfenden Reise von drei Tagen

---

1 G. de Beaumont 1973: 191. Brief Beaumonts an seinen Bruder Jules vom 4. Dezember 1831.

und Nächten erreichten, die sie in schlechten Kutschen auf unwegsamen Straßen durch einen nicht enden wollenden Schneesturm führte.

Während ihres Aufenthalts in Boston hatten sie anders als gemeinhin üblich kein Interesse für einen Besuch der Textilmanufakturen von Lowell gezeigt. Auch in Pittsburgh, dem großen Zentrum der amerikanischen Schwerindustrie, machten sie keinen Halt: Sie stiegen von der Kutsche in ein Dampfboot um. Beaumont schreibt seiner Schwester Eugénie am 1. Dezember 1831 lediglich, daß Pittsburgh das »Birmingham Amerikas« darstelle und daß der Himmel dunkel vom Rauch der Fabrikschlote sei.[1] Tocqueville seinerseits kommt noch einmal auf seinen in Kanada entstandenen Traum von den möglichen Auswirkungen eines großen französischen Reiches in Amerika zurück –, wenn es nur hätte entstehen können. Er schreibt seinem Bruder Hippolyte: »Pittsburgh ist das ehemalige Fort Duquesne der Franzosen, einer der Gründe für den Krieg von 1745. Die Franzosen haben in Amerika außerordentliches Genie bewiesen in der Art und Weise, wie sie ihre Militärposten verteilt hatten. Während das Innere des nordamerikanischen Kontinents den Europäern noch völlig unbekannt war, haben die Franzosen inmitten der Wildnis zwischen Kanada und Louisiana Militärposten errichtet; eine Anzahl kleiner Forts, die, wie man seit der vollständigen Erforschung des Landes erkannt hat, die besten Plätze zur Gründung der blühendsten Städte darstellten und die vorteilhaftesten Gelegenheiten zum Aufbau von Handelsknotenpunkten und zur Kontrolle der Flußschiffahrt geboten hätten... Wäre uns dies gelungen, so wären die englischen Kolonien von einem riesigen Bogen, der von Quebec bis New Orleans gereicht hätte, eingeschlossen worden. Die Amerikaner der Vereinigten Staaten wären so von hinten durch die Franzosen und ihre Verbündeten, die Indianer, unter Druck geraten und hätten sich nicht gegen ihr Mutterland erhoben... Es hätte keine amerikanische Revolution, vielleicht auch keine französische Revolution gegeben, zumindest nicht so, wie sie sich ereignet hat.«[2]

Cincinnati war nicht nur ein großer Umschlagplatz für die von den Pionieren benötigten Waren und für die Weiterbeförderung der von ihnen produzierten Güter, sondern auch eine Industriestadt, wo insbe-

1 Ebd.: 187.
2 Brief an Hippolyte vom 26. November 1831. Veröffentlicht von Beaumont in: A. de Tocqueville 1867 b: 86 ff., korrigiert nach der Kopie in der Beinecke Library.

besondere Dampfboote gebaut wurden. Dennoch erschien manches von
erstaunlicher Primitivität: allein schon die heftigen Regenfälle in den
abschüssigen Straßen und vor allem die Horden von frei umherlaufen-
den Schweinen, die die einzige Form der Abfallbeseitigung darstellten.[1]
Was das Erscheinungsbild dieser Stadt anging, äußerte sich Tocqueville
ebenso nüchtern wie bei seiner Beschreibung New Yorks: »Eine Stadt,
die zu schnell aufzustreben scheint, als daß man dort Ordnung schaffen
könnte. Große Gebäude, ärmliche Hütten, durch Schutt verstopfte Straßen, Baustellen; keine Straßennamen, keine Hausnummern, kein äußerer Luxus, aber die ständige Präsenz von Industrie und Arbeit.« Und in
einem Brief an seine Mutter erläutert er: »Eher die Vorstufe einer Stadt
als eine Stadt. Aber... ein lebendiges Gelärme, eine Bevölkerung, deren
Betätigung etwas Fieberhaftes an sich hat.«[2] Tocqueville und Beaumont
blieben nur vier Tage in Cincinnati, aber wie wir noch sehen werden,
waren die Gespräche, die sie dort führten, besonders ergiebig.

In Cincinnati riet man ihnen ab, die Straße über das Allegheny-Gebirge
in den alten Süden zu nehmen, da diese wegen der harten Jahreszeit
unpassierbar geworden war. Umkehren wollten sie jedoch auf keinen
Fall. Sie beschlossen deshalb, einen riesigen Umweg über New-Orleans
zu machen, um nach Charleston zu gelangen, von wo aus sie dann im
Januar zur Eröffnung der Sitzungsperiode des Kongresses nach Washington reisen würden. Ab Louisville verkehrte eine regelmäßige Schiffsverbindung, mit der man in einer Woche die Hauptstadt Louisianas erreichen konnte. Sie hofften, auf dem Weg nach Süden bald in ein milderes
Klima zu geraten, und schifften sich nach Louisville ein.

    Doch am darauffolgenden Tag, dem 5. Dezember, fuhr das Schiff im
Eis fest. Man ließ die Passagiere an der kleinen Bucht von West Port, 35
Kilometer flußaufwärts von Louisville, aussteigen. Ein Pionier erklärte
sich bereit, das Abenteuer zu wagen und ihr Gepäck zu Fuß in seinem
Karren auf kaum befestigten Wegen dorthin zu transportieren. Die beiden Franzosen folgten dem Karren zu Fuß, wobei ihnen der Schnee
manchmal bis an die Knie reichte. In Louisville angekommen, stellten
sie fest, daß der Ohio vollkommen zugefroren war. Man versicherte
ihnen, daß so etwas auf dem Mississippi niemals geschehe, und riet ihnen,

---

1 A. de Tocqueville 1947: 284 f.
2 Unveröffentlichter Brief an seine Mutter vom 6. Dezember 1831.

auf der Landstraße nach Memphis, Tennessee, zu reisen, das 335 Kilometer nördlich von New Orleans lag (auf demselben Breitengrad wie Tanger). Memphis war Station für die Dampfboote, die jeden Tag anlegten, um die für den Betrieb der Dampfmaschine nötigen Holzvorräte zu erneuern. In Memphis könnten sie sich ohne Schwierigkeiten nach New Orleans einschiffen. Sie nahmen also die Postkutsche nach Nashville. Dort fanden sie jedoch nur einen Karren ohne Verdeck, um die Reise nach Memphis fortzusetzen. Bei diesem elenden Gefährt zerbrachen auf den schlechten Straßen nacheinander die Ladefläche, ein Rad und eine Achse, und die Fahrt konnte erst nach notdürftigen Reparaturen nur vorsichtig fortgesetzt werden. Beinahe wäre die Reise dann schon an den Ufern des Tennessee zu ihrem Ende gelangt: Auf dem Fluß schwammen Treibeisbrocken, und der Fährmann ließ sich erst dann überreden, den Wagen an Bord zu nehmen, als ihm versichert wurde, daß das Gefährt und der schwarze Sklave, der es lenkte, für den Verlustfall versichert seien. Tocqueville wurde von Fieber geschüttelt, und in der Gegend gab es fast keine Siedlungen. In Sandy Bridge fanden sie Aufnahme in einer Poststation, einem einfachen, frei stehenden Blockhaus; der nächste Arzt befand sich jedoch fünfzig Kilometer entfernt. Durch die aufeinandergeschichteten und schlecht aneinander angepaßten Baumstämme, aus denen das Blockhaus errichtet war, konnte die eisige Winterluft ebenso wie das Mondlicht eindringen; als Beaumont ein Glas Wasser verschüttete, fand er wenig später einen Eisblock vor. Die Besitzer des Hauses waren ausgesprochen höflich, jedoch in keiner Weise nützlich: Ihre Sklaven mußten die Gäste bedienen, da die Eigentümer es für unter ihrer Würde hielten, sich anderen Beschäftigungen als der Jagd und dem Rauchen zu widmen. Der 12. Dezember war zweifellos der dramatischste Abend der Reise: Beaumont ließ ein großes Feuer entzünden, für das ein ganzer Baum verbraucht wurde, und hüllte Tocqueville mit einer Schicht von Decken ein. Am 15. Dezember wurde er zwar geschwächt, aber wieder gesund in die Postkutsche nach Memphis gehievt (Pierson 1938: 572 ff.).[1]

Bei ihrer Ankunft in dieser Stadt bot sich den beiden Freunden der Anblick des zugefrorenen Mississippi, auf dem die Dampfschiffe im Eis festlagen. Memphis, ein kleiner Marktflecken mit einer Herberge, die

---

1 Siehe auch G. de Beaumont 1973: 197 f. An seine Mutter gerichteter Brief Beaumonts vom 15. Dezember 1831.

von Mrs. Trollope beschrieben wird (Trollope 1832), war von Waldland umgeben: Die Zuflüsse des Mississippi, die ebenfalls zugefroren waren, boten auch keine Möglichkeit, wieder in Richtung Norden zurückzukehren. Tocqueville und Beaumont ertrugen ihr Mißgeschick mit Geduld und gingen im Wald auf Papageienjagd, wobei sie sich von Chickasaw-Indianern, deren Dorf in der Nähe lag, begleiten ließen.

Einen Tag vor Weihnachten schließlich ließ die Kälte nach, und auf dem Strom erschien ein aus New Orleans kommender Dampfer. Als er in Memphis anlegte, wurde der Kapitän von jenen Reisenden bestürmt, die nach New Orleans wollten und in dem Marktflecken festsaßen. Sie versuchten, ihn darauf aufmerksam zu machen, daß der Mississippi weiter nördlich zugefroren war, und beschwörten ihn, wieder kehrt zu machen. Noch in Memphis ließ der Kapitän daraufhin die Passagiere, die nach Norden reisen wollten, aussteigen und nahm die Reisenden in Richtung New Orleans auf.

Am Morgen des 1. Januar verließen Tocqueville und Beaumont in New Orleans den Dampfer.

Die Lebensweise der dort ansässigen Franzosen, die Nachfahren jener Siedler waren, die die Kolonie Louisiana gegründet hatten, mußte die beiden Freunde natürlich interessieren. Diese Franzosen bildeten die Mehrheit der weißen Bevölkerung und waren – ohne ihre alte Heimat zu vergessen, deren politische Entwicklung sie im wesentlichen mitverfolgten – mit ihrem Status als amerikanische Bürger vollkommen zufrieden. Anders als die Franzosen in Kanada litten sie nicht unter den Komplexen eines besiegten Volkes. Doch noch in anderer Hinsicht, nämlich durch den Sittenverfall, unterschied sich die Gesellschaft von New Orleans von der kanadischen Gesellschaft: Die jungen Männer lebten solange im Konkubinat mit reizvollen Mulattinnen, bis sie eine Weiße heirateten. Das Verhältnis mit der Mulattin wurde dann abgebrochen, und diese heiratete, nachdem sie von dem ehemaligen weißen Liebhaber mit einer Mitgift versehen worden war, ihrerseits einen Schwarzen. Eine Rassenvermischung fand nur in solchen unsittlichen Verbindungen statt.

»Der Aufenthalt in New Orleans war sehr interessant und angenehm. Wenn Sie Leuten begegnen, die Ihnen sagen, daß das Klima keinen Einfluß auf die Konstitution der Völker habe, dann versichern Sie ihnen, sie seien im Irrtum. Wir haben die Franzosen Kanadas gesehen: Sie sind ein ruhiges, sittliches, gläubiges Volk; die Franzosen, die wir in

Louisiana verlassen, sind ganz anders, ruhelos, ausschweifend, in allen Dingen undiszipliniert. Zwischen ihnen liegen fünfzehn Breitengrade: Diese sind wirklich der beste Grund, den ich für diese Unterschiede anführen kann. Was für Sitten! Mein lieber Freund, es sind die Sitten eines südlichen Landes, wo man die Sklaverei eingeführt hat. Es ist ein Anblick, der die Sinne verwirrt.«[1]

Der Zauber von New Orleans bewog Tocqueville und Beaumont zu einer Verlängerung ihres Aufenthalts, und so beschlossen sie, auf ihren Besuch in Charleston zu verzichten, dessen berühmteste Männer sie überdies in Washington bei der Sitzung des Kongresses kennenlernen konnten. Der Weg, den sie bis dorthin noch zurückzulegen hatten, war nichtsdestoweniger sehr beschwerlich. Die Postkutschenroute von New Orleans nach Norfolk, von wo aus sie per Schiff auf dem Chesapeake nach Washington reisten, führte über Mobile, Berkeley, Montgomery, Knoxville und Augusta und umfaßte eine Distanz von 1650 Kilometern; sie legten diese Strecke in zwölf Tagen (vom 4. bis 15. Januar 1832) zurück, das heißt: im Durchschnitt 140 Kilometer pro Tag. Das Unglück, das sie während dieses rauhen Winters verfolgte, riß nicht ab. »Eingestürzte Brücken... unpassierbare Straßen... zusammengebrochene Kutschen«, schreibt Beaumont an seinen Vater; und Tocqueville, der sich von seiner bedrohlichen Krankheit in Sandy Bridge wieder vollkommen erholt hatte, empfiehlt zur Erhaltung des Wohlbefindens unter anderem: »Mais und Schwein essen, je nach Gelegenheit wenig, viel oder überhaupt nichts essen, sich auf dem Boden und vollkommen angekleidet schlafen legen; innerhalb von acht Tagen erst in eisige Kälte und dann in Hitze und von der Hitze wieder in eisige Kälte geraten; die Räder anschieben oder im Straßengraben aufwachen.«[2]

Am 16. Januar erreichten die beiden Franzosen Washington. Sie wurden von dem Botschafter Serurier eingeladen, der sie sehr gut empfing, einen großen Ball zu ihren Ehren gab und von einer glücklichen Fügung sprach, daß man zwei so vornehmen jungen Leuten eine offizielle Mission anvertraut hatte. Serurier stellte sie am 19. Januar Präsident Jackson vor: »Als wir in sein Empfangszimmer traten, war er allein, obwohl

---

1 Unveröffentlichter Brief an Chabrol vom 16. Januar 1832. Manuskript in der Beinecke Library.
2 G. de Beaumont 1973: 206. Brief Beaumonts an seinen Vater vom 16. Januar 1832; unveröffentlichter Brief Tocquevilles an Émilie vom 16. Januar 1832. Manuskript in der Beinecke Library; siehe auch A. de Tocqueville 1957: 282.

dieser Tag für Publikumsverkehr vorgesehen war... Wir sprachen über ziemlich unbedeutende Dinge; er bot uns ein Glas Madeirawein an, und wir dankten ihm, indem wir ihn wie jeden Erstbesten mit *Monsieur* anredeten.« Der mäßige Eindruck, den dieser Besuch bei den beiden Freunden hinterließ, verleitete sie zu der unzutreffenden Auffassung, daß der Präsident eine schwache Position habe.[1] Doch begegneten sie in Washington unter den hochrangigen Politikern, die sich zur Sitzung des Kongresses versammelt hatten, Bekannten vom vorausgegangenen Jahr wieder: dem früheren Präsidenten Adams und den Ministern Livingston und MacLean. Man ließ ihnen jegliche Freiheit, den Sitzungen des Kongresses beizuwohnen und sich alle zweckdienlichen Dokumente zu beschaffen. Der hochgebildete Chronist des Staates New York, Trist, war ihnen dabei eine wertvolle Hilfe.

Wir haben bereits beiläufig die Bedeutung des kurzen Aufenthalts in Cincinnati erwähnt, das einen idealen Ausblick auf den Westen bot. Auch die Gesprächspartner, die Tocqueville dort antraf, waren gut ausgewählt: Bellamy Storer, ein Journalist und Freund Adams', Timothy Walker, ein sehr gebildeter Jurist. Beide hatten ihre Ausbildung im Osten des Landes absolviert und waren daher dazu geeignet, Tocqueville bei der Erkundung des neuen Amerika anzuleiten, das dieser mit den Ostküstenstaaten vergleichen wollte.

Ohio war 1802 als Staat anerkannt worden. Gleichzeitig hatte ein Volkskonvent das allgemeine Wahlrecht und zeitlich kürzer befristete gesetzgeberische und richterliche Mandate eingeführt, womit der neue Staat demokratischere Institutionen erhielt, als sie an der Ostküste üblich waren. Ohio hatte zu dieser Zeit eine Million Einwohner und war das Symbol jenes Westens, der in so raschem Wachstum begriffen war, daß er sich voraussichtlich zum zukünftigen Zentrum der Union entwickeln würde. Von daher war es von Bedeutung, das Funktionieren der Demokratie in diesem neuen gesellschaftlichen Umfeld zu beobachten. War sie in der Lage, hier ordnend und stabilisierend zu wirken?

Die Institutionen und Bräuche Neuenglands hatten sich nach und nach aus den *townships* heraus entwickelt: In Pennsylvania und anderswo im Osten erkannte die Demokratie die Notabelnfamilien an, die sich während der Revolution ausgezeichnet hatten, und zumindest in

---

1 Brief an seinen Vater vom 24. Januar 1832.

einigen Staaten wurden deren Angehörige bereitwillig in öffentliche Ämter gewählt. Nichts dergleichen in Ohio. Hier gab es fast keine europäischen Auswanderer, da diese beinahe alle in den Ostküstenstaaten blieben, sondern nur entwurzelte Existenzen aus diesen Staaten, und hier insbesondere aus Neuengland: nachgeborene Söhne von kleinen Grundeigentümern, die mit ihrem Los nicht zufrieden waren; manchmal auch in Verruf geratene Gestalten, die hier einen neuen Anfang machen wollten. Dieser Zustrom von Neuankömmlingen erwies sich darüber hinaus als wenig stabil. Diejenigen Siedler, die ein Stück Land urbar gemacht hatten, verkauften es häufig und begannen in der Wildnis noch einmal die gleiche Arbeit, so als ob sie von dem Drang besessen wären, die *frontier* immer weiter nach Westen hinauszuschieben. Häufig ließ sich deshalb erst der dritte Eigentümer eines Landstücks auf Dauer dort nieder. Das Resultat war eine zersplitterte und mobile Gesellschaft: »Die Bewohner sind erst gestern an dem Ort, an dem sie leben, eingetroffen. Sie sind hierhergekommen, ohne einander zu kennen, mit unterschiedlichen Sitten und Vorstellungen. Die meisten bleiben nur vorübergehend. Sie haben nichts, was sie verbindet.«[1]

In einer solchen Gesellschaft entwickelten sich die Institutionen und Sitten Neuenglands stärker in Richtung einer radikaleren politischen Demokratie. Zum Prinzip der Volkssouveränität existierte kein Gegengewicht mehr. Die Wahlentscheidungen wurden eher nach Laune als nach reiflicher Reflexion getroffen: Um Stimmen zu gewinnen, mußte ein Kandidat dem einfachen Bürger im Wirtshaus zuprosten; er mußte aus dem Volk kommen wie jener junge Rechtsanwalt, den man schon kannte, als er noch in den Straßen von Cincinnati Kuchen verkauft hatte. Dennoch war diese Gesellschaft wohlhabend und tatkräftig. Dank der Demokratie oder trotz der Demokratie? Tocqueville gibt hierauf keine direkte Antwort, sondern bemerkt lediglich, daß die Regierung nur selten eingreife und den Unternehmungsgeist der Individuen, die von dem Wunsch nach Bereicherung angetrieben würden, gewähren lasse. Und später bemerkt er, daß die Menschen in dieser ungehobelten Demokratie des Westens sich der politischen Probleme bewußt blieben und sich für das öffentliche Leben interessierten und daß die Pressefreiheit die öffentliche Meinung, welche augenblicklich noch den spontanen Leidenschaften einer kaum strukturierten Gesellschaft gehorche, zu größerer Reflektiertheit führen könne.

---

1 A. de Tocqueville 1957: 257.

Am anderen Ufer des Ohio River lag Kentucky und noch weiter südlich Tennessee, die Tocqueville in verstärktem Maße durch direkte persönliche Beobachtung erkundete. Als er Kentucky mit dem Staat Ohio vergleicht, schreibt er: »Auf beiden Seiten ist der Boden gleich fruchtbar, die Ausgangslage gleich günstig.« Dennoch sind die Einwohner Kentuckys »ein Volk ohne Energie, ohne Begeisterung, ohne Unternehmungsgeist«.[1] Obwohl Kentucky bereits seit einem Jahrhundert besiedelt ist, ist dort kaum ein Fortschritt zu verzeichnen: Kentucky ist ein Sklavenstaat, und die Sklaverei erniedrigt nicht nur den Sklaven, sondern beraubt auch den Herrn jeder Betätigungsmöglichkeit. In Sandy Bridge und Memphis haben Tocqueville und Beaumont die Gelegenheit, die Psyche der kleinen weißen Sklavenhalter zu erforschen, bei denen es sich vor allem um aus Virginia stammende Pioniere handelt. Sie hausen kümmerlich in ihren zugigen Blockhäusern, lassen ihr Land recht und schlecht von ein paar schwarzen Sklaven bestellen und verbringen ihre Zeit mit rauchen und jagen; arm wie sie sind, haben sie doch die Mentalität kleiner französischer Edelleute. Und Tocqueville findet bei ihnen neben Trägheit und Gedankenlosigkeit auch Tugenden wie Herzlichkeit und Gastfreundschaft wieder, die seine Sympathie wecken. Doch ist dieser Mikrokosmos durch die Dynamik der Yankeewelt zum Untergang verurteilt. All das bestätigt die beiden Franzosen in der Auffassung, daß die Sklaverei die größte Belastung für die Zukunft Amerikas sei.

Obwohl Tocqueville und Beaumont, wie wir glauben, das Verhältnis zwischen Herrn und Sklaven auf einer großen Pflanzung überhaupt nicht untersucht haben, so stoßen sie doch in New Orleans wieder auf das Rassenproblem. Besonders betroffen zeigt sich Tocqueville von der Situation der Mulatten. In dem von uns erwähnten Textabriß skizziert er einen Dialog über ihr Schicksal: »Haben Sie nicht vor, diese weißen Schwarzen eines Tages als Ihresgleichen anzuerkennen? – Niemals. – Dann fürchte ich sehr, daß sie sich eines Tages zu Ihren Herren aufschwingen werden.«[2]

In Louisiana werden erwiesenermaßen mittelmäßige Männer zu Mitgliedern der gesetzgebenden Versammlung ernannt, und diese Körperschaft ist nach Aussage des französischen Konsuls in New Orleans ein einziger lärmender Haufen. Man sei dort immer bereit, die ganze Ge-

---

1 A. de Tocqueville 1957: 283.
2 Nach einem Manuskript – Übersetzung von Lambert Whyte – in der Beinecke Library.

setzgebung in Frage zu stellen. Der Wahrheit entspricht hingegen, daß die Legislative nur selten eingreift und daß der Staat prosperiert. Tocqueville verleiht seinem Zweifel an den gehörten pessimistischen Stellungnahmen Ausdruck, indem er feststellt, daß die beiden Senatoren Louisianas, Livingston und Johnson, bemerkenswerte Männer seien.

Sobald er New Orleans verlassen hatte, befaßte sich Tocqueville während der Reise in der Postkutsche damit, eine Bilanz aller Gewißheiten und Zweifelsfragen zu ziehen, und sammelte daneben noch Informationen über die besonderen Lebensgewohnheiten des Südens, über den dort herrschenden *spirit of chivalry,* über seine harten Sitten und den mangelhaften Bildungsstand der Menschen. In Washington angekommen, bemüht er sich dann, Wissenslücken zu beseitigen und die Funktionsweise der Zentralregierung besser zu verstehen.

Am 24. Oktober 1831 hatte er seiner Mutter geschrieben: »Sollte ich jemals ein Buch über Amerika verfassen, so werde ich dies in Frankreich und mit Hilfe der von mir mitgebrachten Dokumente tun. Wenn ich Amerika verlasse, werde ich in der Lage sein, jene Dokumente zu verstehen, die ich bisher noch nicht durchsehen konnte: Dies ist das eindeutigste Ergebnis der Reise.« Am 24. Januar 1832 hat er sich zwar längst noch nicht für ein Thema entschieden, doch lehnt er eine allgemeine Beschreibung Amerikas ab, weil dies für jemanden, der nicht einmal ein Jahr dort verbracht habe, ein undurchführbares Vorhaben sei: »Man könnte hingegen bei der Auswahl der Themen sich nur für solche Gebiete entscheiden, die mehr oder weniger direkten Bezug zu unserer gesellschaftlichen und politischen Situation hätten. Ein Werk solcher Art könnte von dauerhaftem und zugleich von augenblicklichem Interesse sein. Dies wäre ein geeigneter Rahmen: Doch hätte ich jemals die Zeit, und wäre ich jemals in der Lage, ihn auszufüllen?«[1]

Tocquevilles Gedanken sind also auf die Zukunft Europas gerichtet, das sich auf die Demokratie zubewegt, mitgerissen von einer Bewegung, deren Grenzen und Geschwindigkeit nicht abzusehen sind. Würden die zukünftigen europäischen Demokratien in der Lage sein, Volkssouveränität und Freiheit miteinander zu verbinden? Trotz aller Fehler sei dies in Amerika geglückt, doch würde das Land nicht von gefährlichen Nachbarn bedroht und sei mitten in der Eroberung eines Kontinents begriffen, der unerforschte Reichtümer berge. Es herrschten also ganz

---

1 Brief an seinen Vater vom 24. Januar 1832.

andere Umstände als jene, mit denen sich die Völker der Alten Welt auseinanderzusetzen hätten.

Dennoch neigt Tocqueville zu der Auffassung, daß das amerikanische System als solches zwar nicht übertragbar sei, daß jedoch anderswo – eine gewisse Zivilisationsstufe vorausgesetzt – ein ähnliches System entstehen könne.

»Es gibt keinen bedeutenden Grund, der Vorrang vor allen anderen hat und der, nachdem man sie alle gegeneinander abgewogen hat, für sich allein überwiegt: Das amerikanische Volk ist in seiner großen Masse nicht nur das aufgeklärteste Volk der Welt, sondern auch, und dicsen Vorzug schätze ich weit höher ein, das Volk, dessen praktische politische Erziehung am weitesten fortgeschritten ist. Auf diese Wahrheit, an die ich fest glaube, gründet sich bei mir die einzige Hoffnung, die ich für das zukünftige Glück Europas habe.«[1]

Daraus zieht er unweigerlich den Schluß, daß es gelte, die öffentliche Meinung zu bilden und durch Gesetze eine staatsbürgerliche Gesinnung zu schaffen. Dies ist für Tocqueville bereits bei seiner Rückkehr nach Frankreich das Programm seines politischen Lebens – ein Programm, das sich somit schon vor der Entstehung seines zukünftigen Werkes, in dem er die Lehren des amerikanischen Modells für Frankreich darlegt, abzeichnet.

Nachdem Tocqueville und Beaumont am 6. Februar nach New York zurückgekehrt waren, fanden sie keinen Platz mehr auf der *Charlemagne*, die am 10. Februar ablegen sollte. So schifften sie sich am 20. Februar auf der *Henri IV* ein. Dies bedeutete den endgültigen Abschied von der Neuen Welt, die ihnen Aufschluß über die Zukunft ihres eigenen Landes gegeben hatte, dem ihre tiefsten Besorgnisse galten und das ihnen aus diesem Grund während ihrer ganzen Reise immer gegenwärtig gewesen war.

---

1 A. de Tocqueville 1957: 257.

12
Die Rückkehr nach Frankreich und das »Besserungssystem«

Das erste Zeichen für Tocquevilles Rückkehr nach Frankreich ist ein auf den 4. April dieses Jahres datierter Brief an Gustave de Beaumont. Alexis befand sich zu dieser Zeit in Paris, Gustave im Departement Sarthe, wohin er sich wahrscheinlich so rasch wie möglich begeben hatte, um ein noch in Amerika gemachtes Versprechen einzulösen und seine Familie zu besuchen. Aus Tocquevilles Brief geht hervor, daß sie mindestens seit einer Woche nichts mehr voneinander gehört hatten, jedoch geht Tocqueville darin auf ein Schreiben seines Freundes ein, in dem dieser ihn bittet, einige das Strafvollzugswesen betreffende Fragen zu untersuchen; Gustave de Beaumont befand sich also um den 25. März schon mitten in der Arbeit und war folglich wohl einige Tage zuvor in Frankreich angekommen.

Natürlich war es ihre vordringlichste Aufgabe, eine umfassende Abhandlung über die amerikanische Strafvollzugsordnung zusammenzustellen. Beaumont, der beinahe immer zu geistigen Leistungen fähig war, ging das Schreiben leicht von der Hand; er zeigte sich wortgewandt und manchmal auch etwas weitschweifig. Tocqueville hingegen war erst nach reiflicher Überlegung in der Lage, einen Gedanken zu Papier zu bringen. In Amerika hatte er sich als gewissenhafter Forscher erwiesen, als er zum Beispiel die Häftlinge des Cherry Hill Gefängnisses in Philadelphia (einer der wichtigsten Stationen ihrer Reise) darüber befragt hatte, wie sie die Einzelhaft empfänden. Die elf Teilberichte, mit denen die beiden Freunde die französischen Behörden über den Fortgang ihrer Untersuchungen informiert hatten, waren abwechselnd von Tocqueville und Beaumont verfaßt worden. Bevor er aber endgültige Schlußfolgerungen zog, benötigte ersterer aufgrund seines Naturells in weit größerem Maße als sein Freund eine gewisse Zeit zum Nachdenken, um aus ihren Erfahrungen und den zusammengetragenen Dokumenten die zentralen Gedanken herauszuarbeiten. Dies war bei Tocqueville schon immer so gewesen, und so erscheint seine Untätigkeit während der ersten Tage nach ihrer Rückkehr nicht überraschend: »[Morgens] stehe ich auf und lasse mich sogleich in dem riesigen Sessel nieder, den mir mein Vater unklugerweise hat zukommen lassen; daneben stelle ich einen Stuhl und auf den Stuhl eine Schreibgarnitur. Auf meinen Knien habe ich ein Heft, ein dickes Heft aus Papier, und ganz in der Nähe einen Stapel Bücher. So vorbereitet, lehne ich mich in meinem Sessel zurück und warte mit geschlossenen Augen darauf, daß mir der Geist des Besserungssystems erscheint.«[1]

1819 hatte der Herzog Decazes die *Société royale des Prisons*, die Königliche Gefängnisgesellschaft, gegründet, in der sich Philanthropen verschiedener politischer Couleur zusammengefunden hatten. In einer Reihe bemerkenswerter Berichte hatte sie die Situation in den Gefängnissen angeprangert, wo unter furchtbaren hygienischen Bedingungen Schwerverbrecher, kleinere Straftäter, Untersuchungsgefangene und Geisteskranke zusammengepfercht waren. Die Mitglieder der Gesellschaft befürworteten vor allem eine moralische Besserung der Häftlinge durch Einzelhaft, Arbeit und Einführung eines Gefangenenguthabens. Sie waren bereits auf das amerikanische Modell aufmerksam geworden, und eines der herausragendsten Mitglieder, La Rochefoucauld-Liancourt, hatte ganz besonders das Walnut Street Gefängnis in Philadelphia gepriesen, eine Einrichtung, die nach Tocquevilles und Beaumonts Auffassung nicht so geführt wurde, daß sie ein solches Lob verdiente. Das Programm der Gesellschaft hatte überdies kaum Niederschlag in der tatsächlichen Organisationsstruktur der Strafanstalten gefunden, obwohl man Werkstätten eingerichtet und Gefangenenguthaben eingeführt hatte. Gegen Ende der Restauration hatte die Königliche Gefängnisgesellschaft jedoch allen Elan verloren. Häufig mußten Richter, die wie Tocqueville und Beaumont die »Wunden« der existierenden Gefängnisse untersuchen wollten, erleben, daß ihnen das Innenministerium das Recht absprach, die herrschenden Verhältnisse zu beurteilen. Es scheint, daß in diesem Bereich ebenso wie in anderen Corbières Einfluß jeder

---

1 A. de Tocqueville 1967, Teil 1: 112.

umfassenderen Initiative entgegenstand. 1830 wurden die Gefängnisse der Kontrolle von Inspektoren wie Charles Lucas unterstellt, die vorgaben, die Verurteilten durch Gemeinschaftsarbeit und durch die Einführung einer Hierarchie unter den Gefangenen bessern zu wollen – ein System, das die fügsamsten Häftlinge belohnen sollte. In Wahrheit verschafften sich damit aber oft diejenigen Vorteile, die am geschicktesten heucheln konnten.[1] Tocqueville und Beaumont urteilten gnadenlos über diese »Halunken des Strafvollzugs«, deren »Gewerbe« das philanthropische Gefängnis sei, die »von der Vorstellung besessen sind, daß das Gefängnis das Allheilmittel für alle Übel der Gesellschaft sei«, die glauben (oder vorgeben zu glauben), daß das Individuum, »gleich, wie tief es ins Verderben verstrickt ist, immer zur Tugend zurückgeführt werden kann«. Die von Tocqueville meistgehaßte Gestalt im Strafvollzugswesen ist Charles Lucas, der ihm seine Antipathie reichlich dadurch vergilt, daß er bei seiner ersten Kandidatur seine Aufnahme in die *Académie des sciences morales et politiques* vereitelt. Und doch erheben auch Tocqueville und Beaumont den Anspruch, die Delinquenten bessern zu wollen, wobei sich ihre Methoden nicht von denen der Philanthropen unterscheiden: Einzelhaft und Arbeit.

Die Besserung der Häftlinge ist für sie aber nicht das wesentliche Ziel des Gefängnisses. Dieses soll vor allem strafen, das sei seine soziale Funktion, und aus diesem Grund müsse es dem Delinquenten ein unglücklicheres Leben bereiten, als es der arme, aber rechtschaffene Mann hat. Wenn sie einräumen, daß Elend und Ignoranz die Ursache von Verbrechen sein können, so sind sie damit nicht so weit von der Auffassung Balzacs entfernt, dem zufolge Kriminalität und Priesterstand eines gemeinsam haben: Man bleibt *in aeternum* davon geprägt. Ein jansenistischer Gedanke, der das bei Tocqueville vorhandene Maß an grundsätzlichem Pessimismus widerspiegelt. Die Einzelhaft erhält unter diesen Voraussetzungen Verteidigungscharakter; sie soll so weit wie möglich angewandt werden, lieber sowohl am Tag als auch in der Nacht anstatt nur nachts, vor allem in einem Land wie Frankreich, wo die Sitten den Gebrauch der Peitsche verpönen. In außergewöhnlichen Fällen kann die Isolation den Schuldigen dazu veranlassen, in sich zu gehen und mit Hilfe eines verständigen Anstaltsgeistlichen, der ihm religiösen Beistand

---

1 Siehe J. Jacques Darmon: 1980: 123-146; siehe auch die Einführung von M. Perrot zu A. de Tocqueville 1984.

bietet, wieder auf den rechten Weg zurückzufinden. Aber der Hauptzweck der Einzelhaft besteht darin, die Ausbreitung des Bösen, das über die verdorbene Natur so viel Macht hat, zu verhindern und jene »Schulen des Bösen«, die die meisten Gefängnisse darstellen, zu vernichten.

Als Tocqueville im Mai und Juni 1832 auf Bitten Beaumonts das Zuchthaus von Toulon und die neuen Gefängnisse in Genf und Lausanne besichtigt, verfaßt er darüber besonders bezeichnende Berichte.[1] In den Schweizer Gefängnissen bemängelt er das Fehlen einer strengen Disziplin, so daß es den Häftlingen erlaubt sei, frei miteinander zu sprechen und sonntags in einem Gemeinschaftsraum zu lesen; hingegen vermerkt er lobend, daß es keinen Eßraum gebe. Das Zuchthaus von Toulon schockiert ihn aufgrund der dort herrschenden Korruption, und er entrüstet sich darüber, daß die Häftlinge teilweise immer noch in Ketten gelegt werden. Vor allem aber beklagt er, daß die Gefängnisordnung nicht streng beachtet werde, daß die Zuchthäusler nicht von den Werftarbeitern getrennt seien, daß ihnen die Hoffnung auf Flucht bleibe und daß sie die Möglichkeit hätten, sich allerlei niedere Vergnügungen zu verschaffen. Zugegebenermaßen war das Zuchthaus von Toulon nicht so entsetzlich wie das von Rochefort, so wie Appert es beschrieben hat (Appert 1828 a und b), doch zeigt Tocqueville in seinem Bericht kaum Mitgefühl für das Los der Häftlinge[2].

Eine rigorose Disziplin und harte Lebensbedingungen ohne unnötige Grausamkeiten, so sollte nach Tocquevilles Auffassung eine Strafvollzugsanstalt aussehen.

Das Werk *Du système pénitentiaire aux États-Unis et de son application en France* (dt.: Amerikas Besserungssystem und dessen Anwendung auf Europa) erschien im Januar 1833. Wie bereits erwähnt, hatte Beaumont seit Ende März 1832 daran gearbeitet. Gegen Mitte April kehrte er aus dem Departement Sarthe wieder nach Paris zurück, so daß Tocqueville sich an der Arbeit beteiligen konnte. Am 17. Mai jedoch reiste dieser nach Toulon und kam erst am 10. Juni nach Paris zurück. Es war also Beaumont, der sich über längere Zeit hinweg kontinuierlich mit der Abfassung des Werkes beschäftigte, während Tocqueville, der die Aufzeich-

---

1 Diese Aufzeichnungen sind in Band IV der *Œuvres complètes* veröffentlicht.
2 Zu den Zuchthäusern siehe A. Zysberg, »Politiques du bagne, 1820-1850«: in M. Perrot 1980: 165-205.

nungen redigierte, nur in zweiter Linie für den Text der Abhandlung verantwortlich war. Natürlich unterzog er die Manuskripte Beaumonts einer Durchsicht, machte kritische Anmerkungen, und beide Freunde korrigierten dann zusammen die erste Fassung des Textes. Wir wüßten genaueres über ihre Zusammenarbeit, wenn die Rohfassung des an den Drucker gesandten Manuskripts noch existierte, doch leider ist sie weder in den Unterlagen Tocquevilles noch jenen Beaumonts zu finden. Immerhin ist noch eine recht präzise Stellungnahme Tocquevilles in einem Brief an Mignet (26. Juni 1841) erhalten:

»Es gibt etwas, was Sie möglicherweise nicht wissen. Das erste Werk, das Monsieur de Beaumont und ich zusammen über die Gefängnisse in Amerika veröffentlicht haben, hat Monsieur de Beaumont allein verfaßt. Ich habe nur meine Kritik und einige Anmerkungen dazu beigetragen. Ich habe meinen Freunden niemals verhehlt, daß dieses Buch, das unter unser beider Namen veröffentlicht wurde und, ich kann es jetzt um so besser sagen, einen wirklichen Erfolg erlebt hat, daß dieses Buch sozusagen Monsieur de Beaumont zum Alleinautor hatte.[1]

Gegen diese Behauptung Tocquevilles lassen sich zwei Einwände vorbringen. Erstens zögerte er nicht, die Hälfte des Prix Montyon anzunehmen, der dem Werk zuerkannt worden war. Dies war allerdings eine Art Entgelt für die Kosten ihrer Amerikareise, die sie ohne Unterstützung bestritten hatten; bei Tocqueville kamen noch die Aufwendungen für die Reise nach Toulon und in die Schweiz hinzu.

Zudem ersucht Tocqueville Mignet in demselben Brief um Unterstützung für die Kandidatur Beaumonts auf Aufnahme in die *Académie des Sciences morales* und neigt deswegen wohl dazu, dessen Verdienste zu übertreiben. Um über die Autorenschaft des Werkes Klarheit zu gewinnen, bleibt nur eine stilistische Untersuchung des Textes, die jedoch unsicher und intuitiv bleiben muß. Dennoch glauben wir, daß das Werk jene etwas kraftlose, ein wenig verschwommene Schreibweise und die übertriebene Wortwahl aufweist, die für Beaumont charakteristisch sind. Dies gilt jedoch nicht für das Kapitel über die Besserung der Straftäter im ersten Teil und auch nicht für den zweiten Teil, in dem eine kurze Beschreibung des französischen Systems geliefert wird. Hier findet sich ein stärker komprimierter Stil, der auf eine Überarbeitung durch Tocqueville hinweisen könnte.

---

1 Unveröffentlichter Brief. Beinecke Library.

Wie auch immer, das Werk bietet vor allem eine Beschreibung des amerikanischen Strafvollzugswesens. Es stellt die amerikanischen Gefängnisse, von denen manche wie Kloaken erscheinen, die noch schlimmer sind als die französischen Gefängnisse, nicht als generelles Vorbild hin. Doch bemühen sich die Autoren, die Praxis der beiden miteinander konkurrierenden Reformsysteme zu schildern: das Auburn-System, wo die Häftlinge nachts in Einzelhaft untergebracht sind und tagsüber in Gemeinschaft arbeiten, wobei ihnen allerdings eine rigorose Disziplin verbietet, miteinander zu sprechen; und das in Pennsylvania übliche System, wo die Häftlinge sich Tag und Nacht in Einzelhaft befinden. Es steht außer Zweifel, daß die beiden jungen Autoren das zweite System vorziehen. Doch kennen sie die Vorurteile gegenüber dem Zellensystem, das der physischen und seelischen Gesundheit der Häftlinge schaden kann, wenn sie nicht arbeiten, keinen Besuch empfangen und keine Hofgänge machen dürfen – Vorurteile, die Tocqueville und Beaumont in Hinsicht auf das in Pennsylvania übliche System auszuräumen versuchen. Sie sind sich auch bewußt, daß es kostspieliger ist, ein Gefängnis dieser Art zu bauen. Daher scheinen sie sich in ihrem Werk auf keines der beiden Systeme festzulegen, über die hinaus keine weiteren Versuche zur Reform der Gefängnisse existieren. Sie folgen darin dem Rat von Tocquevilles Cousin Le Peletier d'Aunay, der Fachmann auf diesem Gebiet ist und meint, sie sollten ihr Schicksal nicht mit einem System verbinden, das in der Praxis in einigen Jahren vielleicht seine Unzulänglichkeiten offenbaren werde. Die abschließend aufgestellten Forderungen bleiben deshalb bescheiden: Man solle versuchen, ein Modellgefängnis zu errichten, in dem das Besserungssystem erprobt werden könne, – eine Forderung, die die Philanthropen der *Société royale des prisons* niemals durchsetzen konnten. Was die räumliche Strukturierung von Gefängnissen angeht, so sind die von Tocqueville und Beaumont dargelegten Pläne zu bruchstückhaft, als daß sie der Regierung von Nutzen hätten sein können. Deshalb sollte der Minister bald eine neue Kommission nach Amerika entsenden, bestehend aus dem Richter Demetz und dem Architekten Blouet.

Das »Besserungssystem«, das 1833 mit dem Prix Montyon ausgezeichnet und 1836 und 1844 neu aufgelegt wurde, sicherte Tocqueville und Beaumont einen Achtungserfolg. Die beiden Autoren erwarben sich dadurch einen Ruf als Fachleute. In einer Welt, in der die höheren Klassen vom Berufsleben nicht betroffen waren, war dies kein geringer Titel.

Durch eine Spezialisierung auf Gelehrsamkeit, Agronomie oder politische Ökonomie erwarb man gesellschaftliches Ansehen und zog die Aufmerksamkeit der Mächtigen auf sich. Die beiden jungen Männer hegten sicherlich weiterreichende Ambitionen, doch hatten sie mit diesem Werk gleichsam eine Schwelle überschritten und sollten sich in der Folge bemühen, nicht mehr in Vergessenheit zu geraten.

13
Der erste Band von
»Über die Demokratie in Amerika«

Das »Besserungssystem« wurde mit dem Prix Montyon ausgezeichnet. Bei der Preisverleihung während der Sitzung des Instituts im August 1833 war allerdings nur Beaumont anwesend[1]. Tocqueville war am 15. Juli in die Normandie gereist. Dort besuchte er zuerst die Familienbesitzungen und nahm Kontakt zu den Pächtern und einigen Notabeln auf. Nach mehrjähriger Abwesenheit nutzte er dieses Wiedersehen, um zu erkunden, ob sich ihm hier auf längere Sicht Chancen für eine politische Karriere böten, und stellte mit Genugtuung fest, daß seine Familie »sehr geschätzt wurde«[2]. Anschließend hielt er sich in Nacqueville bei seinem Bruder Hippolyte auf. Am 2. August traf er in Cherbourg ein und suchte nach einer Möglichkeit, nach England überzusetzen. Ein Jachtbesitzer nahm ihn nach Guernesey mit, wo er sich nach Weymouth einschiffte. Über Portsmouth reiste er dann zu Lande nach London, das er am 10. August erreichte.[3]

Während der Arbeit am »Besserungssystem« war Tocqueville der Gedanke an das zukünftige Werk über Amerika ständig präsent gewesen, denn es war ihm schon immer schwergefallen, sich einer Idee zu entziehen, die für ihn von besonderer Wichtigkeit war. Der Plan zu diesem Buch hatte im Ansatz schon vor der Abreise nach Amerika existiert, und obwohl wir seine Reifung nicht kontinuierlich verfolgen können, nahm er während und nach der Reise sowohl inhaltlich als auch formal allmählich Gestalt an.

---

1 Register des Instituts.
2 Unveröffentlichter Brief von Tocqueville an Mary Mottley vom 2. August 1833.
3 Unveröffentlichter Brief von Tocqueville an Mary Mottley vom 11. August 1833; Brief an Beaumont vom 13. August 1833, in: A. de Tocqueville 1967, Teil 1: 124, und 1958: 25.

Zweifellos hatten Beaumont und Tocqueville ähnlich wie bei ihrer Abhandlung über das Strafvollzugssystem zunächst daran gedacht, ein gemeinsames Werk über die Neue Welt zu schreiben. Seit 1828 hatten sie gleichgerichtete Studien betrieben, Lektüreanmerkungen ausgetauscht und über die Welt ihrer Zeit diskutiert; schließlich hatten sie gemeinsam das Gesuch verfaßt, mit dem sie um Genehmigung ihrer Amerikareise baten. Diese Zusammenarbeit wollten sie noch vertiefen. Beaumont bestätigt dies ganz direkt in einem Brief, den er am 25. April während der Überfahrt in die Vereinigten Staaten an seinen Vater schrieb:

»Tocqueville ist ein wahrhaft vortrefflicher Mann. Er zeigt große Erhabenheit der Gedanken und große Hochherzigkeit. Je besser ich ihn kennenlerne, desto mehr liebe ich ihn. Von nun an sind unsere Existenzen miteinander verbunden; es ist offensichtlich, daß wir gemeinsame Schicksale haben und immer haben werden... Wir sinnen über große Vorhaben nach... Wir werden Amerika sehen; wir werden seine Gefängnisse besichtigen und gleichzeitig seine Einwohner, seine Städte, seine Institutionen und seine Sitten sehen; wir werden die Mechanismen seiner demokratischen Regierung kennenlernen. Diese Regierung ist in Europa völlig unbekannt. Man spricht zwar unaufhörlich über sie, zieht aber nur falsche Vergleiche mit Ländern, die ihr in nichts ähneln. Das wäre doch ein gutes Buch, das eine genaue Vorstellung vom amerikanischen Volk vermitteln, einen umfassenden Überblick über seine Geschichte bieten, seine Hauptcharakterzüge darstellen, seine Gesellschaftsordnung analysieren und soviel fälschliche Ansichten in dieser Hinsicht richtigstellen würde.«

Auch in Briefen vom 16. und 26. Mai kommt Beaumont noch auf dieses gemeinsame Werk zu sprechen. »Wir entwerfen die Grundzüge eines großen Werkes, mit dem wir uns eines Tages einen Namen machen wollen« schreibt er an seinen Bruder Achille. Dann am 14. Juli an seine Schwester Eugénie: »Ich stelle viele Beobachtungen über [die politischen Institutionen] an, die Du eines Tages in unserem großen Werk lesen wirst.«[1]

Wenig später jedoch hat sich Beaumonts Ton verändert: So spricht er am 8. November im Zusammenhang mit der Sklavereifrage von dem »großen Werk, das mich unsterblich machen soll«[2]. Tocqueville seiner-

---

1 G. de Beaumont 1973: 27 fd., 45, 51, 92.
2 Ebd.: 176.

seits antwortet Chabrol, der ihm das Projekt eines Werkes über Amerika vorgeschlagen hatte, in einem leider nicht mehr erhaltenen Brief vom 23. Januar: »Ich habe den Gedanken, etwas über die Vereinigten Staaten zu veröffentlichen, nicht aufgegeben. Ich habe sogar die Idee zu einem Werk in meinem Kopf, das zwar sehr viel weniger umfassend ist als jenes, das Sie in einem Ihrer Briefe umrissen haben, das aber vielleicht leichter zu verwirklichen ist, denn ich konnte innerhalb eines Jahres nicht die Unzahl von Dokumenten sammeln, die die Voraussetzung für die Ausführung Ihrer Vorstellungen wären. Im übrigen stellt sich alles, was ich Ihnen sage, in meinem Geist noch sehr verwirrt dar: Ich habe nichts beschlossen, ich weiß nicht, ob ich den Willen haben noch ob ich die Muße finden werde, noch vor allem ob ich die Mittel haben werde, in dieser Hinsicht etwas zu unternehmen. Ich überlasse diesen Punkt (wie so viele andere) der Zukunft.«[1]

Das von Tocqueville verwendete »ich« fällt um so mehr auf, als er im darauffolgenden Abschnitt wieder von »wir« spricht, als er über die Studien spricht, die er mit Beaumont über das Strafvollzugswesen betreibt.

Anscheinend wurden sich die beiden Freunde im Verlauf ihrer Reise der Schwierigkeiten bewußt, die ein umfassendes Werk über Amerika, so wie sie es zunächst geplant hatten, bereiten würde. Sie dachten deshalb sicherlich daran, jeder für sich ein engeres Thema zu wählen. Beaumont interessierte sich besonders für die Ungleichheit zwischen den Rassen; Tocqueville, der in der Beobachtung der Sitten zwar auch ein lohnendes Studienobjekt sah, fand seinen Interessenschwerpunkt schließlich doch in der Funktionsweise der Politik in der amerikanischen Gesellschaft.

Wir haben bereits gesehen, wie nach ihrer Rückkehr nach Frankreich ihre gemeinsame Arbeit am »Besserungssystem« verlief: Beaumont verfaßte den Text, Tocqueville zeichnete für einen großen Teil der Anmerkungen verantwortlich, und beide Freunde fungierten jeweils als Kritiker des anderen. Auf dem Einband der ersten Auflage des Werkes wurde ein weiteres Buch derselben Autoren über die *Institutions et les mœurs en Amérique* (Die Institutionen und Sitten in Amerika) angekündigt (Drescher 1969: 210 f.). Geht man davon aus, daß sie sich eindeutig abgespro-

---

1 Unveröffentlichter Brief von Tocqueville an Chabrol vom 23. Januar 1832; Kopie in der Beinecke Library der Yale Universität.

chen hatten (was später in ihrem Verhältnis zueinander nicht immer die Regel sein sollte), so hatten sie wohl beabsichtigt, daß Tocqueville über die Institutionen und Beaumont über die Sitten schreiben sollte und daß beide Studien in einem Band veröffentlicht werden sollten. Während Beaumont vor allem ein talentierter Beobachter war, der sich mit einer kritischen Beschreibung des amerikanischen Lebens begnügte, stellte Tocquevilles Genius bei seiner Betrachtung der Institutionen unvermeidliche Bezüge zu anderen Aspekten der amerikanischen Gesellschaft her und gelangte dadurch zu einer eingehenderen Analyse der Sitten. All dessen waren sie sich zu Beginn des Jahres 1833 möglicherweise noch nicht bewußt. Doch entsprach es genau Beaumonts individueller Neigung, daß er schließlich *Die Wüstenbraut* verfaßte, dessen Romanform seit dem Sommer 1833 feststand, und dem Werk noch soziologische Anmerkungen beifügte. Bei Tocqueville wiederum lag es nahe, daß er das politische und soziale Leben in den Vereinigten Staaten zu erklären versuchte, indem er alle Aspekte um ein grundlegendes Prinzip herum anordnete. Für ihn blieb also der Anspruch, eine umfassende und kohärente Erklärung zu liefern, von zentraler Bedeutung.

Um die Wurzeln der amerikanischen Demokratie besser herausarbeiten zu können, hatten Tocqueville und Beaumont noch Anfang 1832 vorgehabt, bei ihrer Rückehr nach Frankreich über England zu reisen. Vor allem wollten sie, wie Beaumont noch 1833 schrieb, verstehen, welches Erbe »John Bull, der Vater von Jonathan«[1], seinem Sohn hinterlassen hatte. Durch die Choleraepidemie in England waren sie aber von ihren Plänen abgebracht worden.

Auf den ersten Blick mag es verwundern, daß Tocqueville, der solche Eile hatte, das Werk über das Strafvollzugswesen abzuschließen, um sich endlich seiner Arbeit zu widmen, nicht auf diese Reise verzichtete. Doch stand im Zentrum seines intellektuellen Interesses der Übergang von der aristokratischen zur demokratischen Gesellschaft. In Amerika hatte er eine stabile demokratische Gesellschaft kennengelernt; Frankreich befand sich seit vierzig Jahren in einem. dauernden Revolutionszustand. England hingegen bot in den Augen vieler Beobachter das ganz unterschiedliche Schauspiel einer brüsken Wandlung vom aristokratischen zum demokratischen Staat. Über diese Auffassung dachte Tocqueville

---

1 A. de Tocqueville 1967: 119. Beaumont an Tocqueville, 7. August 1833.

nach, als er am 3. Juli 1833 an seine Cousine Madame de Pisieux[1] schrieb, um sie um ein Empfehlungsschreiben für Lady Stuart de Rothesay, die Gattin des ehemaligen Botschafters in Frankreich, zu bitten. Sein Brief enthält folgende Zeilen: »Man behauptet, daß [die Engländer] ganz sicher eine Revolution erleben werden und daß man sich beeilen muß, um sie noch einmal so zu sehen, wie sie jetzt sind! Ich habe es daher ebenso eilig, nach England zu reisen, wie man zur letzten Aufführung eines schönen Theaterstücks reist.[2]

Das alte Wahlrecht, das in England die Vorherrschaft des Landadels begründet hatte, war durch die erste *Reform Bill* abgeschafft worden. Diese war dem *House of Lords* im Oktober 1831 vorgelegt, von diesem aber erst nach heftigem Widerstand im Dezember 1832 angenommen worden. Doch stellte diese Niederlage der Lords nur einen Aspekt der tiefgreifenden Veränderungen dar, die das englische Volk erschütterten. Die Tory-Regierung des Herzogs von Wellington war 1830 über ländliche Unruhen gestürzt. Die drohende Gefahr eines Bürgerkriegs hatte die Lords schließlich zum Nachgeben gezwungen. Die beiden großen Männer der Whigs, Grey und Russell, die die Reform durchgesetzt hatten, schienen auf der linken Seite des politischen Spektrums von den Verfechtern einer egalitären Republik und einer demokratischen Gesellschaft überholt zu werden, die von den Radikalen oder zumindest von einem Teil unter ihnen angestrebt wurden. Sicherlich war die Tory-Partei immer noch im neuen *House of Commons* vertreten, wo sie 150 von 650 Abgeordneten stellte, wobei die restlichen Abgeordneten meist Großgrundbesitzer waren; aber mehr noch als die Whig-Mehrheit waren es die rund 30 Radikalen (welche als Vorreiter der Zukunft galten), auf die sich alle Augen richteten. Tocqueville hatte also guten Grund, sich »zu beeilen«, um sowohl die traditionellen Formen der Aristokratie als auch einen sich entwickelnden Revolutionsprozeß zu beobachten.

Über seinen Aufenthalt in England (vom 3. August bis zum 7. September) erfahren wir aus Briefen an die zukünftige Madame de Tocqueville und aus kurzen Randnotizen[3]. Wie seine amerikanischen Aufzeich-

---

1 Tocqueville an Madame de Pisieux, unveröffentlichter Brief vom 3. Juli 1833, Beinecke Library.
2 Zur Lage in England nach der Reform siehe E. Halévy 1974.
3 Die Briefe an Mary Mottley sind mit einer Ausnahme unveröffentlicht; die *Voyage en Angleterre* wurde vollständig veröffentlicht in: A. de Tocqueville 1957/58; 11–43; siehe auch die Analyse von S. Drescher 1964.

nungen unterteilen sich diese in Gespräche, in ein alphabetisch geordnetes Notizbuch und in persönliche Eindrücke, sind aber besser ausgearbeitet als die Niederschriften aus den Vereinigten Staaten.

Die Briefe zeigen Tocqueville als romantischen Reisenden; so zum Beispiel, als er seinen nächtlichen Besuch in den Ruinen von Schloß Kenilsworth schildert und sich wie viele seiner Zeitgenossen von den Romanen Walter Scotts bezaubert zeigt:

»Es ist wirklich ein großes und feierliches Schauspiel: In dieser Einöde herrschten Stille und ein unsagbarer Hauch von Verzweiflung. Ich trat ins Innere dieses großartigen Landsitzes; die Zwischendecken waren zerstört, über mir gewahrte ich den Himmel, doch die Mauern standen noch, und der Mond, der überall durch die gotischen Fenster schien, verbreitete ein friedhofsähnliches Licht, das der Umgebung entsprach; befand ich mich hier nicht wahrhaft in den Gefilden des Todes? Nachdem ich jeden Fleck in den Ruinen besichtigt und dabei unter meinen Schritten ein Echo erweckt hatte, das wahrscheinlich schon seit vielen Jahren verstummt gewesen war, begab ich mich wieder in die Mitte des Schlosses: Dort setzte ich mich auf einen Stein und versank in eine Art schlafwandlerischen Zustand, in dem es mir schien, als ob meine Seele mit unsäglicher Macht in die Vergangenheit gezogen würde. Doch rate ein wenig, so bitte ich dich, welchen Moment jener ungezählten, verflossenen Jahrhunderte sich meine Vorstellungskraft auserkor. Vergebens bemühte ich mich, mir in diesen verfallenen, efeuüberwachsenen Mauern die großen Persönlichkeiten des 16. Jahrhunderts, als Elisabeth hier ihren glanzvollen Hof herführte, vorzustellen. Weder Raleigh noch irgendeine andere der großen historischen Gestalten ließen die zerstörten Türme von Kenilsworth vor meinen Augen lebendig werden, sondern Amy Robsart, jene entzückende Schöpfung von Walter Scotts Genie. Das Bild dieser bezaubernden und so unglücklichen Kreatur schien mir an jedem einzelnen Stein dieses immensen Bauwerks zu haften, und in manchen Augenblicken glaubte ich beinahe den letzten Schrei von den Mauern widerhallen zu hören, den sie beim Sturz in den ihr zugedachten Abgrund ausstieß.«[1]

In Tocquevilles Reisetagebuch sind die charakteristischen Bilder des traditionellen England festgehalten: eine Sitzung im *House of Lords*, eine Wahl in London, Oxford mit seinen Colleges und *fellows*, ein Prozeßtag

---

1 Leicht abgeänderte Fassung in A. de Tocqueville 1867 a: 117 ff.

vor einem Friedensrichter. Unter den alphabetischen Rubriken finden sich die Interessenschwerpunkte des Autors: die Dezentralisierung, die gesellschaftliche Rolle der Religion etc. Bei den Gesprächspartnern, deren Äußerungen Tocqueville niedergeschrieben hat, handelt es sich um Radikale oder um die großen Persönlichkeiten der Liberalen, die ganz ähnliche Vorstellungen hegten: Bullwer Lytton, Hume, Roebuck und Lord Radnor, der Tocqueville zu einem viertägigen Besuch auf seinem Gut Longford Castle empfing. Die Schlußfolgerung, die er in seinem Reisetagebuch zieht, ist um so bemerkenswerter[1]: Denn wenn Tocqueville höchstwahrscheinlich mit dem gängigen Vorurteil nach England gekommen war, daß eine gewalttätige Revolution unmittelbar bevorstünde, so glaubt er nun, daß eine solche Revolution nicht stattfinden werde.

Diese Überzeugung gründet sich bei ihm auf sozialpsychologische Beobachtungen. Anders als im Frankreich des *Ancien Régime*, wo die mittleren Klassen die Abschaffung der Privilegien angestrebt hatten, wollen sie in England an den Vorrechten der Aristokratie teilhaben. Da es sich bei letzterer um eine offene, nicht scharf abgegrenzte gesellschaftliche Gruppe handelt, deren Stellung sich auf einen zugänglichen Reichtum gründet, bleibt diese Hoffnung bei den mittleren Klassen lebendig. Tocqueville glaubt nicht, daß die Volksmassen allein ohne Führung durch die oberen Klassen eine Revolution durchführen könnten. Die unausweichliche Entwicklung zur Demokratie würde sich deshalb allmählich und langsam vollziehen, sofern die *Lords* sich nicht aus der Ruhe bringen ließen und sich nicht auf eine kategorische Ablehnung aller Reformen versteifen würden, was ihnen die mittleren Klassen entfremden und den Hochadel isolieren würde. Tocquevilles Reiseeindrücke schließen mit einem schönen Bild: An der englischen Küste, in Carrick-a-rede, ist an einem Felsspalt eine Strickleiter angebracht, um dessen Überquerung zu ermöglichen. Ein Fremder mag befürchten, daß ein Fischer, der sich auf diese Leiter wagt, hinabstürzen und verschwinden könnte. Dieser benutzt die Leiter aber ohne allzu großes Risiko: Es müßte schon ein sehr plötzlicher Sturm aufkommen, damit er das Gleichgewicht verlöre. Das englische Volk ließe sich mit diesem Fischer vergleichen, es würde von der Adelsherrschaft zur Demokratie gelangen, ohne in den Abgrund der Revolution zu stürzen.

---

1 A. de Tocqueville 1958: 42 f.

Tocqueville, der Mitte September 1833 wieder nach Paris zurückkehrte, konnte sich nun endlich, beinahe anderthalb Jahre nach seiner Amerikareise, der Arbeit an seinem geplanten Werk widmen. Bei seinen Eltern in der Rue de Verneuil 49 zog er sich in eine Mansarde zurück, wo er Abstand zur Familie und zum gesellschaftlichen Leben wahren konnte. Am 1. November schrieb er in einem Brief an Beaumont, der seinen Anteil am Prix Montyon für eine Reise nach Spanien und in den Süden Frankreichs verwendet hatte und sich zu dieser Zeit gerade in galanter Gesellschaft im Baskenland aufhielt: »Bei meiner Ankunft habe ich mich sogleich in einer Art Raserei auf Amerika gestürzt. Der Anfall dauert noch an, obwohl er zwischendurch immer wieder abzuebben scheint. Ich glaube, daß dies für meine Arbeit besser sein wird als für meine Gesundheit, die ein wenig unter der extremen geistigen Anspannung leidet; ich denke nämlich kaum an etwas anderes, selbst wenn ich zugange bin.« Zehn Tage später schildert er Kergorlay, was er für ein Leben führt: »Ich arbeite, soviel ich kann, an meinem Amerika, und meine Stimmung ist dadurch gut... Vom Morgen bis zum Abendessen führe ich ein vom Kopf bestimmtes Leben, und abends gehe ich zu Marie... Am nächsten Tag beginne ich wieder von vorne und so fort mit einer erstaunlichen Regelmäßigkeit, denn meine Bücher und Marie stellen seit meiner Rückkehr aus England mein ganzes Leben dar.«[1]

Diese Askese sollte Früchte tragen. Nach weniger als einem Jahr hatte Tocqueville den ersten Band von *Über die Demokratie in Amerika* abgeschlossen. Am 14. August 1834 begab er sich »mit umgehängtem Gewehr und dem Manuskript unter dem Arm«[2] nach Gallerande im Departement Sarthe. Er wollte dort Madame de Sarcé, der Schwester Beaumonts, einen Besuch abstatten und auf die Jagd gehen. Im Oktober war er mit der Fahnenkorrektur beschäftigt. Er hatte sich mit Gosselin, dem Verleger Lamartines, in Verbindung gesetzt, der *Über die Demokratie in Amerika* zunächst im November hatte publizieren wollen, das Werk dann aber erst im Januar 1835 der Öffentlichkeit präsentierte.

Tocqueville hatte seine Arbeit mit einer Durchsicht seiner amerikanischen Aufzeichnungen begonnen, die auch weiterhin seine wichtigste Quelle darstellen sollten. Um sich deren Benutzung zu erleichtern, hatte

---

1 A. de Tocqueville 1967, Teil 1: 136. Brief Tocquevilles an Beaumont vom 1. November 1833; A. de Tocqueville 1977, Teil 1: 344. Brief Tocquevilles an Kergorlay vom 11. November 1833.
2 A. de Tocqueville 1967, Teil 1: 14. Brief Tocquevilles an Beaumont vom 14. Juli 1834.

er einen 64 Rubriken umfassenden Index erstellt. Anschließend hatte er sich einer umfangreichen Lektüre gewidmet, um noch besseren Einblick in das amerikanische Leben zu gewinnen, und unternahm damit gleichsam eine »zweite Reise nach Amerika« (Schleifer 1980; Pierson o.J.: 71-85). Im Januar wurde ihm bewußt, daß er diese Informationsfülle kaum allein bewältigen würde, und er beschloß, sich Hilfe zu verschaffen. Zu diesem Zeitpunkt hielt sich der junge Theodore Sedgwick, den er in Amerika kennengelernt hatte, in Paris auf. Tocqueville setzte sich mit ihm in Verbindung und bat ihn, für ihn Exzerpte aus bestimmten Werken anzufertigen, diskutierte mit ihm aber auch über die Probleme der amerikanischen Demokratie. Tocqueville wandte sich auch an die Gesandtschaft der Vereingten Staaten mit der Bitte, ihm einen jungen Mann mit liberaler Erziehung zu empfehlen, der sich jeden Tag einige Stunden der Geschichte Amerikas und dem Studium der amerikanischen Gesetze widmen würde. Auf diese Weise sicherte er sich die Hilfe des zweiundzwanzigjährigen Francis Lippitt, der in der Gesandtschaft provisorisch den Posten eines Sekretärs innegehabt hatte, während er auf die Ankunft des Stabes wartete, den Livingston, der zum Botschafter ernannt worden war, mit nach Frankreich bringen würde. 63 Jahre später erzählte Lippitt über sein Verhältnis zu Tocqueville. Drei oder vier Monate lang habe er täglich von 9 bis 17 Uhr für ihn gearbeitet. Seine Aufgabe bestand darin, Abhandlungen und Pamphlete auf französisch zusammenzufassen. Anschließend befragte ihn Tocqueville noch zum Inhalt dieser Exzerpte. Obwohl er sich Lippitt gegenüber immer sehr höflich verhielt, brachte er ihm nicht das gleiche Vertrauen wie Sedgwick entgegen: Er ließ ihn die ganze Zeit darüber in Unkenntnis, daß er ein Buch über die Vereingten Staaten schrieb und verschwieg ihm sogar, daß er des Englischen mächtig war (Pierson 1938: 732 ff.; Gilman 1898: 703 ff.).

Aufgrund der Kürzc dcr Literaturhinweise könnte der Leser der *Demokratie* leicht zu einer falschen Einschätzung gelangen, was den Umfang und die Vielfalt der von Tocqueville konsultierten Quellen angeht: So bezieht er sich auf Reiseberichte aus dem 18. Jahrhundert und auf Werke über die Geschichte einzelner Staaten, die von Gelehrten zum Ruhme ihrer Heimat verfaßt worden waren; es finden sich jedoch auch Quellen, die Tocquevilles Bemühen um Informationen aus erster Hand beweisen, wie die Beobachtungen von Ethnologen über das Leben der Indianer, die Biographien großer Männer etc.

Drei Quellen jedoch sind von alles überragender Bedeutung. Tocqueville selbst erwähnte sie, als er ein Gutachten über den Konflikt zwischen der französischen Regierung und Präsident Jackson im Jahre 1835 verfaßte. Was er bei dieser Gelegenheit sagte, gilt auch für die ganze *Demokratie*: »Ich habe die drei angesehensten Kommentare konsultiert: den *Federalist*, ein Werk, das von den drei Hauptverfassern der Bundesverfassung stammt, die *Commentaries* von Kent und die des Richters Story.«[1]

Ein Verfassungskonvent hatte in Philadelphia in der Zeit vom 25. Mai bis zum 17. September 1787 die Bundesverfasssung der Vereinigten Staaten ausgearbeitet: Der Staatenbund der dreizehn von der britischen Herrschaft befreiten Kolonien sollte zu einem echten Bundesstaat werden. Doch war der vom Konvent erarbeitete Entwurf nur von 39 der 55 Delegierten unterschrieben worden. Die Ratifizierung des Entwurfs wurde durch die partikularistischen Bestrebungen der Staaten verhindert. So billigte nur ein einziger Delegierter des Staates New York, nämlich Hamilton, den Entwurf, während der Gouverneur Clinton das Vorhaben in Briefen attackierte, die er mit dem Pseudonym »Cato« unterschrieb. Hamilton tat sich daraufhin mit Jay und Madison zusammen, um dieser Strömung entgegenzuwirken. Unter dem gemeinsamen Pseudonym »Publius« veröffentlichten die drei Männer 85 Briefe, von denen der erste im *Independent Journal* vom 20. Oktober 1787 erschien. Die Briefe wurden schließlich alle in einem Band zusammengefaßt, der im Mai 1788 unter dem Titel *Federalist* erschien (Hamilton, Madison, Jay 1831). Nach ihrer Übersetzung ins Französische erregte die Sammlung die Bewunderung des Girondistischen Konvents, der den Autoren die französische Staatsbürgerschaft verlieh. Das Werk verdeutlichte in hervorragender Weise, was an der amerikanischen Verfassung neu war. Tocqueville ließ sich von der hier gebotenen Analyse der Kompetenzverteilung zwischen den Einzelstaaten und der Zentralmacht inspirieren. Er unterstrich den innovativen Charakter der Maßnahme, die Exekutivgewalt einem Präsidenten zu übertragen, und hob die Bedeutung der Bundesjustiz hervor.

Die beiden anderen Kommentatoren hatte Tocqueville persönlich kennengelernt: Der Universitätskanzler Kent war ein kämpferischer Föderalist, der seit der Niederlage seiner Partei im Jahre 1823 am Columbia

---

1 Unveröffentlichtes Manuskript aus der Pennsylvania Historical Society Library.

College unterrichtete und zwischen 1826 und 1830 die Früchte seiner Lehrtätigkeit in vier großen Bänden veröffentlichte. Der erste Band enthielt neben allgemeinen Ausführungen über das Verfassungsrecht einen Kommentar zur amerikanischen Verfassung; insbesondere dieser Teil war es, von dem sich Tocqueville anregen ließ. Kents Auffassungen waren konservativ geprägt; er ergänzte seine Ausführungen noch durch einen getreuen Rückgriff auf das britische *Common Law* (Kent 1826-1830). Die klar und präzise formulierten *Commentaries* von Justice Story wiesen die gleiche geistige Grundhaltung auf (Story 1833).

Ganz sicher vermittelten diese Quellen Tocqueville eine konservative Sicht der amerikanischen Demokratie, die durch eine Sekundärquelle wie die *Mélanges politiques et philosophiques extraits des Mémoires et de la correspondance de Thomas Jefferson* nicht aufgewogen wurde. In diesem 1833 von Conseil herausgegebenen Werk wurde dem Volkswillen kein anderes Gegengewicht gegenübergestellt als die Dezentralisierung.

In einem Brief an Lieber äußerte Story eine gewisse Bitterkeit darüber, daß Tocqueville Anleihen in seinem Werk gemacht habe (Pierson 1938: 730 ff.). Doch entwickelte Tocqueville Storys Gedanken weiter, indem er Zusammenhänge zwischen politischen und juristischen Gegebenheiten und der amerikanischen Gesellschaftsordnung herstellte.

Die Hauptquelle für die *Demokratie* bleiben jedoch Tocquevilles *Notes de voyages*. Aber in seinem Bemühen, ein homogenes Bild der amerikanischen Gesellschaft zu entwerfen, filtert der Autor gleichsam die regionalen Unterschiede heraus, wobei er jedoch gleichzeitig die Unterschiede dieser Gesellschaft im Vergleich zur zeitgenössischen französischen Gesellschaft hervorhebt. Um die Legitimität seines Vorgehens zu unterstreichen, versichert er sogar, daß »zwischen der Kultur von Maine und der von Georgia ein geringerer Unterschied besteht als zwischen der Kultur der Normandie und derjenigen der Bretagne.«[1] Dieser Vorstellung von der amerikanischen Gesellschaft liegt eine alle seine Ausführungen prägende Uridee zugrunde. Tocqueville hatte zunächst beabsichtigt, ein Buch über die »Volkssouveränität in Amerika« zu schreiben, doch wäre dies ein zu enges, zu einseitig auf den politischen Aspekt

---

1 A. de Tocqueville 1951, Teil 1: 172. Diese Bemerkung ist um so frappierender, als sie als Erwiderung an Conseil (1833: 43) gedacht scheint: »Es gibt weniger Gegensätze zwischen den Interessen des Departements Bouches-du-Rhône und denen an der Nordgrenze als zwischen den Interessen des Staates Vermont und, ich würde nicht einmal sagen, denen Georgias, sondern denen des Staates New York.«

ausgerichtetes Thema gewesen. In einem Brief an Beaumont vom 1. November 1833 bemerkt er: »Meine Vorstellungen sind umfassender und allgemeiner geworden«, was wohl darauf hinweist, daß er auf die zentrale Idee eines »Reiches der Demokratie in den Vereinigten Staaten« gekommen ist, was auch der vorläufige Titel des Werkes bis zu seiner Veröffentlichung bleiben sollte. Diese Idee umfaßt einen weit größeren Bereich; sie meint einen sozialen Staat und die Gleichheit der gesellschaftlichen Bedingungen, aus denen als logische politische Folge die Volkssouveränität entsteht. Tocqueville kommt hier auf Montesquieus Methode zurück: Der Republik, die die »Natur« der Vereinigten Staaten ist, entspricht ein »Prinzip«, das in einem bestimmten Gesellschaftszustand wurzelt, aber auch eine kollektive Mentalität schafft, die das Wirken dieses Prinzips bestimmt: »Die Liebe zur Demokratie ist die Liebe zur Gleichheit.« Und mehr noch als Montesquieu ist Tocqueville überzeugt, daß alle Gesellschaften jeweils von einem einzigen Prinzip gelenkt werden. Weichen sie von diesem ab, so geraten sie in einen instabilen, revolutionären Übergangszustand, so wie Frankreich, wo das demokratische Prinzip eines Tages triumphieren werde, obwohl sich das Land weiterhin notdürftig in den Ruinen des aristokratischen Staates eingerichtet hat.

Tocqueville hat in Amerika also ein plausibles Bild unserer Zukunft vorgefunden; es geht ihm nicht mehr nur darum, das Land durch seine Geschichte und seine Sitten zu beschreiben, sondern er urteilt auch darüber, ob es die menschliche Freiheit hat bewahren können. Tocqueville, der Historiker und Soziologe, ist also auch Moralist.

In einer leider undatierten Bemerkung skizziert Tocqueville eine dreiteilige Aufgliederung seines zukünftigen Werkes: Zunächst will er über die *société politique* (politische Gesellschaft) schreiben, die die Beziehungen zwischen dem Bundesstaat und den Einzelstaaten und zwischen den Bürgern und der Union umfaßt; dann über die *société civile* (bürgerliche Gesellschaft), die die Beziehungen der Bürger untereinander betrifft; schließlich über die *société religieuse* (religiöse Gesellschaft), wobei die Einstellung der Bürger zu Gott und die Beziehungen der religiösen Sekten untereinander gemeint sind. Tocqueville beschränkt sich in den beiden Bänden des ersten Teils von *Über die Demokratie in Amerika* auf die Untersuchung der *société politique*. In seinem Vorwort äußert er Zweifel daran, ob er sich später noch einmal der Analyse der *société civile* widmen würde, weil dies bereits ein anderer (Beaumont), »durch einen leichten Schleier mildernd«, unternehmen würde, d.h. in Romanform wie in *Die Wüstenbraut*.[1] Und als Tocqueville sich mit der Religionsproblematik befaßt, hebt er ausdrücklich hervor, daß er sie nicht um ihrer selbst willen untersuche, sondern um die politische Bedeutung der Religiosität zu erfassen.

Die Untersuchung der politischen Gesellschaft gliedert sich in zwei Teile: Der erste Teil betrifft die von der demokratischen Gesellschaft Amerikas geschaffenen Institutionen. Der zweite, komplexere Teil untersucht, wie sich die Macht des Volkes äußert, was ihre innersten Regungen sind und welche Zukunft sie erwartet[2].

Bevor Tocqueville auf die amerikanischen Institutionen zu sprechen kommt, schickt er einige kurze Bemerkungen über die äußere Gestalt des Landes voraus. Auf diesen Seiten liefert er als eifriger Leser der Geographen eine genaue Beschreibung Amerikas, die den Schilderungen Volneys, Wardens oder Malte-Bruns in nichts nachsteht. In seiner Schlußfolgerung sieht er die Zukunft vorbestimmt. »Diese Küsten, die sich so trefflich für Handel und Gewerbe eignen, diese tiefen Ströme, dieses unerschöpfliche Tal des Mississippi, dieser ganze Erdteil – sie erscheinen so gleichsam als die... Wiege einer großen Nation«[3], eine Wiege, von der die Indianer nur vorübergehenden Nießbrauch hatten. Er äußert sich nicht zu den Klimaunterschieden zwischen den verschiedenen Regionen und deren Einfluß auf die Menschen, wie er es noch in seinen Briefen getan hatte; bereits in dieser Vorrede betont er die Einheitlichkeit des Landes. In keiner Weise erwähnt er die Anziehungskraft der leeren Weiten Amerikas auf die Menschen, obwohl er sehr wohl spürte, daß diese für gewisse Unausgewogenheiten der amerikanischen Zivilisation verantwortlich war. Turner sollte darin später einen entscheidenden Faktor für die Entwicklung des Landes (Turner 1920) sehen, doch ist dies kein wesentlicher Aspekt von Tocquevilles Thema, und so geht er darüber hinweg.

Im zweiten Kapitel kommt Tocqueville bereits auf zentralere Fragen zu sprechen: »Über die Ausgangslage und ihre Bedeutung für die Zukunft der Angloamerikaner«. Ebenso wie der ganze Mensch »in den

---

1   A. de Tocqueville 1951, Teil 1: 12.
2   Ebd.: 179.
3   Ebd.: 25.

Windeln seiner Wiege liegt«, das heißt, so kommentiert Tocqueville, in dem Maße, wie er dauerhaft durch die ersten Kontakte mit seiner Umwelt geprägt werde, »beeinflussen die Umstände, die das Entstehen der [Völker] begleiteten und ihre Entwicklung förderten, ihre ganze weitere Laufbahn[1]«. Es sei nicht einfach auszumachen, was sich in dem »noch unklaren Spiegel«, den der Geist des Kindes in der Wiege darstelle, abbilde; kaum leichter sei es auch, sich die Bedingungen und Ausdrucksformen der alten germanischen Freiheiten vorzustellen. Doch dank einer einzigartigen Gelegenheit ließe sich seit Beginn des 17. Jahrhunderts das Abenteuer dieser zivilisierten Menschen mitverfolgen, die mit dem alten Europa gebrochen hätten und »versuchten, die Gesellschaft auf neuen Grundlagen zu errichten«.

Natürlich befanden sich die Auswanderer nicht alle in der gleichen Ausgangssituation, denn es gab einerseits Kronkolonien, dann die Kolonien, die die Großgrundbesitzer als königliches Privileg erhalten hatten, und in Neuengland die kollektiven Kolonien der Puritaner. Die letzteren hatten ihr Vaterland verlassen, weil ihnen dort die Luft zum Atmen knapp geworden war, während man sie wiederum gerne ziehen ließ, da man sie als Störenfriede empfand. Diese Kolonien unterstanden zwar weiterhin der Treuepflicht zum König, wie Justice Story in seinen *Commentaries* bemerkte, doch waren sie kein Teil des Königreichs mehr. Von ihnen hatte sich Tocqueville bereits besonders beeindruckt gezeigt, als er für die Abhandlung über das »Besserungssystem« jenen kurzen Text mit dem Titel *Des raisons qui s'opposent à ce que les Français aient de bonnes colonies* (Einige Gründe dafür, daß die Franzosen keine guten Kolonien haben)[2] verfaßte, der dann doch keinen Platz in dem Werk mehr fand. Die Kolonien der Puritaner, der »Pilgerväter«, die Europa wegen ihrer abweichenden Moralvorstellungen verlassen hatten, waren – so sagt uns Tocqueville – »die Saat eines großen Volkes, die Gott mit eigener Hand in ein verheißenes Land geleitet« hatte. Anfangs stellten die Kolonien nur verlorene Inseln inmitten unermeßlicher Wälder dar, wo die Siedler mit dem kargen Boden, dem rauhem Klima und den Angriffen der Indianer zu kämpfen hatten. Sie waren sowohl von einem religiösen als auch republikanischen Geist erfüllt: Jedes Gemeinwesen stellte eine De-

---

1 Ebd.: 26 f. In der Art, in der Tocqueville das Bild des amerikanischen Volkes zeichnet, liegt ein Gefühl nationaler Identität, das an Herder erinnert. Es ist jedoch unwahrscheinlich, daß Tocqueville diesen gelesen hat.
2 A. de Tocqueville 1962: 35 ff.

mokratie aus kleinen Landeigentümern dar, der jegliches aristokratische Element fehlte. Sie unterwarfen sich Strafgesetzen, die sich an der Bibel orientierten, keine Nachsicht gegenüber der Sünde walten ließen und für zahlreiche Vergehen die Todesstrafe vorsahen. Tocqueville bemerkt, daß die Sitten weniger streng als die Gesetze wären und nur selten Todesurteile ausgesprochen würden; doch erscheint seine Sicht allzu optimistisch, denn die Puritaner waren schnell bereit, einen Menschen auf den Scheiterhaufen zu schicken, insbesondere wenn es sich um »Hexen« handelte. Ihre Intoleranz gegenüber Quäkern und Anglikanern, ganz zu schweigen gegenüber Katholiken, und der Fanatismus ihrer Geistlichen verbannte alles aus dem sozialen Leben, was nicht kongregationalistisch war.

Zudem war diese Gesellschaft ursprünglich nicht so egalitär gewesen, wie Tocqueville annahm: Nur die Grundbesitzer durften an öffentlichen Versammlungen teilnehmen, somit also nur eine Minderheit der Notabeln.[1] Hinsichtlich dieser strengen Regeln verhielt es sich in jüngeren Kolonien, die von Siedlern aus den ersten Kolonien gegründet wurden, anders, denn sie wiesen möglicherweise volksnähere Züge auf. Nichtsdestoweniger betrachteten sich die Puritaner, die sich alle von Gott erwählt glaubten und im irdischen Erfolg eine Heilsgarantie sahen, untereinander als Gleiche und waren sich ihrer Bürgerpflichten in hohem Maße bewußt. In den *townships* entstand damit ein *homo democraticus*, der gegenüber dem Engländer aus dem alten Europa etwas ganz Eigenes darstellte, auch wenn er sich von diesem bezüglich der Sitten und der ethnischen Zugehörigkeit nicht unterschied.

Dieser *homo democraticus* ist von den aristokratischen Hierarchien der bäuerlichen Gesellschaft in Europa befreit, doch dem Geist der Religion unterworfen, deren »starre Moral« ihn zur »politischen Freiheit« führt. Er muß also an den Angelegenheiten seiner Siedlung teilhaben und die Unwissenheit, die »Waffe des Satans«, überwinden. Durch die Beteiligung aller wird die bescheidene *township* zu einer Verwaltungseinheit, die auf dem Wege der direkten Demokratie durch die Versammlung der Einwohner regiert wird und in der eine Vielzahl von Beamten, die kurzfristig für die verschiedensten Funktionen gewählt werden, die kollektiven Aufgaben besorgen.

Institutionen wie die eben beschriebenen waren nur in Neuengland anzutreffen. Südwestlich des Hudson-River hingegen lebten Groß-

---

1 Siehe dazu die Bemerkungen von Cestre 1933/34.

grundbesitzer, die zwar eine etwas gehobenere gesellschaftliche Klasse, aber dennoch eine »schwächliche und nicht sehr règsame« Aristokratie darstellten. Sie bewirtschafteten ihre Ländereien mit Hilfe von Sklaven und spielten keine gesellschaftlich führende Rolle. Zumeist teilten sie aber die im Volk weit verbreitete Abneigung gegen das Mutterland, und aus ihren Reihen kamen auch die Mehrzahl jener bemerkenswerten Männer, die an der Spitze der amerikanischen Revolution gestanden hatten. Durch dieses Ereignis erlangten jedoch nur einzelne Persönlichkeiten eine herausragende Position, nicht jedoch die Großgrundbesitzer als Klasse. Außerdem waren sie laut Tocqueville mit dem Zerfall ihres Grundbesitzes konfrontiert, denn das Erbrecht forderte die gleichmäßige Aufteilung der Güter unter den Kindern – eine Erklärung, die heute von amerikanischen Historikern angefochten wird[1]: Da Grundbesitz keinerlei Privilegien einbrachte und sehr viel weniger lukrativ war als der Handel oder das Bankgewerbe, bemühten sich die Wohlhabenden in verstärktem Maße um bewegliche Vermögenswerte.

Die Großgrundbesitzer waren demnach eine viel zu instabile gesellschaftliche Gruppe, als daß sie die Ausbreitung der neuenglischen Regierungsprinzipien hätten verhindern können. Diese erfaßten im Zuge einer raschen Demokratisierung zunächst die Nachbarstaaten und dann die gesamte Union, ähnlich »jenen Höhenfeuern, die zuerst Wärme um sich verbreiten und deren Leuchten dann an den fernsten Punkten des Horizonts aufglänzt[2]«. Überall in Amerika entstanden, angepaßt an die jeweiligen Gegebenheiten, lokale demokratische Einheiten. Im Süden war nicht die Gemeinde, sondern der *county* die aktive Verwaltungsebene. In den neuen Staaten des Westens schließlich wurde der Geist der Gleichheit am radikalsten verwirklicht. Aber überall entwickelten sich diese Strukturen nach dem gleichen Prinzip, entsprechend ihrer »Ausgangslage«. Und trotz aller Abwandlungen entfaltete sich die amerikanische Demokratie auf der Ebene der *township*, der Gemeinde, die von den zeitgenössischen liberalen Autoren als natürliche Urgesellschaft angesehen wurde, welche allen anderen menschlichen Gemeinschaften vorausgegangen wäre. Der Kontrast zu Frankreich, wo mit der napoleonischen Verwaltung die administrativen Strukturen von oben nach unten gegliedert worden waren, sprang ins Auge. In Amerika traf man eine organi-

---

1 A. de Tocqueville 1951, Teil 1: 48 ff.
2 Ebd.: 30.

sche Struktur an, die das Werk der Geschichte war: »...die Gemeinde hat sich vor dem *county*, der *county* vor dem Staat und der Staat vor der Union gebildet.«[1]

Als natürliche Folge ergab sich hieraus die Dezentralisierung der Verwaltung. Zu den ersten Dingen, die Tocqueville und Beaumont nach ihrer Ankunft in den Vereinigten Staaten aufgefallen waren, gehörte das Fehlen einer offensichtlich in Erscheinung tretenden Regierungsmacht und – konkreter – von Beamten, die die öffentliche Gewalt in ihrer Person verkörperten. Aufgrund dieser ersten Beobachtungen konzentrierte sich Tocqueville bei seinen Studien auf die Dezentralisierung. Er stellt fest: Die Allmacht der Verwaltung, die in Frankreich eine goldene Regel ist, existiert gar nicht oder kaum. So ist es für einen Franzosen keine geringe Überraschung, in Neuengland festzustellen, »daß der Gerichtsbeisitzer die Steuern festsetzt, der Steuereinnehmer sie erhebt, der Gemeindeschatzmeister die Einnahmen dem Schatzamt zustellt«[2]. Durch die Dezentralisierung der Verwaltung kommt es zu einem Mangel an Einheitlichkeit und manchmal auch an Effizienz. Weniger als die Zentralisation ist sie dazu geeignet, »an einer gegebenen Stelle alle verfügbaren nationalen Kräfte zu sammeln«. Doch, so fügt Tocqueville hinzu, schade die Zentralisierung »der Erneuerung der Kräfte«, weil sie die Bürger davon abhalte, ihre Angelegenheiten selbst zu regeln, und wenn der Staat in einer schweren Krise nach deren Unterstützung verlange, so fände er kein Echo. Diese Feststellung beinhaltet im Kern bereits einen Gedanken, den der Autor in *Der alte Staat und die Revolution* weiterentwickeln und ausweiten sollte: Wenn in Amerika ein Wegschaden auftritt, dann wenden sich die Nachbarn nicht an die öffentlichen Behörden, sondern tun sich zusammen, um die Schäden zu beseitigen; ist ein Verbrechen begangen worden, so schließen sie sich zusammen, um den Mörder, der als Feind des Menschengeschlechts angesehen wird, aufzuspüren, während in Frankreich die Öffentlichkeit den Kampf zwischen Polizei und Straftäter nur als Zuschauer verfolgt. Im Grunde stellt die zentralisierte Verwaltung eine Art von Despotismus dar, und Tocqueville erinnert sich, was Montesquieu hierüber sagt: Gleich den Negern in Louisiana fällt er den Baum, um an die Frucht zu gelangen. Dieses Problem ist in einem demokratischen Regime um so schwerwiegender, als es

---

1   A. de Tocqueville 1951, Teil 1: 39.
2   Ebd.: 89.

in diesem System kein Mittelding gibt zwischen den Menschen, die unter der Tyrannei jeglicher Macht beraubt sind, und den Bürgern, die gleichberechtigt an den kollektiven Entscheidungen mitwirken. Die Dezentralisierung gehört also mit zu den Hauptthemen im Denken Tocquevilles, und wenn er sich darüber äußert, dann mit leidenschaftlichen Worten:

»Was liegt schließlich daran, daß eine Autorität stets einsatzbereit da ist, um über die Ungestörtheit meiner Vergnügungen zu wachen, die mir alle Gefahren vorweg beiseite räumt, ohne daß ich daran zu denken brauche, – wenn diese Autorität, die mir die winzigsten Dornen vom Wege entfernt, gleichzeitig meine Freiheit und mein Leben völlig beherrscht, wenn sie jede Regung und das Dasein derart ausschließlich bestimmt, daß alles in Untätigkeit verharren muß, wenn sie selbst untätig ist, daß alles schläft, wenn sie schläft, alles zugrundegeht, wenn sie stirbt?«[1]

Trotz der Nachteile, die sie mit sich bringt, hat die Dezentralisierung der Verwaltung das enorme Verdienst, die Bürger in freiem Walten am öffentlichen Leben teilhaben zu lassen. Hierin liegt ihr universaler Welt. Doch ist diese Sachlage in Amerika das Resultat der bereits vorhandenen Sitten und der Richtung, in die sich die Nation entwickelt hat. In Europa müßte man zunächst durch Gesetze die freiheitsfeindlichen Traditionen beseitigen und die öffentliche Meinung aufklären, bevor eine ähnliche Entwicklung stattfinden könnte.

Die dezentralisierte Verwaltung, so versichert Tocqueville, stehe aber einer zentralisierten Regierungsgewalt nicht entgegen: Das Gesetz regelt weite Bereiche des Lebens und wird streng beachtet. Jedoch ist die Staatsmacht zwischen den 24 Einzelstaaten und der Union aufgeteilt. Die ersten Einzelstaaten waren jene dreizehn Kolonien gewesen, die sich zusammengeschlossen hatten, um Unabhängigkeit vom Mutterland zu erlangen. Dieser Bundesstaat ermöglicht es in Tocquevilles Augen, die Segnungen kleiner Republiken und die Macht eines großen Staates zu vereinigen. Doch sei dies eine besondere, für das anglo-amerikanische Amerika typische Konstellation, die sich nicht exportieren lasse. Sogar das nahegelegene Mexiko, das dieses Modell imitiert habe, habe Instabilität und Anarchie nicht vermeiden können.

Die Einzelstaaten sind wie vollwertige Staaten strukturiert. Sie besitzen eine zwei Kammern umfassende Legislative, ein Repräsentantenhaus

---

1 A. de Tocqueville 1951, Teil 1: 93.

und einen Senat, die beide auf breiter Basis gewählt werden, und eine Exekutivgewalt, die einem ebenfalls gewählten Gouverneur anvertraut ist. Alles ist hier dem Prinzip der Volkssouveränität untergeordnet; die Einschränkungen des allgemeinen Wahlrechts sind sehr geringfügig, die Dauer der Mandate ist kurz. Im allgemeinen weisen die Institutionen einen um so demokratischeren Charakter auf, je jünger der betreffende Staat ist.

Bedeutende Aufgabenbereiche aber wie die Außenpolitik bleiben der Bundesregierung vorbehalten. Der Kongreß umfaßt ebenfalls zwei Kammern; während aber das Repräsentantenhaus vom Volk gewählt wird und die Bevölkerung der einzelnen Staaten proportional zur Zahl der Einwohner vertrittt, wird der Senat von den Staaten gewählt, wobei jeder Staat die gleiche Zahl von Vertretern entsendet. Der Präsident der Vereinigten Staaten wird von einem Wahlmännerkollegium bestimmt, dessen Mitglieder wiederum vom Volk gewählt werden. Der Präsident ist das eigentliche Oberhaupt der amerikanischen Demokratie; seine Amtszeit beträgt vier Jahre, und er darf normalerweise nur einmal kandidieren. Dies stellt in der Geschichte der Republiken eine große Neuerung dar, denn bisher war die Exekutivgewalt immer einem Ausschuß übertragen worden, wie zum Beispiel während der Französischen Revolution dem Direktorium.

Die Bundesverfassung erscheint Tocqueville als ein vernünftigeres Werk als die Verfassungen der Einzelstaaten. Doch sei dies außergewöhnlichen Umständen zu verdanken: Die erste Konföderation, die den Unabhängigkeitskrieg geführt hatte, hatte die Unzulänglichkeiten eines einfachen Bündnisses zwischen Staaten spürbar gemacht. In dem Verfassungskonvent, der 1787 in Philadelphia zusammentrat, um diese Schwächen zu beseitigen, waren die großen Bürger Amerikas vertreten, die sich im Kampf gegen England bei ihren Landsleuten Ansehen erworben hatten. Sie machten sich den Umstand zu Nutze, daß die einzelnen Staaten, die sich von ihrer Aufgeklärtheit und ihren Aspirationen her nicht unterschieden, noch nicht die Gepflogenheiten unabhängiger, nationaler Regierungen angenommen hatten. Die Vertreter dieser Staaten waren daher mehr oder weniger gern bereit, eine Aufteilung der Kompetenzen zwischen ihren Regierungen und der Bundesregierung zu akzeptieren.

Das ungewöhnlichste und neuartigste an dieser Verfassung liegt darin, daß die Union über den einfachen amerikanischen Bürger eine direkte Regierungsgewalt ausübt. Sie kann ihm ohne den Umweg über die Einzelstaaten Anordnungen erteilen. Eher als um eine Bundesregierung, so schreibt Tocqueville, handele es sich um eine unvollständige nationale Regierung, die in vielen Bereichen die Gesetzgebung den Einzelstaaten überließe.

Die amerikanischen Institutionen stellen nach Tocqueville also ein komplexes Räderwerk und keine geradlinige Hierarchie wie in einem zentralisierten Regime dar. Ein solches System kann nur funktionieren, wenn auf allen Ebenen Schiedsentscheidungen gefällt werden, angefangen beim Beamten in den *townships*, der in Konflikt mit den Verwaltungsinstanzen im *county* gerät und sich weigert, deren Anordnungen auszuführen, bis hin zur gesetzgebenden Körperschaft eines Staates, die eine der Bundesverfassung widersprechende Maßnahme beschlossen hat. Abhilfe schafft hier die für jeden Bürger bestehende Möglichkeit, sich an die Gerichte zu wenden. Das amerikanische Recht kennt keine Immunität der Beamten, wie sie die Verfassung des Jahres VIII auf Dauer in Frankreich eingeführt hatte, sondern erlaubt, daß bei einem Gerichtsverfahren politische Entscheidungen gefällt werden, wie zum Beispiel die Suspendierung eines Beamten.

Zu den schwerwiegendsten Konflikten gehören sicherlich Auseinandersetzungen zwischen zwei Staaten oder einem Einzelstaat und der Union. Jeder Bürger kann in einem solchen Fall den *Supreme Court* der Vereinigten Staaten anrufen, dessen Richter vom Präsidenten auf Lebenszeit ernannt werden. Deren Urteile haben, obwohl sie in einem individuellen Fall ergehen, Präzedenzcharakter und sind Ausdruck einer immer noch vom Gewohnheitsrecht bestimmten Rechtsprechung.

Tocqueville schätzt die Schiedsrichterfunktion der amerikanischen Gerichte sehr hoch ein. Hier findet sich einer jener Bereiche, in dem er stark von föderalistischen Quellen beeinflußt wurde. Die demokratische Partei kritisierte die konservative Haltung der Richter, und Benton sollte später in einem Brief an Van Buren die in der *Demokratie* geäußerten optimistischen Annahmen bestreiten.[1]

Noch in einem anderen Punkt und noch unzweifelhafter verkannte Tocqueville die Wirklichkeit seiner Zeit. Er glaubte nämlich, daß Jackson trotz der Kompetenzen, die die Verfassung dem Präsidenten zugesteht, weniger Macht hätte als ein König in einer konstitutionellen Monarchie. Sicherlich war Jackson von einer antiföderalistischen Strömung in sein

---

1 Zitiert in G.W. Pierson 1938: 735 f.

Amt getragen worden. Doch als Machtmensch hatte er sich rasch in dieser Situation zurechtgefunden. Zwischen ihm und der Volksmeinung entspann sich ein Dialog, der seine Gegner auf das äußerste erzürnte, ihm aber einen Rückhalt in der öffentlichen Meinung sicherte, dessen Bedeutung Tocqueville nicht erkannte.[1]

Im ersten Teil seines Buches untersucht Tocqueville die Institutionen, d.h. »die heutigen Formen der politischen Gesellschaft« und hebt den Geist der dem Prinzip der Volkssouveränität angepaßten Gesetze hervor. Doch gerade aufgrund der Tatsache, daß die amerikanische Demokratie eine freie Gesellschaft ist, wohnt ihr eine Dynamik inne, die fähig ist, die bestehenden gesetzlichen Strukturen zu zerstören oder zu verändern. Das souveräne Volk beeinflußt das öffentliche Leben auf die ihm eigene Weise, es wird in seinem Innersten von kollektiven Instinkten und Leidenschaften bewegt; jedoch wird es in seinem unaufhaltsamen Marsch von »verborgenen Kräften« angetrieben, zurückgehalten, gelenkt.[2] Die demokratischen Sitten (wobei das Wort »Sitten« hier im weitesten Sinne zu verstehen ist) wirken also mit furchtbarer Kraft auf das öffentliche Leben ein und können sogar die Zukunft der Republik gefährden. Tocqueville beabsichtigt, alle Aspekte dieser Problematik zu analysieren, um letztlich zu den folgenden Fragen ein moralisches Urteil zu fällen, das den Schlüssel zu seinem ganzen Buch liefert: Würden die demokratischen Gesellschaften der Zukunft in der Lage sein, sich freiheitlich zu regieren? Welche Lehren erteilt in dieser Hinsicht die einzige existierende große Republik, die Vereinigten Staaten?

Nach Tocqueville gibt es in Amerika drei Wege, auf denen das Volk seine Macht ausübt: die Parteien, die Presse und die Vereinigungen.

Er selbst nimmt in dieser Phase seines Lebens den Parteien gegenüber eine ablehnende Haltung ein. Noch ist der Moment nicht gekommen, in dem er es für nötig halten sollte, wenn auch mit Vorbehalten, sich einer großen liberalen Partei anzuschließen. Die heftigen Auseinandersetzungen am Ende der Restaurationszeit, die überhitzten Parteikämpfe nach der Errichtung der Julimonarchie haben ihn geprägt. In dem 1835 veröffentlichten Teil der *Demokratie* erscheinen die Parteien als ein »den freien Regierungen eigentümliches Übel«, die versuchten,

---

1 Siehe hierzu die treffenden kritischen Bemerkungen von H.V. Brogan 1981: 357-375.
2 A. de Tocqueville 1951, Teil 1: 176.

friedliche Bürger anzulocken und zu vereinnahmen. In Frankreich hatten sich die Parteien, die trotz des plötzlichen Eindringens breiterer Volksschichten Notabelnklüngel geblieben waren, im Jahre 1830 erbitterte Auseinandersetzungen geliefert. Tocqueville mußte deshalb wohl unvermeidlich davon ausgehen, daß in Amerika große politische Strömungen existierten, die die Volksmassen für sich gewinnen wollten.[1]

In diesem Punkt erlebt er jedoch zweifellos eine seiner ersten Überraschungen in Amerika: Die Parteien sind so gut wie tot, und bei Wahlen haben die Kandidaten große Mühe, sich zu profilieren. Immerhin waren in der Zeit nach dem Unabhängigkeitskrieg große Parteien entstanden, als es darum ging, die Grundsätze und Mechanismen der Verfassung festzulegen. Die Föderalisten wollten den Freiheitsspielraum des Volkes eingrenzen und die Zentralmacht stärken, die Republikaner waren vor allem bestrebt, dem Willen des Volkes freien Lauf zu lassen und lokale Unterschiede zu respektieren. Während die ersteren beim Aufbau des Staates eine wichtige Rolle gespielt hatten, hatten die letzteren im Jahre 1801 mit der Präsidentschaft Jeffersons endgültig die Macht übernommen. Seitdem hatte die föderalistische Partei jede politische Bedeutung verloren. In einem Land mit einer durch und durch demokratischen Gesellschaft sei sie nur ein historischer Zufall gewesen, aufgrund ihrer Rolle bei der Entstehung der Bundesverfassung allerdings ein glücklicher Zufall, wie Tocqueville meint. Die Stärke der Föderalisten hätte in der Weitsicht und Charakterstärke jener Großgrundbesitzer gelegen, die den Kampf gegen die Engländer angeführt hatten. Sie hätten politisch nur noch eine gewisse Zeit überleben können, weil sie jene Anerkennung genossen, die die Demokratie manchmal großen Bürgern zolle, welche sich in einer großen nationalen Krise als die dringend benötigten Führungsgestalten erwiesen. Damit zwei Parteien auf Dauer nebeneinander existieren können, bedarf es einer Klasse von Reichen, die von ihrer Klientel unterstützt werden, und einer Klasse von Armen. Zu Zeiten von Tocquevilles Amerikareise übt die Masse der kleinen Leute eine unangefochtene Vorherrschaft aus. Sie zeigt eine von mäßigem Wohlstand geprägte Mentalität, und es genügt schon, daß eine Institution einen Anflug von aristokratischer Macht zeigt, damit die politischen Leidenschaften aufflammen: so der Fall bei der Federal Bank, deren von Jackson so häufig kritisierte Machtfülle den Volkszorn aufwallen läßt. Der

---

1 Zu Tocquevilles Einstellung zu den Parteien siehe Matteuci 1968: 39-92.

normale Zustand Amerikas jedoch, wie Tocqueville ihn erlebte, ist der
eines Landes, in dem sich die Fortschritte der Demokratie langsam, ja
fast unmerklich vollziehen. Es ist das Zeitalter der »kleinen Parteien«,
ihrer lautlosen Intrigen und ihrer Interessenkonflikte, die an die Stelle
der großen Parteien mit ihren umwälzenden und uneigennützigen Prinzipien getreten sind.

Wohl noch sicherer ein Anlaß zum Erstaunen war für Tocqueville
die Rolle der amerikanischen Presse. Er kam aus einem Land, in dem
die Regierenden nicht mehr zur Zensur greifen konnten, weil diese
durch ihre Praxis während der Restauration in Verruf geraten war; statt
dessen wurden subversive Presseveröffentlichungen mit Verbissenheit ge-
richtlich verfolgten. Sie führten dabei einen erschöpfenden Kleinkrieg
mit wechselnden Erfolgen, bei dem der eben vernichtete Gegner häufig
unter anderem Namen und mit neuen Ressourcen wiedererstand. Zu
Beginn der Julimonarchie war diese subversive Presse der Alptraum der
französischen Regierung, denn man hielt sie für fähig, das Regime zu
Fall zu bringen.

In Amerika mußte Tocqueville nun feststellen, daß die amerikanischen Zeitungen in der Heftigkeit ihrer Äußerungen den französischen
Presseerzeugnissen in nichts nachstanden. Doch dachte niemand daran,
hiergegen Schritte zu unternehmen; anders als in Frankreich waren
Drucker und Zeitungsverleger keinerlei Repressalien ausgesetzt. Sicherlich war die Situation in beiden Ländern nicht unbedingt vergleichbar:
In Amerika gab es keine Hauptstadt, von der aus ein Journalist seine
Worte in die Provinz hinein verbreiten konnte, wo man ihnen einen
gleichsam prophetischen Wert beimaß; die meisten Blätter wurden weniger wegen ihrer politischen Artikel, sondern wegen der Anzeigen und
Lokalnachrichten gelesen. Dennoch konnten große Pressekampagnen,
die von mehreren Zeitungen gleichzeitig geführt wurden, meinungsbil-
dend wirken, und Tocqueville selbst hatte festgestellt, welches Interesse
die Kampagne für das Strafvollzugswesen erregt hatte. Im allgemeinen
jedoch fanden sogar die schlimmsten politischen Verwünschungen bei
einem übersättigten und durch die Vielzahl von Publikationen skeptisch
gewordenen Publikum keinen Widerhall. Tocqueville, der vor seiner
Reise nach Amerika durchaus nichts gegen eine strafrechtliche Verfolgung der Presse einzuwenden gehabt hatte, weil er seinen eigenen Aussagen zufolge ursprünglich kein Befürworter der Pressefreiheit gewesen
war, gelangte daher zu der Überzeugung, daß Zeitungen vor allem dann

eine schädliche Wirkung hätten, wenn die Leserschaft nicht an sie gewöhnt, wenn sie nicht »geimpft« sei. Jedenfalls gelangt er bald zu der Auffassung, daß es zwecklos sei, gewisse Übertreibungen in der Presse zu ahnden. Er verurteilt deswegen die repressiven französischen Pressegesetze vom September 1835 und wird später sogar als Konservativer gegen die im Rahmen des Ausnahmezustandes verhängten Maßnahmen stimmen.

In einigen sehr schönen Zeilen verleiht er seiner Überzeugung Ausdruck:

»Ihr übergebt die Autoren den Staatsanwälten; die Richter aber müssen, bevor sie verurteilen, zuerst anhören; was man im Buch auszusprechen gewünscht hatte, verkündet man ungestraft in der Verteidigungsrede; was unbeachtet in einer Schrift stünde, wird nun also in unzähligen anderen wiederholt. Das Wort ist die äußere Gestalt und gleichsam der Leib des Gedankens, nicht aber der Gedanke selbst. Eure Gerichte halten den Leib fest, die Seele aber entweicht und schlüpft ihnen durch die Finger.«[1]

Der dritte Weg, auf dem sich die öffentliche Meinung in legaler Form Ausdruck verschafft, sind laut Tocqueville die politischen Vereinigungen.

Die Vereinigungsbestrebungen nehmen in Amerika vielerlei Ausprägungen an, und Tocqueville beschränkt sich hier darauf, ihre Rolle im politischen Leben zu untersuchen: Sie reicht von Petitionen bis zur Wahl von Versammlungen, deren Delegierte bestimmte Prinzipien oder Interessen verteidigen sollen. In einem solchen Fall entsteht eine Art Konkurrenz zu den verfassungsmäßig verankerten Volksvertretungen. Während der Zusammenkunft eines solchen Konvents in Philadelphia, wo gegen die inneramerikanischen Zölle protestiert wurde, glaubte Tocqueville die Union vom Auseinanderbrechen bedroht. Tatsächlich jedoch beschränkt man sich auf die Verabschiedung von wortgewaltigen Entschließungen, läßt aber keine Taten folgen. Denn wenn die politischen Vereinigungen das Ziel haben, die Mehrheit der Bürger für sich zu gewinnen, so läßt sich ihr Erfolg oder Mißerfolg jedoch immer unfehlbar durch das allgemeine Wahlrecht überprüfen.

Hierin bestünde der Unterschied zu den politischen Gesellschaften in Frankreich und insbesondere zu den Geheimbünden, die sich verschwören, um das herrschende Regime zu stürzen. Diese können sich

---

1 A. de Tocqueville 1951, Teil 1: 185 f.

darauf berufen, daß das Zensuswahlrecht im Widerspruch zur Volksmeinung stehe und daß das Volk eher ihren Auffassungen zugeneigt sei. In einer Demokratie hingegen, wo die Regierungsmehrheit aus dem allgemeinen Wahlrecht hervorgeht, präsentiert eine politische Vereinigung, die sich um die Unterstützung der Bürger für eine politische Reform bemüht, ein friedliches und normales Mittel zur Entscheidungsfindung. Das amerikanische Beispiel überzeugt Tocqueville, daß die Vereinigungsfreiheit ein wesentliches Freiheitsrecht darstellt.

Nachdem Tocqueville beschrieben hat, welche Handlungsmöglichkeiten der Demokratie zur Verfügung stehen, um auf sich selbst einzuwirken, kann er sich nun seinem Kernthema zuwenden, den inneren Regungen, Ideen und Leidenschaften, die die Menschen in dieser Gesellschaftsordnung bewegen. Zuvor muß er sich jedoch noch zweier Scheinprobleme entledigen und eine alte Illusion aufgeben.

Das erste dieser Scheinprobleme ist die Frage, ob die Demokratie ein preiswertes Gesellschaftssystem sei: Die Finanzexperten der verschiedenen Parteien diskutieren unter Hinzuziehung von falschen wie auch authentischen Zahlen über die Frage, ob die Demokratie kostspieliger sei als die Monarchie. Tocqueville hat keine Mühe, die Sinnlosigkeit von Vergleichen zwischen dem amerikanischen und dem französischen System zu beweisen, die sich von ihren Grundlagen und Strukturen her so stark voneinander unterscheiden. Was das zweite Scheinproblem betrifft, nämlich die Frage, ob die Demokratie korrupter sei als die Aristokratie, so beschränkt er sich auf allgemeine Betrachtungen über die verschiedenen Formen der Korruption, ohne jedoch endgültige Schlüsse zu ziehen.

Daneben setzt er sich noch mit einem hartnäckigen Vorurteil auseinander, das dem Denken der Philosophen des 18. Jahrhunderts entsprungen war und demzufolge das Volk, obwohl es zur Regierung unfähig sei, bei der Wahl seiner Regierenden vortreffliche Entscheidungen treffe. Dieser Gedanke gehört zu der Rousseau'schen Vorstellung eines Volkes, das sich seine Rechtschaffenheit bewahrt hat und von der Vorsehung mit einem natürlichen, gesunden Menschenverstand ausgestattet wurde: ein Mythos, der bei Tocqueville eine Mischung aus Ironie und Mißtrauen gegenüber jenen weckt, die ihn verbreiten. Diese Reaktion wird er auch noch 1848 zeigen, als Hippolyte Carnot ihm sagt, daß man den Impulsen des Volkes immer vertrauen müsse... Tocqueville stellt dem eine konkrete Tatsache entgegen: Das amerikanische Volk, die aufgeklärteste Demokratie der Welt, wähle im allgemeinen redliche, aber äußerst mittelmäßige Leute zu ihren Vertretern, deren Horizont kaum weiter reiche als der des durchschnittlichen Wählers. Es sei nicht etwa so, daß die Demokratie einen Klassenhaß gegen die Wohlhabenden entwickelt habe, denn sie erinnere sich sehr wohl, daß jene am Unabhängigkeitskampf teilgenommen haben. Doch neige das Volk eher zu dem, was ihm ähnlich ist und seine Eitelkeit nicht verletzt.

Mehr noch als die gute oder schlechte Natur des Menschen seien es soziale Faktoren, die das Verhalten der Massen bestimmten: Sie hätten keinerlei Vorliebe für glänzende Erfolge, welche in einer Gesellschaft, in der theoretisch Chancengleichheit herrsche, Neid hervorriefen; sie seien schwankend in ihren Bestrebungen und unfähig, »ihre unmittelbaren Bedürfnisse um der Zukunft willen zurückzustellen«; sie hätten ein offenes Ohr für Schmeicheleien... All das führe zu einer häufig schlecht durchdachten, unsystematischen und widersprüchlichen Gesetzgebung.

Tocqueville betrachtet die Mehrheit außerdem als ein kollektives Wesen, das in seinem tiefsten Innern zu einem despotischen Verhalten neigt. Er prangert die »Tyrannei der Mehrheit« an, ein Begriff, den er dem *Federalist* entnommen hat, den er aber unter verschiedenen Gesichtspunkten weiterentwickelt. Wenige Aussagen Tocquevilles haben so viele Kontroversen ausgelöst wie diese, angefangen bei Jared Sparks, der sogleich seinen Widerspruch zu Tocquevilles Thesen bekundete, bis hin zu H.V. Brogan (1973: 44 ff.), der versucht, deren Unhaltbarkeit aufzuzeigen.

Diese Tyrannei besteht für Tocqueville zum ersten darin, daß das Volk eine immer ausschließlichere und unentrinnbarere Macht über die Institutionen erlangt: Die gesetzgebenden Organe werden für eine sehr kurze Zeitspanne gewählt; ebenso die Richter, anstatt daß man ihre Unabhängigkeit durch eine Ernennung auf längere Zeit sichert. Zwar ist die Exekutive der Legislative, die dem Volk nähersteht, untergeordnet, doch sind die Gewählten teilweise durch imperative Mandate an den Willen der Wähler gebunden. Die in der Mehrheit verkörperte Macht des Volkes ist die einzige Quelle der Gesetze und greift direkt in deren Ausarbeitung und Anwendung ein.

Tocqueville spricht auch insofern von einer Tyrannei der Mehrheit, als diese sich gegenüber den Auffassungen von Minderheiten als intolerant erweist. Jacquemont, ein Freund Stendhals, übt in seinen Briefen aus Amerika heftige Kritik an der Intoleranz, die die Christen aller Konfessionen gegenüber den »Ungläubigen« an den Tag legen, und meint, daß die Bibel die »Geißel« Amerikas sei. Tocqueville, der diese spezielle Frage nur beiläufig erwähnt, denkt ebenso: Ein Atheist könne in Amerika keine Rolle im öffentlichen Leben spielen. Als Richter zeigt er sich besonders sensibel für die Tatsache, daß die Mehrheitsmeinung die Gesetzgebung manipulieren und die Gesetze verletzten kann. So existieren zum Beispiel keinerlei Rechtsbestimmungen für Konkursfälle, da diese häufig vorkommen und sehr viele Bürger davon betroffen sind; ebensowenig werden Steuern auf Spirituosen erhoben, obwohl die meisten Verbrechen unter Alkoholcinfluß begangen werden. Ein Journalist, der sich im Widerspruch zur allgemeinen Auffassung gegen den Unabhängigkeitskrieg ausgesprochen hatte, wurde ins Gefängnis geworfen, sein Haus geplündert; noch während Tocquevilles Amerikaaufenthalt richtet sich der Unmut des Volkes gegen die Klöster, und im Verlauf der daraus resultierenden Unruhen werden diese gebrandschatzt. In solchen Fällen schreitet die Miliz nicht etwa zur Verteidigung der Gesetze ein, sondern schürt noch den Volkszorn. Die freigelassenen Schwarzen, denen die Bürgerrechte zuerkannt wurden, haben keinerlei Chancen, diese auszuüben, denn sie hätten die schreckliche Vergeltung der rassistisch gesonnenen Volksmassen zu befürchten und können ihre Rechte nicht einmal vor Gericht einklagen.

Zwar kommt diese Form der Ungerechtigkeit nicht so häufig vor, doch kann sie aufgrund der Vorherrschaft des Volkes für den einzelnen zu ausweglosen Situationen führen:

»Erfährt ein Mensch oder eine Partei in den Vereinigten Staaten eine Ungerechtigkeit, an wen soll er oder sie sich wenden? An die öffentliche Meinung? Sie ist es, die die Mehrheit bildet. An die gesetzgebende Versammlung? Sie repräsentiert die Mehrheit und gehorcht ihr blind. An die ausübende Gewalt? Sie wird durch die Mehrheit ernannt und dient ihr als gefügiges Werkzeug. An das Heer? Das Heer ist nichts anderes als die Mehrheit in Waffen: An das Geschworenengericht? Das Geschworenengericht ist die mit dem Recht zum Urteilsprechen bekleidete Mehrheit: Die Richter selbst werden in gewissen Staaten von der Mehrheit gewählt. Wie ungewollt oder unsinnig die Maßnahme sei, die euch trifft, ihr habt euch ihr zu unterziehen.«[1]

---

1 A. de Tocqueville 1951, Teil 1: 263.

Tocqueville vermittelt hier eine düstere Sicht der Demokratie: Die unausweichliche Entwicklung zur Gleichheit beschwört die Gefahr einer neuen Art von Despotismus herauf. Doch hat die Vorsehung, die eine Entwicklung der christlichen Welt hin zur Gleichheit aller Menschen gewollt hat, diesen die Möglichkeit gewährt, die Gleichheit in freier Entscheidung so zu gestalten, daß die Freiheit gesichert ist. In diesem harten Kampf gegen die Fatalität besteht die Würde des Menschen.

Die Instrumente zum Kampf gegen die Tyrannei sind in Amerika selbst vorhanden.

Da sind zunächst die Institutionen, die zum Teil eine zwiespältige Wirkung zeigen: Die Dezentralisierung kann auf lokaler Ebene Unterdrückungsmaßnahmen begünstigen, doch erhält der Bürger dadurch im Rahmen der Gemeinde die Chance, sich Gehör zu verschaffen. Die Geschworenengerichte spiegeln manchmal die Vorurteile und Voreingenommenheit der Mehrheit wieder, doch lehren sie die dort richtenden Bürger auch, welche die richtige Hierarchie der Werte ist: Über den rasch aufwallenden Leidenschaften des Volkes steht das Gesetz und über diesem wiederum das Gefühl für Recht und Unrecht. Trotz einiger Verfehlungen respektiert der amerikanische Bürger im allgemeinen das Gesetz, was Tocqueville zufolge zu einem großen Teil dem Kontakt zwischen Berufsrichtern und Laienrichtern zu verdanken ist, wie er in den Geschworenengerichten möglich wird.

Allgemein stellen die Rechtsgelehrten in diesem Land, das keine erbliche Aristokratie und auch keinen Geldadel kennt, eine Art faktische Aristokratie dar, die der Tradition einen gewissen Respekt verschafft. Das britische *Common Law* bleibt weiterhin Rechtsquelle und regelt das Eigentumsrecht, den Handel und die Sicherheit der Bürger. Doch erfordert die Auslegung des Gewohnheitsrechts spezielle Kenntnisse, d.h. das Studium der Präzedenzfälle. Und jene, die sich ihm widmen, neigen dadurch zum Konservatismus – in den Vereinigten Staaten ebenso wie im alten England. Tocqueville betrachtet die amerikanischen Rechtsgelehrten ähnlich wie die Isispriester im alten Ägypten als Wahrer einer geheimen Wissenschaft. Wir haben bereits gesehen, daß die Richter als Schiedsleute zwischen den verschiedenen Verfassungsinstanzen auftreten. Diese Rolle verdanken sie ihrer sozialen Realität als in der Nation respektierte Klasse und können dadurch den fatalen Tendenzen der Demokratie wirksam Einhalt gebieten.

Doch das große Gegengewicht zur Instabilität und Tyrannei der Demokratie sei die Religion. Tocqueville ist sich sehr deutlich bewußt, in einer Zeit des Zweifels zu leben, in der die Dogmen des Christentums in Frage gestellt werden. Doch kann er sich nicht vorstellen, daß die Neugier und Unruhe des Menschen auf die wenigen Jahre seines Lebens beschränkt seien. Er scheint also zu glauben, daß die Religion ein ständig wirksamer Faktor sei, dessen Entwicklung sich möglicherweise fortsetzen könne (daher auch jene gewisse Beunruhigung, die die Entdeckung des Unitarismus bei ihm auslöst), aber dessen gesellschaftliche Folgen man am augenblicklichen Zustand der Kirchen abschätzen könne. Deren Rolle in der Demokratie besteht darin, dem Bürger einen festen moralischen Orientierungspunkt zu bieten, und die katholische Kirche mit ihren klaren Dogmen und ihrer strengen Zucht scheint Tocqueville hierfür geeigneter als die protestantischen Glaubensgemeinschaften. Generell seien die Anhänger der christlichen Religionen durch ihren Glauben dazu angehalten, sich die allgemeinen Belange der Gesellschaft zur Gewissenspflicht zu machen. Daß ihre politischen Entscheidungen dem Sittengesetz entsprechen, sei das einzige, was das Christentum ihnen abverlange. Dieser Glaube preise die menschliche Freiheit und habe als erster die Gleichheit aller Menschen auf der Welt verkündet. Zwischen Christentum und Demokratie existierten also, auch wenn es vordergründig ganz anders scheint, grundlegende Gemeinsamkeiten. Wenn der französische Klerus für die Vertreter des Ancien Régime und die soziale Ungleichheit Partei ergriffen habe, dann sei dies das Resultat einer Verirrung, die durch die wechselhaften Ereignisse der langen Revolution in Frankreich bedingt gewesen sei; daß der Klerus dort im Lager der Besiegten verharre, sei wider die Natur und schade sogar den religiösen Prinzipien. In Amerika herrsche trotz der Trennung zwischen Kirche und Staat im Volk allgemeiner Respekt für die Religion, und diese wiederum verleihe, ohne sich in Parteikämpfe einzumischen, jenen, die darin verwickelt seien, mehr Weitblick und Großherzigkeit.

In den Augen mancher ausländischer Beobachter erscheine der amerikanische Staat als ein zerbrechliches Gebilde: Die Republik eigne sich nicht für einen großen Staat, das hätten die Autoren des 18. Jahrhunderts gezeigt, denn durch die zentrifugalen Kräfte würde die Union früher oder später auseinanderbrechen. Tocqueville, der entgegen einer hartnäckigen Legende nichts von Vorhersagen hält und in einer bestimmten Sachlage immer mehrere Entwicklungsmöglichkeiten sieht, äußert sich nur vorsichtig zur Zukunft der Union. Was die Gegenwart betrifft, so konstatiert er jedoch eine Übereinstimmung von Sitten und Gesetzen, die die Dynamik und zugleich Stabilität der amerikanischen Demokratie garantiere. Das von ihm gezeichnete einheitliche Bild Amerikas scheint durch die patriotische Haltung gerechtfertigt, die sich bei allen Bürgern der Union findet.

Diese entspringe jedoch nicht einer instinktiven Herzensregung oder einer tiefverwurzelten Liebe zum Land der Vorfahren: Derartige Gefühle hätte man im alten Europa zurückgelassen, obwohl sie noch teilweise jenseits der kanadischen Grenze in Quebec existierten. In den Vereinigten Staaten sei sowohl ein wohlüberlegtes Streben nach Wohlstand zu finden als auch eine Bereitschaft, die Institutionen, die es jedem ermöglichten, sein Glück zu versuchen, zu stützen. Der amerikanische Bürger sei von dem Gefühl erfüllt, an einem großen, sowohl individuellen als auch kollektiven Abenteuer teilzuhaben, einem Gefühl, das manchmal sogar zu arrogantem Stolz ausufere. Die politischen Tugenden, die die Republiken der Antike prägten, würden hier abgelöst von dem Bewußtsein, daß das Interesse des Einzelnen mit dem Interesse der Allgemeinheit verzahnt sei.

Laut Tocqueville genießt Amerika das Glück, keine Nachbarn und infolgedessen auch kein Heer zu haben; es verfügt über unerschlossenes Land, dessen wirtschaftliche Nutzung den hohen Lebensstandard seines Volkes garantiert. Doch Südamerika hat ebenfalls keine Nachbarn zu fürchten und verfügt auch über fruchtbares Land; nichtsdestoweniger liegen seine Bewohner in ständigem Streit miteinander, und ein Teil von ihnen lebt im Elend. Der reflektierte Bürgersinn der Einwohner der Vereinigten Staaten rührt von ihrer klaren Vorstellung von der Zukunft ihres Vaterlandes her. Und diese Vorstellung wiederum hat ihre Ursprünge in dem Bemühen um die Aufklärung der Massen. Die Ursprünge des amerikanischen Bürgersinns liegen sicherlich in der angelsächsischen Volksgruppe (Tocqueville zögert, auf das Problem der Identität einer Nation einzugehen), entscheidend ist jedoch, daß das Volk der Vereinigten Staaten das Volk mit dem höchsten Bildungsstand der Welt ist. Dieser aufgeklärte Patriotismus und dieser reflektierte und kritische Bürgersinn stellen die entscheidenden Voraussetzungen für die Existenz der amerikanischen Demokratie dar.

Im ersten Band der *Demokratie* gibt Tocqueville, obwohl er auf einige Schattenseiten hinweist, ein recht optimistisches Urteil über Amerika ab.

Er fügt jedoch nachträglich ein Kapitel hinzu, das über die Analyse des öffentlichen Lebens in der Union hinausgeht, dessen Fehlen aber der Leserschaft sicherlich nicht entgangen wäre: »Einige Betrachtungen über den gegenwärtigen Zustand und die wahrscheinliche Zukunft der drei Rassen im Gebiet der Vereinigten Staaten.« Am Rande der anglo-amerikanischen Gesellschaft lebten nämlich die Indianer und die aus Afrika verschleppten Schwarzen, die zur Sklavenarbeit auf den Plantagen nach Amerika gebracht worden waren.

Tocqueville zeigt ein großes Interesse für das indianische Volk, er versucht zu verstehen, was es einstmals war, beklagt sein Schicksal und äußert zuweilen den Gedanken, daß es möglich gewesen wäre, die Indianer in das amerikanische Leben zu integrieren. Nun sei es allerdings zu spät, der Niedergang der früheren Bewohner Amerikas ginge mit ihrem physischen und moralischen Verfall einher. Da es sich jedoch um ein Randproblem handelt, geht er ziemlich rasch darüber hinweg.

Die Sklaverei hingegen sei eines der quälendsten Probleme Amerikas: Die Befürworter der Sklaverei befinden sich angesichts der Angriffe der Verfechter der Sklavenemanzipation auf dem Rückzug. Tocqueville unterstreicht jedoch als einer der ersten, daß durch eine Befreiung der Sklaven nichts gewonnen wäre. Die Freilassung sei in der antiken Welt eine Lösung gewesen, weil zwischen Sklave und Bürger kein anderer Unterschied bestand als der, daß der eine einem eroberten Volk angehörte und der andere nicht. In den Vereinigten Staaten sei das eigentliche Problem der Rassenunterschied. Die freigelassenen Schwarzen bleiben ein ausgegrenztes Volk, das in Verachtung und Elend lebt. Während seines Amerikaaufenthalts hatte Tocqueville sich mit dem Schicksal der Mestizen und Mulatten beschäftigt. Sicherlich ist der *bois-brûlé* in Kanada meist ein gespaltener, ja sogar innerlich zerrissener Mensch, doch wird er nicht aus der Gemeinschaft ausgeschlossen; der Mulatte hingegen ist nur eine Frucht der Ausschweifung; es kann daher in den Vereinigten Staaten keine Klasse von Mulatten geben, noch eröffnet sich ihnen irgendein Weg, dem Fluch der Negritude zu entkommen.

Dies wäre dennoch die einzig menschliche Lösung. Was würde aus den freigelassenen Schwarzen werden (denn ihre Freilassung würde über kurz oder lang unvermeidlich werden), und welches wäre ihr Verhältnis zu den Weißen? Sie nach Afrika zurückzuschicken oder in einem Staat zusammenzupferchen erscheint illusorisch. Der Haß würde eskalieren, und Tocqueville sieht, zwar ohne die Hoffnung ganz aufzugeben, kaum eine Möglichkeit, den Völkermord zu verhindern.

Der erste Band der *Demokratie* versucht vor allem eine Beschreibung Amerikas zu liefern. Diese bleibt jedoch unvollständig, weil gesellschaftliche Erscheinungen wie zum Beispiel die Vereinigungen nur im Hinblick auf ihr Handeln im politischen Leben beurteilt werden, so als ob man die Größe eines Eisbergs nur nach dem aus dem Wasser ragenden Teil beurteilen würde. Häufig wird auf den zukünftigen zweiten Teil des Werkes verwiesen, wo der *homo democraticus americanus* außerhalb seiner Rolle als Bürger erscheinen werde. In seinem Vorwort zum ersten Band scheint Tocqueville, wie wir bereits erwähnt haben, seinen Plan nur zögernd angedeutet zu haben:

»Ich nahm mir vor, in einem zweiten Teil den Einfluß der Gleichheit gesellschaftlicher Bedingungen und der demokratischen Regierung auf die bürgerliche Gesellschaft, die Gewohnheiten, das Denken und die Sitten in Amerika darzustellen; aber mein Eifer zur Ausführung dieses Planes hat nachgelassen. Ehe ich die mir gestellte Aufgabe erfüllen kann, wird meine Arbeit fast überflüssig geworden sein. Ein anderer wird bald den Lesern die Hauptzüge des amerikanischen Wesens schildern und, den Ernst der Bilder durch einen leichten Schleier mildernd, der Wahrheit eine Anmut verleihen, mit der ich sie nicht hätte zieren können«.[1] Hier findet sich ein Zeichen seiner kameradschaftlichen Verbundenheit zu Beaumont, dessen Roman *Die Wüstenbraut* beinahe schon vollendet ist, als Tocqueville dieses Vorwort schreibt. Zu diesem Zeitpunkt kennt er aber nicht nur die Grundidee von Beaumonts Werk, sondern auch den Inhalt, denn er war seinem Freund mit Rat und Kritik zur Seite gestanden. Er weiß also nur zu gut, daß Beaumont nur einen Teilaspekt behandelt und nicht das große soziologische Gemälde des demokratischen Lebens entwirft, mit dem er selbst ein Phantombild der neuen Gesellschaften skizzieren möchte. Es sind also einige Zweifel an der Aufrichtigkeit der obigen freundschaftlichen Zeilen erlaubt.

Alles in allem liefert der erste Band der *Demokratie* nichtsdestoweniger ein einprägsames Bild des politischen Lebens in Amerika, ein Amerika »vom Hahnenschrei bis zum Morgenstern«. Ist dies aber auch das Amerika Jacksons? Diese Frage bringt den Historiker in Verlegenheit, weil es sich bei der *Demokratie* um ein unvergleichliches Dokument über

---

1 A. de Tocqueville 1951, Teil 1: 12.

dieses Amerika handelt. Sicherlich sind einige Irrtümer darin zu finden. So hat Tocqueville nicht erkannt, daß die Macht des Präsidenten im Wachsen begriffen war. Auch erwähnt er nicht die ersten sozialistischen Regungen und die steigende Zahl der Gewerkschaften seit 1825. Bekanntlich ist aber der Kern des Jacksonismus auch heute noch Objekt widersprüchlicher Deutung. Tocqueville liefert dazu eine immer noch sehr plausible Interpretation: Es finde sich hier das Ideal einer ländlichen Republik mit kleinen Grundbesitzern, in der das freie Unternehmertum gefördert und die mittleren Klassen und der Durchschnittsamerikaner eine vorrangige Rolle spielten. Und ebenso charakteristisch für diese Gesellschaft sei das Pendeln zwischen rastloser sozialer Mobilität und einem konservativen Ideal. (Marshall und Drescher 1968: 512-532; Meyers 1957)

In *Über die Demokratie in Amerika* hat Tocqueville »mehr als Amerika« gesehen, und so unterbricht er seine Darlegungen zu den Institutionen und politischen Sitten häufig durch Exkurse allgemeiner Natur. In seinem Vorwort, das er nach Fertigstellung des Werkes verfaßte, legt er das Ausmaß seiner Besorgnisse offen.

Seit sieben Jahrhunderten sei die christliche Welt Schauplatz eines »Werkes der Vorsehung«, das die Gesellschaft zur Gleichheit hinführe und dessen Unaufhaltsamkeit den Autor mit »religiösem Erschauern« erfülle.

Die Ablösung der aristokratischen durch die demokratische Welt, dies sei das große Ereignis der Geschichte seit dem Mittelalter. In Amerika habe sich die Demokratie aufgrund besonderer Umstände direkt und ohne Kämpfe etablieren können, und sie erreiche dort »ihre äußersten Grenzen«. In Europa zöge sich durch den erbitterten und vergeblichen Widerstand des aristokratischen Prinzips, den noch zu unterstützen die Religion sich versteige, die Zeit der Revolution in die Länge. Diese Periode markiere den Übergang zwischen zwei Welten, und die Demokratie wachse dort inmitten der Ruinen der Vergangenheit »wie jene vaterlosen Kinder, die in den Straßen unserer Städte ohne Erziehung aufwachsen und die Gesellschaft nur aus ihren Lastern und aus ihrem Elend kennen«. Das Studium Amerikas führe also das Beispiel einer freien und geordneten demokratischen Gesellschaft vor, deren Merkmale den Europäern unbekannt seien.

Dennoch sei diese Gesellschaft kein Vorbild, dem es blind zu folgen gelte. Durch ihre Lage in der Welt hätten die Vereinigten Staaten letztlich den Vorteil, sich »wiedergutzumachende Fehler« erlauben zu können, die sich Frankreich, das in Konkurrenz zu anderen europäischen Völkern stehe, nicht ungestraft leisten könne. Es gäbe Institutionen von allgemeinem Wert, die man übernehmen könne und müsse – so zum Beispiel die Zentralisierung und die Pressefreiheit. Doch, so schreibt Tocqueville, »... ich betrachte die amerikanischen Einrichtungen weder als die einzigen noch als die besten, die ein demokratisches Volk annehmen kann«[1].

Und offensichtlich mit dem Gedanken an das Frankreich des Jahres 1833 stellt er die folgenden Fragen:

»Ist es denn unmöglich, sich eine Regierung vorzustellen, die tatsächlich auf dem Willen der Mehrheit fußt, wo aber die Mehrheit, der Ordnung und Festigkeit des Staates zuliebe, ihren natürlichen Gleichheitsdrang unterdrückend, gewillt wäre, alle Befugnisse der ausübenden Gewalt einer Familie oder einem Manne zu übertragen? Könnte man sich nicht eine demokratische Gesellschaft denken, in der die nationalen Kräfte stärker zentralisiert wären als in den Vereinigten Staaten, wo das Volk eine weniger unmittelbare und zwingende Herrschaft über die allgemeinen Geschäfte ausübt und wo dennoch jeder Bürger, mit gewissen Rechten versehen, in seinem Bereich am Wirken der Regierung beteiligt wäre?«[2]

Falls es der Demokratie nicht gelänge, ein solches Programm durch eine politische Erziehung des Volkes und durch Gesetze, die zur Reform der Sitten geeignet seien, zu verwirklichen, so würde sie zur Unterwerfung aller unter eine despotische Macht führen.

»Wir müssen den Politiker in uns heranbilden«, so hatte Tocqueville in ihrer Versailler Zeit an Beaumont geschrieben. Sein Buch, das er auch für sich selbst geschrieben hat, stellt eine Vorbereitung auf das praktische Handeln dar: Er will seine Landsleute zum Bürgersinn erziehen, ihnen die entscheidenden Ziele des politischen Lebens erläutern und will an der Erarbeitung der Gesetze mitwirken. Ein Programm, das einem Politiker geziemt, und – so denkt der junge Tocqueville, der in seinem brennenden und beinahe naiven Ehrgeiz die Trägheit der Menschen und der Gewohnheiten unterschätzt – warum nicht auch einem Staatsmann? Als unmittelbare Konsequenz aus dem ersten

---

1 A. de Tocqueville 1951, Teil 1: 241.
2 Ebd.: 324.

Band von *Über die Demokratie in Amerika* erscheint es ihm unerläßlich, Mitglied der Deputiertenkammer zu werden, um seine Lehren in die Tat umzusetzen.

14

Vom ersten zum zweiten Band der »Demokratie«

Über die Demokratie in Amerika erschien am 23. Januar 1835 und wurde zum Buch des Jahres.

War dieser Erfolg nun auf das Thema des Werkes zurückzuführen? Wohl nur in geringem Maße, denn in den vorausgehenden Jahren war bereits eine Reihe von passablen Werken erschienen, die geeignet waren, die öffentliche Neugier auf Amerika zu befriedigen. Überdies war das Interesse an den Vereinigten Staaten bei weitem nicht mehr so groß wie in der Zeit unmittelbar nach der Julirevolution. Die Botschaft Präsident Jacksons, in der er im Dezember 1834 gedroht hatte, allen französischen Besitz zu konfiszieren, wenn Frankreich nicht seine alten Schulden begleiche – eine Maßnahme, die von Tocqueville als günstiges Vorzeichen für den Erfolg des Werkes gewertet wurde[1] –, hatte nur eine vorübergehende Zunahme der öffentlichen Aufmerksamkeit zur Folge. Der eigentliche Grund für Tocquevilles Erfolg war, daß dem Talent des Autors in der Presse weithin Anerkennung ausgesprochen wurde und, zweifellos vor allem, daß ihm großes Lob durch Stimmen zuteil wurde, die beim gebildeten Publikum Gehör fanden.

Das Werk wurde so eingeführt, wie damals allgemein üblich: In den großen Zeitungen erfolgten Ankündigungen und eine kurze Darstellung des Inhalts sowie eine Vorabbesprechung, mit der die Neugier des Lesers erregt werden sollte. Diese Aufgabe wurde Léon Faucher übertragen, der seinen Artikel kurz vor Weihnachten 1834 in *Le Courrier français* veröffentlichte. Faucher lieferte eine klare und solide Rezension, geizte

---

1 A. de Tocqueville 1967, Teil 1: 149.

jedoch als eifersüchtiger Charakter und geborener Polemiker sehr mit
Lob gegenüber dem Autor und schloß seinen Artikel mit einer Kritik an
der These von der Tyrannei der Mehrheit.[1]

Nachdem die *Demokratie* dann erschienen war, widmeten die Zeitungen ihr zahlreiche Rezensionen. Das Buch erhitzte die Gemüter sogar so sehr, daß es Anlaß zu Kontroversen zwischen den verschiedenen
Zeitungen wie zum Beispiel zwischen *Les Débats* und *Le National* gab.
Doch von rechts wie von links rühmte man einhellig den »Scharfblick«,
die »Beobachtungsgabe« und den »philosophischen Charakter« des Autors.

Den einzigen uns bekannten böswilligen Artikel veröffentlichte trotz
einiger abschließender Komplimente die legitimistische *Gazette de
France*[2]: »Monsieur de Tocqueville ist Anwalt, und als solcher tritt er für
die Demokratie in Amerika ein; mit ganz besonderer Vorliebe stellt dieser Autor den Völkern Europas... ein Land mit einer dreifarbigen
Menschheit zur Bewunderung anheim, in dem die roten Männer die
natürlichen sind, die durch die weißen Männer, die die Usurpatoren
sind, vernichtet werden; wo die schwarzen Männer ebenso wie die Tiere
auf dem Markt verkauft werden.« Eine andere legitimistische Stimme,
L'Ami de la religion et du roi[3], bestreitet Tocquevilles Aussagen über die
Haltung der amerikanischen Katholiken und über das Verhältnis zwischen Katholizismus und Demokratie. Die Zeitschrift sieht jedoch wohlwollend von persönlichen Angriffen auf den Autor ab und empfiehlt die
Lektüre des Buches. Das regierungstreue *Journal des débats*[4] äußert sich
mehrmals über das Werk. Insbesondere widmet die Zeitung ihm zwei
lange Artikel, in denen bezweifelt wird, daß die Vereinigten Staaten eine
echte Demokratie darstellten, wo aber der Autor abschließend als »der
Blackstone Amerikas [bezeichnet wird] ...Unsere Feder hätte beinahe
einen noch größeren Namen niedergeschrieben«. Eine ähnliche Wertschätzung für Tocqueville scheint in einem anderen, von Salvandy verfaßten Artikel im *Journal des Débats* durch, in dem allerdings prophezeit
wird, daß die amerikanische Republik im Bürgerkrieg untergehen werde.

---

1 *Le Courrier français* vom 24. Dezember 1834. Die Angaben über diese Rezension und über
  die meisten folgenden verdanken wir Frau Mélonio, die an einer Dissertation über die Reaktionen auf Tocquevilles Werk arbeitet.
2 *Gazette de France* vom 2. Februar 1835, anonymer Artikel.
3 *L'Ami de la religion et du roi* vom 25. und 29. August 1835 und vom 8. September 1835.
4 *Le Journal des débats* vom 23. März und vom 2. Mai 1835.

In *Le Temps*[1] spart Sainte-Beuve ebenfalls nicht mit Lob: »Man müßte schon sehr weit zurückgehen, um ein wissenschaftliches und der politischen Beobachtung gewidmetes Buch zu finden, das in einem solchen Maße die Aufmerksamkeit der Denker geweckt und zufriedengestellt hätte.« Dieser Artikel von Sainte-Beuve nimmt einen herausragenden Platz in der Sammlung der 1835 erschienen Rezensionen ein: Er erkennt die Absichten des Autors klar und weiß die umfassenden Analysen und ihre Verknüpfung zu schätzen. Damit erlangt er die Wertschätzung Tocquevilles, der ihm schreibt: »Ich kann nicht umhin zu glauben, daß zwischen uns viele Berührungspunkte bestehen und daß sich sogleich eine geistige und sittliche Vertrautheit zwischen uns einstellen würde, wenn wir die Gelegenheit hätten, uns besser kennenzulernen.«

Aufgrund ihres Inhaltsreichtums erschien die *Demokratie in Amerika* als das geeignete Thema für jene langen »Auszugs«-Artikel, wie sie die Zeitschriften jener Epoche gern veröffentlichten. In dieser Hinsicht sind die Reaktionen jedoch ernüchternd: Die *Revue de Paris* stellt das Buch nur kurz vor, die *Revue britannique* erwähnt es mit keinem Wort, und die zu dem Werk veröffentlichten Studien lassen sehr zu wünschen übrig: Die von Buchez gegründete Zeitschrift *L'Européen*[2] ergeht sich in heftigen Anklagen gegen den protestantischen Individualismus und die Dummheit der Amerikaner; er beruft sich bei seiner Kritik auf Beaumont und Tocqueville, die er übrigens auf das höchste lobt, wirft dem letzteren jedoch auch vor, in seinem Werk kein ausdrückliches moralisches Urteil gefällt zu haben. Die *Revue républicaine*[3] veröffentlicht eine lange und weitschweifige Studie Louis Blancs', der zwar am Rande auch seine Wertschätzung für Tocqueville bekundet, ihn aber auch gleichzeitig verdächtigt, nicht fest vom menschlichen Fortschritt überzeugt zu sein.

Im Grunde liefert nur die *Revue des deux mondes*[3] eine längere und das Wesentliche erfassende Studie über das Werk. Obwohl Corcelle hier gewisse pessimistische Ansichten Tocquevilles nicht teilt, hebt er sehr wohl beide Seiten der dargestellten Problematik hervor, die stabile

---

1 *Le Temps* vom 7. April 1835. Tocquevilles Brief an Sainte-Beuve, den ersterer auf diesen Artikel hin verfaßte, wurde in den *Nouveaux Lundis*, IX, von 1868 veröffentlicht, als Anhang zu dem Artikel »*Nouvelle Correspondance inédite de M. de Tocqueville*«.
2 L'Européen vom 25. November und 25. Dezember 1835.
3 Revue républicaine vom 10. Mai 1835.
4 Revue des deux mondes. S. 739-761.

Demokratie in Amerika und den Revolutionszustand in Europa. Tocqueville fühlt sich hier verstanden, so daß dieser Artikel eine langwährende Freundschaft zwischen ihm und Corcelle begründete.

Doch war der rasche Erfolg der *Demokratie* wahrscheinlich eher der Fürsprache einiger wichtiger Persönlichkeiten zu verdanken. So führte Chateaubriand seinen jungen Verwandten in den Salon von Madame Récamier in Abbaye-aux-Bois ein, in dem sich ein kleiner, aber erlesener Kreis traf. Dort wurde Tocqueville am 31. März 1835 eingeladen, um einer Lesung Chateaubriands aus Fragmenten seines zukünftigen Werkes *Mémoires d'outre-tombe* beizuwohnen: »Monsieur de Chateaubriand hat mich auf eine Weise vorgestellt..., daß ich mit denen, die nicht schreiben, herzliche Freundschaft knüpfen mußte und jene, die schreiben, zu offenen Feinden wurden. Doch haben mich die einen wie die anderen mit Komplimenten überschüttet.«[1] Unter »jenen, die schreiben« sollte Tocqueville an diesem Tag allerdings auch Jean-Jacques Ampère kennenlernen, der sehr schnell zu einem seiner treuesten Freunde wurde.

Royer-Collard hatte Alexis de Tocqueville schon vorher gekannt. Er führte den jungen Autor bei der Herzogin von Dino ein, einer Nichte Talleyrands, während Molé ihn seiner Muse, Madame de Castellane, vorstellte, bei der er ein vertrauter Gast wurde. Er pflegte sie vormittags zu besuchen, um mit ihr zu plaudern, wobei für ihn immer ein Stuhl am Kamin reserviert war.

Durch die *Demokratie in Amerika* gewann Tocqueville noch andere Fürsprecher. Die *Académie* sprach ihm den mit 12000 Francs dotierten Prix Montyon zu, und wenn auch Royer-Collard an dieser Entscheidung nicht unbeteiligt war, so war es doch Villemain, der die *Académie* durch einen begeisterten Bericht zu dieser Entscheidung bewog[2]. Tocqueville suchte die Unterstützung jenes berühmten Mannes, der als ständiger Sekretär der *Académie* fungierte, ohne daß er jedoch ein so vertrautes Verhältnis zu ihm unterhielt wie zu Royer-Collard. Es scheint außerdem, daß Tocqueville sich zu dieser Zeit Lamartine näherte, was den Beginn einer dauerhaften, aber nichtsdestoweniger konfliktgeladenen Beziehung bedeutete.

Der junge Cavour, der die ersten Monate des Jahres 1835 in Paris verbrachte, zeigte sich vom Erfolg des Autors und der Originalität des

---

1 A. de Tocquevilles 1967, Teil 1: 152. Brief Tocquevilles an Beaumont.
2 Siehe A. de Tocqueville 1970. Einführung. Unveröffentlichter Brief Tocquevilles an Villemain; Entwurf in den Archives Tocqueville.

Werkes beeindruckt. In einem Brief vom 20. März schreibt er unumwunden: »Dies ist sicherlich das bemerkenswerteste Werk der Neuzeit. Meiner
Meinung nach erhellt es wie kein anderes die politischen Fragen der Zukunft. De Tocqueville ist ein junger Mann, er hat eine glänzende Zukunft
vor sich.« Höchstwahrscheinlich lernte Cavour zu dieser Zeit den Autor
der *Demokratie* auch persönlich kennen und traf ihn dann einige Wochen
später in London wieder. Dort verkehrten sie in denselben Salons; Cavour
wohnte einer langen Diskussion zwischen Senior und Tocqueville bei, und
beide besuchten gemeinsam eine anglikanische Messe. Während Cavour
wie viele andere Beaumont als sehr freundlich empfand, zeigte er sich von
Tocquevilles Reserviertheit irritiert und warf ihm vor, daß er sich in der Di-
stanziertheit eines großen Mannes übe. (White 1925)

Auch der Roman *Die Wüstenbraut* wurde sofort ein Erfolg, und Beaumont sah sich ebenso wie sein Freund gezwungen, sogleich eine zweite
Auflage vorzubereiten. Doch verspürten beide Freunde das Bedürfnis
nach ein wenig Zerstreuung. Tocqueville fühlte sich zudem unfähig,
ohne eine längere Zeit stiller Reflexion wieder mit dem Schreiben zu
beginnen. Sie nahmen sich also vor, ihr altes Vorhaben aus der Zeit ihres
Amerikaaufenthalts, nämlich eine Reise nach England, zu verwirklichen.
Zwar war Tocqueville bereits im Sommer 1833 für kurze Zeit dorthin
gereist, aber aufgrund der raschen Entwicklungen im politischen Leben
Englands erregte das Land weiterhin großes internationales Interesse.
    Wie Tocqueville schon während seiner ersten Reise hatte feststellen
können, hatte die *Reform Bill* von 1832 das parlamentarische Leben verändert. Seither hatte dieses Gesetz außerdem Verwaltungsreformen nach
sich gezogen, die die politische, aristokratische und dezentralisierte
Struktur des gesamten Landes veränderten. So war durch das Fabrikge-
setz, das die Arbeitszeit von Kindern beschränkte und die Schulpflicht
einführte, ein Heer von staatlichen Inspektoren geschaffen worden.
Ebenso schuf das neue Armengesetz von 1834 mit der Armenpflege betraute lokale Behörden, deren Mitglieder jeweils aus mehreren Kirch-
spielen gewählt wurden, sowie Inspektoren, die deren Maßnahmen zen-
tral lenkten; auf diese Weise wurden allmählich die durch Kooptation
bestimmten Gemeindebeamten durch auf breiter Basis gewählte Verwal-
tungsorgane ersetzt. Auch rüttelte man an der Position der offiziellen
Kirche, und in Irland, wo es zu besonders eklatanten Machtmißbräu-
chen gekommen war, wurden zehn Bistümer aufgelöst.

Außerdem bewahrte die Whig-Aristokratie, die nach der *Reform Bill*
Triumphe gefeiert hatte, nur noch mühsam die Kontrolle über das politische Leben. Bei den Neuwahlen zum House of Commons im Januar
1835 waren zwei einander entgegengesetzte Tendenzen offenbar geworden: die Wiederauferstehung der Tories in Gestalt der konservativen Partei unter Führung von Sir Robert Peel, welche die Mehrheit in der Kammer nur um etwa dreißig Sitze verfehlte; und eine Verdopplung der Zahl
der Abgeordneten, die zu den Radikalen der äußersten Linken gehörten
und an deren Spitze der Ire O'Connell stand. Diese Fraktion umfaßte
nun über 150 Parlamentarier. Insbesondere der große Erfolg der letzteren Partei erregte Aufsehen, denn er schien einen gewaltigen Schritt hin
zu einer Revolution darzustellen. Anfang April 1835 waren nach einem
kurzen Zwischenspiel jedoch die Whigs unter Führung des sehr gemäßigten Lord Melbourne wieder an die Macht gelangt, obwohl dieser nur
mit Duldung der Radikalen und nach Verhandlungen mit O'Connell
regieren konnte. Mérimée, der ein guter Kenner Englands war, hielt sich
von Mitte Mai bis Mitte Juni 1835 in London auf, wo er mit Tocqueville
und Beaumont bei den Diners der Aristokratie und zweifellos auch im
Club des *Athenaeum* zusammenkam. Mérimée, der alle zwei Jahre nach
London reiste, stellte zu dieser Zeit fest, daß England sich »in geometri-
scher Reihe« demokratisiere und sich gerade »im Jahre 1789« befände,
aber hoffentlich soviel Verstand besäße, um es nicht »bis 1793« kommen
zu lassen (Mérimée, Bd. I: 431). Tocqueville konnte also an Ort und
Stelle den Fortschritt der Demokratisierung im Vergleich zu der Zeit
seiner ersten Englandreise im Jahre 1833 beobachten. Während er damals
an seinen Londonaufenthalt noch eine Reise in das ländliche England
der Schlösser und großen Landgüter angeschlossen hatte, besuchte er
1835 neben der Hauptstadt noch das neue, industrialisierte England im
Norden und Westen, d.h. jene Regionen, die immer mehr an nationaler
Bedeutung gewannen[1]. Darüber hinaus studierten Tocqueville und Beaumont noch das Verhältnis zwischen der bäuerlichen Demokratie in Irland und der englischen Aristokratie, um ein besseres Verständnis für
dieses Problem zu erlangen, das das politische Leben auf den britischen
Inseln vergiftete. All diese Beobachtungen sollten sich im zweiten Band

---

1 Die Aufzeichnungen, die Tocqueville im Laufe dieser Reise machte, sind veröffentlicht in: A.
de Tocqueville 1958: 45-70. Der gesamte Aufenthalt in England wird in dem Werk von S.
Drescher 1964 besprochen, das wir hier fortdauernd zitieren müßten.

von *Über die Demokratie in Amerika*, der 1840 veröffentlicht wurde,
niederschlagen.

In London waren die Erfolge der beiden jungen Autoren wohlbe-
kannt, und man sprach immer noch über ihre Bücher: Der extrem konservative *Quarterly Review* präsentierte Beaumont als Republikaner, um
seine Vorbehalte gegenüber der Demokratie gewichtiger erscheinen zu lassen, während das *Black Magazine* Tocqueville als entschiedenen Tory darstellte. Der Empfang, den man ihnen bereitete, galt jedenfalls (anders als
Tocqueville es 1833 zuweilen erlebt hatte) nicht den legitimistischen Spröß-
lingen, die man vor allem an Bällen und am gesellschaftlichen Leben interessiert glaubte. Henry Reeve, der damals 22 Jahre alt war, arbeitete gerade
an der Übersetzung der *Demokratie* ins Englische. Es ist nicht bekannt,
wer ihn damit beauftragt hatte, denn nach seinem ersten Eindruck von
dem Werk hielt Reeve diese Aufgabe für unvereinbar mit seinen Überzeugungen als Tory. Er las das Buch dann jedoch noch einmal aufmerksamer
und traf am 16. März in Paris mit dem Autor zusammen, der ihn schließlich überzeugen konnte. Reeve wurde nicht nur autorisierter Übersetzer
von Tocquevilles Werken, sondern auch sein Freund.

Am 5. Mai 1835 schrieb Tocqueville seiner zukünftigen Frau: »Wir sind
sehr darauf bedacht, uns unter alle gesellschaftlichen Gruppen zu mischen
und alle Kontaktmöglichkeiten auszuschöpfen.« Um diese Vorgehensweise zu illustrieren, erklärt er, daß er erst in Holland House und dann bei
einem Manufakturbesitzer diniert habe. Tatsächlich aber verläßt er kaum
die Kreise einer gewissen gesellschaftlichen Elite und hat auch keinen persönlichen Kontakt zu den Vertretern der Arbeiterbewegung, obgleich diese
damals sehr aktiv waren. Wenn Beaumont und Tocqueville auch in den Salons der Tories verkehrten, so bereiteten ihnen die großen Herren der
Whigs nichtsdestoweniger ebenfalls jenen herzlichen Empfang, den sie üblicherweise französischen Notabeln zukommen ließen: Lord Lansdowne,
ein Kabinettsmitglied, suchte sie persönlich auf; Lord Holland begleitete
sie zu mehreren Diners; Lord Brougham, der Schatzkanzler, nahm mehrmals besondere Umstände auf sich, um sie zu treffen. In Briefen an Madame
Ancelot erzählt Tocqueville einige Episoden aus diesem gesellschaftlichen
Leben: Er beschreibt große Feste, bei denen man sich gegenseitig auf die
Füße trat, ein von Lord Brougham präsidiertes Bankett mit 200 Gedecken,
die Begegnung mit Lady Ada Byron, der Tochter des Dichters.[1] Ihre

---

1 Brief an Madame Ancelot vom 27. Mai 1835, veröffentlicht in Ancelot 1866.

bevorzugten Gesprächspartner stammten jedoch merkwürdigerweise aus den Kreisen der Radikalen, und es waren sogar Vertreter der extremen Linken im House of Commons darunter: Roebuck, Hume, das Ehepaar Grote.

John Stuart Mill hatte *Über die Demokratie in Amerika* mit Begeisterung gelesen; im Oktober 1835 sollte er eine bemerkenswerte Rezension über das Buch verfassen.[1] Er hatte gerade die *London Review* gegründet, die bald zur *London and Westminster Review* werden sollte. Mill bot Tocqueville eine regelmäßige Mitarbeit an der Zeitschrift an, wobei er schreiben könne, was ihm gutdünke. Man wird noch sehen, worauf sich diese Mitarbeit beschränken sollte, doch ist es bemerkenswert, daß Tocqueville, der so vorsichtig war, wenn es darum ging, sich in irgendeiner Weise zu verpflichten, hier nicht auswich und seine Sympathie für den englischen Radikalismus bekundete, den er mit jener Partei verglich, die in Frankreich eine ähnliche Position einnahm:

»Alles was ich von den englischen Demokraten sehe, veranlaßt mich dazu... zu glauben, daß ihr Ziel, obwohl ihre Ansichten oft engstirnig und einseitig sind, das richtige Ziel ist, welches die Freunde der Demokratie anstreben müssen. Ihr letztliches Ziel scheint mir tatsächlich zu sein, die Bürger in die Lage zu versetzen zu regieren und ihnen auch die Fähigkeit dazu zu vermitteln. Obgleich ihren Prinzipien treu, erheben sie nicht den Anspruch, das Volk auf die ihnen geeignet erscheinende Weise zu seinem Glück zu zwingen, sondern sie wollen es in die Lage versetzen, diesen Weg selbst zu erkennen und dadurch entsprechend zu handeln. Ich selbst bin in diesem Sinne Demokrat. Die modernen Gesellschaften stufenweise zu diesem Punkt zu führen, das erscheint mir als das einzige Mittel, um sie vor Barbarei und Sklaverei zu retten.«[2]

Der wohlwollende Empfang, den ihnen jene wichtigen Persönlichkeiten bereiteten, half ihnen das verwirrende Bild, das sich ihnen in England bot, etwas zu klären. Bei seiner Ankunft schrieb Tocqueville an seinen Vater: »Dieses Land erscheint mir bis jetzt als ein einziges riesiges Chaos. Hier gilt es eine ganz andere Schwierigkeit zu überwinden als beim Studium Amerikas. Es gibt hier kein einziges Prinzip, das ruhig seinem Lauf folgen würde, es sind Linien, die sich in allen

---

1 Im *London Review* II, 1835, S. 85-120. Die Beziehungen zwischen Mill und Tocqueville sind Thema mehrerer Studien, insbesondere von I.W. Mueller 1956: 134 ff.; H.O. Pappe 1964: 217-234; T.H. Qualker 1960: 1880 ff.; J. Hamburger 1976: 111-125.
2 A. de Tocqueville 1955: 293 ff. Brief vom 13. Juni 1835.

Richtungen überschneiden, ein Labyrinth in dem wir völlig verloren sind.[1]

In den Aufzeichnungen, die Tocqueville während seines Englandaufenthalts 1835 niederschrieb – und die weniger sorgfältig ausgearbeitet sind als 1833 – hebt er zwei Tatsachen hervor, die ihn erstaunt oder bestürzt hatten: Dies waren auf politischem Gebiet das Fortschreiten der Zentralisierung und ihm Bereich der sozialen Strukturen die Entstehung eines Geldadels, der dem englischen Leben ein besonderes Gepräge verlieh.

Tocqueville, der die dezentralisierte Demokratie in Amerika untersucht hatte, hatte gewisse Ähnlichkeiten mit der alten, dezentralisierten Verwaltung des aristokratischen England erkannt. Er glaubte, daß diese ohne größeren Strukturwandel neuen lokalen Organen weichen würde, die demokratischer waren als die *squires*, die die englischen Grafschaften als ehrenamtliche Laien verwalteten. Er stellte jedoch fest, daß dieses traditionelle System nicht nur bei seinen Freunden aus den Reihen der Radikalen, sondern auch bei einem großen Whig-Lord wie Lord Minto in Verruf geraten war, weil man es nicht mehr für sinnvoll hielt. Am 11. Mai 1835 schrieb er: »Zentralisierung, demokratischer Instinkt, Instinkt einer Gesellschaft, die gerade das individualistische System des Mittelalters abstreift, Vorbereitung auf den Despotismus.« Und einen Monat später (am 20. Juni) versuchte er diesen Instinkt eingehender zu untersuchen: »Ein Zentralisierungswahn hat sich der demokratischen Partei bemächtigt. Warum? Ähnliche Leidenschaften wie die im Frankreich des Jahres 89 aus recht ähnlichen Motiven: die Absonderlichkeit der mittelalterlichen Institutionen, der Haß auf die Aristokratie, die sie abergläubisch festgeschrieben hat und sich ihrer zu ihrem eigenen Vorteil bedient. Ein neuerungsfreudiger Geist, die revolutionäre Neigung, nur die Machtmißbräuche des bestehenden Staates zu sehen: Dies ist generell Neigung der Demokratien.«[2] Würde diese Tendenz zur Zentralisierung, die, wie wir gesehen haben, in einigen neuen Gesetzen Ausdruck fand, das ganze Verwaltungssystem erfassen? John Stuart Mill, dem Tocqueville seine Besorgnisse eröffnet, vertraut hier auf den Pragmatismus der Engländer, die ein Prinzip niemals bis zur letzten Konsequenz ausreizen. Tocqueville schließt sich dieser Auffassung an und gelangt zu der Ein-

---

1 Unveröffentlichter Brief vom 7. Mai 1835, Archives Tocqueville.
2 A. de Tocqueville 1958: 69.

schätzung, daß sich die Zentralisierung zugunsten des Parlaments und nicht der Exekutive vollziehen würde; vor allem führt er ins Feld, daß die Institutionen ein Gegengewicht zur Zentralisierung bildeten:

1. Die Schaffung von gewählten lokalen Organen, deren Effizienz aufgrund der traditionellen Neigung, Vereinigungen zu gründen, noch gesteigert wurde.
2. Die Kontrollfunktion der Judikative, die zwischen einer geschädigten Privatperson und dem Beamten vermitteln kann. Letzterer genießt, anders als in Frankreich, nicht die Immunität der Beamten, die im französischen Recht durch den Artikel 75 der Verfassung des Jahres VIII verankert worden war – ein Artikel, der Tocqueville ebenso wie den meisten anderen liberalen Schriftstellern des 19. Jahrhunderts verhaßt war, weil er ihnen als Symbol administrativer Willkür erschien.

Doch macht sich Tocqueville auch Gedanken über die Struktur der englischen Gesellschaft. Der Ausgangspunkt seiner Überlegungen scheint das Grundeigentum gewesen zu sein. In den demokratischen Vereinigten Staaten gab es ebenso wie in Frankreich, das sich auf dem Wege der Demokratisierung befand, vor allem kleine Grundeigentümer. Senior hatte Tocqueville in einem Brief, den er ihm vor seinem Aufenthalt in England geschrieben hatte, darauf hingewiesen, daß die Eigentumskonzentration im Fortschreiten begriffen sei. Im Laufe einer Diskussion zwischen Tocqueville und Senior, die in dessen Garten stattfand und bei der auch Cavour anwesend war, verteidigte der Nationalökonom die Vorteile des Großgrundbesitzes und führte ins Feld, daß ein Arbeiter ohne Land, der auf einem ordentlich bewirtschafteten Gut arbeite, besser leben könne als ein kleiner Landbesitzer. Tocqueville für seinen Teil glaubte, daß der Status des Grundbesitzers von ideellem Wert sei. Dennoch konstatierte er, daß der Mann aus dem Volk in England nicht danach trachtete, sein Vermögen in den Erwerb von Land zu investieren. Grundbesitz war kein Maßstab für die Stellung in der gesellschaftlichen Hierarchie, sondern ein Luxus, den man sich leistete, wenn man bereits ein großes Vermögen besaß.

Wovon die englische Gesellschaft direkt beherrscht wurde, das war das Geld. Geld war für eine politische Karriere, aber auch für eine Laufbahn als Rechtsanwalt oder Kleriker unentbehrlich; man mußte sogar wohlhabend sein, um überhaupt ein Gerichtsverfahren anzustrengen. So bemerkte Tocqueville: »Geld ist nicht nur das äußere Zeichen von

Reichtum, sondern auch von Macht, Ansehen und Ruhm.«[1] England war immer noch ein aristokratisches Land, aber die neue Aristokratie war der Geldadel, der die alte Aristokratie ersetzt oder absorbiert hatte: »Da der englische Adel bereits sehr früh auf den Gedanken kam und die Notwendigkeit verspürte, sich auf die mittleren Klassen zu stützen, und dies nur tun konnte, indem er ihnen politische Macht übertrug, konnte sich der Geldadel sogleich einen Platz verschaffen, und in dem Maße, wie die Welt zivilisierter wurde und es leichter wurde, zu Vermögen zu kommen, gewann der Geldadel an Bedeutung, während die andere Aristokratie aus den gleichen Gründen an Boden verlor. Seit etwa fünfzig Jahren kann man diese Revolution in England als abgeschlossen betrachten. Seit dieser Zeit ist die adlige Geburt nur noch schmückendes Beiwerk oder bestenfalls eine zusätzliche Unterstützung zum Vermögen.«[2]

Diese neue Aristokratie gewinnt ihren Reichtum durch Handel und Manufakturen, sie bestimmt das Leben in den Industriegebieten, die – für die Zeitgenossen – den hervorstechenden Zug der englischen Zivilisation ausmachen. Tocqueville besucht die Metallstadt Birmingham und Manchester, die Stadt der Baumwollindustrie, wo er die abscheulichen Viertel »Klein-Irlands« besichtigt, die gleich neben den »Industriepalästen« liegen, und hebt den Kontrast zwischen den großen Manufakturbesitzern, die an der Spitze des Fortschritts stehen und der »halbwilden« Arbeiterbevölkerung hervor. Dieser Gegensatz wirft bei Tocqueville den Gedanken auf, ob in der Zukunft möglicherweise ein industrieller Feudalimus entstehen könnte, der mit den Menschen härter und unbarmherziger verführe als die Feudalherren der Vergangenheit.

Dennoch empfindet er für einen anderen Aspekt der englischen Industriegesellschaft Bewunderung. Es seien keinesfalls materielle Gegebenheiten, die die wirtschaftliche Aktivität hervorriefen, sondern die Institutionen, die die Freiheit garantierten und dadurch die Menschen zu allen möglichen Wagnissen veranlaßten. Tocqueville nimmt sehr genau wahr, daß die Engländer alle Meere erforschen und auf allen Kontinenten vordringen. Als Politiker sollte er jedoch bald hinzufügen, daß die Franzosen dieses System, das auf der ganzen Welt zu einer britischen Hegemonie führen könne, bekämpfen müßten, um Frankreich seine legitimen Expansionsmöglichkeiten zu sichern.

---

1 A. de Tocqueville 1958: 63.
2 Ebd.: 89.

Tocqueville stellt also fest, daß England dank der Anpassungsfähigkeit seiner Aristokratie immer noch ein aristokratisches Land sei; jedoch setze sich die von der *Reform Bill* eingeleitete Demokratisierung der Gesetze mit dem Reformprojekt über die Gemeindeverwaltung und der Einführung des geheimen Wahlrechts fort: »Wenn die demokratische Bewegung auch nicht die Sitten und Vorstellungen der vermögenden Klassen erfaßt hat, so schreitet sie doch bei den Gesetzen rasch fort. Wie wird letztlich das Ergebnis dieser entgegengesetzten Strömung aussehen? Dies ist sehr schwer zu sagen. Wie dem auch sei, ich halte es für möglich, daß dieses Land die Krisen einer gewaltsamen Revolution vermeiden und seine Institutionen allmählich verändern kann. Die beiden Parteien zeigen für den Willen der Mehrheit aufrichtigen Respekt und einen Gehorsam, den man als bedeutende Ordnungsgarantie ansehen kann. Nichts deutet bei den beiden Parteien darauf hin, daß sie an die Anwendung von Gewalt dächten. Die Radikalen vermeinen sicher, innerhalb einer bestimmten Zeit mit legalen Mitteln Erfolg zu haben; die Aristokratie ihrerseits scheint mir nicht in der Lage zu sein, auf Gewalt zurückzugreifen, und wenn sie es doch kann, so bin ich überzeugt, daß sie es nicht versuchen wird.«

Vom 7. Juli bis zum 16. August hielten sich Tocqueville und Beaumont in Irland auf. Hier galten die gleichen Gesetze, und es herrschte die gleiche Regierung wie in England, doch war die im Besitz des Bodens befindliche Aristokratie aus Eroberungen und Raubzügen hervorgegangen. Außer gegenseitigem Haß und Angst verband sie nichts mit der im Elend lebenden Bauernschaft, die in jenem Sommer des Jahres 1835 ausgehungert auf die nächste Ernte wartete; die Aristokratie und die bäuerliche Bevölkerung unterschieden sich sowohl von ihrer ethnischen Abstammung wie auch von ihrer Konfession her. Tocqueville und Beaumont konnten in Irland das Erwachen dieser (von den Bauern ausgehenden) Demokratiebewegung beobachten, die in London in der Beredsamkeit und den politischen Manövern O'Connells ihren Ausdruck fand, aber im Lande selbst durch den aus der bäuerlichen Bevölkerung hervorgegangenen Klerus im Zaume gehalten und diszipliniert wurde.

Tocquevilles Aufzeichnungen über Irland sind im Vergleich zu seinen Niederschriften über England recht umfangreich. Manchmal erscheinen sie wie Skizzen für Berichte oder Essays, die der Autor eventuell zu veröffentlichen gedachte. Als Beaumont sie nach dem Tode Tocquevilles in seinen Unterlagen wiederfand, schrieb er, daß der Freund von einer Veröffentlichung abgesehen hatte, weil er auf ihn, Beaumont, der selbst Autor eines Buches über Irland war, Rücksicht nehmen wollte.

Nach seiner Rückkehr aus England beschäftigten Tocqueville jedoch andere Sorgen. Der gegenwärtige gesetzliche Status seiner Beziehungen zu Mary Mottley war nicht länger haltbar; er stand nun vor dem Dilemma zwischen Heirat oder Trennung. Diese Frage hatte Tocqueville während seiner gesamten Reise gequält, und so fühlte er sich hin- und hergerissen zwischen dem Gedanken an die Mißbilligung, die seine Angehörigen einer unstandesgemäßen Bindung entgegenbringen würden, und seiner Zuneigung zu der geliebten Frau. Am 23. August kam erin Cherbourg an und begab sich nach Nacqueville, wo er anscheinend seiner Schwägerin Émilie sein Herz ausschüttete und sie um ihren Rat fragte. Nach einem weiteren Aufenthalt in Balleroy (er war mit dem Marquis de Balleroy verwandt) reiste er Anfang September nach Paris. Über sein Privatleben in der Zeit bis zum 26. Oktober, als er Mary Mottley in Saint-Thomas-d'Aquin heiratet, ist fast nichts bekannt. Tocquevilles Mutter, die wohl krank oder verstimmt gewesen sein mochte, nimmt an der Zeremonie nicht teil; Beaumont und Kergorlay sind die Trauzeugen des Bräutigams; vollzogen wird die Trauung von dem Almosenier der Sühnekapelle Ludwigs XVI., dem Abbé Girardet.[1] Am 15. November halten sich die frisch Vermählten in Baugy bei Compiègne im Hause Édouard de Tocquevilles auf, und Alexis äußert, daß eres eilig habe, seine schriftstellerische Tätigkeit wieder aufzunehmen.

Ebenso wie beim ersten Band der *Demokratie* erstellt erzunächst eine Liste der zu behandelnden Themen. Dabei denkt er zunächst nur aneinen Band, in dem er die Ideen und Einstellungen der Amerikaner untersuchen will. Im darauffolgenden Frühjahr nimmt das Projekt dann den Umfang des tatsächlich veröffentlichten Werkes an. (Schleifer 1980: 21 ff.)

Die ländliche Abgeschiedenheit bot Tocqueville die besten Bedingungen für die Arbeit an seinem großen Buch sowie an kleineren Veröffentlichungen. Als Junggeselle hatte er sich bei seinem Bruder in Baugy sehr wohl gefühlt und davon geträumt, Beaumont darum zu bitten, ihm dort Gesellschaft zu leisten. Sie hätten dann jenen Dialog fortsetzen können, den sie in Versailles begonnen, in Amerika fortgesetzt und schließlich

---

1 Archiv der Sakristei von Saint-Thomas-d'Aquin.

mit einigen Unterbrechungen während der Arbeit an ihren Veröffentlichungen wiederaufgenommen hatten: »Es ist entzückend zu sehen, welches Glück aus Anstand und Ordnung erwächst. In diesem ganzen Haus herrscht eine Atmosphäre der Vernunft, der Sittlichkeit, die Sie nach und nach ebenfalls durchdringt. Überall findet sich Behaglichkeit, Luxus jedoch nirgends; alles läuft leicht und wie von selbst, ohne daß jemals die Hand des Hausherrn sichtbar wird; allseits sieht man zufriedene Gesichter, begegnet man wohlwollenden Blicken. Kurz, man fühlt sich so wohl, wie ein Wesen auf zwei Beinen und ohne Gefieder es liebt. Man hat mich zum Schloßturm geführt (der gerade wiederhergerichtet worden ist): Dort hat man mir das Zimmer für Alexis und daneben das Zimmer für Beaumont gezeigt. Obwohl sehr klein, stellt das Ganze einen sehr angenehmen Ort dar: Es ist eine kleine, luftige Welt, in der wir uns, so hoffe ich, alle beide nächstes Jahr niederlassen werden.«[1]

Tocquevilles Junggesellenpläne wurden aber durch den Verlust dieses Familienstandes vereitelt. Nachdem er geheiratet hatte, vermählte sich Beaumont im Juli 1836 mit Clémentine de La Fayette, der Enkelin des Generals. Die Aussicht auf diese Heirat schien bei Beaumont schon einige Monate vorher jegliche schriftstellerische Tätigkeit gelähmt zu haben. Nach seiner Heirat erwachte er jedoch wieder aus dieser Lethargie und reiste mit seiner Frau auf die britischen Inseln, um dort seine Materialiensammlung für sein Werk über Irland zu vervollständigen. Das Buch, das 1839 veröffentlicht wurde, ist von ungleichmäßiger Qualität; neben Gemeinplätzen finden sich auch brillante und hellsichtige Passagen, die es auch heute noch wert wären, daß man sie der Vergessenheit entrisse.[2]

Nach seiner Heirat ließ sich Tocqueville 1835 und 1836 mit Mary in Baugy nieder. 1838 verbrachte er noch mehrmals eine gewisse Zeit bei seinem Bruder, doch waren dies die letzten längeren Aufenthalte an diesem Ort. Madame de Tocqueville hegte keine übertriebene Zuneigung zu »den Édouards«, und die bukolische Landschaft um Baugy mit ihren Kanälen voll stehendem Wasser begünstigte Bronchitis und Rheuma. Vor allem befand sich Alexis de Tocqueville ab 1836 in einer veränderten materiellen Situation.

Im Januar 1836 starb seine Mutter. Ihr Besitz wurde unter ihren Söhnen aufgeteilt, und Alexis erbte das Schloß und die Ländereien von

---

1 A. de Tocqueville 1967, Teil 1: 150.
2 Beaumont 1839.

Tocqueville (zusammen mit dem Grafentitel, den er niemals tragen wollte). In Tocqueville hielt er sich im darauffolgenden Jahr von Juni bis November auf. Seine Frau ließ Instandsetzungsarbeiten am Schloß vornehmen, über die er zwar manchmal seinen Unmut bekundete, durch welche aber das Schloß auch für längere Zeiträume bewohnbar wurde. Von nun an ergab sich für das Paar ein neuer Lebensrhythmus: Den Winter verbrachten sie in Paris, den Sommer (den sie manches Mal bis zum Herbstende verlängerten) auf dem Cotentin. Die etwas halbherzige Verbundenheit, die Alexis bis dahin für den Herkunftsort seiner Familie bekundet hatte, wandelte sich dank dieser Rückkehr zu den Wurzeln zu einer tiefen Zuneigung für den Ort und die Menschen, eine Zuneigung, die möglicherweise die glücklichste Leidenschaft seines Lebens darstellte.

Neben Tocquevilles Engagement im öffentlichen Leben und der schwachen Gesundheit seiner Frau gab es noch andere Gründe, die ihn dazu veranlaßten, seine Arbeit am zweiten Band der *Demokratie* zu unterbrechen: In der Zeit zwischen dem Erscheinen des ersten und des zweiten Bandes veröffentlichte Tocqueville drei Aufsätze über verschiedene Themen.

Über die Entstehung der ersten dieser Schriften, dem *Mémoire sur le paupérisme* (Denkschrift über den Pauperismus), die 1835 in den *Mémoires de la Société académique de Cherbourg* veröffentlicht wurde, ist uns kaum etwas bekannt.[1] Der Aufsatz scheint zwischen Januar und April 1835 verfaßt worden zu sein, d.h. zwischen der Veröffentlichung des ersten Bandes von *Über die Demokratie in Amerika* und Tocquevilles zweiter Reise nach England. In den Archiven der *Société* ist leider kein Begleitschreiben zu dem Manuskript vorhanden. Tocqueville spricht in seinem Aufsatz jedoch über seine Erfahrungen über das Leben in England und zitiert dabei eine lange Passage aus seinen *Notes de voyage* von 1833, ohne seine Reiseaufzeichnungen aus dem Jahre 1835 auch nur mit einem Wort zu erwähnen. Deshalb wäre es sehr verwunderlich, wenn er den Aufsatz erst nach seiner Rückkehr aus England im September 1835 verfaßt hätte.

Die beiden Hauptquellen für das »Mémoire sur le paupérisme« sind zum ersten die Untersuchungen und Berichte, die dem neuen Armenge-

---

1 Das »Mémoire sur le paupérisme« wurde erneut in Tocqueville 1911: 17-37 veröffentlicht.

setz vorausgingen, das vom englischen Parlament am 15. Februar 1834 verabschiedet worden war, sowie der betreffende Gesetzestext. Zum zweiten bezieht sich Tocqueville auf den dreibändigen *Traité d'économie chrétienne* von Villeneuve-Bargemont, der 1834 veröffentlicht wurde und den Untertitel *Recherches sur la nature et les causes du paupérisme en France et en Europe et sur les moyens de le soulager et de prévenir* trägt. Die kritischen Überlegungen, die Tocqueville diesen Dokumenten entnehmen konnte, halfen ihm sicherlich dabei, eine eigene Position in der Pauperismusfrage zu finden.

Die Denkschrift von 1835 stellte nur den ersten Teil einer umfassenderen Arbeit dar, deren nächster Teil den Ankündigungen der *Société académique de Cherbourg* zufolge 1838 erscheinen sollte. Dieser zweite Beitrag wurde aber niemals veröffentlicht, und die Exegeten nahmen an, daß er niemals geschrieben wurde oder verloren ging. Wir haben jedoch aus verstreuten Manuskriptseiten in einer Akte des Tocquevillschen Familienarchivs einen Text rekonstruieren können, der von der Länge her etwa drei Fünftel der ersten Denkschrift umfaßt: Dieses Manuskript, das nach der Verabschiedung des Gesetzes über die Sparkassen am 7. Februar 1837 geschrieben wurde, umfaßt mehrere Textvarianten und Hinweise auf verschiedene Möglichkeiten zur Weiterentwicklung der Ausführungen. Es ist offensichtlich unvollendet. Warum hat der Autor diese bereits sehr weit gediehene Arbeit nicht zu Ende geführt? Entsprang dieses Vorgehen möglicherweise dem Wunsch, sich ausschließlich seinem großen Werk zu widmen, und zweifelte er selbst an den von ihm vorgeschlagenen Lösungen? Diese Frage muß wohl offenbleiben.[1]

In dieser ersten Denkschrift wird das Phänomen des Pauperismus umfassend im Rahmen der Entwicklung der menschlichen Zivilisation abgehandelt. Der Pauperismus hinge mit der Tatsache der Ungleichheit zwischen den Menschen zusammen. »Wenn man darauf achtet, was in der Welt seit dem Ursprung der Gesellschaften geschieht, so wird man ohne Mühe feststellen, daß die Gleichheit sich nur in den beiden extremen Stadien der Zivilisation findet. Die Wilden sind untereinander gleich, weil sie alle gleich schwach und ignorant sind. Die hochzivilisierten Menschen können alle gleich werden, weil sie alle ähnliche Mittel zu ihrer Verfügung haben, um Wohlstand und Glück zu erlangen. Zwischen diesen beiden Extremen liegen die Ungleichheit der Bedingungen, d.h.

---

1 Akte in den Archives Tocqueville; der Text wird in Band XVI der *O.C.* erscheinen.

der Reichtum, das Wissen und die Macht der einen, und die Armut, das Unwissen und die Schwäche aller anderen.« Als die Menschen die Wälder verließen, um Ackerbau zu betreiben, entwickelte sich mit dem Eigentum an Boden die Ungleichheit und auch der Kampf um den Boden – ein Beispiel für letzteres sieht Tocqueville in der Eroberung des Römischen Reiches durch die Barbaren, welche eine schöpferische Eroberung durch eine Feudalgesellschaft gewesen sei, die die Ungleichheit zum Gesetz erhob. Doch hätten die Zunahme und die Diversifizierung der Bedürfnisse, die auf die menschliche Vervollkommnungsfähigkeit zurückzuführen seien, Industrien hervorgebracht, die diese Bedürfnisse befriedigen sollten. Diese Industrien aber seien störanfälliger als die Landwirtschaft, die nur auf die Sicherung der grundlegenden Lebensbedürfnisse ausgerichtet sei; je stärker industrialisiert und höher entwickelt eine Gesellschaft sei, desto mehr verbreite sich der Pauperismus. So gäbe es zum Beispiel in England sehr viel mehr Arme als auf der iberischen Halbinsel. Überdies verspüre das kollektive Gewissen in einer stärker industrialisierten Gesellschaft, in der schärfere Kontraste zwischen Überfluß und Elend bestünden, eher die Notwendigkeit, den Armen zu helfen.

Das Heilmittel gegen den Pauperismus sei die Wohltätigkeit, die so alt sei wie die Welt selbst und die das Christentum zu einer göttlichen Tugend erhoben habe, der Nächstenliebe. Neben der privaten Wohltätigkeit habe der Protestantismus in England nach der Auflösung der Klöster im 16. Jahrhundert eine öffentliche Wohlfahrt geschaffen. In diesem Land stelle sich gegenwärtig das Problem des Pauperismus am gravierendsten, weil das Land in den Händen von Großgrundbesitzern sei und die englische Industrie der Nachfrage der ganzen Welt nachkommen wolle, wodurch das Proletariat gnadenlos den Schwankungen dieser Bedürfnisse ausgeliefert sei. Das Armengesetz, das die Bedürftigkeit unterstützen sollte, habe dennoch den schwerwiegenden Nachteil, daß es nicht zwischen Notleidenden und Arbeitsscheuen unterscheiden könne und daher den Müßiggang belohne. Während es den Wohlhabenden ruiniere, erniedrige es den Armen, weil es seine Freiheit einschränke, und habe daher nicht einmal den Vorteil, ein Band der Dankbarkeit zwischen den sozialen Klassen zu schaffen. Es zerstöre sowohl die materielle als auch die sittliche Ordnung. Man solle also nicht auf eine solche staatlich organisierte Lösung hinarbeiten, um jenes soziale Elend zu lindern, das durch private Wohltätigkeit nicht zu bekämpfen sei.

Tocqueville bemüht sich in dem unveröffentlichten Artikel, noch andere, auf die französische Gesellschaft anwendbare Lösungen zu entwerfen.

Er unterscheidet zwischen bäuerlichen und industriellen Klassen. In Frankreich sei die Erbteilung des Grundbesitzes das beste Gegenmittel gegen den Pauperismus. Selbst der kleinste Landbesitzer sei vor Wechselfällen sicher und könne sich »Ordnung, Arbeit und Sparsamkeit zur Gewohnheit« machen. Die Aufteilung des Grundbesitzes, »die in unseren Tagen eine so große Garantie der materiellen Ordnung ist, ist also vielleicht alles in allem die größte Garantie der sittlichen Ordnung«.

Die Situation des Industrieproletariers sei völlig anders. Er sei Krisen ausgeliefert, die entweder darin bestünden, daß die Zahl der Arbeiter steige, um die Produktion auf gleichbleibendem Niveau zu halten, oder daß eine Verringerung der Nachfrage einen Rückgang der Produktion nach sich zöge. Während nun aber der Grundbesitz immer stärker zerstückelt werde, konzentriere sich das industrielle Eigentum immer mehr und werde weniger demokratisch, weil die Fabriken Kapital erforderten und die Unternehmer nicht gewillt seien, »dem Arbeiter einen Anteil an der Fabrik zu übertragen«. Genau dies aber »hätte für die industriellen Klassen ähnliche Auswirkungen wie die Aufteilung des Grundbesitzes unter den bäuerlichen Klassen.«

Tocqueville fügt hinzu:

»Ich neige jedoch zu der Auffassung, daß eine Zeit kommen wird, in der eine große Zahl von Industrien durch [Arbeitervereinigungen] wird geleitet werden können. In dem Maße, wie unsere Arbeiter ein umfassenderes Wissen erwerben, und die Kunst, sich zu aufrechten und friedlichen Zwecken zusammenzuschließen, bei uns Fortschritte macht, in dem Maße, wie die Politik sich nicht mehr in die industriellen Vereinigungen einmischt und die Regierung, weil sie Klarheit über deren Ziele hat, den Vereinigungen ihr Wohlwollen und ihre Unterstützung nicht mehr verweigert, in jenem Maße werden sie sich vermehren und gedeihen. Ich glaube, daß in demokratischen Jahrhunderten wie den unseren in allen Bereichen die Vereinigung allmählich an die Stelle einiger mächtiger Einzelner treten kann, die bisher vorherrschend als Handelnde auftraten.«

»Die Idee der industriellen Arbeitervereinigungen erscheint mir also fruchtbar, doch halte ich sie noch nicht für reif. Augenblicklich muß noch anderswo nach Mitteln zur Abhilfe gesucht werden.«

So untersucht Tocqueville schließlich die Sparmöglichkeiten für Arbeiter, welche durch das Sparkassensystem geschaffen worden sind.

Die Sparkassen bieten den Einzahlern einen Zins von 4 %, während der Staat je nach der Lage auf dem Geldmarkt zu 2,5 oder 3 % Zinsen Geld leihen kann. Dieses System hat in Tocquevilles Augen schwerwiegende Nachteile, die sich mit einer Zunahme des Volkssparens noch verschärfen würden: Es belaste den Staat mit einer unproduktiven Schuld und biete den Verleihern nicht die notwendigen Garantien, weil diese im Falle einer politischen oder wirtschaftlichen Krise ihr Kapital bei einem Staatsbankrott verlieren könnten.

Bei einer anderen Einrichtung, den Leihhäusern, können die in finanzielle Schwierigkeiten geratenen Armen gegen Pfand Geld leihen, jedoch zu einem Zins, der in Paris 12 % beträgt. Mit diesem Ertrag kann der Staat für die Armen auf deren eigene Kosten Hospitäler und Armenhäuser unterhalten. Diese Schuld müsse von der gesamten Nation, d.h. vom Staatshaushalt getragen werden, und Tocqueville glaubt, daß man hier ein bereits in der Stadt Metz praktiziertes System allgemein einführen könnte: Die Sparkasse liefere das Kapital für die Leihhäuser, und beide Institutionen sollten von derselben Körperschaft geleitet werden. Durch diese Straffung der Verwaltung könnte den Einzahlern ein 5 %iger Zins auf ihre Einlagen ausgezahlt und der von den Nutzern des Leihhauses gezahlte Zins auf 7 % gesenkt werden. Erst wenn die Leihhäuser auf diese Weise mit Kapital versorgt wären, dürfte der Überschuß an Volksspareinlagen für andere Zwecke verwendet werden. Tocqueville hatte scheinbar die Absicht, diese Zwecke noch genauer auszuführen, doch endet sein Manuskript hier.

Über die Entstehung des zweiten Aufsatzes von Tocqueville, »L'État social et politique de la France avant et après 1789« (Die gesellschaftliche und politische Ordnung Frankreichs vor und nach 1789), ist uns weit mehr bekannt. John Stuart Mill hatte Tocqueville um Mitarbeit an seiner neu gegründeten Zeitschrift gebeten: Es handelte sich dabei – wie wir bereits erwähnt haben – um die *London Review*, die ab ihrer fünften Ausgabe mit der *Westminster Review* verschmolz und so zur *London and Westminster Review* wurde. Als Tocqueville Mill um nähere Auskünfte bat, schrieb dieser ihm in einem Brief vom 11. Juni, daß es sich um eine Mitarbeit handele, deren Bedingungen und Ausrichtung er selbst bestimmen könne. Mill wünschte allerdings, daß Tocqueville eine

Artikelserie über die Vereinigten Staaten oder Frankreich schriebe. Am 12. September erklärte Tocqueville sich zur Mitarbeit bereit und schlug eine Artikelreihe »über die politische und gesellschaftliche Lage Frankreichs« vor. Um jedoch dem englischen Publikum den »gegenwärtigen Zustand unseres Landes« auch wirklich verständlich zu machen, wollte er zunächst darlegen, »was war, bevor die Französische Revolution ausbrach«[1].

Diese Beschreibung des ausgehenden Ancien Régime wurde auch tatsächlich veröffentlicht; weitere Artikel hat Tocqueville jedoch niemals geschrieben: Das fertige Manuskript wurde am 10. Februar 1836 nach England geschickt, unter Mills Aufsicht übersetzt und am 1. April 1836 in der *London and Westminster Review* veröffentlicht.

Bei der Analyse des gesellschaftlichen Lebens in Frankreich kurz vor dem Jahr 1789 konzentriert sich Tocqueville vor allem auf die Rolle des Adels. Dabei habe es sich um eine Gruppe von Personen gehandelt, denen jeglicher Gemeinschaftssinn abhanden gekommen sei; einen Stand, der als solcher keine echten öffentlichen Aufgaben mehr erfüllte, aber immer noch Steuer- und Ehrenprivilegien besaß und Feudalrechte wahrnahm. Und dennoch habe sich der Adel in eine geschlossene Kaste verwandelt, zu der man fast nur noch durch Geburt habe Zugang finden können.

Demgegenüber sei der Dritte Stand eine neue, rivalisierende Bevölkerungsgruppe gewesen, die sich neben dem Adel etabliert habe, ohne sich mit ihm zu vermischen, und deren Aufstieg mit der Entwicklung von Industrie und Handel einhergegangen sei – jenen Bereichen, in denen den Adligen eine Betätigung aufgrund herrschender Vorurteile verboten war. Während sich der Dritte Stand bereichert habe, sei der Adel so sehr verarmt, daß er einen Teil seines Grundbesitzes veräußert habe, insbesondere an kleine bäuerliche Landeigentümer. Diese Faktoren hätten eine gesellschaftliche Demokratisierung bewirkt, die wiederum auch die Mentalität der Privilegierten beeinflußt habe: Die adligen Herren hätten eine Art imaginäre Demokratie des Geistes zugelassen, in der sie im Reich der Ideen wie unter Gleichen mit den nichtadeligen Schriftstellern zusammengekommen seien. Jedenfalls habe der Dritte Stand angesichts der traditionellen, gesetzlich verankerten Ungleichheit, die einen immer unwirklicheren Charakter annahm, demokratische Prinzipien gepriesen.

---

1 Der Artikel wurde in Bd. 8 des *London and Westminster Review* in englischer Übersetzung veröffentlicht (S. 137-169). Das französische Manuskript ist in extenso abgedruckt in: A. de Tocqueville 1952, Teil 1: 33 ff.

Im politischen Bereich habe sich der König faktisch zum Verbündeten der Demokratie gemacht: Die Juristen hätten die partikularistischen lokalen Machtbereiche der Adligen zerschlagen und eine autoritäre, alles nivellierende, zentralistische Verwaltung geschaffen, die dennoch nicht bis zum Despotismus gegangen sei. Doch habe sich sogar die traditionelle Auffassung von Freiheit selbst weiterentwickelt: Die aristokratische Vorstellung von der Freiheitsliebe dieser oder jener sozialen Klasse hätte sich zu der Vorstellung, jeder einzelne habe ein Recht auf Freiheit, gewandelt, was eine demokratische Idee sei und, so fügt Tocqueville hinzu, die »richtige« Auffassung von Freiheit.

Die Französische Revolution sei nur ein gewalttätiges Ereignis gewesen, das die Saat zum Keimen gebracht und eine Wandlung der aristokratischen zur demokratischen Gesellschaft bewirkt habe, die ganz Europa erfaßte. Sie sei zuerst in Frankreich ausgebrochen, weil hier die Gleichheit der gesellschaftlichen Bedingungen und die Zentralisierung am weitesten fortgeschritten gewesen seien sowie in der öffentlichen Meinung die konkretesten Vorstellungen über das neue Prinzip der Gleichheit bestanden hätten. Aber in ganz Europa seien mehr oder weniger ähnliche Bewegungen am Gären gewesen, die nicht von der Revolution inspiriert worden waren, sondern bei denen diese lediglich als Geburtshelferin gewirkt habe.

Tocquevilles Artikel ist ganz darauf ausgerichtet, dem englischen Leser die Originalität der französischen Gesellschaft begreiflich zu machen. Es geht ihm vor allem darum, den Übergang von einem aristokratischen zu einem demokratischen Regime zu beschreiben, und genau dieses Phänomen hatte Tocqueville unter anderen Bedingungen in England voller Eifer untersucht, obwohl ihn dieses Problem genaugenommen praktisch sein ganzes Leben lang beschäftigen sollte. Zwanzig Jahre später unternahm er es noch einmal, die Ursprünge der Französischen Revolution – diesmal umfassender und tiefgehender – zu untersuchen. Doch enthüllt die eben beschriebene kurze Darstellung bereits eine Kenntnis der französischen Gesellschaft des Ancien Régime, deren Herkunft nicht leicht auszumachen ist. Unverkennbar ist jedoch zumindest Guizots Einfluß: Wie dieser sieht Tocqueville in der Revolution den Abschluß eines Kampfes zwischen Adel und Drittem Stand, der schließlich zur modernen Gesellschaft führt; auch die Rolle der Monarchie beurteilt Tocqueville genauso wie Guizot. Unterschiede zu seinem früheren Lehrer existieren insofern, als er glaubt, das Feudalsystem sei eine echte gesellschaftliche Ordnung gewesen, die zwar sicherlich gewisse Fehler gehabt, aber auch Garantien für Ordnung und Sicherheit geboten habe.[1]

Die dritte Schrift, die Tocqueville zwischen den beiden Bänden der *Demokratie* verfaßte, wurde in einem recht bescheidenen und kurzlebigen Versailler Blatt, der *La Presse de Seine-et-Oise* veröffentlicht. Es handelte sich um die »Deux Lettres sur l'Algérie« (Zwei Briefe über Algerien), die am 23. Juni und 22. August 1837 erschienen.

Mit diesen beiden Veröffentlichungen bekundete Tocqueville nicht zum ersten Mal sein Interesse an der neuen französischen Kolonie. Schon 1828 hatte er die Expedition nach Algier befürwortet und diese mit um so größerer Bewegung mitverfolgt, als sein Freund Louis de Kergorlay daran teilgenommen hatte. 1832 hatte er nach seiner Rückkehr aus Amerika mit besonderer Aufmerksamkeit die ersten Kolonisierungsversuche beobachtet. Und 1833 hatten er und Kergorlay erwägt, ein Landgut im Sahel zu erwerben – Tocqueville äußerte sogar die Absicht, Arabisch zu lernen.

1837 beabsichtigte er, eine politische Laufbahn einzuschlagen und in Versailles bei den Parlamentswahlen zu kandidieren: Es ist daher nicht erstaunlich, daß er dieses aktuelle Thema abhandeln wollte, denn wenn seine Artikel auch keine Unterschrift trugen, so ließ sich die Identität des Autors doch leicht in der zahlenmäßig beschränkten Wählerschaft in einem Zensuswahlsystem herausfinden. Jedenfalls hatte er die Verbindungen, die er vor seiner Reise nach Amerika in der Versailler Gesellschaft geknüpft hatte, nicht abreißen lassen und war auch Aktionär der *La presse de Seine-et-Oise*.

Im ersten der beiden Artikel skizziert Tocqueville das Bild Algeriens, wie es sich am Vorabend der Eroberung präsentierte. Er beschreibt das Land, unterscheidet genau zwischen Kabylen und Arabern, was zur damaligen Zeit nicht allzu häufig war, betont die Bedeutung der Religion in der arabischen Gesellschaft und analysiert die türkische Herrschaft. Im zweiten Aufsatz beklagt er zunächst, daß es ein Fehler gewesen sei, das türkische Regime direkt nach der Eroberung zu stürzen. Er zeigt sich als Befürworter einer nicht zu massiven Besetzung, wobei aber dennoch eine Kontrolle über das gesamte Land gewährleistet sein müsse. Er

---

1 F. Furet 1979; siehe insbesondere S. 173 ff.

rät zum schrittweisen Aufbau von Handelsbeziehungen mit den Kabylen, ohne jedoch zu versuchen, sie mit Waffengewalt zu unterwerfen; außerdem gelte es, die Autorität der arabischen Stämme zu respektieren, ihnen ihre eigenen Gesetze zu lassen, aber gleichzeitig die Uneinigkeit unter ihnen zu schüren. Zu diesem Zeitpunkt ist der Vertrag von Tafna gerade abgeschlossen, und die Eroberung von Constantine steht unmittelbar bevor: Tocqueville zeigt sich beunruhigt über die Machtfülle, die die Franzosen dem jungen Abd el-Kader zugestanden haben und die durch den Sturz des Bey Ahmed in Constantine noch zugenommen hat.

Hingegen setzt er Hoffnungen in die Kolonisierung: Die Ebenen sind nur dünn von Arabern besiedelt, so daß sich die Europäer auf den noch freien Landflächen zwischen den Stämmen niederlassen und den Boden bebauen können. Er hält auch den Gedanken nicht für abwegig, daß aus dieser Durchflechtung der Ethnien auf lange Sicht ein neues Volk entstehen könne.

In beiden Artikeln zeigt Tocqueville eine präzise Kenntnis und eine klare Sicht des Algerienproblems. Ohne daß er seine Quellen zitiert, ist zu ersehen, daß er über alle aktuellen Veröffentlichungen zu dieser Frage informiert ist. Er verfügt außerdem über Informationen aus erster Hand, die sicherlich von Lamoricière, den er seit 1828 kennt, und von dem ehemaligen Intendanten in Algier, Genty de Bussy, einem Neffen von Royer-Collard, stammen.

Man würde die Bedeutung dieser drei Aufsätze verkennen, wenn man in ihnen reine Gelegenheitsschreiberei sähe. Alle beziehen sich auf Bereiche, die den Autor noch später in seinem Leben beschäftigen sollten. Die Arbeit über den Pauperismus kündigt zum Teil bereits das Sozialprogramm an, das Tocqueville gegen Ende der Julimonarchie für eine neue Partei ausarbeiten sollte, und läßt an seine Rede über das Recht auf Arbeit denken, die er 1848 vor der Constituante halten sollte. Die Artikel über Algerien weisen zum ersten Mal auf eine Thematik hin, die ihm während seiner gesamten politischen Laufbahn bis 1851 besonders am Herzen lag. Auf die Zusammenhänge zwischen seinem Aufsatz über »L'État social et politique de la France« und *Der alte Staat und die Revolution*, das zwanzig Jahre später erscheinen sollte, haben wir bereits hingewiesen.

Mehr noch: Keine dieser Schriften ist das Ergebnis eines zufälligen Interesses oder gar ein Vorwand, um der Arbeit an der *Demokratie* auszuweichen. Tocqueville nimmt die Erschließung neuen Landes in Amerika, die indirekt eine Linderung der Armut auf dem alten Kontinent bewirkt, zum Anlaß zu untersuchen, welche Möglichkeiten der Abhilfe in Europa selbst bestünden: In Frankreich erscheint ihm das Armutsproblem weniger bedrohlich, weil kein neu erschließbares Land vorhanden ist und daher das Industrieproletariat durch die Erbteilung nicht so stark zunimmt. In England hingegen, wo es vor allem Großgrundbesitzer gibt, würde sich die Situation ohne den britischen Wirtschaftsimperialismus katastrophal entwickeln. Jedenfalls stellt sich in allen drei Staaten dieselbe Frage: Würde die Industrie bei der allmählichen Entwicklung zur Gleichheit der gesellschaftlichen Bedingungen eine Ausnahme darstellen? Wiederum Parallelen zu Amerika sieht Tocqueville im Hinblick auf Algerien. Dort gäbe es ebenfalls unerschlossenes Land, wo der französische oder europäische Bevölkerungsüberschuß wie im amerikanischen Westen eine ländliche Demokratie errichten könnte. Letztlich hatte Amerika eine Gesellschaft vorgeführt, die von ihren Ursprüngen her demokratisch war; England bot das Schauspiel einer längeren Übergangsphase von der aristokratischen zur demokratischen Gesellschaft; in Frankreich war diese Übergangsperiode an einem bestimmten Punkt und in bestimmten, noch zu beschreibenden Formen abgeschlossen. Hier also sei es möglich zu beurteilen, was an der demokratischen Welt neu sei, aber auch, worin ihre Ähnlichkeiten mit der alten Welt bestünden. Diese Fragestellung ist das dritte Beispiel für jene intellektuelle Suche, die den Keim von Tocquevilles Werk darstellt. Er wollte sie in jener Serie von »Briefen« erläutern, die er dem *London and Westminster Review* zugesagt hatte, und es ist sehr bedauerlich, daß er niemals über die Vorrede hinauskam.

15

Der zweite Band von
»Über die Demokratie in Amerika«

In der *Demokratie in Amerika* von 1835 hatte Tocqueville neben den realen Verhältnissen in der Neuen Welt auch die allgemeineren Probleme untersucht, die mit der Entstehung der demokratischen Gesellschaften verbunden waren. Je weiter man in der Lektüre des Werkes fortschreitet, desto deutlicher wird, daß der Autor vor allem letzteren besondere Bedeutung beimaß. Dennoch bildete die Beschreibung der Institutionen und des politischen Lebens in Amerika das Grundgerüst des Werkes. Im zweiten Band der *Demokratie*, der im April 1840 erschien, dient die Schilderung der Sitten und der Mentalität der Amerikaner zwar manchmal als Ausgangspunkt für allgemeine Aussagen über demokratische Gesellschaften; häufig jedoch nehmen die abstrakten Reflexionen über diese Gesellschaften einen solchen Raum ein, daß Tocquevilles konkrete Erinnerungen an die Vereinigten Staaten zu bloßen Illustrationen abgleiten. Überprüft man einmal, wieviel Platz diese insgesamt in dem Werk einnehmen, so zeigt sich, daß sie nur 20 % der ersten drei Teile des Buches und 2 % des vierten Teils ausmachen.

Die Exegeten zeigten sich hiervon häufig irritiert, so als ob sie sich von festem Grund auf schwankenden Boden begäben, wenn sie vom Studium des ersten Bandes der *Demokratie* zur Analyse des zweiten schritten. So erging es zum Beispiel einem der ersten unter ihnen, dem Major Guillaume-Tell Poussin. Dieser französische Soldat war 1815 in die Vereinigten Staaten ins Exil gegangen und dort 21 Jahre als Ingenieur tätig gewesen. 1841 veröffentlichte er seine *Considérations sur le principe démocratique qui régit l'Union américaine* (Betrachtungen über das demokratische Prinzip, das die amerikanische Union beherrscht), in dem er

Tocquevilles Buch Kapitel für Kapitel analysierte mit dem Ziel, diesem Grünschnabel, der sich ein Urteil über ein Land erlaubte, in dem er nur neun Monate gelebt hate, eine Lektion zu erteilen. Als Poussin aber bei Kapitel XXI des dritten Teils angelangt war, bedeutete dies auch das Ende seiner kritischen Ausführungen: Er fand nämlich keinerlei Beobachtungen über Amerika mehr vor, die er hätte richtigstellen können, sondern nur noch allgemeine Ausführungen, die sein Urteilsvermögen überstiegen. (Poussin 1841)

Die Überschriften der vier Teile des Bandes von 1840 sind in dieser Hinsicht etwas irreführend: »Einfluß der Demokratie auf das geistige Leben der Vereinigten Staaten«, »Einfluß der Demokratie auf das Gefühlsleben der Amerikaner«, »Einfluß der Demokratie auf die eigentlichen Sitten«, »Vom Einfluß des demokratischen Denkens und Fühlens auf die politische Gesellschaft«. In Wahrheit galt Tocquevilles Analyse sogar in jenen Teilen des Buches, deren Überschriften sich ausdrücklich auf Amerika bezogen, einer idealtypischen demokratischen Gesellschaft, die im Jahre 1840 erst im Entstehen begriffen war bzw. nur auf gedanklicher Ebene existierte. Erst nach Veröffentlichung des Werkes von Max Weber begann man die Originalität des zweiten Bandes der *Demokratie* zu schätzen und erkannte, daß Tocqueville ein herausragender Vorläufer des großen Soziologen war.[1] Um die seinen Vorstellungen entsprechende demokratische Gesellschaft zu konstruieren, macht Tocqueville viele Anleihen bei der amerikanischen Union, der einzigen in einem großen Land existierenden Demokratie, wobei er sich bemüht, die idealtypischen Züge der Demokratie von den real existierenden angelsächsischen zu trennen. Er vergleicht jedoch die amerikanische Wirklichkeit mit den in Europa zu beobachtenden demokratischen Bestrebungen. Und da diese Fortschritte am deutlichsten in Frankreich erkennbar sind, stützt der Autor seine Schlußfolgerungen auf häufig implizite Vergleiche zwischen Amerika und Frankreich, während im ersten Band der *Demokratie* wie selbstverständlich Amerika und England einander gegenübergestellt wurden und »Jonathan« als der emanzipierte und demokratisierte Sohn von John Bull auftrat: ein Vergleich, der folgerichtig wiedererscheint, als Tocqueville 1840 gewisse Sitten oder das »Benehmen« in beiden Ländern analysiert[2].

---

1 M. Weber 1988; zu den Gemeinsamkeiten zwischen Tocqueville und Max Weber siehe: D. Freund 1974, Band 56,2: 457-464.

2 Zum Vergleich zwischen Frankreich und Amerika siehe J.C. Lamberti 1983. Über Tocquevilles Verhältnis zu England siehe: S. Drescher 1964.

Der Blickwinkel, der im zweiten Band der *Demokratie* eingenommen wird, ist nicht weniger originell als die Gedankenführung des Buches. Tocqueville beschreibt den neuen Menschen der egalitären Gesellschaft, enthüllt dessen Gedanken und die Beweggründe dessen Handelns, beschreibt das Verhältnis zu Seinesgleichen, zeigt, daß dessen freier Wille sich mit den neuen Strömungen und unbekannten Tücken der neuen Gesellschaft auseinandersetzen muß.[1] Hier findet sich die grundsätzliche und beklommene Frage wieder, die in beiden Bänden der *Demokratie in Amerika* auftaucht: Wird der *homo democraticus* ein Mensch sein, der in seinem Inneren und im gesellschaftlichen Leben frei ist, und wird er die Verantwortung für den geistigen und sittlichen Fortschritt, der die christlichen Zivilisationen auszeichnet, übernehmen können? Um dieses große Problem zu klären, werden zwei häufig miteinander verbundene Ansätze bemüht: Erstens eine statische, soziologische Analyse der neuen Gesellschaft und zweitens eine Diagnose der in dieser Gesellschaftsform auftretenden sozialen Krankheiten bei gleichzeitigem Hinweis auf mögliche Gegenmittel.

Dennoch beruhten Tocquevilles Ausführungen alle auf einem Grundpostulat, das er schon in der Einleitung zum ersten Band der *Demokratie* formuliert hatte: Demnach treibt eine vorbestimmte und unumkehrbare Bewegung die christlichen Völker zur Gleichheit der gesellschaftlichen Bedingungen. Diese Bewegung fegt die Strukturen und den Geist aller Gesellschaften, die im Abendland seit der Antike aufeinanderfolgten, hinweg – Gesellschaften, die einschließlich der griechischen Demokratien mit ihren Arbeitssklaven alle aristokratischer Natur waren.

Diese irreversible Bewegung bedeutet folglich die Umkehr einer Tradition der Ungleichheit, deren Wurzeln bis in jene Zeit zurückreichen, als der Mensch den Naturzustand aufgab. Nun zeichnet sich aber jedes aristokratische Regime durch die Tatsache aus, daß die Ungleichheit durch Privilegien gefestigt wird. Eine kleine Zahl von mächtigen, wohlhabenden und gebildeten Menschen hebt sich von der Masse ab, die machtlos, arm und ungebildet ist. Die Gesellschaft beruht gleichermaßen auf den Prinzipien von Hierarchie und Stabilität. So waren im alten Frankreich alle Menschen, vom niedrigsten Leibeigenen bis zum Souverän, durch ein langes Band miteinander verbunden, wobei jeweils der Rangniedere dem Ranghöheren Gehorsam schuldete, welcher wiederum

---

1 Über den demokratischen Menschen siehe P. Manent 1982: Kap. VI.

dem ihm Untergebenen Schutz zu gewähren hatte. Der Platz jedes Einzelnen stand nicht nur zu einem bestimmten Zeitpunkt, sondern auf lange Sicht fest, weil jeder seinen sozialen Rang von seinen Vorfahren erbte (Chevallier 1956: 116-136). Diese zum Verschwinden verurteilte gesellschaftliche Ordnung gründete sich keineswegs nur auf Macht, sondern trug auch zur Entwicklung menschlicher Beziehungen bei, von denen Tocqueville mit einer gewissen Wehmut zu sprechen scheint. Dies gilt insbesondere für das Kapitel, in dem er das Verhältnis zwischen Diener und Herr schildert.

»In den aristokratischen Gesellschaften gibt es nicht nur erbliche Dienerfamilien, wie es erbliche Herrenfamilien gibt; sondern die gleichen Diener setzen sich durch mehrere Geschlechter hindurch in den gleichen Herrenfamilien fest (es sind sozusagen nebeneinander herlaufende Linien, die sich nie überschneiden und nie auseinandergehen); die gegenseitigen Beziehungen dieser beiden Personengruppen werden dadurch erstaunlich gewandelt.

Obwohl Herr und Diener in der Aristokratie keine natürliche Ähnlichkeit aufweisen, obgleich Vermögen, Erziehung, Ansichten, Rechte sie im Gegenteil auf der menschlichen Stufenleiter durch einen riesigen Abstand trennen, so bindet sie die Zeit zuletzt aneinander. Langwährende gemeinsame Erinnerungen verknüpfen sie, und mögen sie noch so verschieden sein, sie gleichen sich an.«[1]

In der aristokratischen Gesellschaft verbindet der Tiefergestellte manchmal sogar sein eigenes Schicksal mit dem Höhergestellten, und dieser betrachtet ihn zuweilen aus »einem Übermaß an Selbstsucht« als einen untergeordneten Teil seiner eigenen Person.

In einer solchen Gesellschaft aber zerfällt die Nation in Klassen und Kasten, die jeweils ihren eigenen Status, ihre Tugenden und Laster haben. So richten sich die »großen Gestalten« nach einem besonderen Ehrenkodex, der sie zu einem außergewöhnlichen Heldentum führen kann.[2]

Wenn Tocqueville auch manchmal von Bedauern über den Verlust solch hoher Tugenden erfaßt wird, so sagt ihm doch seine Vernunft, daß die Kasten einer unmenschlichen Doppelmoral verhaftet sind. Er führt

---

1 A. de Tocqueville 1951, Teil 2: 186.
2 Ebd.: 3. Teil, Kap. XVIII; sowie A. de Tocqueville 1977: 12 ff. Briefwechsel zwischen Tocqueville und Kergorlay aus dem Jahre 1838.

das Beispiel von Madame de Sévigné an, die einerseits von Zärtlichkeit für ihre Familienangehörigen erfüllt ist und sich milde gegenüber ihren Lehnsleuten zeigt, sich andererseits aber zu schrecklichen Scherzen über die Unterdrückung der bretonischen Bauern versteigt, die an der Stempelpapierrevolte teilgenommen haben und dafür gehängt und gerädert werden.[1]

Die Demokratie sprengt die Ketten der hierarchischen Bindungen und legt in gewisser Weise die einzelnen Kettenglieder nebeneinander. Die Menschen gewinnen ihre soziale Mobilität zurück, sie werden frei und gleich. Sie erlangen diese natürlichen Rechte durch einen historischen Prozeß, bei dem die Vorsehung ihr Schöpfungswerk unter Mitwirkung der Menschen vollbracht hat. Die unergründliche Gerechtigkeit Gottes schafft mehr Gleichheit zwischen den Menschen, überläßt es aber diesen selbst, die Gesellschaft, der er diese Gleichheit auferlegt hat, zu strukturieren. Für Tocqueville gibt es also keinesfalls einen historischen Determinismus, der nach Auguste Comtes Auffassung den Lauf der Menschheitsgeschichte bestimmt, noch gibt es eine dialektische Bewegung, die unerbittlich die soziale Entwicklung steuert. Der Mensch bewahrt für ihn seinen freien, durch die Vernunft aufgeklärten Willen, mit dem er innerhalb des ihm vorgegebenen Rahmens eine moralisch richtige Entscheidung treffen kann.

Tocqueville spricht im zweiten Band der *Demokratie* gleich zu Beginn darüber, wie der Mensch der neuen Gesellschaft von der Vernunft Gebrauch macht, und offenbart damit die Gesamtausrichtung seines Werkes.

Der Bürger der Vereinigten Staaten vertraut laut Tocqueville bei seinen Urteilen nur auf seine individuelle Vernunft: Dieser »unbewußte Kartesianismus« ist keine spezifisch amerikanische, sondern eine demokratische Erscheinung. Wenn Gleichheit herrscht, dann mißt niemand dem Urteil seiner Mitmenschen mehr Gewicht zu als seinem eigenen. Und in gleichem Maße, wie vom 16. bis zum 18. Jahrhundert die freie, individuelle Prüfung aller Gedanken und Tatsachen üblicher wurde, verbreitete sich auch die Demokratie. »Diese [Methode] wurde in einer Zeit entdeckt, da die Gleichheit unter den Menschen begann und diese sich ähnlicher wurden. Zur allgemeinen Richtlinie konnte sie erst in

---

1 A. de Tocqueville 1951, Teil 2: 173 f.; siehe auch die Diskussion über dieses Beispiel mit Ampère im Jahre 1839 in: A. de Tocqueville 1970: 128 ff.

einem Zeitalter werden, da die Lebensbedingungen sich ausglichen und die Menschen nahezu gleichgestellt waren.«[1]

Dies birgt aber gewisse Gefahren in sich.

Zunächst vor allem sind die individuellen Urteile von Menschen, die sich hauptsächlich mit materiellen Dingen beschäftigen, zwangsläufig oberflächlich. Sie geben sich mit allgemeinen Lösungen zufrieden, deren Einfachheit sie besticht. Tocqueville beklagt, daß solche Geister anfällig für den Pantheismus seien, jene unitarische Lehre, die seiner Auffassung nach Schöpfer und Schöpfung miteinander verwechselt und letztlich nur zur Aufhebung des freien Willens führen könne.

Außerdem könne sich das Urteil des Menschen niemals auf die Gesamtheit des Wissens berufen. Nicht mehr als der Mensch im allgemeinen könne der Mensch in der demokratischen Gesellschaft zu Überzeugungen gelangen, die sich auf sein eigenes, umfassendes Verständnis von allem, was an der menschlichen Existenz von Bedeutung ist, stützen. Wenn er sich weigere, das Urteil anderer anzuerkennen, müsse er sich der allgemeinen Meinung einer Mehrheit anschließen, die in seinen Augen durch die Zahl ihrer Anhänger Gewicht erhält. Hier findet sich wieder der Gedanke von der Tyrannei der Mehrheit, deren Gefahren für die Demokratie Tocqueville in seinem Buch von 1835 dargelegt hatte. Hingegen könne die allgemeine Meinung von Segen sein, wenn es sich um eine Religion handele, denn alle Religionen erlegten ihren Adepten »Pflichten gegenüber der menschlichen Gattung« auf. Auch hier wieder begegnen wir Gedanken, die Tocqueville bereits im Jahre 1835 umrissen hatte: Die christlichen Religionen und insbesondere der Katholizismus erlegten den Mitgliedern einer Gemeinschaft die Solidarität mit den Mitmenschen als moralische Pflicht auf und bewahrten sie so vor Selbstsucht. Tocqueville geht sogar so weit, daß er über den Menschen in der Demokratie sagt: »...ist er nicht gläubig, [muß er] hörig werden, und ist er frei, [muß er] gläubig sein...«.[2] Um aber glaubwürdig zu werden, müsse sich eine Religion wie der Katholizismus von überflüssigen Riten und abergläubischen Anteilen befreien und seine Dogmatik auf das Wesentliche reduzieren. Tocqueville wirft hier einen erstaunlichen Blick in die Zukunft, zumindest was den Katholizismus betrifft, denn dieser sollte sich zunächst in die entgegengesetzte Richtung entwickeln und erst im 20. Jahrhundert wieder den umgekehrten Weg einschlagen.

---

1 A. de Tocqueville 1951, Teil 2: 13.
2 Ebd.: 29.

Der intellektuelle Horizont einer demokratischen Gesellschaft läßt sich laut Tocqueville anhand von Wissenschaft, Kunst und Literatur ermessen. Im ersten Bereich macht er die Beobachtung, daß die Amerikaner sich eher für die praktische Anwendung von Erkenntnissen als für grundlegende Forschungen interessieren. Er hütet sich aber vor der Schlußfolgerung, daß in einer demokratischen Gesellschaft der Fortschritt zum Stillstand kommen müsse, was rasch ihren Niedergang zur Folge hätte:

»Nicht nur wird die Zahl derer, die sich der Werke des Geistes annehmen, größer sein, sondern der Sinn für geistige Genüsse überträgt sich von einem auf den anderen bis selbst zu jenen hinab, die in der aristokratischen Gesellschaft weder die Zeit noch die Gabe zu solcher Beschäftigung zu haben scheinen.

Wenn es keine vererbten Reichtümer, keine Klassen- und Geburtsvorrechte mehr gibt und jeder sich aus seiner eigenen Kraft erhält, ist das, was den Hauptunterschied im Schicksal der Menschen bestimmt, ihr Verstand. Alles, was dazu dient, den Verstand zu stärken, zu erweitern, zu bereichern, wird alsbald hoch geschätzt.«[1]

Es würde also weitere Kreise geben, die sich für wissenschaftliche Probleme interessierten und in denen man Männer antreffen könne, die sich theoretischen Studien verschrieben. Tocqueville fügt hinzu: »Ich glaube an eine Berufung zur Wissenschaft.« Doch müsse man diese fördern, dürfe sie nicht verkümmern lassen; sonst würde die christliche Zivilisation ähnlich wie die chinesische im Immobilismus enden. Hier taucht der ganz neue Gedanke auf, daß die Gesellschaft eine nicht unmittelbar zweckgerichtete wissenschaftliche Forschung fördern solle.

Um Tocquevilles Denken in Bezug auf die Situation der Künste in demokratischen Systemen besser zu ergründen, wäre es äußerst hilfreich, seine ästhetischen Vorstellungen zu kennen. Er war auf diesem Gebiet keineswegs uninteressiert und hatte sich in seiner Jugend mit Architekturstilen beschäftigt. Leider ist die wichtigste Quelle zu diesem Thema, die *Voyage d'Italie* (Reise nach Italien), in der er seine Eindrücke von Monumenten und Museen schildert, verlorengegangen. Seine Darstellungen im zweiten Band der *Demokratie* lassen sich also fast gar nicht anhand anderer Schriften seiner Feder erhellen.

In einer aristokratischen Gesellschaft, so schreibt Tocqueville, arbeite der Künstler für eine sehr kleine und sehr reiche Kundschaft: Er kann

---

1 A. de Tocqueville 1951, Teil 2: 44 f.

deshalb nach Perfektion streben. In einer demokratischen Gesellschaft muß er zu niedrigen Preisen arbeiten und seine Produktion erhöhen. Anstatt der Paläste der großen Herren baut der Architekt nun Villen wie jene in den New Yorker Vororten, bei denen mit weißgestrichenen Ziegeln und Holzsäulen am Portikus der optische Eindruck von Marmor vermittelt werden soll. Eine Vielzahl kleiner, eleganter Gemälde ersetzt nun die großen Panoramen in Öl, die für die herrschaftlichen Wohnsitze geschaffen wurden. Auch der Geist der Kunst verändert sich: Raffael hatte sich bemüht, die menschliche Seele auf die Leinwand zu bannen, Jacques-Louis David möchte vor allem ein naturgetreues Abbild des menschlichen Körpers liefern.

Jedoch läßt der demokratische Staat große Paläste für die Allgemeinheit bauen und gewaltige Denkmäler errichten. Tocqueville war sehr von Washington beeindruckt, wo sich neben dem Kapitol und den breiten Prachtstraßen auch die großen, unbebauten Flächen einer für die Zukunft konzipierten Hauptstadt fanden, die Bevölkerung aber nicht mehr Menschen zählte als in Pontoise.

Einen Aspekt erwähnt Tocqueville überhaupt nicht, nämlich die Rolle der Musik in einer demokratischen Gesellschaft. Immerhin ein aktuelles Thema im Jahre 1840, denn Berlioz sollte zum zehnten Jahrestag der Julirevolution in Paris mit Hilfe von Hunderten von Darstellern und Chorsängern seine *Symphonie funèbre et triomphale* zur Aufführung bringen. Dennoch darf man nicht auf ein mangelndes Interesse Tocquevilles in diesem Bereich schließen: Er bewunderte Mozarts *Don Giovanni* und kannte die Opern Rossinis.[1]

Dagegen bemüht er sich, die neuen literarischen Strömungen in einer demokratischen Gesellschaft zu beschreiben. Das amerikanische Beispiel läßt er hier beiseite, da die Literatur in diesem Land noch stark von der englischen beeinflußt ist. Die Kommentatoren, die in ihm einen »Propheten« der zukünftigen amerikanischen Literatur sehen wollten (er besaß zweifellos nur mäßige Kenntnisse über die zeitgenössische amerikanische Literatur), haben unserer Auffassung nach das wesentliche seiner Äußerungen verkannt (Harrison 1925: 350–360).

Tocqueville versucht auch, die neuen Strömungen im Bereich von Rhetorik und Theater zu beschreiben, er weist auf die Entstehung einer Industrieliteratur hin (ein Problem, das auch Sainte-Beuve besonders

1 A. de Tocqueville 1977, Teil 1: 82 f.

beschäftigt). Das beeindruckendste Kapitel erscheint uns jedoch jenes, in dem er die Entwicklung der Poesie schildert:

In aristokratischen Zeiten folgte die Poesie festen Regeln und maß der Form eine große Bedeutung bei. Die Dichtung der demokratischen Epoche sieht im Stil kein Ziel an sich mehr. Der Stil ist nun ein Mittel, um das Publikum aufzurütteln, indem man »bizarr, heftig und unkorrekt« schreibt; auf jeden Fall setzt man sich kühn über die Traditionen hinweg. Überdies sind die alten Inspirationsquellen versiegt: die Mythologie, das Eingreifen übernatürlicher Mächte, die Beschwörung der Vergangenheit, die Schilderung großer, außergewöhnlicher Schicksale. Statt dessen haben sich andere Quellen aufgetan: die Liebe zur Natur, die nach Tocquevilles Auffassung nur ein vorübergehender Zeitgeschmack ist, und vor allem der Mensch selbst, »... aus seiner Zeit und seinem Lande herausgelöst, im Angesicht der Natur und Gottes, mit seinen Leidenschaften, seinen Zweifeln, seinem unerhörten Glück und seinem unbegreiflichen Elend...«. Die neue Literatur verherrlicht die großen Seiten des menschlichen Herzens, und als Beispiele führt Tocqueville *Childe Harold, René* und *Jocelyn* an.[1]

Sein Interesse an den Beziehungen zwischen Literatur und Gesellschaft war damals keineswegs etwas Neues. Bereits die Männer, die eine Generation älter waren als Tocqueville, Guizot, Villemain, Chateaubriand und Fauriel, teilten diese Neigung. Die große Vorreiterin auf diesem Gebiet war aber Madame de Staël gewesen, und es ist unwahrscheinlich, daß Tocqueville ihre Abhandlung *De la littérature considérée dans ses rapports avec l'état moral et politique des nations* (dt.: *Über die Literatur, in ihren Verhältnissen mit den gesellschaftlichen Einrichtungen und dem Geiste der Zeit*) nicht kannte. Obwohl Tocqueville meist wenig Auskunft über seine Quellen gab und obwohl man zwanzig Jahre später in *Der alte Staat und die Revolution* Hinweise auf die *Considérations sur les principaux évènements de la Révolution française* (dt.: *Betrachtungen über die vornehmsten Begebenheiten der französischen Revolution*) entdecken konnte, ist es erstaunlich, daß der Name der Herrin von Coppet niemals in seinen Werken auftaucht.

Wie auch immer, die im zweiten Band der *Demokratie* vorhandenen Kapitel über die Literatur sind der Beweis dafür, daß man Tocqueville manchmal grundlos eine gleichgültige Haltung gegenüber der zeitgenös-

---

1 A. de Tocqueville 1951, Teil 2: Kap. XVII.

sischen Literatur unterstellt hat.[1] Er selbst erwähnt Byron und Lamartine, doch fanden sich in seiner Bibliothek auch Schiller und Goethe. Bei dem, was er unter den Bezeichnungen »aristokratische Literatur« und »demokratische Literatur« einander gegenüberstellt, handelt es sich weitgehend um Klassik und Romantik. Zu Recht hat man bemerkt, daß bei ihm eine gewisse Sehnsucht nach einer klaren, durchstrukturierten Literatur und der präzisen Sprache des 18. Jahrhunderts vorhanden war. Doch, wie er selbst sagte, gewinnt man nur das lieb, was lebendig ist. Und lebendig ist, dessen ist er sich bewußt, die Literatur der Romantik, die in seinen Augen der demokratischen Gesellschaft entspricht. Wenn er auch manche Übertreibungen ablehnt und ebenso wie Beaumont Victor Hugo als »gestörtes Genie« betrachtet, so schätzt er doch Lamartine als den größten französischen Dichter seiner Zeit. Dieser aber hatte den Gedanken, daß künftig das menschliche Schicksal die Quelle aller Poesie sein würde, bereits in seinem Vorwort zu *Jocelyn* geäußert: »Das Interesse der menschlichen Gattung gilt der menschlichen Gattung selbst«, denn der Mensch hatte erfahren, »daß er nur ein winziger Teil einer gewaltigen und innerlich verbundenen Einheit war, daß das Werk seiner eigenen Vorstellung ein kollektives und natürliches Werk war«[2], ein Satz, der bei Tocqueville noch einmal anklingt: »[Die Schriftsteller des demokratischen Zeitalters] glaubten im Tun jedes einzelnen die Spur dieses allgemeinen und dauernden Planes wiederzufinden, nach welchem Gott die Gattung lenkt.«[3] Noch andere Vorbilder haben Tocqueville zweifellos beeinflußt, so wahrscheinlich die Versdichtung *Prométhée* von Quinet. Wahrscheinlich denkt Tocqueville auch an Quinet und Lamartine, wenn er sich über die pantheistischen Tendenzen des demokratischen Zeitalters beunruhigt zeigt. Doch war der Gegensatz zwischen Klassik und Romantik schon in den Salons des Kaiserreiches und der Restauration, an die sich Tocqueville immer wieder mit Entzükken erinnern sollte, ein wichtiges Thema gewesen! Er selbst hob in seinen Unterhaltungen mit Senior hervor, mit welcher Begeisterung man in seiner Familie über literarische Neuheiten diskutiert habe. Unserer Auffassung nach wäre es also falsch, anzunehmen, daß Tocqueville sich vor seiner Amerikareise nur mit Politik beschäftigte.

---

1 Die Quelle dieser Anschuldigung ist A. Rédier. R. Virtanen hat schlüssig dargelegt, daß Tocquevilles Darstellung einer idealen Literatur auf eine persönliche Lektüre der romantischen Literatur hinweist; siehe dazu R. Virtanen 1959: 167-185.
2 A. de Lamartine 1960, Vorwort zur ersten Ausgabe.
3 A. de Tocqueville 1951, Teil 2: 80.

Dieser von Tocqueville aufgestellte Gegensatz zwischen »aristokratischer« und »demokratischer« Literatur ist in mancher Hinsicht angreifbar. Für Tocqueville stellt das 18. Jahrhundert in Frankreich die letzte Stufe der Klassik dar. Der »Sturm und Drang« ließ sich hier deshalb nur schwer einordnen; außerdem erkannte Tocqueville nicht jene Vorliebe für das Phantastische und Legendenhafte, die für die deutsche und sogar die französische Romantik so charakteristisch war.[1] Seinem natürlichen geistigen Hang folgend, zieht er praktische Schlußfolgerungen aus den von ihm konstatierten geschmacklichen Vorlieben der neuen Gesellschaft. Es sei, so glaubt er, gefährlich, den Menschen demokratischer Zeitalter eine klassische Bildung aufzuzwingen, »...denn da die soziale und politische Verfassung in ihnen täglich Bedürfnisse weckt, zu deren Stillung ihre Erziehung sie nicht vorbereitet, so trügen sie im Namen der Griechen und Römer Unruhe in den Staat hinein...«[2]. Aber neben den großen Heerscharen, die eine wissenschaftliche, kaufmännische oder industrielle Ausbildung erhielten, bedürfe es einer kleinen literarischen Elite, »die sich eine hervorragende Kenntnis der antiken Literatur aneignet«. Und dem fügt Tocqueville noch den folgenden, erstaunlich klarsichtigen Gedanken hinzu: »Wenige ausgezeichnete Universitäten wären zur Erreichung dieses Zieles wertvoller als eine Menge schlechter Gymnasien, wo überflüssige, schlecht geführte Studien eine gute, notwendige Bildungsarbeit unmöglich machen.«[3]

Beim ersten Teil der *Demokratie* von 1840 handelt es sich um eine soziologische Darstellung der Rolle, die dem Wissen in einer demokratischen Gesellschaft zukommt. Der zweite Teil, der direkter auf die Gefühle und Leidenschaften der Menschen eingeht, leitet über zum vierten Teil, der deren Eindringen in das politische Leben analysiert. Doch zwischen diesen beiden Teilen ist eine eher statische Darstellung der »eigentlichen Sitten« in einer demokratischen Gesellschaft eingeschoben. Merkwürdigerweise erinnert der Aufbau des Buches hier an eine klassische Sonate, bei der auf jeden von zwei langsamen Sätzen ein schnellerer Satz folgt.

Der dritte Teil liefert also eine Soziologie der Beziehungen zwischen den Menschen in einer demokratischen Gesellschaft: der familiären Be-

---

1 Siehe zu diesem Aspekt H.-N. Fügen 1965: 106-118.
2 A. de Tocqueville 1951, Teil 2: 68. Siehe auch den Artikel von M. Bressolette 1970: 5-13.
3 A. de Tocqueville 1951, Teil 2: 68.

ziehungen, der Beziehungen zwischen Grundbesitzern und Pächtern, zwischen Unternehmern und Arbeitern, zwischen Herren und Dienern:

In der kleinen Gemeinschaft der Familie setzt der demokratische Geist der auf Respekt und zuweilen auch auf Furcht beruhenden Unterordnung der Kinder unter die Eltern ein Ende. Sobald die Kinder volljährig werden, lockert sich die Bindung zu den Eltern, die Kinder treffen selbst freie Entscheidungen. Im Schoße der kleinen familiären Gemeinschaft vollzieht sich also parallel zur Emanzipation des Bürgers im Staat eine Befreiung, die dem einzelnen seine natürlichen Rechte wiedergibt. »Das Verhältnis zwischen Vater und Sohn wird vertraulicher und milder.«[1] Durch die demokratische Gesellschaft werden in der Familie nicht etwa anarchische Verhältnisse geschaffen, sondern sie wird auf eine neue, menschlichere Grundlage gestellt. Diese zeigt sich in der Abschaffung der Privilegien des ältesten Sohnes und den dadurch wegfallenden materiellen Interessen aller Brüder; die gegenseitige Bindung beruht nun auf »den gemeinsamen Erinnerungen und der freien Übereinstimmung der Ansichten und Neigungen«.

Wie wir bereits gesehen haben, ersehnt Tocqueville bisweilen die aristokratische Gesellschaft zurück, während er vom Verstand her die demokratische Gesellschaft vorzieht. Was jedoch diese neue Form der Familie angeht, so gibt er ihr gleichermaßen vom Kopf und vom Herz her den Vorrang: Ihre Vorzüge sind so offensichtlich, daß sogar die der Demokratie feindlich gesonnenen aristokratischen Kreise sich von der Natürlichkeit und Menschlichkeit der in ihr herrschenden Gefühlsbindungen haben gewinnen lassen.

Außerdem bewundert Tocqueville die außergewöhnliche Freiheit, die die jungen Mädchen in Amerika im Vergleich zu den jungen Französinnen genießen: Durch diese Freiheit können Heiraten aufgrund der gegenseitigen Zuneigung der künftigen Ehegatten zustandekommen. Tocqueville lehnt die in Frankreich übliche Ehevermittlung ab, die dazu führt, daß das Privatleben von zwei Menschen allgemeinen Familien- oder Vermögensinteressen untergeordnet wird.[2] Hier werden hinter den allgemeinen Formulierungen Tocquevilles persönliche Erfahrungen spürbar.

---

1 A. de Tocqueville 1951, Teil 2: 203; sowie P. Manent 1982: 100 f.
2 Tocqueville hatte in einem noch unveröffentlichen Brief aus Amerika abgelehnt, daß sein Freund Kergorlay für ihn als Ehevermittler auftrat.

Jedoch hält er nichts von einer Emanzipation der Frau, die diese dem Manne gleichstellen würde. Zwischen beiden herrsche eine natürliche Aufgabenteilung, die man respektieren müsse. Wenn in Amerika eine Frau eine Ehe eingehe, dann beschränke sie sich damit auf eine häusliche Existenz. Sie führe ein sittenstrenges Leben, das an der puritanischen Moral und an den Normen einer nach Gewinn strebenden Gesellschaft orientiert sei. Tocqueville scheint hier beinahe eine bürgerliche Ehrbarkeit viktorianischer Prägung preisen zu wollen!

Außerhalb des familiären Kreises werden die menschlichen Beziehungen in den aristokratischen Gesellschaften von der sozialen Kaste bestimmt, in die der einzelne hineingeboren wurde. In der demokratischen Gesellschaft entstehen eher aufgrund persönlicher Zuneigung eng miteinander vertraute Freundeskreise, die eine Erweiterung der Familie darstellen.

Aufgrund der in dieser Gesellschaft möglichen sozialen Mobilität entwickelt sich bei vielen Menschen der Ehrgeiz, sich über ihre gesellschaftliche Position zu erheben, doch weil sie sich alle in Konkurrenz zueinander befinden, ist es schwierig für sie, sehr hoch aufzusteigen:

»...niemand bleibt völlig ohne Bildung und Besitz; nachdem die Vorrechte und die Beschränkungen der Klassen aufgehoben wurden und die Menschen die Fesseln für immer zerbrochen haben, die sie unbeweglich festhielten, greift der Fortschrittsgedanke auf alle über; das Verlangen nach Aufstieg regt sich gleichzeitig in allen Herzen; jedermann will aus seiner Stellung herauskommen. Der Ehrgeiz beherrscht das Fühlen aller.

Derweil aber die gesellschaftliche Einebnung allen Bürgern einiges Einkommen verschafft, verhindert sie, daß irgendeiner über sehr große Mittel verfügt; das hält die Begierden notwendig in ziemlich engen Grenzen.«[1]

Dieses Streben nach kleinen Dingen ist die Ursache dafür, daß die demokratische Gesellschaft zugleich »betriebsam und eintönig« wirkt, aber auch konservativ und revolutionsfeindlich gesonnen ist. Die demokratische Gesellschaft bringt nicht nur menschlichere Sitten, sondern entzieht auch den Revolutionstreibern, die schon immer aus den sehr armen oder sehr reichen Klassen kamen, den Boden. Was die Armen in dieser Gesellschaft betrifft, so sind sie nicht »durch die Fesseln eines

---

1 A. de Tocqueville 1951, Teil 2: 251.

unheilbaren und ererbten Elends aneinandergekettet«, und die Reichen ihrerseits sind »dünn gesät und machtlos«. Die größte gesellschaftliche Gruppe ist die Mittelklasse, die aus mittelgroßen Grundbesitzern, Kaufleuten und Industriellen besteht, und sie bangt am meisten um ihren bescheidenen Wohlstand und fürchtet die durch eine Revolution ausgelösten Umwälzungen.[1]

Eine soziale Mobilität, die jedoch nicht bis zum Umsturz geht, das ist das spezifische Charakteristikum der demokratischen Gesellschaft. Sie ist das direkte Resultat jener mächtigen Leidenschaft, die den *homo democraticus* zum Handeln bewegt, so wie Tocqueville es am Anfang des zweiten Teils seines Buches zum Ausdruck bringt: »Die erste und stärkste Leidenschaft, die aus der Gleichheit der gesellschaftlichen Bindungen hervorgeht, ist... die Liebe zu eben dieser Gleichheit.« Diese Empfindung findet sich anders als die Freiheit nicht bei einigen Menschen aller Zeiten und aller Zivilisationen, sondern ist gerade das Kennzeichen demokratischer Gesellschaften: »Man frage weder nach dem eigentümlichen Reiz, den die Menschen der demokratischen Zeitalter darin finden, in Gleichheit zu leben, noch nach den besonderen Gründen, die sie haben mögen, soviel zäher der Gleichheit anzuhängen als vielen anderen Gütern, welche die Gesellschaft ihnen bietet: Die Gleichheit bildet das Kennzeichen der Zeit, in der sie leben; das allein genügt, um zu erklären, daß sie sie allem übrigen vorziehen.«[2]

Der Mensch in der aristokratischen Gesellschaft konnte sich selbst vergessen, indem er sich für den ihm Übergeordneten aufopferte oder indem er den unter ihm Stehenden beschützte. Der Mensch demokratischer Zeiten kennt nur noch Gleiche und interessiert sich daher aus einer natürlichen Bewegung heraus vor allem für sich selbst. Die demokratische Gesellschaft erzeugt also Individualismus: »Der Individualismus ist ein überlegendes und friedfertiges Gefühl, das jeden Bürger drängt, sich von der Masse der Mitmenschen fernzuhalten und sich mit seiner Familie und seinen Freunden abzusondern; nachdem er sich eine kleine Gesellschaft für seinen Bedarf geschaffen hat, überläßt er die große Gesellschaft gern sich selbst.«[3]

Dadurch verändern sich die Ziele der menschlichen Existenz. In der aristokratischen Gesellschaft widmeten sich wohlhabende und einfluß-

---

1 A. de Tocqueville 1951, Teil 2: 3. Teil, Kap. XXI.
2 Ebd.: 102; P. Manent 1982: Kap. VI.
3 A. de Tocqueville 1951: 105; siehe auch J.-C. Lamberti 1970.

reiche Männer, die sich nicht um den Bestand ihres Vermögens sorgen mußten, ganz natürlich den öffentlichen Angelegenheiten; die ihnen untergeordneten Massen, die keinerlei Hoffnung auf eine Verbesserung ihrer materiellen Situation haben konnten, gehorchten den ihnen übergeordneten Mächtigen. Diese sozialen Bande haben sich in der demokratischen Gesellschaft gelöst: Die einander gleichgestellten und autonomen Menschen befinden sich zueinander in einem Konkurrenzverhältnis. Sie können zwar keine große gesellschaftliche Macht erlangen, aber nach einer Verbesserung ihrer materiellen Lage streben. Das Streben nach materiellem Wohlergehen, das für die mittleren Klassen so charakteristisch ist, erfaßt nun alle Mitglieder der Gesellschaft. Da aber die Gleichheit aufgrund unterschiedlicher individueller Fähigkeiten und äußerer Umstände niemals verwirklicht werden kann, entsteht mit der sozialen Mobilität ein ängstliches Erfolgsstreben, eine besorgte Eifersucht auf den Nachbarn. Paradoxerweise nimmt ein Mensch, der nach Wohlstand strebt, bisweilen die erstaunlichsten Entbehrungen und Mühen auf sich, wie zum Beispiel jener Seemann, der bei schwierigstem Wetter in See sticht, um das Pfund Tee einen Sou billiger verkaufen zu können als sein Konkurrent. Es ist nämlich schwierig, in diesem Wettlauf nach Reichtum mitzuhalten, an dem sich so viele Menschen beteiligen: »Wenn die Menschen alle einander ähnlich sind und ungefähr den gleichen Weg verfolgen, ist es für jeden einzelnen unter ihnen sehr schwierig, schnell zu laufen und die uniforme Masse, die ihn umgibt und ihn bedrängt, hinter sich zu lassen.«

Constant hatte bereits darauf hingewiesen, daß in den modernen Gesellschaften – im Gegensatz zu den antiken Gemeinwesen – die privaten Angelegenheiten den Vorrang vor den öffentlichen gewännen (Constant 1819). Tocqueville zeigt sich sehr viel pessimistischer, was die gesellschaftlichen Gefahren dieser Vereinzelung der Bürger durch die Konkurrenz und die daraus folgende Entpolitisierung angeht. Er erinnert an die Möglichkeiten der Abhilfe, die er in Amerika vorgefunden hat: die Religion, die den Menschen aus seinem einseitigen Streben nach materieller Bereicherung herausreißt, der Vereinigungsgeist und seine Folgen, die Pressefreiheit, die alle neue Bindungen innerhalb der Gemeinschaft schaffen; schließlich die Lehre vom wohlverstandenen Eigeninteresse, die besagt, daß die Früchte der Tätigkeit des einzelnen auch dem Staat insgesamt zugute kommen sollen und derzufolge die Tugenden der großen Persönlichkeiten früherer Zeiten durch eine weniger hehre, aber mehr den mittleren Klassen entsprechende Moral ersetzt werden. Tocqueville wird dieses Problem im letzten Teil seines Buches noch einmal aufgreifen und genauer ausführen. Zuvor analysiert er jedoch noch zwei speziellere Gefahren, die die neuen Gesellschaften bedrohen können: die Gefahr, daß sich die Großindustriellen zu einer Aristokratie entwickeln könnten, und die Bedrohung, die eine Armee für die Demokratie darstellen kann.

Die Entwicklung zur Gleichheit der gesellschaftlichen Bedingungen, so wie Tocqueville sie sich vorstellt, verbessert das Los des Pächters und des Arbeiters und macht sie zu freien Vertragspartnern des Grundbesitzers und des Unternehmers. Jedoch hat er in England und insbesondere in Manchester Manufakturen kennengelernt, in denen Hunderte von Arbeitern beschäftigt waren und wo sich die Distanz zwischen dem Unternehmer und seinen Arbeitern im Gegenteil vergrößert hatte. In der *Demokratie* liefert er selbst eine Erklärung für dieses Phänomen, das mit dem relativen Ansteigen der Industrieproduktion gegenüber der Landwirtschaft einhergeht:

»Man hat erkannt, daß sich Gesamtherstellung leichter, rascher und sparsamer gestaltet, wenn ein Arbeiter jeden Tag nur die gleiche Einzelheit besorgt.

Man hat ebenfalls erkannt, daß die Erzeugnisse einer Industrie um so billiger werden, je größer und kapitalkräftiger sie ist, je mehr Kredit sie besitzt.«[1]

Während ein Arbeiter durch die Ausübung einer bestimmten spezialisierten Aufgabe eine geistige Haltung und körperliche Gewohnheiten entwickele, die ihn zu allem anderen unfähig machten, ihn an seinen Beruf fesseln und ihn inmitten der allgemeinen Bewegung zur Unbeweglichkeit verurteilten, lasse der Unternehmer seine Blicke über einen immer weiter werdenden Horizont schweifen: Der eine ähnele »dem Verwalter eines umfassenden Reiches und der andere einem Vieh«. Zwischen beiden entstehe ein Verhältnis aristokratischer Natur.

Tocqueville bemüht sich aber zu zeigen, daß diese Bande sich von denen früherer aristokratischer Gesellschaften unterscheiden: Die Klasse der Unternehmer ist nicht fest abgegrenzt und bildet keine Einheit; die

---

1 A. de Tocqueville 1951, Teil 2: 164. Eine präzisere Darstellung von Tocquevilles Gedanken zu diesem Thema findet sich in dem noch unveröffentlichten Teil seines *Mémoire sur le paupérisme*.

Arbeiter unterstehen nicht einem einzigen Mann, sondern den Manufakturbesitzern; wenn sie aus dem Fabriktor heraustraten, gewinnen sie ihre Freiheit wieder. Doch anders als in seinem *Mémoire sur le paupérisme* schlägt Tocqueville an dieser Stelle nicht mehr die Gründung von Arbeitervereinigungen als Mittel zur Abhilfe vor.

Diese Entwicklung der Großindustrie, die den von ihm aufgestellen Gesetzmäßigkeiten bei der Entwicklung von Gesellschaften zuwiderläuft, beschäftigt ihn ganz besonders. Gern würde er ihre gesellschaftliche Dimension klären, doch verrät die von ihm gewagte Prognose wie in so vielen Fällen Ungewißheit und Zweifel:

»Im ganzen genommen ist, glaube ich, die Aristokratie der Fabrikanten, die wir vor unseren Augen erstehen sehen, eine der härtesten, die auf Erden erschienen ist; sie ist aber zugleich eine der kleinsten und ungefährlichsten.

Dennoch müssen die Freunde der Demokratie ihre Blicke ständig mit Besorgnis nach dieser Seite hin lenken; falls nämlich die dauernde Ungleichheit der gesellschaftlichen Bedingungen und die Aristokratie jemals von neuem in die Welt dringen, so läßt sich voraussagen, daß sie durch dieses Tor hereinkommen werden.«[1]

Die demokratischen Gesellschaften bergen dennoch in ihrem Innern eine andere Gefahr, nämlich die Armee. Die amerikanische Demokratie befindet sich, da sie von keinen bedrohlichen Nachbarn umgeben ist, in dieser Hinsicht in einer privilegierten Lage. So friedlich sich in Europa eine demokratische Gesellschaft auch gestalten könnte, so müßte sie doch an ihre Verteidigung denken und folglich eine Armee aufbauen.

Nun findet eine Armee in einer aristokratischen Gesellschaft leicht ihren Platz: Die Offiziere sind Adlige, die Soldaten Leibeigene, die das Waffenhandwerk ausüben. Für den Offizier ist nicht sein militärischer Rang von Bedeutung, sondern seine Stellung in der zivilen Gesellschaft. Die Achtung, die diese genießt, überträgt sich auf seine Position beim Militär. In einer friedlichen, demokratischen Gesellschaft sind die Militärangehörigen eher unbeliebt. Dem Soldat in der Truppe bleibt das Kriegshandwerk meist innerlich fremd. Der Offizier ist im allgemeinen ein Proletarier, der über keine andere Einkommensquelle verfügt als seinen Sold und dessen einzige Perspektive die Beförderung ist. Diese Beförderung, um die heftig konkurriert wird, erfolgt in Friedenszeiten

---

1 A. de Tocqueville 1951, Teil 2: 167.

nach Dienstjahren. Die ranghöheren Militärs wünschen also den Krieg, der neben allen Risiken auch die Chance einer schnellen Beförderung eröffnet. Dieser Wunsch zeigt sich am ausgeprägtesten bei den Unteroffizieren, deren neue Rolle und direkter Einfluß auf die Soldaten von Tocqueville unterstrichen werden. Möglicherweise gründet sich sein Eindruck auf die Erinnerung an die Revolutionsarmeen, aber sicherlich auch auf die Ereignisse in Spanien im August 1836, die er aufmerkam mitverfolgte und in deren Verlauf sich die Regentin einem Ultimatum der Unteroffiziere beugen mußte.[1] Dieser gefährliche Einfluß der kleinen Gesellschaft der Militärs, die sich im Widerspruch zur großen demokratischen Gesellschaft befindet, stellt demnach unzweifelhaft eine Bedrohung dar – sei es, daß die Armee putscht, sei es, daß sie die Nation in einen Krieg hineinzieht, der letztlich zu einer Einschränkung der Freiheiten führt. Tocqueville weiß hier keine andere Abhilfe, als den höheren Militärs den gleichen Bürgersinn einzuimpfen wie der zivilen Bevölkerung.[2]

Doch trägt die demokratische Gesellschaft schon von ihrem Wesen her in sich den Keim eines viel heimtückischeren Übels. Sie stellt den Menschen der neuen Zeit an den Scheidepunkt zweier Wege: »Die Gleichheit erzeugt... zwei Tendenzen: Die eine führt die Menschen direkt zur Unabhängigkeit und kann sie bis zur Anarchie treiben, die andere geleitet sie auf einem längeren Weg unmerklicher und unausweichlicher zur Knechtschaft.«[3]

Tocqueville sieht in der Anarchie jedoch keinen allzugroßen Anlaß zur Sorge: Sie sei im Grunde ein Übermaß von etwas Gutem, das darin bestünde, daß es »tief im Geiste und im Herzen jedes Menschen jene dunkle Ahnung und instinktive Neigung zur politischen Unabhängigkeit verankere«; Tocqueville empfindet die »Widerspenstigkeit« der demokratischen Gesellschaft als etwas Begrüßenswertes. Das größte Übel, das die Angst vor der Anarchie hervorbringe, sei die Panik der auf Ordnung bedachten Bürger, die sie in die Arme der Macht treibe und dazu führe, daß sie sich mit dem Verlust der Freiheiten abfänden.

Denn Tocqueville hat den zweiten Band der *Demokratie* seiner eigenen Aussage nach geschrieben, um seine Zeitgenossen über diese Gefahr

---

1 Tocqueville hinterließ Aufzeichnungen über die Ereignisse in Spanien, die demnächst in den *Œuvres complètes, Écrits politiques*, Bd. II veröffentlicht werden.
2 A. de Tocqueville 1951, Teil 2: 3. Teil, Kap. XXII und XXIII.
3 Ebd.

aufzuklären. Seine Schilderungen des Lebens und der Sitten in einer demokratischen Gesellschaft und der Beweggründe für das Handeln des Menschen dienen vor allem diesem Ziel. Im letzten Teil seines Buches kommt er auf dieses Anliegen zurück und faßt noch einmal alles zusammen, um noch direkter auf die Gefahr des Despotismus hinzuweisen:

Was letztlich zum Despotismus führt, ist die Zentralisierung, und diese entspricht den egalitären Gesellschaften. Natürlich gab es auch in den alten Gesellschaften despotische Regime. Man erinnere sich nur an die Tyrannei der römischen Kaiser. Doch die ihr unterworfenen Völker hatten sich ihre eigenen Lebensgewohnheiten bewahrt, bis hin zu den bescheidenen Befugnissen ihrer Munizipien. Letztlich zeichnet sich jede aristokratische Gesellschaft durch sehr vielschichtige Beziehungen zwischen den Menschen aus, durch die autonome gesellschaftliche Einheiten und Sekundärmächte entstehen. In der demokratischen Gesellschaft hingegen steht der vereinzelte und machtlose Mensch einem mächtigen Staat gegenüber. Und der auf Gleichheit und Vereinfachung bedachte Geist dieses Menschen führt zur Zentralisierung des Staates. Während seiner zweiten Reise nach England hatte sich Tocqueville erstaunt gezeigt, daß viele Radikale die lokalen Institutionen, welche ihm selbst als Garanten der Freiheit erschienen waren, als Schlupfwinkel der Aristokratie betrachteten.[1] Wenn dem bereits in einem Land so ist, in dem sich eine gewaltlose Revolution vollzieht und das seit langem über Freiheiten verfügt, wie verhält es sich dann in den Ländern, in denen die Gleichheit vor der Freiheit kam? Mit der Zentralisierung der französischen Verwaltung war Napoleon bei seiner Machtergreifung den Weg des geringsten Widerstands gegangen. Denn die Folge einer Zentralisierung sind immer einheitliche, für alle geltende Gesetze. Dies erleichtert der Staatsgewalt die Machtausübung und sichert den Konsens der großen Masse der Bürger. Von den Lehren, die die europäischen Souveräne aus der Französischen Revolution gezogen haben, ist dies jene, die es ihnen erlaubt, ihre Macht zu festigen.

Die Zentralisierung ermöglicht aber auch eine beträchtliche Ausweitung der Zuständigkeitsbereiche des Staates. Der Bürger in einer demokratischen Gesellschaft pflegt nicht seine Mitbürger um Hilfe zu bitten, sondern wendet sich an den Staat. Und der moderne Staat verfügt über einen Kompetenzbereich, der bei weitem die Befugnisse der früheren aristokratischen Staaten und der nachgeordneten Mächte übersteigt.

---

1 Siehe A. de Tocqueville 1958: 52 f. Gespräch Tocquevilles mit Lord Minto.

»Es gibt, behaupte ich, in Europa kein Land, in dem die öffentliche Verwaltung nicht nur zentralisierter, sondern auch zudringlicher und umständlicher geworden wäre; überall dringt sie tiefer als früher in die privaten Angelegenheiten ein; sie entscheidet nach ihrer Weise über zahlreiche und über kleinere Handlungen, und sie nistet sich täglich mehr neben, um und über jeden einzelnen ein, um ihm beizustehen, ihn zu beraten und ihn zu zwingen.«[1] All diese Vorgänge beschleunigen in Europa nicht nur den Vormarsch der Gleichheit, sondern stärken auch die Macht und die Kompetenz des Staates.

Die Entwicklung zur Zentralisierung vollzieht sich nach Tocqueville mit Einverständnis der Bürger. Ihre Haltung ist zwar nicht für diese Entwicklung verantwortlich, wohl aber für ihre schädlichen Auswirkungen. Zwar strebt der *homo democraticus* zweifellos nach Unabhängigkeit, doch stehen seine Lebensweise und seine Neigungen dieser Sehnsucht nach Freiheit entgegen: »Das Privatleben ist in den demokratischen Zeiten so rührig, so bewegt, so von Wünschen, von Arbeit erfüllt, daß jedem weder viel Kraft noch Muße für das politische Leben übrigbleibt.«[2] Aufgrund seiner Neigung zur Bequemlichkeit hält er sich von den Ärgernissen der Politik fern und erstrebt als oberstes politisches Ziel die öffentliche Ruhe und Ordnung. Daher ist er bereit, eine starke Zentralmacht zu akzeptieren. Das Regime Mohammed Alis – eines Despoten, der über die egalitäre Gesellschaft der ägyptischen Fellachen herrscht und dieses Land zu seiner Fabrik und die Einwohner zu seinen Arbeitern gemacht hat – ist die Karikatur eines solchen Systems. Ein Despotismus neuer Art, der sich in Europa stabilisieren würde, würde sich aber als wohltätig und mild erweisen. Er würde große materielle Leistungen hervorbringen, dabei jedoch die Bedeutung der menschlichen Person reduzieren und sich dadurch – allerdings nur auf lange Sicht – selbst aller Kräfte berauben. Tocqueville beschreibt ihn in einer berühmt gewordenen Passage:

»Ich will mir vorstellen, unter welchen neuen Merkmalen der Despotismus in der Welt auftreten könnte: Ich erblicke eine Menge einander ähnlicher und gleichgestellter Menschen, die sich rastlos im Kreise drehen, um sich kleine und gewöhnliche Vergnügungen zu verschaffen, die ihr Gemüt ausfüllen. Jeder steht in seiner Vereinzelung dem Schicksal

---

1 A. de Tocqueville 1951, Teil 2: 313.
2 Ebd.: 300.

aller anderen fremd gegenüber: Seine Kinder und seine persönlichen Freunde verkörpern für ihn das ganze Menschengeschlecht; was die übrigen Mitbürger angeht, so steht er neben ihnen, aber er sieht sie nicht; er berührt sie, und er fühlt sie nicht; er ist nur in sich und für sich allein vorhanden, und bleibt ihm noch eine Familie, so kann man zumindest sagen, daß er kein Vaterland mehr hat.

Über diesen erhebt sich eine gewaltige, bevormundende Macht, die allein dafür sorgt, ihre Genüsse zu sichern und ihr Schicksal zu überwachen. Sie ist unumschränkt, ins einzelne gehend, regelmäßig, vorsorglich und mild. Sie wäre der väterlichen Gewalt gleich, wenn sie wie diese das Ziel verfolgte, die Menschen auf das reife Alter vorzubereiten; statt dessen aber sucht sie bloß, sie unwiderruflich im Zustand der Kindheit festzuhalten; es ist ihr recht, daß die Bürger sich vergnügen, vorausgesetzt, daß sie nichts anderes im Sinne haben, als sich zu belustigen. Sie arbeitet gerne für deren Wohl; sie will aber deren alleiniger Betreuer und einziger Richter sein; sie sorgt für deren Sicherheit, ermißt und sichert deren Bedarf, erleichtert deren Vergnügungen, führt deren wichtigste Geschäfte, lenkt deren Industrie, ordnet deren Erbschaften, teilt deren Nachlaß; könnte sie ihnen nicht auch die Sorge des Nachdenkens und die Mühe des Lebens ganz abnehmen?«[1]

Die Gefahr des Despotismus drohe zwar nicht unmittelbar, sei aber in Tocquevilles Augen »fürchterlich«: Sie wird um so bedrohlicher, wenn eine egalitäre Gesellschaft durch eine gewaltsame oder sich länger hinziehende Revolution entstanden ist. In einem solchen Fall sind die beiden gegensätzlichen Tendenzen des demokratischen Geistes Zug um Zug wirksam geworden. Zunächst hat der Geist der Unabhängigkeit zur Zerstörung der aristokratischen Gesellschaft geführt, sich bei diesem Werk aber genaugenommen eher wild als liberal gebärdet. Dann, nach der Zerstörung der Privilegien, werde die neue Gesellschaft von Trägheit erfaßt, und so gebe diese der anderen Tendenz des demokratischen Geistes nach, nämlich der Neigung zu einer stark zentralisierten gesellschaftlichen Macht. Dies sei in der jüngeren Geschichte aller Regionen Europas geschehen.

Im Zuge einer gleichsam natürlichen Entwicklung, deren fatale Konsequenzen den Bürgern der Demokratie aufgrund ihrer für sie typischen »fehlenden Aufmerksamkeit« verborgen bleiben, gleiten die egalitären

---

1 A. de Tocqueville 1951, Teil 2: 324.

Gesellschaften in den Despotismus ab. Will man in solchen Gesellschaften der Freiheit neben der Gleichheit zu ihrem Recht verhelfen, so ist dazu eine große »Kunstfertigkeit« erforderlich.

Um eine liberale Gesellschaft zu schaffen, genügt es nach Tocquevilles Auffassung nicht, einer zentralisierten Verwaltung eine durch die Volkssouveränität legitimierte Regierung voranzustellen: Dies ist sowohl eine unzureichende Notlösung als auch eine instabile Kombination. Statt dessen muß vor allem die Aufmerksamkeit der Bürgerschaft geweckt werden, muß ihr die Gefahr bewußt gemacht werden, die auf längere Sicht ihre ureigensten Interessen bedroht. Zu diesem Zweck gilt es Vereinigungen zu gründen, die uneingeschränkte Pressefreiheit durchzusetzen, durch Wahlen bestimmte lokale Gremien zu schaffen und das religiöse Bewußtsein neu zu wecken. All diese Mittel, deren Nutzen Tocqueville in Amerika erfahren hat – einem Land, das weniger vom Despotismus bedroht ist als Europa, weil es keine gewaltsame Revolution erlebt hat und hier die Gleichheit nicht vor der Freiheit herrschte –, müßten sich auch in einem vom Geist der Revolution befreiten Europa anwenden lassen. Und dieses Ende der revolutionären Phase hält Tocqueville bereits für gekommen.[1]

Jeder Determinismus, der auf die Unterschiede zwischen den Rassen, auf unterschiedliche klimatische Bedingungen oder geschichtliche Voraussetzungen zurückgeführt würde, ist in Tocquevilles Augen eine »feige Lehre«. Er bekräftigt, daß er nicht die Mühe unternommen hätte, sein Buch zu schreiben, wenn er nicht an die Möglichkeit glaubte, daß die menschliche Freiheit und Vernunft in der Lage wären, die von ihm diagnostizierten, schwerwiegenden gesellschaftlichen Gefahren zu meistern: »Die Vorsehung ... zieht um jeden Menschen einen Schicksalskreis, dem er nicht entrinnen kann; aber innerhalb dieser weiten Grenzen ist der Mensch mächtig und frei; so auch die Völker.«[2]

Die Grundidee des zweiten Bandes der *Demokratie* ist dieselbe wie im ersten Band: Tocqueville will die Möglichkeit ergründen, in einer egalitären Gesellschaft die Freiheit zu bewahren. Doch zeichnet sich das Werk von 1840 durch eine weitere, abstraktere Perspektive aus; seine Analyse der menschlichen Leidenschaften ist gründlicher und berück-

---

1 In diesem Punkt vertraten Tocqueville und Guizot verschiedene Auffassungen; siehe dazu J.C. Lamberti 1970.
2 A. de Tocqueville 1951: 339.

sichtigt in verstärktem Maße die Stellung des Menschen in der Welt. Ausgehend von Pascal und Rousseau, die er ab 1835 erneut gelesen hatte, reflektiert Tocqueville über die Natur des Menschen und der menschlichen Gesellschaften. Im übrigen hatte er durch seine Reise von 1835 England besser kennengelernt und erlebte nun die täglichen Schwierigkeiten, mit denen ein Politiker zu kämpfen hatte.

In einigen bedeutenden Punkten hatte sich sein Denken gewandelt. Der demokratische Despotismus trug nun nicht mehr die Züge der Tyrannei der Mehrheit, sondern konnte durch einen Menschen oder eine anonyme staatliche Organisation verkörpert werden. Tocqueville sah nun, aufgeklärt durch die neueren Entwicklungen in der englischen Gesellschaft, den Zusammenhang zwischen Demokratie und Zentralisierung. Auch wurde ihm immer stärker die Bedeutung der revolutionären Tradition Europas bewußt, die über Jahre hinweg immer wieder zu Umwälzungen geführt hatte; es war diese Tradition, die die Menschen dazu trieb, aus Angst vor der Anarchie nach Ordnung um jeden Preis zu streben. Hinzu kamen die Bequemlichkeit und der Individualismus, die sich durch die gesellschaftliche Gleichheit entwickelt hatten. All das veranlaßte den Bürger dazu, sich aus dem öffentlichen Leben zurückzuziehen und sich seiner Familie, seinen Freunden und seinen privaten Angelegenheiten zu widmen. Folglich war es eher die Untätigkeit des einzelnen als das Gewicht der intoleranten Masse, die die Gefahr der Tyrannei heraufbeschwor und die Zivilisation selbst zu lähmen drohte. Das ganze Buch stellt eine Warnung vor dieser Gefahr dar, ist Ausdruck von Tocquevilles Kampf gegen den Lauf der Dinge, weshalb im zweiten Band der *Demokratie* häufiger ein düsterer Ton anklingt als im ersten. (Drescher 1964: 201-216)

Villemain hatte, wir erinnern uns, einen lobenden Bericht über den ersten Band der *Demokratie* verfaßt, und der junge Autor hatte ihn daraufhin gebeten, ihm auch zukünftig Unterstützung zu gewähren. Schon im Mai 1840 schrieb Villemain im *Journal des savants* über den zweiten Band: Während im ersten Band die Montesquieusche Methode auf Amerika angewandt worden sei, würden im zweiten ganz generell die Sitten in den Demokratien durch die mißbräuchliche Anwendung der philosophischen Methode untersucht. Villemain kritisiert einige der »Feinanalysen« Tocquevilles: daß die Literatur der Amerikaner sich von der Literatur der Engländer unterscheide; daß die Amerikaner in umfassenderen Konzepten denken würden als jene; daß die Deformierung der englischen Sprache in Amerika etwas anderes sei als eine Niedergangserscheinung; daß sich die Dichtung in einer Demokratie durch ganz bestimmte Charakteristika auszeichne (er bemüht hier Aristophanes und Milton); daß es in der gesamten Union überall ähnliche Sitten gäbe etc.. Lob spricht er Tocqueville nur für die Auffassung aus, daß man die Militärs fürchten müsse, und dafür, daß er gezeigt habe, »daß die souveräne Macht wächst, ohne daß sich die Souveränität festigt«. Dies sei tatsächlich die »Geißel unserer Zeit«. Abschließend bemerkte er, daß Tocqueville Amerika abhandele wie die Kirche die Biblische Geschichte, nämlich zugleich als Schilderung und als Symbol. Und dies »läßt etwas von der Müdigkeit ahnen, die die Augen verspüren, wenn sie zwei Dinge auf einmal anschauen wollen« (Villemain 1840: 257-263).

Die Rezension in der *Revue des deux mondes* stammte von Pellegrino Rossi, der bereits den ersten Band der *Demokratie* im *Journal de l'Instruction publique* vom 21. Mai 1835 besprochen und dabei Tocquevilles Zustimmung gefunden hatte. Rossi erwähnte in seiner neuen Rezension lobend den ersten Band, in dem der Autor erkannt hatte, daß die Welt durch ein neues Prinzip verändert werde. Im zweiten Teil hingegen suche man vergeblich nach solchen positiven Erkenntnissen. Daher empfinde der Leser eine gewisse »Enttäuschung«. Tocqueville sei bei seinen Voraussagen über die Auswirkungen des von ihm postulierten Prinzips zu weit gegangen. Zweifellos seien seine Analysen manchmal tiefgründig, doch müsse man Amerika eher als Historiker denn als Philosoph beschreiben; im übrigen bewege sich Amerika auf Europa zu und nicht umgekehrt. Für Rossi bedeutet die Demokratie nicht die Gleichheit der gesellschaftlichen Bedingungen, sondern eine Gleichheit der Rechte, die den Individualismus nicht fürchten muß (Rossi, 15. September 1840: 884-904).

Im *Journal des Débats* wurde das Werk erst am 9. Oktober 1840 von Sacy rezensiert. Hatten die vorausgehenden Besprechungen die Grundidee des Werkes noch teilweise erkannt, so verstand Sacy sie schlichtweg falsch. Für ihn wollte das Werk die amerikanische Demokratie als den Vorläufer eines Systems präsentieren, das sich eines Tages auch in Europa etablieren würde. In Frankreich würde man niemals solche selbstsüchtigen und zweckbestimmten Sitten übernehmen, die Demokratie würde hier immer militärischen Charakter wahren. Tocqueville hätte aber nicht aufgezeigt, welche Strömung Frankreich zur Demokratie führen würde. Mit einem Lob auf das Zensuswahlrecht schließt Sacy seine Rezension und entschuldigt sich dafür, daß er dieses »bedrückende« Buch eines Autors attackiert habe, dessen Begabung und Charakter er grundsätzlich sehr schätze.

Dieser Artikel löste bei Tocqueville Verärgerung aus. So findet sich im Familienarchiv der Entwurf eines Briefes, den er möglicherweise nicht abschickte. »Monsieur, ich erhalte gerade die Ausgabe des Journal des Débats, die Ihren Artikel über mein Buch enthält. Ich kann nicht umhin, Ihnen mitzuteilen, welch ein schmerzliches Gefühl er bei mir ausgelöst hat. Er wird mir nicht gerecht, was den Hauptpunkt, die Grundidee, den Urgedanken des Werkes angeht, und Gerechtigkeit wenigstens in diesem Punkt, das hatte ich grundsätzlich von Ihnen erwartet, Monsieur.

Ich hatte bemerkt, daß heutzutage [die] neue Gesellschaftsordnung, die so große Wohltaten hervorgebracht hat und immer noch hervorbringt, dennoch zur Entstehung einiger sehr gefährlicher Tendenzen geführt hat. Dem freien Wachstum überlassen, schienen mir diese Keime einen endlosen Niedergang der Intelligenz, eine materialistische Lebenshaltung und schließlich eine allgemeine Versklavung zu verursachen. Ich hatte zu erkennen geglaubt und mit Schrecken gesehen, daß die menschliche Rasse heutzutage in diese Richtung neigt und daß genau hier alle beherzten Männer versuchen müßten, dem entgegenzuwirken. Diese fürchterlichen Gefahren wagten meines Wissens nur wenige der Freunde der Revolution von 1789 aufzuzeigen... Jene, die sie erkannten und sich nicht fürchteten, darüber zu sprechen, gehörten zu der Gruppe von Männern, die die demokratische Gesellschaftsordnung insgesamt und alle ihre einzelnen Bestandteile auf einen Schlag verurteilten und damit eher die Gemüter erhitzten als sie zu lenken. Die intellektuelle Welt spaltete sich auf in die blinden Verfechter und die fanatischen Verleumder der Demokratie.

Ich habe mein Buch geschrieben, weil ich diese fürchterlichen Abgründe, die sich zu Füßen unserer Zeitgenossen auftun, sichtbar machen wollte, und nicht, um zu beweisen, daß man sie in eine aristokratische Gesellschaftsordnung zurückwerfen sollte..., sondern um bei ihnen Furcht vor diesen Gefahren zu wecken, indem ich diese lebhaft ausmalte, um sie auf diese Weise zu einer freiwilligen, inneren Anstrengung zu veranlasssen, die das einzige Mittel zu ihrer Bekämpfung ist; um die Demokratie zu lehren, sich selbst kennenzulernen, indem sie sich bemüht, sich selbst zu lenken und im Zaum zu halten.«[1]

---

1 Unveröffentlichter Brief, Archives Tocqueville, Akte 5.

Dieser Brief, den wir so ausführlich zitiert haben, weil er in großer Klarheit den Schlüsselgedanken des zweiten Bandes der *Demokratie* erläutert, zeigt einen Tocqueville, der sich von dem Unverständnis, das man ihm entgegenbringt, getroffen fühlt. Es ist nicht bekannt, ob er an Villemain und Rossi schrieb, aber es wäre nicht überaschend, wenn die Anwandlungen von Ärger, die er später dem einen wie auch dem anderen gegenüber zeigte, in einem alten Groll begründet lägen. Jedoch zweifelte Tocqueville selbst an dem Wert eines Buches, das keine breite Öffentlichkeit erreichte. In einem Brief vom 25. August teilte er Royer-Collard, dessen Urteil er damals größtes Vertrauen schenkte, seine Bedenken mit: »Ich erhalte sehr häufig Stellungnahmen, denen ich aufgrund der Personen, die sie vorbringen, großen Wert beimesse. Doch täusche ich mich nicht darüber hinweg, daß das Buch in der breiten Öffentlichkeit wenig gelesen wird und kaum bekannt ist. Dieses Schweigen bekümmert mich. Es veranlaßt mich zu schmerzlicher Selbstbesinnung. Ich stelle mir die Frage, ob dieses Buch wirklich einen Wert hat. Oft bin ich geneigt, daran zu zweifeln, und dieser Zweifel führt mich zu der Frage, ob ich jemals über die Fähigkeiten verfügt habe, die man mir zuschreiben wollte. Denn daß ein Mann mit gewissen Fähigkeiten vier Jahre seines Lebens damit verbringt, ein Buch ohne einen gewissen Wert zu verfassen, das ist unvorstellbar.«[1] Die Antwort Royer-Collards, der das Buch noch einmal sorgfältig gelesen hatte, drückte einerseits seine persönliche Wertschätzung des Werkes aus, das er als eine »beachtliche Reflexions- und Geduldsleistung« ansah, und wies andererseits auf die Ursache der Mißverständnisse zwischen Autor und Öffentlichkeit hin: »Es gibt kein Kapitel, das nicht in mancher Hinsicht hätte anders gestaltet werden können, als Sie es gemacht haben; das liegt allerdings an der Thematik. Sie hatten es sich eher zur Aufgabe gemacht, etwas zu erdenken, zu erfinden, als etwas zu beschreiben, und die Erfindung ist nun einmal innerhalb gewisser Grenzen willkürlich.« Es war also letztlich vor allem Tocquevilles Konstrukt einer »idealtypischen« Gesellschaft, das die Zeitgenossen irritierte.

In England hingegen genoß Tocqueville einen unangefochteten Ruf, was damals für einen französischen Schriftsteller etwas Außergewöhnliches war. Am gleichen Tag, an dem Gosselin den zweiten Band der *Demokratie* veröffentlichte (20. April), erschien das Buch auch in Lon-

---

1 A. de Tocqueville 1970: 92 f.

don in der englischen Übersetzung von Henry Reeve. John Stuart Mill, der ja bereits eine Rezension des ersten Bandes in der *London Review* veröffentlicht hatte, widmete beiden Bänden der *Demokratie in Amerika* eine lange, umfangreiche Studie, die im Oktober 1840 in der *Edinburgh Review* erschien.

John Stuart Mill betrachtete das Buch als das erste große Werk der politischen Philosophie, das der Demokratie in der Neuzeit gewidmet sei. Er schätzte den zweiten Band für bedeutender ein als den ersten, weil er eine gründlichere, tiefgreifendere Studie der menschlichen Natur liefere und ein Werk darstelle, das seiner Zeit voraus sei. Mill stimmte mit dem Autor vollkommen darin überein, daß jene Bewegung, die die westliche Welt zur Gleichheit der gesellschaftlichen Bedingungen führe, unausweichlich sei. Ebenso fand er bei Tocqueville seine Ahnung bestätigt, daß die Demokratien der Zukunft nicht durch anarchische, revolutionäre Bewegungen bedroht sein würden, sondern durch einen Immobilismus, der den Fortschritt der Zivilisation lähmen könnte. Er legte Tocquevilles Gedanken zur Tyrannei der Mehrheit und zur Mittelmäßigkeit der Staatsmänner in der amerikanischen Demokratie dar bzw. versuchte sie einzugrenzen und zu präzisieren. Wenn er auch die gesellschaftliche Rolle der Religion – eine Frage, in der er sicherlich nicht mit Tocqueville übereinstimmte – unerwähnt ließ, so diskutierte er doch den vorherrschenden Einfluß des demokratischen Geistes auf die Ansichten und Sitten. Er identifizierte ihn als den Geist der mittleren Klassen und zeigte sich frappiert, daß es die Klasse der Händler sei, die in den modernen Gesellschaften eine Antriebsfunktion ausübte. Er meinte, daß andere gesellschaftliche Gruppen versuchen müßten, durch ihr Handeln ein Gegengewicht zu diesen zu bilden. Doch trotz der Vorbehalte schien Mill Tocquevilles Werk von dessen »Uridee« und Tragweite her vollkommen verstanden zu haben. Tocqueville ließ nach der Lektüre von Mills Studie seiner Freude freien Lauf: »Von allen Artikeln, die über mein Buch geschrieben wurden, ist Ihrer *der einzige*, dessen Autor meine Gedanken vollkommen verstanden und sie darzulegen gewußt hat... Endlich fand ich mich von einem sehr hochstehenden Geist beurteilt, der sich bemüht hatte, meine Gedanken zu erfassen und sie einer gründlichen Analyse zu unterziehen.«[1] Und er fügt hinzu, daß er beabsichtige, Mills Artikel und ein Exemplar seines Buches zusammen binden zu lassen.

---

1 A. de Tocqueville 1955: 330.

Obwohl der zweite Band der *Demokratie in Amerika* bei weitem nicht den Erfolg des ersten Bandes wiederholen konnte, litt Tocquevilles Ansehen in der Öffentlichkeit darunter nur in unerheblichem Maße. Ein politischer Schriftsteller darf langweilig sein, solange seine Werke als bedeutsam und tiefschürfend gelten. Das Publikum vermeidet dann zwar, seine Bücher zu lesen, hält es aber für legitim, daß er aufgrund seiner achtenswerten Leistungen Aufnahme in die *Académie* findet. Obwohl Tocqueville sich durch den äußerst mäßigen Erfolg seines Buches getroffen fühlte, lag hierin nicht der Grund für seinen künftigen Verzicht auf die Schriftstellerei: Schon in einem Brief vom 20. November 1838 äußerte er die Absicht, mit dem Schreiben aufzuhören: »Ich meine nicht fehlzugehen..., wenn ich sage, daß nichts meinen Neigungen mehr zuwiderlief und noch immer zuwiderläuft, als in dieser Welt den Beruf des Schriftstellers auszuüben. Dies widerspräche vollkommen den Dingen, die ich in diesem Leben für erstrebenswert halte. Es ist demnach mein fester Wille, nach der Fertigstellung dieses Buches, ganz gleich welches Schicksal es erfährt, für mich selbst zu arbeiten und nur dann noch für die Öffentlichkeit zu schreiben, wenn sich eine sehr wichtige und *sehr natürliche* Gelegenheit hierzu bietet, was nicht wahrscheinlich ist.«[1]

Tocqueville ließ gegenüber dem Adressaten seines Briefes in nichts verlauten, daß eine Zukunft als Politiker ihm als eine »der erstrebenswerten Dinge in diesem Leben« erschien.

Bereits im März 1839 wurde er jedoch zum Abgeordneten von Valogenes gewählt.

---

1 A. de Tocqueville 1970: 74.

Teil III
Der Deputierte von Valognes

16

Die erste Zeit
in der Abgeordnetenkammer

Tocquevilles Freude über seinen Wahlerfolg wurde durch Beaumonts Niederlage in Saint-Calais getrübt. Wie schon 1837 war dieser knapp von M. de Montesquiou, dem Ehrenritter der Königin, geschlagen worden. Für Tocqueville kam dieser Mißerfolg beinahe einer Katastrophe gleich[1]. Beaumont war nicht nur über zehn Jahre hinweg sein geistiger Vertrauter und Gefährte bei all seinen Unternehmungen gewesen, sondern hatte auch, was Tocqueville sehr wohl bewußt war, einige von seinen Schwächen ausgeglichen: mangelnde Entscheidungsfreude und vor allem eine fehlende Geselligkeit, derer er sich schon im Verhältnis zu seinen Kollegen am Gericht von Versailles bewußt geworden war. Vergeblich versuchte Tocqueville herauszufinden, ob möglicherweise ein Abgeordneter der Opposition von einer unzulässigen doppelten Stimmabgabe profitiert hatte, intrigierte sogar, um Montesquiou die Pairswürde zuerkennen zu lassen, wodurch der Wahlkreis Saint-Calais vakant geworden wäre. Durch den Tod des Deputierten von Mamers, Letronne, wurde aber schließlich ein Wahlkreis im Departement Sarthe frei, und am 15. Dezember wurde Beaumont dort zum Abgeordneten gewählt. Nach seiner Wahl erwies sich der Freund jedoch in der Deputiertenkammer nicht als das *alter ego*, das sich Tocqueville mit einer gewissen Naivität erträumt hatte[2]. Da Beaumont durch seine Heirat in den Clan der La Fayette eingebunden war, dessen Angehörige in der Kammer ein knappes Dutzend Sitze von der Linken bis zur linken Mitte innehatten, ver-

---

1 A. de Tocqueville 1967: 359 ff. Tocqueville an Beaumont.
2 A. de Tocqueville 1977: 72. Kergorlay an Tocqueville, 27. Juli 1849.

fügte er von Anfang an über eine bessere parlamentarische Position als Tocqueville. Er legte Wert auf ein eigenständiges Vorgehen, obwohl er sich auch bereitwillig mit seinem Freund abstimmte. Es fehlte ihm also keineswegs an persönlichen Ambitionen, und er handelte dementsprechend.

Nach seiner Wahl hielt sich Alexis de Tocqueville noch bis zum 19. März in der Normandie auf, da die Sitzungsperiode erst am 25. März eröffnet wurde. Der Wahlkampf hatte ihn erschöpft, so daß er sich eine kurze Ruhepause gönnte. Doch mußte er bald an die Öffentlichkeit treten, um sein wahres politisches Profil klarzustellen. Das *Journal des débats*, das ihn zuerst als gewählten Kandidaten der Koalition präsentiert hatte, hatte ihn nämlich am 7. März als »regierungstreu« eingestuft, weil sich der König über seine Wahl entzückt gezeigt hatte[1]. Hiergegen mußte Tocqueville mit Rücksicht auf seine Wähler protestieren, obwohl ein solches Vorgehen gegenüber Molé, der durch die Wahlen die Macht verloren hatte, wenig freundlich erschien. Ein in *Le Siècle* erschienener Artikel von Chambolle stellte Tocquevilles wahre Position klar. Beaumont und er sahen in dem Artikel im *Journal des Débats* keinen bloßen sachlichen Irrtum, sondern einen Versuch der politischen Vereinnahmung. Von daher wurde es für Tocqueville auch bedeutsam, für welchen Platz auf den Bänken der Deputiertenkammer er sich entschied. Corcelle, der seit seiner Rezension der *Demokratie* ein enger Freund Tocquevilles geworden war und als Abgeordneter von Sées im Departement Orne in die Kammer einzog, hatte sich sogleich nach Paris begeben, um sich hierum zu kümmern.

Wie bekannt, war die rechte Seite des Halbrunds in den Deputiertenkammern der Julimonarchie von den Legitimisten belegt, das rechte Zentrum von den »Regierungstreuen« und den »Doctrinaires«, das linke Zentrum von den Anhängern Thiers' und verschiedener kleiner Parteien, das linke Halbrund von der dynastischen Opposition (unter Barrot), während auf der äußersten Linken einige »Radikale« saßen, die eigentlich Republikaner waren. Doch waren diese Abgrenzungen weniger rigide als im heutigen Frankreich. Im linken Zentrum, wo sich schon vor den Wahlen die Parlamentarier drängten, waren 1839 noch Abgeordnete hinzugekommen. Ganz rechts hingegen gab es nun leere Plätze. Dort ließen sich Unabhängige wie zum Beispiel Lamartine, der in einer der

---

1 A. de Tocqueville 1967: 361 ff.

obersten Reihen Platz nahm, nieder, aber auch Zuspätgekommene jeglicher politischen Couleur, die die ihnen zustehenden Plätze nicht rechtzeitig besetzen konnten. Doch so rasch Corcelle zur Stelle gewesen war, so hatte er doch weder für Tocqueville noch für sich selbst freie Plätze im linken Zentrum vorgefunden. Nun lag Tocqueville aber sehr viel an einem Sitz in diesem Teil des parlamentarischen Halbrunds, weil böse Zungen bei seinen Wählern Gerüchte über seine angeblichen legitimistischen Positionen verbreiteten: »In den Augen dieser Leute hat der Ort, auf dem man sein Hinterteil plaziert, eine erstrangige Bedeutung... Gibt es nicht vielleicht doch im letzten Zipfel des linken Zentrums oder auf den Flanken zur Linken eine Ecke, in der wir uns niederlassen können?« In Ermangelung einer besseren Lösung mußte Corcelle vorläufig zwei Plätze auf der Rechten besetzen, was in Valognes einen schlechten Eindruck machte. Meinen Wählern, so schreibt Tocqueville, »bleibt nur das Wort ›Linke‹ im Gedächtnis haften, und eben diesen Begriff wollte ich auf alle Ewigkeit mit meinem Namen verbinden«[1]. Er konnte jedoch bald den frei gewordenen Platz 319 im linken Zentrum einnehmen, den er auf Dauer behalten sollte, während Corcelle sich auf Platz 11 im Bereich der Linken niederließ.

Obwohl Tocqueville sich grundsätzlich dem linken Zentrum zugehörig fühlte, wollte er sich doch keiner der existierenden Parteien anschließen. Wie es scheint, hegte er den illusorischen Gedanken, er könne um seine Person Abgeordnete scharen, die sowohl von der Regierungspolitik als auch von der Koalition gegen Molé enttäuscht waren, und schrieb an Corcelle: »Es gibt, so meine ich, etwa sechzig neue Deputierte. Ich glaube, daß hier vor allem unsere Zukunft liegt. Wir müssen versuchen, etwas wahrhaft Neues zu verwirklichen, dabei aber mit all unseren Kräften die Albernheiten der Vertreter der sozialen Partei vermeiden.«[2]

Dieser letzte Satz weist auf das Problem der Beziehungen zwischen Lamartine und Tocqueville hin. Lamartine hatte am 19. Januar 1838 in der Kammer verkündet, daß im Lande eine ungeheuer starke sozialreformerische Stimmung herrsche, die »sich weder mit den rückständigen Leidenschaften der Vergangenheit noch mit den subversiven Leidenschaften der Gegenwart noch mit den Ängsten der einen oder dem Zorn der anderen einließ«. Genau wie Tocqueville war er von Grund

---

1 A. de Tocqueville 1983a: 125 ff.
2 A. de Tocqueville 1983a: 128.

auf liberal und verabscheute einerseits die von der Mehrheit verabschiedeten repressiven Gesetze und andererseits die jakobinischen und napoleonischen Traditionen, die innerhalb der Linken lebendig geblieben waren. Wie Tocqueville hielt er eine Herrscherdynastie für erforderlich, wünschte jedoch eine Entwicklung zur Demokratie. Beide hatten sich über die eigennützigen Motive empört, die zur Bildung der Koalition geführt hatten. Der große Vorwurf, den sie den Parteien machten, bestand darin, daß diese nicht mehr die Verkörperung einer großen Idee darstellten, und Tocqueville hätte Lamartines großer Rede vom 11. Oktober 1838 nur applaudieren können: »Da Ihnen die Vergangenheit verschlossen war, bedurften Sie einer neuen Idee. Sie dürfen nicht meinen, Messieurs,... daß alle so müde sind wie wir und die kleinste Bewegung fürchten. Die uns nachfolgenden Generationen sind nicht träge, sie wollen handeln und sich ihrerseits erschöpfen. Welche Aufgabe haben Sie ihnen gegeben? Frankreich ist eine Nation, die sich langweilt.« Das damalige innenpolitische Programm Lamartines reflektiert ebensogut jene Anliegen, die Tocqueville zu dieser Zeit beschäftigten oder später noch beschäftigen sollten: die Trennung zwischen Kirche und Staat, die Reform des Wahlrechts, eine für die Arbeiterschaft vorteilhafte Steuerreform, eine Liberalisierung des Bildungswesens, die Abschaffung der Sklaverei, eine umfassende Untersuchung über den Pauperismus, um diesem mit Hilfe von Zusammenschlüssen der Bedürftigen zu begegnen etc... Abgesehen davon, daß der Dichter manchmal eine etwas größere Kühnheit zeigte als Tocqueville, unterschieden sich ihre Ansichten nur noch in der Außenpolitik: Könnte es nicht der humanitäre Pazifismus Lamartines gewesen sein, den Tocqueville als jene »Albernheiten der sozialen Partei« bezeichnete? (Quentin-Bauchart 1903; Tallaguier 1954)

Lamartine spürte die Übereinstimmungen zwischen Tocqueville und seiner eigenen Person so deutlich, daß er ihn von Anfang an gern für eine sozialreformerische Partei gewinnen wollte, sobald dieses Vernunftwesen unter der neuen Bezeichnung »liberales und soziales rechtes Zentrum« Gestalt annehmen würde. Doch seit seinem Einzug in die Kammer legte Tocqueville gegenüber Lamartine vorsichtige Zurückhaltung an den Tag. Er gab sogar offen zu, welche Taktik er verfolgte: Er ließ dem Dichter zwar freundliche Worte zukommen, vermied aber jegliches verbindliche Engagement, wobei Lamartines Präsenz auf den Bänken der Rechten einer der Gründe war, warum Tocqueville sich von ihm fernhielt. Zwischen 1839 und 1843 erlebten die beiden Männer insgesamt eine gleichartige Entwicklung: Nach anfänglicher Sympathie für die Zentristen näherten sie sich allmählich der Linken an mit dem Ziel, Odilon Barrot einige neue Ideen in den hohlen Kopf zu pflanzen. Dennoch gingen sie kein politisches Bündnis miteinander ein; Tocqueville fürchtete zweifellos, sich dem fünfzehn Jahre älteren Dichter unterordnen zu müssen, dessen literarischer Ruhm den seinen bei weitem überstieg, der ihm von träumerischer und wenig verläßlicher Wesensart erschien und den er von grenzenlosem persönlichen Ehrgeiz besessen glaubte. Trotz seiner Eitelkeit durchschaute Lamartine dieses Verhalten jedoch nur zu gut. In einem Brief an Beaumont vom 17. Oktober 1843 schrieb er: »Ich habe mich an alle Orte begeben, an denen ich Sie treffen mußte und mich Ihnen hätte anschließen können... Doch bei jeder Begegnung sind Sie mir ausgewichen und haben sich gesagt: Hüten wir uns vor ihm, er ist keiner von uns, streichen wir ihm Honig ums Maul und schicken ihn dann zum Teufel. Auch wenn manch einer es nicht glauben mag, ich habe zuviel gesunden Menschenverstand, als daß ich das nicht gemerkt hätte, besonders bei M. de Tocqueville und bei Corcelle. Nun gut! Beide haben unrecht und Sie auch ein wenig. Sie unterstellen mir immer, daß mein Denken exzentrisch, idealisierend, absolut und subjektiv sei und sich nicht mit dem anderer vereinbaren lasse... Seien Sie gewiß, daß die Natur mich ganz im Gegenteil zu einem guten Kerl gemacht hat, der umgänglich, entgegenkommend und sehr praktisch veranlagt ist. Doch wem sollte ich mich zugesellen, wenn Sie mich zurückweisen? Nur noch den Ideen, ich habe keine anderen Freunde mehr.« (Lamartine 1944:75 f.)

Während Tocqueville einen Zusammenschluß mit Lamartine ablehnte, mußte er andererseits voller Enttäuschung mitansehen, daß die 1839 neu in die Kammer gewählten Abgeordneten sich folgsam in die Reihen der alten Parteien einfügten. Zu Beginn seiner politischen Laufbahn hatte Tocqueville nur zu einigen wenigen Freunden ein Vertrauensverhältnis, die ihm bis zum Staatsstreich vom 2. Dezember 1852 die Treue halten sollten: Corcelle, den wir bereits kennen; Combarel de Leyval, den neuen Abgeordneten von Riom, der vom Legitimismus zum Liberalismus geschwenkt war und dessen südländischer Schwung, Unüberlegtheit und zeitweilige Nachlässigkeit Tocqueville verblüfften, der aber dennoch loyal und hilfreich war; ein wenig später kam noch Victor Lanjuinais hinzu, der Sohn des berühmten Mitglieds der Constituante von 1789. Er war 1838 für den Wahlkreis Untere Loire in die Kammer eingezogen, hatte einen zuverlässigen Charakter und verfügte über nützliche Sachkenntnisse in politischer Ökonomie. Doch diese wenigen Freunde konnten Tocqueville nicht aus seiner Isolierung befreien.

Bei seinen Bemühungen, die Abgeordnetenkollegen für sich und seine Ideen zu gewinnen, scheint er recht ungeschickt vorgegangen zu sein. Er hatte sich wohl zuviel von dem Renommee seines Buches erwartet und zu sehr damit gerechnet, daß er dadurch Einfluß auf jene Provinzbürger gewinnen könnte, deren politische Ziele sich häufig in äußerst prosaischen Interessen erschöpften. Auch beherrschte er nicht den unter den Parlamentariern üblichen kameradschaftlichen Ton und galt als ehrgeizig und hochmütig. Da er zumeist mit großen Ideen beschäftigt war, verwechselte er zuweilen verschiedene Personen miteinander, sei es aus Gleichgültigkeit, aus Zerstreutheit oder einfach aufgrund seiner Kurzsichtigkeit[1].

Sein manchmal übereifriger Tatendrang führte dazu, daß er in Fallen stolperte: Da er eine Reform der kleinen Wahlversammlungen, in denen die Korruption einen Höhepunkt erreicht hatte, sowie eine sehr gemäßigte Ausweitung der Wählerschaft befürwortete, schloß er sich einem Komitee an, das eine Wahlrechtsreform anstrebte. Dieses war aber von Radikalen unterwandert, die ein beinahe schon allgemeines Wahlrecht, Diäten für die Abgeordneten und einen Ausschluß der Beamten aus der Kammer forderten. Und so kam es, daß Tocqueville plötzlich mit Verblüffung seinen Namen unter einem Programm entdeckte, das zu dieser Zeit als der Gipfel der Demagogie galt. Barrot und Chambolle halfen ihm schließlich aus dieser mißlichen Lage, indem sie ihm die Erlaubnis zur Veröffentlichung einer Richtigstellung in *Le Siècle* gaben. Mit großer Offenheit gestand Tocqueville diesen Irrtum seinem Lehrmeister Royer-Collard ein, wovon sich dieser sehr gerührt zeigte (29. September 1839).

Seit 1830 erschien Royer-Collard, der nach Lamartines Worten »aus einem anderen Stoff gemacht war«, als historisches Monument in den Deputiertenkammern der Julimonarchie. Groß wie er war, den Kopf aufrecht, mit seinem hohen Kragen und der schweren Halsbinde, saß er auf dem höchsten Platz im Halbrund. Von dort beobachtete er mit sarkastischem Blick und einem verächtlichen Lächeln auf den Lippen das

---

1 Siehe dazu Beaumonts *Notice* zu Bd. V seiner Ausgabe der *Œuvres complètes* sowie »Fragments et entretiens de Tocqueville avec Nassau Senior«, in: E. d'Eichtal o.J.: 263 f.

armselige Treiben zu seinen Füßen. Dieser Held der großen ideologischen Gefechte der Restaurationszeit hatte ein letztes Mal anläßlich der Septembergesetze in die Parlamentsdebatten eingegriffen, um die Grundsätze des Liberalismus gegen seine früheren politischen Freunde, die »Doctrinaires«, zu verteidigen. Seither hatte er sich nicht mehr zu Wort gemeldet, doch seine gefürchteten Spöttereien machten auf den Fluren die Runde.[1]

Er hatte in Tocqueville zunächst einen seiner Lieblingsschüler gesehen, zeigte sich dann aber von dessen übereifrigem Karrierestreben enttäuscht. Nachdem er den Brief erhalten hatte, in dem Tocqueville eingestand, bezüglich des Manifests zur Wahlrechtsreform aufgrund seiner eigenen Naivität auf die Manöver der extremen Linken hereingefallen zu sein, schrieb Royer-Collard über ihn an Molé: »Über diesen werden wir reden, soviel Sie wollen; auch ich habe eine besondere Neigung für ihn, eine Schwäche gar, ich liebe ihn trotz meiner Enttäuschung. Vor einem Monat hat er mir einen sehr schönen Brief geschrieben, eine anerkennenswerte Abbitte für seine Kampagne mit Barrot, bei der er sich nach allen Regeln der Kunst hatte täuschen lassen. Ich habe mich zu einer sehr offenen Antwort hinreißen lassen, weil er mich kräftig provoziert hatte, indem er mir sagte, daß ihm meine Schelte lieber sei als meine Gleichgültigkeit. Ich verzweifle keinesfalls an ihm; es ist schon vorgekommen, daß Le Peletier d'Aunay und ich ihn davon abhielten, sich unverfroren mit der Linken einzulassen.«[2]

Am darauffolgenden 1. November jedoch äußerte Royer-Collard in einem anderen Brief an Molé eine gewisse Enttäuschung: »Er braucht den Erfolg. Ich glaube, so wie seine Natur geartet ist, fehlt ihm, selbst wenn das Gute die Oberhand gewinnt und sogar wenn es bei weitem die Oberhand gewinnt, eine gewisse seelische Größe, welche erst die vollkommene Aufrichtigkeit ausmacht.«

Über dieses Verlangen nach Erfolg, das Royer-Collard ihm vorwarf, liegt auch eine Aussage von Tocqueville selbst vor. So schreibt er im Jahre 1841 an seine Frau:

»Ich habe gestern unseren alten Freund Royer-Collard besucht, ich fand ihn leidend und schwach; er hat mich väterlich empfangen, was mich wahrhaft sehr gerührt hat.

---

1 Siehe hierzu insbesondere R. Langeron 1956.
2 Archives Royer-Collard des Institut de France. Briefe Tocquevilles an Royer-Collard vom 8. August 1839 und von Royer-Collard an Tocqueville vom 17. August 1839 in: A. de Tocqueville 1970: 79 ff.

Wie es väterlichem Brauch entspricht, hat er mir zunächst Moral gepredigt; er sagte mir, mein einziger Fehler bestehe darin, daß ich mich mit mir selbst beschäftige. Ich räumte ein, daß dies bis zu einem gewissen Grade zutreffe, doch sagte ich ihm auch, sofern sich eine Gelegenheit böte, mich selbst zu vergessen, um mich in eine große Sache zu werfen, würde er sehen, daß ich dazu in der Lage wäre. Er antwortete mir, daß er daran nicht zweifle, daß er meine Seelenkräfte kenne; in diesem Ton fuhr er noch eine Stunde fort und wechselte dabei mit unendlicher Eleganz und Güte zwischen Lob und Tadel ab. Ich war voller Dankbarkeit für seine Freundschaft und voller Zustimmung für die Wahrheiten, die er mir sagte, und inmitten von all dem konnte ich nicht umhin, innerlich zu lächeln, als ich sah, daß er ständig auf sich selbst zurückkam, um mir zu beweisen, daß man niemals an sich selbst denken dürfe.«

In einem Brief an die Herzogin von Dino, den diese später in ihre berühmte *Chronique* aufnahm, erläuterte Royer-Collard seine Vorwürfe: »Sie fragen mich, was ich von M. de Tocqueville halte? Er verfügt über eine grundsätzliche Ehrlichkeit, die ihm nicht reicht, die er unvorsichtig vergeudet, von der aber immer etwas übrigbleiben wird; ich fürchte, daß er sich vor lauter Ungeduld, seine Ziele zu erreichen, auf nicht gangbare Wege verirrt und miteinander vereinbaren will, was nicht vereinbar ist. Er bedient sich seiner beiden Hände zugleich, gibt die Rechte der Linken und die Linke uns, wobei er noch bedauert, daß er keine dritte Hand besitzt, die er unsichtbar geben könnte.« (Dino 1909, Bd. II:438)

Falls jene leicht boshaften Worte, die die Herzogin hier wiedergibt, wirklich vom Dezember 1842 stammen, so war Royer-Collard über die Entwicklung seines Schülers nicht mehr im Bilde. Dieser war damals ein entschlossener Gegner des Ministeriums Guizot. Ohne daß er sich formell der dynastischen Linken angeschlossen hätte, stimmte er nun meist mit ihr und zeigte offen seine Wertschätzung für Barrot. Er hatte begriffen, daß ein fünfunddreißigjähriger Abgeordneter, der vorgab, von allen Parteien unabhängig zu sein, sich aller Möglichkeiten parlamentarischen Handelns beraubte, weil man ihn schlichtweg übergehen würde. Im übrigen hatte er sich erst für die Linke entschieden – und hier für eine etwas zwiespältige Position zwischen der Fraktion Barrots und dem linken Zentrum –, nachdem er schmerzliche innere Zerreißproben und Zweifel durchlitten hatte, die bei ihm ab 1839 spürbar wurden.

In Amerika hatte er die »kleinen Parteien« vor Augen gehabt, doch kannte er aus Schilderungen auch die »großen Parteien« der vorangehenden Generation, aus der Zeit der Kämpfe zwischen Föderalisten und Republikanern. In der Deputiertenkammer der Julimonarchie fand Tocqueville aber eine Situation vor, die weit schlimmer war als die Auseinandersetzungen zwischen den Anhängern und Gegnern Jacksons: Die Koalition Thiers-Barrot-Guizot hatte Molé geschlagen, und nun stritten sich die Anführer um die Beute. Alle möglichen Regierungsbündnisse waren immer an in letzter Minute vorgebrachten Forderungen gescheitert. Das Regime und das Herrscherhaus brachten sich selbst in Verruf, und in Paris roch es wieder nach Aufruhr. Diese Vorgänge sollten dauerhafte Spuren hinterlassen, die Tocqueville wenig später, am 18. Januar 1842, am Rednerpult zur Sprache brachte: »Man hat das Land glauben gemacht, daß es in der Politik nur Interessen, Leidenschaften, Ambitionen gebe, aber keine Meinungen... Ich glaube, daß die Koalition und die nachfolgenden Ereignisse eine der Ursachen für die moralische Verwirrung in diesem Land sind.«[1] Nach seinem Einzug in die Kammer hatte Tocqueville nur kleinliche Machenschaften erlebt; er fand Parteien vor, denen man sich »aus Ehrgeiz, aus Kameradschaftlichkeit oder aus Ärger über den Nachbarn anschloß«. Er, der von einer Erneuerung des politischen Lebens geträumt hatte, bedauerte nun manchmal, daß er sich hatte wählen lassen, und erinnerte sich an die großen Parteien von einst, die auch in Frankreich von Prinzipien und Überzeugungen zusammengehalten worden waren:

»Werden wir niemals mehr erleben, daß sich von neuem der Wind wahrer politischer Leidenschaften erhebt... der Wind dieser manchmal heftigen, harten, grausamen, aber auch großen, uneigennützigen, fruchtbaren Leidenschaften, die die Seele jener Parteien sind, die ich verstehe und denen ich gerne meine Zeit, mein Vermögen und mein Leben opfern würde.«[2] An dem Tag, an dem er diese Worte an seinen Freund Corcelle schrieb, wurde er von Magenschmerzen gequält und formulierte seine Gedanken deshalb wohl etwas überspitzt; nichtsdestoweniger empfand er heftigen Ärger über die prosaischen Ziele und armseligen kleinen Listen der damaligen Politik.

---

1 Diese Rede ist in der von Beaumont veröffentlichten Ausgabe der *Œuvres complètes* wiedergegeben (S. 374 ff.).
2 A. de Tocqueville 1983a, Teil 1: 139.

Dennoch galt es zwischen den beiden großen Prinzipien zu wählen, zwischen denen sich die Auseinandersetzungen des damaligen politischen Lebens abspielten: Einerseits das Prinzip, das von der Partei des »Widerstands« und der »Ordnung« vertreten wurde und das Casimir Perier ebenso wie alle seine Nachfolger in der Regierung zur Grundlage seines Handelns gemacht hatte. Und andererseits die Bestrebungen der Partei der »Bewegung«, die von der dynastischen Linken vertreten wurden, und dem Land demokratischere Institutionen bringen sollten. Tocqueville war sich dieses Problems vollkommen bewußt und hatte versucht, für sich selbst zu klären, wie sein Naturell auf dieses Dilemma reagierte. Dies ist das Thema eines interessanten Manuskripts, das von A. Rédier veröffentlicht wurde. Das Original dieses Textes, das später verloren ging, befand sich auf der Rückseite eines Entwurfs zu einer Rede über die Orientfrage und läßt sich nicht genau datieren, obwohl er mit Sicherheit zwischen 1839 und 1841 entstanden ist. (Rédier 1925:46 ff.)

Er trägt den Titel »Mein Instinkt, meine Ansichten«. Tocqueville erklärt darin, »vom Kopf her« die Demokratie vorzuziehen, aber »aus Instinkt aristokratisch zu sein, die Demagogie ebenso zu ›hassen‹ wie das ungeordnete Agieren der Massen, ihre gewalttätige und kurzsichtige Einmischung in die Politik, die eifersüchtigen Leidenschaften der niederen Klassen und die irreligiösen Tendenzen«.

Er fügt hinzu: »Ich fühle mich weder der revolutionären noch der konservativen Partei zugehörig, und alles in allem stehe ich der zweiten näher als der ersten. Denn ich unterscheide mich von der zweiten mehr in den Mitteln als im Ziel, während ich mich von der ersten sowohl von den Mitteln als auch vom Ziel her unterscheide.

Die Freiheit ist meine größte Leidenschaft. Das ist es, was der Wahrheit entspricht.«

Zu Beginn seiner parlamentarischen Laufbahn empfand Tocqueville Abscheu vor den illiberalen Tendenzen einer Linken, in der sich immer noch Spuren des Jakobinertums und des Napoleonismus fanden. Die Situation änderte sich, als er zu erkennen glaubte, daß das Ministerium Guizot ebenfalls auf heimtückische Weise ein illiberales System errichtete und sich als Instrument einer königlichen Macht erwies, über die Tocqueville an anderer Stelle schrieb, daß er ihre aktive Rolle eigentlich hätte begrüßen sollen, was er aber aufgrund seines »Hasses auf den König« nicht tun konnte.

Auch wenn er sich noch nicht für eine bestimmte politische Richtung entschieden hatte, genoß Tocqueville trotz der anfänglich erlittenen Enttäuschungen den Ruf, ein »Fachmann« zu sein. Nun hatte die Kammer sich zwischen 1839 und 1840 mit zwei großen Problemen auseinanderzusetzen, die beide seinem »Fachgebiet« zugehörig schienen.

Im ersten Fall handelte es sich um die Sklavenbefreiung. Da Beaumont, der Autor von *Die Wüstenbraut*, noch im Departement Sarthe um Wählerstimmen kämpfte, fand sich die größte Sachkompetenz wohl offensichtlich bei Tocqueville, der die schwarze Rasse in den Vereinigten Staaten beobachtet und in seiner *Demokratie* ausführlich über die Sklaverei geschrieben hatte. Seit 1834 hatte er sich in der »Gesellschaft zur Abschaffung der Sklaverei« engagiert, die unter dem Vorsitz des Herzogs von Broglie zusammenkam, Bankette veranstaltete und in politischen Kreisen unzweifelhaft einen gewissen Einfluß ausübte[1]. Das Problem schien eine schnelle Entscheidung zu erfordern. 1833 hatten die Engländer in ihren neunzehn Tropenkolonien die Sklaverei abgeschafft, und am 1. August 1838 waren eine Million Schwarze frei geworden. Einige der einstmals in französischem Besitz befindlichen englischen Antillen lagen in Sichtweite Martiniques und Guadeloupes, und man sprach dort auch französisch. Wie hätte man unter diesen Voraussetzungen auf den drei französischen »Zuckerinseln« (Martinique, Guadeloupe, Bourbon) und in dem kleinen Guyana die Sklaverei beibehalten können?

Im vorausgehenden Jahr hatte Hippolyte Passy der Deputiertenkammer eine Gesetzesvorlage zur schrittweisen Befreiung der Sklaven vorgelegt. Eine Kommission unter dem Vorsitz Guizots hatte der Vorlage zugestimmt, und Rémusat hatte einen Bericht verfaßt, in dem Maßnahmen empfohlen wurden, mit denen die Kolonien auf eine solche Umwälzung vorbereitet werden könnten. Die Kammer wurde jedoch aufgelöst, bevor sie über den Bericht debattieren konnte. Am 6. Juni 1839 nahm Tracy Passys Vorschläge wortgetreu wieder auf (Passy war mittlerweile Minister geworden), und es wurde eine neue Kommission ernannt, die Sade zum Vorsitzenden und Tocqueville zum Berichterstatter wählte.

In seinem Bericht trat Tocqueville den Ängsten der Kolonisten entgegen, indem er darauf hinwies, wie gefährlich es sei, den Status Quo aufrechtzuerhalten, der doch bald dem Untergang anheimfallen werde.

---

1 Zu dem Problem insgesamt siehe Gaston-Martin 1948 und vor allem das an der Sorbonne vorgelegte Diplôme d'études supérieures von L. Bergeron 1950.

Anscheinend auf seine Initiative hin traf die Kommission (deren Beschlüsse nicht mehr erhalten sind) eine kühnere Entscheidung als ihre
Vorgängerin: Man schlug eine sofortige und gleichzeitige Befreiung aller
Sklaven vor. Anstatt sie noch für eine gewisse Zeit ihren früheren Herren
zu unterstellen, denen man wiederum besondere Verpflichtungen bei
der Behandlung ihrer Sklaven auferlegen würde, wurden die Schwarzen
nun – für eine Übergangzeit – dem Staat unterstellt. Dieser würde als
Schiedsinstanz zwischen den früheren Herren und den Freigelassenen
auftreten und den Kolonisten erlauben, gegen Lohn die Dienste der
Schwarzen in Anspruch zu nehmen; ein Teil dieses Lohnes würde wieder an den Staat zurückfließen, der damit teilweise die den Kolonisten
gewährte Entschädigung finanzieren würde. Durch diese Mittlerrolle
des Staates wollte Tocqueville jene blutigen Auseinandersetzungen zwischen den Rassen, die ihn in den Vereinigten Staaten so erschüttert hatten, verhindern.

Sein Bericht, den er am 23. Juli 1839 vorlegte, wurde von der Gesellschaft zur Abschaffung der Sklaverei als Broschüre veröffentlicht, jedoch
niemals in der Kammer diskutiert.[1]

Eine gemischte Kommission aus Abgeordneten und Pairs wurde
vom Ministerium Guizot ernannt. Der Vorsitz wurde dem Herzog von
Broglie übertragen, der die Ergebnisse der Kommission 1843 vorlegte.
Doch Guizot wagte lediglich, einige Vorschläge zur Änderung der Kolo-
nialordnung (Loi Mackau von 1845) daraus zu übernehmen. Zwar hätte
er sich nichts besseres wünschen können, als daß sein Name mit einer
solchen Reform in Verbindung gebracht würde, doch der König maß
den Kolonialinteressen eine vorrangige Bedeutung bei und widersetzte
sich der Sklavenemanzipation. Tocqueville machte ihm dies in einigen
Artikeln, die 1843 in *Le Siècle* veröffentlicht wurden, ganz offen zum
Vorwurf. Hingegen begrüßte er die Loi Mackau: Hier sei der Grundsatz
einer Schiedsinstanz zwischen Kolonisten und Schwarzen berücksichtigt
worden, und jeder Schlag, der dem morschen Konstrukt der Kolonial-
sklaverei versetzt werde, müßte seinen Zusammenbruch beschleunigen.

1840 setzte die Deputiertenkammer die Frage der Gefängnisreform auf
die Tagesordnung. Schon 1838 hatte eine vom Innenminister unter-

---

1 Der Wortlaut des Berichts und andere Wortmeldungen Tocquevilles zur Frage der Sklavenbefreiung sind enthalten in: A. de Tocqueville 1962, Teil 1: 41-126.

stützte Kommission aus Parlamentariern und Fachleuten diese Angelegenheit untersucht. Als Rémusat Innenminister geworden war, unterbreitete er der Kammer 1840 eine Gesetzesvorlage. Die Kommission, die zur Untersuchung dieser Vorlage gewählt worden war und der auch Gustave de Beaumont angehörte, bestimmte Tocqueville zu ihrem Berichterstatter. Sein Bericht wurde der Kammer am 20. Juni, dem letzten Tag der Sitzungsperiode vorgelegt. Die Ministervorlage sah eine völlige Umgestaltung des Gefängnissystems und sogar einen Umbau der französischen Gefängnisse vor, da die Häftlinge nun in ständiger Einzelhaft untergebracht werden sollten.

Eine Gefängnisreform erschien unbedingt erforderlich, weil die Zahl der Straftaten und insbesondere die der Rückfalltäter stark angestiegen war. Man führte dies auf die gemeinschaftliche Unterbringung der Gefangenen zurück, die die Strafanstalten zu »Schulen des Verbrechens« mache. Die Versuche, in den Gefängniswerkstätten nach den Prinzipien des Auburn-Systems ein Redeverbot durchzusetzen – allerdings ohne Peitsche –, hatten kaum Erfolg gezeigt. Im Jahre 1838 hatte das Ministerium die Meinungen der Generalräte zu den verschiedenen zur Auswahl stehenden Systemen eingeholt. Einer der Generalräte aus dem Departement Manche, der Notar Langlois, der ein Freund von Tocqueville war, hatte ihn um ein schriftliches Gutachten gebeten. Dieses wurde im *Journal de Valognes* vom 30. September 1838 veröffentlicht und auch in verschiedenen Pariser Zeitungen abgedruckt.

Wie bekannt, hatten Tocqueville und Beaumont in ihrem »Besserungssystem« weder für das Auburn-System noch für das Gefängnismodell von Philadelphia Partei ergriffen. 1838 jedoch sprach sich Tocqueville in seinem Gutachten öffentlich für das zweite Modell aus. Er hatte sich dabei aber nicht vorher mit Beaumont abgesprochen, der erst hernach über Tocquevilles Stellungnahme informiert wurde und daraufhin seine Billigung aussprach, bei der gleichwohl eine leichte Gekränktheit durchschien.

In seiner Stellungnahme spricht sich Tocqueville für Rémusats Gesetzesvorlage aus. Die praktischen Erfahrungen, die man mit dem Gefängnis von Philadelphia gemacht habe, seien nun ausreichend, um die Annahme zu entkräften, daß die Inhaftierung in Einzelzellen der Gesundheit und dem Verstand der Gefangenen schade. Auch England und Preußen hätten dieses System übernommen. Die Einzelhaft bliebe eine schwere Strafe, und dies sei auch berechtigt; sie sei bei den Häftlingen gefürchteter als das Zuchthaus, das mit der gleichen Gesetzesvorlage abgeschafft werden sollte. Die Einzelhaft zwinge den Straftäter zur Arbeit und entlasse ihn, ohne daß er durch den schlechten Einfluß anderer noch mehr verdorben worden wäre, wieder in die Gesellschaft; manchmal könne sie bei ihm sogar eine sittliche Besserung bewirken. Dieses harte Strafsystem müsse allerdings mit einer Verkürzung der Haftzeiten einhergehen, und die Gefangenen dürften nicht völlig isoliert werden: In jedem Gefängnis müßten ein Lehrer und ein Anstaltsgeistlicher zur Verfügung stehen, Besuch müsse erlaubt sein.

Die Gefängnisreform wurde jedoch letztlich nicht zum rechtskräftigen Gesetz. 1843 wurde eine neue Kommission ernannt, zu deren Berichterstatter wiederum Tocqueville bestimmt wurde. In dieser Eigenschaft trat er bei der Diskussion der Vorlage in der Kammer auf (die erst im Mai 1844 stattfand). Das System der Einzelhaft wurde schließlich angenommen, doch wurde dieser Beschluß nicht der Pairskammer vorgelegt.[1]

Wie man weiß, herrschten 1839, was die Regierung anbetraf, anarchische Zustände. Das Ministerium Molé war am 8. März zurückgetreten und konnte zunächst nur durch eine führungslose Beamtenregierung ersetzt werden. Diese Situation dauerte bis zum 12. Mai an. An diesem Tag versuchte die *Société secrète des saisons* unter der Führung von Barbès und Blanqui durch einen Handstreich die Macht über die Hauptstadt zu erlangen. Dieses aberwitzige Unterfangen verursachte eine solche Aufregung, daß der Marschall Soult noch am Abend des gleichen Tages eine Regierung bilden konnte, die jeweils zur Hälfte aus Vertretern des rechten Zentrums und des linken Zentrums bestand, wobei jedoch die großen Parteiführer ausgeschlossen blieben. Tocqueville gewährte diesem Ministerium seine Unterstützung, ausgenommen bei jener Abstimmung über die Ernennung des Herzogs von Nemours zum König von Belgien[2], durch die sie letztlich im Februar 1840 gestürzt werden sollte. Daraufhin gelangte am 1. März wieder Adolphe Thiers mit einer Regierung des linken Zentrums an die Macht.

Tocqueville empfand Thiers gegenüber sein ganzes Leben lang eine Abneigung, welche nur manchmal durch die Faszination, die die scharfe

---

1 Alle Schriften und Äußerungen Tocquevilles über das Strafvollzugswesen sind zusammengestellt in: A. de Tocqueville 1984.
2 Nach Tocquevilles eigener Aussage in seinem Wahlmanifest vom 24. Juni 1842.

und brillante Intelligenz der »Sirene aus Marseille« auf ihn ausübte, gemildert wurde. Die Gründe für diese Antipathie reichten weit zurück. Als Tocqueville am Ende seiner Zeit im *collège* Thiers' *Geschichte der Französischen Revolution* gelesen hatte, erschien ihm dieses Buch, das – ohne irgendein moralisches Urteil zu fällen – die Erfolge und Rückschläge der Parteien darstellte, als der Gipfel der Sittenwidrigkeit. 1836 begegneten sich die beiden Männer zum ersten Mal persönlich, möglicherweise bei der Herzogin von Dino. Daraufhin wandelte sich Tocquevilles Meinung etwas: Thiers sei keineswegs durchweg unmoralisch und zöge sogar das Gute dem Schlechten vor, sofern beides gleichen Nutzen brächte. Oberflächlich und brillant wie er sei, mache er sich Ideen zunutze, die weder neu noch originell seien, wobei er ein Geschick und eine rednerische Gewandtheit offenbarte, die Tocqueville Bewunderung entlockten[1]. Dieser Mann, der im Grunde keine Prinzipien habe, strebe nur nach Befriedigung seines persönlichen Ehrgeizes. Mochte er auch manchmal Recht haben, so sei er doch nicht vertrauenswürdig, denn man müsse sich vor seiner Herrschsucht hüten. Tocqueville überschätzte Thiers' Machiavellismus, hielt aber trotz aller Höhen und Tiefen den Kontakt zu ihm aufrecht – und zwar nicht nur durch den »guten Mignet«, den engen Vertrauten Thiers', der auch ein Freund von Tocqueville war, sondern auch, indem er den Salon von Madame Dosne an der Place Saint-Georges besuchte.

Die beiden Regierungen vom 12. Mai 1839 und 1. März 1840 hatten sich vor allem mit einem großen außenpolitischen Thema zu beschäftigen: der erneut auftauchenden Orientfrage.

1833 hatte sich ein vorübergehendes Kräftegleichgewicht zwischen dem Sultan Machmud und seinem Vasallen, dem Pascha von Ägypten, Mehmed Ali etabliert. Durch die Übereinkunft von Koutaieh hatte letzterer die Herrschaft über Syrien erlangt. Gleichzeitig hatte der Sultan mit dem Zaren, der den Bosporus gegen eine ägyptische Offensive verteidigt hatte, den Vertrag von Unkiar-Skelessi schließen müssen, der sein Herrschaftsgebiet auf einen Protektoratsstatus beschränkte.

Im April 1839 aber ließ Sultan Machmud, noch ermutigt durch den englischen Botschafter in Konstantinopel, Lord Ponsonby, seine Trup-

---

1 A. de Tocqueville 1970: 28 ff. Brief Tocquevilles an Royer-Collard vom 6. Dezember 1838.

pen in Syrien einmarschieren. Sie wurden jedoch am 24. Juni bei Nézib von der ägyptischen Armee unter Ibrahim, dem Adoptivsohn des Pascha, vollständig aufgerieben.

Das Wiederauftauchen der Orientfrage schreckte die Regierungen der fünf Großmächte auf. Bevor das Ministerium Soult aber versuchte, die diplomatische Position Frankreichs in diesem Konflikt zu bestimmen, beantragte es in den beiden Kammern einen zusätzlichen Kredit, um die französische Kriegsflotte im Mittelmeer zu verstärken. Während der Debatte über diesen Kredit (vom 1. bis zum 3. Juli) trat Tocqueville am 2. Juli zum ersten Mal hinter das Rednerpult.[1]

In Paris wußte man noch nichts von der Schlacht bei Nézib, und so bezog sich die Diskussion auf die erneut aufgeflammten Feindseligkeiten. Dabei wurde ein sehr vielfältiges Meinungsspektrum offenbar: Manche Redner traten dafür ein, die frühere Politik Frankreichs, die in der Unterstützung des Sultans bestanden hatte, beizubehalten. Andere hingegen, die sich mehr mit der vorherrschenden öffentlichen Meinung in Einklang befanden, setzten sich für Mehmed Ali ein, den Helden der »arabischen Nation« und Freund Frankreichs. Lamartine währenddessen schlug vor, die Großmächte sollten den »Kadaver« des Ottomanischen Reichs unter sich in Einflußbereiche aufteilen.

Tocqueville seinerseits versuchte darzulegen, daß sich Frankreich in dieser Frage in einer schwierigen Position befände. Rußland war an einer Schwächung des türkischen Reiches interessiert, während England auf dessen Fortbestand bedacht sein mußte, um zu verhindern, daß Rußland sich des Bosporus bemächtigte; außerdem wäre England eine Schwächung Mehmed Alis entgegengekommen, weil damit eine Etappe auf dem Weg nach Indien freigeworden wäre. Frankreich dagegen wünschte, daß sowohl der Sultan vom Zar als auch Mehmed Ali von den Engländern unabhängig bliebe. In der Orientfrage konnte sich Frankreich deshalb mit keiner dieser Mächte verbünden. Daraus schloß Tocqueville jedoch nicht, daß das Land untätig bleiben, sondern empfahl im Gegenteil, daß es nur entsprechend seinen eigenen Interessen handeln solle. Falls Rußland den Bosporus als Unterpfand besetzen würde, sollte Frankreich darauf mit der Besetzung eines Teils von Kleinasien reagieren. Er erinnerte an die Politik der Restaurationszeit, als Frankreich durchge-

---

1 Diese Rede wurde seit ihrer Veröffentlichung im *Moniteur* nirgends mehr abgedruckt; sie wird in den Bd. III, 2 der O.C. aufgenommen werden.

setzt hatte, daß es in der griechischen Affaire als dritter Verbündeter im englisch-russischen Abkommen erschien.

Diese auf eine französische Präsenz ausgerichtete Politik entsprach den Vorstellungen Soults, der eine Verständigung der fünf Mächte forderte, um das Orientproblem zu regeln. Palmerston hatte sich in den vorausgehenden Verhandlungen mit der französischen Regierung kaum bereit gezeigt, Mehmed Ali in Syrien mehr zu überlassen als den Süden, d.h. das Paschalik von Akko. Thiers hingegen, der am 1. März Soult an der Spitze der Regierung abgelöst hatte, hielt die Verhandlungen zwischen den Mächten für ungeschickt; er glaubte nämlich (anders als Tocqueville), daß Ägyptens Macht gefestigt sei und daß Mehmed durch direkte Verhandlungen mit dem jungen Nachfolger des Sultans Machmud günstigere Bedingungen erreichen könnte. Er verzögerte deshalb die Verhandlungen mit England und trat dafür ein, daß an Ort und Stelle zwischen den kriegführenden Parteien vermittelt würde. Aber Palmerston durchschaute dieses Spiel und ging auf den Vorschlag Rußlands ein, ohne Beteiligung Frankreichs ein Abkommen zu schließen, in das außerdem Österreich und Preußen einbezogen wurden. So kam der Vertrag vom 15. Juli 1840 zustande: Die vier Mächte verpflichteten sich, den Bestand des Ottomanischen Reiches zu garantieren, und beschlossen, dem Pascha von Ägypten jeweils im Abstand von zehn Tagen drei Ultimaten zu stellen. Falls er auf das erste einginge, erhielte er Ägypten als erbliches Herrschaftsgebiet und das Paschalik von Akko als Herrschaftsgebiet auf Lebenszeit; beim zweiten Ultimatum bliebe ihm nur noch Ägypten, und beim dritten wäre er auf Gnade oder Ungnade dem Sultan ausgeliefert. Am 17. Juli wurde der Wortlaut dieses Vertrages Guizot mitgeteilt, der damals Botschafter in London war und Thiers vergeblich vor der Gefahr einer englisch-russischen Annäherung gewarnt hatte.[1]

Nachdem Frankreich auf diese Weise ausgegrenzt worden war, wurde das Land von einer Welle der Anglophobie und des Chauvinismus erfaßt. Die öffentliche Meinung sah in diesem Vertrag ein Wiedererstehen der Allianz von 1813, und man sprach davon, die Völker gegen die Könige aufzuwiegeln. In Deutschland zeigte sich angesichts einer drohenden französischen Intervention ein offener Haß gegen Frank-

---

1 Das *Manuel de la question d'Orient* von J. Ansel (Paris, 1923) liefert neben der Darstellung der allgemeinen Diplomatiegeschichte eine sehr übersichtliche Zusammenfassung dieser Ereignisse. Über die Warnungen Guizots, dessen Rolle von den Zeitgenossen und insbesondere von Tocqueville verkannt worden war, gibt eine Studie von Ch.H. Pouthas 1938: 72-96 Aufschluß.

reich. Die Regierung vom 1. März bemühte sich, die öffentliche Meinung für sich zu gewinnen, ordnete die Mobilmachung an und schien sich also auf einen Krieg vorzubereiten. Niemand wußte, ob Thiers nur ein Täuschungsmanöver betrieb oder sich wirklich auf Feindseligkeiten einstellte, bei denen Frankreich ganz allein gegen das restliche Europa gestanden hätte.

Obwohl Tocqueville gewisse Aufschneidereien in den Zeitungen bedauerte und einen revolutionären Propagandakrieg ablehnte, teilte er doch die im Lande herrschende Empörung über den Vertrag. Und wenn er auch die Situation im Lande für dramatisch hielt, so gestand er Corcelle, daß er persönlich diese sturmschwangere Atmosphäre der Trivialität des »demokratischen und bürgerlichen Eintopfs« vorzog. Am 31. Juli schrieb er an Thiers, um ihn seiner Unterstützung zu versichern:

»Unser Land befindet sich gegenüber Europa in der schwierigsten Lage seit dem Sturz des Kaiserreichs. Sie sind sein Repräsentant und sein erster Führer. Das, was Sie unter diesen Umständen unternehmen, wird für jene, die Frankreich lieben und denen seine Größe und Ehre am Herzen liegen, das entscheidende Kriterium für das Ausmaß der Unterstützung, das sie Ihnen gewähren werden, sein...

Erlauben Sie mir, ... zwei Gedanken zu äußern, die mir erwiesenermaßen wahr erscheinen. Erstens gibt es kein Ministerium und sogar kein Herrscherhaus, die nicht dem Untergang geweiht wären, wenn sie dieses Land zwingen wollten, ruhig mitanzusehen, wie Rußland und England *auf direktem Wege* und mit Waffengewalt die Auseinandersetzung zwischen dem Pascha und dem Sultan beenden und dabei den ersten vernichten. Zweitens gibt es in diesem Zustand der Unentschlossenheit und Furcht, in dem sich alle Kabinette befinden, nur ein einziges Mittel, um den Krieg zu verhindern, nämlich so zu tun, als sei man dazu entschlossen.«[1]

Und in einem Brief an Beaumont erläutert Tocqueville, daß, um wirklich so auszusehen, als ob man Krieg führen wolle, man auch tatsächlich dazu entschlossen sein müsse. Eigentlich dürfe man ein solch großes Risiko nicht leichtfertig eingehen, und er fürchte ein wenig den »verworrenen« und »draufgängerischen« Charakter von Thiers. Doch sähe er keine andere Möglichkeit, als ihm Vertrauen zu schenken.[2]

---

1 Bibliothèque Nationale. Ein Fragment von Thiers' Antwort findet sich in: P.R. Marcel 1910: 321. Das Manuskript selbst wurde nicht wiederaufgefunden.
2 Brief von Tocqueville an Beaumont vom 16. August 1840, in: A. de Tocqueville 1967, Teil 1: 422. Brief von Tocqueville an Royer-Collard vom 15. August 1840 in: A. de Tocqueville 1970: 91

Die Krise erreichte ihren Höhepunkt, als am 14. August bekannt wurde, daß ein englisches Geschwader die ägyptische Flotte in Beirut besiegt, Truppen an Land abgesetzt und die Festung von Saint-Jean-d'Acre eingenommen habe. Ibrahim erwies sich zur großen Enttäuschung der Franzosen als unfähig, einzugreifen. Am 8. Oktober sandte Thiers eine Note nach London, in der er die Warnung aussprach, daß der vom Sultan abgesetzte Pascha nicht tatsächlich entfernt werden könne, ohne daß Frankreich hierauf reagieren würde. Dem König legte er eine Thronrede vor, die dieser vor den beiden Kammern halten sollte und in der die Anschaffung neuer Waffen angekündigt wurde. Louis-Philippe weigerte sich jedoch, diese kriegstreiberische Rede zu verlesen. Er entließ das Ministerium Thiers und berief am 29. Oktober das Ministerium Soult-Guizot.

Als am 30. September 1840 in der Kammer über die Adresse debattiert wurde, mit der man auf eine eventuelle Thronrede reagieren wollte, die die »vollendeten Tatsachen« hinnähme, hielt Tocqueville seine zweite große Rede über die Orientfrage.[1]

Darin unterstreicht er die Bedeutung dieser Angelegenheit:

»Das, was in Ägypten und Syrien geschieht, ist nur eine Randszene in einem ungeheuren Gemälde, ist nur der Anfang eines ungeheuren Schauspiels. Wissen Sie, was im Orient geschieht? Dort ist eine ganze Welt im Wandel begriffen. Von den Ufern des Indus bis zu den Küsten des Schwarzen Meeres, in diesem ganzen riesigen Raum werden alle Gesellschaften erschüttert, verlieren alle Religionen an Einfluß, verschwinden alle Nationalitäten, erlöschen alle Lichter, die alte asiatische Welt verschwindet; und an deren Stelle erhebt sich allmählich die europäische Welt. Das Europa unserer Tage fällt nicht nur an einer Stelle in Asien ein, wie es zur Zeit der Kreuzzüge der Fall war; es greift vom Norden, vom Süden, vom Osten, vom Westen, von allen Seiten her an: Europa zergliedert Asien, umfaßt es, zähmt es.«

Eine große europäische Nation könne es sich nicht leisten, an dieser Expansion nicht teilzuhaben. Sie dürfe sich nicht beiseite schieben lassen, wie das in dem Vertrag vom 15. Juli geschehen sei. Dieser Vertrag enthielte eine Klausel, die mit Frankreichs Ehre unvereinbar sei, nämlich die Absetzung von Mehmed Ali. Nun aber, so schreibt Tocqueville (der

---

1 Diese Rede wird in Bd. III der O.C. abgedruckt werden; sie befindet sich unter den unveröffentlichten Aufzeichnungen der Archives Tocqueville, Akte 77.

sich damit im Irrtum befindet), werde »dieser Vertrag bis zum Ende in die Tat umgesetzt werden«.

Aber ebenso hat Tocqueville Befürchtungen, was die Folgen dieses Vertrags angeht. Die Engländer, so meint er, würden sich im Tal des Euphrat und in Ägypten niederlassen. Dem müsse man sich entgegenstellen, und in diesem Punkt würden die anderen Nationen auf dem europäischen Kontinent Frankreich gegen England beistehen.

Was Tocqueville dem neuen Ministerium vorwirft, ist gerade der Grund, aus dem es eingesetzt wurde: Es sei berufen worden, um den Frieden aufrechtzuerhalten und um auf Kriegsvorbereitungen zu verzichten: »Jede Regierung, die keinen Krieg führen kann, ist eine verachtenswerte Regierung.«

Diese Regierung führe als Vorwand an, daß im Kriegsfall die Gefahr einer Revolution bestehe. In Wahrheit sei sie es, die die Revolution provoziere, indem sie den Nationalstolz verletze, das letzte Band, durch das das französische Volk zusammengehalten werde.

So nimmt Tocqueville dem Ministerium Guizot gegenüber von Anfang an eine ablehnende Haltung ein, die er gegenüber den vorausgehenden Regierungen nicht gezeigt hatte. Und dies eindeutig aus außenpolitischen Gründen, denn in seinen Aufzeichnungen erklärt er sich auf innenpolitischem Gebiet zu Kompromissen bereit, sofern sich das neue Ministerium entscheide, in der Außenpolitik Festigkeit zu demonstrieren.

Gegen Ende des Jahres 1840 also wendet sich Tocqueville ganz allmählich der linken Opposition zu. Im Parlament sollte er sich noch einige Zeit zurückhalten – möglicherweise glaubte er wie viele seiner Abgeordnetenkollegen, daß das Ministerium Soult-Guizot eine Übergangsregierung sei, derer sich der König entledigen werde, sobald die äußere Krise sich gelegt habe. Vor den Wahlen von 1842 sollte Tocqueville noch eine Art Gegenprogramm zur Politik Guizots verfassen. Doch sein Hauptvorwurf an das Ministerium vom 28. Oktober bestand darin, daß es für die Demütigung Frankreichs vor dem Ausland verantwortlich sei. In der Linken fand er eine Haltung vor, die seiner eigenen nahekam, eine Einstellung, die noch die Erinnerung an die große revolutionäre und kaiserliche Nation hochhielt. Dies erscheint paradox, wenn man bedenkt, daß Tocqueville solchen Sehnsüchten zutiefst mißtrauisch gegenüberstand. Doch haben seine Visionen noch weiter zurückreichende Ursprünge: Man erinnere sich an die innere Bewegung, mit der er in

Amerika die Erinnerung an das alte französische Kolonialreich beschworen hatte. Anders als die Linke hatte er also keinen Propagandakrieg im Sinn, sondern eine Ausweitung der Macht Frankreichs an jenen Orten der Welt, an denen noch eine Chance hierzu bestand.[1]

Guizot kannte Tocqueville, seit dieser am Ende der Restauration ein Schüler von ihm gewesen war (in den Archiven Tocqueville ist noch die Zusammenfassung eines Gesprächs zwischen den beiden Männern aus dem Jahre 1830 erhalten). Er war ein viel zu feinsinniger Psychologe, als daß er nicht den Wunsch gehabt hätte, sich Tocqueville zum Verbündeten zu machen. Als dieser ihm ein Exemplar des zweiten Bandes der *Demokratie* zusendet, antwortet er dem Autor: »Ich habe Vergnügen an Ihren Ideen, selbst wenn ich sie nicht teile. Warum haben wir nicht die gleichen Auffassungen? Ich sehe keinen triftigen Grund dafür. Ich denke viel an Sie, manchmal mit Sorge: Ich gebe die Hoffnung nicht auf, bei Ihnen an Boden zu gewinnen.« (Marcel 1910:319) Sehr viel später, während des Zweiten Kaiserreichs sollte er ihm schreiben: »Ich habe niemals verstanden, warum Sie nicht auf unserer Seite standen.« Vor den Wahlen von 1842 vertraute er einem Freund Tocquevilles die folgenden Worte an und hoffte wohl, daß diese seinem ehemaligen Schüler zu Ohren gebracht würden: »Monsieur Guizot hat in einem langen Gespräch, das er vor einigen Tagen mit einem von meinen Freunden geführt hat, seinen außerordentlichen Wunsch verlauten lassen, mich entweder auf seine Seite zu ziehen oder mich aus der Kammer zu entfernen, falls ich weiterhin eine oppositionelle Haltung einnähme.«[2]

Das Ministerium entschied sich schließlich für die zweite Möglichkeit. Den Neuwahlen zur Deputiertenkammer am 9. Juli 1842 ging ein Wahlkampf voraus, der noch erbitterter geführt wurde als der im Jahre 1839. Der Ton wurde dabei von Paris aus durch die Zeitung *Le Globe* bestimmt, die Tocqueville eine ganze Reihe von Artikeln widmete, deren beißende Polemik auf die Autorenschaft Granier de Cassagnacs hinweist: Hier wurde nicht nur die alte Anschuldigung wiederholt, daß Tocqueville ein verkappter Anhänger Karls X. sei, sondern man machte sich auch über seine Selbstgefälligkeit lustig, zweifelte an der Originalität seiner Gedanken und wies auf die Grammatikfehler in seinen Schriften hin.[3]

---

1 Siehe oben S. 149.
2 Brief Tocquevilles an Hervieu vom 23. April 1842. Privatsammlung.
3 Insbesondere in den Artikeln vom 16., 28. und 29. Juni und vom 1. und 5. Juli 1842.

Tocqueville aber hatte in seinem Wahlkreis in Valognes einen viel zu sicheren Stand. So konnte er sich nicht nur der Unterstützung der »denkenden« Elite sicher sein, sondern genoß auch das Vertrauen eines Teils der wohlhabenden Bauern. Es wäre auch möglich, daß ein Teil der Wählerschaft sich geschmeichelt fühlte, ein Mitglied der Akademie als Deputierten entsenden zu können, denn ein solcher Ehrentitel war ein Attribut, das in der Provinz Eindruck machte.

Die Wahlbeteiligung in Valognes war sehr hoch, wenn man in Betracht zieht, daß es sich um eine Zensuswahl in einem ländlichen Gebiet während der Julimonarchie handelte: Von 741 Wahlberechtigten gingen 649 zu den Urnen, d.h. 87 %! Tocqueville erhielt 465 Stimmen und konnte damit einen klaren Erfolg verbuchen. Der Wahlkampf von 1846 sollte hingegen sehr viel ruhiger verlaufen und die Regierung auf jede Einmischung verzichten.

17
Algerien

Nach seinem Einzug in die Deputiertenkammer nahm Tocqueville dort die Position eines »Fachmanns« ein, aufgrund derer man ihn mit der Erstellung der beiden Berichte über die Gesetzesvorlage zur Sklavenbefreiung und die Gefängnisreform betraute. Dabei war er sich doch sehr wohl der Gefahr bewußt, durch diese Aufgabe in eine zweitrangige Rolle gedrängt zu werden. Er hatte zu diesem Zeitpunkt im innenpolitischen Bereich noch keine eindeutigen Positionen bezogen, und seine beiden ersten großen Reden, die er am 2. Juli 1839 und 30. November 1840 hielt, hatten sich mit der Außenpolitik, der Orientkrise, beschäftigt. Sicher trieb ihn wohl die aktuelle Situation ans Rednerpult, denn man befand sich gerade auf dem Höhepunkt der schwersten internationalen Krise, die die Julimonarchie jemals erleben sollte. Doch brachte Tocqueville auf diesem Weg auch grundsätzliche und reiflich überlegte Gedanken in die Diskussion ein.

Wie die Männer der Linken und des linken Zentrums war er sich der Demütigung bewußt, die das Land 1815 erlitten hatte, eine Demütigung, die sich für ihn im Vergleich zwischen Frankreich, das immer noch die Grenzen des Ancien Régime hatte, und den Staaten, die an Land und Macht hinzugewonnen hatten, zeigte. Eine Rückkehr zur Politik der Revolution und des Kaiserreichs erschien ihm als eine Illusion, die zu keinerlei dauerhaften Eroberungen führen könnte. Sein Blick war statt dessen schon über die Grenzen Europas hinaus gerichtet. Nichts ist in dieser Hinsicht für sein Denken charakteristischer als die Gespräche, die er 1839 und 1840 mit Thiers führte und von denen er eine Zusammenfassung hinterließ. Thiers glaubte, daß Europa von Rußland bedroht werde, wogegen man sich nur durch eine Allianz mit England absichern könne. Wenn die Russen Konstantinopel ihrem Einflußbereich einverleibten, dann müsse man den Engländern erlauben, sich in Ägypten niederzulassen. Man könne sich im Okzident mit ihnen einigen, indem man Belgien ihrem Einflußbereich überlasse und dafür dann »die Grafschaft Nizza, Savoyen, den Rhein bis Mainz, die bayrischen Rheinprovinzen und das Herzogtum Kleve«[1] annektiere.

Tocqueville verwirft diese »schwindelerregenden Überlegungen« – die merkwürdigerweise in etwas vereinfachter Form an einen vom Außenministerium erarbeiteten Plan erinnern, demzufolge Algier nach seiner Eroberung durch Frankreich zum Tauschpfand hätte werden sollen, durch das die Franzosen durch eine Reihe von Kompensationen das linke Rheinufer gewonnen hätten! Für ihn ist das große Ziel der Politik der europäischen Mächte die Eroberung Asiens, in das die Europäer bereits von allen Seiten vordringen. Frankreich müsse sich eine starke Position sichern, um bei der Aufteilung von Land und Einflußsphären nicht übergangen zu werden. Hierzu müsse es im Mittelmeer präsent sein, »dem politischen Meer unserer Tage«, dessen neuerliche zentrale Rolle Tocqueville klar erkannte. Man müsse folglich einer Vormachtstellung der Engländer entgegenwirken, die bestrebt seien, sich die Kontrolle über die Route nach Indien zu sichern, und verhindern, daß sie sich in Ägypten niederließen. Frankreich müsse bei der Aufteilung des Orients in Einflußgebiete ebenso handeln, wie es während der Restauration bei der Befreiung Griechenlands gehandelt hatte.[2] Tocqueville scheint sich vollkommen bewußt zu sein, daß sich der Wirkungskreis der französischen Diplomatie seit den Zeiten Chateaubriands und La Ferronays verschoben hat, und sein Denken steht ebenfalls in dieser Tradition. Er bekräftigt, Frankreich müsse im Orient präsent sein, um seine Ansprüche gegenüber den anderen Mächten durchzusetzen. Jedoch müsse es sich gleichzeitig auch zur alleinigen Herrscherin über Nordafrika aufschwingen und – um sich hierzu die nötige Bewegungsfreiheit zu verschaffen – sogar notfalls in Spanien eingreifen. Er vertritt sogar die Auffassung, daß Frankreich sich Mahóns bemächtigen müsse, das ein unentbehrlicher Stützpunkt für Frankreichs Seestreitkräfte sei.[3]

---

1 Archives Tocqueville, Akte 77 und 79.
2 Reden Tocquevilles vor der Deputiertenkammer am 2. Juli 1839 und 30. November 1840 sowie zahlreiche unveröffentlichte Fragmente, insbesondere Entwürfe für Artikel. Archives Tocqueville.
3 Travail sur l'Algérie, in: A. de Tocqueville 1962, Teil 1: 213; sowie unveröffentlichte Aufzeichnungen in den Archives Tocqueville.

Im großen und ganzen stehen Tocquevilles Vorstellungen zur französischen Expansionspolitik eher denen der französischen Imperialpolitiker der III. Republik nahe und haben weniger mit dem zu seiner Zeit in der Linken noch anzutreffenden Bedauern über den Verlust des napoleonischen Kontinentalreichs zu tun. Doch wenn Tocquevilles Ideen auch auf die Zukunft vorausweisen, so liegen ihre Wurzeln doch in der Vergangenheit. Wie wir bereits gesehen haben, hatte er 1831 während seines Kanadaaufenthalts dem unter Ludwig XV. verlorenen französischen Kolonialreich in Amerika nachgetrauert.[1] Zwei Jahre später hatte er sich in der Schrift *Des raisons qui s'opposent à ce que les Français aient de bonnes colonies* (Einige Gründe dafür, daß die Franzosen keine guten Kolonien haben) über die Ursachen dieses Fehlschlags Gedanken gemacht.[2] Im Jahre 1840 zeigt er sich überzeugt, daß die Herrschaft über Algerien das wichtigste außenpolitische Ziel für Frankreich sei. Dabei stellt er sich keinesfalls die Frage nach der Legitimität einer solchen Eroberung. Das schlechte Gewissen, wie es die Menschen im 20. Jahrhundert haben werden, ist ihm völlig fremd, denn er ist, wie er Kergorlay schon 1830 schrieb, in erster Linie darum besorgt, daß sich nach Frankreichs Rückzug die Engländer in Algerien niederlassen würden.[3] Vor allem aber würde der Verzicht auf dieses Vorhaben für Frankreich einem Eingeständnis der eigenen Schwäche gleichkommen:

»Wenn Frankreich vor einem Vorhaben zurückweicht, bei dem es nur die natürlichen Widrigkeiten des Landes und den Widerstand der dort lebenden kleinen Barbarenstämme zu überwinden hat, dann beugt es sich in den Augen der Weltöffentlichkeit seiner eigenen Ohnmacht und unterliegt durch seinen fehlenden Mut. Jedes Volk, das das, was es einmal in Besitz genommen hat, leichthin wieder losläßt und sich kampflos in seine alten Grenzen zurückzieht, gibt offen zu, daß die guten Zeiten seiner Geschichte der Vergangenheit angehören. Es tritt sichtbar in die Zeit seines Niedergangs ein.«[4]

Daher rechtfertigt er eine pragmatische Politik: »Von dem Augenblick an, in dem wir diese große *Gewalttat* der Eroberung begangen haben, dürfen wir vor kleineren Gewalttaten nicht zurückschrecken, die unbedingt erforderlich sind, um sie zu sichern.«[5] Tocqueville ist soweit

---

1 Siehe oben S. XXX
2 A. de Tocqueville 1962, Teil 1: 35 ff.
3 A. de Tocqueville 1962, Teil 1: 199.
4 A. de Tocqueville 1962, Teil 1: 214.
5 Brief an Lamoricière vom 5. April 1846, Archives du Chillon, Akte V.

als irgend möglich Befürworter einer legal und humanitär ausgerichteten Politik, doch geht ihm der nationale Egoismus vor.

In den aus seiner Feder stammenden uns bekannten Schriften wird Algerien zum ersten Mal im Oktober 1828 erwähnt: Angesichts der jahrelangen Blockademaßnahmen, die erfolglos am berühmten Fächerschlag des Dei abgeprallt waren, wünscht Tocqueville eine militärische Lösung, um dieser »lächerlichen Affäre« ein Ende zu bereiten.[1] Zu diesem Zeitpunkt stand die öffentliche Meinung einem französischen Abenteuer in Afrika gleichgültig oder ablehnend gegenüber, während einzelne, isolierte Kreise ein solches Unternehmen bereits befürworteten: die Kaufleute in Marseille und die ultraroyalistischen Anhänger Karls X. Offensichtlich hatte sich der junge Richter damals die Ansichten der letzteren zu eigen gemacht.

Als die Entscheidung zugunsten der Expedition gefallen war, sollte Alexis' älterer Bruder Hippolyte, der Berufsoffizier war, sich mit allen Mitteln darum bemühen, in das Expeditionscorps aufgenommen zu werden; er fand sogar die Kühnheit, die Herzogin von Angoulême direkt anzusprechen, die sich bereit erklärte, Bourmont darum zu bitten, ihn zu seinem Adjutanten zu machen. Diese Empfehlung blieb jedoch zum großen Ärger Hippolytes ohne Erfolg. Alexis' bester Freund, sein Cousin Louis de Kergorlay, der 1828 die Artillerieschule in Metz als Leutnant abschloß, hatte mehr Glück: Er durfte in einem mit Berghaubitzen ausgestatteten Artillerieregiment an dem Feldzug teilnehmen, wobei er oft in vorderster Reihe kämpfte und sich dort hervortat. Seine Briefe an Alexis stellen ein bemerkenswertes Zeugnis sowohl über die militärischen Operationen bei der Eroberung Algiers dar als auch über das Land und seine Bewohner. Im August kehrte Kergorlay wieder nach Frankreich zurück, verließ jedoch gleich darauf die Armee, weil er sich weigerte, auf Louis-Philippe einen Eid zu leisten. Leider ist keiner der Briefe mehr erhalten, in denen der unermüdliche Forscher Tocqueville diesen außergewöhnlichen Zeugen befragte.

Zu einem etwas späteren Zeitpunkt findet sich noch einmal ein Beweis dafür, mit welcher Aufmerksamkeit Tocqueville die Ereignisse in Algerien verfolgte: Da er sich, wie wir bereits erwähnt haben, mit dem Gedanken trug, in Versailles für ein Abgeordnetenmandat zu kandidieren, veröffentlichte er in der *Presse de Seine-et-Oise* (ein kurzlebiges

---

1 A. de Tocqueville 1977, Teil 1: 155.

Blatt, an dem er Aktienanteile besaß) am 23. Juni und 22. August 1837 seine beiden »Lettres sur l'Algérie« (Briefe über Algerien). Diese zeichnen sich durch klar formulierte Gedanken und präzise Informationen aus. Es kann als Ausdruck von Tocquevilles großem Interesse für die Kolonie gewertet werden, daß er sie als Thema wählte, um damit seinen Eintritt ins politische Leben vorzubereiten.[1]

Im Dezember 1839 wurde Beaumont ebenfalls zum Abgeordneten gewählt, und spätestens gegen Ende der Sitzungsperiode des Jahres 1840 entwickelten die beiden Freunde den Plan einer gemeinsamen Reise nach Afrika, die gleichsam die Krönung ihrer Zusammenarbeit werden sollte, die sie in Amerika begonnen und in England fortgeführt hatten.[2] Am 1. März 1840 jedoch wurde die neue Regierung unter Thiers (als Premierminister) und Rémusat (als Innenminister), der ein angeheirateter Cousin Beaumonts war, eingesetzt, wodurch sich für Beaumont zunächst ganz anders geartete Perspektiven zu ergeben schienen.[3]

Der Generalgouverneur in Afrika war zu dieser Zeit Marschall Valée. Die Historiker, die diesen Mann lange Zeit falsch einschätzten, sind heute sehr wohl bereit, die großen Verdienste dieses »größten Artilleristen Europas« anzuerkennen, und dies sicherlich zu Recht.[4] Nichtsdestoweniger war Valée im Jahr 1840 für die Regierung ein schwieriger und kaum durchschaubarer Untergebener, der Anordnungen nur befolgte, wenn es ihm beliebte, kaum Rechenschaft über sein Handeln ablegte und bei seinen Untergebenen und der Truppe recht unbeliebt war; überdies hatte sein Prestige gelitten, weil er nicht vorausgesehen hatte, welche Verwüstungen die mit Abd el-Kader verbündeten Hadjuten in der Mitidja-Ebene anrichten würden. Die Regierung dachte deshalb daran, Valée zurückzurufen, bevor sie die nötigen Mittel zur Wiederaufnahme des Kampfes gegen den Emir bewilligte. Als Nachfolger schien vor allem ein Kandidat in Frage zu kommen, General Bugeaud, dessen Qualitäten genau dort lagen, wo Valée seine Fehler hatte und umgekehrt: Bugeaud erkannte klar, welche Schwierigkeiten sich bei Auseinandersetzungen mit einer mit dem Land vertrauten Guerilla ergaben,

---

1 Siehe oben S. 222-224.
2 Zum ersten Mal erwähnt wird dieser Plan in einem Brief von Beaumont an Tocqueville vom 20. Juli 1840 in: A. de Tocqueville 1967, Teil 1: 103 ff.
3 Siehe ebd.
4 Über den Marschall Valée siehe neben der Biographie von Girod de l'Ain (Paris, 1902) auch Ch.A. Julien Bd. I: Kap. III.

und er besaß jenen derben Humor, der dem einfachen Soldaten gefiel. In der Abgeordnetenkammer jedoch war Bugeaud in den Reihen der Linken und sogar des linken Zentrums verhaßt. Thiers hätte ihm deswegen gern einen zivilen Intendanten zur Seite gestellt, der den liberalen Kreisen genehm war. Hierzu wurden nacheinander mehrere Politiker in Betracht gezogen, darunter auch Gustave de Beaumont. Dieser war anscheinend von einer solchen Aussicht sehr wohl angetan, fürchtete aber eine Falle (möglicherweise hatte er damit nicht einmal unrecht, wenn man in Betracht zieht, wie schlecht der im allgemeinen wohlwollende Rémusat über ihn in seinen *Mémoires* urteilte).[1] Tocqueville jedenfalls, der Thiers noch nie gemocht hatte und zu dieser Zeit auch Rémusat mißtraute, führte Beaumont die Risiken eines solchen Amtes vor Augen. Der Plan zerschlug sich jedoch von selbst: Bugeaud trat so großsprecherisch auf, daß die Regierung, die sich bald einer gefährlichen Zuspitzung der Orientkrise gegenübersah, zunächst von seiner Berufung Abstand nahm.[2] Im Kriegsfall hätte man das Schicksal der Kolonie keinem besseren anvertrauen können als Valée. Bugeauds Ernennung wurde deshalb auf einen späteren Zeitpunkt verschoben: Er trat erst im Januar 1841 unter dem Ministerium Soult-Guizot an Valées Stelle, und diese Regierung stellte Bugeaud keinen Intendanten als ziviles Gegengewicht zur Seite – denn anders als ihre Vorgängerin hatte sie sehr viel weniger Grund, die parlamentarische Linke zu schonen.

Die gleiche internationale Krise hatte Tocqueville und Beaumont abgeschreckt, wie geplant im September 1840 nach Algier zu reisen. Sie erwarteten, daß die beiden Kammern vorzeitig einberufen würden, was dann mit einer gewissen Verzögerung durch den Regierungswechsel am 6. November 1840 auch geschah. Die beiden Freunde verschoben ihre Reise daher auf das darauffolgende Jahr.

1838 hatte Tocqueville sich neben der Arbeit am zweiten Band der *Demokratie* auch dem Studium von Werken allgemeinerer Bedeutung zugewandt und neben Pascal, Machiavelli und Platon auch den Koran gelesen. Dabei hatte er sich für die elegante, wenn auch ungenaue Übersetzung Savarys entschieden und sich während seiner Lektüre fortlaufend Notizen gemacht. Er hegte für Mohammeds Werk keinesfalls jene Bewunderung, die Lamoricière empfunden hatte, und empörte sich dar-

---

1 Rémusat Bd. III und IV. Siehe insbesondere Band IV S. 84: »(Beaumont) hätte einen sehr schlechten Minister zweiter Klasse abgeben können.«
2 Ebd., Bd. III: 429.

über, daß dieser den Koran höher einschätzte als das Evangelium. Dennoch zeigte er sich von den »großartigen Darstellungen Gottes, die sich dort überall finden«, beeindruckt. Tocqueville interessiert sich aber vor allem für den sittlichen Einfluß, den eine Religion auf eine Gesellschaft ausübt. Die christliche Prägung der amerikanischen Gesellschaft hätte dort die Demokratie ermöglicht, die islamische Moral, die den Geist und die Sitten der Menschen durchdrungen habe, erdrücke den Menschen durch ihren Materialismus und Fatalismus.[1] Später sollte er an Gobineau schreiben: »Ich habe den Koran sehr eingehend studiert, vor allem aufgrund unserer Haltung gegenüber der islamischen Bevölkerung Algeriens und des ganzen Orients. Ich gestehe Ihnen, daß ich dieses Studium mit der Überzeugung abgeschlossen habe, daß es auf der Welt alles in allem wenige Religionen gibt, die so verhängnisvoll für die Menschen sind wie die Religion Mohammeds. Sie stellt meiner Ansicht nach die Hauptursache für den heute so offensichtlichen Niedergang der islamischen Welt dar; und obwohl sie weniger abwegig erscheint als der antike Polytheismus, so sind die sozialen und politischen Tendenzen des Islam unendlich mehr zu fürchten als die des Polytheismus, weshalb ich ihn im Verhältnis zum Heidentum eher als Zeichen des Verfalls denn als Fortschritt ansehe.«[2]

Während des Sommers 1840 bereitet er sich in der ihm eigenen Weise direkt auf die Reise vor. Er legt die politischen Pamphlete beiseite und konzentriert sich auf von offizieller Seite veröffentlichte Schriften, die ihm objektiver erscheinen. Zu dieser Zeit werden gerade die ersten jener großen Gesamtdarstellungen wie *Le Tableau de la situation des établissements français dans l'Algérie* (Übersicht über die Lage der französischen Einrichtungen in Algerien) und *Les Actes du gouvernement* (Sammlung von Regierungsentscheidungen) veröffentlicht. Besonders mit Hilfe des ersten Werkes versucht Tocqueville die wichtigsten Aspekte Algeriens, so wie es sich am Vorabend der französischen Eroberung darstellte, zu verstehen: die Eigentumsverhältnisse, Landwirtschaft und Handel, Steuern und religiöse Stiftungen, der Aufbau des so eng mit den religiösen Gesetzen verknüpften Justizapparates. Wie schon in Amerika haben seine Analysen zwei Arten von Aufzeichnungen zum Ergebnis: zum ersten einige kurze Zusammenfassungen über typische Sitten und insti-

---

1 A. de Tocqueville 1962, Teil 1: 154 ff.
2 A. de Tocqueville 1959: 69.

tutionelle Charakteristika; zweitens etwas sorgfältiger ausgearbeitete Texte, in denen er versucht, Teildarstellungen der Situation in Algerien zu vermitteln oder zu einer Beurteilung der dortigen Lage zu gelangen. Durch die von ihm konsultierten offiziellen Dokumente wird er sich bewußt, von welcher Willkür die Herrschafts- und Verwaltungsstrukturen in der französischen Kolonie bestimmt waren. Als er sich zusammenfassend über die ersten Jahre der Kolonisierung (1830-1834) äußert, kann er seine Entrüstung nicht verbergen:

»Es ist heutzutage unvorstellbar, noch dazu, wenn man einer Nation angehört, die sich liberal nennt, daß so nah bei Frankreich und im Namen Frankreichs eine so ungeordnete, tyrannische, schikanöse und zutiefst unliberale Regierung entstehen konnte, und das in einem Ausmaß, daß sie eine Gefahr darstellt; eine Regierung, der sogar die allereinfachsten Grundsätze einer guten Kolonialherrschaft fremd sind. Sie erinnert an ein Barbarenvolk, das die Dienste der Rechtsgelehrten eines hochzivilisierten und verdorbenen Volkes in Anspruch nimmt und deren Kunst dazu benutzt, brutale Leidenschaften zu befriedigen; oder ist es vielleicht eher so, daß dort Männer, Generäle und Verwaltungsbeamte, die in ihrem Vaterland tödlich unter dem Joch der öffentlichen Meinung, der Anwendung der Prinzipien der Freiheit und der Macht der Gesetze gelitten haben, hier nun voller Genuß die Gelegenheit ergreifen, endlich frei von allen diesen Einschränkungen zu handeln und ihre durch all die Zwänge erregten Leidenschaften und Neigungen in einem Land zu befriedigen, dessen Ausnahmesituation ihnen als Vorwand diente.«[1]

Dieser »monströse Zustand« war 1834 durch ein gesetzliches Regelwerk beendet worden. In Algerien existiert jedoch keine der Sicherheiten, die die Bürger Frankreichs genießen: Es gibt keine Pressefreiheit, keine lokalen Bürgervertretungen, keine unabsetzbaren Richter, keine gesetzliche Regelung von Enteignungen. Ganz im Gegenteil, die Bürgerrechte des Mutterlandes hat man nicht nach Afrika transferiert, wohl aber »die Zwänge seiner Verwaltung«.

Tocqueville stellt sich die Frage, ob sich mit einem solchen Regime in Afrika jene großen Dinge verwirklichen lassen würden, von denen man hatte träumen können. Der Reisende, der die Kolonie im Jahre 1841 besuchen sollte, ist also vorgewarnt.

---

1 A. de Tocqueville 1962, Teil 1: 197.

Die Stationen dieser Reise lassen sich anhand von Tocquevilles *Journal*
und der Briefe, die er an seine Frau schrieb, rekonstruieren.[1] Er war am
4. Mai in Begleitung von Beaumont und seinem Bruder Hippolyte in
Toulon aufgebrochen und erreichte Algier am frühen Morgen des 7. Mai.
Dort traf er auf Corcelle, der sich ebenfalls zu einem Besuch in der
Kolonie aufhielt. Bugeaud hatte kurz zuvor seine erste Expedition
durchgeführt, die darin bestanden hatte, Médéa, wo Cavaignac den
Oberbefehl innehatte, mit Nachschub zu versorgen, wobei er den berühmten Paß von Nouzaïa überschreiten mußte. All das hatte wenig
Schwierigkeiten bereitet, weil er einen recht leichten Sieg über die Truppen Abd el-Kaders hatte erringen können. In Algier zurück, begann er
sich auf die große Expedition des Jahres vorzubereiten. Sein Anfangser-
folg hatte ihn in gute Laune versetzt, so daß er Tocqueville seine Gastfreundschaft anbot und ihn per Schiff nach Mostaganem mitnahm, wo
sie am 16. Mai eintrafen. Dort trafen sie mit Lamoricière zusammen, der
aus Oran gekommen war. Am frühen Morgen des 18. brach Bugeaud
nach Tagdempt auf, dem am Rande der Wüste gelegenen Sitz des Emirs,
der sich dort vor den Franzosen sicher glaubte. Bugeauds Auftrag war
es, die Stadt zu überfallen und zu verwüsten. Corcelle und Hippolyte
begleiteten Bugeaud, und Tocqueville »zerriß es das Herz«, daß er nicht
mit ihnen kommen konnte – zu dieser Zeit war sein Gesundheitszustand
bereits nicht mehr so gut, so daß er den Beschwörungen seiner Freunde
nachgab.[2] Überdies blieb Beaumont bei ihm. Die beiden Freunde schifften sich noch am gleichen Tag nach Oran und Mers el-Kébir ein, und
nach einem Zwischenaufenthalt in Arzew, trafen sie am 22. Mai wieder
in Algier ein. Aufgrund einer Verspätung der Fähre, die sie nach Bône
(heute Annabo) bringen sollte, hatten sie in Algier Gelegenheit, sich mit
Zivilbeamten und einigen Arabisten über den Zustand des Landes zu unterhalten. Am 28. Mai reisten sie per Schiff nach Osten, besuchten bei Zwi-
schenaufenthalten am 29. Mai die Orte Bougie (heute Bejaïa) und Djijelli
(heute Jijel) und erreichten am 30. Philippeville, das heutige Skikda. Am
darauffolgenden Tag brachen sie nach Constantine auf, das man von Philippeville innerhalb von drei Tagen auf einem Weg, der durch befrie-

---

1 Das *Journal* wurde im wesentlichen in den O.C., Bd. V, 2, S. 189 ff. und den O.C., Bd. VIII,
  1, S. 209 ff. veröffentlicht; einige noch nachträglich aufgefundene Seiten befinden sich in der
  Staatsbibliothek Hamburg. Die Briefe, die Tocqueville zu dieser Zeit an seine Frau schrieb,
  sind in den Archives Tocqueville aufbewahrt, Akte 18.
2 Brief Tocquevilles an seinen Vater vom 23. Mai 1941, Archives Tocqueville.

detes Gebiet führte, erreichen konnte. Wie es scheint, erlitt Tocqueville jedoch an diesem oder am darauffolgenden Tag einen jener furchtbaren Ruhranfälle, die mit den damals in Afrika so häufigen Fiebern einhergingen. Er mußte auf einem Wagen nach Philippeville zurücktransportiert werden und wurde von dort aus dann zweifellos nach Algier gebracht. Am 11. Juni befand er sich wieder in Toulon. Eigentlich hatte er eine mindestens zweiwöchige Reise durch die Provinz von Constantine geplant und daran anschließend einen mindestens ebenso langen Aufenthalt in Algier. Er verlor durch seine Erkrankung also einen Monat, in dem er Erkenntnisse über Algerien hatte sammeln wollen. Deshalb beschränkten sich seine Studien auf Unterhaltungen mit Seeleuten und Militärangehörigen, auf die Gespräche, die er zwischen dem 23. und 28. Mai in Algier geführt hatte und auf seine Exkursionen in den Sahel, die er nach seiner Ankunft in Algier unternommen hatte. Beaumont, der gehofft hatte, in Algerien den Stoff für ein neues Werk zu finden, hatte diese Pläne geopfert, um seinen Freund zu pflegen.

Das Algerien, das Tocqueville zu Gesicht bekommt, ist – mit Ausnahme der Provinz von Constantine – ein Land, dessen durch Mauern und Gräben gesicherte Städte wie Inseln erscheinen, die von der Unbeugsamkeit der einheimischen Bevölkerung umbrandet werden. Lediglich in Oran und Algier kann man sich als Europäer in den Vororten frei bewegen. Der Sahel von Algier läßt sich auf einer gut ausgebauten Straße durchqueren, doch nach zwei oder drei Meilen geht es nicht mehr weiter, und man kann nur noch vom Hügel aus die Mitidja-Ebene betrachten, die nun wieder als Einöde mit Zwergpalmen und Sümpfen daliegt; allein in der Ferne mag man die Silhouette eines arabischen Reiters erblicken. Die Pionieroffiziere hatten im Westen mit dem Bau des »durchgehenden Hindernisses« begonnen, einer Art chinesischer Mauer, die den bescheidenen Herrschaftsbereich Frankreichs schützen sollte. Man gab dieses Projekt jedoch bald wieder auf, weil es sich für die Arbeiter als mörderisch erwies und den Kolonisten keinen wirksamen Schutz bot. Tocqueville hält wie in Amerika von seinen Eindrücken vom Land nur das für ihn Nützliche fest. Möchte man etwas über die in Mostaganem aufmarschierende Armee erfahren, so muß man das Werk *Les Français en Algérie* von Veuillot lesen, der damals auch dem Generalstab Bugeauds angehörte. In der Nacht vom 17. zum 18. Mai, als der Abgeordnete Tocqueville sich im Gouverneurspalast darüber grämt, daß er auf seine Freunde und auf die Stimme der Vernunft gehört und auf die große

Expedition verzichtet hat, wird Veuillot, vom Zweitberuf her Journalist, in einem armseligen maurischen Bad von Flöhen geplagt und wartet voller Ungeduld auf den Tagesanbruch und auf sein Pferd (Veuillot 1845: Kap. XXVII).

Bei seiner Ankunft in Algier zeigt sich Tocqueville von der dort anzutreffenden außergewöhnlichen Vielfalt von Menschenrassen und Trachten erstaunt: So finden sich dort Araber, Kabylen, Mauren, Neger, Mahonniter und Franzosen. Jede dieser Volksgruppen, die alle auf viel zu engen Raum zusammengepfercht sind, spricht eine eigene Sprache, trägt eine eigene Tracht, hat ihre eigenen Sitten. All diese Menschen entfalten eine fieberhaft scheinende Aktivität. Der ganze untere Teil der Stadt scheint sich in einem Zustand von permanenter Zerstörung und gleichzeitigem Wiederaufbau zu befinden. Es sei so, als ob man »Cincinnati auf den Boden Afrikas verpflanzt«[1] hätte. Tocqueville verspürt wie auch noch später in Philippeville diese für ein neues Land typische Betriebsamkeit, die ihn an Amerika erinnert. Er bedauert jedoch, daß die Regeln der maurischen Architektur nicht beachtet werden, die »den Bedürfnissen des Landes angepaßt ist und darüber hinaus noch ihren Zauber hat«. Er interessiert sich für die Bauarbeiten in den Häfen, insbesondere in Mers el-Kébir. In all dem wird die Inbesitznahme durch die europäische Zivilisation offenbar, die der konkrete Ausdruck ihrer unvermeidlichen Expansion ist.

Wie viele seiner Zeitgenossen bewundert Tocqueville das Land und teilt auch jene falschen Vorstellungen, die man sich damals über dessen Fruchtbarkeit machte. Auf dem Schiff, das ihn bei wunderbarem Wetter von Algier nach Philippeville bringt, versucht er sich vorzustellen, was für ein Leben die Bewohner der für Europäer verbotenen Berge führen. Schon in seinen Artikeln aus dem Jahre 1837 hatte er zwischen Kabylen und Arabern unterschieden und dabei jenen rauhen und fanatisch auf ihre Unabhängigkeit bedachten Bergbewohnern eine heimliche Sympathie entgegengebracht (während er den Beutezug gegen die Araber guthieß, lehnte er militärische Expeditionen in die Kabylei immer ab). Aus Philippeville schreibt er am 30. Mai an seinen Bruder Édouard und schildert ihm seine Eindrücke:

»Eine Küste, wie ich sie selten in meinem Leben gesehen habe. Dieser Teil Algeriens ist unendlich viel schöner als die anderen. Es gibt hohe

---

1 A. de Tocqueville 1958: 192.

Berge, die direkt zum Meer hin abfallen. Sie sind bis zu den Gipfeln mit Bäumen und Weideland bedeckt; sie geben immer wieder den Blick auf bezaubernde Täler frei, wo Felder und Herden zu sehen sind. Dieses ganze riesige Massiv aus Bergen und Tälern ist hauptsächlich von Kabylen bevölkert. Es ist ein zauberhaftes, von Wilden genutztes Land. Solange wir den Fuß nicht auf das Gebiet dieser Menschen setzen, sagen sie nichts, doch wehe dem, der es wagte, in dem schönen Land, das sie bewohnen, spazierenzugehen... Im übrigen führen sie unaufhörlich Krieg untereinander und leben, so sagt man, in großer Anarchie, doch inmitten von all dem haben sie prächtige Anpflanzungen, schöne Herden und eine Stoff-, Schießpulver- und Waffenfabrikation.«[1]

Vor allem ist Tocqueville immer noch jener unermüdliche Forscher, der, wie wir gesehen haben, bereits die Amerikaner mit Fragen bestürmt hatte. In Algerien befragt er die Seeleute, mit denen er während seiner Schiffsreisen zwischen den verschiedenen Hafenstädten zu tun hat; er spricht auch mit Offizieren, denn überall gerät er mit dem Militär in Berührung; außerdem beschafft er sich Informationen bei den Beamten in Algier.

Bei den Militärangehörigen trifft er häufig jene Neigung zu Willkürakten an, die ihm bereits in den offiziellen Berichten aufgefallen war, und er bemerkt, welch »einfältigen Haß« sie gegenüber den Kolonisten hegen, die ihrer Meinung nach nach Afrika gekommen seien, um Geld zu verdienen, während sie selbst dort ihr Blut vergießen müßten. Erst 1846 sollte Tocqueville in jenen Offizieren der arabischen Kommandanturen, denen daran gelegen war, das Land kennenzulernen, wichtige Informanten über die Welt der Einheimischen finden. Es gab jedoch auch sehr viele andere Militärangehörige, die sich wie jener Oberst in Philippeville mit den an den Arabern verübten Schreckenstaten und den Schikanen gegenüber den Kolonisten brüsteten. Das Gespräch mit diesem Mann veranlaßt Tocqueville zu dem folgenden Kommentar:

»Ich hörte diese Dinge voller Traurigkeit und fragte mich, wie die Zukunft eines Landes aussehen solle, das solchen Männern ausgeliefert ist, und wohin diese Flut von Gewalttaten und Ungerechtigkeiten führen müsse, wenn nicht zu einem Aufstand der Einheimischen und zum Untergang der Europäer.«[2]

---

1 Unveröffentlichter Brief vom 30. Mai 1841.
2 A. de Tocqueville 1958: 217.

Die zivilen Beamten sind kaum viel besser. Da sie ihrerseits von den Militärs gedemütigt werden, üben sie auf die Verwalteten, die ihnen ohne Möglichkeit der Gegenwehr ausgeliefert sind, durch die Verwaltungsvorschriften Druck aus. Tocqueville empfindet sie fast alle als äußerst mittelmäßige Persönlichkeiten mit Ausnahme des Direktors des öffentlichen Bildungswesens, Lepècheux, dessen Bekanntschaft er auf Anraten Marschall Valées gemacht hatte, und des Leiters der Finanzbehörden, Blondel, der sich ebenfalls der Mängel in den Verwaltungsstrukturen der Kolonie bewußt war; mit ihm scheint Tocqueville auch später noch Kontakt unterhalten zu haben. Der Bischof, Monseigneur Dupuch, mit dem er zweimal zusammentrifft, gewinnt seine Sympathien, weil er sich dem Gouverneur widersetzt und mutig einen Gefangenenaustausch in die Wege leitet. Doch hat er etwas von »einem Heiligen als auch von einem Gauner« an sich, und Tocqueville sieht sehr wohl die inneren Widersprüche dieses Menschen, dessen maßloser Eifer und Hang zur Übertreibung kaum dem Posten entsprachen, den man ihm anvertraut hatte.

Kurz nach seiner Ankunft in Algier schrieb Tocqueville folgende Bemerkung an seinen Vater: »Obwohl ich vorher so viele Dokumente gelesen habe, hat mich der Anblick der Örtlichkeiten überrascht, und was die Einwohner anbetrifft, so entdecke ich gegenwärtig in ihren Ansichten so gewaltige Unterschiede, daß ich eine Art geistige Benommenheit verspüre.«[1]

Im darauffolgenden Oktober, als sich Tocqueville allmählich von der Krankheit, die seine Reise unterbrochen hatte, erholte, verfaßte er jene Denkschrift, in der er seine Auffassungen zu Algerien darlegte.[2] Er betrachtet die Eroberung des Landes als das größte Ziel, das Frankreich zu verwirklichen habe, und zeigt sich entrüstet, daß das Ministerium Soult-Guizot die Angelegenheit als zweitrangiges Problem und ohne politische Prinzipien behandelt, indem es einfach den Vorschlägen des Kriegsministeriums folgt, denen die algerischen Angelegenheiten administrativ untergeordnet waren.

1842 meinte Tocqueville eine Möglichkeit gefunden zu haben, einige Reformen durchzusetzen. Die Regierung hatte eine außerparlamentarische Kommission unter dem Vorsitz des Herzogs Decazes einberufen, um die Probleme bei der Kolonisierung Algeriens untersuchen zu lassen.

---

1 Brief an seinen Vater vom 12. Mai 1841, Archives Tocqueville.
2 Siehe S. 278, Fußnote 3.

Tocqueville und Beaumont nahmen mit großem Eifer an den ersten Sitzungen teil und bemühten sich, einen Plan für die Arbeit der Kommission zu entwerfen. Bald erkannten sie jedoch, daß die Regierung keinesfalls die Absicht hatte, die Vorschläge der Kommission zu berücksichtigen, und sie waren von da ab nur noch bestrebt, sich zurückzuziehen.[1]

Und wenn Tocqueville auch 1845 als Mitherausgeber der Zeitung *Le Commerce* auftritt, so vertritt doch sein Kompagnon und Freund Corcelle etwas andere Auffassungen zu Algerien, an denen er auch beharrlich festhält. Letztlich scheint es also Corcelle gewesen zu sein, der die »algerische Linie« der Zeitung bestimmte.

So bleibt Tocqueville nur noch die Deputiertenkammer als Tribüne, um seine Auffassungen zu vertreten. Die Sitzungsperiode von 1846 wird im Monat Juni mit einer sehr lebhaften Debatte über die Gewährung von Sonderkrediten für Algerien eröffnet. Tocqueville hält bei dieser Gelegenheit eine seiner überzeugendsten Reden, in der er betont, daß diese Frage, die für Frankreich die wichtigste Frage überhaupt sei, bisher ohne klare Linie behandelt worden sei. Er fordert die Schaffung eines Sonderministeriums für Algerien.

Nach Beendigung der Sitzungsperiode von 1846 erwägt Tocqueville, der die in Italien aufkeimenden Schwierigkeiten erkannt hat, einen Moment lang, sich auf die Halbinsel zu begeben. Doch dann verspürt er das dringendere Bedürfnis, sein Wissen über Afrika auf den neuesten Stand zu bringen und entschließt sich – trotz seiner gesundheitlichen Probleme im Jahre 1841 –, nach Algier zu reisen.

In der Zeit, die seit seinem ersten Algerienaufenthalt vergangen war, hatte sich die Situation beträchtlich gewandelt. 1845 hatte Abd el-Kader nach seiner vernichtenden Niederlage im Jahre 1844 eine erneute Offensive unternommen und bei Sidi-Brahim das kleine Korps von Oberst de Montaignac völlig aufgerieben. Zur gleichen Zeit hatte sich, angestachelt durch eine Predigt des Bou Maza, der Dahra erhoben. Bugeaud hatte seine Ferien in der Dordogne unterbrechen müssen und war eilends nach Algier zurückgekehrt (September 1845). Während ein Teil der öffentlichen Meinung die Kolonie bereits verloren sah, schlug er alle Aufstände souverän nieder. Abd el-Kader war nun eher ein Flüchtling als ein Rivale, und überall zeigten sich die ausgehungerten und dezimierten

---

1 Tocqueville an Beaumont, 30. Dezember 1842, A. de Tocqueville 1967, 1: 495.

Stämme bereit, sich zu unterwerfen. So hatte Tocqueville im Juni 1846 vor der Kammer erklärt, daß der Krieg »eine Last, ein Nachteil, eine Unannehmlichkeit sei, aber von nun an keine Gefahr mehr darstelle«[1].

Man konnte nun also die Zukunft unter einem neuen Blickwinkel sehen. Es bestand keine Notwendigkeit mehr, das insgesamt befriedete Land einer militärischen Verwaltung zu unterstellen. Und dies um so mehr, als Bugeauds wachsender Ruhm, den er keinesfalls mit Bescheidenheit genoß, es der Regierung ratsam erscheinen ließ, seine Macht zu beschränken. Mit der Ordonnanz vom 15. April 1845 war bereits ein ziviles Verwaltungsoberhaupt geschaffen und das Land in zivile, arabische und gemischte Territorien aufgegliedert worden. Der Pascha widersetzte sich jedoch dieser Regelung und drängte Blondel (den Tocqueville ja gut kannte), das erste zivile Verwaltungsoberhaupt, im August 1846 zum Rücktritt; er wollte die Militärverwaltung ohne jede Einschränkung beibehalten.

In der Armee selbst gab es nun neben einigen Säbelrasslern, die nichts über das Land wußten, eine Reihe von Offizieren aus den arabischen Kommandanturen, die Einblick in das Leben der Einheimischen hatten und nützliche Ratschläge zur Organisation der französischen Verwaltung geben konnten. Und wenn auch die europäischen Kolonisten im ländlichen Bereich nur 15 000 Menschen zählten (ein Siebtel aller Einwanderer), so wurden doch verschiedene Formen der Ansiedlung erprobt, und es existierte dort, wie von Bugeaud befürwortet, eine Konkurrenz zwischen zivilen und militärischen Kolonisierungsvorhaben. Es gab also allen Grund, diese ersten Anfänge zu beobachten, so schwierig und bescheiden sie auch sein mochten.

Ursprünglich hatte Tocqueville den Plan gehabt, sich nur in Algier und dessen näherer Umgebung aufzuhalten. Er hatte weder Beaumont (den er erst spät von seiner Reise unterrichtet hatte, da ihre Freundschaft seit einem Jahr sehr abgekühlt war) noch Corcelle gebeten, ihn zu begleiten. Statt dessen nahm er Madame Tocqueville auf diese Reise mit, die über seine Gesundheit wachen und der Versuchung, sich auf galante Abenteuer einzulassen, entgegenwirken würde. Daher unterhielt Tocqueville während dieses Aufenthalts auch keine regelmäßige Korrespondenz (es war Madame de Tocqueville, die der Familie Neuigkeiten zukommen ließ), eine Lücke, die um so bedauerlicher ist, als von dem Tagebuch, das

---

1 A. de Tocqueville 1962, Teil 1: 293. Rede vom 9. Juni 1846.

Tocqueville während dieser Reise führte, nur noch einige Fragmente[1] erhalten sind. Unsere Hauptinformationsquelle ist der Bericht des Journalisten Bussière, der sich während der Hälfte der Zeit von Tocquevilles Aufenthalt an dessen Fersen heftete und später einen Bericht über seine Reise veröffentlichte.[2]

Tocqueville scheint in den ersten Novembertagen in Algier eingetroffen zu sein. Er begab sich sogleich zum Gouverneur und legte ihm in aller Offenheit dar, in welcher Hinsicht Divergenzen zwischen ihnen bestünden. Bugeaud aber hatte sich entschieden, seinen Kritikern mit Charme anstatt mit Konfrontation zu begegnen. In Algier hielten sich zu dieser Zeit noch andere Deputierte auf: Lanjuinais und Lavergne, die Tocqueville gut kannte, sowie der Seemann Béchameil und der Industrielle Plichon, zu denen Tocqueville in Paris weniger Kontakt gehabt hatte. Diese beiden wurden jedoch zusammen mit Lavergne zu seinen täglichen Weggefährten, als sie den Vorschlag des Marschalls annahmen, ihn zu Lande von Algier nach Oran zu begleiten.

Dieser militärische Ausflug wird von Dussert, dem stellvertretenden Direktor für zivile Angelegenheiten folgendermaßen kommentiert: »Einige Deputierte sind zu einem Besuch in Algerien eingetroffen, man hat ihnen alle Trugbilder der arabischen Fantasia vorgeführt und ihnen (das ist das Wort) Staub in die Augen gestreut, und sie sind in der Überzeugung abgereist, ein Land zu kennen, von dem sie im Grunde gar nichts wissen. M. de Tocqueville, ein sehr herausragender Mann..., hat sich als einziger, so weit er konnte, den offiziellen Strategien entzogen.«[3] Die Stationen der Exkursion waren Blida, Médéa, Miliana und Orléansville (heute El-Asnam). Wenn man Bussière glauben darf, so benötigten sie für die Strecke von Algier nach Orléansville sechs oder sieben Tage (wie es scheint, vom 20. bis zum 26. Oktober). Während einer durchs Gebirge führenden Etappe, die im Herrschaftsgebiet des mit Frankreich verbündeten Bou Allem lag, hatten sie Gelegenheit, die prunkvolle Gastfreundschaft eines arabischen Fürsten kennenzulernen. Bugeaud legte eine Mischung aus Leutseligkeit und Polemik an den Tag: In Médéa

---

1 Diese Fragmente befinden sich in der Bibliothek der Universität Hamburg. Sie enthalten sehr detaillierte Beobachtungen über die Ansiedlung der Kolonisten und die Schwierigkeiten bei der Erschließung des Landes sowie heftige Kritik an der schlecht koordinierten Arbeit der Bürokratie.

2 A. Bussière 1853.

3 Brief Dusserts an den Marschall de Castellane vom 1. Januar 1847, in: *Campagnes d'Afrique. Lettres adressées au maréchal de Castellane*. Paris. 1898. S. 503.

»brachte er einen Toast auf die Armee aus. Seine Ausführungen waren voller Spott und beinahe schon Zorn... Er rühmte ihre Disziplin, ihre Schicksalsergebenheit, ihren Mut, die bei den einen auf Undankbarkeit und bei den anderen auf Gleichgültigkeit stießen. Hier und dort streute er gehässige Vorwürfe und Anspielungen auf die Kolonisten, die beiden Kammern und die Regierung ein. Niemand wurde geschont. Mit viel Takt und Feingefühl wußte M. de Tocqueville in seiner Antwort alles zu vermeiden, was einem schlichten Toast einen polemischen Charakter hätte verleihen können: Er wiederholte das Lob auf die Armee, wußte dabei jedoch auseinanderzuhalten, was der Marschall vermengt hatte, er vermied Anspielungen, und nachdem er am Ende seiner Rede noch einige gelungene Bemerkungen angebracht hatte, die sogar den Marschall begeisterten, schloß er mit einem Toast auf die Einigkeit von Zivilisten und Armee.«[1]

Was die Sicherheit im Lande anbetraf, so hatte Bugeaud Erfolge zu verbuchen: An dem berüchtigten Paß von Mouzaïa trafen sie zwei französische Arbeiter, die zu Fuß und unbewaffnet von Médéa nach Blida liefen. Bugeauds Äußerungen während der ganzen Exkursion stellten eine einzige Lobrede auf die Herrschaft des Militärs dar. Er verwies auf von Pioniertruppen gebaute Straßen und Hospitäler, auf Gärten, die von Soldaten angelegt worden waren, und pries die unkomplizierte und kostengünstige Verwaltung durch die Offiziere. Sehr unangenehm war es jedoch für ihn, daß er in Miliana in Anwesenheit seiner Gäste eine Delegation von Kolonisten empfangen mußte, die die Einsetzung eines Zivilkommissars und eines Friedensrichters verlangten. In Orléansville wurde Marschall Saint-Arnaud, der sich von der Gegenwart der Parlamentarier (und anscheinend insbesondere von Tocqueville) irritiert zeigte, von Bugeaud gefragt, »was er für die Zivilbevölkerung getan« habe. Daraufhin rühmte er die vortreffliche Organisation der Miliz und ihre rigorose Disziplin: »Bei der kleinsten Nachlässigkeit stecke ich sie mit dem Kopf voran in den Silo. Das habe ich für sie getan.«[2]

---

1 A. Bussière 1853: 463.
2 Siehe ebd.: 471.
   Die Eindrücke Saint-Arnauds sind in einem an seinen Bruder gerichteten Brief vom 29. November 1846 zusammengefaßt (*Lettres du maréchal de Saint-Arnaud*. Bd. II. Paris. 1864): »Seit fünf Tagen kommen mein Geist, meine Beine und meine Pferde nicht zur Ruhe. Der Körper ist nicht so müde wie der Geist, doch einem Marschall standzuhalten, der gern redet, und vier Deputierten und zwei Journalisten, die unaufhörlich ab hic und ab hoc Fragen stellen, das ist zuviel, ich bin erschöpft. Ich war also am Dienstag, dem 25., mit einer

In Orléansville verließ Tocqueville den Marschall und durchquerte zusammen mit dem Oberstleutnant Canrobert den Dahra, der erst kurz zuvor unterworfen worden war. Dort machte er bei einem noch durch und durch verängstigten Kabylenoberhaupt Rast. In Tenès schiffte er sich nach Oran ein, wo er einen Tag mit Lamoricière verbrachte, und kehrte dann am 30. November zu Madame de Tocqueville nach Algier zurück.

Am übernächsten Tag brach er in Begleitung von Bussière und zwei berittenen Jägern auf, um eine Woche lang die Dörfer im Sahel und der Mitidja-Ebene zu besichtigen. Er untersuchte genauestens die Bedingungen über den Erwerb von Eigentum und die Regelung der Eigentumsverhältnisse, konstatierte, wie sehr das Fiber unter der Bevölkerung gewütet hatte, und untersuchte die ungesicherte wirtschaftliche Situation vieler der dort lebenden Menschen, die sich trotz Mißerfolgen dem Land verbunden fühlten und ohne die ihm die französische Kolonie jeder Zukunft beraubt schien. All das läßt sich aus dem Bericht Bussières ablesen.

Über den letzten Teil von Tocquevilles Reise liegen jedoch keine Aufzeichnungen des Journalisten mehr vor. General Bedeau, der das Kommando über Constantine innehatte, hatte den Autor zusammen mit seiner Frau dorthin eingeladen. Tocqueville schiffte sich am 10. Dezember in Algier ein, mußte jedoch wegen stürmischen Wetters in Bône das Schiff wieder verlassen und konnte zunächst nicht weiterreisen. Am 14. Dezember schrieb er, er hoffe Philippeville per Schiff zu erreichen, wo eine von Bedeau gesandte Kutsche auf ihn warte; am

---

Schwadron aufgebrochen, um den Marschall im Westen Foddas abzuholen. Wir trafen dort im Laufe des Tages aufeinander und aßen und biwakierten gemeinsam. Als ich ihn antraf, war er etwas leidend, doch als wir uns gestern trennten, erschien er wohlauf. Er schreibt diese glückliche Wirkung der Zufriedenheit zu, die er über meine Unterabteilung empfand. Bei ihm waren die Abgeordneten MM. Tocqueville, de Lavergne, Béchameil und Plichon und die Schriftsteller de Broë und de Bussières (*Débats* oder *Revue des deux mondes*). M. de Tocqueville war derjenige, der auf eine gründliche und überlegte methodische Beobachtung bedacht war.

Wir hatten drei homerische Gastmäler mit achtzehn Gedecken für jeden; einen königlichen Empfang und Einzug in Orléansville mit Salutschüssen, Ehrenformation, Beleuchtung, Vorführungen etc. Es fehlten nur noch Possenreißer. Meine Hyänen haben dann auch dafür gesorgt, sie hatten einen ungeheuren Erfolg. Marie und Fanny werden vielleicht ihren Artikel in *Les Débats* oder in der *Revue* bekommen. Am Donnerstag teilten wir uns nach dem Mittagessen in zwei Gruppen auf. MM. Tocqueville, Béchameil, Lavergne und Bussières verließen uns, um sich nach Tenès einzuschiffen. Der Marschall, MM. Plichon und de Broë kamen mit mir nach Aïn-Méran, von wo aus sie nach Mostaganem weiterreisen.«

29. Dezember wolle er sich dann wieder nach Frankreich begeben. Über seinen Aufenthalt in Constantine ist uns nichts mehr erhalten außer einer Hotelrechnung, die in der Universitätsbibliothek Hamburg aufbewahrt ist. Er traf dort wohl mit Bedeau zusammen, mit dem er vorher noch nicht bekannt gewesen war, und die beiden Männer entwickelten sofort Sympathien füreinander. Während Tocqueville General Bugeaud seine feindselige Haltung gegenüber den Kolonisten zum Vorwurf machte und Lamoricière trotz seiner großen intellektuellen Qualitäten von einem rücksichtslosen Ehrgeiz besessen fand, sollte er zu Bedeau, der humaner und gemäßigter war, bald regelmäßige Kontakte pflegen.[1]

Die während des dreimonatigen Algerienaufenthalts entstandene Studie sollte im darauffolgenden Jahr in den beiden großen parlamentarischen Berichten Verwendung finden, die im *Moniteur* vom 24. Mai veröffentlicht wurden und großes Aufsehen erregten.[2]

Am 27. Februar hatte die Regierung dem Präsidium der Kammer zwei Gesetzesvorlagen unterbreitet. Die eine bezog sich auf die für Algerien bestimmten Sonderkredite, die andere sah gemäß den Plänen von Marschall Bugeaud die Gründung von Militärlagern vor, die die Kolonisierung vorantreiben sollten.

Auf Vorschlag von Gustave de Beaumont beschloß die Kammer, beide Vorlagen zur Überprüfung an eine achtzehnköpfige Kommission weiterzureichen. Diese wählte Tocqueville zu ihrem Vorsitzenden und Berichterstatter.

Als Sprecher der Kommission, die in dieser Frage eine einhellige Meinung vertrat, erreichte Tocqueville, daß die Kammer jeglichen Kredit für eine militärische Kolonisierung Algeriens ablehnte. Dies veranlaßte den Generalgouverneur zum Rücktritt, doch rechnete das Kabinett wohl mit einer solchen Reaktion, als es der Kammer diese Gesetzesvorlage, die dem Marschall sehr am Herzen lag, unterbreitete. Tocquevilles Bericht über die Sonderkredite erfuhr auf Wunsch einiger Kollegen in der Kommission einige Änderungen, doch entspricht das darin vermittelte Bild der Kolonie sehr wohl Tocquevilles Auffassungen. Aufgrund seiner Kritik an der dort herrschenden mangelnden Freiheitlichkeit versprach

---

1 Unveröffentlichter Brief an Bedeau vom 18. Dezember 1846.
2 A. de Tocqueville 1962, Teil 1: 308 ff.

die Regierung, ein Gesetz über die Gemeindeverwaltung in den zivil verwalteten Gebieten auszuarbeiten, das gewählte Gremien vorsah.

Wir haben bereits dargelegt, daß Tocquevilles Auffassung zufolge die französische Position durch den Besitz Algeriens gestärkt und Frankreich dadurch die Herrschaft über den westlichen Mittelmeerraum erlangen würde. Bei seiner ersten Reise hatte er die Stützpunkte Mers el-Kébir und Algier bewundert, die in seinen Augen die Eroberung rechtfertigten. Da die islamische Welt an der Mittelmeerküste keine erneute Eigenständigkeit erlangen könnte, hätte Frankreichs Rückzug wahrscheinlich eine Besetzung der betreffenden Gebiete durch England zur Folge, die damit ihre in Gibraltar und Malta errungenen Positionen noch ausbauen könnten. Und wenn Tocqueville auch zeitweise durch die verfehlte Afrikapolitik entmutigt war, so erwog er doch niemals ernstlich eine Aufgabe der Kolonie.

Aber schon 1837, weit früher als seine Zeitgenossen, hatte er begriffen, daß eine begrenzte Besetzung des Landes unmöglich war. Der Vertrag von Tafna, der die Vereinigung des Landesinneren unter der Herrschaft eines verbündeten Fürsten oder Vasallen vorsieht, erscheint ihm unrealistisch: Warum sollte ein solcher Fürst sich damit abfinden, daß die Franzosen ihm den Zugang zum Meer abschnitten?

Nach der Vereinigung würde Abd el-Kader unvermeidlich zum Feind Frankreichs werden. Man müsse deshalb die Herrschaft über das gesamte Land erringen und in einem Teil davon die Niederlassung bäuerlicher Siedler aus Europa fördern. Die Unterwerfung und die Kolonisierung Algeriens müßten gleichzeitig vorangetrieben werden und sich gegenseitig stützen. Damit würde sowohl die Hoffnung der Einheimischen, die Europäer zu vertreiben, zunichte gemacht als auch einem möglichen Handstreich einer fremden Macht vorgebaut.

Ein solches Vorhaben bedeutete aber unweigerlich Krieg mit Abd el-Kader. Im allgemeinen ist Tocqueville kein Befürworter kriegerischer Maßnahmen, doch erscheinen sie ihm auch nicht als grundsätzlich verwerflich. Während der Krise von 1840, in der Frankreich allein gegen das übrige Europa steht, ist er der Auffassung, daß Krieg besser sei als eine Demütigung Frankreichs; dennoch glaubt er anders als ein Teil der Linken nicht an den Erfolg eines Propagandakrieges und prophezeit eine Niederlage Frankreichs. In Europa zeige sich die Grausamkeit des Krieges in der Bombardierung der Zivilbevölkerung und den Blockaden; in Afrika nähme sie andere Formen an. Manche Offiziere würden sie leichthin unsühnbar machen, denn sie befürworteten Massaker an Gefangenen. Tocqueville zeigt sich über solche unnötigen Grausamkeiten empört. Jedoch heißt er jenen Raubzug gut, bei dem die Felder der Einheimischen niedergebrannt und die Herden konfisziert werden, wodurch die Stämme, die damit dem Hungertod ausgeliefert sind, Abd el-Kader die Gefolgschaft aufkündigen müssen. Er bewundert die Organisationsstruktur der mobilen Kolonnen Bugeauds, die eine Ausweitung der Plünderungsaktionen ermöglicht und sich als sehr effizient erweist. Und während die »Ausräucherungsaktionen«, bei denen Hunderte von Einheimischen in den Höhlen ums Leben kommen (wie zum Beispiel bei der von Pélissier durchgeführten Aktion in den Ouled Riah), in Paris und hier insbesondere bei Montalembert, heftige Reaktionen auslösen, äußert sich Tocqueville hierzu mit keinem Wort.

Und wie soll man die Araber nach der Befriedung des Landes behandeln? 1837 hält Tocqueville eine Assimilation noch für möglich: »Es gibt überhaupt ... keinen Grund zu der Annahme, daß sich mit der Zeit die beiden Rassen nicht vermischen könnten. Gott stellt dem nichts entgegen, allein die Irrtümer der Menschen könnten dem ein Hindernis sein.«[1]

Ab 1841 aber schlägt Tocqueville einen anderen Ton an. Er meint nun, daß die Araber sich ihrer Niederlage bewußt bleiben sollten. In seinem Bericht aus dem Jahre 1847 äußert er seinen Unmut über die übertriebene Großzügigkeit Frankreichs; er kritisiert, daß auf Staatskosten die Mekkapilger bis nach Ägypten gebracht und Moscheen gebaut werden; es mißfällt ihm, daß man Einheimische zu Mitgliedern der Ehrenlegion ernennt. Obwohl er den Meinungen einiger Zeitungen in Algier, die die Araber am liebsten aus der Gesellschaft ausschließen wollen, empört widerspricht, »ist es weder von Nutzen noch unsere Pflicht, unseren islamischen Untertanen einen übertriebenen Eindruck ihrer eigenen Wichtigkeit zu lassen, noch sollten wir sie in dem Glauben bestärken, daß wir verpflichtet sind, sie unter allen Umständen so zu behandeln, als seien sie unsere Mitbürger und unseresgleichen. Wir müssen uns die politische Macht über sie vorbehalten, den Einheimischen nachgeordnete Machtbefugnisse zugestehen und soweit als möglich die bereits existierenden Einflußstrukturen nutzen. Insgesamt schulden wir ihnen strenge Gerechtigkeit und eine gute Regierung, das heißt eine Re-

---

1 A. de Tocqueville 1962, Teil 1: 153

gierung, die nicht nur in unserem, sondern auch in ihrem Interesse handelt.«

Allgemeiner gesprochen möchte Tocqueville die einheimische Gesellschaft, so wie sie ist, erhalten, jedoch unter Kontrolle der französischen Obrigkeit.

Nach ihrer Befriedung wäre die algerische Gesellschaft folglich eine ungleiche Gesellschaft: auf der einen Seite die Franzosen, auf der anderen die Einheimischen, die weiterhin nach den Gesetzen des Koran lebten.

Diese solchermaßen gepriesene ungleiche Gesellschaft scheint dem von der Vorsehung bestimmten Ziel der Gleichheit unter den Menschen, das in der *Demokratie in Amerika* dargelegt wird, nur wenig zu entsprechen.[1] Zwar seien die Moslems keine minderwertige Rasse, doch sei ihre Kultur unvollkommen und im Vergleich zur antiken Welt im Niedergang begriffen, denn es gebe »wenige Religionen, die für die Menschen so verderblich sind wie die Mohammeds«. Doch möchte Tocqueville die Moslems in gewisser Weise an ihre Kultur binden und will nicht zulassen, daß eine einheimische Elite Zugang zu den Grundsätzen der christlichen Zivilisation findet, denn er lehnt es sogar ab, daß junge Araber höhere französische Schulen besuchen.

Dennoch geht Tocqueville nicht davon aus, daß die islamische Gesellschaft für alle Zeiten in demselben Zustand erstarrt bleiben wird. Aber in welche Richtung würde sie sich entwickeln? Zweifellos ist er überzeugt, daß die Kabylen – deren Gesellschaft freiheitlich strukturiert ist – einen anderen Weg gehen würden als die Araber. Was aber die letzteren angeht, so ist sich Tocqueville nicht sicher, ob ihr Denken und ihre Sitten sich in Richtung einer größeren Aufgeklärtheit entwickeln könnten. In einem an Corcelle gerichteten Brief vom 1. Dezember 1846, in dem sich Tocqueville sehr menschlich um die Zukunft der Einheimischen besorgt zeigt, wird offensichtlich, daß ihm die Schrecken des Krieges und die Verzweiflung der Besiegten keineswegs gleichgültig sind. So lehnt er den in einem Teil der Armee verbreiteten Gedanken ab, daß man die einheimische Bevölkerung vernichten müsse, und fügt hinzu: »Wie soll man es bewerkstelligen, daß die beiden Volksgruppen wirklich miteinander in Kontakt treten? Ich gebe bekümmert zu, daß ich hier ratlos und unentschieden bin. Ich werde Ihnen alles sagen, was ich zu

---

1 Siehe M. Richter o.J.: 362-398, sowie M. Hereth 1979.

diesem Thema gesehen und erfahren habe. Was auch immer geschehen wird, man kann darauf zählen, daß unsere Anwesenheit bei den Arabern eine gesellschaftliche Umwälzung herbeiführen wird, die nur unter Schmerzen vor sich gehen wird.«[1]

Tocquevilles Vorstellungen über die Kolonisierung sind sehr viel klarer. Ihr Ziel solle es sein, in Algerien eine Bevölkerung anzusiedeln, die ein Abbild der Gesellschaft des Mutterlandes sei und für die soweit als möglich dieselben Gesetze gelten sollten.

Die Grundlage dieser Kolonisierung sei die Ansiedlung einer bäuerlichen Bevölkerung. Tocqueville hatte auf seinen beiden Reisen mit großem Interesse die Dörfer im Sahel und in der Mitidja-Ebene besucht, die den Kern dieser Siedlungsbestrebungen darstellten. Diese Dörfer waren auf unterschiedliche Weise entstanden: Beni-Mered war aus einem der von Bugeaud so favorisierten landwirtschaftlichen Militärlager hervorgegangen, während andere Dörfer nach dem System des Oberst Marengo gegründet worden waren, der Häuser errichten und einen Teil des Landes von soldatischen Strafgefangenen roden ließ, bevor er alles an Zivilisten übergab. Wieder andere Siedlungen waren nach den Plänen des Grafen Guyot, des Leiters der Abteilung für Innere Angelegenheiten in Algier, entstanden. In diesem Fall mußten die Siedler zwar die Konzession zur Niederlassung kaufen, doch wurden Baumaterial, Sämereien und Vieh vom Staat gestellt. Tocqueville ist jedoch der Auffassung, daß diese Bemühungen der Behörden eher schaden als nützten, denn dadurch würde nur der Zeitpunkt hinausgeschoben, an dem sich der zukünftige Landwirt allein mit den natürlichen Unbillen des Landes auseinandersetzen müßte. Die Rolle des Staates besteht für ihn darin, Genehmigungen zu erteilen und als obligatorische Mittlerinstanz aufzutreten, wenn Siedler den Einheimischen Land abkaufen wollen. Alles, was der Staat gratis an Werten zur Verfügung stellen dürfe, sei die Erstellung des Katasters und einige öffentliche Dienstleistungen wie den Bau von Straßen und Brunnen. Indirekt könne auch die Militärverwaltung einen Beitrag leisten, indem sie zum Beispiel Viehfutter zu einem für die Landwirte gewinnbringenden Preis kaufe.

Tocqueville entscheidet sich nicht eindeutig zwischen dem System der individuellen Kolonisierung, bei dem an einzelne Personen kleine Parzellen ausgegeben werden, und dem System der Vergabe großer Kon-

---

1 A. de Tocqueville 1983a, Teil 1: 222 ff. Tocqueville an Corcelle, Algier, 1. Dezember 1846.

zessionen (das von Lamoricière empfohlen wird), bei dem der Staat mit großen Unternehmen verhandelt, die sich selbst um die Anwerbung von Kolonisten bemühen. Den Vorzug gibt er jedoch Dörfern, in denen der Grund und Boden in verschieden große Parzellen aufgeteilt wird, so daß sich dort nebeneinander wohlhabende Kolonisten und kleine Siedler, die kaum mehr als ihre Arbeitskraft besitzen, niederlassen können. Auf diese Weise würde von selbst eine ländliche Gesellschaft entstehen, die der in den Dörfern des Mutterlandes ähnele.

Aber das Grundproblem der Kolonisierung liegt im rechtlichen Status von Personen und Gütern, und hier übt Tocqueville scharfe Kritik an den herrschenden Zuständen: In Algerien hätten sich auf Kosten der Einwanderer zwei, überdies noch rivalisierende, Kräfte etabliert: das willkürlich waltende Militär und die zentralisierte Verwaltung.

So prangert Tocqueville die übermäßige Machtfülle des Militärs an, die Ausweisung von Kolonisten aus Algerien, die Enteignungsbeschlüsse, die dem Betroffenen nur vierundzwanzig Stunden Zeit lassen; er verurteilt die ungerechtfertigten Beschlagnahmungen und den stupiden Haß des niederen Offiziers gegen den »pékin«[1]. Noch heftigeren Unmut äußert er aber über die zivilen Behörden, die nicht begriffen hätten, daß die Verwaltung eines neuen Landes eine Vereinfachung der Verwaltungsstrukturen erfordere, und statt dessen aus purem Vergnügen immer noch mehr Vorschriften ersännen. Tocqueville empört sich über die doppelte Zentralgewalt, der die Kolonie unterliegt: Zum einen dem Kriegsminister in Paris, der außerdem häufig noch seine Kollegen konsultieren muß, und zum anderen dem Generalgouverneur in Algier (und das in einer Zeit, in der die Nachrichtenverbindungen zwischen manchen Städten in der Kolonie und Algier schlechter sind als die nach Paris). Folglich werden alle Angelegenheiten nur äußerst schleppend erledigt, wenn sie nicht gar vollständig vergessen werden. Tocqueville führt einige konkrete Beispiele für diese schwerfällige Bürokratie an: Der Oberkommandierende in Constantine kann dem Ingenieur der Stadt, der Zivilist ist, keine Anweisungen erteilen. Und selbst wenn eine Angelegenheit nicht, wie es häufig der Fall ist, mit Paris abgeklärt werden muß, so muß doch zuvor der Generalgouverneur informiert werden, der wiederum den Leiter der öffentlichen Bauabteilung in Kenntnis zu setzen hat. Letzterer leitet dann schließlich die Anordnung nach Con-

---

1 Frz.: »pékin«: Militärjargon zur Bezeichnung von Zivilisten.

stantine weiter. Dieses System ist unglaublich ineffizient: So dauert es mehr als ein Jahr, bis ein Leck in einem Aquädukt repariert ist; Siedler warten manchmal vier bis fünf Jahre in Algier, bevor sie ein durch Konzession erworbenes Stück Land tatsächlich in Besitz nehmen können; und im Jahre 1847 haben die Behörden noch nicht einmal den Kataster für den Sahel und die Mitidja-Ebene erstellt.

Andererseits verfügt der einzelne in Algerien nicht über die Rechtssicherheit, die die Bürger im Mutterland genießen. Da es nur eine richterliche Instanz gibt und vor allem der Staatsanwalt über eine enorme Machtfülle verfügt, ist die Justiz in keiner Weise mehr unabhängig. Die Presse unterliegt der Zensur, es existiert kein freies Bildungswesen und überhaupt keine Wahlgesetzgebung, nicht einmal im Bereich der Handelsgerichte, deren Vorrechte sogar Napoleon respektiert hatte.

Die Männer in den verantwortlichen Stellungen sind daran nicht unschuldig: Der Generalgouverneur selbst hatte sich innerhalb seiner fünfjährigen Amtszeit nicht einmal zwei Jahre in Algier aufgehalten; viele Beamte sind korrupt. Doch das schlimmste Übel, unter dem die Kolonie leidet, ist das völlige Fehlen einer planvollen politischen Führung. In welch anarchischer Weise an dieses große Vorhaben der Kolonisierung herangegangen wurde, offenbart sich im Wortlaut der aufeinanderfolgenden Vorschriften, die sich gegenseitig aufheben oder widersprechen. Tocqueville fordert, da das Kriegsministerium überlastet sei, daß man in Paris ein Ministerium für Algerien schaffen solle, das in allen Bereichen die Rechtsstellung von Personen und Sachen zu regeln hätte. In Algier solle ein ziviler Generalgouverneur eingesetzt werden, der über eine begrenzte Verordnungsgewalt verfügen solle. Und ganz grundlegend fordert er für die in Algerien lebenden Europäer die Einrichtung von Gemeinderäten, die für die Liberalen seiner Zeit den Ursprung aller Freiheiten darstellten. Sie würden den Keim dessen bilden, was Europäer dazu bewegen könnte, sich in einer Kolonie niederzulassen, nämlich den Keim politischer Freiheiten, die denen entsprächen, die sie bereits in ihrem Vaterland besäßen oder sich dort wünschten.

So führen Tocquevilles weitausholenden Reflexionen zu einem schlüssigen und konkreten Programm für die Regierung, Verwaltung und Kolonisierung Algeriens.

Wenn Tocqueville auch die Erschließung neuer Gebiete und die Auswanderungsbewegungen dorthin (wie zum Beispiel Neuseeland) genau mitverfolgte und sich für den Herrschaftswechsel in alten Kolonien (wie zum Beispiel in Kanada) interessierte, so hat er doch niemals versucht, eine Gesamtdarstellung seiner Ansichten über das Phänomen des Kolonialismus im allgemeinen zu liefern. Er hinterließ jedoch interessante Skizzen zu einer Studie über das größte Kolonialreich seiner Zeit, das der Engländer in Indien.[1]

Diese Studie sollte allerdings nur eine kurze Randepisode in der politischen Laufbahn Tocquevilles darstellen.

Im Jahre 1840 äußert er zum ersten Mal sein Interesse an Indien. So schreibt er an Buloz, dem er seine Mitarbeit an der *Revue des deux mondes* versprochen hatte: »Über nichts ist in Frankreich weniger bekannt als über die Gründe, die die großartige Herrschaft der Engländer in Indien hervorgebracht haben und aufrechterhalten. Diese Frage, die schon zu allen Zeiten interessant war, gewinnt jetzt noch viel mehr an Bedeutung, da alle großen europäischen Angelegenheiten in Afrika zusammenlaufen. Und sie betrifft uns um so mehr, seit wir die Kolonie von Algier haben. Diese Frage hängt also mit allem zusammen, was die Menschen unserer Tage interessiert und bewegt... Ich habe bereits viel Material über die Position der Engländer in Indien gesammelt; ich habe möglicherweise mehr Gelegenheit, mich damit zu beschäftigen als ein anderer. Ich wünsche mir nichts mehr, als über dieses Thema ein oder zwei Artikel zu schreiben; allerdings kann ich diese Artikel nicht sofort versprechen, denn ich möchte gerne etwas machen, das von ernsthaften Leuten gelesen werden kann, und der Gegenstand ist sehr schwierig.«[2]

Tocqueville konnte die Arbeit an dem Artikel über Indien erst nach der Sitzungsperiode von 1841 und der daran anschließenden Algerienreise beginnen. Dieser Aufsatz, der eigentlich schon für das vorherige Jahr vorgesehen war, wurde nun also zu einer jener langen Rezensionen, wie sie die *Revue* damals veröffentlichte und in dem der Autor anläßlich eines neu erschienenen Werkes seine persönlichen Auffassungen zu einer bestimmten Frage darlegte. Im vorliegenden Fall handelte es sich um die *Histoire de la conquête et de la fondation de l'empire anglais dans l'Inde* (sechs Bände) von Barchou de Penhoen. Tocqueville hatte Barchous Werk zwar gelesen, schrieb jedoch keine Rezension darüber, obwohl

---

1 Tocquevilles Aufzeichnungen über Indien wurden veröffentlicht in: A. de Tocqueville 1962, Teil 1: 441 ff.

2 Unveröffentlichter Brief von Tocqueville an Buloz vom 2. Oktober 1840, Archives de Lovenjoul.

der Autor ihn sehr darum gebeten hatte. Barchou wäre über Tocquevilles Entscheidung wohl weniger bekümmert gewesen, hätte er gewußt, welches Urteil Tocqueville über seine rein ereignisgeschichtliche Darstellung fällte: »Ich erkenne darin in keiner Weise mehr als gewisses erzählerisches Können, das bei Historikern eine zweitrangige Qualität ist. Überdies scheinen ihm die Ursachen der von ihm dargestellten Ereignisse völlig entgangen zu sein. Nicht nur, daß er es unterläßt, sie zu nennen, sondern es gelingt ihm nicht einmal, sie spürbar zu machen. Und anstatt die in einer Epoche hervorstechende Tatsache hervorzuheben, verliert er sich in tausend Einzelheiten, ohne daß er selbst fähig wäre oder den Leser in die Lage versetzt hätte, das Wichtigste auszuwählen.«[1]

Nach den parlamentarischen Sitzungsperioden im Jahre 1842 und 1843 setzt Tocqueville seine Arbeit über das Thema Indien fort. »Schon lange habe ich nicht mehr mit soviel Eifer und Lust gearbeitet«, schreibt er an Reeve. Und Beaumont vertraut er in einem Brief vom 9. Oktober 1843 an: »Ich werde mich jetzt mit dem Reich der Engländer in Indien beschäftigen. Diese Arbeit interessiert mich, bereitet mir sogar sehr viel Vergnügen.«[2] Zweifellos zu diesem Zeitpunkt, nachdem er seine Lektüre zu diesem Thema abgeschlossen hatte, verfaßte er den Entwurf für den ersten Teil jenes Werkes, der uns bis heute erhalten ist. Am 3. Dezember aber unterbrach er diese Arbeit und nahm ab da wieder das parlamentarische Joch auf sich. Seine Studie über Indien sollte er niemals wieder aufnehmen oder vollenden. Einem sehr viel später verfaßten Brief zufolge hätte er deshalb darauf verzichtet, über Indien zu schreiben, weil er das Land nicht hätte besuchen können.

Sicherlich war es die Orientkrise, die Tocquevilles tiefergehendes Interesse für das englische Reich in Indien weckte. Er sah in Ägypten eine Etappe, die es den europäischen Mächten erlaubte, sich Zugang zu dem riesigen, asiatischen Kontinent zu verschaffen, der unter die Herrschaft der europäischen Staaten fallen sollte. Er unterstreicht aber selbst, welche Bedeutung eine eingehendere Beschäftigung mit Indien für die französische Eroberung Algeriens hätte. Schon auf den ersten Blick gibt es einen wesentlichen Unterschied: Algerien soll eine Siedlungskolonie werden; in Indien hingegen herrschen dreißigtausend Engländer über eine Million Hindus. In beiden Fällen jedoch kommt es zum Kontakt zwi-

---

1 A. de Tocqueville 1962, Teil 1: 512.
2 A. de Tocqueville 1955, Teil 1: 72, sowie 1967, Teil 1: 506.

schen zwei Kulturen von grundlegend verschiedener religiöser Prägung. Die eroberten Länder hatten sich bereits vorher unter fremder Herrschaft befunden, so daß sowohl die Engländer im 18. Jahrhundert als auch die Franzosen im Jahre 1830 eine eingeschränkte Besetzung als nicht ausreichend erkannten. Die Engländer schließlich ließen in Indien die lokalen Herrschaftsstrukturen der Einheimischen bestehen, stellten ihnen aber eine flexible und kompetente Verwaltung voran, die vor allem dazu diente, dem Mutterland eine Kontrollmacht zu sichern. Es muß hinzugefügt werden, daß in einigen Passagen der Aufzeichnungen über Indien jene sentimentale Sehnsucht nach dem unter Ludwig XV. verlorenen Kolonialreich spürbar wird, der wir bei Tocqueville bereits öfters begegnet sind. Frankreich hätte demnach auch jene hervorragende Stellung in der Welt erlangen können, die England durch die Herrschaft über Indien gewonnen hatte.

»*Indien*. Welch eine strategisch wichtige Position. Von hier aus beherrscht England ganz Asien. Welch ein Glanz, der auf die ganze Nation fällt. Welches Gefühl von Größe und Macht dadurch einem ganzen Volk verliehen wird. Es sollten nicht immer finanzielle und kaufmännische Erwägungen sein, nach denen ein Volk den Wert einer Eroberung beurteilt.«[1]

Die Gliederung des Werkes, das Tocqueville über Indien schreiben wollte, verrät, welchem Punkt seine Hauptsorge galt: So handelte er zuerst die Eroberung Indiens und deren Planung und Ablauf ab. Anschließend beabsichtigte er, die »Herrschaftsstrukturen der Engländer in Indien, so wie sie heute sind«, zu schildern. In einem dritten Teil dann wollte er die »Auswirkungen der englischen Herrschaft auf die Lage der Hindus« untersuchen. Der letzte Teil schießlich sollte den Titel tragen: »Wie das Reich der Engländer in Indien zerstört werden könnte.«

Nur vom ersten Teil verfaßte er jedoch einen Entwurf.

Europa, so sagt uns Tocqueville, sähe in der so raschen und mit so geringem Aufwand betriebenen Eroberung Indiens nur »ein unerklärliches und beinahe wundersames Ereignis«. Und Tocqueville, der ebenso wie sein Lehrer Montesquieu nicht glaubt, daß die Welt von einem blinden Schicksal geleitet wird, möchte im Gegenteil zeigen, daß diese Eroberung zwangsläufig erfolgen mußte, und zwar sowohl aufgrund des Zustands der hinduistischen Gesellschaft als auch aufgrund bestimmter historischer Umstände.

---

1 A. de Tocqueville 1962, Teil 1: 478.

Die hinduistische Gesellschaft befände sich »im mittleren Alter« der menschlichen Gesellschaften, in dem diese die Vitalität der Barbaren bereits verloren hätten, ohne daß sie jedoch schon die Verteidigungsmittel von Völkern mit fortgeschrittener Zivilisation entwickelt hätten. Die brahmanische Religion, der es an Fanatismus und Moralität fehle und die die einzige Religion sei, die »schlimmer als der Unglaube« sei, spalte diese Gesellschaft in Kasten auf und verhindere jegliches gemeinsame Handeln. Außerdem sei das Dorf der »wahre gesellschaftliche Boden Indiens«, weshalb die Massen allem gegenüber, was auf höheren gesellschaftlichen Ebenen vorging, gleichgültig blieben und weshalb sie im Falle einer Eroberung auch nicht in Anarchie versänken.

Nach Tocqueville war Indien schon immer Beute von Eroberern gewesen, was für einen neuen Aspiranten ein großer Vorteil war, zumal sich im 18. Jahrhundert alte und neue Eroberermächte gegenseitig Kämpfe lieferten, die sich die Engländer zunutze machten. Ihre einzigen ernstzunehmenden Konkurrenten, die Franzosen, hatten ihnen zunächst den Weg gebahnt, waren dann aber im entscheidenden Moment durch die Revolution gelähmt worden.

Was Tocqueville so bewundernswert erscheint, ist nicht, daß die Engländer Indien mit äußerst bescheidenen Mitteln und ohne klare Zielvorstellungen erobert hatten, sondern daß es ihnen gelungen war, ihre Herrschaft schon während der Eroberung durch Schaffung gewisser Verwaltungs- und Wirtschaftsstrukturen abzusichern. Durch das Gesetz von 1784 war ein Gleichgewicht zwischen der Ostindienkompanie und dem englischen Staat geschaffen worden, indem der ersteren die Verwaltung Indiens übertragen wurde, die von den Direktoren der Ostindienkompanie, »24 ungenannten Kaufleuten«, geleitet wurde. Die faktische Regierungsgewalt übte hingegen der englische Staat durch den *Board of Control* aus, ohne den nichts Wichtiges entschieden werden konnte, der aber der Ostindienkompanie die Unterstützung Großbritanniens sicherte. »Ich glaube, daß es schwieriger ist, ein Volk zu finden, das in der Lage ist, Indien auf diese Weise zu verwalten, als eines, das fähig ist, es zu erobern.«

Mit dieser Huldigung an das englische Kolonialreich und an das Genie Pitts bricht Tocquevilles Entwurf ab. Der Vergleich mit der Organisation von Verwaltung und Militär in Algerien und der Einfluß der Studie über Indien auf die in dem großen Bericht von 1847 geäußerten Gedanken sind offensichtlich.

Seine Sorge um die Größe seines Landes und um die Stellung der französischen Nation in der Welt bezeugt Tocqueville manchmal fast schon mit einer gewissen Naivität, so zum Beispiel als er auf dem Rednerpult ausruft: »Ich, der ich ein ergebener Diener meines Landes bin, werde gleichwohl niemals sein Knecht sein.«[1] Er bleibt jener Tradition treu, die seine Vorfahren Malesherbes und Vauban zu einer Zeit vertreten hatten, als der König die ganze Nation verkörperte. Dies ist ein Aspekt von Tocquevilles Persönlichkeit, der manchmal übersehen wurde, weil man ihn fast nur einseitig aufgrund seines Werkes über die *Demokratie in Amerika* beurteilte.

---

1 Rede vom 18. Januar 1842 anläßlich der Adresse der Deputiertenkammer an den König.

18
Tocqueville als Oppositionsabgeordneter

Die Wahlen vom 9. Juli 1842 waren für die Regierung ziemlich ungünstig ausgefallen, und als die Presse in den darauffolgenden Tagen die Ergebnisse veröffentlichte, ging man in den politischen Kreisen davon aus, daß die bereits knappe Mehrheit in der alten Kammer in der neugewählten kaum gehalten werden könnte. Doch all diese Spekulationen, die den einen Anlaß zur Beunruhigung und den anderen zur Hoffnung waren, traten plötzlich durch ein tragisches Ereignis in den Hintergrund: Am 13. Juli kam der Herzog von Orléans durch einen Unfall ums Leben.

Der Kronprinz war das beliebteste Mitglied der königlichen Familie gewesen. Seine angenehme äußere Erscheinung und sein natürliches Wesen sprachen die Massen an; seine umfassende Intelligenz und sein besonnener Charakter sicherten ihm die Wertschätzung der Eliten (auch Tocqueville, der dem Haus Orléans kaum Sympathien entgegenbrachte, zollte ihm ehrliche Anerkennung). Im politischen Bereich befürwortete er eine festere Haltung nach außen hin, im Innern jedoch einen weniger starren Konservatismus. Die Opposition sah in ihm einen Mann, der seine Zeit verstand, und zeigte sich deshalb zu mehr Geduld bereit. Sein Tod bedeutete eine Katastrophe für die Dynastie: Auf dem noch nicht gefestigten Thron würde dem neunundsechzigjährigen König nun ein fünfjähriger Junge nachfolgen.

Man mußte sich also auf eine mögliche Regentschaft einstellen. Gewissermaßen um das Schicksal zu beschwören, beabsichtigte die Regierung, ein verfassungsänderndes Gesetz zu verabschieden, das die künftige Ausübung der Regentschaft regeln würde. Die Regentschaft würde jeweils jenem Fürsten übertragen werden, der gemäß der in der Charte von 1830 festgelegten Sukzessionsordnung dem Thron am nächsten stand. Zu jenem Zeitpunkt war dies der Herzog von Nemours, der älteste Onkel des kleinen Grafen von Paris, wobei allerdings die Mutter des Königs, Helene von Mecklenburg, Herzogin von Orléans, übergangen wurde. Der König und die Regierung trachteten danach, alle verfassungstreuen Parteien in der Kammer für dieses Gesetz zu gewinnen (mit Ausnahme der legitimistischen, extremen Rechten und der radikalen, extremen Linken), indem sie die Unterstützung für dieses Gesetz zur feierlichen Loyalitätsbekundung gegenüber dem Hause Orléans erklärten.

Thiers, der eigentlich der Hauptgegner der Regierung war, ließ sich leicht gewinnen. Er machte seinen Frieden mit dem König und gewährte der Regierung bei ihrem Vorhaben seine aktive Unterstützung. Er lud die wichtigsten Vertreter des linken Zentrums und der Linken zu sich ein. Auch Tocqueville befand sich darunter, und er scheint sich Thiers Argumentation damals nicht besonders heftig widersetzt zu haben. Barrot ging anscheinend viel weiter: Er bot an, der Form halber für eine Verfassungsänderung zu stimmen, die einen gewählten Regenten vorsah, und sich dann der Regierungsvorlage anzuschließen, also nicht offiziell Partei zu ergreifen, sondern nur seine Stimme abzugeben.

Als aber die Kammer vom 18. bis 20. August tagte, um über das Problem der Regentschaft zu debattieren, konnte die Sitzung nicht wie geplant ablaufen. Schon am ersten Tag trat Lamartine ans Rednerpult. Er erklärte bei dieser Gelegenheit feierlich, daß er mit dem rechten Zentrum gebrochen habe, und schlug vor, die Regentschaft der Herzogin von Orléans zu übertragen. Seine Rede machte großen Eindruck, so daß sich Guizot daraufhin genötigt fühlte, ebenfalls vor der Kammer zu sprechen. Damit provozierte er eine Gegenrede Tocquevilles, wobei dieser sich gegen ein verfassungsänderndes Gesetz aussprach, das nicht für die Zukunft gelten, sondern nur die Kompetenzen künftiger Abgeordnetenkammern beschneiden würde. Statt dessen erklärte er sich mit einem Sondergesetz einverstanden, durch das die Regentschaft den Onkeln des Königs anvertraut werden sollte, so wie es ein Änderungsantrag des linken Abgeordneten de Sade vorsah. Tocqueville hatte seine Rede sorgfältig vorbereitet und zahlreiche historische Beispiele für Fälle zusammengestellt, in denen man mit einer zukünftigen Regentschaft gerechnet hatte, die dann aber nicht eingetroffen war. Doch fiel es ihm schwer, einem im Improvisieren so gewandten Mann wie Guizot Paroli zu bieten, denn es gelang ihm nicht, sich von seinem Skript zu lösen, das er der veränderten Situation anpassen mußte. So machte seine klare, aber wenig mitreißende Argumentation in der Kammer nur geringen Eindruck.[1] Niemand spürte das mehr als er selbst, und so schrieb er am darauffolgenden Tag an seine Frau:

»Ich habe gestern vor der Kammer gesprochen. Es war ein sehr ungünstiger Moment. Es war kurz vor sechs Uhr. Die Deputierten hatten es eilig, wegzukommen. Das hat mich irritiert. Ich hatte den Eindruck, daß meine Rede furchtbar schlecht war! Aber nach allem, was ich heute morgen gehört habe, war dieser Eindruck wohl stark übertrieben, und wenn meine gestrige Rede auch kein Erfolg war, so war sie doch auch kein Mißerfolg... Ich habe gestern erneut die Erfahrung gemacht, daß es mir völlig an jenem Talent fehlt, das in dieser Regierung alles ist, nämlich an Improvisationstalent.«[2]

Jedoch war Tocqueville noch am Abend des 18. August mit einigen Freunden zu Barrot geeilt, um ihn zu beschwören, daß er sich gegen das Gesetz ausspreche. Am darauffolgenden Tag hielt Barrot daraufhin eine überzeugende Rede, in der er für eine durch Wahl bestimmbare Regentschaft eintrat und sich für die Herzogin von Orléans als Regentin aussprach. In Thiers' Augen stellte diese Rede Barrots einen Wortbruch dar[3], und er zeigte sich erzürnt über diejenigen, die Barrot dazu überredet hatten, abtrünnig zu werden. Am darauffolgenden Tag, dem 20. August, hielt er als Entgegnung auf Barrot eine sehr scharf formulierte Rede, in der er die Linke für ebenso unfähig erklärte, das Land zu führen wie sich selbst zu disziplinieren. Das Regentschaftsgesetz wurde mit 310 Ja-Stimmen gegen 91 Nein-Stimmen angenommen, doch war während der Debatten in der Kammer nicht jene breite Unterstützung für das Haus Orléans offenbar geworden, die der König gewünscht hatte.

Thiers hatte die Gesetzesvorlage aus aufrichtiger Überzeugung unterstützt: Zu seiner unbestreitbaren Loyalität gegenüber dem Haus Orléans kam noch seine Abneigung gegen Frauen, aufgrund derer er die Herzogin von Orléans überging. Doch glaubte er, daß die Regierung

---

1 Tocqueville hielt seine Rede am 18. August 1842; sie wurde im *Moniteur* vom 19. August, S. 1812-1813 abgedruckt.
2 Unveröffentlichter Brief an seine Frau vom 19. August 1842, Archives Tocqueville, Akte 5.
3 Rémusat o.O.: 28 ff.

durch die Wahlen geschwächt worden sei und hatte daher allen Grund, sich Louis-Philippe anzunähern, um seine Chancen auf eine Position an der Spitze des nächsten Ministeriums zu verbessern. Für Tocqueville war die Vorstellung, daß sich die gesamte Opposition durch die Intrigen Thiers', dessen Machiavellismus er eindeutig überschätzte, in eine unvorhersehbare Richtung entwickeln würde, ein wahrer Alptraum. Und wenn er ernsthafte Einwände gegen ein verfassungsänderndes Regentschaftsgesetz vorbrachte, dann vor allem aufgrund des dringenden Wunsches, die Machenschaften dieses geschickten Taktierers zu durchkreuzen. Er glaubte, daß ihm dies nach Thiers' Rede am 20. August gelungen sei, indem er bewirkt hatte, daß sich das linke Zentrum und die Linke entzweiten: »Ich habe in dieser Lage mit meinen Freunden eine vom praktischen Standpunkt her weiterblickende Position eingenommen als früher, da wir eine Richtung eingeschlagen haben, in die die Opposition glaubte, uns folgen zu müssen. Werden wir ihr in anderen Situationen auf die gleiche Weise unsere Einstellungen, Ideen und Prinzipien aufzwingen können und sie so dazu bewegen, sich auf Neuland zu begeben? Erst die Zukunft wird dies zeigen. Dies ist mein Wunsch. In diese Richtung geht mein ganzes Streben. Gott allein weiß, ob es von Erfolg gekrönt sein wird. Der erste Schritt ist gemacht, mehr kann ich dazu nicht sagen.«[1] Und in einem anderen Brief meint er: »Monsieur Thiers und seine speziellen Freunde zeigen sich über mich erzürnt, und auf der anderen Seite machen mir Barrot und Lamartine alle nur denkbaren Avancen. Meine Position ist verworren und schwierig; dennoch hoffe ich, mich mit Gottes Hilfe ehrenhaft zu schlagen.«

Das erste, was Tocqueville sich zur Aufgabe machte, war die Abschätzung des Schadens, den Thiers mit seiner anmaßenden Rede Barrot, dem Sprachrohr der Linken, und Chambolle, der als Chefredakteur von *Le Siècle* als seine »Feder« fungierte (eine »armselige« Feder, wie Tocqueville bemerkt!), zugefügt hatte. Tocqueville hatte am Tag nach der Abstimmung über das Regentschaftsgesetz (am 21. August) in die Normandie zurückkehren müssen und vertraute darauf, daß seine Freunde, Beaumont, Corcelle und Combarel de Leyval, ihn auf dem Laufenden halten würden. Diese nahmen sich die Angelegenheit zweifellos weniger zu Herzen als er, denn er mußte sie am 1. September ermahnen, ihm

---

1 Unveröffentlichter Brief an seinen Bruder Édouard vom 24. August 1842. Archives Tocqueville.

doch endlich Neuigkeiten zuzusenden. Am 5. September antwortete
Beaumont mit beruhigenden Nachrichten: Barrot wäre immer noch tief
gekränkt, und der autoritäre »Agathe« triebe ihn zu immer neuen Feindseligkeiten gegen Thiers. Chambolle, der Thiers aus alter Freundschaft
verbunden war, war über diesen Bruch bekümmert; nichtsdestoweniger
blieb er hart, und so polemisierten *Le Siècle* und *Le Constitutionnel* heftig
gegeneinander.[1]

Daraufhin beschloß Tocqueville, den beiden Männern zu schreiben
(16. September).

Sein Brief an Barrot[2] ist zunächst eine lange Schmähschrift gegen
Thiers. Sicherlich könnten das linke Zentrum und die Linke gemeinsame
Ziele finden, doch sei es mit Thiers unmöglich, die Grenzen eines Bündnisses festzulegen. Er strebe vor allem nach der Macht und sehe die
Opposition nur als »Sprungbrett«, das es ihm ermögliche, diese zu erlangen. Auch wenn Thiers die Größe des Landes am Herzen liege, so sei
doch niemand in der Kammer so durch und durch illiberal wie er. In
Wahrheit interessiere er sich nur für Fakten und richte sich im politischen Leben nach keinerlei Prinzipien.

Genau in diesem letzten Punkt müsse sich die Linke von ihm abhe-
ben. Dies sei nicht leicht, denn sie bestünde »aus aufrichtigen und ehrba-
ren Männern, die aber ungestüm, wenig aufgeklärt und in der Praxis
unerfahren seien und mehr von Leidenschaften und Instinkten erfüllt
als von Ideen«. Insgesamt zeigt Tocqueville kaum mehr Nachsicht als
Thiers gegenüber dem Gebahren einer Linken, die häufig eher der revolutionären als einer eindeutig liberalen Tradition verhaftet scheint. Dennoch halte sie einige große Prinzipien in Ehren, die die Grundlage des
Liberalismus bildeten und auch ihr Handeln leiten sollten. Nur Barrot
könne die Linke durch seine rednerischen Fähigkeiten, seine Tugenden
und seine liberalen Überzeugungen zu einer gemäßigten und aufrichtigen Opposition machen, die im Lande Zustimmung fände. Und Tocqueville umreißt hier einen innenpolitischen »Verteidigungs«-Plan gegen den
Machtmißbrauch, den er bald näher ausführen sollte. Doch in einer Passage des Briefes verrät er sich: Sir Robert Peel (jener Staatsmann, für den
er damals die größte Bewunderung hegte) hätte sich in der mittelmäßi-

---

1 A. de Tocqueville 1967, Teil 1: 469 ff.
2 Nach einer von Madame de Tocqueville angefertigten Abschrift, die sich in den Archives
  Tocqueville befindet. Dieser Brief wurde von R.P. Marcel 1910: 336 ff. veröffentlicht.

gen konservativen Partei Englands mit Hilfe einiger fähiger Freunde durchgesetzt. Barrot solle deshalb daran denken, sich mit dem zu umgeben, was man heute als *brain-trust* bezeichnen würde. Es ist nicht schwer zu erahnen, wer hier die wichtigste Rolle gespielt und den »hohlen Kopf« des berühmten Redners mit Anregungen versorgt hätte. Barrot hätte dann gleichsam als Sprachrohr fungiert, denn Tocqueville war sich während der Debatten über das Regentschaftsgesetz bewußt geworden, daß er nicht die Fähigkeit besaß, andere mitzureißen und sich auf diese Weise durchzusetzen.

In dem am selben Tag verfaßten Brief[1] an Chambolle nimmt er die gleichen Gedanken wieder auf, hält sich jedoch mit Kritik an Thiers und dem Fußvolk der Linken stärker zurück.

Beide Männer antworteten auf Tocquevilles Brief. Barrot ergeht sich in seinem Brief ausführlich über die Notwendigkeit, in der Politik moralische Prinzipien hochzuhalten. Diesem Ziel hätte er sein ganzes Leben gewidmet, und er äußert eine gewisse Verbitterung über jene Männer, die diesen Grundsatz für ihre persönlichen Ambitionen hatten mißbrauchen wollen. Er nennt hier Guizot, zielt aber ebenso auf Thiers. Barrot beglückwünscht Tocqueville, daß er die gleichen Prinzipien wie er selbst habe, und nimmt sein Angebot zur Zusammenarbeit an; er hat jedoch durchschaut, daß der Autor der *Demokratie* seine eigenen Ideen in der praktischen Politik verwirklicht sehen wollte, und äußert sich daher zu diesem Punkt nicht. Chambolle seinerseits akzeptiert Tocquevilles Angebot, für *Le Siécle* zu schreiben, was auch Beaumont bereits getan hatte.[2]

Tocqueville schloß sich also der Linken an. In Briefen an andere Personen gab er unumwunden zu, daß er ihr seine politische »Färbung« verleihen und nicht etwa selbst die ihre annehmen wolle.[3] Diese Absicht wird aus seinen Angeboten an Barrot und Chambolle erkennbar, womit er bei beiden Männern eine gewisse Besorgnis auslösen und bald auch das Mißtrauen der dynastischen Linken erregen sollte.

Sein politisches Leitkonzept, das Tocqueville der Linken nahebringen wollte, blieb auch während der nächsten vier Jahre bis gegen Ende des Jahres 1846 Grundlage seines eigenen parlamentarischen Wirkens. Zu

---

1 Unveröffentlichter, undatierter Brief an Chambolle.
2 Antwort Barrots vom 11. Oktober 1842: in P.R. Marcel 1910: 482 ff.; unveröffentlichte Antwort Chambolles, Archives Tocqueville.
3 A. de Tocqueville 1977, Teil 2: 107. Brief an Kergorlay vom 25. Oktober 1842.

diesem Zeitpunkt hatte sich eine Wandlung der politischen Sitten vollzogen und die neugewählte, konservativere Abgeordnetenkammer offenbarte die tiefe Kluft, die zwischen dem »pays réel«, dem Volk, und dem »pays légal«, den mit politischen Rechten ausgestatteten wohlhabenden Klassen bestand. Diese Umstände veranlaßten Tocqueville zu einer Änderung seiner Ziele. Seine politischen Grundsätze von 1842 hatten sich ganz allmählich herauskristallisiert. Ihre systematische Form erhielten sie dann durch die Überlegungen, die er in der Zeit zwischen der Abstimmung über das Regentschaftsgesetz und der Eröffnung der parlamentarischen Sitzungsperiode am 9. Januar 1843 anstellen sollte, eine Zeit, in der er sich zunächst in Tocqueville und anschließend in Baugy bei seinem Bruder Édouard aufhielt.

Seine Überzeugungen nahmen aufgrund seiner Ablehnung der Politik Guizots konkrete Gestalt an. So verurteilte er die Unterwürfigkeit, mit der das Ministerium vom 29. Oktober die neue Allianz mit England akzeptiert hatte, und ihr korruptes Vorgehen, das ihm wohl erst während der Wahlen vom Juli 1842 vollkommen bewußt geworden war.

Nachdem er im Anschluß an die Wahlen nach Paris zurückgekehrt war und seinem Bruder in einem Brief die spontanen Zuneigungsbekundungen seiner Wähler geschildert hatte, fügte er hinzu: »Ich bin hier in eine andere Welt zurückgekehrt, in die wahre politische Welt, die jetzt noch schlimmer ist, als ich sie je erlebt habe. Da die Wahl nur eine knappe Mehrheit hervorgebracht hat, haben sich hier wirklich die unglaublichsten Intrigen entsponnen, um neue Deputierte zu beeinflussen und die alten umzustimmen. Was mich betrifft, so fühlte ich mich dadurch in einen der schwersten Anfälle von Schwermut hineingerissen, die ich je erlitten habe.«[1] Auf eine Außenpolitik, die er für servil hält, reagiert er mit gekränktem Patriotismus, und über die sich ausbreitende Korruption empfindet er die Empörung eines rechtschaffenen Mannes. Hierin unterscheidet er sich von Guizot, und es ist diese gefühlsmäßige Einstellung, die sein Oppositionskonzept geprägt hat.

Die Ablehnung der Allianz mit England bildete die Grundlage von Tocquevilles außenpolitischem Konzept. Die Demütigung, die Frankreich 1840 durch Palmerston erlitten hatte und vor allem die volle Zustimmung der öffentlichen Meinung in England zu dieser Politik hatten ihn tief getroffen. Ein solches Ereignis könne nicht ohne Folgen bleiben,

---

1 Bereits zitierter Brief an Édouard de Tocqueville vom 24. August 1842.

schreibt er am 18. März 1842 an Stuart Mill: »Die Regierungen mögen wohl behaupten, daß alles vergessen sei. Die Nation straft sie im Grunde ihres Herzens Lügen, und für dieses Übel stellen Protokolle und diplomatische Noten keine Abhilfe dar. Die heftige Verärgerung, die der Vertrag vom 15. Juli ausgelöst hatte, hat sich vollständig gelegt, doch etwas viel Schlimmeres ist übriggeblieben, nämlich das unausgesprochene und tiefverwurzelte Gefühl, daß ein Bündnis mit England weder Sicherheit bietet noch Zukunft hat, daß die Interessenkonflikte eine Tatsache sind, die man weder leugnen noch beseitigen kann.«[1] Tocqueville glaubt, daß Frankreich sich zu einer See- und Kolonialmacht entwickeln werde, und dies mache jegliche Einigung mit England unmöglich: »England ist nicht nur darauf aus, die wichtigste Seemacht zu sein, sondern es strebt nach der absoluten Herrschaft über die Meere. Infolgedessen kann England kein wahrer Verbündeter einer anderen Seemacht sein, welche auch immer das sein mag, ... Es will nicht befehlen, sondern herrschen ... Es ist nicht einmal bereit, anderen zwei kleine Inseln in Ozeanien zu überlassen.« In Wahrheit kann sich aber die englische Aristokratie nur an der Macht halten, wenn sie eine zahlenmäßig erdrückende industrielle Klasse mit Arbeit versorgt, wofür sie aber das Monopol für Rohstoffe und Absatzmärkte benötigt.

Alles in allem sind es also nicht gewisse Zumutungen oder die untergeordnete Rolle Frankreichs, die Tocqueville an der französisch-englischen Allianz kritisiert, sondern ihre Existenz an sich. In diesem Punkt zeigt er sich sehr viel kompromißloser als Thiers oder Barrot. Anders als viele Politiker der Mehrheit oder auch der Opposition läßt er die Existenz vergleichbarer und freier Institutionen in beiden Staaten nicht als Rechtfertigung für das Bündnis gelten. Sicherlich können beide Länder in diesem oder jenem speziellen Fall (zum Beispiel bei den willkürlichen Unterdrückungsmaßnahmen in der Romagna) eine gemeinsame, den Grundsätzen des ius gentium entsprechende Position beziehen. Doch beruhen die Systeme in beiden Ländern nichtsdestoweniger auf grundlegend verschiedenen Prinzipien. England ist immer noch eine Aristokratie, und seine Außenpolitik ist materiellen Interessen untergeordnet, denen unbedingt entsprochen werden muß, damit diese Aristokratie ihre Macht sichern kann. Frankreich hingegen ist »das Herz und der Kopf der Demokratie«, deren Kraft in der Welt sich auf die Verbreitung der Prinzipien von 1789 gründet.

---

1 A. de Tocqueville 1955: 334.

Tocqueville verwirft auch das angeblich entscheidende Argument der Befürworter der Allianz mit England. Diese glauben, daß Frankreich durch das Bündnis gegen eine Koalition der anderen Kontinentalmächte abgesichert sei. Die Bildung einer solchen Koalition ist jedoch Tocquevilles Auffassung nach ganz und gar unwahrscheinlich. Hierzu müßten die Fürsten, die sich zu einer solchen Koalition zusammenschlössen, »von dem Wunsch nach Machtzuwachs« geleitet sein – so wie sie es ein Jahrhundert zuvor gewesen waren und wie sie es vielleicht in fernerer Zukunft wieder sein würden. Beim augenblicklichen Zustand Europas allerdings »besteht ihre große Sorge darin, innere Revolutionen zu vermeiden, die aufgrund der Ergebnisse der Französischen Revolution drohen. Auf die nationale Politik ist durch die Französische Revolution in ganz Kontinentaleuropa eine dynastische Politik gefolgt, auf das Streben nach Größe das Streben nach Bewahren des Bestehenden.«[1]

Eine Isolierung stellt für Frankreich demnach keine große Gefahr dar. Und auch wenn die Kontinentalmächte das Land nicht bedrohten, so könne man doch auch mit keiner von ihnen ein Abkommen schließen, es sei denn über einen bestimmten, abgegrenzten Bereich. So könnten vielleicht eines Tages im Rahmen der Zollpolitik Übereinkünfte mit Deutschland getroffen werden, doch sei die Zeit hierfür noch nicht reif.

Auch Tocquevilles innenpolitische Überzeugungen kristallisierten sich in seiner Kritik an Guizots Vorstellungen heraus. Durch die Artikel, die Tocqueville 1843 in *Le Siècle* über »La Situation intérieure de la France« (Die innere Situation Frankreichs) veröffentlicht, sind uns deren Grundlagen gut bekannt.[2]

Demnach sei Guizots Politik von seiner Furcht vor Revolutionen bestimmt. Sein vorrangiges Ziel sei es, in Frankreich mit allen Mitteln eine stabile Regierung zu schaffen. Diese werde die Nation von politischen Auseinandersetzungen abhalten und sie statt dessen dazu anregen, nach materiellem Wohlstand zu trachten. In der friedlichen Atmosphäre eines nach Reichtum strebenden Landes werde sich die Julimonarchie allmählich im Lande verwurzeln, weil sich die Menschen an sie gewöhnen würden.

---

1 Unveröffentlichte Aufzeichnungen Tocquevilles. Archives Tocqueville 83. Siehe auch die Ausführungen S. Dreschers 1964.
2 Diese Briefe waren dem Chefredakteur von *Le Siècle* gewidmet und sind in den vom 1., 2., 5., 7., 13. und 14. Januar 1843 stammenden Ausgaben dieser Zeitung erschienen. Zwei dieser Briefe wurden in englischer Übersetzung von S. Drescher 1969: 193 ff. veröffentlicht.

Auch Tocqueville wünscht eine Festigung des Regimes, doch lehnt er die Entpolitisierung des Landes ab. Die Julimonarchie sei aus den Prinzipien von 1789 und 1830 hervorgegangen, aus der Liebe zur Gleichheit, aber auch zur Freiheit. Erst wenn man diese eingeschlafenen Leidenschaften wieder wecke, würde das Regime durch den Konsens der großen Mehrheit der Franzosen seine wahre Kraft wiederfinden.

Natürlich existierten zwei dem System feindlich gesonnene Parteien, die Republikaner und die Legitimisten. Zu den ersteren würden zwei Arten von Männern gehören: die konservativen Republikaner, die keinerlei soziale Umwälzung wünschten, und die aus den untersten Klassen stammenden Revolutionäre, die man beinahe nur in Paris und in den Industriestädten anträfe. Tocqueville bemerkt, daß »jene Revolutionen, die nur von einer einzigen Klasse ausgelöst wurden, immer mißlungen sind. Was die legitimistische Partei angeht, so besteht sie aus Führungspersönlichkeiten ohne Anhängerschaft, die ohne ausländische Unterstützung, die sie wahrscheinlich zurückweisen würden, nicht handlungsfähig wären«.

Dieser Opposition könne die Regierung eine Armee und eine zentralisierte Verwaltung entgegensetzen, die in Europa ihresgleichen suche. Mehr noch als Feinde der Monarchie seien die Umstürzler Feinde des privaten Eigentums. Seit der Französischen Revolution stelle Frankreich das europäische Land dar, in dem die Mittelklasse den größten Aufschwung erlebt habe, und der vorherrschende Typus dieser Klasse sei der sehr um seinen Besitz besorgte, kleine Besitzbürger. Aufgrund der sozialen Struktur des Landes lehnten die Franzosen jedes revolutionäre Abenteuer ab, doch werde durch diese Furcht vor Revolutionen auch ihre natürliche Liebe zur Freiheit gedämpft. Eben diese Angst hätten mehrere Regierungen dazu genutzt, große Teile des um 1830 errichteten liberalen Gebäudes einzureißen, und sie seien sogar schon dabei, das Land in einen Zustand zurückzuführen, der dem während der letzten Jahre der Restauration entsprach. Tocqueville prangert also wachsam die zahlreichen, aufeinanderfolgenden Übergriffe der Herrschenden an.

Da war zunächst das im April 1834 verabschiedete Gesetz über die Vereinigungen, das die strafrechtlichen Bestimmungen ohne Rücksicht auf den jeweiligen Zweck eines solchen Zusammenschlusses verschärfte; außerdem wurden seither Vergehen gegen dieses Gesetz vor einer Strafkammer oder sogar – im Falle eines Anschlags auf die Sicherheit des Staates – vor der Pairskammer verhandelt. 1835 wurden als Reaktion auf das Fieschi-Attentat die berüchtigten Septembergesetze verabschiedet. Hierdurch wurde es untersagt, sich als Republikaner zu bezeichnen, die Geschworenengerichte wurden umstrukturiert, und die Verfahrensordnung bei der Verhandlung von aufrührerischen Handlungen (das Urteil konnte von nun an bei respektlosem Verhalten des Angeklagten in seiner Abwesenheit ausgesprochen werden) wurde verschärft; schließlich konnten nun auch Vergehen der Presse vor der Pairskammer anstatt von Geschworenengerichten verhandelt werden.

Als diese Gesetze in der Kammer debattiert wurden, sprach sich der alte Royer-Collard vehement gegen sie aus und befand sich damit im Widerspruch zu seinen früheren politischen Freunden in der Gruppierung der »Doctrinaires«, de Broglie und Guizot. Tocqueville hatte ihm damals (28. August 1835) einen enthusiastischen Brief geschrieben, in dem er dessen »lebenslange Treue zu seinen eigenen Prinzipien« dem »Wankelmut und der Verworfenheit des menschlichen Herzens«[1] gegenüberstellte. Seither betrachtete Tocqueville die jeweilige Haltung zu den Septembergesetzen als den entscheidenden Prüfstein, durch den sich Liberale von Nicht-Liberalen unterscheiden ließen.

Doch gab es noch jüngere Ereignisse, die bewiesen, daß die Reaktion an Boden gewann: das Gesetz über die Provinzzeitungen; die vorherige Überprüfung der Geschworenenlisten durch den Präfekten; immer umfangreichere Verfolgungsmaßnahmen gegen die Presse mit dem Ziel, ihr eine geistige Komplizenschaft bei politisch motivierten Straftaten nachzuweisen; der Anspruch der Verwaltung, daß kulturelle Vereinigungen, die von nicht offiziell unterstützten, protestantischen Glaubensgemeinschaften gegründet würden, einer vorherigen Genehmigung bedürften.

Alle diese Maßnahmen sind in Tocquevilles Augen Ausdruck der antiliberalen Reaktion. Sie gehe einher mit dem wachsenden, verborgenen Einfluß, den der König auf die Staatsgeschäfte ausübe und durch die er wieder politische Verhältnisse wie zur Zeit der Restauration herstelle.

Dieser Rückschritt erscheint Tocqueville so gravierend, daß er auf den Gedanken kommt, eine »praktische« dynastische Opposition müsse sich darauf beschränken, die Wiederherstellung der seit 1830 abgeschafften oder eingeschränkten Freiheiten zu fordern. Eine solche Opposition würde sich eindeutig von den Radikalen unterscheiden, in deren Reihen sich die Demagogen, die Revolutionäre und die Gewalttäter befänden.

---

1 A. de Tocqueville 1970: 11.

Dergestalt lautet das Programm, das Tocqueville zu Beginn des Jahres 1843 der verfassungstreuen Linken vorlegen will, ein gut durchdachtes Programm, das auf zwei der Säulen staatsbürgerlicher Gesinnung ruht, dem nationalen und dem liberalen Geist, das sich aber durch seinen gemäßigten Charakter deutlich von den Forderungen der Radikalen abhebt.

Tocqueville zeigt sich in der Tat von der Komplexität und Besonderheit des politischen Lebens in Frankreich frappiert: Anders als die in Preußen herrschende Monarchie mit ihren zentralistischen Verwaltungsstrukturen und das in England bestehende repräsentative und dezentralisierte System existiert in Frankreich eine Art hybrides Regime, das sonst nirgends in Europa zu finden ist. Dabei handelt es sich um eine Mischung aus einem von der absolutistischen Monarchie ererbten Zentralismus und einem repräsentativen System. Dieses repräsentative System aristokratischen Ursprungs ist von einer Wählerschaft abhängig, die aus den nicht-privilegierten Klassen hervorgegangen ist, die die Demokratie repräsentieren (in Tocquevilles Augen ist das allgemeine Wahlrecht kein charakteristisches Zeichen der Demokratie). Das große Problem in einer solchen Gesellschaft besteht Tocquevilles Auffassung nach darin, die Wählerschaft, die den demokratischen Faktor darstellt, über ihre Rolle in der Nation aufzuklären. Somit könne man die umfassendere Demokratie der Zukunft durch allmähliche Reformen, die revolutionäre Ausbrüche abwenden würden, vorbereiten. Doch könnten allein die großen, von staatsbürgerlicher Gesinnung erfüllten Parteien gegenüber dieser Wählerschaft eine solche erzieherische Rolle übernehmen. Insgesamt also wünschte Tocqueville vor allem, daß die dynastische Opposition dieser Gesinnung den Rang eines Gesetzes verlieh.[1]

In den Jahren 1833 bis 1840 wurde Spanien durch den Ersten Karlistenkrieg erschüttert. Der Thronprätendent, der sich in den nördlichen Provinzen des Landes verschanzt hatte, war ein Vertreter der absolutistischen Monarchie und genoß deshalb das Wohlwollen der Kontinentalmächte. Die verfassungstreuen Kräfte hingegen unterstützten die Regentin Maria-Christina, die Mutter der kleinen Königin Isabella II. England,

---

1 Es existieren zahlreiche Aufzeichnungen Tocquevilles, in denen er seine Gedanken zu diesem Punkt erläutert. Ihre Veröffentlichung in einem zweiten Teil der O.C. Bd. III (*Écrits et discours politiques*) ist geplant.

Frankreich und Portugal hatten mit ihr 1834 die Quadrupelallianz geschlossen. Doch waren die spanischen Liberalen in zwei Flügel, die Gemäßigten und die Progressisten, gespalten. Beide stritten erbittert um die Macht, wobei die ersteren die Sympathie Frankreichs, die zweiten das Wohlwollen Englands genossen. Und auch die Allianz, der sich Frankreich und England angeschlossen hatten, konnte nicht verhindern, daß die beiden Mächte auf der Halbinsel einander voller Mißtrauen begegneten und gegeneinander intrigierten. 1840 zwang General Espartero, der Sieger über die Karlisten, Maria-Christina zur Abdankung und übernahm mit Unterstützung der Progressisten die Regentschaft. Er war von vornherein auf Frankreich nicht gut zu sprechen gewesen, und so war er äußerst irritiert, als der neue französische Botschafter, Salvandy, darauf bestand, sein Beglaubigungsschreiben nur der Königin direkt zu überreichen.

Die Ereignisse in Spanien konnten Tocqueville nicht entgehen, denn dazu maß er der politischen Situation im Mittelmeerraum und der Eroberung Algeriens, die er für die große Chance Frankreichs hielt, zu viel Bedeutung bei. 1842 und 1843 untersuchte er während der französisch-spanischen Krise die bewegte Entwicklung der Ereignisse im Laufe der vorangegangenen zehn Jahre und bemühte sich, deren Grundtendenzen herauszuarbeiten. Der Bürgerkrieg und die erbitterte Feindschaft zwischen den Parteien hatten die Armee zu einer autonomen Kraft werden lassen und die Machtübernahme eines siegreichen Generals ermöglicht. Dieses Grundmuster wies eine gewisse Ähnlichkeit mit dem Verlauf der Französischen Revolution auf, doch hätte Frankreich diese Entwicklung in Spanien abwenden können. In Frankreichs Hand hätte es nämlich gelegen, jene Zeit des Aufruhrs rasch zu beenden, deren Fortdauer den zur Diktatur führenden, gesellschaftlichen Zustand heraufbeschworen hatte. Tocqueville verlieh dieser Überzeugung in einer Rede Ausdruck, die er am 28. März in der Kammer hielt und in der er sich teilweise auf jene Aufzeichnungen bezog, die er über mehrere Monate hinweg während seiner Studien gesammelt hatte.[1]

Die Regierung, die während der Regentschaft Maria-Christinas von einer der beiden liberalen Parteien gestellt wurde, war zu schwach und zu umstritten, als daß sie sich ohne Unterstützung einer ausländischen

---

1 Diese Aufzeichnungen befinden sich in den Archives Tocqueville und werden demnächst im zweiten Teil der O.C. Bd. III veröffentlicht.

Macht hätte halten können. Die Gemäßigten, die in Spanien meistens die Wahlen gewannen, waren Frankreichs natürliche Verbündete und bedurften der Hilfe der Franzosen. 1836 zeigte sich die Whig-Regierung in England über die Bedrohung durch die Karlisten so beunruhigt, daß sie Frankreich zum Eingreifen aufforderte.

Thiers wäre zu solch einer wenig risikoreichen militärischen Intervention durchaus bereit gewesen, da diese dem Bürgerkrieg ein Ende gesetzt und Frankreichs Einfluß konsolidiert hätte. Doch der König entließ ihn, weil dies »eine heikle Affäre« sei. Frankreichs spanische Freunde waren diskreditiert und mußten der von England unterstützten Flügelpartei weichen. Durch eine lächerliche Protokollfrage verärgerte Frankreich darüber hinaus Espartero, der sich ansonsten vielleicht hätte gewinnen lassen. Guizot versuchte Frankreichs Untätigkeit zu rechtfertigen, indem er einwandte, daß das Land sich Spanien gegenüber nicht mehr in der gleichen Situation wie 1714 befände. Dies treffe sicherlich zu, so kommentiert Tocqueville, doch sei die gegenwärtige Lage sogar noch schlimmer. England, die absolute Herrscherin über die Meere, könne nun eine Armee in Spanien aufmarschieren lassen, die Frankreich dazu zwinge, seine Truppen hinter den Pyrenäen stehen zu lassen.

Der eigentliche Grund für Tocquevilles lebhaftes Interesse an Spanien ist also seine Furcht vor einem Krieg mit England. Als aber Espartero einige Monate, nachdem Tocqueville die erwähnte Rede gehalten hatte, abgesetzt worden war, verliert dieser, so scheint es, die Halbinsel zwar nicht aus den Augen, bemüht sich aber nicht mehr um eine genaue Analyse der dortigen Ereignisse.

Auch in Tocquevilles Haltung zu den Auseinandersetzungen um Texas und Oregon wird offenbar, daß er den Kampf gegen Englands Oberherrschaft über die Meere und gegen seine wirtschaftliche Hegemonie für notwendig hält. Mit Hilfe der befreundeten Vereinigten Staaten, die die zweitgrößte Seemacht nach England darstellten, könne es Frankreich gelingen, so meint Tocqueville, die Freiheit der Meere zu verteidigen, ohne daß jedoch ein Bündnisvertrag mit den Vereinigten Staaten erforderlich sei. Die Expansion der Vereinigten Staaten sei daher für Frankreich von vorrangiger Bedeutung. Nun hatte sich aber Guizot 1842 mit England zusammengeschlossen, um eine Annexion Texas' durch die Vereinigten Staaten zu verhindern. Zwar war diese zu dem Zeitpunkt, als Tocqueville seine Gedanken niederschrieb (Anfang 1846), vom amerikanischen Senat vorläufig abgelehnt worden, doch erschien eine solche Maßnahme in absehbarer Zukunft unvermeidlich. Frankreichs Position war nach außen durch die Sorge um ein Kräftegleichgewicht zwischen den in Nordamerika präsenten Mächten begründet. Das eigentliche Motiv für Frankreichs Haltung war jedoch, England bei seinen Verhandlungen mit den Vereinigten Staaten zu stärken, indem es letzteren zu verstehen gab, daß sie nicht mit der traditionellen Freundschaft Frankreichs rechnen könnten. Guizot war auch im Begriff, in die Auseinandersetzung um Oregon auf die gleiche Weise einzugreifen, eine Vorgehensweise, die Tocqueville während der Diskussion über die Adresse von 1846 auf dem Rednerpult anprangern wollte. Thiers »hat mir zu meinem großen Mißvergnügen die Ehre erwiesen, mir das Wort zu stehlen«, so schreibt er. Einige Tage später sollten ihn wiederum andere Gründe daran hindern, das Wort zu ergreifen, doch können wir aus seinen unveröffentlichten Aufzeichnungen den Geist dieser nicht gehaltenen Rede ersehen.[1]

Oregon war damals ein riesiges Territorium ohne genau umrissene Grenzen, das seit 1818 provisorisch von einem angloamerikanischen Kondominium verwaltet wurde. Es hielten sich dort vor allem Pelztierjäger auf, die für die englische Hudson Bay Company arbeiteten, doch ließen sich in dem Gebiet auch immer mehr amerikanische Siedler nieder. Sowohl Engländer als auch Amerikaner wünschten die Verwaltungsgemeinschaft durch eine Teilung des Gebietes zu beenden, doch waren sie völlig verschiedener Ansicht, was den Verlauf der zukünftigen Grenze anging. Tocqueville war überzeugt, daß Guizots Neutralitätserklärung in dieser friedensgefährdenden Frage eine Feindseligkeit gegenüber den Amerikanern darstelle und den französischen Interessen zuwiderlaufe: »Die Oregonfrage ist allgemein kaum bekannt. Was geht dort vor? Sind das dort nur einige Quadratmeilen Wüste, um die sich diese beiden großen Völker streiten? Nein, das Problem ist gewaltig: gewaltig für England, gewaltig für Amerika, gewaltig auch für uns selbst... Kann es uns gleichgültig sein, ob wir am Pazifischen Ozean amerikanische oder englische Häfen vorfinden? Der Pazifische Ozean ist heute vollständig in der Hand der Engländer und der halbzivilisierten Republiken

---

1 In einem an Clamorgam gerichteten Brief vom 21. Januar 1846 schreibt Tocqueville: »Eigentlich sollte ich gestern über Amerika sprechen. Aber Monsieur Thiers hat mir die Ehre erwiesen, mir das Wort zu nehmen, was ihm zu meinem großen Mißvergnügen gelungen ist.« J. Kühn (Hg.) 1972: 105.

des spanischen Amerika.« Tocqueville denkt, anders als manche Publizisten, nicht an die Errichtung französischer Stützpunkte an der Pazifikküste, sondern ist der Überzeugung, daß Frankreich den Ozean von der Herrschaft Englands befreien könne, wenn es sich mit Amerika verbündete. Noch am 23. März 1848, zu einer Zeit, als seine feindselige Haltung gegenüber England lange nicht mehr so ausgeprägt war, rief er in Cherbourg während eines Reformbanketts aus: »Die Erde ist frei, doch das Meer ist noch versklavt. Ein einziges Volk hat dort die Macht, und zwar nicht nur als Herrscher, sondern als Tyrann. Eine einzige Nation hat sich unverschämterweise angeeignet, was das Reich aller war... Mögen die französische und die amerikanische Republik ihren langen Arm über die zwischen ihnen liegenden Meere ausstrecken, mögen sie sich die Hand reichen, und das Meer wird frei sein. Dazu wird nicht einmal ein Krieg erforderlich sein.«[1] Im selben Jahr, 1848, wurde auch vertraglich die Grenze zwischen dem amerikanischen Oregon und British Columbia festgelegt, die einen Kompromiß zwischen den konträren Ansprüchen von 1845 darstellte; zur gleichen Zeit mußte Mexiko Kalifornien an die Vereinigten Staaten abtreten.

Im innenpolitischen Bereich spricht Tocqueville im Rahmen seiner parlamentarischen Arbeit niemals die wirtschaftlichen Probleme an, die während jener Anfangsjahre des Kapitalismus von vorrangiger Bedeutung waren, wie zum Beispiel Schiffahrtskanäle, Straßen und Eisenbahnen. Dennoch sind ihm diese Probleme nicht fremd: Für den Generalrat des Departements Manche verfaßt er einen gut dokumentierten Bericht über die Zugstrecke Paris-Cherbourg. Man erfährt auch, daß er sich im Selbststudium eine persönliche Meinung über das Freihandelsproblem gebildet hat und auf dieser Grundlage einen gemäßigten Protektionismus befürwortet. Es könnte daher überraschen, daß unter seinen politischen Schriften nur eine kurze wirtschaftspolitische Studie über die Konkurrenz zwischen Rohrzucker und Rübenzucker zu finden ist, eine Sachfrage, die seit dem Kaiserreich immer wieder ein Diskussionsthema gewesen war. Wahrscheinlich hat sich Tocqueville im innenpolitischen Bereich mit voller Absicht auf Fragen der reinen Politik oder der politischen Moral beschränkt.

Wie er in seinem im Januar 1843 in *Le Siècle* veröffentlichten Programm bekräftigt, strebt er keinesfalls eine Reform der Institutionen an. Zweifel-

---

1 Diese Rede wurde im *Journal de Cherbourg* vom 23. März 1848 abgedruckt.

los nimmt er die Diskussion über das Transportwesen zum Anlaß, um die Ausweitung der Verwaltungsgerichtsbarkeit anzugreifen, doch ist eine gewisse Ernüchterung spürbar, wenn er diese alte liberale Forderung wiederholt.[1] Am heftigsten kritisiert er jedoch im institutionellen Bereich die ungenügende finanzielle Ausstattung der gewählten lokalen Gremien, weil dies ein direktes Kennzeichen der politischen Sitten sei. Denn was sei letztlich das Ergebnis davon? »Eine triste Apathie, eine allgemeine Gleichgültigkeit treten an die Stelle politischer Betätigung. Wenn nichts geschieht, um diese Situation zu ändern, dann ist vorauszusehen, daß das Land nicht nur stagnieren ..., sondern daß es sogar das jämmerliche Spektakel einer Rückwärtsentwicklung bieten wird.«

Wolle man die politische Moral verteidigen, so gelte es darauf zu achten, daß die Regierung und die Verwaltung durch ihr hinterhältiges Vorgehen nicht etwa die Liberalität der Gesetze einschränkten.

---

1 Rede vom 23. April 1843, *Le Moniteur universel* vom 24. April.

19

Tocqueville im Privatleben

Antoine Rédier hatte vor dem Ersten Weltkrieg mit mehreren betagten Männern gesprochen, die Alexis de Tocqueville gut gekannt hatten. So zum Beispiel mit Edward Childe, einem in Paris lebenden Amerikaner. Der Autor der *Demokratie in Amerika* war ein häufiger Gast im Salon von Childes Mutter gewesen, und nach deren Tod hatte Tocqueville sich bemüht, den Sohn bei der Wahl einer beruflichen Laufbahn zu beraten. Im Familienarchiv der Tocquevilles ist noch eine kurze Mitteilung Childes an Rédier erhalten, in der er ihm einen Termin für ein Gespräch über jene Epoche nennt, an die er, wie er sagt, nicht ohne Wehmut zurückdenke. Leider hat Rédier keinerlei Aufzeichnungen über diese Unterhaltung hinterlassen. Hingegen hatte er einen alten Normannen, Lécrivain, gebeten, ein Portrait jenes Mannes zu zeichnen, den er ein halbes Jahrhundert früher kennengelernt hatte:

»Sein Gesicht war von bleicher Farbe; seine schwarzen Augen ließen seine große, kraftvolle Seele erkennen; er hatte eine sehr klangvolle Stimme, und seine Worte waren immer von größter Vernunft durchdrungen. Sein schönes, ebenholzschwarzes Haar fiel in seidigen Locken bis zum Hals herab; für gewöhnlich trug er einen weichen Filzhut; seine Hände waren klein und schmal mit langen Fingern und langen Nägeln.« (Rédier 1925:145)

Dieses ein wenig »geleckte« Portrait ist nichtsdestoweniger kein wertloses Zeugnis. Es vergegenwärtigt uns aus der Sicht seiner Landsleute auf der Cotentin-Halbinsel, welche Energie von diesem schmächtigen Mann ausging.

Custine, der Tocqueville 1841 begegnete, schildert ihn hingegen als einen Menschen, der durch die Gegenwart Fremder verunsichert wurde. Er legt diese Befangenheit wenig wohlwollend aus und streicht die schon leicht krankhafte Infantilität seiner Persönlichkeit heraus.

»Ich habe die Bekanntschaft von Monsieur de Tocqueville, dem Autor von *La Démocratie américaine* gemacht; er ist ein schwächlicher, magerer, kleiner und noch recht junger Mann; er hat sowohl etwas von einem Greis als auch von einem Kind an sich, für seinen großen Ehrgeiz ist er sehr naiv; sein Blick ist ansprechend, doch fehlt es ihm an Offenheit, sein Mund ist schlecht geschnitten und hat etwas Altes an sich, sein Teint ist von gelblicher Farbe; die Ausdrucksstärke seines Gesichts würde mich sehr beeindrucken, wenn ich sie nicht so beunruhigend empfände; man spürt, daß er keine eindeutige Sprache kennt und daß seine Meinung für ihn eine Waffe ist, um sein Ziel zu erreichen. Das ist der neue Stern an unserem politischen Himmel, so wie er mir erschienen ist.«[1]

Rémusat zeichnet 1841 in seinen *Mémoires* ein Porträt Tocquevilles, das ähnliche Züge wie das eben zitierte aufweist, doch sehr viel mehr Scharfblick und Sympathie – anstatt Böswilligkeit – erkennen läßt. Seine Urteile über Tocqueville sind meist äußerst treffend. Beschränken wir uns hier auf die äußere Erscheinung:

»Er war ein kleiner, unscheinbarer Mann mit einem angenehmen und regelmäßig geschnittenen Gesicht, das jedoch kränklich wirkte und von einer gelockten, braunen Haarfülle umrahmt war, die ihm ein jugendliches Aussehen verlieh; sein unbeweglicher und trauriger Gesichtsausdruck belebte sich, wenn er sprach. Seine fahle Hautfarbe deutete schon frühzeitig auf körperliche Leiden hin, weshalb ihm feindlich gesonnene Menschen ihn für gallig, neidisch und so fort hielten. Dies entsprach jedoch nicht der Wahrheit; er war lediglich ein wenig argwöhnisch, häufig leidend und zweifelte oft an sich selbst.« (Rémusat o.J.:45)

Tocquevilles labiler Gesundheitszustand ist seit seiner frühesten Jugend bezeugt. Phasenweise stabilisierte sich seine Gesundheit, so während seiner Reise in die Vereinigten Staaten (mit Ausnahme einer Rippenfellentzündung, die er sich aufgrund sehr großer Kälte zuzog) und zu der Zeit, als er den ersten Band der *Demokratie* abschloß. Doch wurde er sein ganzes Leben lang von Migräneanfällen, unerträglichen Neural-

---

1 *Lettres de Custine à Varnhagen von Ense*, 22. Februar 1841. S. 420-421.

gien, Verdauungsbeschwerden und Krämpfen gequält, die häufig über eine Woche dauerten. Dr. Bretonneau schien es 1853 gelungen zu sein, all diese schmerzhaften Leiden zu lindern. Dennoch konnte er nicht verhindern, daß sich Tocquevilles Gesundheitszustand während seiner letzten Lebensjahre zunehmend verschlechterte. Bis 1850 war er zwar wohl immer schwächlich gewesen und konnte häufig aufgrund seiner Beschwerden das Haus nicht verlassen, doch erfüllt er noch 1849 die anstrengenden Aufgaben eines Außenministers, ohne daß seine Gesundheit davon in Mitleidenschaft gezogen scheint. Das ändert sich jedoch im März 1850, als seine Lungenkrankheit zum ersten Mal ausbricht: Er hustet Blut, und man glaubt ihn schon verloren. Von diesem Zeitpunkt an sollte er sich trotz gewisser Phasen der Besserung niemals mehr völlig erholen. Es scheint, daß seine Freunde, die seine anfällige Gesundheit kannten, nicht begriffen, wie schwer er erkrankt war. Tocqueville starb im April 1859 in Cannes an jenem Leiden, das sich zum ersten Mal 1850 gezeigt hatte, zweifellos eine langsam fortschreitende Lungentuberkulose.

Doch abgesehen von seinen letzten Jahren führte Tocqueville nicht das Leben eines Kranken. So schwächlich sein Körper auch war, so besiegte er doch allzu große Erschöpfung durch seine Willenskraft: In Amerika verbrachte er ganze Tage zu Pferd oder reiste in ungefederten Kutschen über äußerst schlechte Landstraßen. Neben diesen außergewöhnlichen Leistungen zeigte er sich als guter Schwimmer, passabler Jäger (trotz seiner Kurzsichtigkeit) und vor allem als ausdauernder Wanderer, der sich bei seinen Ausflügen in der Normandie lieber durch die dichtesten Hecken durchkämpfte, als vom geraden Weg abzuweichen.[1]

Hingegen hat seine Nervosität im häuslichen Leben etwas pathologisches an sich: So ist er pünktlich bis zur Manie, fast immer angespannt und ungeduldig und reagiert auf das britische Phlegma seiner Frau mit plötzlichen und heftigen Wutausbrüchen. Vor allem ist er oft von einem Tag auf den anderen Stimmungsschwankungen unterworfen, die von seinem Gesundheitszustand abhängig sind. Tocqueville ist ein zyklothymer Charakter, der zwischen Überschwang und Niedergeschlagenheit hin- und herpendelt.

In Phasen der Euphorie läßt er sich von einer Begeisterung mitreißen, durch die ihm der Sinn für die Realität abhanden kommt: Nach

---

1 A. de Tocqueville 1970: 443. Ampère, Nachruf.

dem großen Erfolg der *Demokratie* sieht er sich bereits als Staatsmann. Als es 1842 zum Bruch zwischen Barrot und Thiers kommt, stellt er sich vor, daß er als graue Eminenz des ersteren die Linke zu neuen Denkweisen führen werde. Häufiger jedoch erlebt er depressive Zustände. Dann denkt er daran, ein völlig neues Leben zu beginnen, will sich nach der Wahl Louis-Napoléons zum Präsidenten aus dem öffentlichen Leben zurückzuziehen, läßt schließlich mehrere Studien unvollendet, die er Buloz oder anderen in aufrechter Absicht versprochen hatte, weil er an ihrem Wert zweifelt.

»Ich habe von Natur aus ein großes Mißtrauen mir selbst gegenüber«, so sagt er über sich, und als er zum Außenminister ernannt wird, bemerkt Saint-Priest voller Häme, daß er das Amt mit einer Mischung aus Stolz, Scheu und Furcht angenommen habe.[1] Seine Frau urteilt mit Scharfblick, wenn sie ihn mit einer Kompaßnadel vergleicht, die unaufhörlich hin- und herschwingt, bevor sie eine bestimmte Richtung anzeigt. Dieses fehlende Selbstvertrauen macht ihn sowohl für Kritik als auch für Lob empfänglich, und zwar »viel mehr als vernünftig sein kann«, gesteht er Madame Swetchine, der gegenüber er sich um völlige Ehrlichkeit bemüht.

Diese innere Unruhe scheint ihn in seiner Jugend verschlossen und scheu gemacht zu haben. Während seiner Zeit in Versailles stand er daher ein wenig im Schatten seines eloquenten Freundes Beaumont. »Gustave de Beaumont war ebenso geistvoll wie liebenswürdig; er verfügte über Herzensbildung und eine geistige Regsamkeit, dazu noch über Charme und ein heiteres Wesen. Tocqueville dagegen war kühl, zurückhaltend und zeigte eine Selbstbeherrschung, die sowohl in seinen Handlungen als auch in seinen Beziehungen bis zur Berechnung ging«, so beschreibt Blosseville die beiden Freunde (Passy 1898:107). Cavour, der ihnen 1835 in London begegnet, kommt trotz seiner Begeisterung für die *Demokratie* zu einem recht ähnlichen Urteil (White 1925:122 und 129). Doch verschwindet Tocquevilles Befangenheit in Gesellschaft scheinbar zu jener Zeit, als er sich bewußt wird, ein Autor zu sein, dem der Ruhm seines Buches überall vorauseilt. Von da an kann er sich, ohne sich zu zieren, einfach und bescheiden geben, und genau diesen Eindruck hinterläßt er auch bei jenen, die ihm kurz nach 1835 begegnen. Auch 1857 noch beschreibt Madame d'Agoult ihn so ihrem Schwager Émile Olli-

---

1 Barante 1840-1901, Bd. VII:451. Brief Saint-Priests an Barante.

vier, mit dem Tocqueville zu einem Diner verabredet war (Vier o.J.,
Bd. V:97).

Dennoch findet sich bei Tocqueville eine Eigenschaft, die ein Gegengewicht zu seinem unruhigen Temperament bildet: Er verfügt über einen
gut entwickelten, gesunden Menschenverstand, der ihm immer wieder
den Weg des Möglichen weist. So glaubt er zum Beispiel keineswegs,
daß eine zukünftige Demokratie ohne jede Übergangsphase geschaffen
werden müßte. Seine Ansichten mäßigen sich insofern, als er nun eine
allmähliche Entwicklung einräumt, die sogar von manchen Kommentatoren als zu langsam erachtet wird. Mag Tocqueville auch ein lebhaftes
Vorstellungsvermögen besitzen, so verfügt er doch über einen realisti-
schen und vorsichtig urteilenden Verstand.

Bei der Analyse von Tatsachen geht er nach klassischem Muster vor:
aus den Fakten, die er in seinem beinahe einzigartigen Gedächtnis spei-
chert, extrahiert er die »Urgedanken«, legt sie mit einer für die romantische Epoche beinahe anachronistischen Nüchternheit dar, leitet dann
deren Folgen ab und leuchtet schließlich ihre Tragweite aus.

Die Schärfe seiner Schlußfolgerungen brachte Tocqueville den Ruf
eines Propheten ein.

Zwei charakteristische Beispiele für solche »Prophezeiungen« haben
die Exegeten den bewundernden Lesern nahegebracht:

– Sein Vergleich zwischen den Vereinigten Staaten und Rußland, zwei
  Völkern, die auf verschiedenen Wegen, das eine mit einem demokratischen, das andere mit einem despotischen System, die Aufteilung der
  Welt in zwei Einflußsphären ansteuern. Diese Passage, die den Abschluß des ersten Bandes der *Demokratie* bildet, ist brillant geschrieben und reich an treffenden Formulierungen. Doch faßt Tocqueville
  hier nur eine bereits weit verbreitete Idee in eine überzeugende Form
  – Gedanken, die sich für die Zeitzeugen auch aus der außergewöhnlichen Entwicklung Amerikas und dem Anblick der 1815 in Paris einzie-
  henden Kosaken ergaben, die sogar den Verbündeten des Zaren
  Furcht einflößten.
– Die Rede vom 27. Januar 1848, in der er das Herannahen eines revolutionären Sturmes voraussagte. Tocqueville hatte die Parlamentarier aus
  ihrer Erstarrung aufrütteln wollen und deshalb noch einmal mit leidenschaftlicher Überzeugung eine Auffassung zum Ausdruck gebracht, welche auch von anderen Beobachtern vertreten wurde, die

sich der Festgefahrenheit der Julimonarchie, dem erneuten Aufflammen der nationalen Bewegungen und der wirtschaftlichen Krise bewußt waren. Auch hier hatte er eine bereits weit verbreitete Denkrichtung noch einmal eindrücklich dargelegt.

Natürlich war Tocqueville von der großen demokratischen Bewegung beeindruckt, die die christliche Welt erfaßt hatte, doch liegt seine eigentliche Originalität darin, daß er gezeigt hat, daß die Menschen freie Gesellschaften bilden, aber auch vor einem neuen Despotismus kapitulieren können. Die Hoffnung darauf, daß sich die erste Möglichkeit erfüllen könnte, verleiht Tocqueville Vertrauen in die Zukunft, und die Furcht vor der zweiten veranlassen ihn zu den düstersten Passagen der *Demokratie in Amerika*. Ebenso ist er im Zweiten Kaiserreich zunächst über das Versagen der Menschen verzweifelt, prophezeit aber einige Monate später ein Wiedererwachen der Freiheit.

Tocqueville ist immer bemüht, Möglichkeiten vorauszusehen. Er verliert nie die Überzeugung, daß der Mensch frei sei, zwischen diesen Möglichkeiten zu wählen. Je nach den äußeren Umständen ist er eher optimistisch oder eher pessimistisch, doch verzweifelt oder resigniert er niemals.

Und ebenso wenig wie ein Fatalist ist er ein Menschenfeind. Sicher analysiert er gnadenlos die Psyche seiner Zeitgenossen, und in seinen *Souvenirs* zeichnet er eine Portraitgalerie, die bei seinen Freunden wenig schmeichelhaft und bei seinen Feinden schlichtweg grausam ausfällt.[1] Sicherlich ist er nachtragend, doch gilt es auch seinen Witz, seinen Sinn für die karikative Überzeichnung zu beachten. Der Maler kommt hier nicht glimpflicher weg als das Modell.

Überdies ist er sehr wohl bereit, Beaumont gewisse undurchsichtige Schachzüge zu verzeihen, die sich dieser ihm gegenüber im Laufe ihres politischen Lebens erlaubt hatte. Seinen wenigen Freunden gegenüber (Stoffels, Kergorlay, Beaumont) erweist sich Tocqueville als ein verläßlicher, treuer und feinfühliger Vertrauter. Loménie gegenüber sollte er einmal äußern, daß er sich niemals mit einem Menschen unterhalte, ohne an die ursprüngliche Gleichheit aller Angehörigen der Gattung zu denken. In diesem tiefen, instinktiven Empfinden sollte er sich später von Gobineaus berühmtem Werk über die Ungleichheit der menschlichen Rassen verletzt fühlen.

---

1 M. Bressolette 1972: 61-69.

Die gute Meinung, die seine normannischen Landsleute von ihm haben, »berührt« ihn sehr, und er fügt hinzu: »Ich glaube, daß ich diese gute Meinung bis zu einem gewissen Grade verdient habe. Ich habe in meinem Leben sehr viele Fehler gemacht, doch habe ich die Gerechtigkeit und die Menschen wirklich geliebt, und ich hoffe, daß ich dadurch Gnade vor Gott finden werde.«[1]

Rémusat hat vollkommen zu recht geschrieben, daß Tocqueville zwar mit dem Legitimismus, jedoch nicht mit seinen Vertretern gebrochen habe. Bei vielen Männern, die sich aus einem konservativen Milieu entfernen und ins entgegengesetzte Lager überwechseln, besteht sowohl von der Vernunft als auch vom Verstand her eine Abneigung gegen das Herkunftsmilieu. Aber »Tocqueville ist am allerwenigsten auf der Welt« ein Mann der Ressentiments, und man möchte meinen, je weiter er sich geistig von seinen Angehörigen entfernt, desto mehr respektiert er ihre Ansichten und sogar Vorurteile. Nur aus sehr versteckten Anspielungen weiß man, daß er von einem Teil seiner Familie mit einem Bann belegt worden war und daß er nicht wagte, an der Beerdigung von Louis de Kergorlays Vater, einem der glühendsten Karlisten seiner Zeit, teilzunehmen. Niemals hat man in seinen Aufzeichnungen auch nur die leiseste Klage über eine solche Behandlung gefunden. Im Gegenteil, er, der Politiker der Julimonarchie, hat sich eine gewisse scheue Ehrfurcht für seine Verwandten bewahrt, die einstmals dem Hof der Bourbonen nahestanden wie zum Beispiel die »Guten Damas«. Ein an seine Frau gerichteter Brief vom 19. August 1846 scheint uns in dieser Hinsicht aufschlußreich:
»Ich habe den gestrigen Abend mit den Herzoginnen verbracht. Als ich bei ihnen eintraf, waren die beiden kleinen alten Damen, die zusammen auf einen Canapé in einem Salon im Erdgeschoß saßen, völlig allein. Es war sterbenstraurig. Die Herzogin von Narbonne ist leidend und meine Tante wie immer wehleidig und in sich zusammengesunken. Beide haben mich mit großer Liebenswürdigkeit empfangen, und als ich die Herzogin von Narbonne, nachdem sich meine Tante verabschiedet hatte, fragte, ob ich noch einmal wiederkommen solle, um sie zu besuchen, antwortete sie mir mit ja und daß ihre Schwester eine große Zuneigung für mich empfinde. Ich werde mich also noch einmal dorthin begeben.«

---

1 L. de Loménie 1859.

Ein solches Verhalten sei wohl eher Ausdruck für traditionelle Vorstellungen von Verwandtschaft als für besonderen Respekt für den Adelsstand an sich, so könnte man meinen. Doch tritt letztere Einstellung zuweilen auch in »Reinform« auf. 1849 wurde unter der Zweiten Republik der Graf von Tanlay zum Präfekten des Departements Manche ernannt. Der Graf, der aus bestem burgundischen Adel stammte, trat in Saint-Lô die Nachfolge einer Reihe von bürgerlichen Präfekten an. Als Tocqueville, der bis dahin erst einmal persönlich mit Tanlay zusammengetroffen war, ihm wegen einer Verwaltungsangelegenheit schreibt, fügt er hinzu:

»Ich bitte Sie nur, einen Unterschied zwischen Monsieur de Tanlay und dem Präfekten zu machen... Ich wende mich hier weniger an den Präfekten als an den ersteren... Unsere gemeinsame Herkunft und gesellschaftliche Position, die gemeinsamen Traditionen und Gepflogenheiten wecken bei mir ein Vertrauen, das ich, lassen Sie mich es ihnen anvertrauen, in den letzten zehn Jahren noch keinem der verschiedenen Repräsentanten der Staatsmacht in unserem Departement entgegengebracht habe.«[1]

Tocqueville, der sich weigert, den seiner Meinung nach überlebten Titel eines Grafen zu tragen, bleibt dennoch in seinem Innersten der Lebensweise des westfranzösischen Adels verbunden, dessen Tradition er ganz bewußt seinem Neffen Hubert weitervermittelt. Er ist voller Wehmut, als er seiner Frau 1858 über die Umwälzung der gesellschaftlichen Verhältnisse schreibt, die durch die unausweichliche Entwicklung zur Demokratie ausgelöst werden: »Niemand wird an unsere Stelle treten, das sage ich mir oft voller Traurigkeit. Wir gehören... zu einer Welt, die im Verschwinden begriffen ist. Eine alte Familie, die auf dem alten Wohnsitz ihrer Väter lebt, noch umgeben von traditionellem Respekt und Erinnerungen, die ihr und der in der Umgebung lebenden Bevölkerung lieb und teuer sind, das sind die Trümmer einer zerfallenden Gesellschaft, von der bald keine Spuren mehr sichtbar sein werden. Glücklich können sich jene schätzen, die in ihren Gedanken eine Verbindung zwischen Vergangenheit, Gegenwart und Zukunft herstellen können! Ein solches Glück wird keinem Franzosen unserer Tage zuteil, und bereits wenige vermögen es zu verstehen.«[2]

---

1 Unveröffentlichter Brief, Archives Tocqueville, Akte 97.
2 Unveröffentlichter Brief an seine Frau vom 4. Mai 1858.

Tocquevilles familiäre Herkunft verschaffte ihm von vornherein Zugang zu den großen legitimistischen Salons, wie zum Beispiel dem der Herzogin von Rauzan, die die Tradition des berühmten Salons ihrer Mutter, Madame de Duras, fortsetzte. Dort traf sich abends eine brillante Gesellschaft, nachmittags pflegten aber auch ausgewählte Persönlichkeiten aus Literatur und Politik dort zu verkehren. Tocqueville pflegte auch Umgang mit der Welt des alten Amtsadels, der er durch Verwandtschaft verbunden war: So die Séguier, die d'Aguesseau, der alte Kanzler Pasquier, ein Vertrauter Madame de Boignes, der gegen Ende seines Lebens besorgt ist, in Gram zu versinken, wenn er über das Ancien Régime spricht.[1] Unter der Julimonarchie ist Tocqueville jedoch vor allem ein bevorzugter Gast im Salon von Madame de Castellane, der Muse seines Cousins Molé. Er liebt die »etwas süßliche« Konversation dieser Dame, »der man ebenso schwer die Wahrheit sagen konnte wie einer Krabbe beibringen, daß sie geradeaus laufen solle.« (Mérimée) Molé selbst, über dessen Intrigenhaftigkeit sich Tocqueville keinerlei Illusionen macht, erscheint ihm als Inkarnation der verfeinerten Manieren früherer Zeiten und der Kunst, ein geistvolles Gespräch zu führen. Doch war er von Royer-Collard noch in einen anderen großen politischen Salon jener Zeit eingeführt worden, nämlich in den der Herzogin von Dino, wo Talleyrand residierte und den seinetwegen herbeigeeilten Politikern seine Orakel verkündete.

Zumindest ab 1835 ist Tocqueville auch ein häufiger Gast in dem berühmten Salon von l'Abbaye-au-Bois. Der Deutsche Gans, der zu Beginn des Jahres 1836 einen Artikel über den Salon von Madame Récamier veröffentlichte, beschreibt ihn folgendermaßen: »Gegenüber [Cousin] befindet sich ein junger Mann mit einem blassen und etwas kränklichen Gesicht. Man bringt ihm eine rücksichtsvolle Ehrerbietung und sehr viel Aufmerksamkeit entgegen. Er spricht über England und Amerika wie ein Mann, der sich bemüht hat, diese Länder zu studieren. Seine Manieren zeichnen sich durch eine Feinheit und Höflichkeit aus, auf die die heutige Generation in Frankreich weniger Wert zu legen scheint als die voraufgehende. ›Wer ist dieser junge Mann?‹, fragte ich meinen Begleiter, denn er hatte mich beeindruckt. ›Das ist Monsieur de Tocqueville‹, erhielt ich zur Antwort; er ist derjenige, der gerade ein äußerst bemerkenswertes Buch über die Vereinigten Staaten veröffent-

---

1 A. de Tocqueville 1970: 359. Brief an Ampère vom 7. Januar 1857.

licht hat... Er ist ein gefragter und beliebter Mann; alle Salons reißen sich um ihn.«[1]

Nicht in allen Salons herrschte jedoch eine vollkommen ernsthafte Atmosphäre. Tocqueville pflegte auch in dem Salon einer alten Marquise zu verkehren, den Armand de Melun, ohne die Identität der Gastgeberin zu enthüllen, folgendermaßen beschreibt:

»In dem am wenigsten frommen Haus im Faubourg Saint-Germain, wo man sich ungeniert einem üppigen freitäglichen Diner hingab, wo die sehr betagte Hausherrin die Manieren einer reichen älteren Dame der Gesellschaft zur Zeit des Ancien Régime aufwies und den Geist und die Ideen des 18. Jahrhunderts vertrat, wo sich unter den Gästen Tocqueville und Mérimée befanden, die sich bereits in der Literatur und der Politik einen Namen gemacht hatten, wo man auch die amüsantesten und unorthodoxesten Erzähler traf, da war ich häufig eingeladen...« (de Melun 1891, Bd. I: 153)

Es erscheint sicher, daß Tocqueville aus Neugier auf andere europäische Länder häufig die ausländischen Salons in Paris besucht hat. Wenn er auch nicht bei Madame de Lieven Gast zu sein scheint, so doch bei den anderen russischen Damen: So bei der Prinzessin Bagration und später bei Madame de Circourt, deren Falschheit ihn irritiert, deren gelehrten und redseligen Ehemann, der einem wandelnden Lexikon gleicht, er jedoch gern konsultiert; außerdem ist er noch häufig bei Madame Swetchine zu Gast, für die er eine respektvolle Freundschaft empfindet, weshalb er auch das von ihm wenig geschätzte Stammpublikum in ihrem Salon erträgt.[2] Während der Julimonarchie ist er auch häufig im Salon der Prinzessin Belgiojoso anzutreffen, und wenn er auch über die Prinzessin selbst wenig Gutes sagt, so ist er doch auf das dort verkehrende gemischte und internationale Publikum neugierig.

In seinen *Souvenirs* berichtet er über seine Begegnung mit George Sand im Jahre 1848[3], die er bis dahin noch nicht kennengelernt hatte, weil er nicht in den Kreisen der literarischen Boheme verkehrte. Nichtsdestoweniger war er häufig bei Madame Ancelot (Ancelot 1866; Martineau 1932: 76) anzutreffen, deren Ruf nicht unbedingt der Beste war.

---

1 E. Gans 1836: 237 ff.
2 Der Briefwechsel zwischen Tocqueville und dem Ehepaar Circourt wurde in den O.C. veröffentlicht: A. de Tocqueville 1883b. Die Korrespondenz mit Madame Swetchine wurde veröffentlicht in A. de Tocqueville 1983a, Teil 2.
3 A. de Tocqueville 1964: 149 f.

Und als diese ihm eines ihrer Werke widmen wollte, lehnte er dieses Ansinnen aus Furcht vor eventuellem Klatsch verlegen ab. Ein von der Hausherrin gemaltes Bild zeigt sie selbst als Rachel, die umgeben von Gästen ihres Salons die Verse Hermiones rezitiert. Unter ihnen befindet sich neben Madame Récamier, Chateaubriand, Jouffroy, Stendhal und Considérant etc. auch Tocqueville. (Martineau 1932)

Neben den eigentlichen Salons besucht Tocqueville auch häufig die politischen Gesellschaften. In manchen herrscht eine sehr nüchterne Atmosphäre wie zum Beispiel in der »Gesellschaft für die Abschaffung der Sklaverei« und der »Gesellschaft für die christliche Moral«, die eine protestantische Prägung aufwies. Doch nimmt er auch an den sehr viel zwangloseren wöchentlichen Diners im Palais-Royal teil, zu denen sich Quinet, Sainte-Beuve, Montalembert, Corcelle, Ampère etc. einfinden.

Es existierte also eine Art gesellschaftliche Elite, mit der Tocqueville regelmäßige Beziehungen pflegte. Hierzu gehörten Politiker wie Thiers, Lamartine, Rémusat, Corcelle und Salvandy; große ausländische Persönlichkeiten, die sich zu einem Besuch in Frankreich aufhielten wie Humboldt, Disraeli und Cavour; schließlich Schriftsteller wie Ampère, Ballanche, Vigny, mit dem ihn wohl eine recht enge Freundschaft verband (Dupuy 1912), zweifellos auch Balzac sowie Mérimée, dem er immer mit einer Mischung aus Belustigung und Gereiztheit begegnete.

In den Salons erweist sich Tocqueville als ein glänzender Unterhalter, doch kommt es dabei auch auf die jeweilige Situation an. Er muß an einem Thema Gefallen finden, und auch der Kreis der anwesenden Personen darf nicht zu groß sein. Er ist auch ein guter Zuhörer und verfolgt aufmerksam die Reaktionen seiner Gesprächspartner. Der Graf von Chambrun, der 1858 mehrmals unter vier Augen mit ihm zusammentrifft, erzählt: »Jedes Mal achtete er darauf, daß ich mitten im Licht saß, damit er besser beobachten konnte, welche Reaktionen seine Worte in meinem Gesicht auslösten, während er selbst nach Art der Propheten mehr im Schatten Platz nahm.« (de Pineton de Chambrun 1888)

Im Sommer und Herbst tauschte das Ehepaar Tocqueville das Leben in Paris gegen ein Leben auf dem Lande. Am äußersten Ende der Cotentin-Halbinsel, im üppigen Tal der Saire, lag inmitten von Weiden und Wäldern das Schloß Tocqueville; vom ersten Stockwerk des Gebäudes konnte man in der Ferne das Meer erkennen. Als Tocqueville das Schloß 1836 in Besitz nahm, handelte es sich um ein großes Hauptgebäude mit Ziegeldach und schweren Türmen an den Seiten, zu dem noch ein von

Wirtschaftsgebäuden umgebener Hof gehörte. Das Schloß war (mit Ausnahme von kurzen Aufenthalten) seit 1790 unbewohnt. Tocqueville und seine Frau gewannen diesen alten Familienwohnsitz lieb und bemühten sich bis an ihr Lebensende, das Gebäude behaglicher und freundlicher zu gestalten.

Um das Schloß herum befanden sich die Liegenschaften, aus denen die Tocquevilles ihre Haupteinkünfte bezogen. Dabei oblag Madame de Tocqueville die Aufgabe, den Pachtzins auszuhandeln; aufgrund ihrer britischen Starrköpfigkeit war sie auch durchaus in der Lage, es mit den im Feilschen geübten normannischen Bauern aufzunehmen.

Es wurde häufig geschrieben, daß Tocqueville arm gewesen sei. Dies trifft jedoch nur in Bezug auf seinen sozialen Rang zu. Während der Julimonarchie zahlte er jährlich 1800 bis 2000 Francs Zensus, weshalb seine Einkünfte ungefähr auf die zehnfache Summe geschätzt werden können. Dies war zuwenig, um eine Hundemeute, schöne Equipagen oder eine Opernsängerin zu unterhalten. Doch da die Tocquevilles in Paris einen bürgerlichen Lebensstil pflegten, konnten sie auf ihrem Schloß wie gutsituierte Gutsbesitzer leben und einige Empfänge in dem Stadthaus geben, das sie in Valognes erworben hatten.

Tocqueville liebte dieses ländliche Leben. Während der Arbeit an *Der alte Staat und die Revolution* schreibt er – nicht ohne einen Anflug von Selbstironie, die so häufig bei ihm anzutreffen ist: »Vor dem Mittagessen bin ich Schriftsteller und danach Bauer, und ich finde, daß sich diese beiden Lebensweisen auf eine Art ergänzen, die mich trotz ihrer Monotonie anzieht. Ich habe wieder ernsthaft mit der Arbeit an meinem Buch begonnen und baue einen prachtvollen Schweinestall. Welches dieser beiden Werke wird das andere überdauern? Nun, da bin ich mir wirklich gar nicht so sicher. Die Mauern, die ich für meine Schweine errichtet habe, sind sehr solide.«[1]

In Tocquevilles Schriften ist mit dem Begriff »das Land« häufig ein kleiner, lokaler Bereich gemeint. In diesem Bereich hat sein Leben etwas von dem Glanz einer der »großen Gestalten« bewahrt bzw. wiedergefunden, die für aristokratische Zeitalter so typisch sind. Doch sind hier zwei Bereiche voneinander zu unterscheiden: Einerseits die direkt um das Schloß befindliche Zone mit dem Dorf Tocqueville, wo alte Familientraditionen wiederaufgenommen werden, und andererseits das De-

---

1 Von L. de Loménie veröffentlichtes Brieffragment: L. de Loménie 1859.

partement Manche. Im Schloß selbst wird jede Woche für die Armen
Brot gebacken, und der Schloßherr besucht die Kranken. In Krisenzei-
ten wie zum Beispiel 1848, als er im Grunde selbst über geringere finanzielle Ressourcen verfügt, beschäftigt er dennoch einen Teil der Dorfbewohner bei sich. Der Bürgermeister des Dorfes ist ein Nachfahre der
alten Verwalter aus der Zeit vor der Revolution; alles scheint, als ob man
wieder zu dem Leben von damals zurückgekehrt sei. Doch das ist nur
eine Illusion, und Tocqueville weiß dies besser als jeder andere.[1] Recht
deutlich wird dies an einem kuriosen Zwischenfall: Die in der Kirche
des Pfarrbezirks für die Tocquevilles reservierte Bank befand sich in der
Sakristei, und es ging das Gerücht um, daß der Pfarrer den Schloßherrn
während der Messe gesondert mit Weihrauch segnete. Mehrere Dokumente in den Archives Tocqueville beschäftigen sich mit dieser schwerwiegenden Affäre, und Tocqueville schreibt an seinen Wahlagenten, den
Steuereinnehmer Clamorgan: »Glauben Sie etwa, daß ich, nachdem ich
mich durch das Wort für die große Bewegung, die die Menschen einander gleichmacht, eingesetzt habe, nun für mich das Sonderrecht bean-
spruche, zwischen dem Küster und Vorsänger einherzustolzieren und
mich wie ein Fuchs in seinem Bau einräuchern zu lassen?«[2] Trotz dieser
Unmutsäußerungen nimmt Tocqueville dieses törichte Gerücht nicht auf
die leichte Schulter und nimmt statt in der Sakristei nun im Kirchen-
schiff Platz, »wo es weniger feudal, aber wärmer ist«. Und als im Jahre
1848 die Wähler in der Kantonshauptstadt in Zweierreihen antreten, die
alphabetisch nach den Anfangsbuchstaben ihrer Namen geordnet sind,
reiht sich Tocqueville hier bescheiden beim Buchstaben T ein. Nur weil
seine Landsleute darauf bestehen, ist er schließlich bereit, vor dem Wahl-
gang eine kleine Rede zu halten. Jeder Wähler hatte seinen Stimmzettel
vorher vorbereitet, und nach der Abstimmung sagt ein Bauer zu Tocqueville: »Monsieur de Tocqueville, Sie sehen müde aus. Dabei haben wir
Sie doch heute morgen in unserer Tasche getragen.« Auch die Worte
eines Fuhrunternehmers, mit denen dieser Louis de Loménie amüsiert,
den er nach Tocqueville mitnimmt, entsprechen grundsätzlich der Realität: »Monsieur de Tocqueville ist im Volk sehr beliebt, und er ist dafür
sehr dankbar.«

---

1 L. de Loménie 1859.
2 Brief an Clamorgam vom 1. Januar 1839 in: J. Kühn 1972:31 (anhand des Originals korrigier-
ter Text).

Doch hat der Deputierte von Valognes auch Interessen und Aufgaben, die den ganzen Unterbezirk betreffen. So reist Tocqueville während eines Teils des Sommers durch den ganzen Wahlkreis und absolviert trotz seines empfindlichen Magens ein Diner nach dem anderen. Er tut dies nicht aus wahltaktischen Überlegungen und auch nicht, weil er die Belange der Region kennenlernen möchte. Nein, es geht ihm darum, alle örtlichen Notabeln, Besitzbürger, Richter und Beamten über die großen politischen Interessen des Landes zu informieren. Obwohl er manchmal klagt, so mißfällt es ihm doch keineswegs, diese Männer kennenzulernen, die recht häufig kultiviert und gelehrt sind und auf jeden Fall das Bild einer ländlichen Gesellschaft vermitteln, die vielfältiger ist als heutzutage. Die Art und Weise, in der Tocqueville Mitglied des Generalrates wurde, und seine Vorstellungen über dessen Aufgaben sind kennzeichnend für die Bedeutung, die er dem lokalen Leben beimaß.

Der gemeinsame Vertreter der Kantone Saint-Pierre-Église und Montebourg im Generalrat war Sivard de Beaulieu, der auch Rat am *Cour des Comptes* war und einer sehr viel radikaleren Oppositionsströmung angehörte als Tocqueville. Sivard ließ sechs Monate vor den Wahlen vom Dezember 1842 bei Tocqueville nachfragen, ob er die Absicht habe, für den Generalrat zu kandidieren. Dieser wich aber einer Antwort aus, weil er befürchtete, einen der Notabeln des Kantons zu verärgern, der eventuell gegen Sivard antreten wollte; die Wähler waren nämlich mit Sivards Politik keineswegs zufrieden gewesen. Kurze Zeit später ließ Tocqueville jedoch das Gerücht verbreiten, daß er zwar nicht kandidiere, aber dennoch eventuelle Stimmen, die er erhielte, nicht zurückwiese. Trotz dieser normannischen Vorsicht wurde er gewählt, und in einem Brief an Havin zeigt er sich empört über die offensichtliche Verärgerung Sivard de Beaulieus! (Lhommédé o.J.: 9 f.)

Nachdem er Mitglied des Generalrats geworden ist, nimmt er seine Aufgabe sehr ernst. Er macht sich mit allen zu diesem Gremium existierenden gesetzlichen Bestimmungen vertraut, beteiligt sich intensiv an den Diskussionen im Rat, übernimmt die Erstellung von Berichten über bedeutende lokale Angelegenheiten wie zum Beispiel dem Bau der Eisenbahnstrecke Cherbourg-Paris oder die Abschaffung der Drehladen an den Pforten der Findelhäuser. Seine Wahl zum Vorsitzenden des Generalrats in den Jahren 1849, 1850 und 1851 sollte zur Krönung seiner aktiven politischen Laufbahn auf Departementsebene werden und sicherlich auch zu den größten Augenblicken seiner politischen Karriere insgesamt gehören.

Merkwürdigerweise ist festzustellen, daß Tocqueville, der sich in den Salons und Akademien ebenso ungehemmt bewegte wie im Generalrat, sich in der Deputiertenkammer sehr viel weniger wohl fühlte. Es scheint, daß er dort ebenso unter der anonymen Atmosphäre litt wie schon als junger Richter in Versailles. Auch scheint ihn die oberflächliche Kameraderie, die in solchen Gremien üblich ist, abgestoßen zu haben. Da er vor allem mit den dort verhandelten Problemen beschäftigt war, ließ er sich in Intrigen verwickeln und verwechselte sogar seine Kollegen miteinander, so daß man ihm als Hochmut auslegte, was in Wahrheit nur Zerstreutheit und Kurzsichtigkeit war. Als Beaumont ihn eines Tages hierauf ansprach, legte er daraufhin gegenüber Durand (de Romorantin) eine besonders große Liebenswürdigkeit an den Tag, welcher über diese im übrigen sehr kurzlebige Überschwenglichkeit wohl recht überrascht gewesen sein muß (Simpson 1960:265). Aufgrund seiner fahlen Gesichtsfarbe unterstellte man Tocqueville häufig einen verstockten Ehrgeiz. Thiers, der ihn am 27. Januar 1848 auf dem Rednerpult erlebte, bemerkte gegenüber Rémusat, daß Tocqueville ganz offensichtlich ein bösartiger Mensch sei (er sollte bald seine Meinung ändern und Senior gegenüber den makellosen Patriotismus des Autors rühmen). Insgesamt war er also wenig beliebt, und seine Kollegen machten sich manchmal ein Vergnügen daraus, ihn absichtlich nicht in eine Kommission zu berufen, wenn er es dringend wünschte.

Auch tat er sich von Anfang an als Redner schwer; er verfügte nicht über die Selbstsicherheit Guizots, die eindringliche Rhetorik Berryers oder die offensichtliche Ungezwungenheit Thiers'. Er verabscheute jede Art von Emphase, und die Beredsamkeit Montalemberts war ihm ganz besonders zuwider. Tocquevilles Reden waren zwar schlüssig, doch wenig mitreißend, und sein Zögern vor dem Betreten des Rednerpults war bekannt.[1]

Jedoch war Tocqueville gegen Ende der Julimonarchie im Parlament nicht so isoliert, wie Beaumont – der möglicherweise ihm gegenüber kein sehr gutes Gewissen hatte – es behauptete. Sein Einfluß reichte sehr wohl über den kleinen Klüngel, der sich gleich zu Anfang um ihn gebildet hatte, hinaus. Er erschien als der am besten geeignete Vermittler zwischen den Spaltungen in der Rechten und der Linken, die die festgefügte Parteienstruktur aufzubrechen drohten. Die revolutionäre Massen-

---

1 A. de Tocqueville 1866b:59 ff. *Notice sur Alexis de Tocqueville.*

bewegung kam aber diesen Veränderungen im Parlament zuvor. Doch sollte die Revolution von 1848 zu seiner eigenen Überraschung zeigen, über welche feste Position er im Departement Manche verfügte.

Es ist nicht leicht, die vielschichtige Persönlichkeit dieses schon zu Lebzeiten berühmten Schriftstellers und bemerkenswerten Politikers mit einigen pauschalen Begriffen zu charakterisieren.

Der vorherrschende Zug Tocquevilles ist seine innere Unruhe, doch begegnet er dieser durch ein sittlich ausgerichtetes Handeln. Niemals hat er am ernsten Charakter des Lebens gezweifelt.

Tocquevilles innere Unruhe äußert sich sowohl in religiösen Zweifeln als auch in gesellschaftlichen Befürchtungen.

Seine religiösen Zweifel sind diejenigen seiner inneren Widersprüche, die er am besten zu verbergen wußte. Seine Frau läßt er hiervon in völliger Unkenntnis. In Tocqueville wohnt er der Messe und dem Vespergottedienst bei (an was mochte er gedacht haben, als er auf seiner Kirchenbank saß oder vor ihr stand, während jene Bauern aus der niederen Normandie, so wie er es uns selbst schildert, mit unharmonischem Gebrabbel zu ihrem Herrn beteten?). Er erklärte kategorisch, daß nicht jeder Mensch über die Mittel verfüge, um das metaphysische Problem für sich selbst zu lösen, doch läßt sich diese Dimension nicht ohne weiteres aus dem Denken eines Intellektuellen der Romantik verbannen. In seinem amerikanischen Tagebuch zählte er den Zweifel neben der Krankheit und dem Tod zu den drei großen Übeln, unter denen der Mensch leide. Alle seine Befürchtungen sollte er allein Madame Swetchine anvertrauen, der er »Heiligkeit gepaart mit Genialität« zuschrieb.

Den Philosophen des 18. Jahrhunderts wirft er vor, das alte *Credo* angegriffen zu haben. Er hatte Lamennais gelesen, Lacordaire in Notre-Dame gehört, doch fühlte er sich dem Katholizismus seiner Zeit fremd. »Der größte Feind des Katholizismus seit Voltaire ist Montalembert«, so wagt er zu schreiben. Der Ultramontanismus, der den Bischof von Rom zu einer heiligen Person erhebt, das Verlangen nach Wundern, die Heiligenanbetung, all das erscheint ihm als ein Zeichen des Niedergangs der alten Religion. Und als weiteres Paradox in Tocquevilles Persönlichkeit erscheint die Tatsache, daß dieser Bewunderer der menschlichen Freiheit im übrigen für eine christliche Tradition empfänglich bleibt, die höchst wenig an diese Freiheit glaubte.

Man kennt Tocquevilles große Vision von der Entwicklung der christlichen Gesellschaften, die ihn mit »heiligem Schrecken« erfüllt: Diese Gesellschaften würden unausweichlich von der Vorsehung zu einem demokratischen Zustand geführt. Doch in dessen Rahmen könnten die Menschen sich entweder dem Despotismus unterwerfen oder auf der menschlichen Freiheit gründende Gesellschaften bilden. Es gäbe daher im politischen Handeln die Wahl zwischen gut und schlecht, woraus sich für den Bürger die fundamentale Pflicht ergäbe, sich für die Freiheit einzusetzen.

Tocqueville läßt sich sowohl als Schriftsteller wie auch als politisch Handelnder vom Kult der Freiheit leiten. Dieser stellt für ihn ein Dogma dar, das auf den Erfahrungen des Lebens beruht und dessen Grundlagen für ihn über jede Diskussion erhaben sind. Dieses Dogma ist noch unantastbarer als der Individualismus Benjamin Constants und steht der von Paulus gepredigten Freiheit von »Gottes Kindern« nahe. Es sei diese Freiheit, die die Harmonie der zukünftigen Demokratie sichern werde, sofern diese nicht unter der Diktatur des Bösen untergehe. Hierzu müßten die Bürger jedoch durch die Religion moralisch geformt werden. Jene Religion aber, die aufgrund ihrer dogmatischen Strenge am ehesten fähig sei, freie Seelen zu formen, sei der Katholizismus. Fern liegt Tocqueville die Vorstellung einer Religion, die nur für das Volk Geltung hat, jedoch nicht für die Eliten; die Herrschenden müßten den Glauben aller teilen. Es ist allerdings dramatisch, daß Tocqueville selbst diesen Glauben nicht teilt, obwohl er an Gott und an ein Leben nach dem Tode glaubt und neben diesem spiritualistischen Credo von der Überlegenheit der christlichen Moral überzeugt ist. Damit steht er dem Unitarismus eines Channing näher als dem Katholizismus, dessen außergewöhnliche soziale Tugenden er so sehr preist.

Jedenfalls impliziert Tocquevilles Einstellung eine Wertehierarchie, in der die privaten Tugenden hinter den öffentlichen Aufgaben zurücktreten. So sollte er während des Zweiten Kaiserreichs der Kirche nicht verzeihen, daß sie nicht gegen das Regime kämpfte, und Madame Swetchine muß ihn daran erinnern, daß diese immerhin auch die Aufgabe habe, sich um das Seelenheil der Gläubigen zu kümmern.

»Das Leben nur um des Lebens willen interessiert mich nicht«, so schrieb Tocqueville einmal. Bei ihm dient sogar der ganz gewöhnliche persönliche Ehrgeiz einem höheren Ziel: der Mitwirkung an dem Werk der Vorsehung, die mit der Gleichheit der gesellschaftlichen Bedingungen eine neue Etappe der Schöpfung einleitet. Dabei müsse es im Rahmen der Gleichheit der demokratischen Zivilisation gelingen, die Willensfreiheit des Menschen, die das Zeichen seiner Größe darstelle und ohne die er nur noch ein niedriges Wesen sei, zu bewahren.

Teil IV
Tocqueville während der Zweiten Republik

20
Die Revolution von 1848

Im Sommer 1846 standen erneut Wahlen zur Deputiertenkammer an. Tocqueville fürchtete nicht um seine Wiederwahl, da die Regierung, obwohl sie zunächst erwog, Gisles, den Bürgermeister von Valognes, als Gegenkandidaten aufzustellen, ihn in keiner Weise bekämpfte. Und zwar nicht nur, weil er über eine zu starke Position verfügte, sondern auch, weil sich eine gewisse Sympathie zwischen ihm und dem Innenminister Duchatel entwickelt hatte. Tocqueville sah einen Wahlerfolg der Regierung voraus und schrieb am 20. Juli an Beaumont: »Wenn ich mich nicht völlig im Irrtum befinde, dann wird die Opposition bei dieser Wahl schwere Verluste erleiden... Zu dieser Auffassung... bin ich aufgrund der allgemeinen Situation im Lande und der Physiognomie der Parteien gelangt... Ich meine, daß es... sehr allgemeine Gründe sind, welche eine Wahl prägen... und die im entscheidenden Moment nicht von den Menschen beeinflußt werden können. Ich glaube, daß die konservative Partei beträchtlich hinzugewinnen wird. Als Folge davon wird sie sich wahrscheinlich spalten, und es wird auf die eine oder andere Weise eine neu-konservative Partei entstehen, die das Kabinett sehr wohl stürzen könnte.«[1]

Dennoch war Tocqueville schließlich vom Ausgang der Wahlen überrascht, wiewohl nicht davon, daß die Konservativen dreißig Sitze hinzugewonnen hatten; vielmehr erstaunte ihn, daß das linke Zentrum kaum Verluste erlitten hatte, während die dynastische Linke bemerkenswerte Abgeordnete verlor.

---

1 A. de Tocqueville 1967, Teil 1: 577. Brief an Beaumont vom 20. Juli 1846.

Wenn es auch allgemeine Umstände waren, die dem rechten Zentrum zum Sieg verholfen hatten, so war doch die von Guizot beinahe schon offen eingestandene Korruption – Wahlkreise, die der Regierung genehme Deputierte wählten, wurden belohnt, wenn sie diese wiederwählten – hieran nicht unbeteiligt. Als während einer kurzen Sitzungsperiode im Sommer (vom 18. August bis zum 4. September) eine Wahlprüfung durchgeführt wurde, kam es zu einem heftigen Schlagabtausch. Tocqueville, der im allgemeinen darauf bedacht war, Einzelpersonen zu schonen, attackierte auf dem Rednerpult die Wahl von Delangle, dem Generalstaatsanwalt am Kassationsgericht und zukünftigen Minister unter Napoléon III., der seinen Gegenkandidaten Cosne mit nur einer Stimme Mehrheit geschlagen hatte.[1] Tocqueville prangerte die spitzfindigen Rechtfertigungen eines regierungsfreundlichen Berichterstatters an und bewies, daß die lokalen Gerichte den Kandidaten begünstigt hatten, indem sie angeschuldigte Personen, die mit einem der Wähler verwandt waren, freigelassen hatten. Tocquevilles Rede, die eher ernst als heftig formuliert war, wies auf die Gefahr hin, daß die Justiz eines liberalen Staates auf diese Weise ihre Unabhängigkeit verlöre. Nicht als Gegner der Regierung, sondern als Nachfahre der alten Parlamentarier des *Ancien Régime* prangerte Tocqueville diesen Skandal an.

Die wesentliche Bedeutung dieser außerordentlichen Sitzungsperiode lag für Tocqueville jedoch nicht in dem eben erwähnten Problem. Für ihn ging es vor allem um die Frage: »Würde die neue Kammer die Chance eröffnen, das Land von der Konkurrenz zwischen Guizot und Thiers, »diesen beiden rivalisierenden Persönlichkeiten«, zu befreien? Am 18. August schreibt er seiner Frau: »Die Zukunft ist gegenwärtig noch vollkommen in einer undurchdringlichen Wolke verborgen. Die Neuen möchten etwas Neues machen, wissen jedoch nicht, wie sie das anfangen sollen, ohne ihre konservative Position aufzugeben. Was die alten angeht, Thiers und Barrot, so scheinen sie enger verbunden denn je. Wenn ich aber den Worten Billauts und der von Dir erwähnten Rede Dufaures glaube, so sind sie entschlossen, die erste Gelegenheit zu ergreifen, um einen eigenen Aufstand anzuzetteln. Von dieser Konstellation wird meine Befreiung im politischen Leben abhängen. Denn gegenwärtig bin ich ein Sklave. Wie dem auch sei, diese Zänkereien werden keinen sofortigen Bruch herbeiführen. Dafür ist die Sitzungsperiode zu

---

1 Rede vom 22. August 1846. *Le Moniteur universel* vom 23. August, S. 2217 f.

kurz. Ich halte es aber für sehr wahrscheinlich, daß es in der nächsten Sitzungsperiode dazu kommen wird.«

Tocqueville sieht also Zeichen der Aufweichung beider Blöcke, die kurz vor den Wahlen noch festgefügt schienen. Sich den Neu-Konservativen anzuschließen, kommt für ihn nicht in Frage. In den Reihen des linken Zentrums aber befindet sich der große Redner Dufaure, der aufrichtig und unabhängig ist und sich mit Thiers überworfen hat, sowie Billault, ein praktischer und wendiger Mann, der ein scharfzüngiger Gegner Guizots ist, aber Thiers' Angebot, in sein Schattenkabinett einzutreten, abgelehnt hat. Sie beide tragen sich mit dem Gedanken, eine »neue Linke« zu schaffen.

Die geplante neue Gruppierung skizzierte ihre ersten Vorhaben am Ende jener kurzen Sitzungsperiode in einer Zusammenkunft, an der Tocqueville jedoch nicht teilnehmen konnte. Schon seit mehreren Jahren hegte er Sympathien für Dufaure, und dieser bärbeißige Mann, der ein wahres Muster an Gleichmut darstellte, da seine Laune immer gleich schlecht war, schien Tocqueville gegenüber ebenso empfunden zu haben. Billaut war 1845 von *Le Commerce* unterstützt worden, als er gegen Le Peletier d'Aunay um das Amt des 2. Vorsitzenden der Deputiertenkammer kandierte.

Als Tocqueville auf seiner Reise nach Algier Ende September 1846 in Paris Station machte, traf er sich zu einer Unterredung mit Dufaure, mit dem er schon Ende August ein längeres Gespräch geführt hatte. Zwischen diesen beiden Zusammenkünften schrieb er Dufaure einen bedeutsamen Brief.[1]

Tocqueville räumt darin ein, daß das Programm der neuen Partei nicht auf neuen Prinzipien beruhen werde: Ihre Grundlagen würden in der Tradition von 1789 Freiheit und Gleichheit sein. Doch hätte diese Partei ein ganz eigenes Gesicht, von dem Tocqueville seit seinem Eintritt ins politische Leben vergeblich träumt, sie wäre ein »Zusammenschluß von einigen Männern mit Begabung und Herz, die sich jeglicher Intrigen enthalten... und sich allein für sich mit den anstehenden Problemen befassen würden«.

Was diese gemeinsam erstellten Studien angeht, so würden sie sich auf »eine gewisse Zahl von Reformen administrativer oder sozialer Natur« beziehen, die bislang den mittelmäßigsten Deputierten überlassen

---

1　Unveröffentlichter Brief an Dufaure auf dem Jahre 1846; Entwurf in den Archives Tocqueville.

worden seien. In diesem Punkt zeigt sich Tocqueville mit Dufaure einer Meinung, und er fügt hinzu:

»Ich glaube wie Sie, daß es über die Tagespolitik hinaus eine große und patriotische Haltung gegenüber dem Volk im eigentlichen Sinne einzunehmen gilt und daß dieser Bereich die größte Zukunft hat. Alle Fragen, die sich auf das Wohlergehen der unteren Klassen beziehen, wurden bisher entweder dem verächtlichen und unintelligenten Egoismus der konservativen Mehrheit überlassen, welche eine Art von neuem Adel darstellt, der sich kaum mehr um das Volk sorgt... als seine Vorgänger, oder den Träumereien und Leidenschaften der Utopisten. Eine Partei, die es sich zur vorrangigen Aufgabe machen würde, politisch und praktisch für das moralische und materielle Wohlergehen der unteren Klassen zu arbeiten, ohne deren Vorurteile zu fördern oder Leidenschaften zu entfachen, würde eine neue und zugleich große Rolle spielen.«

Die Sitzungsperiode der beiden Kammern begann im Jahre 1847 erst am 12. Januar und die Diskussion über die Adresse an den König am 1. Februar. Am 2. Februar wurde während der Abstimmung über den Änderungsantrag zur Adresse zum ersten Mal die Existenz der neuen Linken offenbar.

Die Adresse beglückwünschte den König und die Regierung zur gelungenen Aushandlung der »spanischen Heiraten«, die am 10. Oktober des vorangegangenen Jahres zustandegekommen waren: Königin Isabella hatte ihren Cousin, den Herzog von Cadix, geehelicht, während ihre jüngere Schwester, die Infantin Luisa Fernanda, den Herzog von Montpensier, den jüngsten Sohn Louis-Philippes, geheiratet hatte. Durch diese Doppelheirat wurde der von England unterstützte Thronprätendent aus dem Hause Coburg ausgeschaltet. Palmerston, der seit Juli 1846 erneut Außenminister war, behauptete, daß Frankreich die Abkommen verletzt hätte, die in Eu anläßlich des Besuchs geschlossen worden waren, den Königin Viktoria dem französischen König abgestattet hatte. Ohne den Hintergrund der Frage näher zu untersuchen, konnte man also feststellen, daß das linke Zentrum und die Linke, die bis dahin die *Entente cordiale* abgelehnt hatten, nun deren Bruch bedauerten. Um gegen Thiers' Gesinnungswandel zu protestieren, hatten Dufaure und Billault vorgeschlagen, der Adresse (die ja die Glückwünsche der Kammermehrheit enthielt) einen Absatz hinzuzufügen, der der Hoffnung Ausdruck verlieh, daß dieser diplomatische Erfolg nicht durch Konzessionen an England erkauft würde. Diesen Zusatz, in dem seine zukünftige außenpolitische Festigkeit bezweifelt wurde, konnte Guizot ebensowenig hinnehmen wie Thiers.

Der Abänderungsantrag wurde von seinen Autoren und anschließend in einer kurzen Wortmeldung auch von Tocqueville[1] verteidigt, der bekräftigte, daß dieser den Lehren Barrots entspräche (welcher aber inzwischen seine Haltung geändert hatte, was ihm eine scharfe Entgegnung einbrachte). Der Antrag erhielt jedoch nur 28 von 200 Stimmen. Die Spaltung, die die neue Partei im linken Zentrum und in der Linken bewirkt hatte, fand also nur sehr wenige Befürworter.

Im weiteren Verlauf der Sitzungsperiode widmete Tocqueville seine Zeit hauptsächlich den beiden großen Berichten über Algerien, die wir bereits analysiert haben. Am 8. März war er zum Berichterstatter ernannt worden, am 27. Mai legte er seine Schlußfolgerungen vor und verteidigte sie anschließend vor der Kammer. Er nahm also nicht direkt an den Diskussionen über die Reform der Kammern und die Wahlrechtsreform teil. Sicherlich befürwortete er diese eher als früher, weil die 1846 offengelegte Korruptionsaffäre ihm die Augen geöffnet hatte. Doch hätte man seiner Meinung nach den Auswirkungen einer erweiterten Wählerschaft durch ein Zweiklassenwahlrecht entgegenwirken sollen.

Wie bekannt, hatte die Ablehnung jeglicher Reformen durch die Kammer die Reformbankett-Kampagne zur Folge. Das erste Bankett fand am 9. Juli 1847 in Château-Rouge statt, und in ganz Frnakreich folgten bald ähnliche Veranstaltungen. Der »Vater der Reformbankette« war Duvergier de Hauranne, der Thiers nahestand, doch nahmen an den Banketten auch Vertreter des linken Zentrums, der dynastischen Linken und der Radikalen teil. Thiers selbst engagierte sich nicht direkt, doch wurden die Bankette in seinem Sprachrohr, dem *Constitutionnel*, gepriesen, und Tocqueville vergleicht dessen Haltung in seinen *Souvenirs* mit der Barrots: »Herr Thiers blieb bei seinen persönlichen Freunden ruhig und schweigend in Paris, während Barrot... allein im Land herumreiste und... lange Reden hielt, ähnlich wie ein Treiber, der großen Lärm macht, um dem Jäger das Wild zuzutreiben.«[2]

---

1 Rede Tocquevilles zu den »Spanischen Heiraten« vom 2. Februar 1847, *Le Moniteur universel* vom 3. Februar, S. 104.
2 A. de Tocqueville 1964: 43.

Tocqueville, der ebenfalls zu dem Bankett in Château-Rouge eingeladen worden war, sagte unter einem Vorwand ab, und Dufaure, der gebeten worden war, den Vorsitz des Banketts in Saintes zu übernehmen, hatte mit schroffer Ablehnung reagiert. Die neue Linke hielt sich ebenso wie Thiers und seine engeren Vertrauten zurück, doch brachte sie einen anderen Rechtfertigungsgrund vor: sie sorge sich wegen der im Lande geschürten Unruhe. Ein Abgeordneter des Departements Manche bezeichnete sie deshalb als »Fastenopposition«.[1]

Dufaure wollte die Zeit zwischen den Sitzungsperioden von 1847 und 1848 anders nutzen. Er beabsichtigte, ein Manifest zu verfassen, das zu Beginn der Sitzungsperiode von 1848 veröffentlicht werden sollte. Darin sollten eine Reihe von Maßnahmen – insbesondere eine Steuerreform – vorgeschlagen werden, die dazu geeignet waren, dem Volk Erleichterungen zu bringen.

Aus Tocquevilles Aufzeichnungen geht hervor, daß er sich seit seinem Brief vom Herbst 1846 weiterhin mit diesem Problem befaßt hatte. Er erklärte sich bereit, ein Vorwort für das Manifest zu schreiben (im Oktober 1847). Dufaure verzichtete jedoch aus uns unbekannten Gründen auf die Verwirklichung seines Plans, möglicherweise nur, weil er »schlecht mit der Feder umgehen konnte«. Tocqueville hinterließ nur zwei Entwürfe des Vorworts, die sich teilweise inhaltlich überschneiden. Der eine trägt den Titel »Die finanzielle Frage«, der andere »Über die Mittelklasse und das Volk«. Beaumont veröffentlichte schließlich den ersten Entwurf unter dem Titel des zweiten.

Tocqueville nimmt hier die Ereignislosigkeit des politischen Lebens zum Ausgangspunkt, das seit der Abschaffung der Privilegien nur von einer Klasse, der Mittelklasse, beherrscht werde. Dieser Zustand kann seiner Auffassung nach nicht andauern, und das politische Erwachen des Volkes würde das letzte aller Privilegien, das Recht auf Eigentum, in Frage stellen. Tocqueville bezweifelt keineswegs die politischen Fähigkeiten der Mittelklasse, doch sagt er eine neue Revolution voraus, sofern diese Klasse nicht eine Reihe von Reformen verwirkliche, die den Massen zugute käme:

»Was man für das Volk tun könnte, kann in mehrere Kategorien aufgeteilt werden:

Eine Verringerung der öffentlichen Lasten. Darum bemühe ich mich. Das ist viel, aber noch nicht genug; es wäre eine indirekte Art und Weise, den Armen zu Hilfe zu kommen.

---

1 Unveröffentlichter Brief von Abraham Dubois an Tocqueville, Archives Tocqueville.

Schauen wir, welches die direkten Mittel wären:

1. Die Schaffung von speziellen Institutionen, die ihm helfen, sich zu bilden und zu Vermögen zu gelangen, wie Sparkassen, Kreditinstitute, kostenlose Schulen, Gesetze zur Begrenzung der Arbeitszeit, Obdachlosenunterkünfte, Nähstuben, Unterstützungskassen.
2. Direkte Hilfsleistungen, wie die Linderung der Armut durch Steuermittel: Armenhospize, Wohltätigkeitsausschüsse, Armensteuern, Verteilung von Lebensmitteln, Zuteilung von Arbeit und Geld.

Letztlich gibt es drei Wege, um dem Volk zu helfen:

1. Es von einem Teil der öffentlichen Lasten befreien, oder es zumindest nur anteilsweise dazu heranziehen.
2. Ihm Institutionen zur Verfügung stellen, die es ihm ermöglichen, sich selbst zu helfen und seine finanzielle Lage zu verbessern.
3. Ihm Unterstützung gewähren und seine dringendsten Bedürfnisse sichern.«

Seit zehn Jahren, seit seiner »Denkschrift über den Pauperismus« hatte sich Tocqueville nicht mehr mit der sozialen Frage beschäftigt. Seine Auseinandersetzung mit der Lähmung des »pays légal«, also der mit politischen Rechten ausgestatteten Teile der Bevölkerung, und die Lektüre von Saint-Simon, Fourier, Owen und Louis Blanc (leider hat er die Aufzeichnungen, in denen er ihre Lehren resümierte, nicht aufbewahrt) machten ihn zum Befürworter von Sozialhilfeinstitutionen, die den Prinzipien der liberalen Volkswirtschaft zuwiderliefen. Solche Institutionen stellten in seinen Augen die unausweichliche Ergänzung einer politischen Demokratisierung der Gesellschaft dar. Im Gegensatz zur überwiegenden Mehrheit der dynastischen Opposition zeigte sich die neue Linke für die gedanklichen Strömungen empfänglich, die sich aufgrund der Realität von Industrialisierung und wirtschaftlicher Krise entwickelt hatten.

Die Rede, die Tocqueville am 27. Januar 1848 vor der Deputiertenkammer hielt, war diejenige, mit der er das größte Aufsehen erregte und die auch seine berühmteste werden sollte.[1] Er legte dennoch nur einen Teil seiner Gedanken offen, als er den durch die Regierungspolitik begünstigten Niedergang der Sitten anprangerte; doch verkündete er dieser

1 Rede vom 27. Januar 1848, *Le Moniteur universel* vom 28. Januar, S. 211 f.

egoistischen und geschlossenen Welt des »pays légal« schließlich drohend, daß sie von dem aufkommenden Sturm der Revolution hinweggefegt werden würde.

Dufaure warf ihm vor, die Revolutionsangst geschürt zu haben, und Tocqueville selbst gab zu, daß er die Gefahren übertrieben habe, um die Zuhörer aufzurütteln. Knapp einen Monat später stand er jedoch als Prophet da.

Wie bekannt, waren die Unruhen, die sich schließlich zur Revolution entwickelten, anläßlich des letzten Reformbanketts ausgebrochen, das am 22. Februar an den Champs-Elysées stattfinden sollte, aber verboten wurde.

Die Besorgnisse, die Tocqueville am 27. Januar zum Ausdruck gebracht hatte, wurden auch von anderen Politikern geteilt. Die Neu-Konservativen, bei denen es sich meist um neue Mitglieder der Kammer handelte, warfen Guizot seine politische Unbeweglichkeit vor. Rund vierzig von ihnen waren bereit, sich der neuen Linken anzuschließen, um die Regierung zu stürzen, sofern es ihren Abgeordnetenkollegen von der Linken gelänge, die Organisatoren des Banketts zu einer Absage der Veranstaltung zu bewegen. Tocqueville wurde beauftragt, die gemeinsame Tagesordnung zu erstellen, die Guizot ins Straucheln bringen sollte. Von den verschiedenen Textversionen wollen wir nur diese erwähnen: »Unsere vordringlichste Aufgabe wird es sein, dafür zu wirken, daß die Regierung nicht die öffentliche und private Moral untergräbt, die ihr Vorbild stützt.«[1] Aber Rivet, ein Freund Dufaures und Tocquevilles, der zu Duvergier de Hauranne entsandt worden war, gelang es nicht, diesen zur Absage des Banketts zu bewegen.

Am 23. Februar trat Guizot zurück. Die aufeinanderfolgenden Versuche von Molé, Thiers und Barrot (dem sich Gustave de Beaumont, der sich bereits als Minister sah, anschloß), die Unruhen einzudämmen, scheiterten ausnahmslos.

Tocqueville, der meinte, keine Aussicht auf einen Ministerposten zu haben, nahm am 24. Februar – eher als neugieriger Beobachter denn als Akteur – an jener Sitzung der Deputiertenkammer teil, die den Sturz der Monarchie begleitete.

---

1 Archives Tocqueville, Akte 92.

Es war jene Sitzung der Kammer, in deren Verlauf Louis-Philippe abdankte und die Herzogin von Orléans, die den kleinen Grafen von Paris als seinen Nachfolger präsentierte, versuchte, sich zur Regentin proklamieren zu lassen. Lamartine war in Tocquevilles Augen der einzige Parlamentsredner, der fähig war, für diese Lösung überzeugend einzutreten und sie gegenüber der Menge, die sich anschickte, in den Sitzungssaal einzudringen, durchzusetzen. Er drängte Lamartine daher, das Wort zu ergreifen, wurde aber bald gewahr, daß sich hinter dessen Schweigen andere Gedanken verbargen; und tatsächlich erstieg der Dichter auch alsbald das Rednerpult, um die Republik zu fordern. Bald darauf mußte die Herzogin von Orléans die Kammer verlassen, und die Abgeordneten zerstreuten sich. Gemäß dem alten revolutionären Ritual proklamierten die Führer der Radikalen die Republik und bildeten im Hôtel de Ville eine provisorische Regierung.[1]

Tocqueville war bei dieser Revolution nicht mehr als ein Zuschauer, der versuchte, die Zukunft zu erahnen. Bald sollte er schreiben, er habe schon immer geglaubt, daß das Land eines Tages republikanische Institutionen erhalten werde, jedoch erst im Zuge einer allmählichen Entwicklung.[2] Die Februarrevolution erfüllte ihn mit Besorgnis und Traurigkeit. Im Kern erschien sie ihm als ein Aufstand der Proletarier gegen das Recht auf Eigentum, das seit Jahrtausenden die Garantie der gesellschaftlichen Ordnung gewesen war. Paris und seine Reichtümer schienen den Massen nun ausgeliefert zu sein, und eine gemäßigte Regierung schien kaum in der Lage, ihre durch die sozialistischen Schriften aufgepeitschten Instinkte zu zähmen. Dies ließ Tocquevilles Einschätzung nach für Frankreichs Zukunft einen furchtbaren Kreislauf aus Anarchie und Despotismus erwarten.

Was die nähere Zukunft betraf, so war Tocqueville wohl eher wegen einer möglichen Internationalisierung der Bewegung und der sich daraus ergebenden Kriegsgefahr besorgt. Seit 1845 hatte er aufmerksam die Unruhen in der Schweiz, die noch geheimen Bewegungen in Italien und die Lage in Deutschland mitverfolgt. 1846 hatte er sich zunächst nicht zwischen der Informationsreise nach Algerien und einer Reise auf die italienische Halbinsel entscheiden können. Auch glaubte er, daß der Pariser Aufstand wie schon 1830 die belgische Frage erneut aufwerfen könne.

---

1 A. de Tocqueville 1964: 69 ff.
2 Rundschreiben an die Wähler des Departements Manche, 1848.

Den ganzen Tag gab er sich am 25. Februar in Einsamkeit diesen düsteren Gedanken hin. Abends erschien Ampère bei ihm, um damit eine von Tocqueville vergessene Einladung zum Essen wahrzunehmen. Ampère gehörte zu jenen großzügigen Liberalen, die sich während der beiden voraufgegangenen Tage von der Idee einer brüderlichen Republik und der Vorstellung, daß man Vertrauen in das Volk haben müsse, hatten beschwichtigen lassen. Seine frisch erworbene Begeisterung hatte er gerade seinen Zuhörern im Collège de France mitgeteilt und wollte nun auch seine Lobestiraden bei Tocqueville wiederholen. Daraufhin schlug dessen düstere Stimmung in heftige Wut um, so daß Ampère sich noch am Ende seines Lebens an den darauffolgenden Disput erinnern sollte.[1]

Ein Brief vom 7. März allerdings zeigt Tocqueville bei etwas besserer Stimmung: Den Nachrichten aus dem Ausland zufolge sei ein Krieg wenig wahrscheinlich, die Neuigkeiten »aus allen Teilen Frankreichs zeigen, daß überall tiefste Ruhe herrscht, daß es nirgends ernsthaften Aufruhr gibt, daß alle Klassen ungeheuer auf die Erhaltung der Ordnung« bedacht seien; man könne davon ausgehen, daß die zukünftige konstituierende Nationalversammlung über eine gemäßigte Mehrheit verfügen werde. Aber wenn man auch Möglichkeiten sähe, die politischen Schwierigkeiten zu überwinden, so blieben doch die wirtschaftlichen und finanziellen Schwierigkeiten »gewaltig«. Hier liege auch die eigentliche Gefahr für die Regierung.[2]

Fürs erste galt es, die provisorische Regierung zu unterstützen, in der die gemäßigten Republikaner die Mehrheit stellten, um ihrem Bemühen, Ordnung und Frieden aufrechtzuerhalten, zum Erfolg zu verhelfen. Tocqueville empfand keine Feindseligkeit gegenüber den legalistischen Republikanern, die er sorgfältig von den Umstürzlern unterschied. Er unterhielt persönliche Beziehungen zu Lamartine, und durch ihre Ehefrauen, die beide Engländerinnen waren, gestalteten sich diese Kontakte bald noch enger. Sicherlich sagte Tocqueville über den Politiker Lamartine, dessen Vorgehen ihn häufig irritierte, nichts Gutes, doch schätzte er seinen Mut und seinen gesunden Menschenverstand. Er hatte ebenfalls ein gutes Verhältnis zur Arago-Sippe und, was noch erstaunlicher ist, zu Garnier-Pagès, der im vorausgegangenen Sommer einige Tage auf Schloß Tocqueville verbracht hatte. Pagnerre, der Verleger dieser kleinen

---

1 A. de Tocqueville 1964: 88 f.
2 Brief an Clamorgam vom 7. März 1848 in: J. Kühn 1972: 121 ff.

gemäßigten republikanischen Gruppierung, legte damals die *Demokratie*
neu auf. Nachdem nun das dynastische Problem entfiel, gab es zwischen
Tocqueville und diesen Männern keine grundsätzlichen Differenzen
mehr. Und wenn *Le National* ihm nicht wohlgesonnen war, dann ging
dies auf die mangelnde gegenseitige Sympathie zwischen dem Chefredakteur Marrast und ihm selbst zurück.

Am 2. März war das allgemeine Wahlrecht proklamiert worden, am
5. März hatte die provisorische Regierung die Wahl einer Konstituierenden Nationalversammlung beschlossen, die auf der Grundlage einer auf
Departementsebene durchzuführenden Listenwahl erfolgen sollte. Jedoch war das Panaschieren von Stimmen möglich, wobei jene Kandidaten als gewählt gelten sollten, die die meisten Stimmen erhalten hatten –
so lange, bis alle vorhandenen Sitze vergeben waren. Die früheren Mitglieder der dynastischen Opposition fragten sich, ob es für sie ratsam
sei, sich ins Privatleben zurückzuziehen oder sich als Kandidaten aufstellen zu lassen, um der zukünftigen Versammlung ihre Erfahrung zur Verfügung zu stellen. Und wenn Tocqueville auch spöttisch Thiers' Unentschlossenheit vermerkte, so stand er selbst doch vor dem gleichen Dilemma.

Nach einigem Zögern gelangte er zu der Überzeugung, daß es seine
Pflicht sei, sich wieder um eine Aufgabe im politischen Leben zu bemühen. Nachdem er die ganzen Jahre während einer politisch ruhigen Zeit
als Deputierter tätig gewesen war, wäre es einer Fahnenflucht gleichge-
kommen, sich jetzt, da ein Abgeordnetenmandat eventuell Risiken mit
sich brachte, ins Privatleben zurückzuziehen. Ohne ausdrücklich um
Stimmen zu bitten, würde er seinen Mitbürgern »seine Zeit, sein Vermögen und sein Leben« zur Verfügung stellen – eine Aussage, die bald von den
Tatsachen überholt werden sollte, da er selbst in den Wahlkampf zog. Zwar
beteuerte er weiterhin, daß er es vorzöge, nicht gewählt zu werden, doch
darf man wohl annehmen, daß seine sonstige Fähigkeit zur Selbsterkennt-
nis ihm in diesem Falle abging. Mochte ihm das politische Leben bereits
Enttäuschungen bereitet haben, so waren ihm doch die Gewohnheiten eines Mannes, dessen Denken und Handeln seit neun Jahren auf das öffentliche Leben ausgerichtet waren, zur zweiten Natur geworden.

Das Departement Manche war nur ein Teil jenes »reaktionären
Blocks im Westen« Frankreichs, in dem in Wahrheit sehr unterschiedli-
che Mentalitäten anzutreffen waren. So gab es Regionen, die – durch die
Revolution eher noch verstärkt – von alter Treue zur Aristokratie erfüllt

waren, wie das niedere Maine, Anjou und die Vendée, wo der Adel noch das Vertrauen der Bauern genoß. Im Departement Manche verhielt es sich nicht so: Wenn Tocqueville auf dem Cotentin beliebt war, dann deshalb, weil er nicht mehr als Schloßherr auftrat, sondern als eine Notabelnpersönlichkeit erschien, die sich die Prinzipien von 1789 zu eigen gemacht hatte. Im Departement Manche dachte man nur mit Grauen an die Feudalzeit zurück, die öffentliche Meinung war zugleich egalitär und konservativ eingestellt. Die Menschen zeigten keinerlei Bedauern über das Schicksal Louis-Philippes, sondern meinten, »es geschähe ihm recht, und er habe es sehr wohl verdient«[1] – eine Haltung, die deutlichst beweist, wie wenig Rückhalt die Dynastie der Julimonarchie im Lande hatte. Doch die Steuererhöhungen, die Berichte über die fortdauernde Anarchie in der Hauptstadt und vor allem das bedrohte Recht auf Eigentum lösten bei den Bauern wachsende Ängste aus. Sogar der Besitzer des kleinsten Flecken Lands fühlte sich nun mit den Großgrundbesitzern solidarisch.

Immerhin war das neue System im Departement Manche durch vertrauenerweckende Persönlichkeiten vertreten. Wie man weiß, hatte Ledru-Rollin in alle Departementshauptorte Kommissare der Republik entsandt, die die Vollmacht hatten, Beamte abzusetzen und zu ernennen. Und diese Persönlichkeiten verhielten sich je nach Ort sehr unterschiedlich. In Saint-Lô war es Havin »durch erstaunliche Verrenkungen« gelungen, ernannt zu werden. Dieser Notar war, wenngleich Sohn eines Konventsmitglieds, einer der gemäßigten Vertreter der dynastischen Opposition gewesen. An seinem Arm hatte die Herzogin von Orléans am 24. Februar die Deputiertenkammer verlassen. Ledru-Rollin versuchte seine Entscheidung etwas abzuschwächen, indem er Havin Vieillard zugesellte, der vor 1848 der einzige »radikale« Abgeordnete des Departements Manche gewesen war. Vieillard war ein aufrechter Republikaner, ein gebildeter Mann und als Steuereinnehmer für Louis-Napoléons Bruder tätig gewesen. Er war dem autoritären Wesen und der Durchtriebenheit Havins, der das Departement bis zum Zusammentritt der Konstituierenden Nationalversammlung regierte, nicht gewachsen.

Aber wenn die moderate Regierung Havins auch Tocquevilles Billigung genoß, so konnte sie doch seiner Kandidatur nur hinderlich sein. Die beiden Männer hatten sich nämlich, nachdem sie sich zuvor über

---

1 A. de Tocqueville 1964: 106.

die im Departement zu verwirklichende Politik einig geworden waren, im September 1846 überworfen. Und von einer so gerissenen Persönlichkeit wie Havin konnte Tocqueville nur Schlimmes erwarten. Im Departement Manche waren fünfzehn Abgeordnete zu wählen, die aufgrund einer Art stillschweigender Übereinkunft auf die Unterbezirke verteilt waren. Der Unterbezirk von Valognes durfte gemäß der von den Kommissaren inoffiziell unterstützten Liste zwei Vertreter entsenden. Einen von diesen beiden Plätzen mußte daher Tocqueville besetzen; doch wünschte er sich einen Mitkandidaten, der ihm keine heimtückischen Schläge zufügen würde, und so fiel seine Wahl sehr rasch auf Boulatignier, einen *maître des requêtes*[1] im *Conseil d'État*, der aus dem Unterbezirk stammte und den Wählern schon viele Dienste erwiesen hatte. Er war ein guter Jurist, vertrat sehr gemäßigte Ansichten und war der Republik treu verbunden, obwohl er später unter dem Kaiserreich Karriere machen sollte.

Am 14. März traf Tocqueville in Valognes, seiner angestammten Hochburg, ein und bezog in dem heute noch existierenden Hotel du Louvre Quartier. Auf der Reise dorthin hatte ihn »die Ruhe in der Provinz überrascht«; in Valognes selbst waren Angst und ein wachsender Haß auf Paris die vorherrschenden Gefühle. Es gab aber dennoch eine »aktive«, von dem Rechtsanwalt Clément geführte Partei, die sich bemühte, die Arbeiter zu mobilisieren. Diese kleinen Minderheiten ausgenommen, unterwarf sich das ganze Land den gerade »modischen« Ritualen, die teils in gewisser Weise die politischen Gepflogenheiten in England imitierten, teils an die Revolution von 1789 erinnerten: So wurden politische Diskussionen unter freiem Himmel organisiert; man veranstaltete Bankette mit mehreren hundert Teilnehmern; politische Clubs wurden gegründet, deren Mitglieder sich mit »Bürger« anredeten. Tocqueville zeigte sich manchmal über diese Entwicklung beunruhigt, doch erwiesen sich alle Erscheinungen, die zunächst sein Mißtrauen hervorgerufen hatten, als oberflächliches Gehabe. Ein Beispiel: Der fortschrittlichste Arbeiterverein der Werft von Cherbourg schien nicht gewillt zu sein, für Tocqueville zu stimmen. Daraufhin hielt Hippolyte de Tocqueville vor den Mitgliedern eine Ansprache und erreichte, daß die Arbeiter den Namen seines Bruders bejubelten.

Nach allgemeinem Wahlrecht zum Abgeordneten des Departements Manche gewählt zu werden war jedoch nicht so einfach. Wenn Tocque-

---

1 Träger des zweithöchsten Amtes im französischen Staatsrat. (A.d.Ü.)

ville selbst auch meinte, daß er als Hoffnungsträger der gemäßigten Liberalen und auch seiner ehemaligen konservativen Gegner auftreten könnte (Le Marois rief die Wähler auf, für ihn zu stimmen), so konnte sich die »aktive« Partei nicht entscheiden, ob sie ihn unterstützen oder bekämpfen sollte.

Am Sonntag, dem 19. März, kam Tocqueville zum ersten Mal mit dem allgemeinen Wahlrecht in Berührung. In der Markthalle von Valognes hielt er aus dem Stegreif eine Ansprache. Er war dabei sichtlich bewegt, und auch ein Teil seiner Zuhörer hatte Tränen in den Augen. Dann begab er sich nach Cherbourg, wo um 3 Uhr unter dem Vorsitz der Kommissare der Republik ein Bankett mit 1500 Teilnehmern stattfand.[1]

Die Kommissare hatten Tocqueville nicht eingeladen, und Havin, der ihm einen frostigen Empfang bereitete, bat ihn auch nicht an den offiziellen Tisch. Tocqueville, der unter Magenbeschwerden litt, rührte die aufgetragenen Speisen nicht an, sondern mischte sich unter die Menge. Nachdem aber die Kommissare eine kurze Rede verlesen hatten (Havin war unfähig, auch nur drei Sätze frei zu formulieren) und ein anderer Redner einen Toast im Gedenken an Bricqueville ausgebracht hatte, eilte Tocqueville zum Rednerpult und hielt dort eine improvisierte Ansprache, die im *Journal de Cherbourg* veröffentlicht wurde.[2] Er selbst schreibt, daß seine Rede schlecht gewesen sei, und fest steht, daß er sich hier – ein einziges Mal in seinem Leben – als Demagoge zeigte. Er erinnerte an seine verwandtschaftlichen Bande zu Bricqueville, beschwor die Einigkeit der Bürger und der Völker und brachte abschließend einen Toast auf das gemeinsame Vorgehen von Frankreich und den Vereinigten Staaten aus, um die englische Vorherrschaft zur See zu bekämpfen. Diese Rede erntete einen ungeheuren Erfolg, der die Ansprachen der Kommissare in den Schatten stellte und zeigte, daß Tocqueville in diesem Teil des »Landes«, also im Unterbezirk Cherbourg, der »Mann des Volkes« war.

Dieser 19. März 1848 stellt ein wichtiges Datum in Tocquevilles Biographie dar: Einst war seine Familie an der Spitze des Adels auf dem Cotentin marschiert; seit zehn Jahren hatte Tocqueville selbst die Notabeln um sich geschart; nun war es das Volk auf der Halbinsel, das sich in

---

1 Unsere wesentlichen Quellen zu Tocquevilles Wahlkampagne in Valognes, die alle unveröffentlicht sind, waren die Akte 92 der Archives Tocqueville und die Briefe, die er fast täglich an seine Frau schrieb.

2 *Le Journal de Cherbourg* vom 23. März 1848.

ihm wiedererkannte und seine Zuneigung zu ihm öffentlich kundtat. Abends begab er sich in seinem geliebten Tocqueville zur Ruhe; am darauffolgenden Tag schrieb er an seine Frau: »Als ich mich diesem Ort gegenüber sah, dem einzigen auf der Welt, der mir teuer ist, ... zog es mir das Herz zusammen, und (was ich nur dir zu sagen wage) ich habe wie ein Kind geweint... In der Zeit, in der wir leben, sind solche Gefühle aber nicht angebracht. Sie schwächen. Ich hoffe, daß ich ihnen künftig entgehen kann. Denn ich brauche meine Kräfte. Ich bin zugleich erschreckt und gerührt, wenn ich sehe, welche Hoffnung die Bevölkerung hier auf mich setzt, auf mich, der ich kaum einen Einfluß auf ihr Schicksal habe. Es scheint, daß ich ihre ganze Zukunft in meinen Händen halte; aber wer kann in diesem großen Zufallsspiel, das Frankreich spielt, für irgend jemandes Zukunft etwas ausrichten?[1]

Am darauffolgenden Sonntag mußte er sich nichtsdestoweniger zu seiner politischen Position äußern, da ihm einige seiner Gegner Fragen gestellt hatten. Die Antworten, die er anschließend noch einmal überarbeitete, bevor sie veröffentlicht wurden, bezogen sich auf die Aufrichtigkeit seiner republikanischen Gesinnung und auf seine Weigerung, an der Bankettkampagne teilzunehmen. Er rühmte sich seiner eigenen Weitsicht und bekräftigte, daß die meisten Teilnehmer von den Banketten Abstand genommen hätten, hätten sie gewußt, daß diese eine Revolution auslösen würden. Diese Erklärungen schienen keinen Einwand zu dulden, und ein anderer Redner, der an die Zeit der Privilegien und des Feudalrechts erinnern wollte, wurde von der Menge ausgepfiffen.[2]

In der darauffolgenden Woche traf der Generalrat zu einer außerordentlichen Sitzung in Saint-Lô zusammen. Über deren Verlauf ist nur wenig bekannt, ausgenommen der in den *Erinnerungen* erwähnten Tatsache, daß die Generalräte, die der früheren Mehrheit Guizots angehört hatten, gegenüber Havin eine besondere Unterwürfigkeit an den Tag legten – was sich wohl dadurch erklärt, daß während dieser Sitzung die Listen für die Wahl der Konstituierenden Nationalversammlung zusammengestellt wurden.

Genaugenommen waren im Departement Hunderte von Listen im Umlauf. Von Bedeutung waren jedoch nur die der Kommissare, die der früheren Mehrheit, die des Klerus, die der Legitimisten und die der

---

1 Unveröffentlichter Brief an Madame de Tocqueville vom 20. März 1848.
2 Antwort Alexis de Tocquevilles an den Präsidenten des Wahlausschusses von Valognes, *Journal de Valognes* vom 31. März 1848.

fortschrittlichen Republikaner. Auf den Listen erschienen einige bekannte Persönlichkeiten, von denen sich die weniger illustren Kandidaten eine Zugpferdwirkung erhofften. Daher ist Tocqueville auf beinahe allen Listen zu finden; paradoxerweise hatte Havins Rachsucht nicht verhindern können, daß er in die für die Kandidaten am meisten erfolgversprechende Liste, nämlich in die der Kommissare, aufgenommen wurde, wenn auch nur an fünfzehnter Stelle. In Valognes jedoch setzte der Rechtsanwalt Clément alles daran, um anstelle Boulatigniers, der von Tocqueville unterstützt wurde und über dessen Trägheit sich dieser im übrigen beklagte, aufgestellt zu werden.[1]

Am 17. März wurde bekanntgegeben, daß die Wahlen zur Konstituierenden Nationalversammlung vom 9. auf den 23. April verschoben würden. Tocqueville, der am 2. April wieder aus Saint-Lô zurückkehrte, präsidierte bei einem Bankett in Saint-Pierre-Église und hielt bei dieser Gelegenheit eine weitere Rede. Anschließend kehrte er nach Paris zurück, weil ihn die dort herrschende Aufruhrstimmung beunruhigte und er Madame de Tocqueville, deren Gesundheitszustand sehr zu wünschen übrigließ, alleingelassen hatte. Auf diese Weise konnte er eventuellen Intrigen und in letzter Minute vorgebrachten Ansuchen entrinnen. So kehrte er erst am 19. April nach Tocqueville zurück.

Die Wahlen fanden bekanntlich in der ersten Zeit nach Einführung des allgemeinen Wahlrechts in den Kantonshauptorten statt, wobei die einzelnen Gemeinden nacheinander geschlossen in den Wahlraum eingelassen wurden (Bastid 1948). Die Kommissare hatten die Bürgermeister angewiesen, ihre Schäflein in alphabetischer Ordnung antreten zu lassen und sich dann selbst zusammen mit dem Feldhüter an die Spitze der Kolonne zu setzen, um sich zur Wahl zu begeben. Die Wähler aus Tocqueville nahmen am Morgen des 24. April die vorgeschriebene Aufstellung an und marschierten gemeinsam nach Saint-Pierre. Über den Ablauf der Wahl berichtet eine berühmte Passage aus den *Erinnerungen:* Tocqueville hatte sich bescheiden an den ihm vom Alphabet her zukommenden Platz in der Kolonne begeben; die Kolonne marschierte durch strömenden Regen; Tocqueville mußte auf allgemeines Drängen hin vor der Ankunft in Saint-Pierre eine Ansprache halten, und der kleine Trupp von Dörflern bewahrte bis zum Schluß Disziplin. Nach der Wahl eilte Tocqueville, ohne auf die Ergebnisse zu warten, direkt in die Hauptstadt zurück.[2]

---

1 Eine größere Zahl von Wahllisten befindet sich in der Akte 92 in den Archives Tocqueville.
2 A. de Tocqueville 1964: 114.

Dort erfuhr er, daß er gewählt worden war: Er kam mit 110704 Stimmen an dritte Stelle (Havin hatte 119817 und Vieillard 117756 Stimmen erhalten). Boulatignier befand sich an achter Position; und Des Essarts, der Rat am Hof von Caen war und den er trotz seiner »roten« Allüren unterstützt hatte, weil er ein Freund von Beaumont war, erreichte mit 47794 Stimmen die fünfzehnte Stelle. Tocqueville hatte lediglich damit gerechnet, an fünfter Stelle zu erscheinen, doch nun lag er vor den beiden namenlosen Kandidaten, die er überrundet hatte, ohne von jedem Wähler eine Stimme bekommen zu haben. Aber auch wenn er neun Zehntel der abgegebenen Stimmen erhalten hatte, war er doch über einige lokale Fälle besorgt, bei denen auf dem Cotentin Bürger der Wahl ferngeblieben waren.

Die Konstituierende Nationalversammlung trat am 4. Mai zusammen. Wie man weiß, wurde die Versammlung am 15. vom Volk gestürmt, an dessen Spitze sich die Führer der politischen Clubs befanden; vom 23. bis 26. Juni ereigneten sich die berüchtigten blutigen Bürgerkriegstage, in deren Verlauf die sozialistische Revolution niedergeschlagen wurde.

Diese Entwicklung zum Bürgerkrieg, die sich über die Zeit vom 4. Mai bis zum 26. Juni hinzog, bildet das zentrale Thema des zweiten Teils der *Erinnerungen*. Tocquevilles Darstellung ist als eine der kostbarsten Zeugnisse über diese Abfolge von Ereignissen zu werten, obwohl der Autor ein parteiischer Beobachter war, der die neue Revolution ablehnte.

Diese zweite Revolution war, wie Marx betont hat, beinahe unausweichlich. »Die Februarrepublik war von den Arbeitern erkämpft unter dem passiven Beistand der Bourgeoisie. Die Proletarier betrachteten sich mit Recht als die Sieger des Februar, und sie machten die hochmüthigen Ansprüche des Siegers. Sie mußten auf der Straße besiegt, es mußte ihnen gezeigt werden, daß sie unterlagen, sobald sie nicht mit der Bourgeoisie, sondern gegen die Bourgeoisie kämpften.« (Marx 1895:38) Seit den Februartagen bestand ein unzweifelhaftes Problem: Eine ungeheure Menge von Arbeitern, die häufig beschäftigungslos waren oder von den Zuwendungen der Nationalwerkstätten lebten, waren Herren über Paris geworden, da die Armee aus der Stadt abgezogen worden war. Diesen Massen gegenüber stand eine Nationalversammlung, deren Mitglieder größtenteils aus der von der Revolution unberührten Provinz stammten. Man muß nicht unbedingt ein bürgerliches Komplott oder eine Verschwörung der Führer der Geheimbünde voraussetzen, um zu ermessen, daß eine solche Situation sehr wahrscheinlich zum Bürgerkrieg führen mußte.

Auch weiß man, daß die Konstituierende Nationalversammlung das Pulverfaß zum Explodieren brachte, als sie versuchte, möglichst viele Arbeiter in die Provinz oder zur Armee zu schicken.

Die öffentliche Meinung war sich seit den Wahlen der drohenden Gefahr bewußt. In Valognes hatten Tocquevilles Freunde ihn unter Tränen verabschiedet und versprochen, der Konstituierenden Nationalversammlung zu Hilfe zu eilen, falls deren Existenz bedroht sei. Tocqueville vertrat hier einen klaren Standpunkt: Die Verteidigung der Freiheit war nur durch die Respektierung einer auf demokratischem Wege entstandenen Rechtsstaatlichkeit möglich, und man konnte keine Kompromisse mit einem faktischen Machthaber schließen, der sich möglicherweise der verbliebenen zentralistischen Strukturen bediente, um das ganze Land zu beherrschen. Was auf dem Spiel stand, war das Recht auf Eigentum, und wenn Tocqueville auch – an dem seit Locke geltenden – liberalen Axiom zweifelte, daß der Mensch über ein natürliches Recht auf Eigentum verfüge, das schon vor der Entstehung der Gesellschaft existiert habe, so hält er dieses Recht doch in einer friedlichen Demokratie für unentbehrlich und auf der Zivilisationsstufe seiner Zeit für unersetzlich. Jene, die dieses Recht abschaffen wollten, waren für ihn Barbaren, deren Gier nach dem Besitz der anderen von den sozialistischen Predigern geweckt worden sei, die, wenn sie aufrichtig waren, sich selbst eines »kleinen Häuschens« würdig befanden. Tocqueville hatte einige Beispiele hierfür vor Augen, doch kam ihm im Eifer des Gefechts jene Objektivität abhanden, die er manchmal gegenüber einigen dieser Theorien und hier insbesondere gegenüber denen der Saint-Simonisten hatte walten lassen.[1]

Das frappierendste an den Junitagen war ihr klassenkämpferischer Charakter. Die eigentlichen Führer der Bewegung waren alle am 15. Mai verhaftet worden. Und dennoch hatte sich das Proletariat im Osten von Paris geschlossen erhoben, während die in den westlichen Vierteln in der Minderheit befindliche Arbeiterbevölkerung noch zögerte.

Nichtsdestoweniger wies die revolutionäre Bewegung Schwächen auf, die zu ihrem Scheitern führen sollten:

– Die Uneinigkeit zwischen den führenden Köpfen der Geheimbünde. So waren die jakobinischen Führer zwar sehr gut auf den Auf-

---

1 Neben den Betrachtungen in den *Erinnerungen* existieren in den Archives Tocqueville noch unveröffentlichte Aufzeichnungen zur Infragestellung des Rechts auf Eigentum.

stand vorbereitet, aber äußerst wenig sozialistisch eingestellt; den sozialistischen Theoretikern wiederum fehlte es an praktischer Erfahrung.

– Der provisorischen Regierung war ein glücklicher Wurf gelungen, als sie 20 000 fünfzehn- bis zwanzigjährige Proletarier in die *garde mobile,* eine Art Bereitschaftspolizei, eingliederte, die ihren Einheiten treu blieben, obwohl sie fast alle verwandtschaftliche oder freundschaftliche Bindungen zu den Aufständischen hatten.[1]

– Die Bewegung blieb letztlich auf Paris beschränkt. Sie rekrutierte sich aus einem Milieu, das durch das Zusammentreffen von industrieller Revolution und Zentralisierung künstlich aufgebläht war. In der Provinz stand man einer neuen Revolution insgesamt gesehen ablehnend gegenüber. Die daraus resultierenden Unsicherheiten hatten den Menschen große Angst gemacht, und die vorherrschende Einstellung war nun: »Schluß damit!«

Für diese Isolierung der Bewegung in Paris war zum Teil auch die »Dummheit« der Revolutionäre von 1848 mitverantwortlich. Anstatt eine Neuauflage des »Stücks von 1789« zu liefern und die Aufteilung allen Besitzes zu proklamieren, hätten sie die Aufhebung aller Schulden verkünden sollen. Damit hätten sie einen Teil der Franzosen für sich gewinnen können, unter denen unzählige verschuldete Grundbesitzer zu finden waren.[2]

Tocqueville hat geschildert, mit welcher Erbitterung der Kampf geführt wurde. Doch versuchte er auch, Verständnis für die Vertreter der neuen »Bergpartei« aufzubringen, die in der Konstituierenden Nationalversammlung neben den Abgeordneten der alten Parteien saßen: Es handelte sich um Männer, die ihre politischen Informationen aus Kaffeehausgesprächen und Zeitungslektüre bezogen und deren Sprache mit Flüchen und Scherzworten durchsetzt war. In seinen *Erinnerungen* zeigt sich Tocqueville gegenüber Ledru-Rollin, dem Inbegriff dieses Typs von Abgeordneten, nachsichtig, obwohl dieser einen Aufstand gegen die Regierung, der Tocqueville angehörte, angezettelt hatte. In seinen Porträts von Männern, die ihm politisch viel näher standen, fällt sein Urteil zuweilen sehr viel schärfer aus.

Dennoch gehen die *Erinnerungen* und die Briefe dieser Zeit mit den Juni-Aufständischen hart ins Gericht. Obwohl Tocqueville schreibt, daß

---

1 Tocqueville betont diese wichtige Rolle der *gardes mobiles* in einem Gespräch mit Senior; in: Simpson 1968, Bd. I: 48.
2 A. de Tocqueville 1964: 115 f.

das Volk von Paris verhungert, verurteilt er die Begehrlichkeiten dieser Männer ebenso streng wie das Verhalten der Mittelklasse, die während der voraufgehenden Regimes versucht hatte, sich am Staat zu bereichern. Man vermißt bei ihm ein gewisses Mitleid, das zum Beispiel bei Armand de Melun oder bei Ozanam spürbar wird. Doch solche Gefühle waren damals rar. Bei den alten Republikanern waren sie überhaupt nicht anzutreffen, und die Konstituierende Nationalversammlung lehnte insgesamt jede andere Lösungsmöglichkeit als einen militärischen Sieg ab.

Die Junitage machten Tocqueville zum Befürworter einer Politik der Ordnung. Als alter Gegner der Septembergesetze stimmte er am 24. Juni gegen die Ausrufung des Belagerungszustandes, sollte seine Entscheidung jedoch bald bedauern. Und dieser Sinneswandel zeigt sich ganz deutlich, wenn man sich an das soziale Reformprogramm des voraufgehenden Jahres erinnert: 1848 nämlich stimmt Tocqueville gegen eine Beschränkung der täglichen Arbeitszeit auf zehn Stunden, gegen die Abschaffung der Salzsteuer, für die Beibehaltung des Ablöserechts anstelle der Einführung eines Militärdienstes für alle, und er lehnt natürlich die Amnestierung der verurteilten Juni-Aufständischen ab.

Tocqueville war nicht nur Beobachter und Kommentator der Ereignisse. Die Konstituierende Nationalversammlung, der er angehörte, hatte per definitionem die Aufgabe, eine Verfassung für das Land auszuarbeiten. Für die Vorarbeiten an dieser wichtigen Aufgabe beschloß sie, eine achtzehnköpfige Kommission zu ernennen, deren Mitglieder jeweils mit einer einfachen Mehrheit gewählt werden sollten. Von den 900 Mitgliedern der Nationalversammlung gehörten 500 den zumeist sehr gemäßigten Republikanern *de la veille*[1] an. Die Wahl der Kommission war demnach nur insofern eine Frage der Parteizugehörigkeit, als die Legitimisten von vornherein keine Chance hatten; auf dem Prüfstand befand sich vor allem das persönliche Ansehen der Abgeordneten.

Am ersten Tag der Wahl, dem 17. Mai, wurden nur sechs Kommissionsmitglieder gewählt: Cormenin, dessen Reputation als Pamphletist mit dem Pseudonym Timon noch gewachsen war, weil er einen eigenen

---

1 Als *républicains de la veille* (dt. »Republikaner vom Vorabend«) wurden jene bezeichnet, die sich bereits vor der Februarrevolution zu dieser politischen Richtung bekannt hatten, während als *républicains du lendemain* (dt. »Republikaner vom Tag danach«) jene Kreise bezeichnet wurden, die die Republikaner nach der Februarrevolution aus Furcht vor den Sozialisten unterstützten. (A.d.Ü.)

Verfassungsentwurf veröffentlicht hatte; Marrast, Chefredakteur des *National*, einer der Februar-Sieger und seither Bürgermeister von Paris; Lamennais, der ebenfalls einen Verfassungsentwurf veröffentlicht hatte. Die drei anderen Gewählten waren Publizisten oder Politiker der früheren Opposition: Vivien, Tocqueville und Dufaure. Erst am darauffolgenden Tag wurden Beaumont und Dupin gewählt, am übernächsten Tag Barrot. Insgesamt waren in der Kommission zehn gemäßigte Republikaner vertreten, zwei Männer der extremen Linken (Lamennais und Considérant) und sechs ehemalige Orléanisten. Die relativ hohe Stimmenzahl, die Tocqueville erhielt, zeigt aber, welche Wertschätzung die etablierten Kreise der Republik dem Verfasser der *Demokratie in Amerika* entgegenbrachten.

Die Ausarbeitung der Verfassung läßt sich zeitlich in drei Phasen gliedern: Zwischen dem 20. Mai und dem 19. Juni erarbeitete die Kommission einen ersten Entwurf. Dieser Entwurf wurde den Ausschüssen der Kammer übermittelt, die jeweils ein Mitglied beauftragten, der Kommission die Anmerkungen der Ausschüsse mitzuteilen (Juli-August). Aufgrund dieser Anmerkungen überarbeitete die Kommission ihren Entwurf und verlieh ihm einen konservativeren Anstrich. Am 30. August wurde der überarbeitete Entwurf der Versammlung vorgelegt und in einem Bericht von Marrast erläutert. Die Prüfung des Entwurfs durch die Versammlung sollte vom 4. September bis zum 4. November, dem Tag der Verkündung, dauern. Bemerkenswerterweise war der Präsident der Kommission, Cormenin, der das Werk seiner Kollegen kritisiert hatte, von ihnen »entlassen« worden und nahm ebenso wenig wie der Berichterstatter an den Diskussionen in der Versammlung teil. Die mangelnde Beredsamkeit der meisten Kommissionsmitglieder hatte zur Folge, daß ihr Werk, nämlich der Entwurf republikanischer Institutionen, von ehemaligen Orléanisten wie Dufaure, Vivien, Barrot und Tocqueville erläutert und verteidigt wurde.

In seinen *Erinnerungen* übt Tocqueville harte Kritik an der Arbeit der Kommission. Er mokiert sich über die Inkompetenz der meisten Mitglieder und weist auf die heimtückischen Versuche Cormenins hin, der Kommission ihre Entscheidungen zu diktieren, indem er ihr fertig formulierte Gesetzesartikel zur Abstimmung vorlegt. Bei der Lektüre der Diskussionsprotokolle gewinnt man kaum den Eindruck, daß die Kommissionsmitglieder gut durchdachte Auffassungen vertraten; was die von Cormenin praktizierte Methode anbetraf, so war diese unklugerweise von Beaumont vorgeschlagen worden.[1]

Immerhin war während der ersten Sitzung der Kommission der Versuch unternommen worden, ausgetretene Pfade zu verlassen. Barrot schlug vor, man solle zunächst die Strukturen der lokalen Gemeinwesen festlegen, die den Menschen und ihren Familien nahestünden, und sich dann erst mit den Kompetenzen der Staates beschäftigen. Hierin wurde er nur von Tocqueville sowie von Lamennais unterstützt, der in diesem Punkt den in *L'Avenir* verkündeten Lehren treu geblieben war. Lamennais trat daraufhin zurück, und Tocqueville, der zu ihm gesandt wurde, um ihn zurückzuholen, konnte ihn nicht umstimmen.

Tocquevilles Wortmeldungen in der Kommission wie auch im Verlauf der Diskussion in der Nationalversammlung bezogen sich im wesentlichen auf drei Themen: das Recht auf Arbeit, das Zweikammersystem und die Wahl des Präsidenten der Republik durch das Volk.

Das Recht auf Arbeit war jenes große Ziel, das die Arbeiter durch die Revolution von 1848 verwirklicht sehen wollten. Dieses Recht hatte für sie gleichsam mythischen Charakter, denn sie hofften, daß es einen Ausgleich zum Eigentumsrecht schaffen würde. Seit dem 23. und 24. Mai hatte die Kommission leidenschaftlich darüber debattiert, ohne daß Tocqueville sich dazu geäußert hätte. In der Präambel des der Versammlung vorgelegten Textes, der hinter der früheren, vor den Junitagen entstandenen Version zurückblieb, wurde – in Artikel 8 – lediglich festgelegt, daß die Republik »durch brüderliche Hilfe die Existenz der bedürftigen Bürger sichern muß, sei es, indem sie ihnen im Rahmen ihrer Möglichkeiten Arbeit beschafft, sei es, daß sie jenen, die nicht in der Lage sind zu arbeiten und keine Familie zu ihrem Beistand haben, Unterstützung« gewährt. Diese so formulierte Beistandspflicht des Staates war aber nicht absolut verbindlich, und so schlug Mathieu de la Drôme eine Abänderung vor, dergemäß der obige Paragraph ersetzt werden sollte durch: »[Die Republik] erkennt das Recht aller Bürger auf Bildung, Arbeit und Unterstützung an.« Dies war der Ausgangspunkt für eine der heftigsten Diskussionen in der Versammlung. Während die Abänderung von Tocqueville, Duvergier de Hauranne, Thiers, Dufaure, und Goudchaux entschieden bekämpft wurde, traten Ledru-Rollin, Ar-

---

1 Die Protokolle der Verfassungskommission von 1848 sind in den Archives nationales (unter der Signatur 918) aufbewahrt. Sie wurden bereits oft analysiert, blieben aber bisher unveröffentlicht.

naud de l'Ariège, Billaut etc. dafür ein. Wie man weiß, wurde die Abänderung schließlich abgelehnt.

Tocquevilles Wortmeldung (am 12. September) stellte die Diskussion von Anfang an auf eine breitere Basis: Die Anerkennung des Rechts auf Arbeit führe zur Sozialisierung der Gesellschaft; Tocqueville prangerte also geradewegs den Sozialismus an. Dieser weise in all seinen verschiedenen Ausprägungen drei konstante Prinzipien auf: den Kult um die materiellen Freuden, die Abschaffung des Privateigentums, die Unterdrückung der persönlichen Freiheit. Er stelle daher das genaue Gegenteil der Werte dar, die durch die Französische Revolution verherrlicht worden seien. Die Revolution von 1848 verleugne mit der Schaffung des Sozialismus die Ideen von 1789, anstatt diese umzusetzen, indem sie sich demokratisch und christlich zugleich zeige – ein Anspruch, dem der Verfassungsentwurf nachgekommen sei, da er die Verpflichtung des Staates einräume, die Wohltätigkeit zu fördern und auf gesellschaftlicher Ebene zu organisieren.[1]

Auch das Zweikammersystem hatte in der Kommission Diskussionen ausgelöst. Die Vorstellung, daß die Existenz von zwei Kammern die Einheit der Volkssouveränität zerschlagen würde, erschien den meisten Mitgliedern so überzeugend, daß sich schließlich sogar Dufaure und Beaumont für eine einzige Kammer aussprachen. Nur Barrot, Vivien und Tocqueville (der die oben erwähnte Auffassung für pauschal und falsch hielt) verteidigten die »verlorene Sache« der zwei Kammern. Letzterer führte insbesondere das Beispiel Amerikas an, wo alle Staaten über zwei Kammern verfügten, manche sogar, nachdem sie zuerst Erfahrungen mit dem Einkammersystem gesammelt hatten. Das Zweikammersystem habe folglich nichts spezifisch Aristokratisches oder Britisches an sich. Tocquevilles amerikanische Freunde und hier insbesondere J.C. Spencer[2], hatten ihn ermutigt, in der Frage des Zweikammersystems nicht nachzugeben (auch Thiers hatte ähnlich lautende Ratschläge aus Amerika erhalten).

Die Debatte in der Konstituierenden Nationalversammlung fand vom 25. bis 27. September statt. Da Tocqueville erkrankt war, konnte er die von ihm vorbereitete Rede nicht halten. Doch enthüllt sein Manuskript sein zentrales Argument: Es gelte »die chronische Krankheit der

---

1 Rede vom 12. Dezember 1848, *Le Moniteur universel* vom darauffolgenden Tag.
2 Brief Spencers an Tocqueville vom 10. Juni 1848, Archives Tocqueville.

Demokratien zu bekämpfen: Unbeständigkeit, Launenhaftigkeit und die Tyrannei der legislativen Gewalt«. Hierzu müsse man »die Bewegungen des Volkes verlangsamen: Das Prinzip der Demokratie besteht darin, daß nichts gegen das Volk und ohne das Volk geschehen darf, aber nicht, daß das Volk sofort alle seine Wünsche verwirklichen kann«. Tocqueville glaubt, daß das Einkammersystem im Frankreich des Jahres 1848 nicht als Instrument einer Schreckensherrschaft dienen werde, aber nur zu Anarchie und einer schlechten Regierung führen könne.

Nachdem nun die Sache des Zweikammersystems verloren war, mußte man versuchen, auf andere Weise den allzu plötzlichen Impulsen eines einzigen legislativen Organs entgegenzuwirken. So sollte Tocqueville sowohl vor der Kommission als auch in seiner Rede vom 5. Oktober für die Wahl des Präsidenten der Republik durch das Volk eintreten.[1] Er betrat das Rednerpult im Anschluß an den zukünftigen Kommunarden Félix Pyat, der in diesem Wahlmodus eine »Krönung« sah, die noch gefährlicher sei als die der Könige, und meinte, daß damit an der Spitze der Republik ein Monster mit zwei Köpfen entstehe. Darauf entgegnete Tocqueville, daß bei diesem System keine Rede von einer Teilung der Souveränität sein könne, sondern daß diese weiterhin der Nationalversammlung vorbehalten bleibe. Doch garantiere in einem begrenzten Ausmaß nur die Wahl durch das Volk die Unabhängigkeit der exekutiven Gewalt. Die doppelte Verantwortlichkeit des Präsidenten und der Minister (ein neues Prinzip, dessen Festschreibung wohl auf seine Initiative zurückging) erschien ihm als Garantie dafür, daß der Präsident die ihm gesetzlich zugestandenen Kompetenzen nicht überschritt. Man weiß, daß Lamartine durch seinen Auftritt am Rednerpult dem Prinzip der Präsidentenwahl durch das Volk zum Triumph verhalf, und es ist auch bekannt, was danach kam. Tocqueville sollte später nicht der letzte sein, der sich über eine Institution lustig machte, zu deren Schaffung und Machteingrenzung er selbst unter soviel Mühen beigetragen hatte.

Diese drei Reden Tocquevilles galten einem gemeinsamen Ziel: Es ging ihm darum, die wesentlichen Züge der zukünftigen französischen Gesellschaft festzulegen. Diese zeichnete sich bereits wie die amerikanische Gesellschaft durch die politischen Gepflogenheiten einer Demokratie von Kleineigentümern aus. Wenn man diese mit freien und gemäßig-

---

1 Rede über die Wahl des Präsidenten vom 5. Oktober 1848, *Le Moniteur universel* vom 6. Oktober. S. 2724 f.

ten Institutionen ausstattete, die dazu geeignet waren, die politische Stabilität zu sichern und dadurch das Risiko neuer Revolutionen zu vermeiden, dann schuf man für das Land die besten Zukunftschancen.

Wir haben bereits festgestellt, daß die Konstituierende Nationalversammlung sich bei der Wahl der Verfassungskommission unter anderem auch für Vivien, Tocqueville und Dufaure entschied, und wir haben auch bemerkt, welch vorherrschende Rolle diese drei Männer bei der Erläuterung des Entwurfs vor der Versammlung spielten. Tocquevilles Reden über die Wahl des Präsidenten und das Recht auf Arbeit fanden großen Widerhall, und besonders die zweite wurde in zahlreichen Broschüren veröffentlicht. Bei diesen Männern handelte es sich im Grunde um die ehemalige Führungsspitze der »jungen Linken« von 1847, die weiterhin über politisch aktuelle Probleme konferierte. So ist die Rede von regelmäßigen Zusammenkünften von acht Teilnehmern; tatsächlich aber waren es zehn oder zwölf Personen, die diesem *brain trust* angehörten – jener Gruppe, in der Tocqueville bereits seit mehreren Jahren eine Möglichkeit sah, Einfluß auf die Parteien auszuüben. Billault hatte sich wahrscheinlich bereits von dieser kleinen Schar entfernt, Beaumont war an den häuslichen Herd zurückgekehrt. Nur ein einziges neues Mitglied war hinzugekommen, der große Rechtsanwalt Freslon, der das Departement Maine-et-Loire in der Versammlung vertrat und ein sehr gemäßigter Republikaner »de la veille« war. In der Konstituierenden Nationalversammlung sollte er sich mit Tocqueville anfreunden und bis zu seinem Tod einer seiner treuesten Freunde bleiben.

Das ganze sei nur ein Klüngel gewesen? Nun, das trifft sicherlich zu, doch übte dieses Grüppchen nicht nur aufgrund des Ranges seiner Mitglieder, sondern auch wegen seiner strategischen Position großen Einfluß aus: Es fungierte als »Scharnier« zwischen der Partei der Republikaner »de la veille«, die in Auflösung begriffen war, und der Ordnungspartei, die sich auf Betreiben ihrer Führer (die »Burggraven«[1], Thiers, Molé, Berryer), die ihre Position und ihre Selbstsicherheit wiedergefunden hatten, wieder neu formierte.

---

1 Begriff, der in Anspielung auf ein Drama von Victor Hugo verwendet wurde; *Les burgraves*, 1843; (dt.: *Die Burggraven*, 1843), in dem dieser sich unter Verwendung klassischer Mythen und Motive der mittelalterlichen Geschichte auf zeitgenössische Ereignisse bezieht, wie z.B. der Überführung der Asche Napoleons nach Frankreich. Die vier »Burggraven« stürzen den göttlichen Monarchen; durch das Erscheinen eines Bettelkaisers wird ihre Schuld gesühnt und vergeben, während dieser wieder verschwindet, um die Geschichte der Zukunft zu überlassen. (A.d.Ü.)

Nach den Juniaufständen war General Eugène Cavaignac die Exekutivgewalt übertragen worden. Obwohl Sohn eines Konventsmitglieds, der für die Hinrichtung Ludwigs XVI. gestimmt hatte, und Bruder von Godefroy, dem vorzeitig verstorbenen Republikanerführer, blieb dieser ehemalige Afrikaoffizier dem Politikermilieu doch recht fremd. Um eine Regierung zu bilden, hatte er sich an seine Waffengefährten gewandt; so Bedeau, der aber nur einige Tage im Amt blieb, und Lamoricière, dem er das Kriegsministerium übertrug und der zu einem seiner Hauptberater wurde. Im übrigen umgab er sich mit Persönlichkeiten, die aus dem Grüppchen um den *National,* der früheren Zeitung seines Bruders, stammten; diese waren ehrenhafte, aber oft recht mittelmäßige Männer, die nichtsdestoweniger manchmal Ängste bei den Bürgern auslösten; einmal an der Macht, waren sie nach kurzer Zeit verbraucht. Cavaignac, der unentschlossen und politisch schwach war, spürte, daß er sich an erfahrenere Politiker wenden mußte: Und hier kam natürlich die Gruppe um Dufaure in Frage, die treu zur Republik stand. Am 7. August tat Cavaignac einen ersten Schritt und schickte Gustave de Beaumont als Gesandten nach London. Doch erst am 13. Oktober gelang ihm nach vielen Versuchen eine Umbildung seines Kabinetts: Sénart wurde im Innenministerium durch Dufaure ersetzt, Vivien trat im Ministerium für das Öffentliche Bauwesen an die Stelle von Recurt, und Freslon nahm Vaulabelles Platz im Bildungsministerium ein.[1] Dieser letzte Posten schien eigentlich Tocqueville zuzustehen, aber Cavaignac hatte aufgrund seiner Reden den Eindruck gewonnen, daß er politisch zu weit rechts stehe, und nahm es ihm darüber hinaus übel, daß er nicht für eine Wahl des Präsidenten der Republik durch die Nationalversammlung eingetreten war.

Wie auch immer, Tocqueville hatte Grund, »nicht zufrieden« zu sein, und genau dies war auch der Fall. Cavaignac bot ihm aber schließlich an, als Vertreter Frankreichs an einer Konferenz in Brüssel teilzunehmen, bei der durch eine französisch-englische Vermittlung ein Frieden zwischen Österreich und Piemont, das bei Custozza geschlagen worden war, hätte erreicht werden sollen. Tocqueville ließ sich überzeugen, daß eine solche Vermittlerrolle, sofern tatsächlich Verhandlungen stattfänden, eine bedeutende Aufgabe darstellen würde. Tocqueville studiete darauf-

---

1 A. de Tocqueville 1967, Teil 2: 59 f. Brief Tocquevilles an Beaumont, vom 11. und 12. Oktober 1848.

hin voller Eifer die Akten des Außenministeriums, die ihm der hervorragende und zugleich mittelmäßige Bastide ohne Einschränkung zur Verfügung gestellt hatte; er konferierte auch mit Lord Normanby und anschließend Sir Henry Ellis, der eventuell sein zukünftiger britischer Vermittlerkollege sein würde.[1]

Der 10. Dezember, der Tag, an dem der Präsident nach allgemeinem Wahlrecht gewählt werden sollte, rückte näher. Tocqueville zweifelte aus einem sehr einfachen Grund an dem Erfolg Cavaignacs: Dieser verkörperte die Republik, und die öffentliche Meinung hatte sich gegen die Republik gewandt. Hinter Louis-Napoléon hingegen, der von den »Burggraven« unterstützt wurde, standen alle republikfeindlichen Kräfte. Dennoch warb Tocqueville im Departement Manche für Cavaignac, obwohl er sich über ein Wahlplakat zugunsten des Generals verärgert zeigte, das neben den Unterschriften anderer Deputierter des Departements auch seine eigene trug, ohne daß er seine Einwilligung hierzu gegeben hätte.

Der überwältigende Erfolg Louis-Napoléons übertraf dennoch Tocquevilles Voraussagen. Möglicherweise hatte er gehofft, daß keiner der Kandidaten die absolute Mehrheit erhielte, wodurch die Konstituierende Nationalversammlung zwischen den drei Kandidaten mit der höchsten Stimmenzahl hätte entscheiden können.

Tocqueville trat sofort nach der Wahl von seiner Vermittlermission zurück, in deren Vorbereitung er begriffen war (die Brüsseler Konferenz fand im übrigen niemals statt), während Beaumont die Londoner Botschaft verließ. In einem Anfall von Niedergeschlagenheit erwägte Tocqueville, sich aus dem politischen Leben zurückzuziehen und nicht für die zukünftige Verfassungsgebende Versammlung zu kandidieren. Letztlich entschloß er sich jedoch einmal mehr, seine politische Laufbahn fortzusetzen.

Am 20. Dezember stellte der Prinz-Präsident sein Kabinett vor, an dessen Spitze Barrot stand und dessen Mitglieder aus den Reihen der Ordnungspartei stammten. Die Ernennung Falloux' zum Bildungsminister markierte die Rückkehr der Legitimisten in die politische Verantwortung. Der einzige im Kabinett vertretene gemäßigte Republikaner trat hingegen nach wenigen Tagen zurück.

---

1 Die Aufzeichnungen, die Tocqueville im Außenministerium über die Situation in Italien machte, werden demnächst in Band III, 3 der *Œuvres complètes* veröffentlicht.

Es herrschte also ein latenter Konflikt zwischen dieser Regierung und der republikanischen Mehrheit. Und die Republikaner wollten diese Auseinandersetzung noch ausweiten, indem sie ins Feld führten, daß die Versammlung erst dann auseinandergehen könne, wenn sie die verfassungsändernden Gesetze verabschiedet hätte, die die Verfassung vervollständigen sollten.

Dufaure, Tocqueville und seine Freunde lehnten eine solche systematische Opposition ab. Sie glaubten, daß die Konstituierende Nationalversammlung, die nicht die politische Meinung im Lande widerspiegelte, sich selbst diskreditieren würde, wenn sie sich nicht bald auflöse. Der Antrag des Abgeordneten Rateau, Rechtsanwalt aus Bordeaux und Freund Dufaures, sah vor, daß im März Wahlen zu einer Gesetzgebenden Nationalversammlung abgehalten werden sollten. Zwar sprach sich die kleine Gruppierung, der auch Tocqueville angehörte, für eine Berücksichtigung dieses Vorschlags aus, doch wurde dieser insgesamt nur mit einer knappen Mehrheit von vier Stimmen angenommen.[1]

Als der Vorschlag diskutiert wurde, brachte Lanjuinais im Einvernehmen mit Rateau einen Abänderungsantrag ein, der den Inhalt etwas abmilderte: Die Konstituierende Nationalversammlung sollte ein Gesetz über den Aufbau des *Conseil d'État* verabschieden, eines über die Verantwortlichkeit des Präsidenten und der Minister sowie ein Gesetz über die Wahlen zur Gesetzgebenden Nationalversammlung. Lanjuinais' Antrag war auf dem Schreibtisch Tocquevilles verfaßt und unterschrieben worden.[2]

In den Monaten Januar und Februar 1849 war Tocquevilles Gesundheitszustand sehr schwankend, was sich daran zeigte, daß er die Versammlung immer wieder bitten mußte, ihn zu beurlauben. In diesem Zustand von Erschöpftheit verlor er sogar die Angelegenheiten seines Departements aus den Augen.

Tocqueville war aber nicht nur keineswegs ein erbitterter Gegner der neuen Regierung, sondern er vermied auch nicht den Umgang mit dem neuen Präsidenten. Dabei wirkte Vieillard, zu dem Tocqueville damals ein ausgezeichnetes Verhältnis hatte, als Vermittler. Ob dieser dem Präsidenten erst nahelegte, sich um Tocqueville zu bemühen, oder ob Louis-

---

1 Kühn 1972: 141 f. Brief an Clamorgam vom 24.1.1849.
2 Ebd.: 146. Brief an Clamorgam vom 17. Februar 1849.

Napoléon bereits von sich aus darauf Wert gelegt hatte, sich den Autor der *Demokratie* zum Verbündeten zu machen, ist heute nicht mehr festzustellen. Jedenfalls schrieb Tocqueville am 16. März seinem Wahlagenten Clamorgam, der sich von einem liberalen Oppositionellen der Julimonarchie zum glühenden Anhänger des Präsidenten gewandelt hatte:

»Es scheint, daß die Freunde des Präsidenten in unserem Lande mir mehr Groll entgegenbringen als der Präsident selbst. Dieser läßt mir im Gegenteil alle möglichen Aufmerksamkeiten zukommen. Ich hatte mich natürlich zurückgehalten, so wie es ein Mann tun sollte, der gegen ihn gestimmt und gehandelt hatte und dies auch nicht bereute. Ich hatte mich darauf beschränkt, am 1. Januar wie die ganze Versammlung sein Grußschreiben zum neuen Jahr entgegenzunehmen. Er hat mich zu allen Festen eingeladen, die er seither gegeben hat, und vorgestern habe ich eine Dinereinladung von ihm erhalten und auch angenommen. Ich saß an der Tafel neben ihm, und zum ersten Mal konnten wir uns länger unterhalten. Bei dieser Gelegenheit habe ich versucht, mir ein Urteil über ihn zu bilden. Sie wissen, daß ich über einen gewissen Scharfblick verfüge, der es mir erlaubt, Menschen zu durchschauen. Dennoch kann ich noch kein intellektuelles Porträt dieses Mannes zeichnen. Eine zurückgezogene Jugend und ein mehrjähriger Gefängnisaufenthalt haben seinem Gesichtsausdruck und seinen Worten eine Zurückhaltung verliehen, die den Beobachter in die Irre führt. Ich habe deshalb beschlossen, noch keine Schlußfolgerungen zu ziehen.«[1]

Die herannahenden Wahlen sollten Tocquevilles Gedanken jedoch auf lokalpolitische Angelegenheiten lenken.

Im Departement Manche wurde die reaktionäre Politik des Innenministers Faucher spürbar, und die Männer, die von der Februarrevolution aus Amt und Würden vertrieben worden waren, wollten sich für die durchstandenen Ängste rächen. Im Januar wurde der Präfekt Le Hodey, ein Günstling Havins, in Saint-Lô durch Tanlay ersetzt, der sich im übrigen bemühte, die lokalen Säuberungen nicht ausufern zu lassen. Auch der Unterpräfekt von Cherbourg, Ozenne, und der Unterpräfekt von Valognes, Lerat – beides ortsansässige Rechtsanwälte, die 1848 ernannt worden waren –, mußten gehen. In Valognes nahm ein junger Mann aus einer südfranzösischen Familie, die gut mit Rémusat bekannt war, diesen Posten ein und schien sein Schicksal mit dem Tocquevilles

---

1 Ebd.: 152. Brief an Clamorgam vom 16. März 1849.

verbinden zu wollen. Auch galt es einige eher erheiternde Zwischenfälle zu regeln: Der Abbé Couppey, der Leiter des *collège,* prangerte den Rhetoriklehrer Canivet als »Roten« an und erreichte durch diese Verleumdungen, daß Canivet durch den Präfekten Tanlay und den Rektor Abbé Daniel seines Amtes enthoben wurde. Anscheinend hatte das größte Verbrechen Canivets jedoch darin bestanden, daß er einer Wahlveranstaltung Tocquevilles vorgesessen hatte. Nachdem der Präfekt über diesen Sachverhalt aufgeklärt worden war, wollte er Couppey absetzen und statt dessen Canivet zum Leiter des *collège* ernennen. Die Einwohner von Valognes wollten jedoch einen Geistlichen an der Spitze des Bildungsinstituts sehen! Clamorgam hingegen griff zu weniger diskreten Mitteln als Couppey: Nachdem er eine innerhalb des Gemeinderats stattfindende Diskussion an die Öffentlichkeit getragen hatte, verprügelte er den Bürgermeister auf das Übelste. Dieser organisierte daraufhin eine Demonstration der Arbeiter, die sich um den Freiheitsbaum versammelten und die Marseillaise sangen. Es wird also verständlich, daß Tocqueville den Wunsch hatte, seine Wahlkampagne nicht direkt im Departement zu führen und sich nicht in diese »Provinzquerelen« verwickeln zu lassen. Jedenfalls war die »Ära Havin« für das Departement Manche zu Ende und fand Ende August im Generalrat auch ihren offiziellen Abschluß: Havin, der 1848 auch von den konservativsten Mitgliedern des Rates umschmeichelt worden war, wurde nun durch Tocqueville ersetzt, der zu jenem Zeitpunkt aufgrund seiner ministeriellen Verpflichtungen abwesend war. Auch Havins Bemühungen um das Amt des zweiten Vorsitzenden scheiterten, denn er wurde von Vieillard geschlagen.

Tocqueville hatte noch ein anderes Motiv, sich nicht direkt am Wahlkampf zu beteiligen. Die Kandidatenlisten waren nun in weit größerem Maße als bei den Wahlen zur Konstituierenden Nationalversammlung Parteilisten. So die Liste der Ordnungspartei, die die Regierung des Präsidenten stützte und neben Legitimisten alte Konservative aus der Zeit der Regierung Guizots umfaßte. Dann die Liste Havins, auf der sich republiktreue Kandidaten fanden, die die neue Regierung ablehnten. Außerdem gab es mehr oder weniger stark »rot« gefärbte Listen. Tocqueville, der auf fast allen Listen erschien, wollte nicht eindeutig Partei ergreifen: Er hielt nichts von einer systematischen Opposition gegen das amtierende Kabinett, blieb aber den Republikanern verbunden, auf deren Seite er gegen die »Anarchie« gekämpft hatte. Er erfüllte nicht einmal

den Wunsch des Unterpräfekten, der ihn um die Veröffentlichung zumindest eines Wahlmanifestes gebeten hatte. Statt dessen reiste er am 7.
Mai nach Deutschland, denn er wollte erkunden, welche Atmosphäre
dort infolge der Revolutionsereignisse entstanden war.

Diese recht unklare Haltung drohte auch, sich nachteilig für ihn
auszuwirken. Die neue Führungspersönlichkeit der Ordnungspartei im
Departement Manche war Daru, der aufgrund seiner familiären Herkunft dem Kaiserreich verbunden war und später Mitglied des *Institut
de France* werden sollte. Tocqueville schätzte den Liberalismus und die
Intelligenz dieses Mannes. Daru war im Januar durch einen Erfolg bei
Teilwahlen Abgeordneter der Nationalversammlung geworden. Durch
Havins Niedergang war der Platz eines »großen Mannes« im Departement freigeworden, und Daru hatte gute Chancen, eine solche Position
zu erreichen. Tocqueville jedoch erklärte aus einer Laune heraus, daß
ihn diese Angelegenheit nicht interessiere, was jedoch kaum glaubwürdig erscheint.

Durch die Stimmen seiner Landsleute wurde seine Position im Departement allerdings am 13. Mai bestätigt. Zwar wurden sehr viel weniger Stimmen abgegeben als bei den Wahlen zur Konstituierenden Nationalversammlung, doch gewann Tocqueville die Zustimmung fast aller
Wähler. So erhielt er 82 404 Stimmen, ihm folgten Deru mit 77 491 und
Vieillard, der zusammen mit dem Präsidenten zur Ordnungspartei über-
gewechselt war, mit 75 084 Stimmen. Boulatignier hatte seine Kandidatur
zurückgezogen, weil er Mitglied des Conseil d'État werden wollte. Auch
wurden wieder alte Kämpfer aus der Zeit der Julimonarchie Abgeordnete der Gesetzgebenden Versammlung, so Le Marois oder Noël-Agnès
und der Legitimist Duparc. Der gewählte Abgeordnete mit den wenigsten Stimmen war der Astronom Leverrier, der 56 674 Voten auf sich
vereinigen konnte. Havin, der die Liste der Republikaner angeführt
hatte, erhielt nur 24 761 Stimmen, und auch alle seine Mitkandidaten
blieben weit unter 20 000.

Die Wahl brachte also einen Sieg für die Ordnungspartei, aber einen
noch deutlicheren persönlichen Sieg für Tocqueville. 1849 ist er der
große Mann in seiner Ecke des »Landes«.

21

Tocqueville als Außenminister

Am Tag nach der Wahl zur Gesetzgebenden Nationalversammlung geriet das Ministerium Barrot, das seit dem 20. Dezember 1848 im Amt war, in eine Krise. Léon Faucher, der Innenminister, war am 14. Mai zurückgetreten, und Barrot wünschte sich auch von seinem Außenminister Drouyn de Lhuys zu trennen. Über Monate hinweg hatte Barrot auf dem Rednerpult allein die Politik der Exekutive verteidigen müssen, weil der einzige andere befähigte Redner der Regierung, Falloux, Legitimist war und deshalb bei der Nationalversammlung kein Gehör fand.

Die Konstellationen in der am 13. Mai gewählten gesetzgebenden Versammlung schienen eine Veränderung zu fordern. Die gemäßigte republikanische Partei, die in dem vorherigen parlamentarischen Gremium die Mehrheit gebildet hatte, war nun mit nur 80 von 750 Abgeordneten die große Verliererin. Die »Bergpartei« umfaßte immer noch 200 gewählte Vertreter, lediglich ein relativer Erfolg, der jedoch die neue Mehrheit mit Schrecken erfüllte. Diese, die Ordnungspartei, stellte über 450 Abgeordnete, darunter 150 Legitimisten.

Es wäre nur folgerichtig erschienen, eine Regierung zu bilden, in der die verschiedenen Fraktionen der Ordnungspartei vertreten gewesen wären. Molé hatte Thiers, de Broglie und Berryer die Übernahme von Regierungsämtern angeboten, aber die »Burggraven« hatten abgelehnt. Insbesondere Thiers wollte sich nur an einer Regierung beteiligen, die er selbst uneingeschränkt kontrollieren könnte, und Rémusat, der zunächst eingewilligt hatte, Drouyns Posten zu übernehmen, nahm aufgrund von Thiers' Zögern wieder Abstand von seiner Zusage.

Man erwägte auch, sich an Bugeaud zu wenden (der am 20. Juni desselben Jahres an Cholera sterben sollte), aber abgesehen davon, daß dieser wenig klardenkend war, hätte eine Ernennung des Marschalls in den Augen der Republikaner eine Provokation bedeutet. Bugeaud selbst wäre gern Kriegsminister geworden, wäre hier jedoch in Konflikt mit Changarnier geraten, der das Kommando über die Nationalgarden und die erste Militärregion innehatte und deshalb für die Aufrechterhaltung der Ordnung in der Hauptstadt unentbehrlich erschien. Daher malte man Bugeaud in den leuchtendsten Farben aus, welche bedeutende Rolle er an der Spitze der Alpenarmee spielen könne.

Letztlich wurde wieder Barrot mit der Regierungsbildung beauftragt, der sich aber ein Regierungsamt für Dufaure ausbedingte. Zunächst weigerte sich der Prinz-Präsident, Dufaure wieder das Innenministerium zu übertragen, das dieser vor dem 10. Dezember innegehabt hatte, gab aber schließlich nach. Dufaure forderte nun, daß auch Tocqueville und Lanjuinais in der Regierung vertreten sein müßten. Ersterer hätte gern das Bildungsministerium übernommen, denn seit 1844 war die Verwirklichung der Freiheit des Bildungswesens eines seiner politischen Hauptanliegen gewesen. Nun hatte Falloux im Januar eine Sonderkommission zur Überprüfung dieses Reformvorhabens gebildet, in die Tocqueville aber auf Betreiben der ultra-katholischen Partei, die ihn hier politisch kaltstellen wollte, nicht berufen wurde. Die Übernahme von Falloux' Amt hätte für Tocqueville eine befriedigende Revanche bedeutet. Falloux aber, dessen Verbleib in der Regierung erforderlich war, um das gute Verhältnis zu den Legitimisten und der Katholikenpartei aufrechtzuerhalten, wollte das Ressort nicht wechseln; obwohl persönlich nicht engagiert, blieb er im Bildungsministerium der Mann der Kirche. Hingegen akzeptierte er schließlich die Ablösung seines Freundes Buffet im Ministerium für Landwirtschaft und Handel, obwohl ihn dies in der neuen Regierungsmannschaft isolierte: Er sei, so erklärt er gegenüber Dufaure und Tocqueville, nicht ihr Kollege, sondern ihr Gefangener.[1] (Falloux o.J. Bd. I:480)

Anstatt des Bildungsministeriums wurde Tocqueville nun das Außenministerium angetragen, das er trotz einiger Befürchtungen annahm. Immerhin war er nicht so unbedarft, wie manchmal behauptet wurde. Seit Beginn seiner politischen Laufbahn hatte er die internationalen Pro-

---

1 A. de Tocqueville 1964: 206.

bleme mit großem Interesse mitverfolgt; im vorausgegangenen Jahr war er zum französischen Vermittler im österreichisch-sardischen Konflikt ernannt worden und hatte als Vorbereitung auf die geplante Brüsseler Konferenz die über Italien vorhandenen Akten im Außenministerium studiert; er war außerdem nach Deutschland gereist, um sich selbst ein Bild von den dortigen revolutionären Bewegungen zu machen.

Barrot ließ es bei seiner Regierungsumbildung bei den erwähnten Veränderungen bewenden. Passy behielt das Finanzministerium, der mittelmäßige General Rulhières das Kriegsministerium, Tracy blieb im Marineministerium, und Lacrosse führte weiterhin das Ministerium für öffentliche Arbeiten.

Das auffallendste Charakteristikum der neuen Regierung bestand darin, daß alle ihre herausragenden Mitglieder bei den Präsidentschaftswahlen Cavaignac unterstützt hatten, angefangen bei Falloux, der dabei sehr diskret vorgegangen war, bis hin zu Dufaure, der sich lautstark für den General eingesetzt hatte.

Im übrigen stand nun einer eher rechts gerichteten parlamentarischen Versammlung eine Regierung gegenüber, die stärker links orientiert war als ihre Vorgängerin. Ihre Mitglieder rekrutierten sich im wesentlichen aus dem recht schmalen Übergangsbereich zwischen der Ordnungspartei und der geschrumpften Gruppe der Republikaner »de la veille«. Dieses Kabinett konnte nur mit Tolerierung der Führer der Ordnungspartei Mehrheiten erhalten, welche überdies keineswegs darauf verzichteten, den Prinz-Präsidenten direkt zu beraten. Die Minister konnten sich also keine großen Illusionen über ihre politischen Überlebenschancen machen, sie wußten, daß sie sich auf einem »lecken Boot«[1] befanden.

Dieses zweite Kabinett Barrot hatte entstehen können, weil in den Reihen der Mehrheit große Furcht vor der »Bergpartei« herrschte. Man glaubte, daß die »Roten« versuchen würden, »auf der Straße« die durch das allgemeine Wahlrecht getroffene Entscheidung revidieren zu lassen. Folglich wollte man sich zur Verteidigung der Rechtsstaatlichkeit die Unterstützung der gemäßigten Republikaner sichern. In den parlamentarischen Kreisen herrschte sowohl im Zentrum als auch in der Rechten und der gemäßigten Linken durchweg Vertrauen in die Charakterfestigkeit und Loyalität Dufaures; dadurch konnte dieser als Retter

---

1 A. de Tocqueville 1967, Teil 2: 169. Tocqueville an Beaumont am 4. September 1849.

der Gesellschaft auftreten. Tocqueville sah jedoch voraus, daß Dufaure und seine politischen Freunde »nutzlos würden, sobald wir die Ordnung wiederhergestellt haben, und lästig«, weil »wir in der Regierungsmacht die Idee von der gemäßigten und vernunftbetonten Republik vertreten werden, die beinahe niemand möchte, weil jeder mehr oder weniger etwas anderes wünscht«.[1]

Barrot selbst legte, solange ein gemäßigter politischer Kurs beibehalten wurde, wenig Wert auf das republikanische Etikett. Während der Verhandlungen, die er zur Vorbereitung der Regierungsbildung geführt hatte, hatte er Tocquevilles Beschreibung nach seine Minister um sich geschart wie eine Henne ihre Brut, »ohne sich allzu sehr darum zu kümmern, ob es sich nun um Enten- oder Hühnerküken handelte«.[2] Und bei den einzelnen Mitgliedern seiner Mannschaft entsprang der bei allen existierende Respekt vor den republikanischen Institutionen unterschiedlichen Beweggründen. Tocqueville glaubte, daß ein repräsentatives System mit einer Exekutive, deren Oberhaupt durch einen erblichen Titel bestimmt werde und daher Stabilität garantiere, für das Land eine bessere Lösung gewesen wäre. Doch war jener Gedanke, der Thiers 25 Jahre später so teuer sein sollte und der besagte, daß die Republik das Regime sei, das uns am wenigsten spalte, ein Grundsatz, den Rémusat als die Weisheitsregel von 1849 beschreibt.[3] Angesichts der Mittelmäßigkeit und des revolutionären Drangs der meisten Republikaner mußte man ohne sie – zumindest ohne die große Mehrheit unter ihnen – versuchen, die Republik am Leben zu erhalten.

Es war auch nicht daran zu denken, die Legitimisten, die dem Prinzip der persönlichen Treue zum Souverän verbunden waren, für die Unterstützung der republikanischen Institutionen zu gewinnen. Wenn die Republik ihnen aber in der Frage der Freiheit des Bildungswesens nachgäbe, würde sie die Vorherrschaft der legitimistischen Notabeln auf dem Lande anerkennen. Und damit würde sie praktisch von Männern toleriert werden, deren Hoffnungen auf eine sofortige Restauration völlig unrealistisch waren. Im Kabinett wirkte Tocqueville als Bindeglied zwischen dem Vertreter der Legitimisten, Alfred de Falloux, und seinen anderen Kollegen. Das Verhältnis zwischen Dufaure, einem »richtigen

---

1 Über die Atmosphäre, in der die neue Regierung entstand, siehe ebd.: 201 ff.
2 Ebd.: 206.
3 Rémusat Bd. IV: 405.

Bourgeois aus dem Westen, der ein Feind des Adels und der Geistlichkeit« war, und Falloux, einem aus Angers stammenden Edelmann von ausgesuchter Höflichkeit, war von einer tiefgehenden und an Mißverständnissen reichen Antipathie geprägt; Tocqueville hat sie in seinen *Erinnerungen* sehr anschaulich beschrieben.[1] Obwohl ein Freund Dufaures, war Tocqueville »aus dem gleichen Holz geschnitzt wie Falloux« und bemühte sich unter großen Schwierigkeiten, beide Parteien zu versöhnen. So gewann er die Sympathie Falloux', den er gegen die Vorbehalte seiner Kollegen unterstützte, als er die Vendéer begnadigen lassen wollte, die seit dem versuchten Aufstand der Herzogin von Berry im Jahre 1832 eingekerkert waren. Falloux und die Legitimisten wiederum vermieden anscheinend, Tocqueville bei seinen Bemühungen, liberale Konzessionen von Rom zu erlangen, zu behindern. Das ganze stellte aber nicht nur einen einfachen »Beistandspakt« dar: Bei allem, was ihn von den Legitimisten trennte, hatte sich Tocqueville, wie wir gesehen haben, eine Verbundenheit zu seinem Herkunftsmilieu bewahrt, die seine Beziehungen zu der Partei erleichterte.

Eine sehr viel gefährlichere Bedrohung erwuchs der Republik ausgerechnet in der Person ihres Präsidenten. Tocqueville versuchte dieser Gefahr im Rahmen des Möglichen zu begegnen. So erkundete er das Milieu der Familie Bonaparte, das aus »Spitzbuben« und »Schlampen« bestand und in dem jene alten Abenteuergefährten des Prinzen verkehrten, bei denen es sich zum größten Teil um Wirrköpfe handelte. Louis-Napoléon hatte kaum eine Vorstellung von den tatsächlich anstehenden politischen Problemen, er verfügte über eine etwas verstiegene Phantasie, war von Geburt an von dem unverbrüchlichen Glauben an seinen Stern durchdrungen, seinem Benehmen fehlte es an Respektabilität, er war unfähig, seine Gedanken darzulegen, und vor allem schwierig zu durchschauen. Insgesamt war er aber nicht so schlecht, wie die Führer jener Parteien glauben machen wollten, die ihn in das Präsidentenamt gedrängt hatten, weil sie meinten, daß er ihnen nützlich sein könnte. Da er empfänglich für Zuneigungsbekundungen und Anerkennung war, konnte man ihn auch überzeugen, seine Handlungsweise zu ändern: Obwohl er hartnäckig an einigen für ihn unantastbaren Prinzipien festhielt, war er unter Umständen zu Verfahrensänderungen oder sogar zur Rücknahme von Maßnahmen bereit.

---

1 A. de Tocqueville 1964: 223 f.

Dufaure und Passy kränkten ihn fürchterlich, indem sie ihm offen zeigten, wie wenig Wert sie auf seine Meinung legten; Falloux hingegen wußte sich bei ihm Gehör zu verschaffen. Tocqueville legte ihm regelmäßig die Angelegenheiten der europäischen Politik dar und erläuterte ihm die Motive seiner Entscheidungen. Hielt er die Entschlüsse oder Launen des Prinz-Präsidenten für unakzeptabel, erklärte er ihm die Gründe seiner Ablehnung. Aus diesen Kontakten resultierte auf Seiten Tocquevilles eine nicht ganz vorbehaltlose Sympathie für den Präsidenten, welcher wiederum seinem Außenminister eine weit herzlichere Zuneigung entgegenbrachte, die er später unter Beweis stellen sollte. Tocqueville war ab dieser Zeit überzeugt, daß man den Präsidenten auch nach Ablauf seiner Amtszeit nicht aus dem politischen Leben würde ausschließen können. Andererseits dürfe man ihm keine Schützenhilfe bei dem Staatsstreich leisten, den sein Klüngel und zweifellos auch er selbst ins Auge gefaßt hatten. Doch könnten die Fürsten der verschiedenen Dynastien in den Institutionen eines Landes als »Werkzeuge« dienen. Und obwohl dieser Fürst nicht allein regieren konnte und manchmal selbst »unregierbar« war, so könnte er doch in einem großen, repräsentablen Amt von Nutzen sein, mit dem er sich aufgrund seiner Trägheit zufriedengeben würde. Dergestalt präsentiert sich uns der Plan, den Tocqueville in einer recht rätselhaften Passage in seinen *Erinnerungen* andeutet.[1]

Natürlich beanspruchte seine Tätigkeit als Außenminister nun die meiste Zeit Tocquevilles. Als persönlichen Referenten bedurfte er daher eines Mannes, der sein Vertrauen genoß, und so entschied er sich für Arthur de Gobineau.

Tocqueville kannte Gobineau seit 1843, als er mit seiner Hilfe die Werke französischer und deutscher Philosophen analysiert hatte, um daraus einen Bericht zu erstellen, den er dem *Institut de France* vorlegen wollte. 1844 hatte Gobineau Artikel in der Zeitschrift *Commerce* veröffentlicht. Als Kergorlay Tocqueville im Jahre 1847 um seine Meinung über Gobineau bat, schrieb dieser ihm folgendes: »Er ist ein sehr anständiger Knabe..., der aus unserer Klasse stammt. Er ist manchmal oberflächlich und unbesonnen, aber als ich öfter mit ihm Umgang hatte, sah

---

1 Ebd.: 286. Und an Clamorgam schreibt Tocqueville: »Ich kann Ihnen nicht sagen, wie wenig ich mich um alle diese [königlichen und kaiserlichen Geschlechter] ohne irgendeine Ausnahme schere... Ich habe daher keinerlei Einwand gegen das Werkzeug, das Sie mir vorschlagen.« (Kühn 1972: 137)

ich, daß sein Herz sehr viel mehr wert war als sein Geist und daß die Prinzipien, die sein Verhalten bestimmten, aufrechter und gefestigter waren als jene, die seine Feder oder seine Zunge leiteten.«[1] Tocqueville schien zu diesem Zeitpunkt keine Kenntnis über die ersten großen literarischen Erfolge Gobineaus gehabt zu haben. Für diesen war 1848 ein mageres Jahr gewesen, da die Honorare der Zeitungen versiegt waren. Ab September hatte er zusammen mit Kergorlay die *Revue provinciale* herausgegeben, die aber nach einem Jahr trotz talentierter Beiträge aus finanziellen Gründen ihr Erscheinen einstellte. Als Tocqueville Gobineau den Referentenposten anbot, befreite er ihn damit gleichsam aus einer Situation der Armut (der Posten bedeutete Bezüge von 7000 Franc und eine Wohnung im Ministerium!), konnte dafür aber mit der völligen Ergebenheit dieses fleißigen Arbeiters rechnen, der, »nachdem er um fünf Uhr aufgestanden ist, weder Zeit zum Essen noch zum Schlafen noch eine Minute für sich hat«. Einige Tage nach Tocquevilles Rücktritt sollte d'Hautpoul, der das Außenministeramt für eine Übergangszeit bekleidete, Gobineau zum Sekretär in der Botschaft in Bern ernennen. Damit erfüllte er ein Versprechen Tocquevilles, der Gobineau zugesagt hatte, ihn zum Mitglied des diplomatischen Corps zu machen. Gobineau lernte auf diese Weise den Orient und den Fernen Osten kennen, die ihn zu seinen großen Werken inspirierten. Er sollte Tocqueville gegenüber trotz ihrer intellektuellen Divergenzen immer eine tiefe Dankbarkeit empfinden und erwies sich während dessen Zeit als Außenminister als absolut ergebener Referent. (Boissel 1981: 121 f.)

Tocqueville hielt nicht viel von dem diplomatischen Personal, das er bei seinem Amtsantritt vorfand. Zum einen handelte es sich um übervorsichtige oder profillose Beamte, die dank dieser Eigenschaften von den Säuberungen im Jahre 1848 verschont geblieben waren; zum anderen waren Republikaner »de la veille« anzutreffen, die mit den anderen revolutionären Bewegungen in ganz Europa sympathisierten und die ihre diplomatischen Missionen nur erhalten hatten, weil man sich ihrer entledigen wollte.

Der wichtigste Posten, die Londoner Botschaft, war zu diesem Zeitpunkt vakant, da der letzte Amtsinhaber, General Cecille, zurückgetreten war. Tocqueville vertraute die diplomatische Mission daraufhin seinem Vorgänger im Außenministerium, Drouyn de Lhuys, an, zu dem er schon seit langem ein gutes Verhältnis hatte.

---

1 A. de Tocqueville 1977, Teil 2: 203. Brief an Kergorlay vom 23. August 1847.

Im Juli 1849 hatte der Zar die französische Republik anerkannt, und so galt es, einen Botschafter für Rußland zu ernennen. Tocquevilles Wahl fiel auf Lamoricière, dessen ungestümer Charakter in der Gesetzgebenden Nationalversammlung hätte Schaden anrichten können. Lamoricière wurde in St. Petersburg wohlwollend empfangen und leistete dort, »geschult durch die arabische Diplomatie«, gute Dienste.[1]

In Wien wurde Frankreich nur durch einen einfachen diplomatischen Geschäftsträger, Delacour, vertreten. Tocqueville erwägte, Rayneval, der die diplomatische Mission in Neapel führte, nach Wien zu entsenden, doch wollte dessen Frau Italien nicht verlassen. Dann dachte er noch an Rémusat, der jedoch erklärte, er fühle sich »für diesen Einsatz wirklich ungeeignet«.[2] Daraufhin schlug der Präsident die Ernennung Beaumonts vor, der London am 10. Dezember verlassen und sich erlaubt hatte, ihn zu verspotten. Beaumont gewann in Wien wie überall schnell Sympathien, kam jedoch zu spät, um seinem Minister noch von größerem Nutzen sein zu können.

Am dringlichsten war aber die Ernennung eines neuen Botschafters für Mittelitalien. Es wird noch zu sehen sein, welch komplizierte Situation im Kirchenstaat herrschte. Die diplomatischen Interessen Frankreichs wurden hier von verschiedenen Persönlichkeiten vertreten: so vom Herzog von Harcourt, der Botschafter am Heiligen Stuhl war; von Rayneval, der Botschafter in Neapel und Frankreichs Unterhändler bei der Konferenz von Gaeta war; und letztlich auch von General Oudinot, dem Kommandanten des französischen Expeditionscorps. Tocqueville entsandte Corcelle nach Italien, der die bisweilen uneinheitlichen Maßnahmen der verschiedenen Repräsentanten koordinieren sollte. Doch hätte er sich vorher der Auseinandersetzungen erinnern sollen, die er einst mit Corcelle während ihrer gemeinsamen Arbeit an der Zeitschrift *Le Commerce* geführt hatte. Corcelle, der vor kurzem zum katholischen Glauben konvertiert war, erlag dem Charme Pius' IX., und im Oktober gestand Tocqueville gegenüber Beaumont ein: »Die Römische Affaire verursacht mir immer noch sehr viele Sorgen und Ungelegenheiten. Corcelle bereitet mir Kopfzerbrechen. Wir beide, Sie und ich, hatten einen sehr schlechten Einfall, ihn dorthin zu schicken... Er ist ständig darum bemüht, meine angeblichen Widersprüche aufzudecken, die nur in seiner

---

1 A. de Tocqueville 1964: 221.
2 Unveröffentlichter Brief Rémusats in den Archives Tocqueville.

Phantasie existieren oder eher noch in seinem Unwillen begründet liegen, meine genauen Instruktionen zu befolgen. Warum ernennt man seine besten Freunde zu Beamten, wenn sie sich dann solche wichtigen Akten nicht einmal angucken...«[1]

Da Corcelle den Anordnungen des Ministers nicht Folge leistete und Oudinot (dessen sich Tocqueville erst sehr spät entledigen konnte) sie nicht verstand, konnte die heikle Römische Affaire der Regierung nur schweren Verdruß bereiten. Wie wir noch sehen werden, sollte sie auch die Ursache für ihren Sturz werden.

Tocqueville war bemüht, sich genau über die verschiedenen Probleme der europäischen Politik zu informieren. Doch war es nur selten der Fall, daß ihm die offiziellen Vertreter Frankreichs wie zum Beispiel Thouvenel in Athen ein klares und anschauliches Bild der jeweiligen Lage in einem Land vermittelten. Er bediente sich daher inoffizieller Agenten, von denen er allerdings auch nicht allzuviel erwartete, denn auf der Akte, in der er ihre Berichte aufbewahrte, vermerkte er: »Briefe... die nur eines beweisen, nämlich wie wenig diese Geheimagenten, derer sich die Diplomatie bedient und die viel kosten, ihr Geld verdient haben.«[2] Dennoch erhielt er über verschiedene Kanäle Informationen: Ein Agent in Paris empfing regelmäßig Kuriere aus der Doppelmonarchie und konnte Tocqueville dadurch laufend über das Ende der ungarischen Revolte informieren (der einzige Aufstand, dem Tocqueville persönlich gewisse Sympathien entgegenbrachte, denen er jedoch als Minister nicht Ausdruck verleihen durfte). Ein gewisser Jacob, dessen Berichte sich durch eine etwas merkwürdige Rechtschreibung auszeichnen, begab sich in kleinen Etappen von Schaffhausen nach Rom. Auf dem Weg dorthin beschrieb er die Auflösung der badischen Revolutionsbewegung, versuchte die Moral des schweizerischen Heeres zu erkunden, registrierte den Machtmißbrauch der Österreicher in den Provinzen des Kirchenstaats, schilderte, wie die französischen Militärs die Geistlichen in den Straßen der Ewigen Stadt mit ihren Spöttereien begrüßten. Wertvollere Informationen erhielt Tocqueville von Oberst Callier, einem von Lamartine empfohlenen ehemaligen Absolventen der *École polytechnique*, der die Armee verlassen wollte und von einer diplomatischen Lauf-

---

1   A. de Tocqueville 1967, Teil 2: 200.
2   Archives Tocqueville, Akte 104.

bahn träumte. Auch einige Reisende schilderten dem Minister ihre Eindrücke: So John Lemoinne, ein Journalist der Zeitschrift *Débats*, dem Tocqueville großes Vertrauen entgegenbrachte und Boulatignier, sein Mitabgeordneter für das Departement Manche in der Nationalversammlung. Diese inoffiziellen Berichterstatter, die dem Minister Informationen lieferten, welche nicht den Sichtvermerk der Botschaft trugen, riefen bei Corcelle den Eindruck hervor, er werde übergangen, was er Tocqueville sehr übelnahm. Doch versuchte der Minister überall und auf allen Ebenen Informanten zu gewinnen. Sein bedeutendster Gewährsmann für Preußen war Adolphe de Circourt, der 1848 mit einer Mission dorthin entsandt worden war und für Lamartine einen interessanten Bericht geschrieben hatte. Auch Tocqueville bat diesen Legitimisten und vielseitigen Autor, der ein guter Kenner Deutschlands war, um einen Bericht über das Land. Dieser erwies sich dann zwar als von weniger großem Interesse, schien aber die Freundschaft zwischen beiden Männern besiegelt zu haben[1] (Duff u. Degros 1950).

Unmittelbar nach der Orientkrise von 1840 hatte Tocqueville vor der Deputiertenkammer die pazifistische Politik des damaligen Ministeriums attackiert. Gegen Ende der Julimonarchie, und um so mehr, als er 1848 zusammen mit einem englischen Kollegen zum französischen Vermittler im österreichisch-sardischen Konflikt ernannt worden war, hätte er sich wohl anders geäußert. Seit 1847 hatte er die Auffassung vertreten, daß die Politik der Verständigung gegenüber den Engländern »von der Anlage her gut sei«[2]. Die Außenpolitik Frankreichs dürfe nicht dazu dienen, so räumt er nun als Außenminister ein, dem französischen Stolz jene Genugtuung zu verschaffen, die Guizot ihm damals versagt hatte: Es gebe nun eine Kluft zwischen der öffentlichen Meinung, die in den Erinnerungen an die bedeutende Rolle, die das revolutionäre und kaiserliche Frankreich in Europa gespielt hatte, schwelge, und den tatsächlichen Handlungsmöglichkeiten. Seit Februar 1848 hatten die jeweiligen Außenminister, Lamartine, Bastide und Drouyn de Lhuys, den Beschwörungen der Kriegstreiber widerstanden, die auch dort ein Eingreifen Frankreichs befürworteten, wo das Land gar nicht zur Hilfe gerufen worden war. Tocqueville wünscht zwar, daß Frankreich in

---

1 Archives Tocqueville, Akte 104.
2 A. de Tocqueville 1983a, Teil 1: 240. Brief an Corcelle vom 29. September 1847.

Europa stärker in Erscheinung tritt, billigt aber die Besonnenheit seiner Vorgänger.

In dem von Aufruhr gebeutelten Europa des Jahres 1849 ist für Tocqueville das bedeutendste Ziel die Aufrechterhaltung des Friedens. Am 25. Juni bekräftigte er diesen wichtigen Grundsatz anläßlich der Interpellation Mauguins. Mauguin trat regelmäßig jedes Jahr hinter das Rednerpult, um das Komplott der Souveräne gegen Frankreich anzuprangern, und 1849 prophezeit er die Invasion der Russen. Eine gute Gelegenheit für Tocqueville zu verkünden, daß der Frieden notwendig und nicht unmittelbar bedroht sei.[1]

Ein Krieg sei unter den gegenwärtigen Umständen nicht nur eine Katastrophe für die Französische Republik, denn in einer Situation, »in der die Gesellschaften in ihren Grundfesten erzittern, könnten dadurch nicht nur wir, sondern die ganze zivilisierte Welt einen fürchterlichen Schiffbruch erleiden«. Eine Koalition gegen Frankreich erscheine unmöglich: England wolle die Aufrechterhaltung des Friedens, die deutschen Mächte seien zerstritten wie nie zuvor; wenn die Russen sich auch in den transsylvanischen Fürstentümern niederließen und an der Unterdrückung des ungarischen Aufstands beteiligt seien, so blieben ihre Ambitionen doch begrenzt.

Ab September 1848 hatte Tocqueville die Politik Palmerstons genau mitverfolgt, und er bemerkt »den aufrichtigen Wunsch Englands, den allgemeinen Frieden so lange wie möglich zu erhalten; die Entschlossenheit, erst so spät wie möglich in den Krieg einzugreifen, sich allen gegenüber zurückzuhalten und sich in nichts hineinreißen zu lassen«. In diesem Rahmen sei eine französisch-englische Zusammenarbeit zum Beispiel zur Regelung der italienischen Konflikte möglich. Palmerston wolle die traditionelle Freundschaft Englands mit Österreich durch die Freundschaft zu Piemont ersetzen, und Tocqueville erkennt recht klar, daß er durch ein gutes Einvernehmen mit Frankreich den Einfluß der Franzosen eingrenzen möchte[2] (obwohl er nicht weiß, daß der englische Staatsmann ihn zu Unrecht als einen »Heißsporn« ansieht, der die Revolution in Frankreich ausgelöst habe).

Eine kontinentale Koalition war noch nie ohne England möglich gewesen. In Deutschland herrscht überdies große Verwirrung, nachdem

---

1 Sitzung vom 15. Juni, *Le Moniteur universel* vom 16. Juni, S. 2155.
2 Archives Tocqueville, Akte 109.

der König von Preußen die ihm vom Paulskirchen-Parlament angebotene Kaiserkrone abgelehnt hat. Diese Versammlung ist mittlerweile nicht mehr als ein Rumpfparlament, das von extremen Kräften beherrscht wird. Der Kampf zwischen dem revolutionären Deutschland, dessen Zentrum Frankfurt bleibt, und dem Deutschland der Fürsten, das von Berlin aus durch den König von Preußen gelenkt wird, geht weiter, da der König nun nicht mehr mit inneren Erschütterungen in seinen Staaten rechnen muß. Österreich ist zu diesem Zeitpunkt völlig durch den ungarischen Aufstand in Anspruch genommen und daher im deutschen Raum gleichsam nicht mehr präsent. Im Konflikt zwischen dem revolutionären Deutschland und dem Deutschland der Fürsten setzt Tocqueville auf einen Sieg der letzteren. Doch sieht er letztlich auch die Rückkehr Österreichs in die germanische Welt und eine Abrechnung mit Preußen voraus. All diese Erschütterungen Deutschlands erfordern in Tocquevilles Augen die allergrößte Wachsamkeit, wobei diese allerdings äußerst diskret sein und Frankreich jeden Eindruck vermeiden müsse, daß es offensiv zum Rhein vorzudringen beabsichtige. Frankreich dürfe den Feinden Preußens keinerlei Unterstützung gewähren, ohne jedoch deshalb mit Preußen gemeinsame Sache zu machen. Die preußische Politik in Italien spreche auch dagegen, sich die augenblickliche schwierige Lage des Fürsten Schwarzenberg zunutze zu machen.

Die politischen Probleme in Italien forderten vom Außenminister konkretere Maßnahmen als die Lage in Deutschland. Die Tradition, derzufolge Frankreich bestrebt war, den österreichischen Einfluß in dieser Region einzudämmen, hatte immer noch Bestand, wie die Diskussionen um die Besetzung von Ancona während der Julimonarchie gezeigt hatten. Nun stellte Tocqueville aber fest, daß Frankreich in Nord- und Süditalien seit der Februarrevolution an Einfluß verloren hatte und als einzige Einflußsphäre nur noch Mittelitalien übrigblieb.

Im Norden hatte der König von Piemont, Karl-Albert, versucht, sich den ungarischen Krieg zunutze zu machen, um die Lombardei zu befreien. Nachdem ihm Radetzky bei Novara am 25. März eine vernichtende Niederlage bereitet hatte, dankte er zugunsten seines Sohnes Viktor-Emmanuel ab. Österreich war zu einem Waffenstillstand bereit, doch Piemont versuchte zu taktieren und forderte als Ausgleich für den Verzicht auf seinen Anspruch auf die Lombardei Vorteile in Mittelitalien. Daraufhin drohte Schwarzenberg, den Waffenstillstand zu beenden, ohne um eine Vermittlung Englands und Frankreichs zu bitten. Tocqueville bestellte sogleich den österreichischen Botschafter in Paris, Hübner, zu sich und erteilte in scheinbarer Unkenntnis der diplomatischen Gepflogenheiten dem Vorgehen Österreichs eine scharfe Rüge. Im Grunde wollte Schwarzenberg Piemont aber nur zwingen zu verhandeln, ohne jedoch eine Ausweitung des Krieges zu riskieren, und so nahm er die Gespräche am 15. Juni wieder auf. Er begnügte sich mit einer Kriegsentschädigung und verzichtete auf Gebietsannexionen. Jede Vermittlung lehnte er doch im Konflikt mit Venedig ab, mit dessen Beschießung am 13. Juni begonnen wurde und das am 22. August kapitulierte.

In Süditalien hatte der König von Neapel, Ferdinand II., im Konflikt mit dem aufständischen Sizilien jede Wiederaufnahme der Vermittlertätigkeit durch die französischen und englischen Admiräle abgelehnt und im Laufe des Mai seine Herrschaft über die Insel wiederhergestellt.

In Mittelitalien selbst wichen die revolutionären Bewegungen unter dem Druck Österreichs zurück: In der Toskana zum Beispiel erwartete man Ende Mai die Rückkehr des Großherzogs.

Die große Affäre jener Monate war jedoch die Römische Revolution. Dieses außenpolitische Problem sollte das zweite Kabinett Barrot während der gesamten Zeit seiner Existenz (2. Juni – 31. Oktober) vorrangig beschäftigen. Aus Solidarität mit den römischen Revolutionären hatte die »Bergpartei« am 13. Juni versucht, in Paris einen Aufstand anzuzetteln; und es war schließlich der relative diplomatische Mißerfolg Frankreichs in Rom, der Louis-Napoléon als Vorwand diente, um sich seiner Minister zu entledigen.

Man sollte sich also die Ereignisse dieser Monate ins Gedächtnis zurückrufen (Mollat 1932; Ghisalberti 1958).

Papst Pius IX. hatte 1848 ein konstitutionelles Regime errichten wollen, aber sein Premierminister Rossi war am 15. November einem Attentat zum Opfer gefallen, und er selbst war wenige Tage später geflohen. Dem Herzog von Harcourt, dem französischen Botschafter im Kirchenstaat, hatte er seinen Wunsch nach politischem Asyl in Frankreich anvertraut, war aber dann nach geheimen Intrigen nach Gaeta im Königreich Neapel gelangt, von wo aus er im Januar 1849 die katholischen Nationen um Hilfe bat. Rom war zu dieser Zeit tatsächlich zu einer Republik geworden, mit einer konstituierenden Versammlung und einem von Mazzini präsidierten Triumvirat als Exekutive. Revolutionäre Banden, die in ganz Europa gejagt wurden, hatten die Ewige Stadt heimgesucht und wurden seit dem 27. April durch den berühmten Garibaldi ermutigt und angeführt. Jedoch waren die Tage der römischen Republik gezählt: Österreicher, Neapolitaner und Spanier hatten Truppenkontingente entsandt (oder beabsichtigten dies zu tun), um die Provinzen des Kirchenstaates zu besetzen. Am 16. April hatte Barrot vor der Konstituierenden Nationalversammlung die Gewährung von Krediten beantragt, um die Entsendung eines französischen Expeditionscorps zu finanzieren. Er stellte diese Intervention als einen Versuch dar, zwischen dem Papst und seinen aufständischen Untertanen zu vermitteln. In Wahrheit verfolgte er jedoch von Anfang an mehrere Ziele: Er wollte dem österreichischen Einfluß entgegentreten, die weltliche Macht des Papstes wiederherstellen und die Schaffung liberaler Institutionen in Mittelitalien durchsetzen. Der Kommandeur der Expedition, General Oudinot, legte am 24. April in Civita Vecchia an, erreichte am 30. April Rom, wo er sich »als Freund« präsentierte, aber zurückgeschlagen wurde und Verluste erlitt. Die konstituierende Nationalversammlung rügte die Regierung Barrot wegen dieses Fehlschlags, aber der Präsident beließ ihn im Amt. Drouyn de Lhuys entsandte Ferdinand de Lesseps nach Italien, der einen *modus vivendi* zwischen der französischen Armee und den Römern aushandeln sollte. Er wurde jedoch vom Außenminister zurückgerufen, weil er seine Kompetenzen überschritten hatte, und am Tag vor dem Zusammentritt der Gesetzgebenden Nationalversammlung erhielt Oudinot den geheimen Befehl, Rom einzunehmen.

Tocqueville – der am 16. April für die Gewährung der Kredite für das Expeditionscorps gestimmt hatte – erfuhr von diesem geheimen Befehl erst bei seiner Rückkehr aus Deutschland. Er hatte das Außenministerium nur unter der Bedingung übernommen, daß er die römische Politik seines Vorgängers nicht zu rechtfertigen brauche. Soweit sich ermessen läßt, verurteilte er den Befehl zum Angriff auf die Stadt eher, weil er ihn für ungelegen oder verfrüht hielt, doch weniger aus grundsätzlichen Erwägungen heraus. Falloux berichtet, daß Tocqueville vor der Übernahme des Ministeriums der Auffassung war, daß man die Römer hätte konsultieren sollen, ob sie mit der Wiederherstellung der weltlichen Macht des Papstes einverstanden seien (Falloux o.J.: 475). Da die Sache aber nun einmal begonnen worden sei (und schlecht begonnen, wie er meinte), müsse man sie nun weiterführen, um nicht das Gesicht zu verlieren. Um dies zu verhindern, war Tocqueville entschlossen, notfalls eine Ausweitung der Feindseligkeiten vorzuschlagen, um die Belagerung, mit der sich Frankreich lächerlich machte, abzukürzen. Möglicherweise war es ein Glück für Rom, daß die Stadt sich ergab, bevor die von Tocqueville befohlenen Maßnahmen durchgeführt werden konnten. Am 1. Juli schrieb er an Corcelle: »Ich täusche mich nicht darüber hinweg, daß vom jetzigen Augenblick an die wahre Verantwortung für die römische Angelegenheit auf unseren Schultern lastet. Ich trage diese Verantwortung tapfer wie eine Pflicht, doch mit einer großen Furcht und tiefer Traurigkeit. Wenn Rom infolge dieser dubiosen Expedition, deren Nutzen zweifelhaft ist, geplündert und halb zerstört wird, so werden wir in den Augen der Geschichte wenig Gnade finden; eigentlich wäre es den Österreichern angestanden, eine solche Arbeit zu verrichten. Denn unzählige frühere Fehler haben uns, die wir diese Fehler nicht begangen haben, dazu gebracht, vor diese furchtbare Wahl gestellt, entweder Rom allen Grauen des Krieges auszuliefern oder uns in Schande zurückzuziehen, besiegt von denselben Männern, die seit achtzehn Monaten alle Schlachtfelder Italiens meiden. Das eine wäre ein sehr großes Unglück, aber das andere eine schreckliche Katastrophe, und ich für meinen Teil, habe meine Entscheidung getroffen.«[1]

Die französische Politik ließ sich dennoch damit rechtfertigen, daß man in den römischen Staaten konstitutionelle Regime durchsetzen wollte. Dieser Gedanke stellte eine praktische Anwendung des in der *Demokratie* formulierten Prinzips dar, daß die moderne Freiheit und die Kirche nebeneinander existieren müßten, um das sittliche Gleichgewicht der zukünftigen demokratischen Gesellschaft sicherzustellen. Die Verhandlung der Römischen Affäre bedeutete also einen Test für eine von Tocquevilles grundlegenden Ideen: »Wenn der päpstliche Souverän, kaum, daß er wiedereingesetzt ist, die Mißstände wiedereinführt, die nicht einmal das absolutistische Europa mehr will, wenn er sich zu Härten hinreißen läßt, die nicht einmal weltlichen Fürsten verziehen werden, dann würde die katholische Kirche dadurch nicht nur geschwächt, sondern auf der ganzen Welt entehrt.«

Genau an jenem Tag, als Tocqueville sein Amt als Außenminister antrat, am 3. Juni, griff Oudinot die römischen Vorposten am rechten Ufer des Tiber an und ereichte die erste Stadtmauer, die den über der Stadt liegenden Janushügel umgab. Eine einmonatige regelrechte Belagerung war

---

1 A. de Tocqueville 1983a, Teil 1: 293. Brief an Corcelle vom 1. Juli 1849.

erforderlich, um die Bastionen auf dem Hügel einzunehmen; daraufhin wurden die Feindseligkeiten eingestellt, und am 2. Juli zogen die Franzosen in Rom ein. Auch wenn die militärischen Operationen anscheinend nur sehr mittelmäßig durchgeführt wurden, so kam dadurch doch kein wichtiges Monument zu Schaden – obwohl die lautstarken Proteste des britischen Konsuls anderes vorgaben.

Als die Nachricht von der Wiederaufnahme der Feindseligkeiten Anfang Juni Paris erreicht hatte, wurde dies als Signal zur Revolution angesehen. Am 11. Juni forderte Ledru-Rollin vor der Nationalversammlung, daß der Präsident der Republik und die Minister wegen Verletzung von Artikel 5 der Verfassung unter Anklage gestellt würden. Dieser Artikel lautete: »[Frankreich] setzt seine Streitkräfte niemals gegen die Freiheit eines Volkes ein.« Ledru-Rollin beendete seinen Antrag mit dem Aufruf, sich zu den Waffen zu begeben. Barrot rechtfertigte in seiner Antwort, wie mit Tocqueville vereinbart, die Politik von dessen Vorgänger; am darauffolgenden Tag bezeugte Tocqueville seine Solidarität mit seinen Regierungskollegen, indem er die Waffenabgabe an alle Personen untersagte, die sich zur Gewalt bereit zeigten. Am 13. Juni war er an Dufaures Seite, als dieser nach dem Ausbruch des Aufstands entschied, den Belagerungszustand zu verhängen. Wie man weiß, wurde diese Demonstration der »Roten« von Changarnier rasch niedergeschlagen.

Nach der Einnahme Roms war nun die Diplomatie an der Reihe, um die Bedingungen für die Wiedereinsetzung des Papstes auszuhandeln. Sie spielte sich auf zwei Schauplätzen ab, Rom und Gaeta.

In Rom spielte die Organisation der französischen Besatzung eine entscheidende Rolle für die Zukunft. Tocqueville hätte sich eine Zusammenarbeit mit einer gemäßigten, liberalen Partei gewünscht, mit Männern, die an den ersten Reformen von Pius IX. mitgewirkt hatten. Doch war eine solche Partei nirgends zu entdecken, und jene Männer, die sie hätten gründen können, vermieden den Kontakt zur französischen Diplomatie, weil sie sich vor Anschlägen fürchteten. Ohne vorherige Absicherung hatte General Oudinot seine wesentlichen Machtbefugnisse an ein Triumvirat von Kardinälen im Range von Legaten abgegeben, die im Namen des Papstes aufgetreten waren. Er setzte Beamte, die sich unter dem früheren Regime kompromittiert hatten, wieder in ihre Funktionen ein und verhinderte durch sein unüberlegtes Vorgehen, daß die Verwaltung der Stadt von Grund auf neu strukturiert wurde. Gegen eine solche

»ungeheure Dummheit«[1] konnte Tocqueville nur Verwünschungen ausstoßen.

Der wichtigste Teil der Partie spielte sich jedoch in Gaeta zwischen dem Kardinal und Staatssekretär Antonelli und den Vertretern der vier katholischen Mächte ab. Von dem ersteren waren schlimme Schikanen zu erwarten wie zum Beispiel, daß er die Vollmachten Corcelles anzweifeln und sich Reformen hartnäckig widersetzen könnte. Tocqueville war jedoch von Schwarzenberg versichert worden, daß er in seinem Sinne Einfluß nehmen werde, nachdem er ihm erklärt hatte, daß ein liberales Regime im Kirchenstaat für Lombardisch-Venetien ein friedfertigerer Nachbar sein würde als das verhaßte traditionelle Regime. Es scheint nicht, daß der österreichische Vertreter in Gaeta, Esterhazy, ein lebhafter Befürworter von Reformen war, ebensowenig wie der spanische Verhandlungsführer Martinez de la Rosa, auf dessen liberale Gesinnung sich Tocqueville verlassen hatte. Rayneval und Corcelle (der ersteren ersetzt hatte, nachdem dieser schwer erkrankt war) scheinen hinter den Vorstellungen ihres Ministers zurückgeblieben zu sein. Sogar aus Paris übermittelte der Nuntius Stellungnahmen von Persönlichkeiten der Ordnungspartei und der Katholikenpartei (obwohl Falloux persönlich loyal war), die den römischen Staatssekretär in seinem Widerstand bestärkten. Tocqueville ließ Corcelle deshalb direkt beim Papst vorsprechen, der ihn zwar vortrefflich empfing, ihn aber ansonsten mit ein paar freundlichen Worten abspeiste.

Die Verzögerungstaktik des römischen Hofes irritierte Tocqueville auf das äußerste. Damit wären wir genarrt, geschlagen und restlos bedient, so gestand er ein und spielte sogar mit dem Gedanken, einen Eklat zu provozieren. Ähnlich empfand auch der Prinz-Präsident, der am 12. August in einem Brief an seinen Adjutanten Edgard Ney schrieb, daß Frankreich, die Befreierin der Völker, ihre Soldaten nicht zur Wiederherstellung des päpstlichen Absolutismus nach Rom gesandt habe, und er empörte sich, daß ein von den Kardinalslegaten veröffentlichtes Manifest kein Dankeswort für seine Armee enthielte. Tocqueville und Falloux glaubten (zunächst), daß dieser Brief, dessen Wortlaut sie nicht mißbilligten, nur eine begrenzte Öffentlichkeit erreichen würde. Aber Louis-Napoléon, der das Schreiben erst im *Moniteur romain* abdrucken lassen wollte, erreichte schließlich am 7. September eine Veröffentlichung im *Moniteur universel.*

---

1 Unveröffentlichter Brief an Lamoricière vom 18. August, Akte 104 in den Archives Tocqueville.

Am 6. August richtete Arnaud de l'Ariège, ein Abgeordneter der »Bergpartei« und glühender Katholik, in der Nationalversammlung eine Anfrage an Tocqueville. Er warf der Regierung vor, sie kompromittiere mit ihrer römischen Politik ohne Ergebnis den Glauben und die Demokratie, und all das nur, um die weltliche Macht des Papstes wiederherzustellen, die für die Unabhängigkeit der katholischen Kirche nicht erforderlich sei. Tocqueville erinnerte in seiner Antwort an die Ziele der französischen Intervention und bekräftigte die Notwendigkeit einer sofortigen Restauration der weltlichen Macht des Kirchenoberhauptes. »Ich für meinen Teil bin überzeugt, daß es bei der gegenwärtigen Lage der Dinge heute (über die Zukunft kann ich nichts sagen, aber die Politiker müssen sich vor allem um die Gegenwart und die unmittelbare Zukunft kümmern) oder in einer nahen Zukunft kein anderes Mittel gibt, um die Unabhängigkeit des päpstlichen Souveräns zu garantieren, als die Erhaltung seiner weltlichen Macht.« Und ganz am Ende seiner Rede formuliert Tocqueville einen Appell, um an die liberalen Bestrebungen von Papst Pius IX. im Jahre 1848 zu erinnern und an das Ansehen, das daraus dem Katholizismus in der Welt erwachsen war. Es ist unwahrscheinlich, daß zwischen ihm und seinem Gegenspieler Arnaud eine Art stillschweigende Absprache über den Inhalt der Anfrage herrschte. Arnaud, der in seiner Rede immer ein gehobenes, fast theologisches Niveau wahrte, hatte die Politik des Ministers nicht geschont. Aber seine Sorge um eine Übereinstimmung zwischen Demokratie und Religion hatten bei Tocqueville Sympathien geweckt: Er schenkte Arnaud schließlich ein Porträt von sich.[1]

Durch das *Motu proprio* vom 12. September und die Verkündung einer Amnestie schuf Pius IX. die Voraussetzungen, die ihm eine Rückkehr nach Rom erlaubten. Beide Verlautbarungen lösten jedoch bei Tocqueville tiefe Enttäuschung aus.

Zwar hatte er sich beim Einzug der französischen Truppen in die Ewige Stadt über das Fehlen jeglicher Loyalitätsbekundungen gegenüber dem Heiligen Vater überrascht gezeigt. Doch glaubte Tocqueville, daß seine römischen Untertanen die Rückkehr des Papstes nicht ungern akzeptierten, wenn diese nicht mit einer Restauration des überkommenen

---

1 Die Rede von Arnaud de l'Ariège und Tocquevilles Antwort wurden im *Moniteur universel* vom 7. August 1849 auf den Seiten 2606 ff. veröffentlicht. Zu der interessanten Persönlichkeit Arnauds siehe J.-B. Duroselle 1959.

und verhaßten Klerikerregimes von 1848 verbunden sei. Das *Motu pro-prio* gewährte aber keineswegs die erhofften institutionellen Reformen. Sicherlich schuf es gewählte lokale und Provinzbehörden sowie einen Staatsrat und eine *consulta*[1]. Diese erschien der französischen Regierung aber als Betrug: Zwar wurden die Mitglieder aus den verschiedenen gesellschaftlichen Gruppen ausgewählt, doch konnte der Papst auch selbst nach Gutdünken Personen hinzufügen. Was also die eine Hand gegeben hatte, nahm die andere wieder fort. Vor allem zeigte sich Tocqueville ganz offen darüber »verärgert«, daß die *consulta* trotz aller Versprechen kein Budgetrecht besaß und nur über beratende Funktionen verfügte, was den Prinzipien eines konstitutionellen Regimes völlig widersprach. Auch wurde keine Laizisierung der Verwaltung zugestanden, und das Versprechen einer Gerichtsreform war an Verschwommenheit nicht zu übertreffen. Schon hatte man die Inquisition wiedereingeführt. Corcelle versicherte, daß dies nicht mehr als ein Name sei; doch ahnte er wohl nicht, daß sein Minister das ganze Gerichtswesen des Kirchenstaats genau studiert und sich Aufzeichnungen dazu gemacht hatte.[2]

Noch weit erboster zeigte sich Tocqueville über die vom Papst erlassene Amnestie. Er ließ sich die Texte aller Amnestien bringen, die jemals von weltlichen Fürsten nach revolutionären Erhebungen ausgesprochen worden waren, und mußte feststellen, daß nur die Amnestie von Ferdinand VII. im Jahre 1823 so restriktiv abgefaßt war wie die von Pius IX. Ganze Kategorien von Bürgern wurden ausgeschlossen, und die Abgrenzung dieser Kategorien war äußerst vage und leicht veränderbar. Alle Mitglieder der Konstituierenden Versammlung, auch jene, die die Republik ablehnten, waren von der Amnestie ausgenommen und alle Hauptleute der römischen Armee. Für Tocqueville stellte dieser Erlaß einen Schlag gegen die Ehre Frankreichs dar. Er ließ Vorbereitungen treffen, um allen aus Rom verbannten Bürgern Asyl gewähren zu können, und rügte Corcelle, weil er keinen Einspruch gegen die Durchführung der Amnestie erhoben hatte.

Am 18. Oktober fand in der Gesetzgebenden Versammlung anläßlich der Abstimmung über die Besatzungskredite – Berichterstatter über diese Gesetzesvorlage war Thiers – eine Debatte über die Römische Af-

---

1 In früheren Jahrhunderten Verwaltungsgremium in der Schweiz und Italien. (A.d.Ü.)
2 Unveröffentlichte Aufzeichnungen (Akte 104 in den Archives Tocqueville), die demnächst in Band III,3 der O.C. veröffentlicht werden.

färe statt. Bei dieser Gelegenheit mußte Tocqueville eine Darstellung der erfolgten Maßnahmen liefern: Er protestierte heftig gegen die Amnestie und äußerte den Wunsch, daß bei ihrer Durchführung gnädig verfahren würde; und er versicherte, daß das *Motu proprio*, auch wenn es unzureichend sei, doch einige Ansätze für Reformen enthielte, die sich später noch entwickeln könnten. Gegenüber den Anfragen der Linken konnte er jedoch nur eingestehen, daß seiner Einschätzung nach die Expedition keinerlei Resultate zu bringen schien. Die Mehrheit der Versammlung war jedoch mit der Wiederherstellung der weltlichen Macht des Papstes zufrieden und betrachtete wie Thiers das *Motu proprio* als eine annehmbare Basis für die Institutionen des Kirchenstaats. Die wahre Position der Regierung hingegen, so erinnert Tocqueville vor dem Parlament, würde in dem Brief des Präsidenten an seinen Adjutanten Edgard Ney ausgedrückt, in dem der Präsident gegen die Politik des Papstes protestiert hatte und dessen Veröffentlichung im *Moniteur*[1] großes Aufsehen erregt hatte.

Thiers hatte diesen Brief in seinem Bericht unerwähnt gelassen und dadurch Louis-Napoléon tief gekränkt. Der Präsident sandte daraufhin ein Schreiben an Barrot, das zwar nicht die Meinungsverschiedenheiten mit seinen Ministern ansprach, aber am Schluß eine Art Herausforderung an die Mehrheit der Nationalversammlung enthielt. Barrot entschloß sich nach einigem Zögern, der Versammlung den Brief nicht zur Kenntnis zu bringen, und rief damit den Unmut des Präsidenten hervor.

Von diesen Ministern, die ihn durch ihre Persönlichkeit in seiner Eigenliebe verletzten und ihn daran hinderten, sich von der Versammlung zu befreien, weil ihnen ein solches Vorgehen verfassungswidrig erschien, von diesen Ministern beschloß sich der Präsident am 31. Oktober zu trennen. Er ersetzte sie durch Politiker der »zweiten Garnitur«; so erhielt der Bruder Odilon Barrots das Innenministerium (»Kain Barrot«), General d'Hautpoul, die herausragende Persönlichkeit des neuen Kabinetts, das Kriegsministerium, und General Ducos de Hitte das Außenministerium. In schon kaiserlicher Manier übermittelte Louis-Napoléon der Versammlung diese ministeriellen Umbesetzungen.

Tocqueville kommentierte dieses Ereignis in zwei Briefen (der erste war an einen unbekannten Adressaten gerichtet, der zweite an Beaumont[2]) vom 1. und 2. November folgendermaßen:

---

1 *Le Moniteur universel* vom 7. September 1849. S. 2837.
2 Unveröffentlichter Brief in den Archives Tocqueville, Akte 97; Brief an Beaumont in: A. de Tocqueville 1967, Teil 2: 232.

»Im Zuge all dieser Zwischenfälle werden Sie wohl bereits den diesem allen zugrundeliegenden Gedanken erkannt haben, der nämlich einzig der Wille ist, dem zu entgehen, was man als die Bevormundung durch die Nationalversammlung bezeichnet, gleich, welche Seite sie auszuüben versucht. Im Augenblick ist das alles noch nicht mehr als kaiserliches Gewäsch, nicht mehr als das Bemühen des Raben, dem Adler zu gleichen, doch ist es gewiß auch Zeichen einer bevorstehenden Krise. Alle Parteien in der Versammlung sind verärgert über diese anmaßende Verlautbarung, wenn auch keiner den Wunsch hat, einen Machtkampf zwischen der Versammlung und dem Präsidenten auszulösen. Dieser erscheint mir aber über kurz oder lang unausweichlich, denn ich kenne die Neigungen, die Bestrebungen und noch vielmehr die Instinkte dieses Mannes...«

»Bisher hat dieser Staatsstreich im Kleinen nicht viel Erfolg und wird auch nicht ernstgenommen, obwohl er mir als ein sehr ernstzunehmendes Vorzeichen für die Zukunft erscheint. Ich erwarte jedoch, daß zunächst für einige Zeit eine recht große Ruhe eintreten wird.«

Tocqueville urteilte richtig. Wenn auch diese Übergriffe des Prinz-Präsidenten auf das Verhältnis zwischen seinen Ministern und der Nationalversammlung langfristig bedrohlich waren, so gab sich Louis-Napoléon doch zunächst damit zufrieden, seine persönliche Autorität bekräftigt zu haben, und er nutzte die gewonnenen Vorteile nicht weiter aus. Seine neue Regierung wiederum zeigte keinerlei Neigung, dem Papst jene Reformen aufzudrängen, die dieser ablehnte.

Tocqueville hingegen prägte sich die diplomatische Erfahrung, die er im Verlauf der Römischen Affäre gemacht hatte, tief ein. Die Heuchelei am römischen Hof hatte ihn erzürnt. Lediglich aus Tradition und Gewohnheit katholisch, konnte er die Verehrung, die die Gläubigen seiner Zeit Papst Pius IX. entgegenbrachten, nur schwer nachempfinden. »Wie schade, daß Sie Protestant sind!« so schrieb Corcelle einmal, und dieses Urteil verdeutlicht ihre sehr unterschiedlichen Empfindungsweisen. Für Tocqueville wogen die persönlichen Tugenden des Heiligen Vaters nicht viel angesichts seiner fehlenden Klarsicht, aufgrund derer er sich auf die ränkevolle Politik seines Staatssekretärs einließ. In Tocquevilles Briefen wird ab diesem Zeitpunkt eine gegen die Kirche gerichtete Bitterkeit spürbar, die bis dahin gefehlt hatte. Daran sollte sich auch während des Zweiten Kaiserreichs nichts ändern.

Die Römische Expedition beanspruchte dennoch nicht die ganze Zeit des Außenministers. So wirkte er auch an der Regelung einer internationalen Krise mit, die durch die Flüchtlinge von Konstantinopel entstanden war.

Im September 1849 hatten die habsburgtreuen Truppen den ungarischen Aufstand mit Unterstützung von 150000 Russen niedergeschlagen, die ihnen durch die Transsylvanischen Fürstentümer zu Hilfe geeilt waren. Die Überreste der besiegten Armeen, 4000 Ungarn und 800 Polen (ursprünglich hatten sich 10000 Freiwillige aus Polen den Ungarn angeschlossen), baten in der Türkei um Asyl. Unter ihnen befanden sich Kossuth und mehrere polnische Generäle. Die Flüchtlinge versuchten, der grausamen österreichischen Verfolgung zu entkommen, doch forderte der Zar in einem drohenden Brief an den Sultan, daß man die Flüchtlinge den Siegern ausliefere. Der Sultan weigerte sich, denn der englische Botschafter, Stratford Canning, hatte ihm von Anfang an die Unterstützung Großbritanniens zugesagt; auch der französische Botschafter, General Aupick, ermutigte die Türkei zum Widerstand. Schwarzenberg in Wien hatte keine andere Wahl, als die russischen Forderungen zu unterstützen, obwohl er ab diesem Zeitpunkt vor allem um die politische Situation in Deutschland besorgt war, denn Preußen hatte versucht, sich die fehlende Präsenz Österreichs zunutze zu machen, um dort an Boden zu gewinnen.

Die westlichen Mächte rätselten über die Hintergründe, die den Zar zu seinem Vorgehen bewogen hatten. Wollte er die russischen Militärs zufriedenstellen, die davon träumten, an den polnischen Verrätern Rache zu nehmen? In den Augen Lamoricières und Tocquevilles war dies die wahrscheinlichste Erklärung, die sich durch den weiteren Verlauf der Ereignisse zu bestätigen schien. Oder nutzte der Zar diesen Zwischenfall aus, weil er Druck auf die Türkei ausüben und erneut auf Konstantinopel marschieren wollte? Auch diese Hypothese war nicht völlig auszuschließen. Palmerstons Reaktion auf die Forderungen des Zaren war energisch und vorsichtig zugleich (Southgate 1966:259 ff.). Am 2. Oktober sicherte er dem türkischen Botschafter in London die moralische und notfalls auch materielle Unterstützung Englands zu. In seinen diplomatischen Protestverlautbarungen bemühte er sich aber, einen herzlichen Ton zu wahren, um den Zaren nicht in seiner Ehre zu verletzen. Frankreich bat er um ein paralleles Vorgehen, wünschte aber keine gemeinsamen Schritte, da er annahm, daß das Land bereits auf die türkischen Bitten in Paris hin eigene Maßnahmen in die Wege geleitet hatte.

Tocqueville zeigte sich über die Verletzung des Völkerrechts durch das österreich-russische Vorgehen empört. Doch war ihm die piemontesische Krise im Juli in schlechter Erinnerung geblieben: Palmerston hatte im Falle eines Krieges zwischen Piemont und Frankreich auf der einen und Österreich auf der anderen Seite eine rein moralische Unterstützung zugesagt, da England in Norditalien nicht dieselben Interessen hatte wie Frankreich. Tocqueville wies darauf hin, daß für England in der Orientfrage mehr auf dem Spiel stehe als für Frankreich und daß es überdies im Kriegsfall nur seine Flotte riskiere, Frankreich jedoch seine Existenz. Obwohl er die Proteste in Sankt-Petersburg und Wien guthieß, hätte er gewünscht, daß man sich nicht so rasch für einen Zusammenschluß der französischen und der englischen Flotte Admiral Parkers im Mittelmeer entschieden hätte – letztere sollte in der Bucht von Bésika, in der Nähe des Bosporus, Position beziehen. Aber Lord Normanby, der englische Botschafter in Paris, hatte in einem Gespräch mit dem Präsidenten von diesem die Zusage zum Zusammenschluß der beiden Flotten erhalten. Louis-Napoléon gab damit einen Vorgeschmack auf seine Politik am Vorabend des Krimkrieges, als er sich um eine Allianz mit England bemühen sollte. Das Ministerkabinett billigte den Entschluß des Präsidenten.

Die Krise wurde im übrigen ohne größere Komplikationen beigelegt. Am 16. Oktober empfing der Zar Fuad Effendi, den Gesandten des Sultans, und erklärte sich damit einverstanden, daß die Flüchtlinge zwei Jahre lang in türkischen Festungen interniert würden. Um der öffentlichen Meinung in Großbritannien Genüge zu leisten, erhob Palmerston in Sankt-Petersburg gegen diese Entscheidung öffentlich Protest und wollte in Wien ebenso vorgehen. Der dortige Botschafter Lord Ponsonby, der sich seinem Minister gegenüber ungehörige Freiheiten herausnahm, folgte jedoch dessen Anordnungen nicht. Und die Proteste Frankreichs, die unabhängig von denen Englands erfolgten, sollten weder bei Nesselrode noch bei Schwarzenberg Verstimmung hervorrufen.[1]

Es war ganz offensichtlich, daß Tocqueville bemüht war, Schwarzenberg zu schonen. Darin zeigt sich ein charakteristischer Zug seiner politischen Konzeptionen: Obwohl Tocqueville an den Triumph der Demokratie glaubte, hatte er sich immer nur für vorsichtige und allmähliche

---

1 Während die Römische Frage in den *Erinnerungen* nicht erwähnt wird, wird über die Affäre um die Flüchtlinge von Konstantinopel ausführlich berichtet in: A. de Tocqueville 1964: 255 ff.

Reformen ausgesprochen; ebenso glaubte er auf lange Sicht an einen Triumph der deutschen Einheit, was ihn jedoch keineswegs ängstigte, denn er war überzeugt, daß eine Unterwerfung Mittel- und Westeuropas durch die Russen drohe und daß ein starkes Deutschland hier als Schutzwall dienen könne. In unmittelbarer Zukunft sah er – zu Recht – den österreichisch-preußischen Konflikt um die Vorherrschaft in Deutschland heraufdämmern und vertrat die Auffassung, daß Österreich seine Vormachtstellung wiedererlangen würde, was sich auch in naher Zukunft bewahrheiten sollte.

Über Tocquevilles Wirken als Minister wurde zuweilen sehr hart geurteilt. »... schlimm ist, daß dieser große Denker, dieser große Schriftsteller, kein nützlicher Minister war«, so schrieb nach seinem Tode Augustin Cochin an Montalembert.[1] Zu seiner Zeit als Minister ging weder die Presse der Ordnungspartei noch die der republikanischen Opposition besonders schonend mit ihm um. Mehr Nachsicht brachte ihm anscheinend nur die englische Presse entgegen.

Vermerken wir zunächst, daß es sehr schwierig ist, einen Außenminister, der nur fünf Monate im Amt war, zu beurteilen. Er bleibt unausweichlich abhängig von den internationalen politischen Konstellationen, auch wenn er sieht, daß diese sich von Anfang an negativ entwickelt haben, und er muß sich immer mit den Entscheidungen seines Vorgängers auseinandersetzen.

Tocquevilles großer Mißerfolg war sicherlich, daß er Pius IX. nicht zu liberalen Reformen im Kirchenstaat bewegen konnte, doch insoweit er die Verhandlungsführung übernahm, hielt er einen Erfolg wohl für sehr unwahrscheinlich. Und wenn er in jener Krise, die ihren Ausgang nicht bereits vor Beginn seiner Amtszeit genommen hatte – der Krise um die Flüchtlinge von Konstantinopel – eine weniger wichtige Rolle zu spielen schien als Palmerston, so kam ihm gewiß das Verdienst zu, daß er seinen Triumph weniger lärmend demonstrierte als sein englischer Kollege und auf diese Weise gute Beziehungen zu Rußland und Österreich bewahrte.

Tocquevilles zweifellos größtes Verdienst als Minister war, daß er durch seine Verständigungsbemühungen mit Österreich in Italien den Frieden bewahren konnte. Am 25. September schrieb die *Times,* daß ein

---

1 Unveröffentlichter Brief in den Archives Cochin.

Krieg dank der Fähigkeiten Schwarzenbergs und Tocquevilles habe verhindert werden können. Sicherlich hatte Österreich Frankreich bei den Konferenzen von Gaeta nicht rückhaltlos genug unterstützt, um den Papst zu den gemeinsam unterstützen Reformen zu bewegen. Aber eher als aus bösem Willen geschah dies wohl aus Rücksicht gegenüber dem Heiligen Stuhl, und Tocqueville selbst meinte, daß man Pius IX. nicht hätte am »Kragen packen können«, nur um mehr zu erreichen. Es ist auch nicht sicher, ob der Papst mit einem konstitutionellen Regime ungestört hätte regieren können. Doch hatte Tocqueville auch recht, als er äußerte, der Heilige Vater würde sich unmöglich an der Macht halten können, wenn es wieder zu Mißbräuchen wie in der Vergangenheit käme; die bis zum Jahr 1870 aufrechterhaltene Stationierung einer französischen Garnison in Rom beweist dies.

22

Das Ende der Republik

Am 31. Oktober hatte Präsident Louis-Napoléon seinen Ministern jene Botschaft zukommen lassen, in der er neben einigen Komplimenten bemerkte, daß das Kabinett »innerhalb Frankreichs nicht ausreichend die Ordnung und außerhalb nicht genügend die Würde des Landes gewahrt hatte«. Tocqueville verfaßte darauf am nächsten Tag im Namen seiner ehemaligen Kollegen ein Protestschreiben, in dem er zwar nicht mit dem Prinz-Präsidenten brach, aber dessen Entscheidung dem Urteil der öffentlichen Meinung unterbreitete und versicherte, daß die Minister im Interesse des Landes weiter mit ihm zusammenarbeiten würden, jedoch nur unter Kontrolle der Nationalversammlung, die »die einzige Trägerin des Volkswillens« sei. Letztlich hielten die entlassenen Minister es aber doch für würdiger, sich in Schweigen zu hüllen, als dem Präsidenten diesen gemeinsamen Brief zukommen zu lassen.[1]

Ihr Mißvergnügen konnte Louis-Napoléon jedoch nicht entgangen sein, denn er war wie meist nach einem Eklat um eine versöhnliche Geste ihnen gegenüber bemüht. Diese bestand in einem persönlichen Brief an Tocqueville, was allerdings insbesondere gegenüber Barrot ein merkwürdiges Vorgehen darstellte. Der Grund, den der Präsident hierfür anführte, erscheint aber glaubhaft: »Sie sind einer von denen, für die ich die meisten Gefühle von Sympathie empfinde.« Er bat Tocqueville, für ihn bei seinen ehemaligen Kollegen, von denen er sich aus politischen Gründen getrennt hätte, als Vermittler aufzutreten: Er hätte keinesfalls die Absicht gehabt, Männer zu kränken, »die er liebte und schätzte«.

---

1 Der Entwurf zu diesem Brief befindet sich in den Archives Tocqueville, Akte 97.

Tocqueville antwortete am 7. November, daß er die Regierung ohne Bedauern verlassen habe, fügte aber hinzu, daß die in der Botschaft enthaltenen Vorwürfe, die auch in der öffentlichen Meinung so empfunden worden seien, ihn persönlich verletzt hätten. Er dankte dem Präsidenten für die Erklärung, die er dazu geliefert habe, und besiegelte den Frieden am darauffolgenden Tag durch sein Erscheinen beim Empfang des Präsidenten. Später begab er sich nie mehr in den Elyséepalast, ließ aber durch Vieillard ausrichten, daß er damit nur böswilligen Deutungen vorbeugen wolle.[1]

Das Kabinett vom 2. Juni, das »aus der Minderheit der Mehrheit« gebildet worden war, war immer die Zielscheibe von Intrigen gewesen. Doch die Umstände seiner Entlassung und die Ablösung herausragender Männer durch obskure Komparsen hatten das Mitgefühl der Nationalversammlung erregt, die ebenfalls von dem autoritären Vorgehen des Präsidenten betroffen war. So stellte Tocqueville nicht ohne einen gewissen Humor fest: »Niemals hatte ein gestürztes Kabinett weniger Feinde. Die Intriganten, die uns attackierten, weil sie glaubten, unseren Platz einnehmen zu können, bereuen es nun bitter, und die meisten ihrer Freunde, die nun erkennen, zu welch einer üblen Kampagne man sie verleitet hat, haben es eilig, uns ihr Bedauern zu bekunden, daß sie sich uns gegenüber nicht wohlwollender verhalten haben.[2] Als Folge von Louis-Napoléons Machtdemonstration kam es zum Zerwürfnis zwischen dem Präsidenten und der Mehrheit in der Nationalversammlung, da sich diese plötzlich der Möglichkeit eines unvermuteten Staatsstreichs bewußt geworden war. Die früheren Minister hielten sich zurück, weil sie nicht durch ihre Kritik an dem neuen Kabinett eine Annäherung zwischen diesem und dem Gros der Ordnungspartei bewirken wollten; und noch im April 1850 versuchte Tocqueville den ungestümen General Lamoricière, der ihn um Rat ersucht hatte, davon abzuhalten, den Kriegsminister zu attackieren, denn wenn er hierbei die Unterstützung der Linken erhielte, würde er das Mißtrauen der Mehrheit erwecken.[3] Daher war Tocquevilles parlamentarische Aktivität nach dem Sturz der Regierung stark eingeschränkt: Immerhin fungierte er aber als Berichterstatter bei der Gesetzesvorlage des Abgeordneten Didier, die in Anwen-

---

1 Archives Tocqueville, Akte 104.
2 A. de Tocqueville 1967, Teil 2: 235. Brief Tocquevilles an Beaumont vom 2. November 1849.
3 Tocqueville an Lamoricière, 29. April 1850, Archives du Chillon, Akte X.

dung von Artikel 9 der Verfassung die unverzügliche Verabschiedung von Sondergesetzen für Algerien vorsah. Am 12. Januar 1850 meldete er sich in diesem Sinne in der Versammlung zu Wort und wurde *ad hoc* in die Kommission gewählt.

Im Lauf der darauffolgenden Wochen stellte er jedoch fest, daß die Mehrheit der Versammlung sich allmählich dem Präsidenten annäherte, denn sehr viel heftiger und nachhaltiger als ihr Mißtrauen gegenüber Louis-Napoléon war ihre Furcht vor den »Roten«; insbesondere zeigte sie sich über die Verbreitung sozialistischer Ideen in der Armee beunruhigt. Die meisten Abgeordneten der Ordnungspartei waren immer weniger bereit, ihren orléanistischen und legitimistischen Führern zu folgen, sondern wünschten vor allem eine starke Macht, die sie vor der »Anarchie« schützen würde, ohne daß sie jedoch eine Wiederherstellung des Kaiserreichs angestrebt hätten. Tocqueville wurde bewußt, daß der Prinz-Präsident nur irgendeinen recht simplen Erfolg vorweisen müßte, um diese Stimmung zu seinen Gunsten auszunutzen und einen gewaltlosen Staatsstreich durchzuführen. Die Zukunft erschien ihm also ungewisser denn je.

Soweit waren seine Reflexionen gediehen, als seine Laufbahn im öffentlichen Leben durch seine Krankheit unterbrochen wurde. Wir erinnern uns, daß er sich bereits im Frühjahr 1849 sehr erschöpft fühlte und zu dem Zeitpunkt, als man ihn zum Außenminister ernannte, das Bett hüten mußte. Während seiner Amtszeit erfüllte er ein beträchtliches Arbeitspensum und vernachlässigte seine persönlichen Angelegenheiten, mit denen er sich erst wieder im November befaßte. Ab diesem Zeitpunkt ist aber seine Frau für einige Wochen ans Bett gefesselt, während er sich selbst gesundheitlich nicht schlecht fühlt. Im März 1850 erleidet er jedoch einen plötzlichen Zusammenbruch. Vom 6. März ab erscheint er nicht mehr in der Versammlung, und am 11. bittet er um einen sechsmonatigen Genesungsurlaub. Zum ersten Mal hustet er Blut, was anscheinend den Beginn einer langsam fortschreitenden Tuberkulose markiert, der er neun Jahre später erliegen sollte. Über den genaueren Verlauf seiner Krankheit ist wenig bekannt: Am 15. März teilt Faucher Reeve in einem Brief mit, daß Tocqueville verloren sei, am 19., daß er sich etwas erholt habe. Doch erst Anfang April schreibt Tocqueville einige Zeilen des Dankes an Barrot, der ihn mehrmals besucht hatte, um sich nach seinem Befinden zu erkundigen. Doch ist an eine Wiederaufnahme seiner politischen Tätigkeit noch nicht zu denken: Am

2. Juni bricht er nach Le Havre auf, schifft sich dort nach Cherbourg ein, und befindet sich am 4. Juni in Tocqueville. Seine Frau ist ebenfalls auf dem Wege der Genesung, gelangt aber schneller wieder zu Kräften als er, so als ob die Luft auf der Cotentin-Halbinsel sie an ihre »Heimatluft« erinnere.

Tocqueville war durch seine Krankheit von heute auf morgen aus dem politischen Leben herausgerissen worden. Diese plötzliche Untätigkeit ist wohl mehr noch als das Wissen um seine schwere Erkrankung die Ursache für das Wiederauftauchen einer metaphysischen Angst, die möglicherweise eine der verborgenen Triebfedern darstellte, die ihn ursprünglich dazu veranlaßt hatten, sich kopfüber als eine Art Ablenkung ins politische Leben zu stürzen.

Von seinem Zufluchtsort in der Normandie schreibt er am 1. August 1850 an Corcelle: »Niemals habe ich die Last dieser Dunkelheit, die alle Dinge in der jenseitigen Welt umgibt, schmerzlicher empfunden; niemals habe ich so sehr das Bedürfnis nach einer Grundlage, einem festen Boden, auf die das Leben gebaut sein sollte, verspürt... Wenige Tage vor meiner Abreise aus Paris hatte ich den Gedanken, mit [Abbé Coeur] ein langes und ernstes Gespräch über die furchtbaren Fragen des menschlichen Lebens zu führen. Ich bat ihn zu kommen; er kam auch, aber ich habe ihm nichts darüber erzählt, was meinen Geist so dringend beschäftigte. Was hätte er mir auch gesagt, was ich mir nicht schon selbst gesagt hätte, ohne daß es mich völlig und absolut überzeugt hätte... Ich bin der Überzeugung, daß man mit der Fähigkeit zum Glauben geboren wird und daß sich hier mit dem Alter nur ein Keim entwickelt, den die Seele schon bei der Geburt in sich barg.«[1]

Aber auch wenn er diese Gedanken, die »nur in ein großes, bodenloses schwarzes Loch führen, in dem die menschlichen Meinungen durcheinanderwirbeln«, beiseite schiebt, so verspürt Tocqueville nichtsdestoweniger die Notwendigkeit, eine Bestandsaufnahme seines Lebens und dessen, was er damit angefangen hatte, zu machen.

Als erstes stellt er fest, daß er sich alt fühlt und daß für ihn nun die Niedergangsphase seines Lebens beginnt. Es gilt deshalb die noch verbleibenden Jahre so gut wie möglich zu nutzen. Diese Überlegung führt ihn zu der Frage, ob jene zehn Jahre, in denen er seine Kräfte hauptsächlich dem öffentlichen Leben gewidmet hatte, nicht in irgendeiner Form

---

1 A. de Tocqueville 1983a, Teil 2: 29.

trügerisch gewesen waren. Sicher hatte er für kurze Zeit über die großen politischen Angelegenheiten mitentschieden, doch skeptisch und ängstlich wie Tocqueville ist, fragt er weiter. Sind diese großen politischen Angelegenheiten denn etwas anderes als die Peripetien einer sich hinziehenden revolutionären Periode? Tocqueville gesteht, sich geirrt zu haben, als er 1830 glaubte, die Krise, die den Übergang von der alten Welt zur Demokratie der Zukunft darstellte, sei beendet: »Als ich sah, daß die Demokratie, die alle Privilegien zerstört hatte, nur noch eines unangetastet gelassen hatte, nämlich das so alte und so notwendige Privileg des Eigentums, da dachte ich, daß sie wie der Ozean endlich an ihre Ufer gelangt sei. Welch ein Irrtum! Heute ist offensichtlich, daß die Fluten anschwellen, das Meer weiter steigt; daß nicht nur wir nicht das Ende jener ungeheuren Revolution gesehen haben, die vor uns begonnen hat, sondern daß auch ein Kind, das heute geboren wird, es wahrscheinlich nicht erleben wird. Es handelt sich nicht um eine Veränderung am Gebilde der Gesellschaft, sondern um seine vollständige Verwandlung, doch wohin wird sie führen? Um ehrlich zu sein, ich weiß es nicht, und ich glaube, daß sie das Einsichtsvermögen aller übersteigt.«[1] Immerhin sollte die französische Gesellschaft, auf kurze Sicht gesehen, genug Lebenskräfte besitzen, um schwere Krisen zu überstehen.

Mit diesen Überlegungen im Zusammenhang steht Tocquevilles Vorhaben, seine *Erinnerungen* über die jüngere Vergangenheit zu schreiben. Im Juli 1850 verfaßt er den ersten Teil: »Ich muß mich in meiner Einsamkeit eine Weile darauf beschränken, mich selbst zu betrachten oder vielmehr die Ereignisse, an denen ich mitgewirkt habe oder deren Zeuge ich war.«[2] Tocqueville unternimmt diese Arbeit nicht nur aus Lust am Beschreiben, sondern er will die »verworrenen Züge [ordnen], die das unklare Gesicht unserer Zeit ausmachen«. Seine *Erinnerungen* sollen auch ein »Spiegel« sein, in dem er sich selbst beobachtet. Doch darf man ihn nicht allzusehr beim Wort nehmen, wenn er versichert, daß sie keineswegs für die Öffentlichkeit bestimmt seien, auch wenn man davon ausgeht, daß er sich zu seiner persönlichen Befriedigung die Mühe machte, unter mehreren Varianten das richtige Adjektiv auszusuchen, und Abschweifungen unterläßt, um das formale Gleichgewicht im Text zu wahren. Zweifellos will er seine *Erinnerungen* nicht zu seinen Lebzeiten der

---

1 Unveröffentlichte Aufzeichnungen, Archives Tocqueville, Akte 92.
2 A. de Tocqueville 1964: 29.

Öffentlichkeit präsentieren. Doch die Reflexionen über seine Zeit lassen bei Tocqueville auch die Sorge um den Eindruck, den die Nachwelt von ihm gewinnen könnte, entstehen. Wenn die Menschen zukünftiger Zeiten immer noch die *Demokratie* und das neue Werk, das er bereits ins Auge gefaßt habe, lesen würden, dann wäre es sehr erstaunlich, wenn sie sich nicht auch für das, was er über seine Zeit zu berichten hat, interessieren würden. Als leidenschaftlicher Leser von Memoiren kennt er diese Art von Neugier nur zu gut. Doch ist ihm als vorsichtigem Normannen die Vergeßlichkeit zukünftiger Generationen wohl bewußt, und so ist es ein wenig scheinheilig, wenn er erklärt, er wolle ein Werk geheimhalten, das die Nachwelt möglicherweise gar nicht interessieren werde.

In diesem Sommer 1850 leiht er sich in Valognes eine Reihe von Zeitungen aus dem Jahre 1848 aus und kann auf diese Weise noch einmal die Ereignisse der Februarkrise, die die Monarchie hinweggefegt hatte, nachvollziehen. Aus dem zeitlichen Abstand heraus setzt er nun seine 1847 und 1848 begonnene Analyse der Fehler und Schwächen der ausgehenden Julimonarchie fort: Eine einzige Klasse verfügt über die Regierungsgewalt und nutzt sie zu ihrem eigenen Vorteil aus, bis in diese geschlossene Welt unerwartet die Volksmassen einbrechen. Tocqueville beschränkt sich darauf, die Zufälligkeit der Ereignisse dieser Tage zu beschreiben, weiß sie jedoch in das tragische Crescendo der revolutionären Bewegung einzuordnen; und angesichts der Volksmassen agieren die Schauspieler auf der Bühne der Monarchie mit der Verwirrung burlesker Marionetten, die Tocqueville Modelle für unvergeßliche Karikaturen bieten.

Ein Bindeglied zur Politik existierte jedoch noch in jenem Sommer des Jahres 1850: der Generalrat. 1848 war Havin mit Hilfe von Ratsmitgliedern an die Macht gelangt, die – wie Tocqueville boshaft bemerkt – nicht einmal untereinander über ihn etwas Abfälliges zu sagen wagten aus Furcht, es könne ihm zu Ohren gebracht werden. Im Jahr 1850 nun nahmen die örtlichen Notabeln allem Anschein nach für die erlittenen Kränkungen Rache. Havin war bei den Wahlen zur Gesetzgebenden Nationalversammlung kläglich gescheitert, und im Generalrat hatte ein Teil seiner ehemaligen »Höflinge« mit ihren Stimmen dafür gesorgt, daß Tocqueville zum Vorsitzenden des Rates gewählt wurde. Und für das Amt des 2. Vorsitzenden hatten sie sogar Vieillard vorgezogen. Der frühere Außenminister hatte es keineswegs unter seiner Würde befunden, nach Saint-Lô zu reisen, um dort seinen lokalen Triumph auszukosten. Als er darum ersucht wurde, eine Bitte des Bürgermeisters von Cherbourg zu unterstützen, in der ersterer seinem Wunsch Ausdruck verlieh, der Prinz-Präsident möge die Bauarbeiten an der Werft der Stadt besichtigen kommen, so war Tocqueville gern dazu bereit gewesen. In diesem Sommer 1850 war Louis-Napoléon nach einer Rundreise durch den Osten Frankreichs, wo man ihm einen recht kühlen Empfang bereitet hatte, mit einer Kutsche in die Normandie aufgebrochen. Am 6. August traf er für einen dreitägigen Aufenthalt in Cherbourg ein, wo Tocqueville, der wiedergewählte Präsident des Generalrates, ihn mit einer Ansprache begrüßte. Neben Willkommensworten brachte Tocqueville in seiner Rede auch den dringlichsten Wunsch des Departements zur Sprache, nämlich den Bau einer Eisenbahnverbindung nach Paris. Der Präsident antwortete mit wohlwollenden Worten und brachte öffentlich zum Ausdruck, welche Wertschätzung und Freundschaft er für den Präsidenten des Generalrats empfand.[1] Dieser begleitete ihn auch während der Besichtigung des Hafens und nahm an dem anschließenden Bankett teil. Louis-Napoléon zeigte sich von liebenswürdiger Aufmerksamkeit, sprach jedoch keine politischen Fragen an. Man kann davon ausgehen, daß er Tocqueville seit dieser Begegnung als einen Mann ansah, den man nicht für subversive Manöver gewinnen konnte, sondern den man schonen mußte, um ihn später zu benutzen, wenn sich die durch einen Staatsstreich aufgewühlten Leidenschaften beruhigt hätten.

Zum damaligen Zeitpunkt war Tocqueville überdies empfänglich für das lokale Ansehen, das ihm die Aufmerksamkeit des Präsidenten verschaffte. Er zeigte sich verärgert, daß das *Journal de Valognes* in seiner Berichterstattung über die Festlichkeiten in Cherbourg nicht auch die zu diesem Anlaß gehaltenen Reden abdruckte. Die kurze Sitzungsperiode des Generalrats, die Festlichkeiten in Cherbourg mit den Gesprächen, Reden und den Menschenmengen hatten Tocqueville erschöpft; er verlor seine Stimme, litt unter Kehlkopfbeschwerden. Er mußte sich eingestehen, daß seine schwere gesundheitliche Krise noch nicht überwunden war. Bevor er eine Wiederaufnahme seiner politischen Tätigkeit ins Auge fassen konnte, mußte er die Ärzte konsultieren, die ihn im März behandelt hatten, und hier insbesondere Andral. Die Tocquevilles verließen also den Cotentin Ende September, um nach Paris zu reisen. Die Ärzte bestätigten, daß der rechte Lungenflügel ausgeheilt sei, daß der

---

1 Diese Reden sind abgedruckt in: A. de Tocqueville 1866c: 572 f.

Kranke aber über den Winter der Erholung in einem mediterranen Klima bedürfe. In der Überzeugung, daß der Präsident nach dem Wiederbeginn der Sitzungsperiode der Kammern zunächst keinerlei Übergriffe wagen und daß diese Ruhe den ganzen Winter über dauern würde, willigte Tocqueville schließlich ein, sich nach Italien zu begeben, obwohl er sich in manchen Momenten dennoch über die politische Lage beunruhigt zeigte.

Die Reise in den Süden war beschwerlich. Am 1. November 1850 machte Tocqueville in Dijon Zwischenstation; erst am 9. November konnte er sich in Marseille nach Italien einschiffen. Bei einer Zwischenlandung in Genua wurde das Schiff von Engländern überschwemmt, die erfahren hatten, daß der Hafen von Neapel nicht mehr der Quarantäne unterlag. Während der Fahrt brach ein so heftiges Unwetter aus, daß Tocqueville glaubte, sein letztes Stündlein habe geschlagen.[1] Das Ehepaar verließ daraufhin das Schiff in Civitavecchia und reiste auf dem Landweg langsam nach Neapel weiter. Sie erreichten die Stadt am 21. November, verzichteten aber auf ihren ursprünglichen Plan, nach Palermo weiterzureisen. Am 12. Dezember mieteten sie ein Haus in Sorrent, das »auf halber Höhe gelegen, sehr trocken und sehr behaglich war« und von wo man direkt aufs freie Land gelangte. Im Januar stieß Ampère zu den Tocquevilles und leistete dem Ehepaar bis zum 7. März Gesellschaft; sie selbst schifften sich, zweifellos in Neapel, am 14. April nach Marseille ein. Ampère sollte diesen Aufenthalt später in einem Artikel beschreiben, den er anläßlich von Tocquevilles Tod für *Le Correspondant* schrieb: »Wir wohnten in einem Haus oberhalb der Straße, das etwas vor Sorrent auf den untersten Berghängen gelegen war; es hatte ein Terrassendach, von wo aus man zur Rechten Neapel und den Vesuv sah; zur Linken fiel das Auge auf Täler mit Orangenbäumen, deren Früchte in der Sonne leuchteten, und aus denen Kuppeln, Kirchtürme und weiße Villen herausragten, es war ein bezaubernder Anblick. Und was für schöne, geistreiche und erhabene Gedanken ich auf dieser Terrasse gehört habe! Wir unternahmen auch lange Spaziergänge in den Bergen, denn trotz seiner schwächlichen Gestalt war er ein ausdauernder Wanderer; und um nicht vom geraden Weg abweichen zu müssen, der die seiner Natur gemäße Richtung zu sein schien, überwand er zur Not eine Hecke,

---

1 A. de Tocqueville 1967, eil 2: 326 f. Brief Tocquevilles an Beaumont vom 24. November 1850.

einen Graben oder gar eine Mauer. Wir machten dann an irgendeinem schönen Plätzchen Rast, vor uns das Meer und den Himmel von Neapel über unseren Köpfen. Atemlos ruhten wir uns für einen Moment aus und nahmen unsere Unterhaltung wieder auf... Jener Winter erwies sich dank einer Segnung des Himmels, der sich seither weniger gnädig gezeigt hat, als außerordentlich schön und mild sogar für das Klima von Neapel. Beinahe jeden Tag konnten wir diese in unseren Augen unschätzbaren Spaziergänge unternehmen, bei denen sich uns während einiger Wochen ein in England hochgeschätzter Mann von unermüdlichem geistigem Schwung zugesellte, Monsieur Senior. Am Ende unserer Spaziergänge stellten wir aus den großen Veilchen, die an den Wegrändern wuchsen, einen üppigen Strauß für Madame de Tocqueville zusammen, die sich aufgrund einer gesundheitlichen Schwäche nicht von ihrer Terrasse entfernen konnte.«[1]

Eines der sehr unterschiedlichen und immer originellen Gesprächsthemen zwischen Tocqueville, Ampère und Senior waren seine *Erinnerungen* des Jahres 1848, an denen er in der zweiten Dezemberhälfte des Jahres 1850 weiterschrieb.

In Tocqueville hatte er sich seiner Voraussagen aus dem Jahr 1847 erinnert und als Augenzeuge über die Februartage berichtet. Diesmal nahm er aus größerem Abstand seine Reflexionen über dieses Ereignis wieder auf. Er zeigte, daß Paris die am stärksten von der Arbeiterschaft geprägte Stadt Frankreichs geworden war und daß durch die sozialistischen Predigten das politische Bewußtsein der Arbeiterklasse geweckt worden war. Damit es zur Revolution kommen konnte, hätten »allgemeine Ursachen durch Zufälle befruchtet« werden müssen, eine Schlußfolgerung, derer er sich erinnern sollte, als er später *Der alte Staat und die Revolution* verfaßte. Was ihn jedoch frappierte und für ihn auch das wesentliche Charakteristikum der Revolution von 1848 bleiben sollte, war seine Erkenntnis, daß diese gegen die Gesellschaft und nicht gegen die Regierung gerichtet war, daß der Sturz der Julimonarchie lediglich eine Episode dargestellt habe; das wichtigste Ereignis seien die Junitage gewesen, jener »Dienerkrieg«, der in dem Moment ausgebrochen sei, als man dem Proletariat die Herrschaft über Paris, die es seit Februar ausübte, entreißen wollte.

Dieser klassenkämpferische Zug sei jedoch nur für die Revolution in Paris kennzeichnend gewesen: In der Provinz hätte man ganz anders emp-

---

1 A. de Tocqueville 1970: 443.

funden. Während seines Wahlkampfaufenthalts in der Normandie im
April 1848 hatte er deutlich gespürt, daß zwischen Provinz und Haupt-
stadt nicht nur Mentalitätsunterschiede existierten, sondern sogar auch
Haß herrschte. Und aus diesem Grund hätte auch die konstituierende
Nationalversammlung über den Pariser Arbeiteraufstand triumphieren
müssen: Sie hätte ganz Frankreich als Reservearmee hinter sich gehabt.
Nachdem Tocqueville über die bedeutenden Ereignisse des Juni berichtet hatte, schrieb er in Sorrent nicht mehr an den *Erinnerungen* weiter.
Im Lauf seines Berichts über die großen Ereignisse erwähnt er mit einer
Art bitterem Spott die Arbeit an der neuen Verfassung, an der er selbst
beteiligt gewesen war. Wenn er auch bereit ist, diese Verfassung aus einem legalistischen Anspruch heraus zu verteidigen, so räumt er ihr doch
keine lange Lebensdauer ein. Aus dem Abstand heraus, den er in Sor-
rente gewonnen hat, erscheint ihm die Republik weder gefestigt noch als
das passende Regime für ein zentralistisch gebliebenes Frankreich, in
dem die Exekutive immer noch über eine mächtige Stellung verfügt. Es
reut ihn nun, daß er am Rednerpult für die Wahl des Präsidenten auf
dem Weg des allgemeinen Wahlrechts eingetreten war.

Denn auch in Sorrent ließ er die Verbindung nach Paris nicht abreißen und hielt sich – vor allem durch Briefe Beaumonts – mit etwa zwei-
wöchiger Verspätung über das politische Leben in Frankreich auf dem
Laufenden. Dieses war äußerst bewegt, die Lage änderte sich täglich, so
daß Tocquevilles Ratschläge letztlich nichtig erschienen. Er selbst spürte
dies sehr wohl, auch wenn er insgesamt dafür eintrat, daß die Legislative
sich um eine Versöhnung mit dem Präsidenten bemühen solle, ohne sich
jedoch deswegen selbst zu erniedrigen. Im März erwägte der Prinz-Präsident, Barrot wieder ins Kabinett zu berufen; gegenüber Beaumont äußerte er seine Beunruhigung über den Gesundheitszustand Tocquevilles
und teilte ihm mit, daß er mit Barrot bei dessen erneuter Übernahme
der Regierung darin übereinstimme, Tocqueville das Außenministerium
anzuvertrauen. Ein Freund riet Tocqueville daraufhin, sich wieder in die
Nähe von Paris zu begeben. Letztlich entschied sich der Präsident aber
für eine andere Ministerkonstellation und berief am 10. April das Kabinett Faucher.

Obwohl sich Tocqueville der Politik verbunden fühlte, erwog er, sich
von ihr zu lösen. Seine Reflexionen vom vorangegangenen Sommer, als
er über die Reife und die Niedergangsphase des menschlichen Lebens
nachgedacht hatte, führten ihn zu dem Schluß, daß er ein Buch schrei-

ben müsse: Man würde sich eher an das erinnern, was er geschrieben hatte als an seine Taten. Das Werk, das ihm vorschwebte, war eine historische Reflexion über die Ära Napoleons, jener Episode im großen Drama der Französischen Revolution, die, wie die Ereignisse bewiesen, noch nicht beendet war. Tocqueville hat sich niemals aus reiner Neugier oder aus dem Bedürfnis, die Vergangenheit wiederzubeleben, für die Geschichte interessiert. Vielmehr wollte er seine eigene Zeit erklären und sie sich damit sozusagen selbst erklären. Deshalb will er sich von den Zufälligkeiten des gegenwärtigen Lebens fernhalten, um einen wesentlichen Aspekt eben dieser Gegenwart zu erfassen. Wir werden noch sehen, wie sich später dieser erste Ansatzpunkt für *Der alte Staat und die Revolution* wandeln wird.[1]

Tocqueville bittet in diesem Punkt Kergorlay und Beaumont um ihre Meinung, schreibt an Stoffels und unterhält sich mit Ampère über sein Vorhaben. »Er suchte noch nach der passendsten Form für dieses Werk, das er wohl als für seinen Ruf entscheidend empfunden haben mußte, denn er strebte nach dem großen Erfolg.« Er wußte auch aus Erfahrung, daß er nicht gleichzeitig an einem solchen Werk arbeiten und in der Politik tätig sein konnte. Folglich spielte er mit dem Gedanken, sich in einer recht nahen Zukunft aus dem öffentlichen Leben zurückzuziehen. Hätte er sich aber ohne die Ereignisse des 2. Dezember tatsächlich dazu entschieden?

Bei seiner Rückkehr nach Paris geriet Tocqueville wieder mitten ins politische Leben. Er stellte fest, daß sich die Situation seit seiner Abreise vor sechs Monaten verschlechtert hatte. Aufgrund der in der Verfassung festgelegten Regelungen würden im Mai 1852 mit wenigen Tagen Abstand die Wahl des Präsidenten der Republik und der Gesetzgebenden Versammlung stattfinden. Niemand glaubte, daß Louis-Napoléon freiwillig seinen Platz räumen würde; die Ordnungspartei war überzeugt, daß die »Roten« das Machtvakuum ausnutzen würden, um einen Aufstand anzuzetteln. Diese Aussichten lähmten sowohl das Wirtschaftsleben als auch die Politik.

Der Prinz-Präsident war bereits entschlossen, die Macht nicht abzugeben, und es stand außer Zweifel, daß die Mehrheit des französischen Volkes wünschte, daß er im Amt bleibe; noch nicht sicher war er sich aber, auf welchem Weg er dieses Ziel verwirklichen könnte.

---

1 Siehe Kap. 24.

Am 15. Mai ließ er Tocqueville zu einer Unterredung zu sich rufen.[1] Tocqueville erläuterte ihm mit einigen geistigen Vorbehalten, daß es drei Wege gebe, um seinen Verbleib im Elysée-Palast zu sichern:

– Einen Staatsstreich. Dieses Mittel verwarf Tocqueville, und seinen Gesprächspartner versuchte er zu überzeugen, daß er auf diesem Wege wahrscheinlich scheitern würde.

– Eine ungesetzliche Wiederwahl auf der Grundlage des allgemeinen Wahlrechts im Mai 1852. Im Prinzip verwarf Tocqueville diese Möglichkeit ebenfalls. Letztlich ist jedoch aus seinen Briefen zu ersehen, daß er diesen Fall für den wahrscheinlichsten hielt. Er fand sich aber damit ab und wünschte sich nur, daß die Mehrheit für den Präsidenten knapper ausfallen würde als 1848. Allerdings fürchtete er, daß die in der Nationalversammlung vertretenen Generäle einen Bürgerkrieg auslösen könnten. Diese Gefahr erschien ihm bedrohlicher als ein von der »Bergpartei« provozierter Aufstand.

– Eine Verfassungsänderung. Hierzu mußte die Nationalversammlung mit einer Dreiviertelmehrheit die Notwendigkeit der Wahl einer neuen Konstituierenden Nationalversammlung beschließen. Ein solches Abstimmungsergebnis schien aber nur sehr schwer erreichbar, denn nicht nur die Republikaner, sondern auch die Orléanisten und sogar einige von Tocquevilles Freunden wie zum Beispiel Dufaure lehnten ein solches Verfahren ab. Dennoch galt es, einen Versuch zu unternehmen. Möglicherweise brachte das Gespräch vom 15. Mai Tocqueville auf den Gedanken (aus seinen Aufzeichnungen geht hierüber nichts hervor), für das Amt eines parlamentarischen Berichterstatters zu kandidieren, falls es zur Vorlage eines Gesetzes zur Verfassungsrevision käme. Damit hätte er in beeindruckender Weise im politischen Leben wiedererscheinen können, aus dem er sich seit seiner Rückkehr etwas ferngehalten hatte. Immerhin war sein Gesundheitszustand weiterhin nicht der beste. In der ersten Junihälfte mietete er ein Haus in Versailles – Grille du Grand Montreuil –, ein Anwesen, das zum Besitz seines Freundes Rivet gehörte. Nach Paris begab er sich nur, um an den wichtigen Sitzungen der Nationalversammlung teilzunehmen.

In einer von 230 Abgeordneten unterzeichneten Petition war eine Verfassungsrevision beantragt worden. Daraufhin wurde in den Aus-

---

1 In den Archives Tocqueville ist eine leider unvollständige Zusammenfassung dieses Gespräches aufbewahrt. Es wurde im Anhang der *Souvenirs*, O.C. Bd. XII. Paris. 1964. S. 288 f. veröffentlicht. (Fehlt in der deutschen Übersetzung.)

schüssen eine Kommission zur Untersuchung der verschiedenen Revisionsvorschläge gewählt, und auch Tocqueville wurde Mitglied. Die Kommission tagte vom 10. Juni bis zum 8. Juli. Am 25. Juni wurde Tocqueville mit acht Stimmen zum Berichterstatter gewählt, der Herzog de Broglie hatte fünf, Corcelle eine und Barrot ebenfalls eine Stimme erhalten. Letzterer wurde daraufhin von einem gewissen Groll gegen Tocqueville gepackt und warf ihm vor, er habe intrigiert, um seine Ernennung zu erreichen.

Am 8. Juli verlas Tocqueville seinen Bericht vor der Nationalversammlung und sprach sich für die Wahl einer Konstituierenden Nationalversammlung aus, deren Aufgabe die Revision der gesamten Verfassung sein sollte, wobei nicht einmal die republikanische Staatsform von einer eventuellen Veränderung ausgenommen sein sollte.

Nach den Diskussionen über die Gesetzesvorlage, die zwischen dem 14. und 19. Juli stattfanden und in deren Verlauf sich Barrot für und Dufaure gegen das Vorhaben aussprach, stimmten 446 Abgeordnete für eine Revision und 278 dagegen. Unter den letzteren befanden sich neben der »Bergpartei« und der republikanischen Linken die reinen Orléanisten, alle Afrikageneräle und die meisten von Tocquevilles Freunden mit Ausnahme von Corcelle und Beaumont. Zu einer Annahme der Gesetzesvorlage wären 543 Stimmen erforderlich gewesen, was einer Dreiviertelmehrheit der 724 Abgeordneten entsprochen hätte.[1]

Einige von Tocquevilles Freunden befürworteten daraufhin voller Enthusiasmus eine eventuelle Präsidentschaftskandidatur des Prinzen von Joinville. Dieser war seit dem Tod des Herzogs von Orléans sicher der einzige Sohn Louis-Philippes, der eine wirkliche Popularität genoß; und außerdem hatte er während der Julimonarchie als ein Gegner der konservativen Partei gegolten. Es erschien jedoch schwierig, eine breite Bewegung zu seiner Unterstützung zu schaffen, denn Thiers und Le Journal des débats hielten sich zurück. Für Tocqueville bestand der einzige Nutzen einer solchen Kandidatur darin, die Mehrheit für den Prinz-Präsidenten zu schmälern, und so erklärte er, daß er zwar für den Prinzen stimmen, jedoch nicht öffentlich zu seiner Unterstützung aufrufen werde; Dufaure hingegen schien bereit, sich persönlich für den Sohn Louis-Philippes einzusetzen. Höchstwahrscheinlich wurde er schließlich von seinem Freund Tocqueville davon abgehalten, sich in dieser Richtung zu engagieren.

---

1 Der Bericht, den Tocqueville der Nationalversammlung am 8. Juli vorlegte, wurde veröffentlicht in A. de Tocqueville 1866c: 574 ff.

In der Zeit vor der Eröffnung der Sitzungsperiode, die auf den 4. November anberaumt war, widmete sich Tocqueville in der Einsamkeit seiner Versailler Zuflucht wieder seinen *Erinnerungen*. Diesmal war es nicht mehr der Zeuge der großen Revolutionstage des Jahres 1848, der über seine Beobachtungen berichtete. Statt dessen vermittelte nun der Außenminister ein lebendiges Bild von den Ereignissen seiner Amtszeit, die am 2. Juni 1849 begonnen hatte, und schilderte einige der Probleme, die er hatte lösen müssen. Eine sehr unvollständige Schilderung, da er sich zwar recht weitschweifig über die Flüchtlingsaffäre von Konstantinopel ausließ, aber so gut wie nichts über die Römische Affäre berichtete, die ihn vornehmlich beschäftigt hatte.

Dennoch war jene Periode zwischen August und November 1851, in der die Nationalversammlung nicht tagte, keine politisch ereignislose Zeit. Die Generalräte, die der Beunruhigung der Öffentlichkeit Ausdruck verliehen, forderten trotz der Abstimmung in der Nationalversammlung weiterhin eine Verfassungsrevision: 79 von 84 Generalräten in Frankreich äußerten entsprechende Wünsche. Auch der Generalrat im Departement Manche erhob nach einer Rede Tocquevilles, der zum dritten Mal zum Präsidenten des Gremiums gewählt worden war, eine solche Forderung.[1]

Die Kampagne für die Verfassungsrevision blieb jedoch erfolglos. Vor der Wiederaufnahme der parlamentarischen Arbeit am 4. November erklärte sich der Prinz-Präsident ebenfalls zum Befürworter einer Aufhebung des Gesetzes vom 31. Mai. Daraufhin traten Faucher und die gesamte Regierung vom 10. April zurück, weil sie dieses Gesetz als ihre »Bundeslade« betrachteten. Am 27. Oktober wurde eine neue Regierung gebildet, in der General Saint-Arnaud das Amt des Kriegsministers übernahm. Der Staatsstreich war nicht mehr weit.

Natürlich gehörte Tocqueville zu den Abgeordneten, die am Morgen des 2. Dezember gegen den Staatsstreich protestierten. Zusammen mit einigen anderen Parlamentsmitgliedern wurde er vom Militär aus dem Palais Bourbon gejagt, woraufhin die etwas über 200 Deputierten im Rathaus des 10. Arrondissements, in der Nähe des heutigen Carrefour de la Croix-Rouge, eine Sitzung abhielten. Victor Hugo (der diese Ereig-

---

1 Der Wunsch des Generalrats des Departements Manche (28. August 1851), der auf Vorschlag von Gaslonde geäußert wurde, und die Beschlüsse zu diesem Punkt finden sich in *»L'Annuaire de la Manche de 1851«*. S. 198 ff.

nisse nicht direkt miterlebte) erzählt in seiner politischen Anklageschrift *Histoire d'un crime* (dt.: *Geschichte eines Verbrechens):* »Monsieur de Tocqueville, der krank war und in einer Fensterecke kauerte, erhielt von einem Soldaten ein Stück Brot, das er mit Monsieur Chambolle teilte«, und als die Volksvertreter in die Kaserne von Orsay gebracht wurden, »warf Monsieur de Tocqueville, der krank war, seinen Mantel in einer Fensterleibung auf den Fußboden und legte sich darauf. Er blieb mehrere Stunden so liegen.«[1] Abends aber wurde Tocqueville zusammen mit Barrot, dem Herzog de Broglie und einigen anderen Volksvertretern von Oberst Feray, dem Schwiegersohn Bugeauds und Cousin Salvandys, in dessen Empfangszimmer eingeladen, während die große Masse der Abgeordneten in der wenig komfortablen Kaserne zusammengepfercht blieb.

Am darauffolgenden Tag wurde Tocqueville zusammen mit fünfzig anderen Deputierten in einem Gefängniswagen nach Vincennes transportiert. Erst am Abend des 3. Dezember konnte Eugène, sein Kammerdiener, zu ihm gelangen. Noch am selben Abend erhielt er einen vom Polizeipräfekten unterzeichneten Entlassungsbefehl, eine Gunst, die er wohl der Fürsprache seines Freundes Janvier oder Chassériaus, dem Bruder des Malers, zu verdanken hatte. Er weigerte sich jedoch, den Inhaftierungsort vor seinen Kollegen zu verlassen.

Diese wurden mit Ausnahme einiger weniger am Morgen des 4. Dezember freigelassen. Tocqueville hatte diese Inhaftierung, auf die er sich bereits seit langem innerlich vorbereitet hatte, mit großer Ruhe erduldet wie »ein Mann, der seine Pflicht erfüllt« hat. Er sorgte sich vor allem um seine Frau, die anscheinend ebenfalls nicht bei guter Gesundheit war. Am 2. Dezember hatte eine Phase seines Lebens geendet, die knapp dreizehn Jahre früher begonnen hatte. Tocqueville sollte Louis-Napoléon niemals den Affront, den er gegenüber der Volksvertretung begangen hatte, und den Verlust der Freiheitsrechte verzeihen.

Am 14. Dezember beurteilte er das Ereignis in einem Brief an einen Landsmann aus dem Departement Manche (möglicherweise der Bürgermeister von Tocqueville), der sich nach ihm erkundigt hatte, folgendermaßen:

»Was gerade in Paris geschehen ist, ist abscheulich, sowohl von der Sache als auch von ihrer Durchführung her, und wenn alle Einzelheiten

---

1 Diese Anspielungen auf Tocqueville in *Histoire d'un crime* finden sich auf den Seiten 67 und 76 von Band VIII der *Œuvres complètes* von 1968.

bekannt werden, dann werden sie noch schlimmer erscheinen als die Hauptereignisse. Was das Ereignis selbst angeht, so war es bereits im Keim in der Februarrevolution verborgen wie ein Küken im Ei; damit es ausschlüpfen konnte, bedurfte es nur der notwendigen Inkubationszeit. In dem Augenblick, in dem der Sozialismus auftauchte, war die Herrschaft der Bajonette abzusehen. Das eine hat das andere hervorgebracht. Ich war seit langem hierauf gefaßt, und obwohl ich große Scham und großen Schmerz empfinde, was unser Land angeht, und eine große Empörung über gewisse Gewalttätigkeiten und Niederträchtigkeiten, die jedes Maß übersteigen, so bin ich doch kaum erstaunt und verspüre keine innere Verwirrung... Die Nation ist gegenwärtig wie von Sinnen aus lauter Angst vor den Sozialisten und dem leidenschaftlichen Wunsch, Ruhe und Behagen wiederzuerlangen; sie ist unfähig und, ich sage das mit großem Bedauern, unwürdig, frei zu sein... Die Nation, die seit vierunddreißig Jahren vergessen hat, was der bürokratische und militärische Despotismus eigentlich bedeutet... muß von neuem davon kosten und diesmal ohne die Würze von Größe und Ruhm...«

Teil V
Im inneren Exil

23
Tocqueville und das Zweite Kaiserreich

Die parlamentarische Laufbahn Tocquevilles hatte am 2. Dezember ein jähes Ende gefunden. Er sah es jedoch als seine Pflicht an, in der Presse, die auf Gerüchten beruhende Fehlinformationen verbreitete, die Wahrheit über den Ablauf dieses Tages und die Hintergründe klarzustellen. Natürlich war es unmöglich, in Frankreich selbst eine Gegendarstellung zu veröffentlichen. Die britische Presse hatte hingegen insgesamt die These akzeptiert, daß der Präsident nur einem von der Gesetzgebenden Versammlung geplanten Coup gegen seine Person zuvorgekommen war oder zumindest eine drohende Machtergreifung durch die »Roten« 1852 abgewendet hatte. Jedoch lehnte sie es auch nicht ab, den Bericht eines ebenso vertrauenerweckenden Oppositionellen zu veröffentlichen. Eine gute Bekannte Tocquevilles, Mrs. Grote, die Frau des bekannten Historikers, hielt sich zu jener Zeit gerade in Paris auf und erbot sich, das Schriftstück nach England mitzunehmen. Sie übergab es Reeve, der es übersetzte und in der *Times* vom 11. Dezember veröffentlichte. Dieser ausführliche Artikel rechtfertigte zunächst, daß die Gesetzgebende Versammlung Maßnahmen ergriffen hatte, die über den Schutz gegenüber der Exekutive hinausgingen. Desweiteren enthielt er zwei wertvolle Dokumente, die der Aufmerksamkeit der Polizei entgangen waren: erstens das Sitzungsprotokoll der Gesetzgebenden Versammlung, die im Rathaus des zehnten Arrondissements stattgefunden hatte; es enthielt die Namen der 218 oppositionellen Abgeordneten, fast alles Männer der Rechten oder des Zentrums, von denen einige auch in England bekannt und geschätzt waren. Zweitens das Dekret des Hohen Gerichtshofes, das unter Ausschluß der Öffentlichkeit beschlossen worden war und durch das der Präsident wegen Pflichtverletzung abgesetzt wurde. Dieses Urteil war noch vor der Ankunft des Polizeikommissars ergangen. Der Artikel wurde natürlich anonym veröffentlicht, aber durch offizielle, unzweifelhafte Dokumente gestützt.[1]

Ungefähr zur gleichen Zeit erschien in London eine Broschüre in französischer Sprache, die später in den Papieren Tocquevilles entdeckt wurde: *Récit de la conduite qu'a tenue l'Assemblée nationale au 2 décembre 1851* (Bericht über den Verlauf der Sitzung der Nationalversammlung vom 2. Dezember 1851). Sie kann keinesfalls von ihm verfaßt worden sein, denn Dupin erscheint darin in einem guten Licht. Zu einer solchen Darstellung wäre Tocqueville sowohl aus Liebe zur Wahrheit als auch aufgrund der Verachtung, die er diesem Mann entgegenbrachte, nicht bereit gewesen – nicht einmal, um die Herkunft des Textes zu verschleiern. Die Broschüre geht offensichtlich auf sehr zuverlässige Quellen zurück, und es wäre durchaus möglich, daß sie teilweise von Tocqueville selbst stammende Äußerungen wiedergibt. In ihr wird die unglaubliche Lüge der französischen Zeitungen dementiert, denen zufolge weder der Graf von Broglie noch Dufaure noch Tocqueville verhaftet worden seien, wobei noch unterstrichen wird, daß letzterer es abgelehnt habe, eher als seine Kollegen befreit zu werden.

Eine letzte öffentliche Funktion blieb Tocqueville dennoch erhalten: der Generalrat. Während einer kurzen Sitzungsperiode im März 1852 führte er noch den Vorsitz. Als er jedoch erfuhr, daß man künftig von den Generalräten einen politischen Eid verlangte, verfaßte er einen Brief an seine Wähler des Bezirks Montebourg, in dem er seinen Rücktritt erklärte. Er legte seine wahren Beweggründe nicht offen, da er dachte, daß es eines Tages notwendig werden könnte, in den Generalrat zurückzukehren, um gegen die Regierung vorgehen zu können. Auch wollte er die Generalräte nicht beleidigen, die den Eid durchaus mit einer gewissen Unabhängigkeit für vereinbar hielten. Im darauffolgenden Juli wurden die Generalräte neu gewählt; Tocqueville wollte jedoch nicht mehr kandidieren, auch wenn ihm diese prinzipielle Entscheidung sehr schwerfiel:

»Die Folgen des 2. Dezember sind der Teil der Ereignisse, der mich persönlich empfindlich getroffen hat. Ich hatte in meinem Bereich eine

---

1 *Times* vom 11. Dezember 1851. Das französische Original ist verlorengegangen, aber eine Rückübersetzung aus dem Englischen wurde veröffentlicht in: A. de Tocqueville 1867a: 119-129.

Stellung, die Annehmlichkeiten, aber keine Schwierigkeiten bereitete: der unangefochtene, große Einfluß auf die entscheidenden Dinge des Landes, eine Art geistige Lenkung, die auf persönlicher Achtung beruhte und von politischen Meinungen unabhängig war. Dieser Aspekt des öffentlichen Lebens machte das Privatleben angenehmer.«[1]

Vieillard, der ehemalige Vertreter des Departements Manche in der Konstituierenden und in der Gesetzgebenden Nationalversammlung, der auch republikanischer Abgeordneter unter der Julimonarchie gewesen war, hatte zu Tocqueville besonders nach 1848 freundschaftliche Beziehungen entwickelt. Er war ein persönlicher Freund des Prinz-Präsidenten und ehemaliger Erzieher seines Bruders, der auch Louis-Napoléon selbst teilweise betreut hatte. Er war Senator des neuen Regimes (der einzige, der es gewagt hatte, gegen die Wiedereinführung des Kaiserreiches zu stimmen). Am 5. Dezember hatte er Tocqueville Louis-Napoléons Entschuldigung für die Festnahme am 2. Dezember überbracht und hatte es ihm nicht verübelt, daß er abgewiesen worden war. Er blieb mit Tocqueville befreundet, der ihn 1849 bei seiner Kandidatur um das Amt des 2. Vorsitzenden des Generalrats unterstützt hatte, und er bemühte sich, ihm seine Stellung im Wahlbezirk zu erhalten. Im Juli 1852 verbrachte er kurzfristig einen Tag bei Tocqueville, in dessen Verlauf er mit ihm ausschließlich über die Literatur des 18. Jahrhunderts sprach.[2] Später schlug er Louis-Napoléon vor, Tocqueville den Eid zu erlassen, was der Kaiser auch zugestanden hätte, wenn nicht Persigny, der zu dieser Zeit Innenminister war, seinen verständlichen Einspruch eingelegt hätte. Ein Jahr später forschte Vieillard im Namen des Kaisers bei Tocqueville nach, ob er das Amt des Außenministers annehmen würde. Dies gab über die Person Louis-Napoléons Aufschluß: Wie Tocqueville schon 1849 festgestellt hatte, vergaß dieser Beleidigungen sehr viel schneller als Verdienste. Dennoch lehnte es Tocqueville natürlich ab, dem autoritären Kaiserreich zu dienen.

Als Vieillard am 23. Mai 1857 beerdigt wurde, fühlte Tocqueville sich verpflichtet, an den Begräbnisfeierlichkeiten teilzunehmen. »Alle bekannten Persönlichkeiten waren anwesend, und es befriedigte mich, mehreren ehemaligen Freunden, die mir zugewandt standen, den Rücken zuzukehren.« Die geheuchelte Empörung, die die Elite des Regimes zur

---

1 A. de Tocqueville 1967, Teil 3: 45. Brief an Beaumont vom 1. Mai 1852.
2 Ebd.: 61 ff. Brief an Beaumont vom 16. Juli 1852.

Schau stellte, als angekündigt wurde, daß kein Staatsbegräbnis angeordnet werde, war so groß, daß Tocqueville bedauerte, fast ausschließlich Kontakt zum Hof und der Hohen Verwaltung des Kaiserreiches gehabt zu haben.[1]

Unter den Abgeordneten des Departement Manche von 1848 befand sich ein anderer Mann, der seine Wahl Tocqueville verdankte und der in Valognes sein Vertreter gewesen war, nämlich Boulatignier. Er hatte sich 1849 für den Staatsrat ausgesprochen und das neue Regime anerkannt. Tocqueville hätte ihm dies auch wohl verziehen, wenn Boulatignier sich nicht in einer Abstimmung für die Konfiszierung der Güter des Hauses Orléans ausgesprochen hätte. »Als Richter ... geben Sie dieser größten und in höchstem Maße ungerechtfertigten Plünderung, die in Frankreich seit den schlimmen Tagen unserer großen Revolution stattgefunden hat, den Anschein der Gerechtigkeit«, schrieb er seinem alten Freund. Die Enttäuschung über Boulatigniers Verhalten raubte ihm den Schlaf[2], denn am meisten erschütterte Tocqueville, daß ehrenwerte Persönlichkeiten sich leichtfertig den politischen Umständen anpaßten. Als er erfuhr, daß auch Dupin sich auf die Seite des neuen Regimes gestellt hatte, empfand er ganz im Gegenteil Befriedigung darüber, daß eine von ihm bereits erahnte Wandlung eingetreten war, denn schon in seinen *Erinnerungen* hatte er ihn als »Affen« und »Schakal« bezeichnet. Daß man durch Dienstbeflissenheit Auszeichnungen und hohe Ämter erlangen konnte, befremdete Tocqueville. Deshalb haßte er Cormenin und Troplong, ehemals Liberale, die nun im Staatsrat und im Obersten Gerichtshof den Vorsitz führten. Auch gegen Billault und Stourm, die ehemalige Anhänger der »Linken Jugend« waren, empfand er eine starke Abneigung. Was die Schriftsteller betraf, so ging er mit dem Senator Sainte-Beuve, den er als »unbedeutenden Spitzbuben« bezeichnet, strenger um als mit dem Senator Mérimée, den er nur bespöttelte, da er schließlich die Kaiserin als Kind auf seinem Schoße gehalten hatte. Gobineau blieb er in Freundschaft verbunden, obwohl er seine Theorien, die sich gegen die menschliche Freiheit richteten, befremdlich fand. Er hätte es gerne gesehen, daß sich dieser aus der Diplomatie zurückzöge, zeigte aber Verständnis für sein Karrierestreben. Tocqueville selbst wünschte, daß Männer, die die

---

1 A. de Tocqueville 1970: 57 ff. Brief an Ampère vom 25. Mai 1857.
2 Unveröffentlichter Brief an Boulatignier vom 9. Nov. 1852. Abschrift in den Archives Tocqueville.

neue Ideologie des Kaiserreiches nicht teilten, ihm dennoch treu dienten, ohne jedoch um Vergünstigungen oder Sonderrechte zu bitten. Er bemühte sich sogar darum, seinem Neffen Hubert mit Hilfe von Drouyh de Lhuys, der wieder Minister geworden war, Zugang zur Diplomatie zu verschaffen.

Tocqueville lehnte aber bei der Arbeit an *Der alte Staat und die Revolution* keinesfalls die Dienste von beflissenen Beamten ab, die von dem Regimewechsel profitiert hatten: Zu diesen gehörten Taschereau, der Konservator der Nationalbibliothek, der Bibliothekar Haureau oder der Direktor der Archive, Chabrier, der sich in der Tat eine gewisse Unabhängigkeit bewahrt hatte.

Der Freundeskreis Tocquevilles schrumpfte. Er beschränkte sich nun auf seine ehemaligen politischen Mitstreiter, die weit verstreut lebten oder im inneren Exil waren. Beaumont hatte sich auf sein kleines Anwesen Borde bei Beaumont-sur-Dême (Sarthe) zurückgezogen. Er bemühte sich, sein früheres Vermögen wiederherzustellen, von dem ein großer Teil durch die Schulden, die ihm sein Schwiegervater George de la Fayette hinterlassen hatte, verloren gegangen war. Beaumont kümmerte sich fast ausschließlich um die Ausbildung seiner Kinder; sein ältester Sohn, Antonin, trat in die Afrikaarmee ein. Tocqueville hatte gewünscht, daß Beaumont sich geistigen Tätigkeiten widme und mit ihm eine deutsche Zeitung austausche, die es erlaube, trotz der Konfiskationen zu erfahren, was man in der Welt dachte. Eine der letzten Freuden Tocquevilles war die Neuauflage von *L'Irlande*, das vom Autor überarbeitet worden war. Corcelle vertiefte sich immer mehr in seinen katholischen Glauben; er war auch der einzige, dem Tocqueville seine metaphysischen Ängste anvertraute, selbst wenn er sich etwas über seine Frömmigkeit lustig machte. Rivet, der vorbildlich zu seinem Freund stand, war im Westen Frankreichs in der Eisenbahnverwaltung tätig. Lanjuinais reiste, beschäftigte sich mit Währungsproblemen und hoffte, wieder Abgeordneter der Opposition im befreiten Kaiserreich zu werden. Dufaure und Freslon waren ins Richteramt zurückgekehrt. Letzterer war so gut informiert, wie es einem Oppositionellen möglich war. Er vereinte fundierte historische Kenntnisse mit zahlreichen Kontakten und nahm unter den Freunden Tocquevilles einen besonderen Platz ein. Ampère, der seit dem Tod von Madame Récamier ohne Beschäftigung war, weilte bis 1857 zweimal für längere Zeit im Hause Tocqueville. Er zeigte sich immer geistig rege, beschäftigte sich aber mit zu vielen verschiedenen Themen, als daß er ein großes Buch hätte schreiben können. Er sprühte vor Geist, war ein sehr guter Redner und beliebter Gastgeber. Tocqueville verglich sich und seine Freunde mit den »Juden des Mittelalters, die auf sich beschränkt leben mußten, um sich so eine Heimat zu schaffen«.

Die Familienmitglieder hatten sich in zunehmendem Maße voneinander entfernt. Dies traf jedoch nicht für den Grafen Hervé zu, der am 9. Juni 1856 im Alter von 83 Jahren in dem kleinen Haus in Clairoix bei Compiègne starb. Alexis hatte dort seit mehreren Jahren den Sommer verbracht. Der plötzliche Tod des Vaters stürzte ihn und seine Brüder Édouard und Hippolyte in tiefe Trauer.

1852 war Édouard de Tocqueville Kandidat bei den Wahlen im Bezirk Oise. Sein Programm (das eine Zeitung ungeschickterweise unter dem Namen Alexis de Tocqueville veröffentlichte!) sprach sich ausdrücklich für den Staatsstreich und das dadurch errichtete Regime aus. Am 14. Februar schrieb ihm Alexis einen empörten Brief: »Das Scheitern der Freiheit, dieses hohen und edlen Ziels, dem ich mein Leben gewidmet habe und dessentwegen ich meine öffentlichen Ämter niedergelegt habe, die Zerstörung meines Landes und die Tatsache, daß meine Freunde ins Exil getrieben und zerstreut wurden, hatten in mir, so denke ich, keine solche Bitterkeit ausgelöst, wie die tiefe Kluft zwischen uns... wir verstehen weder unsere Haßgefühle noch unsere Hoffnungen noch unsere Ängste.«[1] Tocqueville brachte jedoch weiterhin seinen Neffen große Zuneigung entgegen, und während seiner letzten Tage kommt Édouard nach Cannes. Jedoch blieben die Themen, die Alexis am meisten bewegten, in ihren Unterhaltungen tabu.

Sein Verhältnis zu Hippolyte war nicht besser, aber in Alexis' Augen war dafür seine Frau Émilie verantwortlich: »Mein armer Hippolyte..., der so liberal und demagogisch war, ist so beugsam, so perfekt untergeordnet, eifrig und gehorsam geworden. Der Bürger Tocqueville brennt darauf, Senator zu werden, oder wenn ihm eine so hohe Funktion verwehrt wird, so hofft er zumindest, daß die Ehre, Abgeordneter zu werden, früher oder später in greifbare Nähe rückt. In dieser Hoffnung ist er so seicht, daß es mich reizt, aber er ist ein so guter Mensch, daß ich mir vorwerfe, darüber gereizt zu sein. Ich sage ihm von Zeit zu Zeit recht scharf meine

---

1 Brief an seinen Bruder vom 14. Februar 1852, zitiert von Rédier 1925: 227 ff. Unveröffentlichte Passage.

Meinung und bereue es anschließend wieder. Es wäre gerechter von mir, wenn ich diese Dinge seiner Frau sagte, denn sie ist es, die heute alles bestimmt und lenkt und dabei noch nicht einmal den Anschein aufrecht erhält, den der Despotismus in der Regel gewährt. Solange ihr Mann kein Geld hatte und zu nichts taugte, hat sie ihn nicht beachtet, aber jetzt, da er reich ist und ein Auskommen hat, hat sie sich ihm angenähert und die Lenkung aller Dinge übernommen.«[1]

So kehrte Tocqueville direkt nach dem Staatsstreich mit einer Haltung ins Privatleben zurück, mit deren Hilfe sich von nun an seine liberalen Überzeugungen mit den familiären Reibungen in Einklang bringen ließen.

Zwei voneinander unabhängige Stellungnahmen markieren Tocquevilles Abschied von der politischen Laufbahn: zum ersten eine vorausblickende Stellungnahme und zum zweiten eine rückblickende Überlegung über das Verhältnis zwischen politischer Überzeugung und praktischem Handeln.

Erstere findet sich in einem an den Grafen von Chambord gerichteten Brief vom 14. Januar 1852. In diesem Schreiben äußert Tocqueville den Gedanken, daß die einzig mögliche Alternative zum kaiserlichen Despotismus eine liberale Monarchie sei, in der der legitime Herrscher, der eine traditionelle Garantie zur Aufrechterhaltung der Ordnung biete, mehr Chancen habe, die Franzosen zu einen, als sonst irgendjemand. Ohne Anspruch auf ein genaues politisches Programm zu erheben, zählt er die notwendigen Voraussetzungen für ein solches System auf: persönliche Grundfreiheiten, eine Volksvertretung, freie und öffentliche Parlamentsdebatten, Pressefreiheit.[2]

Dieser Brief muß im Zusammenhang mit den Anstrengungen gesehen werden, die ab Ende 1848 vor allem von moderaten Orléanisten wie Salvandy unternommen wurden, um einen Zusammenschluß der verschiedenen Zweige der Bourbonen zu erreichen. Bekanntlich gelang die Versöhnung zwischen dem Grafen von Chambord und seinen Cousins, den Söhnen Louis-Philippes, nur teilweise. 1850 hatte Guizot, der um eine Stellungnahme gebeten worden war, dem Grafen von Chambord

---

1 A. de Tocqueville 1967, Teil 3: 536. Brief an Beaumont vom 22. Januar 1858.
2 Dieser »Brief an den Grafen von Chambord« wurde in *La Gazette de France* am 23. Nov. 1871 und später von Rédier 1925: 224-253 veröffentlicht. In den Archives Tocqueville existiert ein Konzept und in den Archives Kergorlay eine Abschrift des Briefes.

unmißverständlich geraten, sich mit einem parlamentarischen System einverstanden zu erklären. Die Ergebnisse des 2. Dezember hatten die Befürworter des Zusammenschlusses in ihrem Streben bestärkt. Von Charles Lacombe erhalten wir in seiner Biographie Berryers Informationen, die Aufschluß über den Brief Tocquevilles geben.[1]

Der Herzog von Levis, ein Abgesandter des Grafen von Chambord, war Tocqueville von Corcelle vorgestellt worden, der ihn wiederum auch mit Barrot, Vivien, Rivet und Dufaure bekannt machte. Im Grunde schrieb Tocqueville seinen Brief im Namen seiner Freunde, deren Ansichten er bereits mehrmals zu Papier gebracht hatte. Corcelle nahm darüber hinaus an den Zusammenkünften teil, wo Salvandy, Broglie, Montebello, Duchatel und der Legitimist Moulin, der als Sekretär dieses inoffiziellen Komitees fungierte, über die Einigung der Bourbonendynastie berieten. Berryer, Guizot und Tocqueville scheinen diese Aktivitäten mitverfolgt, aber nicht daran teilgenommen zu haben. Am 22. März 1852 versuchte Tocqueville den noch im Exil lebenden Rémusat zu überzeugen, daß die vollständig wiederversöhnten Bourbonen die einzigen geeigneten Machtträger seien, und er bat diesen treuen Anhänger der Herzogin von Orléans inständig, ihre Bestrebungen zu unterstützen.[2] Ebenfalls in Anspielung auf diese Bemühungen schrieb Tocqueville am 13. Mai des gleichen Jahres an Corcelle und betonte, daß er hierin das einzig sinnvolle Vorgehen sehe. Dabei drückte er sich bewußt verschleiernd aus: »Ich lasse hier selbstverständlich das beiseite, was Euch in der letzten Zeit so sehr beschäftigt hat und was von großer Wichtigkeit und sogar großer Aktualität war, da es die Einstellung der Parteien beeinflußte.«[3]

Trotz schwindender Hoffnung auf ein Gelingen verfolgte Tocqueville über die Jahre die Bemühungen mit, die Bourbonendynastie zu einigen. Er hatte 1849 an eine solche Möglichkeit gedacht, aber das dazu erforderliche »Werkzeug« hatte sich bereits zum Despoten gewandelt. Für ihn war das angemessene Mittel zur Verhinderung einer erneuten Anarchie die Einsetzung einer der alten Dynastien, die noch über ausreichend Prestige verfügten, um ein Gegengewicht zu den Volksbewegungen darzustellen. Damit sie aber die aus der Tradition erwachsene Macht erlangen könnten, müßten sie geeint sein.

---

1 Charles Lacombe Bd. III: 227 ff.
2 Unveröffentlichte Briefe, Archive von Rémusat, Lafitte-Vigordame.
3 A. de Tocqueville 1983a, Teil 2: 53.

Kergorlay zufolge erwies sich der Brief Tocquevilles an den Grafen von Chambord als nur wenig erfolgreich. In den Papieren dieses alten, treuen Freundes findet man zusammen mit einer Abschrift des Briefes die folgende, aus Kergorlays Feder stammende Bemerkung:

»Es sieht so aus, als habe der Graf von Chambord lediglich lebhaft dem Gefühl Ausdruck verliehen, daß dieses Schriftstück interessant sei und brauchbare Dinge enthalte. Dies war jedoch schon alles, er hat nichts gezeigt, was darauf hinweisen würde, daß er darin ein bedeutendes Dokument sähe.«[1]

Am 12. April 1852 hatte Tocqueville als Vorsitzender der *Académie des Sciences morales et politiques* über die Aufsätze Bericht zu erstatten, die der Akademie zu den im Vorjahr gestellten Themen eingereicht worden waren, und gab die Preisträger bekannt.[2] Zuvor jedoch untersuchte er in einleitenden Worten die Beziehung zwischen der Politik als Wissenschaft und der Kunst des Regierens. In früheren Jahren hatte er im ersten die Voraussetzung des zweiten gesehen; nun jedoch nach den Erfahrungen seiner zwölfjährigen politischen Laufbahn war er zu einem weniger rigorosen Standpunkt gelangt. Praktisches politisches Handeln sei theorieunabhängig und erfordere von den Männern des öffentlichen Lebens andere Fähigkeiten als das Studium der Gesellschaften. Trotzdem sollten die Geisteswissenschaften die Gesellschaftsformen unter vielen Aspekten untersuchen und dabei genauso exakt vorgehen wie die auf den Menschen als Individuum angewandten Wissenschaften.

Diese Erklärung stellte eine Art Testament dar, das Tocqueville bei seinem Ausscheiden aus dem öffentlichen Leben hinterließ. Möglicherweise hatte er sich daran erinnert, daß Talleyrand zu der Zeit, als er in dessen Salon ein- und ausging, eine Lobrede in der Akademie dazu genutzt hatte, ein letztes Mal die Prinzipien der Diplomatie zu formulieren. Bei seinem Abgang von der politischen Bühne gab Tocqueville implizit zu erkennen, daß er sich wieder an eine große Studie begeben werde, mit der er den Geist einer ganzen Epoche erfassen wolle.

Dies alles verhinderte freilich nicht, daß er die Verwirrung der liberalen Elite teilte, die sich während der Zeit des autoritären Kaiserreichs in

---

1 Archives Kergorlay, handschriftliche Anmerkung von Louis de Kergorlay.
2 Rede von A. de Tocqueville, Vorsitzender der Akademie für Geisteswissenschaften und Politik, anläßlich der jährlichen öffentlichen Sitzung der Akademie (3. April 1852).

widersprüchlichen Reaktionen äußerte. Zum einen gab es Optimisten und Zeitgenossen, die sich Illusionen hingeben wollten. Sie erklärten, daß »das hier« nicht andauern werde, nicht andauern könne, da es der Vernunft und dem Geist des Jahrhunderts widerspreche. Zum anderen Pessimisten wie den aus dem Exil zurückgekehrten Rémusat, die konstatierten, daß die Regierung keine Fehler begehe und sich mit Zustimmung der Mehrheit der Franzosen dauerhaft an den Hebeln der Macht niederlasse. Einige der Pessimisten sprachen von einem unabwendbaren Niedergang und dachten dabei an das große, historische Beispiel des Römischen Reiches.

Tocqueville lehnte diesen Vergleich ab. »Eure Römer waren tot, wir schlafen nur«, schrieb er an Ampère und bekräftigte, ohne näher zu präzisieren, was er meinte, daß Frankreich in der Vergangenheit schon manches Mal eine solche Zeit des Schlafs erlebt habe.[1] Er ging davon aus, daß dieser Zustand lange dauern werde. Die Mentalitätsunterschiede zwischen seiner Generation, die sich vor allem um Gerechtigkeit sorgte, und der folgenden, deren höchstes Ziel das materielle Wohlergehen war, verwunderten ihn sehr. »Erstere«, schreibt er am 26. Oktober 1853 an Barrot, »sind bereits den vorsintflutlichen Ungetümen gleichzusetzen, die man in naturgeschichtlichen Sammlungen bestaunen kann, während das Leben einer anderen Rasse gehört.« Jedoch, so fügte er hinzu, »wird auch die heutige Rasse überholt und von einer anderen ersetzt werden, die uns sehr viel ähnlicher sein wird als ihr, davon bin ich überzeugt. Jedoch bezweifle ich, ob wir das noch erleben werden. Es wird lange dauern, bis die bedauerlichen Spuren, die die letzten Jahre hinterlassen haben, ausradiert sein werden. Wenn die Franzosen umkehren werden, so nicht aus Begeisterung für die Freiheit, sondern aus Stolz und aus der Gewohnheit heraus, frei zu sprechen und zu schreiben, aus dem Bedürfnis, wenigstens ihre Überzeugungen zu diskutieren. Dies entspricht dem Geist dieses Jahrhunderts und dem ältesten Instinkt ihrer Rasse.«[2]

Diese Hoffnung, die Tocqueville in die Zukunft setzte, milderte jedoch nicht seine Bitterkeit, die wie ein ständiger, zuweilen dumpfer, zuweilen stechender Schmerz an seiner Seele nagte und der er nur durch intensive Beschäftigung zu entfliehen vermochte. Im Juni 1853 machte er in

---

1 A. de Tocqueville 1970: 376 ff. An Ampère, 12. Mai 1857.
2 A. de Tocqueville 1867b: 300 ff.

einem Brief an Freslon Anspielungen auf seine Arbeit an *Der alte Staat und die Revolution*: »Auf diese Weise habe ich es geschafft, aus mir selbst, diesem trüben Ort, herauszukommen. Wie sehr ich mich auch bemühe, Augen und Ohren zu verschließen, selbst bei der Arbeit dringt der Widerhall der gegenwärtigen Ereignisse bis zu mir. Es gelingt mir zwar, ruhig zu bleiben, aber fröhlich bin ich nicht.« Vier Monate später schrieb er an den gleichen Adressaten: »Ihr wollt nicht, daß ich traurig bin. Nun, das ist ein guter Rat, aber wie kann ich ihn befolgen? Es muß einen doch mit Trauer erfüllen, wenn man dieses Volk sieht, immer noch das gleiche, das der Freiheit gegenüber so widerspenstig ist und sich so willig unterordnet, das sein Joch nicht nur erträgt, sondern es wie im Sieg vorzeigt und mit Begeisterung küßt.«[1] Mit großer Traurigkeit betrat er den Boden seines Vaterlandes, als er 1854 und 1857 von Reisen nach Deutschland und England zurückkehrte. Jedoch blieb er wachsam gegenüber Schwächen, die den Niedergang oder den Fall des Regimes hätten bewirken können. Niemals zuvor hatte er Wirtschafts- und Währungskrisen mit so viel Interesse verfolgt. Auch die Außenpolitik beobachtete er mit äußerster Aufmerksamkeit, obwohl er erklärte, daß die Führung erst dann fatale Fehler begehen könne, wenn es im Inneren keine offenen Feinde mehr gebe. In allen Regimes, so hob Tocqueville hervor, würden die Bedingungen für einen Zusammenbruch erst durch die Sicherheit geschaffen, die eine Reihe von Erfolgen mit sich brächte. Tocqueville, der starken Stimmungsschwankungen unterworfen war, war selten konstant in seinem Urteil. Aus seiner Feder stammen sowohl falsche Vorhersagen als auch Analysen, die mit bestechender Klarheit Stärken und Schwächen des Kaiserreiches herausstellen. Seine am häufigsten und bereits 1852 geäußerte Auffassung besagt, daß das Regime recht dauerhaft sein werde, ohne der Nachwelt etwas mitzugeben. Diese Gesamtsicht wurde von der Geschichte bestätigt. Tocqueville begriff das Kaiserreich als eine neuerliche Wandlungsphase, eine Art Pause in der revolutionären Entwicklung Frankreichs und auch Europas auf die Demokratie hin. So schrieb er schon am 24. November 1853: »Die Zeit der Revolution ist weder hier noch anderswo abgeschlossen, und dies hier ist nur ein Zwischenspiel in dem großen Drama, das noch längst nicht vorbei ist. Selbst diejenigen, die die derzeitige Farce spielen, glauben nicht an eine längere Dauer des Stücks.«

---

1 Brief an Freslon vom 9. Juni 1853 in: A. de Tocqueville 1867a: 209, und vom 23. September 1853; (unveröffentlichte Abschrift von Beaumont in den Archives Tocqueville).

Nichtsdestoweniger waren es gerade seine revolutionären Ursprünge, die dem kaiserlichen Regime Rückhalt im Volk verschafften, so daß es – wie das römische Kaisertum – zu einem Bauern- und Soldatenstaat wurde. In einem Brief vom 5. Mai 1852 an Lamoricière hob Tocqueville die einzigartige Rolle hervor, die das Militär seit dem 20. Dezember spielte, eine Rolle, die ihm nicht einmal zu Zeiten des großen Napoleon zugekommen war: »Die Armee ist die vorherrschende Klasse in dieser Phase unserer langen Revolution, ganz so wie der alte Adel in der Restauration die vorherrschende Klasse war, das Bürgertum in der Julimonarchie und die Arbeiter in der Republik.«[1]

Eher als begeistert sind die Franzosen dem neuen Regime »untergeordnet«. Insgesamt ist Frankreich »lustlos, gereizt und zur Hälfte verdorben«, es will nur »dem dienen, der ihm das materielle Wohl sichern wird«. Diese Krankheit hat in Form der Angst vor den »Roten« die höheren genauso wie die niederen Klassen befallen: »Nicht nur die Bauern, die Bürger und die Händler opfern bereitwillig die Freiheit, die Würde und die Ehre ihres Landes, wenn man ihnen nur Ruhe und den Verkauf ihrer Lebensmittel oder anderer Waren garantiert.« Der gleichen Feigheit begegne man auch in den Pariser Salons wieder, in denen sich »angeblich ehrbare Männer und arme, kleine Frauchen tummeln, die 1852 so sehr Angst gehabt haben, die so sehr um ihre Einkünfte gezittert haben, daß das, was geschehen ist und noch geschieht, die Schande dieses neuen Regimes, sie zutiefst mit Freude erfüllt«.

Tocquevilles Abneigung gegen diejenigen, die sich auf die Seite des Regimes gestellt haben, richtet sich besonders gegen ehemalige Legitimisten und den Klerus, denn die erste Gruppe hatte sich bis dahin auf eine auf der Ehre fußende Treue berufen; die zweite vertrat eine auf der menschlichen Würde gründende Moral. Der heuchlerische Verrat der einen wie der anderen Seite erfüllt Tocqueville mit Zorn.

Die Legitimisten fürchten nichts ärger als die Rückkehr des mit dem Hause Orléans versöhnten Königs, der auch die freiheitlichen Institutionen zurückbringen würde. Sie sind vollkommen zufrieden mit einem Absolutismus, der es ihnen erlaubt, ihre lokale Rolle beizubehalten. »Nichts beweist besser, wie sehr der fünfundzwanzigjährige Verzicht auf öffentliche Ämter in ihnen den Drang nach solchen Dingen ausge-

---

1 Unveröffentlichter Brief, nach einer Abschrift Rédiers in den Archives Tocqueville.

löst hatte.« Sie sind »wie die Frommen, (die) sich den Himmel wünschen, aber so lange wie möglich in diesem Jammertal bleiben wollen«. Die abstrusesten Vorwände dienen ihnen als Alibi, wie zum Beispiel das Testament Louis-Napoléons, in dem er angeblich den Grafen von Chambord zu seinem Nachfolger bestimmt hatte. Und jener Gräfin, die behauptet, sie liebe Bonaparte, weil er anscheinend plane, im Tempelkloster, in dem Ludwig XVI. und seine Familie gefangengehalten worden waren, ein Votivbild zur Erinnerung an den König aufzustellen, antwortet Tocqueville trocken, daß denjenigen gegenüber, deren Erbe konfisziert wurde, zumindest Höflichkeit angebracht sei. Über das ländliche Frankreich, das in den Händen von Notabeln lag, die ihre Prinzipien vergessen hat und dem Regime dienten, zeigt sich Tocqueville empört, und er hat Verständnis für den Grafen von Chambord, der sich für Enthaltung in diesen Dingen ausspricht und dabei oft auf taube Ohren stößt.

Genauso heftig ist Tocquevilles Abneigung gegen den Klerus, der die Veröffentlichung von *L'Univers* zum Anlaß nimmt, sich in Massen zu unterwerfen. Er zeigt sich darüber zutiefst betroffen: »Ich bin verzweifelt und bestürzt wie nie zuvor, wenn ich nun feststelle, daß soviele Katholiken sich der Tyrannei ergeben, die Knechtschaft anstreben, daß sie die Macht, den Gendarmen, den Zensor und den Galgen verehren.«[1] Madame Swetchine versuchte vergeblich, ihn zu dem Eingeständnis zu bewegen, daß es dem Klerus eher anstünde, private Tugenden zu predigen als die des öffentlichen Lebens. Tocqueville kann die bischöfliche Anbetung des »neuen Konstantins«, des »Gesandten des Herrn«, des Herrschers, der – wie es Changarnier formulierte – von »Betrügern und Zuhältern« umgeben sei, nicht gutheißen. Einem dieser dem Weihrauch Verschriebenen, Monseigneur Daniel, mit dem er zur Zeit der Republik ein gutes Verhältnis hatte, schreibt er:

»Ich stelle mir die Frage, ob es für die Religion nicht gefährlich ist, für die neuen Machthaber Partei zu ergreifen und sie im Namen Gottes zu preisen. Ich selbst habe außerdem erlebt, wie die Kirche sich dem ersten Kaiser anschloß; ich selbst habe es erlebt, wie sie die Restauration gut hieß, und ich habe nicht den Eindruck, daß dieses Verhalten der Kirche genutzt hätte. In einem Land voller Umwälzungen wie dem unseren kann man nicht über die derzeitige Regierung einer Meinung sein; in

---

1 Siehe Brief.

dieser unglücklichen Zeit klagt man nicht nur die Taten der Regierung an, man zweifelt auch an ihrer moralischen Qualität und ihrer Rechtmäßigkeit. Es gibt auch heute in Frankreich noch viele Männer, die aus Verpflichtung ihrem Gewissen gegenüber die neuen Machthaber nicht anerkennen. Ich glaube, man kann nicht leugnen, daß sich unter ihnen enige befinden, die durch ihre Weitsicht, ihr ehrenhaftes Leben und oft auch durch ihren aufrechten Glauben die selbstverständlichen Verbündeten der Kirche sind...

Wie viele von denen, die heute die Regierung unterstützen, haben ihre Anfänge gutgeheißen? Der Bruch von Schwüren, die in freier Entscheidung feierlich ausgesprochen und wiederholt worden waren; die gewaltsame Beseitigung von Gesetzen, zu deren Schutz wir uns verpflichtet hatten; die Erschießung von unbewaffneten Menschen in Paris, um eine heilsame Angst zur Vorbeugung gegen Widerstand zu erzeugen... Diese Taten... werden von der allgemeinen Moral ganz klar verurteilt...«[1]

Besonders hart trifft Tocqueville, daß Montalembert den Staatsstreich befürwortet hatte. Die beiden Männer kannten sich bereits seit langer Zeit und hatten in den dreißiger Jahren an denselben wöchentlichen Diners teilgenommen. Tocqueville, der die Gründung einer katholischen Partei ablehnte, hatte sich schon immer an dem »Schmierenkomödianten« in Montalembert gestört. Am 10. Oktober 1852 jedoch veröffentlicht dieser Mann des Pathos eine mutige Broschüre mit dem Titel: »Die Interessen der Katholiken im 19. Jahrhundert«. Trotz ihrer Meinungsverschiedenheiten schickt er Tocqueville ein Exemplar. Von diesem Zeitpunkt an teilen die beiden Männer über die bestehenden Gegensätze hinweg eine Grundauffassung, die sich in einigen sehr schönen Briefen niederschlägt. So schreibt Tocqueville:

»Sie haben etwas getan, was nicht nur der Freiheit im allgemeinen dient, sondern vielleicht noch mehr der Religion... Es ist eine gute Tat, der nicht nur der Dank, sondern auch die Anerkennung derjenigen gebührt, die Ihnen nach dem 2. Dezember nicht wohl gesonnen waren. Dieser Brief würde für Sie seinen Wert verlieren, wenn ich nicht hinzufügte, daß ich mich zu diesen zählte.

---

1 Brief an Monseigneur Daniel vom 4. März 1858. Abschrift von Tocqueville in den Archives Tocqueville. Auszugsweise Veröffentlichung ohne Angabe des Adressaten in: A. de Tocqueville 1867b: 490 ff.

Niemals war ich mehr als heute davon überzeugt, daß nur die Freiheit zählt ... und die Religion, die beide gemeinsam die Menschen über den Sumpf erheben können, in den demokratische Gleichheit sie treibt, sobald ihnen eine dieser beiden Stützen fehlt.«[1]

Der Katholik aber, der Tocqueville am meisten aus dem Herzen spricht, ist Monseigneur Dupanloup, der die Freiheit in seinem Hirtenbrief vom 2. Dezember 1852 preist. Seine Wahl in die *Académie française* im Jahre 1854 wird als Siegeszug der Opposition angesehen.

Die allgemeine Stimmungslage rief bei Tocqueville eine bisher ungekannte Abneigung gegen das gesellschaftliche Leben in Paris hervor. In den Salons bestand die Konversation nur noch aus Gerüchten, folglich wußte man am Abend nicht mehr als am Morgen. Man traf dort nun auch mehr und mehr völlig uninteressante Menschen (Tocqueville erinnerte seufzend an die hervorragende Gesellschaft seiner Jugend) oder Anhänger des neuen Regimes. An Madame de Circourt schrieb er – angesichts des Eklektizismus in ihrem Salon – in recht spitzen Worten: »Lassen Sie einmal alle gutherzigen Menschen beiseite, die nur ehrliche Dummköpfe sind, dann auch all diejenigen mit Geist, die nur geistige Schelme sind oder, schlimmer noch, weil zahlreicher, nur ganz gewöhnliche Seelen, die sich mit etwas Geist zu zieren versuchen. Ich bitte Sie, zählen sie die Übrigbleibenden an den Fingern ab. Erzeugt das Ergebnis bei Ihnen nicht den Wunsch, in die Wüste zu gehen?«[2]

Es gab auch einige niveauvollere Salons, aber Paris wurde für Tocqueville neben der Kaiserlichen Bibliothek und den Archiven vor allem der Sitz der beiden Akademien, denen er angehörte. Es galt, den Liberalen dort weiterhin die Mehrheit zu sichern. Nicht nur die »ewigen«, Villemain und Mignet, appellierten ängstlich bei jeder Wahl an gleichgesonnene Kollegen; Guizot und de Broglie handelten ebenso – mit dem gleichen Engagement, mit dem sie früher regiert hatten. Tocqueville selbst war mit für die Idee verantwortlich, Barrot als korrespondierendes Mitglied der *Académie des sciences morales* vorzuschlagen, was bei der Regierung Verstimmung hervorrief. Barrot wurde mit einer Mehrheit von zwei Stimmen gewählt, da sowohl der kranke Tocqueville als auch Beaumont von seinem entfernten Landsitz angereist waren. Daraufhin wurde

---

1 Brief vom 1. Dezember 1852. Archives Montalembert.
2 Brief vom 31. Oktober 1854. In: A. de Tocqueville 1983b: 216.

das Institut vom geballten Unmut der Regierung getroffen: Es erhielt neue
Statuten, und der Minister drängte der unbotmäßigen Akademie kraft seines Amtes durch Ernennung zehn neue Mitglieder auf. Diese Mitglieder
der »Garnison« wurden etwa so empfangen wie die unter dem Vichy-Re-
gime ernannten Professoren von ihren gewählten Kollegen. Es scheint,
daß sie eine mitleiderregende Demut an den Tag legten. Insgesamt blieb
das Institut also die letzte Zufluchtsstätte des Liberalismus.

Ging es in der Provinz besser zu als in Paris? Tocqueville, der sie oft
mit einem Keller verglich, in den kein einziger Lichtstrahl mehr drang,
seit die Zeitungen sich vor jeglicher freien Information hüteten, bezwei-
felte dies. Die Menschen sprachen nur noch über ihre Privatangelegen-
heiten. In Wirklichkeit waren sie beunruhigt, hatten aber Angst, diese
Furcht zu zeigen, was Tocqueville als Ausdruck allergrößter Angst ansah. Er unterhielt mit seinen Nachbarn in der Normandie gute Beziehungen, vermied aber während seiner Reisen neue Bekanntschaften.
Während des Jahres, das er in Tours verbrachte, wo man ihn in Schlös-
sern und Salons gerne empfangen hätte, unterhielt er nur Kontakt zum
Erzbischof, dem sehr gemäßigten Kardinal Morlot, und dem Archivar,
der ähnlich dachte wie er selbst.

Doch verfolgte er auch aus der Ferne mit Interesse die politischen
Ereignisse. Zunächst hatte er dem Kaiser seine Ausflüchte vorgeworfen
sowie das erneute Aufwerfen der Orientfrage aufgrund einer Streitigkeit
zwischen Mönchen.[1] Grundsätzlich befürwortete er den Krieg, bedauerte aber die erschreckenden Kosten des Krimfeldzuges und empfand
heftigen Ärger darüber, daß die englische Armee, die Armee eines Landes mit freien Institutionen, der französischen so sehr unterlegen war.
Obwohl Faucher ihn anflehte, war er überzeugt davon und schrieb dies
auch an Barrot, daß diese Gefahr kein Grund zur Vereinigung sei: Es sei
bereits ausreichend, wenn man dem im Kriegszustand befindlichen
Frankreich keinen Schaden zufüge.

Eine Aufzählung der Kritikpunkte Tocquevilles an der Innenpolitik
wäre endlos. Ein Aspekt verdient freilich erwähnt zu werden: Tocqueville hält Haussmanns Politik der Repräsentativbauten besonders in Paris nicht für sinnvoll und erinnert in dieser Hinsicht an Montesquieu,
der wenig Verständnis für die Stadtplanung des Intendanten von
Bordeaux, Tourny, aufbrachte.

---

1 Über den Besitz der Schlüssel der Kirchen des Saint-Sépulcre.

Ab 1852 war Tocquevilles Leben völlig auf die Arbeit an seinem Buch *Der alte Staat und die Revolution* ausgerichtet. Gewisse Umstände jedoch, die mit dem Werk nichts zu tun hatten, übten bisweilen tiefgreifenden Einfluß auf seine Tätigkeit aus.

So vor allem sein Gesundheitszustand: Im Frühjahr 1850 hustete er während einer schweren Lungenentzündung Blut und erholte sich in Sorrent im folgenden Winter nur langsam und nicht vollständig. Eine weitere schwere gesundheitliche Krise ereilte ihn im Herbst 1852. Er erkrankte an einer Rippenfellentzündung, die ihn zwei Monate lang von Oktober bis Dezember ans Bett fesselte. Daraufhin verließ er die Wohnung an der *Place de la Madeleine* und zog in ein sonniges, geschützt liegendes Haus in der *Rue de Courcelles,* erlitt aber nichtsdestoweniger im Januar und Februar Rückfälle. Wegen der allzu regnerischen Sommer verließ er die Normandie und begab sich nach Saint-Cyr bei Tours, um den Rat des berühmten Arztes Dr. Bretonneau zu suchen, dem er vertraute und bei dem er ein Jahr lang blieb. Während dieser Zeit war er jedoch schwer krank. Die Hinweise in Briefen lassen auf häufige Magenbeschwerden schließen, unter denen er schon immer gelitten hatte, sowie auf immer wieder auftretende Grippe- und Bronchitisanfälle. Der Wechsel der Jahreszeiten steigerte seine Anfälligkeit ebenso wie Kälte, Wind und Regen. Trotz vorübergehender Phasen der Besserung wiesen all diese Symptome (im Gegensatz zu den Erklärungen Beaumonts) auf eine schwelende Erkrankung hin, die stetig fortdauerte bis zum Ausbruch der letzten Krise im Juni 1858, als er erneut Blut hustete.

Entscheidenden Einfluß auf Tocquevilles Lebensführung hatte auch seine finanzielle Situation. Er war, wie wir bereits gesehen haben, kein reicher Großgrundbesitzer, sondern ein mittlerer Landeigner, der sehr viel sparsamer leben mußte als viele Angehörige seiner Klasse. Der Verlust seines Gehaltes als Abgeordneter der Republik, neuntausend Francs, brachte ihn um fast ein Drittel seiner Einkünfte. Der Pachtzins, der den Rest seines Einkommens darstellte, folgte vermutlich nicht den Preissteigerungen zu Beginn des Kaiserreichs. Andererseits war sein Haushalt für die damalige Zeit mit drei Bediensteten und dem Unterhalt eines Schlosses recht bescheiden, und von 1856 an wurde sein Vermögen durch seinen Anteil am Erbe des Grafen Hervé aufgebessert. Tocquevilles finanzielle Situation wäre sicherlich besser gewesen, wenn er nicht Aktien und Pfandbriefe der amerikanischen Eisenbahn erworben hätte, die wegen der Wirtschaftskrise, die 1856 ausbrach, keine Rendite abwarfen. Zumindest vor 1856 mußte jede außergewöhnliche Ausgabe durch Einsparungen ausgeglichen werden. So lebten die Tocquevilles nach ihrer Deutschlandreise im Jahre 1854 in einem sehr bescheidenen Haus in Compiègne, später in einer Wohnung in der *Rue de Fleurus* in Paris, über deren Schäbigkeit sich ihre Vertraute Melanie de Corcelle empörte.

Während dieses Nomadenlebens, in dem der regelmäßige Rhythmus der Jahreszeiten fehlte, der die Jahre der politischen Ämter gegliedert hatte, schrieb Tocqueville sein Werk über den *Alten Staat und die Revolution*. Fast drei Jahre lang (von September 1852 bis Juli 1855) besuchte er Schloß Tocqueville nicht, und in der Zeit zwischen dem Staatsstreich und der Veröffentlichung des *Alten Staates* verbrachte er insgesamt nur etwas mehr als zwanzig Monate in Paris. Diese Ortsveränderungen und die damit einhergehenden Wandlungen in seinem Lebensrhythmus sind eng mit der Entstehung des *Alten Staates* verbunden. Wir werden sie im nächsten Kapitel in dieser gegenseitigen Abhängigkeit untersuchen.

24

»Der alte Staat und die Revolution«

Einen Monat nach der Veröffentlichung seines Werkes *Der alte Staat und die Revolution* (1856) schrieb Tocqueville an Montalembert: »Das Buch, das ich jetzt veröffentlicht habe, und seine Fortsetzung schwirren mir seit mehr als fünfzehn Jahren im Kopf herum. Das Vorhaben ist dadurch gereift, und während meiner schlimmen Krankheit 1850 hat es Form angenommen. Seither habe ich ständig daran gedacht.«[1]

Für gewöhnlich sind Tocquevilles Zeitangaben zu seinem eigenen Leben zutreffend, und die oben zitierte Aussage wird in anderen, weniger genauen Briefen bestätigt. Man kann also davon ausgehen, daß er zum ersten Mal um das Jahr 1841 herum erwägte, ein Werk über die Revolution zu schreiben. Ein Jahr zuvor hatte er den zweiten Band von *Über die Demokratie in Amerika* veröffentlicht; seit zwei Jahren war er nun Abgeordneter von Valognes, und er verspürte bereits eine gewisse Unzufriedenheit über diese Situation, obwohl er sich so sehr um dieses Amt bemüht hatte – eine Tatsache, die bezeichnend für seinen Charakter ist. Einen noch präziseren Hinweis könnte das Datum des 23. Dezember 1841 darstellen, besonders wenn man im Auge behält, daß er gern die Themen, mit denen er sich auseinandersetzte, vertiefte. Es war der Tag seiner Wahl in die *Académie française*, die die Verpflichtung mit sich brachte, im April des folgenden Jahres die Lobrede auf seinen Vorgänger Lacuée de Cessac zu halten, wofür er sich in die Geschichte des ersten Kaiserreiches einarbeiten mußte. Andere Beschäftigungen hielten ihn jedoch zunächst davon ab: so z.B. sein Interesse für den Algerienfeldzug,

---

1 Unveröffentlichter Brief vom 10. Juli 1856, Archives Montalembert.

das ihn dazu anregte, einen Aufsatz über die englische Herrschaft in Indien zu schreiben. Im Jahre 1842 gab er sich außerdem der Illusion hin, daß sich für ihn eine große politische Chance innerhalb der liberalen Opposition eröffnete. Und nachdem er sich erst einmal dort engagiert hatte, gelang es ihm erst 1850, seine politischen Aktivitäten wieder zu reduzieren. Erst in Zeiten der Enttäuschung oder des Zweifels, die er häufig erlebte, konnte er daran denken, mit einem Werk über die Revolution wieder einen literarischen Erfolg zu erringen. Eine Parallele drängt sich auf: Seit 1825 hatte er mit dem Gedanken gespielt, die amerikanische Demokratie zu studieren, ohne jedoch, so scheint es jedenfalls, seine Gedanken zu Papier gebracht zu haben. Von 1841 bis 1850 träumte er gleichfalls von seinem zukünftigen Werk über die Revolution. Wenn man die Zielsicherheit bewundert, mit der er seine Untersuchungen über Amerika durchführte, und wenn man darüber erstaunt ist, mit welch untrüglichem Instinkt er die Archive des 18. Jahrhunderts durchforschte, dann drängt sich die Frage auf, ob diese langen Zeiten der Reflexion ihm nicht in erheblichem Maße bei der Strukturierung seiner Arbeit halfen.

Den genauen Zeitpunkt, an dem er sich zur Ausführung seines Projektes, ein Buch über die Revolution zu schreiben, entschloß, können wir heute nicht mehr ausmachen. Seinen engsten Freunden Kergorlay, Beaumont und Stoffels teilte er diesen Entschluß in Briefen vom 15., 16. und 30. Dezember 1850 mit. Zwei Gliederungen aus der Zeit bilden den Ansatz des zukünftigen Werkes.[1]

Tocqueville hielt sich zu dieser Zeit in Sorrent auf, wo er sich langsam von der Lungenkrankheit erholte, die, wie erwähnt, im vorausgehenden März sein Leben in Gefahr gebracht hatte. Dieser Aufenthalt in Sorrent bot im Gegensatz zum Tagesgeschäft im Parlament der Republik die Chance, Abstand von den Ereignissen zu gewinnen.

In seinen *Erinnerungen* beschreibt er die Geschehnisse, in die er seit Februar 1848 verwickelt gewesen war. Dies genügt ihm aber nicht als »geistige Beschäftigung«, denn durch die Einsamkeit, in der er lebt, befindet er sich in einem Zustand nervöser Überreiztheit. Er stellt sich Fragen über die Zukunft des politischen Lebens in Frankreich und wird sich der Zerbrechlichkeit der von ihm unterstützten liberalen Republik bewußt. Gleichzeitig denkt er über seine eigene Zukunft nach. Trotz seines politischen Aufstiegs, der noch nicht lange zurückliegt, und der weiter-

---

1 Siehe A. de Tocqueville 1952, Teil 2. Kritische Anmerkung ebd., S. 12 f.

hin bestehenden Möglichkeit, wieder ein Ministeramt zu bekleiden (wovon er durch Briefkontakte weiß), sieht er sich eher als Schriftsteller denn als Staatsmann. Seit 1840 hat er nur noch kurze, aus den aktuellen Umständen erwachsene Aufsätze veröffentlicht, und doch sieht er in der Schriftstellerei die einzige Chance, in der Welt einige »Spuren« zu hinterlassen. »... die Grenzen des Lebens werden klarer und rücken näher, deshalb ist Eile angebracht.«

Tocqueville konnte nur über Themen schreiben, die ihn persönlich stark berührten, ja sogar ängstigten. Die Form und der Stil, an die er sehr strenge Maßstäbe anlegte, waren nur Werkzeuge seines Denkens, das von einer Ethik geleitet war, die ihn alle Dinge des Lebens ernst nehmen ließ: Gleichgültigkeit war ihm fremd. Zwar bewunderte er das große Talent Michelets, hatte aber selbst nicht das Temperament eines Historikers, der neugierig Friedhöfe besucht und deren Geister beschwört. Er konnte Vergangenes leicht in Erinnerung rufen, verspürte aber keinerlei Verlangen, darüber zu berichten. Er war nur an jenen Aspekten der Vergangenheit interessiert, die in der Gegenwart eine Rolle spielten.

Der Historiker Tocqueville tritt nun an die Stelle des Politikers Tocqueville, ebenso wie dieser den Beobachter der Demokratie ersetzt hatte. Tocquevilles Vorstellung von der langsamen Entwicklung der Zivilisation hat sich nicht wesentlich verändert, die Erfahrung mit Staatsgeschäften und der Umgang mit Menschen hat ihn aber in gewisser Weise pessimistischer gemacht. Die Entwicklung zur Demokratie, die in Amerika in so ruhigen Bahnen verläuft, wird in Frankreich ständig durch die Unruhen einer bereits sechzig Jahre währenden Revolution unterbrochen. Im Jahre 1830 hatte Tocqueville die Illusion gehabt, daß diese Revolution beendet sei; die Ereignisse von 1848 hatten gezeigt, daß dies nicht zutraf. Tocqueville vergleicht diese sechzigjährige Revolution mit einem Meer, das stetig steigt, ohne daß er selbst oder seine Zeitgenossen die Ufer sehen würden, die dieser furchtbaren Flut Einhalt gebieten könnten. Das Drama im politischen Leben Frankreichs geht mit dem inneren Drama Tocquevilles einher: Bei dem Versuch, dieses zentrale Problem für sich zu erhellen, löst er beständige Unruhe in der Öffentlichkeit aus. Er ist sich bewußt, was in ihm vorgeht, und gesteht, daß er aus dem Wunsch heraus, Berühmtheit zu erlangen und an den Erfolg von *Über die Demokratie in Amerika* anzuknüpfen, eine solche Begegnung mit der Öffentlichkeit suche. Ganz so, als ob ein solcher Erfolg eine Garantie dafür darstelle, daß der Nachwelt »Spuren« des eigenen Lebens erhalten blieben.

Die Französische Revolution an sich war damals kein neues Thema. In der Zeit vor den Ereignissen von 1848 waren hierzu drei Bücher erschienen, die von der Öffentlichkeit mit Wohlwollen oder sogar Begeisterung aufgenommen worden waren: die *Histoire des Girondins* (dt.: *Geschichte der Girondisten*) von Lamartine, der erste Teil der *Histoire de la Révolution Française* (dt.: *Geschichte der Französischen Revolution*) von Michelet und die *Histoire de la Révolution Française* (dt.: *Geschichte der Französischen Revolution*) von Louis Blanc. Tocqueville aber hatte sich sicherlich bereits vorher für die Revolution interessiert. Wie bereits erwähnt, hatte er schon 1836 den Aufsatz »Etat social et politique de la France avant 1789« (Die soziale und politische Situation Frankreichs vor 1789) veröffentlicht und geplant, diesem einen Artikel zu einem Thema aus dem nachrevolutionären Frankreich folgen zu lassen. Er verwirklichte dieses Vorhaben aber nicht, obwohl er bereits das notwendige Material hierzu zusammengetragen hatte.[1] Obwohl es schwierig ist, Aussagen zur Lektüre Tocquevilles oder zu den von ihm benutzten Quellen zu machen, kann man doch davon ausgehen, daß er fundierte Kenntnisse über die Zeit der Herrschaft Ludwigs XV. bis zum Sturz Napoleons besaß. Bekannt ist, daß er am Ende seiner Zeit im *collège* die *Histoire de la Révolution* (dt.: *Geschichte der Französischen Revolution*) von Thiers gelesen und sich über das fehlende moralische Urteil in diesem Buch entsetzt hatte.[2] Ab 1845 waren die Bände der *Histoire du Consulat et de l'Empire* (dt.: *Geschichte des Konsulats und des Kaiserreiches*) von Thiers erschienen, in denen, so fand Tocqueville mit seiner üblichen Verachtung dem Autor gegenüber, die militärischen Aspekte zu stark betont waren und Thiers den »lächerlichen Anspruch (erhebe), ... etwas von Kriegführung zu verstehen«.[3] Er kritisierte auch die inhaltslose Rhetorik der *Histoire des Girondins,* aber es ist ungewiß, ob er von der Polemik über die Frage der Rehabilitierung Robespierres wußte, die sich in der Folge des Buches von Esquiros[4] erhoben hatte und die der Veröffentlichung zeitlich vorausgegangen war. Tocqueville hatte die *Histoire de France*[5] von Michelet gelesen, scheint diesem aber anläßlich der *Histoire de la Révolu-*

---

1   S. oben S. 219-222.
2   S. oben S. 269.
3   A. de Tocqueville 1977, Teil 2: 231. Brief an Kergorlay vom 15. Dezember 1850.
4   A. Esquiros 1847.
5   Dt. auszugsw. in: »Der französische Geist. Die Meister des Essays von Montaigne bis zur Gegenwart«.

tion (dt.: *Geschichte der Revolution*) nicht geschrieben zu haben (es sieht so aus, als hätten sie zu dieser Zeit kein gutes Verhältnis mehr zueinander gehabt); es wäre aber verwunderlich, wenn er das Werk nicht gelesen hätte. Daß er von Louis Blancs Werk über die Revolution Kenntnis hatte, ist weniger gewiß. Die *Histoire de la Révolution française depuis 1789 jusqu'en 1814* (dt.: *Geschichte der Französischen Revolution 1789-1814*) seines Freundes Mignet sowie das heute in Vergessenheit geratene Werk *Histoire du règne de Louis XVI, pendant les années où l'on pouvait prévenir la Révolution* (dt.: *Geschichte der Regierung Ludwigs XVI. in den Jahren, da die Französische Revolution verhütet oder geleitet werden konnte*) von Droz muß er aber gekannt haben. Er hielt große Stücke auf den Autor, der ihm ein Exemplar des Buches mit einer Widmung versehen hatte, und das Thema dieses Buches wies einige Parallelen zu *Der alte Staat und die Revolution* auf. Tocquevilles Buch und *Les considérations sur les principaux événements de la Révolution française* (dt.: *Betrachtungen über die vornehmsten Begebenheiten der Französischen Revolution*) von Madame de Staël ähneln sich in manchen Punkten, was auf eine genaue Lektüre dieses Werkes hinweist; unseres Wissens nach hat er jedoch nie erwähnt, daß er das Buch kannte. Hingegen wußte er die Bedeutung der vierzig Bände der *Histoire parlementaire de la Révolution* von Buchez und Roux (1833-1836) einzuschätzen, die in der Geschichtsschreibung dieser Epoche eine wahre Revolution auslösten. Er bemühte sich um Einsicht in dieses Werk und erwarb es schließlich.

Seit längerer Zeit bereits hatte Tocqueville die Epoche vom Ancien Régime bis zur Restauration genau studiert. Seit seiner Jugend waren Memoiren erschienen, in denen sich das bewegte Schicksal der letzten Generation widerspiegelte. Das Interesse der Öffentlichkeit an diesen Memoiren zeigte sich schon in ihrer Vielfalt: Verfälschte oder abgeänderte Erinnerungen standen neben ernstzunehmenden Berichten. Tocqueville hat die meisten dieser Memoiren mehrmals gelesen. Dies bestätigt er in der Antwort auf einen leider verlorengegangenen Brief Ampères, in dem dieser ihm vorschlägt, aus einer Liste jene Memoiren auszusuchen, deren Zusendung er wünsche: Die *Mémoires* des Marquis de Ferrières waren die einzigen, die Tocqueville noch nicht kannte.[1]

Bei seinem Tod hinterließ er eine große Anzahl von Revolutionszeitungen, Schriften der Generalstände, Reden, Ansprachen und weiteren

---

1 A. de Tocqueville 1970: 347. Brief an Ampère vom 2. Oktober 1856.

Texten aus der gleichen Epoche. Viele dieser Dokumente hatte er sicherlich während der Ausarbeitung seines Buches erworben, es spricht jedoch nichts dagegen, daß einige bereits vorher in der Bibliothek von Schloß Tocqueville vorhanden waren, und Tocqueville sie deshalb schon kannte.

Wie auch immer, seine Vorüberlegungen zu seinem Werk führten ihn zu zwei Schlußfolgerungen: Als Thema beabsichtigte er eine Phase der Revolution zu wählen, diese wollte er mit Hilfe eines Ansatzes behandeln, der sich von der historischen Faktenaufzählung unterschied.

»Ich habe seit langem daran gedacht, ... aus dieser langen Zeit von 1789 bis zu unseren Tagen, die ich weiterhin die Französische Revolution nenne, die zehn Jahre des Kaiserreiches auszuwählen... Je mehr ich darüber nachdenke, desto eher glaube ich, daß die zu beschreibende Epoche gut gewählt ist. Sie ist nicht nur an sich bedeutend, sondern sogar einzigartig... Darüber hinaus wirft sie ein Licht auf die vorausgehende und die folgende Epoche.«[1]

Was Tocqueville interessiert, sind die Errichtung einer neuen Ordnung durch die Revolution selbst und in noch stärkerem Maße die Strukturen, die das Kaiserreich dem Frankreich seiner Generation hinterlassen hatte und deren Widerstandsfähigkeit und Starrheit er während seiner politischen Laufbahn erfahren mußte. Um das Kaiserreich unter diesen zwei Gesichtspunkten zu untersuchen, »werde ich sicherlich die Fakten anführen, sie werden meine Leitlinie sein, aber es wird nicht mein Hauptanliegen sein, diese darzulegen; ich werde vor allem die wichtigsten Dinge erklären, die verschiedenen Gründe, die sie verursachten, und die Folgen, die sich daraus ergeben haben.«[2] Tocqueville strebt also eine Synthese aus Geschichte und Geschichtsphilosophie an, über deren Schwierigkeit er sich sehr wohl im klaren ist. Sein großes Vorbild bleiben dabei die *Considérations sur les causes de la grandeur des romains et de leur décadence* (dt.: *Betrachtungen über die Ursachen der Größe der Römer und deren Verfall*) von Montesquieu. Dessen Aufgabe war aber leichter gewesen, weil er sich mit einer weit zurückliegenden geschichtlichen Epoche befaßte, deren große, wichtige Züge klar erkennbar waren, während bei jener erst kurze Zeit zurückliegenden Periode, die zudem nur von zehnjähriger Dauer war, die entscheidenden Tatsachen noch nicht von Nebensächlichkeiten zu unterscheiden waren.

---

1 A. de Tocqueville 1977: 231. Brief an Kergorlay vom 15. Dezember 1850.
2 Ebd.: 232.

Noch in Sorrent skizziert Tocqueville im Dezember 1850 zwei Gliederungen seines geplanten Werkes. Darin betont er das Zusammentreffen von außergewöhnlichen Umständen mit einer genialen Persönlichkeit; er unterstreicht die Bedeutung der gesetzgeberischen Maßnahmen Napoleons, beabsichtigt aber nicht, über die großartigen militärischen Erfolge des Kaiserreichs zu berichten. So bringt er einige Grundzüge zu Papier, die das Ergebnis seiner Wanderungen in den »Bergen von Sorrent«[1] sind.

Nach seiner Rückkehr nach Paris kann er noch nicht sofort ernsthaft mit der Arbeit an seinem Buch beginnen, denn zunächst berichtet er in der Gesetzgebenden Nationalversammlung über den Entwurf einer Verfassungsrevision und schließt im Herbst seine *Erinnerungen* ab. Als er sich nach dem Staatsstreich ins Privatleben zurückzieht, wird die Arbeit an dem geplanten Werk für ihn das beste Mittel, der tiefen Traurigkeit, die ihn erfaßt hat, zu entfliehen, und bald widmet er sich voller Eifer seinen Studien.

Tocqueville bemüht sich also zunächst, das in Sorrent entworfene Projekt zu verwirklichen. Bei seiner Studie über die *société politique* in Amerika hatte er den »Ausgangspunkt« für sehr bedeutsam gehalten. Deshalb war es nur folgerichtig, sein neues Buch mit einer Analyse der Ursachen des Staatsstreichs vom *Brumaire* zu beginnen. Doch gab er selbst zu, daß er sich bei dieser Entscheidung auch durch die Ähnlichkeit zwischen den beiden Staatsstreichen, dem des Onkels und dem des Neffen, hatte leiten lassen.

Thiers hatte im achten Band seiner *Geschichte der Revolution* den Verlauf und die direkten Ursachen des *18. Brumaire* sehr lebendig geschildert und mit Berichten von Überlebenden und zeitgenössischen Memoiren belegt.

Ohne derartige Quellen zu vernachlässigen, bemüht sich Tocqueville bei seinen Forschungen vor allem um eine tiefergehende Erklärung der Krise, die den Staatsstreich ermöglicht hatte. Mit Hilfe offizieller Dokumente (insbesondere dem unveröffentlichten Register der Entscheidungen des Direktoriums) analysiert er den Zerfall des Regimes und trägt in der Nationalbibliothek Schriften aus den Jahren III, IV und V zusammen, aus denen sich der Haß zwischen den Parteien und die weit ver-

---

1 A. de Tocqueville 1952: 301 ff.

breitete Gleichgültigkeit gegenüber der Republik ersehen ließ. Tocqueville sieht eine soziale Dimension in den Ereignissen: Warum rief die wachsende Abneigung der Franzosen gegenüber dem Direktorium nicht den Wunsch hervor, zum alten Staat zurückzukehren? Weil, so antwortet Tocqueville in seinen Notizen, es die Massen waren, die die Revolution gewonnen hatten. Er beschränkt sich auch nicht darauf, die Beweise für seine Annahmen in Pamphleten aus der damaligen Zeit zu suchen, sondern ist auch der erste, der sich bemüht, die wirtschaftlichen Vorteile, die die Revolution großen gesellschaftlichen Gruppen – insbesondere den Bauern – beschert hatte, abzuschätzen.

So versucht er, den Ausgleich der Schulden auf dem Land durch Entwertung der Assignaten, die Vorteile aus der Abschaffung der Privilegien und die Voraussetzungen zum Kauf von Staatseigentum zu untersuchen.

Dadurch warf er umfassende Fragen auf, die erst die Historiker des zwanzigsten Jahrhunderts beantworten konnten. Genauso erstaunlich ist Tocquevilles Versuch, den er als erster unternahm, den Bericht über die Eigentumsverhältnisse, dessen Erstellung die *Constituante* 1790 angeordnet hatte, mit dem Kataster seiner Zeit zu vergleichen. Da eine solche Untersuchung über Eigentumsbewegungen auf überregionaler Ebene ein unmögliches Unterfangen war, beschränkte sich Tocqueville hier auf die Gemeinde Tocqueville und ihre direkte Umgebung.

Auch in den beiden von Juli bis September 1852 geschriebenen Kapiteln vermittelt er einen umfassenden Einblick in die gesellschaftlichen Verhältnisse: »Wie die Republik bereit war, einen Herrn zu akzeptieren« und »Wie die Nation aufhörte, republikanisch zu sein, aber revolutionär blieb« zeichnen sich durch den mitreißenden Stil eines Mannes aus, der einen ähnlichen Kampf, wie den, den er beschreibt, gerade selbst ausgefochten hat.[1]

Da Tocqueville immer bestrebt war, die unter der Oberfläche der Ereignisse liegenden, tiefgreifenden Entwicklungen aufzudecken, brach er häufig aus dem engen chronologischen Rahmen aus, den er sich selbst in Sorrent gesteckt hatte. Wenn die Bauern, die von den anarchischen Zuständen unter der Herrschaft des Direktoriums ernüchtert waren, im *Brumaire* des Jahres VIII eine neue Diktatur der Wiederherstellung der alten Staatsordnung vorzogen, so lag dies zum Teil daran, daß sie das

---

1 A. de Tocqueville 1952: 262 ff.

Feudalwesen in unguter Erinnerung hatten. Um ihre Haltung zu verstehen, mußte Tocqueville folglich bis zum Ancien Régime zurückgehen. Wie bereits bekannt, war es eine der Hauptideen Tocquevilles, daß die Zentralisierung in Frankreich ein Hindernis für die freie Demokratie darstellte, und während seiner politischen Laufbahn hatte er vergeblich dagegen gekämpft. Thiers hingegen, der sie rückhaltslos befürwortete, betrachtete sie als eine geniale Errungenschaft des Kaiserreiches. Tocqueville hatte sich bereits 1835 in *Über die Demokratie in Amerika* gegen eine solche Auffassung gewandt: »Es ist unrichtig zu sagen, die Zentralisation sei aus der Französischen Revolution hervorgegangen; die Französische Revolution hat sie vervollkommnet, aber nicht geschaffen. Der Sinn für Zentralismus und die Verordnungssucht gehen in Frankreich auf die Zeit zurück, wo die Rechtskundigen in die Regierung eintraten, was uns in die Zeit Phillips des Schönen zurückversetzt. Seither haben diese beiden Dinge unaufhörlich zugenommen.« (Tocqueville 1835:450) Wenn aber der Zentralismus unter Napoleon das Ergebnis einer so weit zurückreichenden Entwicklung war, so mußte man, um ihn zu erklären, noch viel weiter in die Vergangenheit zurückgehen, und der *18. Brumaire* war dann kein geeigneter Ausgangspunkt mehr für eine Studie.

Obwohl Tocqueville sich zu der Entwicklung, die seine Arbeit nahm, nicht ausdrücklich äußerte, so stellte er im September 1852 doch fest: »Ich finde mich in diesem Meer der französischen Revolution nicht mehr zurecht.« Fortan liest er immer weniger über das Konsulat und das Kaiserreich, sondern konzentriert seine Recherchen auf das Ancien Régime. Eine handschriftliche Notiz vom Dezember 1852 könnte möglicherweise auf einen in dieser Beziehung entscheidenden Zeitpunkt hinweisen: »Ich bringe die Memoiren Thibaudeaus über das Konsulat in die Bibliothek zurück, ohne sie gelesen zu haben; komme darauf zurück, wenn ich wieder über diese Zeit arbeite.« Es scheint jedoch, daß er sich mit dieser Epoche nie wieder intensiv beschäftigt hat. Die wenigen Notizen über das Konsulat und das Kaiserreich, die Tocqueville im Frühjahr 1853 verfaßt hat, sind lediglich für alle Fälle zusammengetragene Bemerkungen ohne große Bedeutung.

Anfang 1853 arbeitet er in den Archiven des *Hôtel de Ville*, die heute nicht mehr existieren, muß im April jedoch enttäuscht feststellen, daß nur wenige der Dokumente der ehemaligen Generalität von Paris aus der Zeit vor 1787 stammen:

»Diese Akten enthalten wenige Dokumente aus der Zeit vor 1787, und von diesem Jahr an wandelt sich der alte Verwaltungsapparat grundlegend, und es beginnt die recht wenig interessante Zeit des Übergangs, die zwischen der Verwaltung des alten Regimes und der unter dem Konsulat geschaffenen Verwaltungsstruktur steht, welche noch heute besteht.«[1] Diese Äußerung überrascht, zeigt jedoch sehr deutlich, wie wenig Interesse Tocqueville für die eigentlichen revolutionären Umwälzungen hatte und wie sehr er sich auf einen Vergleich zwischen den Verwaltungsstrukturen des Ancien Régime und denen seiner Zeit konzentrierte.

Nur ungern wendet er sich jedoch von seinem ursprünglichen Konzept für das neue Werk ab. Im Juni 1853 hatte er beabsichtigt, dem Ancien Régime lediglich ein einleitendes Kapitel von etwa dreißig Seiten zu widmen. Noch 1856 bekräftigt er seine Absicht – in einer Notiz mit dem sonderbaren Titel »Ausgangsidee, allgemeiner und erster Eindruck von Thema, von Zeit zu Zeit noch einmal lesen, damit ich zum Leitgedanken zurückkehre« –, das gesamte Drama der Revolution um die Gestalt Napoleons herum anzuordnen. Unterdessen versucht er jedoch in einer weit gefaßten Einleitung, wie sie damals üblich war, gleichsam mit Siebenmeilenstiefeln durch die Jahrhunderte zu eilen, um die tiefsten Wurzeln dieses Dramas offenzulegen. Zu diesem Zweck geht er bei seinen Recherchen bis zum ersten großen Sieger über die Feudalherren, König Ludwig XI., zurück.

Aus gesundheitlichen Gründen konnte Tocqueville nicht wie beabsichtigt den Sommer 1853 auf dem Cotentin verbringen und zog am 1. Juni für ein Jahr in die Touraine. Beaumont hatte es übernommen, dort ein passendes Haus für das Ehepaar Tocqueville zu suchen, und verhandelte mit Dr. Mège, dem schwierigen Eigentümer des möblierten Hauses, das sie ausgewählt hatten.

Dieses Haus, »Les Trésorières« steht heute noch. Es liegt in Saint-Cyr-les-Tours, am Nordufer der Loire, an der Mündung des Flüßchens Choisille. Das Tal hatte, wie man heute sagen würde, ein sehr vorteilhaftes Mikroklima, das den Ausschlag für die Wahl der Tocquevilles gegeben hatte. Während ihres Aufenthalts dort hielten sie zur Gesellschaft von Tours Distanz, hatten nur zu Erzbischof Monseigneur Morlot und dem Archivar Charles de Grandmaison Kontakt.

---

1 Die Entwürfe, Notizen und Erstfassungen von Tocqueville für *Der alte Staat und die Revolution* befinden sich in den Archives Tocqueville, Akte 42-44.

Die Nähe zu Tours hatte zur Wahl des Hauses beigetragen, von dem aus man die »letzten Häuser« der Stadt noch sehen konnte. Es lag nur vier Kilometer von der Präfektur entfernt, in der sich die Archive mit allen Akten der ehemaligen Intendantur befanden. Diese waren für Tocqueville genauso wertvoll wie der fleißige Archivar Charles de Grandmaison, ein ehemaliger Schüler der französischen Archivarschule, der, als er seinen Posten in Tours antrat, die Archive in heilloser Unordnung vorgefunden hatte. Als Tocqueville nach Tours zog, hatte er die neue Inventarisierung der Dokumente gerade abgeschlossen. Grandmaison empfahl dem Autor zunächst, seine Recherchen auf das achtzehnte Jahrhundert zu beschränken. Den ganzen Sommer hindurch kam Tocqueville um zwölf Uhr Mittags mit einer großen schwarzen Aktentasche, die an sein früheres Amt erinnerte, in die Präfektur. Er unterhielt sich eine Viertelstunde lang mit dem Archivar, unterbrach dann die Unterhaltung abrupt, wenn diese Zeit abgelaufen war, und begann mit der für ihn typischen, übertriebenen Pünktlichkeit zu arbeiten. Gegen Ende des Jahres, als er mit dem Schreiben begann, reduzierte er seine Besuche im Archiv auf ein bis zwei pro Woche. Zu Grandmaison entwickelte sich bald eine vertrauensvolle Beziehung, denn er hatte bemerkt, daß dieser keinesfalls ein Anhänger des Kaiserreiches war. Als Tocqueville ihm ein Exemplar seines Buches schickte, schrieb er dazu: »Ohne Sie und ohne Ihre Archive hätte ich das nun veröffentlichte Buch nicht schreiben können. Das Wissen, das ich durch meine früheren Studien erworben hatte, war nicht gegliedert. Bei Ihnen habe ich die Verbindungen gefunden, die ich suchte ... Ja, in unseren Gesprächen habe ich im Geiste die Ideen festgehalten, die seither die Quelle des Ganzen geworden sind.« Selbst wenn diese Dankesworte etwas übertrieben sein mögen, so steht außer Zweifel, daß Tocqueville durch Charles de Grandmaison, der seine Nachforschungen sinnvoll lenkte, viel Zeit gespart hat.

Die wachsende Bedeutung, die Tocqueville dem Studium des Ancien Régime zumaß, zeigt sich in einem auf den 7. März 1854 datierten Brief an seinen Bruder Édouard, in dem er die Bilanz seiner Recherchen in der Touraine zieht. Von diesem Zeitpunkt an steht für ihn fest, daß die Analyse der Gesellschaft des Ancien Régime den ersten Teil seines geplanten Buches über die Zeit der Revolution und des Kaiserreiches darstellen wird. »Ich habe dieses ganze Jahr zu etwas genutzt, was noch nie vorher getan wurde: das Ancien Régime zu untersuchen, um das zu erfahren, was die Zeitgenossen unter dem Ancien Régime selbst nicht wußten. Wie damals die Geschäfte geführt wurden, was in der Politik üblich oder die Regel war ... Ich glaube, daß ich aus diesem Studium viele neue Kenntnisse und Einsichten erlangt habe, die nicht nur erklären, warum diese Revolution in Frankreich stattgefunden hat und warum sie in der Form auftrat, die wir erlebt haben, sondern auch, warum viele der Ereignisse, die seither eingetreten sind, stattfanden, woher viele Gewohnheiten, Ansichten und Neigungen rühren, die wir für neu halten und die doch in der Regierung des Ancien Régime begründet liegen. Diesen ersten Teil werde ich, ich wiederhole es, beendet haben, wenn ich diesen Ort verlasse. Sofern sich dies bewahrheiten wird, werde ich keine Zeit vergeudet haben. Denn ich mußte ungeheure Vorbereitungsarbeiten leisten, und ich bin fast immer tastend vorgegangen. Ich habe die Absicht, das Werk auf zwei Bände zu begrenzen. Ich fürchte, mit dem Angenehmsten begonnen zu haben. Für die Anfänge der Revolution wird es noch recht leicht sein, die Dokumente, die ich benötige, zu besorgen. Wenn ich jedoch beim Kaiserreich angelange, werden mir die Interessen der Regierung, so fürchte ich, die Lichtblicke verwehren, die mir manches erklären könnten.«[1]

Tocquevilles irrige Annahme, er könne noch in Tours seine Studie über das Ancien Régime abschließen, erinnert an die falschen Hoffnungen, die er sich gemacht hatte, als er sich zwischen 1836 und 1839 immer wieder vornahm, den zweiten Band von *Über die Demokratie in Amerika* bald zu beenden. Seine Fehleinschätzung des erforderlichen Arbeitsaufwandes überrascht um so mehr, als er die Hypothese, daß die Revolution unvermeidlich zuerst in Frankreich und nicht in einem anderen europäischen Land ausbrechen mußte, durch einen vergleichenden historischen Ansatz belegen wollte. So hatte er vormals die politischen Institutionen Englands untersucht, bevor er seine Studie über die *Demokratie in Amerika* veröffentlichte. Eine erneute Lektüre von Blackstones Schriften zeigte ihm, daß die Unterschiede zwischen Frankreich und dem England des 18. Jahrhunderts zu groß waren, als daß ein Vergleich lohnend gewesen wäre. Hingegen ging er davon aus, daß in Deutschland noch feudale Strukturen existierten, die denen im Frankreich des ausgehenden Ancien Régime ähnelten. Er wollte auch analysieren, warum die revolutionären Bestrebungen in Deutschland, die vor 1789 so offensichtlich gewesen waren, gescheitert waren. Außerdem hatte sich Tocqueville vor-

---

1 A. de Tocqueville 1867a: 251 f. Brief an Édouard, berichtigter Text.

genommen, die Reaktionen, die das französische Kaiserreich in Deutschland hervorrief, zu untersuchen. Er beschloß, eine Reise dorthin zu unternehmen, bevor er die Arbeit an seinem Buch fortsetzte.

Bis dahin hatte er erst einmal eine kurze Reise nach Deutschland unternommen, wo er im Mai 1849 die Agonie des Parlaments der Frankfurter Paulskirche miterlebte. Es ist nicht bekannt, in welchem Maß er sich vor 1848 für Deutschland interessierte; das Leben und die Politik in England waren ihm sicherlich vertrauter. Als Minister hatte er jedoch aufmerksam die Krise in Deutschland verfolgt. Obwohl er davon ausging, daß die Hegemonie Österreichs bald wiederhergestellt sein würde, hegte er ein großes Interesse für Preußen, dessen späteren Aufstieg er vorausgeahnt zu haben scheint. Er befaßte sich wahrscheinlich unter dem Einfluß Ampères, der 1826 in Bonn bei Niebuhr und Wilhelm Schlegel studiert und damals auch den greisen Goethe besucht hatte, immer mehr mit dem geistigen Leben in Deutschland. Tocquevilles Freund Kergorlay hatte Anwandlungen gezeigt, ein Buch über Deutschland zu verfassen, während Beaumont über Österreich schreiben wollte. Tocquevilles Interesse für Deutschland wuchs noch durch seine Freundschaft zu Circourt, der sich 1848 als Abgesandter in Berlin aufhielt. Dieser hatte dort Umgang mit Friedrich-Wilhelm IV. und seinem Hof und hatte, nachdem er 1848 Lamartine Informationen hatte zukommen lassen, für den damaligen Außenminister Tocqueville einen Bericht über Preußen verfaßt. Den Geographen Humboldt und den Philosophen Brandis, der korrespondierendes Mitglied des *Institut de France* war, kannte er persönlich, möglicherweise auch den berühmten Juristen Savigny. Außerdem hatte er sich mit Erfolg bemüht, mit den Historikern Ranke und Bunsen, dem früheren Botschafter in London, Kontakt aufzunehmen.

Darüber hinaus hatte Tocqueville auch begonnen, die deutsche Sprache zu lernen, die seine Frau bereits recht gut beherrschte. Ab dem 14. Oktober 1853 teilten sich Tocqueville und Beaumont ein Abonnement der *Kölnischen Zeitung,* und in Tours nahm er bei einem »pausbäckigen Pedanten« Deutschstunden.

Die Tocquevilles kamen am 19. Juni in Bonn an, das sie als erste Station ihrer Reise eingeplant hatten.[1] Zunächst logierten sie im besten Hotel am Ort, dem »Goldenen Stern«, mieteten dann aber bald ein möbliertes Zimmer in der Koblenzerstraße zwischen Rhein und Hofgarten. In

---

1 K.-J. 1977: 283-297.

der Universitätsstadt bereitete man ihnen einen sehr zuvorkommenden Empfang. Am Abend nach ihrer Ankunft begleiteten sie Brandis zu einer Veranstaltung zu Ehren Bunsens, der sich vorübergehend in Bonn aufhielt: »Die Universität war in Massen vertreten, Frauen und Männer ... Um neun Uhr mußten wir an einer reich gedeckten Tafel Platz nehmen, von der wir nichts anrührten, an der die Einheimischen aber wie die Deutschen im sechzehnten Jahrundert speisten. Alle diese Menschen behandelten uns mit allergrößter Zuvorkommenheit. Man stellte uns jedoch so vielen Leuten nacheinander vor, daß wir, als wir das Fest verließen, extrem verwirrt waren durch all diese Gelehrten, eine Verwirrung, die wir nie wieder loswurden ... Insgesamt waren wir von dem Abend entzückt. Ich werde nun versuchen, alle diese Leute noch einmal einzeln zu treffen, um von ihnen so viel wie möglich zu erfahren.«[1]

Tocqueville betrieb in Bonn keine Archivrecherchen, doch gewährte man ihm Zugang zu der sehr gut ausgestatteten Bibliothek, und der Bibliothekar machte, um ihm die Arbeit zu erleichtern, eine Ausnahme, was die Ausleihregelungen betraf. Im Grunde zeichneten sich die Deutschen in Bonn kaum durch eine staatsbürgerliche Gesinnung aus, was wohl eher auf ihre Gleichgültigkeit als auf die tyrannische Herrschaft eines Fürsten zurückzuführen war. In Deutschland atmete man jetzt freier als in Frankreich, das Privatleben war beschaulich. Es gab mindestens einen Salon, in dem man geistige Anregungen genießen konnte: den Salon von Madame d'Oriola, einer geborenen Maximiliane von Arnim, und ihrer Schwester Armgart. Sie waren die Töchter der berühmten Bettina von Arnim, deren Bekanntschaft den Tocquevilles leider entging, da sie erst kurz nach ihrer Abreise nach Bonn kam. Armgart hatte 1850 in Paris bei der Familie Circourt gelebt, die den Tocquevilles ein Empfehlungsschreiben mitgegeben hatten. Oberst d'Oriola, der Sohn eines portugiesischen Botschafters, der später preußischer Staatsbürger geworden war, war ein hervorragender Denker. Für Tocqueville waren aber vor allem die Erinnerungen der beiden Schwestern von Bedeutung, der Töchter von Achim von Arnim und Nichten von Brentano und Savigny. Sie waren in der Atmosphäre der großen romantischen Salons in Berlin großgeworden, vor allem in denen Rahel Varnhagens und ihrer Mutter, die eine treue Verehrerin Goethes geblieben war, obwohl dieser bereits zweiundzwanzig Jahre tot war. Beide Schwestern hatten die Ereignisse

---

1 A. de Tocqueville 1970: 245 ff. Brief an Ampère vom 21. Juni 1854.

von 1848 in Berlin miterlebt, standen der Revolution jedoch zurückhaltender gegenüber als ihre Mutter.

Tocqueville hatte in der Bibliothek der Bonner Universität zwar einiges über das Deutschland des 18. Jahrhunderts in Erfahrung gebracht und aus seiner Lektüre auch einige interessante Notizen für *Der alte Staat und die Revolution* entnehmen können, doch war Bonn sicherlich jener Ort in Deutschland, in dem man die alten Feudalstrukturen am wenigsten spürte. Um auf noch lebendige Zeugnisse dieser Zeit zu stoßen, mußte man nach Osten vordringen. Deshalb hatte Tocqueville die Weiterreise nach Berlin und Dresden sorgfältig vorbereitet. So hatte er nicht nur Zusammenkünfte mit Politikern arrangiert, sondern Circourt auch gebeten, ihn in diesen Städten auf Experten zu verweisen, die sich im Recht und in den Bräuchen des Feudalwesens auskannten. Von Kergorlay, der in Mecklenburg Freunde hatte, erhielt Tocqueville ein Empfehlungsschreiben, das ihm Zugang zum Haus eines Gutsherrn (um wen es sich handelte, ist uns nicht überliefert) verschaffen sollte, bei dem die alte Welt des Feudalismus noch lebendig war.

Nun hatte Madame de Tocqueville die leidige Angewohnheit, auf Reisen krank zu werden und so die geplante Route durcheinanderzubringen. Und so geschah es auch diesmal. Am 6. August erlitt sie einen starken Rheumaanfall im rechten Handgelenk und Daumen, so daß sie den Arm in einer Schlinge tragen mußte. Vielleicht war es unvorsichtig gewesen, so nah am Rhein Quartier zu beziehen, denn die Feuchtigkeit und die Nebel in den Flußniederungen waren diesem Leiden förderlich. Wie dem auch sei, am 17. August stand nun statt der Reise nach Dresden die Abfahrt nach Wildbad an, das damals ein winziger, im Schwarzwald verlorener Ort war, dessen Quellen als heilkräftig galten. Tocqueville war über seine dergestalt durchkreuzten Reisepläne erzürnt, behauptet aber, dies vor Mary verborgen zu haben – eine Aussage, die nicht unbedingt glaubhaft erscheint. Er, der sonst Spaziergänge über alles liebte, begann die tannenbedeckten Berge zu hassen, und die ihn umgebende menschliche Gesellschaft erschien ihm genauso unerfreulich: »Wir sind hier von so vielen Buckligen, Krummen, Einarmigen und Gelähmten umgeben, daß ich langsam glaube, daß eine Person von ordentlicher Gestalt, die Beine und Arme bewegen kann, unter den Menschen eine Ausnahme darstellt.«[1] Ampère, der Rom verlassen hatte, um in Dresden

---

1 A. de Tocqueville 1983a: 110. Brief an Corcelle vom 29. August 1854.

das Ehepaar Tocqueville zu treffen, reiste kurzentschlossen von Wien aus die Donau entlang, nachdem er von ihrem Unglück erfahren hatte, um eine Woche mit ihnen in Wildbad zu verbringen und dann gemeinsam die Rückreise nach Frankreich anzutreten. Tocqueville hatte im Rheinland die Bekanntschaft von zwei Engländern, Reeve und Lewis, gemacht, deren Haß auf Rußland er jedoch verabscheute. In Brüssel hatte er auf der Durchreise die im Exil lebenden Generäle Bedeau und Lamoricière wiedergesehen. Letzteren und seine Frau hätten sie auch in Dresden wieder antreffen sollen. Als die Lamoricières von ihrer bevorstehenden Abreise nach Wildbad erfuhren, verbrachten sie noch zwei Tage gemeinsam in Göttingen. Traurig reiste Tocqueville Ende September ins französische Kaiserreich zurück.

Am 6. November, nach einem kurzen Besuch bei seinem Vater, bezog er in Compiègne ein kleines, helles und trockenes Haus am Waldrand, wo er sich bis zum 3. April 1855 aufhielt. Es war ein ungewöhnlich strenger Winter, und Madame de Tocqueville erholte sich nur langsam von ihrem Rheuma. Die Kälte zwang das Ehepaar zeitweilig, sich gemeinsam in dem Zimmer aufzuhalten, das am besten geheizt war. Tocqueville versuchte dieser »Höhle« durch lange Spaziergänge im Wald zu entrinnen, wovon er sich auch nicht durch Schneefälle abhalten ließ. In Compiègne hatte er zu niemandem Kontakt, nach Paris fuhr er nur zu den besonderen Sitzungen der Akademien, wie zum Beispiel der Aufnahme von Monseigneur Dupanloup in die *Académie française* oder der Wahl Barrots zum korrespondierenden Mitglied der *Académie des sciences morales*. Er arbeitete mit verbissener Hartnäckigkeit und war nun entschlossen, dem Ende des Ancien Régime einen eigenen Band zu widmen. Er hatte über tausend Seiten Notizen angesammelt und kam nun auf die Entwürfe, die er in Tours abgefaßt hatte, zurück. Trotz dieser täglichen Arbeit konnte er das Werk aber nicht vor seiner Abreise aus Compiègne beenden.

Von April bis Juni hielt sich das Ehepaar Tocqueville wieder in Paris auf, wo es in der *Rue de Fleurus* eine bescheidene Wohnung mietete, die die Schwestern Lagden eingerichtet hatten. Mit diesen Engländerinnen, die sich um den alternden Mérimée kümmerten, scheint Madame de Tocqueville recht enge Beziehungen unterhalten zu haben. Um sich etwas Ablenkung zu verschaffen, wandte sich Tocqueville während dieser Zeit oft bewußt vom eigentlichen Thema seines Buches ab und untersuchte den Status der französischen Ständeprovinzen. Daraus entstand der Anhang zu *Der alte Staat und die Revolution,* in dem er sich mit dem Languedoc beschäftigt.

Nach einem kurzen Aufenthalt in Beaumont-la-Chartre, wo er einige Kapitel seines Buches las, und in Beaufossé bei Corcelle kehrte er Anfang Juli nach Tocqueville zurück. Er war drei Jahre lang nicht mehr dort gewesen, und so glich die Umgebung des Schlosses einer Wildnis. Mehrere Wochen verbrachte er damit, Hecken zu schneiden, Gräben zuzuschütten und Büsche zu pflanzen, während Madame de Tocqueville das seit der Rückkehr aus Deutschland angesparte Geld darauf verwendete, das Schloß freundlicher und behaglicher zu gestalten. Trotz seiner angeschlagenen Gesundheit arbeitete Tocqueville »versessen, eifrig und traurig« und konnte die Überarbeitung des Werkes im Januar 1856 abschließen. Am 16. Februar verhandelte er mit Michel Lévy, der sich bereits als Herausgeber der liberalen Schriftsteller profiliert hatte.

Der Titel des Werkes stand zu diesem Zeitpunkt noch nicht fest. Tocqueville hatte an »Die Revolution« gedacht, Michel Lévy und Ampère neigten zu »Die französische Revolution«. Es ist heute nicht mehr festzustellen, wer den Titel *Der alte Staat und Revolution* vorschlug, auf den man sich schließlich einigte. Auf Beaumonts Einwand, daß dieser Titel nur für den ersten Band passend sei, antwortete Tocqueville am 22. März: »Falls ich mein Werk fortsetze, werde ich natürlich für das Gesamte wieder den Titel wählen, den ich zunächst ausgesucht hatte.«

Tocquevilles Brüder und sein Vater hatten damals *Über die Demokratie in Amerika* korrekturgelesen. An seine Brüder konnte sich Tocqueville jedoch nun nicht mehr wenden, und seinem Vater gegenüber hatte er lange verheimlicht, daß er ein Buch schrieb. Zuvor hatte er nämlich den Wunsch des Grafen Hervé abgelehnt, einige Rezensionen über dessen Buch zu schreiben, das die Herrschaft Ludwigs des XV. und Ludwigs des XVI. zum Gegenstand hatte und ihm sicherlich mißfiel. Da Kergorlay sich mit anderweitigen Dingen befassen mußte und Ampère wieder in Rom weilte, hatte Beaumont sich bereit erklärt, zusammen mit dem Autor die Korrekturfahnen zu lesen, die ihnen der Drucker Didot zukommen ließ.

Ein unvorhergesehenes Ereignis verzögerte die Veröffentlichung des Werkes um einige Tage: der plötzliche Tod des Grafen Hervé. Am 16. Juni aber begann Michel Lévy mit der Auslieferung des Buches.

Das Werk bestand aus drei Teilen. Im ersten unternimmt Tocqueville den Versuch, die Bedeutung der Revolution einzuschätzen. Louis Blanc hatte in ihr eine Auflehnung des Individuums gegen die Regierung gesehen (wobei er mit seinen Ausführungen bei der Verurteilung von Jan Hus beginnt!). Michelet hatte sie als Beginn einer neuen Epoche definiert, deren Grundlage die Gerechtigkeit sei und die die alte, der göttlichen Willkür unterworfene Ordnung ersetze. Tocqueville spricht der Revolution den Charakter einer anarchischen Revolte oder eines Krieges gegen die Kirche ab. Sie habe den Bürger ganz allgemein, unabhängig von bestimmten Gesellschaften erfaßt. Sie habe sich somit international verbreiten können, weshalb sie einer großen, religiösen Revolution vergleichbar sei. Ihr Ziel aber sei es gewesen, »jene politischen Institutionen, die mehrere Jahrhunderte hindurch bei den meisten europäischen Völkern die ungeteilte Herrschaft gehabt hatten und die man gewöhnlich unter dem Namen Feudalwesen zusammenfaßt, abzuschaffen, um an deren Stelle eine einheitlichere und einfache soziale und politische Ordnung einzuführen, deren Grundlage die Gleichheit war«.[1]

Für Tocqueville handelt es sich daher um eine gesellschaftliche und politische Revolution. Darüber hinaus stellt sie für ihn eher die Beschleunigung einer Bewegung dar, die in ganz Europa auftrat, als einen plötzlichen Wandel. Es gelte deshalb zu erklären, warum die Revolution in Frankreich und nicht in einem anderen Land ausgebrochen sei; dies ist Gegenstand des zweiten Teils des Buches.

In Frankreich war der Zerfall der Feudalstrukturen, auf deren Stabilität einstmals die Grundherrschaft beruht hatte, weiter fortgeschritten als anderswo: Es gab keine Leibeigenschaft mehr, keinen Frondienst auf den Gütern, und der Bauer war oft bereits zum kleinen Grundbesitzer geworden. Der Lehnsherr aber, der keine Aufgabe mehr hatte und seinen ehemaligen Untergebenen gegenüber, die nun seine Nachbarn geworden waren, keine Verpflichtung mehr hatte, machte weiterhin seine Privilegien geltend. Dies schürte deren Haß, und deshalb wurden die kleineren Landedelleute als »Baumfalken« bezeichnet, die die kleinsten unter den Raubvögeln waren. Tocqueville beschreibt auf sehr anschauliche Weise, wie dieser Haß der Bauern entstand:

»Nun stelle man sich einmal den französischen Bauer des 18. Jahrhunderts vor oder auch den heutigen, den man kennt, denn er bleibt

---

1 A. de Tocqueville 1952, Teil 1: 95.

immer der gleiche; seine Lage hat sich verändert, aber nicht sein Gemüt. Man denke ihn sich, wie ihn die erwähnten Dokumente geschildert haben, so leidenschaftlich erpicht auf das Stück Feld, daß er auf dessen Ankauf alle seine Ersparnisse verwendet und es um jeden Preis kauft. Um es zu erwerben, muß er zunächst eine Abgabe entrichten, nicht an die Regierung, sondern an andere Grundstückseigentümer der Nachbarschaft, die der Verwaltung der öffentlichen Angelegenheiten ebenso fern stehen wie er und die fast ebenso ohnmächtig sind. Er besitzt es endlich, er versenkt zugleich mit dem Saatkorn sein Herz darin. Dies Stückchen Boden, das er in diesem weiten Universum sein eigen nennt, erfüllt ihn mit Stolz und mit dem Bewußtsein der Unabhängigkeit. Trotzdem kommen jene Nachbarn, die ihn seinem Felde entreißen und ihn nötigen, anderswo ohne Lohn zu arbeiten. Will er seine Saat gegen ihr Wild schützen, so hindern sie ihn daran; dieselben Leute erwarten ihn, wenn er über den Fluß setzen will, um einen Zoll von ihm zu fordern. Er findet sie auf dem Markt wieder, wo sie ihm das Recht verkaufen, seine eigenen Waren zu verkaufen; und wenn er, in seine Wohnung zurückgekehrt, zu seinem eigenen Gebrauch den Rest seines Korns verwenden will, des Korns, das unter seinen Augen und der Pflege seiner Hände gewachsen ist, so darf er dies erst tun, nachdem er es in der Mühle dieser selben Leute hat mahlen und in ihrem Ofen hat backen lassen. Die Zinsen, die er ihnen zahlen muß, erfordern einen Teil des Ertrages eines kleinen Gutes, und diese Zinsen sind unverjährbar und unablösbar.

Was er auch tun mag, überall begegnet er auf seinem Wege diesen lästigen Nachbarn, die sein Vergnügen stören, seine Arbeit hindern, seine Früchte verzehren; und wenn er mit diesen fertig ist, so erscheinen andere schwarz gekleidete, die ihm das Beste seiner Ernte wegnehmen. Man stelle sich die Lage, die Bedürfnisse, den Charakter, die Leidenschaften dieses Mannes vor, und man berechne, wenn man es vermag, den reichen Schatz an Haß und Neid, der sich in seinem Herzen aufgehäuft hat.«[1]

Diese Unfähigkeit des Adels, nach dem Vorbild des englischen Adels neue gesellschaftliche Gruppen zu integrieren und sich neuen Aufgaben zu stellen, hat schwerwiegende Folgen. Denn »wenn ein Volk seine eigene Aristokratie zerstört hat, läuft es ganz von selbst auf den Zentralismus hin«, schreibt Tocqueville, und hier tritt ein Pessimismus zutage, der

---

1 Ebd.: 106.

im ersten Band der *Demokratie in Amerika* nicht erkennbar gewesen ist. In Frankreich verschwanden alle freiheitlichen Institutionen, deren Ursprünge bis ins Mittelalter zurückgereicht hatten: von der Versammlung des Hofes des Lehnsherrn über die freien Städte und die bescheidenen Gemeindeversammlungen bis hin zu den Generalständen.

Dadurch entstand eine Art Vakuum, in dem die Monarchie ein zentralistisches Regime aufbauen konnte. »Es war eher ein geschicktes, langwieriges Geduldspiel als ein Kraftakt und Zeichen von unumschränkter Macht. Zu dem Zeitpunkt, als die Revolution ausbrauch, war das alte Verwaltungsgebäude Frankreichs noch nicht zerstört. Man hatte sozusagen in seine Fundamente ein anderes hineingebaut.«

Tocqueville zählt die Hauptstützen dieses neuen Gebäudes auf: den *Conseil du roi*[1], den Generalkontrolleur der Finanzen, die Intendanten und die Sondergerichte. Und er beschreibt auch die Vorgehensweise dieser Institutionen: die lokalen Verwaltungsinstanzen werden jeglicher Selbständigkeit beraubt, alle Gerichtsverfahren, die für die Staatsmacht von Bedeutung sind, werden an Sondergerichte verwiesen. Er resümiert die Strukturen des neuen Machtapparats wie folgt:

»Ein in den Mittelpunkt des Königreichs gestelltes einziges Kollegium, dem die Verwaltung des ganzen Landes untersteht; ein und derselbe Minister, der fast alle inneren Angelegenheiten leitet; in jeder Provinz ein einziger Beamter, dessen Leitung jede Einzelheit dieser Angelegenheiten überlassen ist; keine Unterbehörden der Verwaltung oder nur solche Behörden, die nicht tätig sein können, ohne daß sie zuvor ermächtigt werden, sich zu bewegen; außerordentliche Gerichte, welche die Angelegenheiten entscheiden, an denen die Regierung interessiert ist und die alle Beamten in Schutz nehmen. Ist das etwas anderes, als die uns bekannte Zentralisation? Ihre Formen sind weniger ausgeprägt als gegenwärtig, ihre Schritte weniger geregelt, ihre Existenz weniger ungestört; aber sie ist dasselbe Wesen.«[2]

Diese politischen Strukturen, die den Untertanen von jeglicher Beteiligung an der Verwaltung der öffentlichen Angelegenheiten ausschlossen und manchmal sogar in seine private Sphäre eingriffen, hatten die Gesellschaft am Ende des Alten Regimes zutiefst geprägt.

---

1 Versammlung aus persönlichen Beratern des Königs, obersten Beamten und Kronvasallen. (A.d.Ü.)
2 A. de Tocqueville 1952, Teil 1: 127.

Der Adel, der auf dem Land keinerlei Funktion mehr erfüllte, war an den Hof oder in die Städte geflohen. Die Angehörigen der Aristokratie verarmten zusehends und klammerten sich in verstärktem Maß an ihre Privilegien. Der Adelsstand wurde zu einer Kaste, die darauf bedacht war, sich vom Bürgertum deutlich abzugrenzen.

Das Bürgertum wiederum wurde immer reicher. Die höhere Bourgeoisie war nicht nur ebenso wohlhabend wie der Adel, sondern verfügte auch über den gleichen Bildungsstand und vertrat dieselben Ideen. Sie wollte nun auch in den Genuß materieller oder immaterieller Privilegien gelangen, die der Adelsrang mit sich brachte, und strebte deshalb nach dem Erwerb von Titeln, die die immer in finanziellen Nöten befindliche Monarchie zum Verkauf anbot – ganz gleich wie nutzlos oder unsicher die daraus erwachsenden Vorrechte auch waren. Das wohlhabende Bürgertum wollte sich von den kleinbürgerlichen Handwerkern unterscheiden, doch waren beide wiederum jeweils in sehr kleine Gruppen aufgespalten, deren Mitglieder weitgehend unter sich blieben.

Wenn Tocqueville in *Der alte Staat und die Revoltuion* schreibt, daß die früher so streng voneinander getrennten Franzosen sich jetzt ähnlicher seien als je zuvor, meint er damit nur die zukünftigen Klassen der Wahlberechtigten im Zensuswahlsystem. Denn das Volk auf dem Land lebte anders. Es war vom Adel aufgegeben worden, und alle, die einen gewissen Wohlstand erreicht hatten, versuchten diesem Stand zu entfliehen. Die Landbevölkerung stellte eine ungebildete, grobschlächtige Masse dar, die nun schutzlos der Willkür der Machthaber ausgeliefert war. Sie war es, die die Steuern zahlte, für deren Eintreibung die aus den Reihen der Bauern bestimmten Steuereinnehmer persönlich hafteten. Sie mußte für den König Frondienste leisten, die weit über die Wegeunterhaltungspflicht hinaus gingen. Per Los wurde entschieden, wer Heeresdienst zu leisten hatte, aber auch ein »Glückslos« schützte nicht dauerhaft vor einer Einberufung. Tocqueville hatte im ersten Kapitel des zweiten Teils aufgezeigt, welche Feudallasten den Bauern immer noch zugemutet wurden. Im letzten Kapitel führt er noch einmal gesondert auf, inwiefern die neue, monarchische Ordnung für die Landbevölkerung Willkür, Unterdrückung und Ruin bedeutete. Dem Verstehen des Lesers ist diese Gliederung sicherlich nicht zuträglich, doch verrät sie die Empörung des Autors über einen Absolutismus, der vor allem jene gesellschaftliche Klasse traf, die über keinerlei Möglichkeiten der Gegenwehr verfügte, wie zum Beispiel der Möglichkeit, geeignete Beschlüsse zu fassen oder an die öffentliche Meinung zu appellieren.

Die anderen Klassen verfügten in gewisser Weise über eine Freiheit, die sich an den politischen Sitten zeigte. Der noch junge Despotismus (Tocqueville vertritt die gleiche Ansicht wie Madame de Staël, derzufolge die Freiheit in Frankreich Tradition hatte und der Despotismus etwas Neues darstellte) war in seinen Überzeugungen und seinem Handeln noch nicht so gefestigt, wie es die Leser des Jahres 1856 gewohnt waren. Die Gesetze waren zwar streng, wurden aber oft nachlässig angewendet. So war es im Ancien Régime üblich, daß die Untertanen die Staatsmacht offen kritisierten. Auch blieben gewisse Sicherheiten für die Person des einzelnen weiterhin erhalten: So der Korpsgeist, der besonders im Klerus offensichtlich wurde, und die Rechtsprechung durch die Parlamente, gleich, ob sie sich nun auf die ihnen zugewiesenen Bereiche beschränkten oder aber in die Politik eingriffen.

Im dritten Teil seines Buches untersucht Tocqueville die seit der Mitte des 18. Jahrhunderts auszumachenden, unmittelbaren Gründe für den Ausbruch der Revolution.

Ab dieser Zeit begannen die Philosophen einen Einfluß auf die öffentliche Meinung auszuüben. Da sie über keine größere politische Erfahrung verfügten als ihre Leser, waren sie nicht in der Lage zu beurteilen, was an der Struktur des Königreiches nützlich und was schädlich war, und sie machten deshalb sehr unterschiedliche Vorschläge zur Umgestaltung des Regimes: »Sie sind alle der Ansicht, man solle an die Stelle der komplizierten traditionellen Gebräuche und Vorschriften, welche die damalige Gesellschaft regierten, schlichte und einfache, aus der Vernunft und dem Naturrecht abgeleitete Gesetze treten lassen.«[1] Und da die Kirche der Tradition verhaftet war, den ehemaligen Machthabern verbunden blieb und den Philosophen die Verkündung ihrer Auffassungen untersagen wollte, griffen diese die Kirche und deren Glaubenslehren auf das Heftigste an.

Das Werk der Philosophen war jedoch nicht gegen die königliche Macht gerichtet. Tocqueville analysiert hier insbesondere die politischen Vorstellungen der Nationalökonomen, die einen »demokratischen Despotismus« etablieren wollten.

---

1 A. de Tocqueville 1952, Teil 1: 194

Er stellt fest, daß um 1770 der Geist der Freiheit erwacht sei, doch untersucht er nicht die Ursachen für diese Entwicklung. Dieser Freiheitsdrang habe zusammen mit dem Wunsch nach Gleichheit zu den Prinzipien von 1789 geführt. Jedoch habe dadurch keine dauerhafte liberale Demokratie begründet werden können, weshalb die Franzosen sich sechzig Jahre lang mühen sollten, »den Kopf der Freiheit auf einen versklavten Körper« zu setzen, um letztlich ermüdet auf die Freiheit zu verzichten:

»Als bei den Franzosen die Liebe zur politischen Freiheit erwachte, hegten sie über die Staatsregierung bereits eine gewisse Anzahl von Vorstellungen, die nicht nur mit der Existenz freiheitlicher Institutionen schwer in Einklang zu bringen waren, sondern die denselben beinahe zuwiderliefen.

Als Ideal einer Gesellschaft dachten sie sich ein Volk ohne andere Aristokratie als die der öffentlichen Beamten, einer einzigen und allmächtigen Verwaltung, die den Staat lenkte und einzelne bevormundete. Als sie die Freiheit verlangten, dachten sie nicht daran, von dieser Grundvorstellung abzulassen; sie versuchten nur, sie mit der Freiheit in Einklang zu bringen. (...)

Der Wunsch nun, die Freiheit unter Institutionen und Ideen einzuführen, die ihr fremd oder entgegengesetzt, uns aber schon gewohnt oder im voraus liebgeworden waren, dieser Wunsch hat seit sechzig Jahren so viele vergebliche Versuche freier Regierungen veranlaßt, die von so verderblichen Revolutionen begleitet waren, daß endlich viele Franzosen durch so große Anstrengungen erschöpft, einer so mühseligen und unfruchtbaren Arbeit überdrüssig, ihre spätere Ansicht aufgaben, zur früheren zurückkehrten und sich zu dem Gedanken bequemten, als Gleiche unter einem Gebieter zu leben, habe am Ende doch noch sein Angenehmes. So sind wir gegenwärtig den Physiokraten von 1750 viel ähnlicher als unseren Vätern von 1789.«[1]

Dies wäre eine pessimistische, ja beinahe fatalistische Schlußfolgerung, wenn Tocqueville nicht auf das französische Temperament vertraute, das zum Besten wie zum Schlimmsten fähig und durchaus in der Lage sei, zum unerwartetsten Zeitpunkt wieder eine freie Regierung und freie Institutionen zu schaffen.

Der alte Staat und die Revolution vermittelt einen soziopolitischen Überblick über das Frankreich des Jahres 1789 und verdeutlicht die Un-

---

1 Ebd.: 216.

ausgewogenheiten, die zur Revolution führen sollten. Es fällt leicht, Lükken oder allzu kategorische Behauptungen zu kritisieren oder die im Buch dargestellte Sicht der Feudalordnung abzulehnen. Unbestreitbar ist jedoch, daß Tocquevilles Analyse ganz neu war und noch heute als einer der großen Ansätze zur Erklärung der Revolution gilt.

Tocqueville brachte sein Manuskript zu der Zeit in die französische Hauptstadt, als dort der Friedenskongreß von Paris zusammentrat, der als der Triumph der kaiserlichen Politik erschien. Dies löste bei Tocqueville Befürchtungen aus. »Inmitten all dieser Fanfaren, die die Friedenserklärung feiern, wer wird Zeit haben, zu lesen und sich für ein Buch zu interessieren.«[1], schrieb er an Ampère. Auch seiner Frau berichtete er in einer schlaflosen Nacht von seinen Gedanken: »Ich sagte mir, daß die Ideen meines Buches niemandem gefallen könnten, daß die Legitimisten darin eine abscheuliche Darstellung des Alten Regimes und der Monarchie sehen würden, daß Frömmler wie Corcelle zu wenig Respekt für die Kirche darin erkennen würden, daß die Revolutionäre die Verehrung all des oberflächlichen Glanzes der Revolution vermissen würden und daß nur den Freunden der Freiheit, die ich aber an den Fingern abzählen könnte, diese Lektüre gefallen würde.«

Der alte Staat und die Revolution wurde jedoch ein unbestreitbarer Erfolg. Die Freunde des Autors verwiesen auf den Erfolg, den die *Demokratie in Amerika* im Jahre 1835 erlebt hatte. Selbst die wenig freundliche Kritik in *La Presse* räumte ein: »Die Veröffentlichung dieses Buches hat die Menschen aufgewühlt, das ist unbedingt festzustellen.« Und in der sehr kaisertreuen *Revue contemporaine*, wo in einer Rezension mit dem Titel »Die kaiserliche Regierung und die neue Opposition« gleichzeitig Tocquevilles Buch und ein anderes zeitgenössisches Werk von Rémusat vorgestellt wurden, geriet die Besprechung zu einem Plädoyer für das herrschende Regime. Das Interesse für das Buch riß bis zu Tocquevilles Tod nicht ab, und so kann dieser seinem Freund Ampère am 16. November 1858 schreiben: »Habe ich Ihnen bereits gesagt, daß eine vierte Auflage von *Der alte Staat und die Revolution* gedruckt wird? Zweitausend Exemplare, zweitausendfünfhundert wie die vorhergehenden: Das macht beinahe neuntausend Exemplare in weniger als drei Jahren.«[2]

Wenn ein Teil der Öffentlichkeit Tocqueville auch vorwarf, keine aus-

---

1 A. de Tocqueville 1970: 307 f. Brief an Ampère vom 1. Februar 1856.
2 Ebd.: 413.

reichend klaren Schlußfolgerungen gezogen zu haben, so gab es doch auch Leser, die in dem Buch eine Diagnose der Unzulänglichkeiten sahen, die in Frankreich zum Scheitern der repräsentativen Institutionen geführt hatten. Die Liberalen waren sich über alle inneren Streitigkeiten hinweg in ihrer Zustimmung zu dem Buch einig: Barrot, Montalembert, Duvergier de Hauranne, Mignet, Cousin, etc.

Unterschwellig stellte das Werk ein Manifest gegen den Kult um Geld und um die Staatsmacht dar. Tocqueville neigte in pessimistischen Momenten zu der Auffassung, daß die Öffentlichkeit sich nur noch für die Börsenschwankungen oder den materiellen Luxus interessierte. Der Erfolg seines Buches erbrachte den Gegenbeweis, überraschte und erfreute ihn. Das Buch konnte zwar die öffentliche Meinung nicht mobilisieren, doch zeigte es zumindest, daß gewisse geistige und moralische Wertvorstellungen tief im Innern vieler Menschen weiterhin lebendig waren. Tocqueville schätzte Sympathiebekundungen wie zum Beispiel einen Brief, den eine Vereinigung von Studenten, die *jeunes gens des Écoles* verfaßt hatte.

Angesichts der stark eingeschränkten Pressefreiheit war eine breite Zustimmung zu Tocquevilles Werk nicht zu erwarten gewesen. In *Le Constitutionnel,* einem der Stützpfeiler des Regimes, erschien ein wenig wohlwollender Artikel von Paulin Limayrac. *Le Siècle* war die Rolle zugewiesen worden, von der Regierung geduldete linke Positionen zu beziehen. Havin, der Direktor der Zeitung brauchte jedoch seine Feindseligkeit gegenüber Tocqueville nicht zu verhehlen: In vier Artikeln versuchte er die Leser davon zu überzeugen, daß dieser ein nostalgischer Anhänger des Ancien Régime sei. Für *La Patrie* schrieb Nisard – den Tocqueville als Opportunisten verabscheute und dem er dies auch sicherlich nicht verheimlichte, wenn die beiden sich in der *Académie française* begegneten – einen Artikel, der neben einigen Lobesworten zahlreiche Boshaftigkeiten enthielt. Adolphe Peyrat lobte Tocqueville in *La Presse* seiner liberalen Ansichten wegen, bezeichnete ihn aber gleichzeitig als einen »überschätzten« Autor, der seinen Vorgängern nichts Neues hinzuzufügen habe. Dieser Artikel ist insofern interessant, als er weder Tocquevilles Ansichten noch denen der Regierung entspricht. So heißt es dort: »Es gibt Zeiten, in denen über die Vergangenheit zu meditieren bedeutet, für die Zukunft zu arbeiten.«[1]

---

1 Die Berichte sind in einer Kiste angeführt, die Peter Mayer wiedergefunden und veröffentlicht hat. In: A. de Tocqueville 1952, Teil 1: 335 ff.

Der bemerkenswerteste dieser kritischen Artikel stammt von Forcade La Roquette, dem Halbbruder Saint-Arnauds und späteren Minister, und erschien in der Zeitschrift *Revue contemporaine*[1]: Der Verfasser erkannte das Verdienst des Buches an, rechtfertigte aber gleichzeitig (sowohl das Erste als auch das Zweite) Kaiserreich, da es eine Ordnung geschaffen habe, die die Sicherheit des einzelnen garantiere.

Das Buch wurde jedoch nicht nur von Vertretern des Regimes kritisiert. »Es wird von allen verehrt werden, wird aber niemanden zufriedenstellen«, hatte Pontmartin geschrieben. Der Vicomte de Meaux, Schwiegersohn von Montalembert, legte in *Le Correspondant* die Einwände der orthodoxen Legitimisten dar. Ihm zufolge[2] hatte Tocqueville die Errungenschaften des Absolutismus nicht erfaßt, den Niedergang des Adels übertrieben und den hochmütigen und umstürzlerischen Geist der Revolution verkannt. Der Artikel prangerte zwar voller Polemik die ewig Gestrigen an, schonte aber die Person des Autors und erkannte seine Begabung an.

Eine sehr viel positivere Kritik, die aus der Feder eines anderen Legitimisten, Pontmartin, stammte, erschien in *L'Assemblée nationale*[3]. In seinen beiden Artikeln äußerte er zwar einige Vorbehalte gegenüber dem Werk, hob aber sowohl die neuartigen Gedankengänge als auch den bis dahin völlig unbekannten Stil hervor, durch den Tocqueville »viele Gedanken in wenigen Worten« ausdrückte. Abschließend bemerkt Pontmartin: »Diese Freiheit, die er liebt, würde sicherlich den Sieg erringen, und dieser Sieg wäre unsere schönste und neueste Errungenschaft, wenn alle Zeitgenossen Tocquevilles sie wie er verstehen würden.«

Die beiden großen Sprachrohre des Liberalismus, *Le Journal des débats* und die *Revue des deux mondes*, sprachen sich überzeugend für das Buch aus.

Im *Journal des débats* war das Werk in einem Artikel angekündigt worden, der mit »Sacy« unterzeichnet war, den in Wirklichkeit aber Beaumont verfaßt hatte. Tocqueville ging davon aus, daß Ampère nach der Veröffentlichung des Buches noch eine sehr viel detailliertere Rezension schreiben würde. Jedoch erbot sich auch Villemain, der nun nicht mehr für die Presse arbeitete und sich damals auf dem Höhepunkt seines Ruhmes befand. Ampère trat zu seinen Gunsten zurück, und bereits am

---

1 *Revue contemporaine et athénaéum français*, Bd. 39. 1856. S. 5-29.
2 *Le Correspondant*. Bd. 39. November 1856. S. 254-282.
3 5. und 12. Juni 1856.

1. Juli (1856) veröffentlichte Villemain eine Analyse des Buches, die alle neuen Ideen hervorhob und ein bedingungsloses, glänzendes Lob aussprach.

Um die Rezension in der *Revue des deux mondes* (1. August 1856) bemühten sich Loménie, der schließlich widerwillig verzichtete, und Rémusat. Sein Artikel war persönlicher und detaillierter als der von Villemain. Rémusat zog Vergleiche mit England, das er gut kannte, und Tocqueville zufolge war dies das Beste, was je über sein Buch geschrieben wurde. Dennoch warf er Rémusat vor, nicht genügend auf den Bezug zwischen seinem neuen Buch und der *Demokratie in Amerika* eingegangen zu sein.

Der alte Staat und die Revolution war von Reeve ins Englische übersetzt worden, und es scheint, daß das Buch dort ebensoviel Erfolg hatte wie in Frankreich. Sogar große deutsche Zeitungen veröffentlichten lange Rezensionen, und selbst in Rußland war Tocqueville bald als Autor des Werkes bekannt.

Knapp drei Jahre vor seinem Tod hatte Tocqueville nun damit wieder als Schriftsteller von sich Reden gemacht. Seine politischen Gegner konnten trotz aller Kritik nicht umhin, dem Charakter und der Begabung des Autors Ehre zu erweisen. Seine liberalen Freunde reagierten mit so viel Begeisterung und Freude, daß dies bei der Regierung Verwunderung hervorrief.

25
Die Zeit nach der Veröffentlichung von »Der alte Staat und die Revolution«

Im Juni 1856 prägten zwei sehr unterschiedliche Ereignisse das Leben Tocquevilles: zum einen die Veröffentlichung seines Werkes *Der alte Staat und die Revolution,* zum anderen der Tod seines Vaters. Wenn man die zahlreichen Briefe der anschließenden Jahre mit denen des vorangegangenen Zeitraums vergleicht, gewinnt man den Eindruck, daß sich Tocquevilles Charakter allmählich veränderte. Zumindest treten in seinem täglichen Leben Veränderungen auf, die er auch selbst konstatiert.

Man weiß, welche Ängste es ihm bereitet hatte, wieder mit einem Werk vor die Öffentlichkeit zu treten. 1856 war sein Wunsch, die Sympathie oder Bewunderung der Leser wiederzugewinnen, besonders heftig gewesen, denn er bedurfte solcher Reaktionen, um seine geheimen Zweifel am Wert seines Werkes zu beschwichtigen. *Der alte Staat* fand dann auch ein so lebhaftes Echo, daß Tocqueville sich an den enormen Erfolg von 1835 erinnert fühlte. Er genoß seinen Ruhm jetzt mehr als damals, denn während er diesen 1835 nur als eine Etappe auf dem Weg zu einer Karriere als Staatsmann angesehen hatte, war er jetzt einzig bestrebt, seinen Platz in der Welt der Literatur wiederzuerringen. Er fühlte sich solidarisch mit jener Generation von Liberalen, die jetzt fünfzig oder sechzig Jahre alt waren und von ihren Nachfolgern der mangelhaften Führung der Staatsgeschäfte beschuldigt wurden, während er selbst sie als der jüngeren Generation überlegen empfand, in der er – etwas ungerecht urteilend – keine Hoffnungsträger sah. Mochte sich auch Lamartine, der unvergleichliche Dichter, durch »Brotschreiberei« erniedrigen, so schien es Tocqueville, daß seine Zeitgenossen, die seit der Julimonarchie Zustimmung erfuhren, im literarischen Leben Frankreichs weiterhin eine führende Rolle spielten.[1] Zu diesen zählten Cousin, trotz einer Vorliebe für befremdliche Themen, Villemain, der herausragendste unter den Kritikern, Mignet und Thiers, die beide sehr produktive Historiker waren, selbst Duvergier de Hauranne, der die Geschichte des repräsentativen Systems in Frankreich für die Zukunft niederschrieb, Rémusat, der große Essayist, sowie Montalembert, der, seit man ihn des Rednerpults beraubt hatte, zum großen Pamphletisten avanciert war. *Der alte Staat und die Revolution* nahm im Schrifttum der liberalen Opposition einen ganz besonderen Platz ein. Und als der »Bundeslade« der Liberalen, der *Revue des deux mondes,* ein Gerichtsverfahren drohte, bemühte sich Tocqueville nach Kräften, Einfluß auf die Richter zu nehmen.

Auch freute er sich mehr als je zuvor über die Erfolge seiner alten politischen Freunde: So Dufaure, der in Paris als Anwalt brillierte, Rivet, der wieder im Wirtschaftsleben tätig war und Eisenbahnen baute. Er schalt aber auch die »Faulen«, Lanjuinais und Beaumont, die ihre Fähigkeiten nicht mehr öffentlich unter Beweis stellten. Schon immer war Tocqueville ein einfühlsamer Freund gewesen, und jetzt zeigte er sich außerdem sehr engagiert, als er die zähen Verhandlungen über die Heirat der Tochter Corcelles, der späteren Madame de Chambrun, zu einem zufriedenstellenden Abschluß brachte. Einige Quellen, die allerdings zu spärlich sind, als daß man daraus allgemeine Schlußfolgerungen ziehen könnte, beschreiben ihn sogar als heiter und entspannt. Seine Ansichten über das Kaiserreich hatten sich zwar nicht gewandelt, doch hatte er sich nun eine weniger bittere, etwas ironischere Haltung gegenüber den »Witzbolden«, die sich auf Louis-Napoléons Seite schlugen, zu eigen gemacht.

Obwohl der Graf Hervé mit achtzig Jahren ein sehr hohes Alter erreicht hatte, fühlte sich Alexis vom Tod seines Vaters tief getroffen. Er hatte sich in den letzten Jahren manches Mal über den engen Horizont in seinem Elternhaus ereifert, verspürte aber dennoch enge Bande zu seinem Vater. Der Tod des Familienoberhauptes brachte die Brüder einander wieder näher, die unterschiedlichen politischen Ansichten verhinderten jedoch ein Wiederaufleben der ehemals sehr engen Beziehungen. Tocqueville führte als weiteren Grund für das abgekühlte Verhältnis das Verhalten seiner beiden Schwägerinnen an und meinte hier insbesondere Émilie, die Gattin Hippolytes; unzweifelhaft hegte jedoch auch Mary

---

1 A. de Tocqueville 1959: 297. Brief Tocquevilles an Gobineau vom 16. September 1858.

den beiden Frauen gegenüber wenig herzliche Empfindungen. Auch den Kontakt zu ihrem Schwiegervater erhielt sie nur widerwillig aufrecht. Jetzt, da sie bald sechzig wurde, wachte sie eifersüchtig darüber, daß niemand ihr die Zuneigung ihres Mannes streitig machte. Tocqueville konzentrierte sein ganzes Zärtlichkeitsbedürfnis auf sie und versuchte, ihren Neigungen entgegenzukommen. Auch wurde sie zunehmend häuslicher und liebte die Ruhe. Dies erklärt sich zum Teil durch ihren Gesundheitszustand, denn sie klagte über Rückenschmerzen, Rheuma und Halsschmerzen. Wahrscheinlich litt sie auch, wie Rédier vermutet, an einer Nervenschwäche. Es scheint außerdem, daß sich Madame de Tocqueville im fortgeschrittenen Alter stärker als früher um ihre eigene Familie kümmerte. In den Jahren 1857 und 1858 hielt sich das Paar bei Marys neunzigjähriger Tante, Mrs. Belam, in Chamarande auf. Während einer Englandreise im Jahre 1857 bewegte sie Alexis dazu, sich bei Sir Charles Wood, dem Ersten Lord der Admiralität, für die Ernennung seines Schwagers Joe zum *Portcaptain* einzusetzen. Zwar gab der Minister dem Gesuch gnädig statt, doch fühlte sich Tocqueville durch diese Bittstellerrolle erniedrigt. Madame de Tocqueville erinnerte sich zum Erstaunen ihres Gatten nun auch in verstärktem Maße ihrer britischen Herkunft. Sie suchte Kontakt zum englischen Konsul und seinen Töchtern in Cherbourg. Wegen des Aufstandes in Indien im Jahre 1857 verbrachte sie schlaflose Nächte und verfolgte die schrittweise Wiederherstellung der englischen Herrschaft über die Kolonie mit großem Interesse.

Auf Schloß Tocqueville und dem dazugehörigen Gut waltete sie über die Dinge und die Menschen, wenn auch ihr Gatte manchmal eingriff, um ihre Auseinandersetzungen mit diesen zu schlichten. Es geschah auf Marys Wunsch, daß das Ehepaar sich jedes Jahr so lange auf dem Cotentin aufhielt, und Tocqueville fügte sich dem. Früher, so schrieb er, hätte er nicht auf die Hauptstadt mit ihren Salons verzichten können, jetzt aber fand er mehr und mehr Gefallen an diesem etwas einförmigen Leben. Er fragte sich, ob er an Weisheit gewonnen habe, befürchtete aber, nur älter geworden zu sein. Während der Reise nach England im Jahre 1857, die für ihn beinahe zum Triumphzug wurde, schrieb er seiner Frau, wie sehr er sich auf eine baldige Heimkehr freue. Seit langer Zeit schon empfand er für die Menschen auf dem Land große Zuneigung. Er kümmerte sich nun auch verstärkt um Schafzucht und Schweinemast und unternahm Versuche mit Guanodünger. Vor der Veröffentlichung seines Buches im Jahr 1856 stand er jeden Tag um sechs Uhr auf, widmete den Morgen seiner geistigen Arbeit und verbrachte den Nachmittag auf den Feldern, wo er beispielsweise die Arbeiter anleitete, die mit der Umgestaltung der Umgebung des Schlosses beschäftigt waren. Nach dem Abendessen widmeten die beiden Eheleute sich für gewöhnlich gemeinsam ihrer Lektüre.

Das Schloß wurde zum Mittelpunkt ihres Lebens. Vom 25. Juni 1856, dem Tag seiner Rückkehr nach der Veröffentlichung von *Der alte Staat,* bis zum 28. September 1858, als er das Haus endgültig verließ, hielt sich Tocqueville zweiundzwanzigeinhalb Monate auf seinem Landsitz auf, seine Frau sogar etwas mehr. Diese Zeit verbrachte Mary de Tocqueville jedoch keinesfalls in Untätigkeit. Bereits seit 1855 hatte sie sich darum bemüht, die Innenräume behaglicher zu gestalten. Von 1856 bis 1858 wurden umfangreiche Außenarbeiten durchgeführt: Ein sumpfiges Wäldchen wurde durch Zuschütten von Gräben trockengelegt, die Bäume gefällt. Es wurde eine geschützte Allee angelegt, auf der Ampère, so versprachen ihm die Tocquevilles, trockenen Fußes und geschützt vor den Unbilden des Wetters seine Zigarre rauchen könne. Ein Gewächshaus wurde gebaut, und man überlegte, durch welche Einzäunungen das Vieh am besten vom Hof fernzuhalten sei. Außerdem wurden Hekken und junge Bäume gepflanzt und ein Teil der bestellten Felder in Wiesen umgewandelt. Das vom Vater ererbte Vermögen half bei der Finanzierung dieser Arbeiten, aber auch die Einnahmen aus den Büchern (es handelte sich um eine beträchtliche Summe, denn Lévy zahlte Alexis de Tocqueville einen Franc pro Band!) wurden restlos dafür aufgebraucht.

Dieses gleichförmige Alltagsleben wurde ab und zu durch Besuche unterbrochen, durch die sich die Tocquevilles jedoch nicht von ihren Betätigungen abhalten ließen. Vor allem verlangte es das Ehepaar nach der Gesellschaft Ampères. Er war ein glänzender Unterhalter, genoß das gute Essen und spielte mit Madame de Tocqueville Billard. Mit seinen fünfundsechzig Jahren ähnelte er immer noch sehr dem zwanzigjährigen Ampère, der sich damals in die vierzigjährige Madame de Récamier verliebt hatte. Jetzt verband ihn eine Art »Herzensdienerschaft« mit Madame de Guillemin, der Tochter des reichen Bankiers Cheuvreux. Deren Gesundheitszustand erforderte aber einen ständigen Aufenthalt in Italien, wohin ihre Eltern ihr nachgefolgt waren. Ampère sei ein »be-

schlagnahmter Mann«, beklagte sich Tocqueville, denn der Freund hielt
sich von Anfang 1857 bis April 1859 in Italien auf. Als Ampère schließlich nach Frankreich zurückkehrte, mußte er bei seiner Ankunft in Marseille von Tocquevilles Tod erfahren. Da sie auf Ampères Gesellschaft
verzichten mußten, luden die Tocquevilles alte Freunde aus der Zeit der
Julimonarchie ein: die Beaumonts, die Corcelles, Lanjuinais, Rivet, im
Jahre 1857 die Loménies, die dort eigentlich den in Italien weilenden
Ampère treffen wollten. Die meisten Gäste blieben ein oder zwei Wochen. Manche von ihnen machten auf dem Weg in diese entlegene Ecke
des Cotentin Rast bei Corcelle in Beaufossé (im Departement Orne),
beim Grafen de Broglie oder in Val Richer bei Guizot, der im August
1856 Reeve und seine Familie empfing. Dieser hatte gerade das Buch
Der alte Staat und die Revolution ins Englische übersetzt und eine Woche
auf Schloß Tocqueville verbracht.

Ab Juli 1858 verbesserten sich die Reisemöglichkeiten durch die
Eröffnung der Eisenbahnlinie Paris–Cherbourg. Etwa zur gleichen Zeit
wurde auch das große Becken im Hafen von Cherbourg eingeweiht, so
daß die kurz aufeinanderfolgenden Feiern am 4. und 8. August Gelegenheit zu einem Treffen zwischen Königin Viktoria und dem Kaiser boten.
Sechshundert englische und französische Schiffe lagen in der Reede vor
Anker, und um seinen damaligen Gästen, den Beaumonts und Rivets,
die Manöver dieser riesigen Flotte zu zeigen, hatte Tocqueville sie auf
die Türme des Renaissanceschlosses Tourlaville, das damals seinem Bruder Édouard gehörte, und auf die Felsen von Fermanville geführt, die
die Reede nach Osten abschlossen.

Wenn auch Tocquevilles Leben vordergründig beschaulich verlief und
der Autor der *Erinnerungen* seinen Mitmenschen seltener Beweise seiner
geistigen Brillanz lieferte, wurde er immer noch von innerer Unruhe
gequält. Vielleicht hatten der Tod seines Vaters und seines Onkels Rosanbo, auf den er bereits seit einigen Jahren gefaßt gewesen war, ihn
dazu veranlaßt, sich verstärkt mit religiösen Fragen auseinanderzusetzen; vielleicht war es aber auch ganz einfach die Leere in seinem Leben
ohne öffentliche Verantwortung, die ihn hierzu trieb. Bereits 1850 nach
seiner lebensbedrohlichen Erkrankung hatte er, bevor er zur Erholung
verreiste, Abbé Coeur (einen Freund und bekannten Theologen, der
bald zum Bischof von Troyes ernannt werden sollte) um ein Gespräch
über die Grundlagen des Glaubens gebeten. Letztlich aber hatte er sich mit

dem Geistlichen über ganz andere Dinge unterhalten, da er befürchtete, daß eine Diskussion über dieses Thema ergebnislos verlaufen würde. Seinen Brief vom 26. Februar 1857, in dem er seine in der Jugend vollzogene Abkehr vom katholischen Glauben gesteht und ein rein spiritualistisches Glaubensbekenntnis ablegt, haben wir bereits analysiert. Einen Monat zuvor (am 24. Januar) hatte Tocqueville sich Gobineau gegenüber zum Fürsprecher jener Menschen gemacht, die nicht von den christlichen Wahrheiten überzeugt waren, aber dem Christentum eine »Zuneigung wie die eines Kindes zu seinen Eltern« entgegenbrächten – eine Äußerung, die Gobineau jedoch für Ironie gehalten hatte. An Corcelle gerichtete Briefe aus der gleichen Zeit drücken sowohl den Wunsch zu glauben als auch die Unfähigkeit hierzu aus. Recht gut resümiert ist Tocquevilles Haltung in einem Brief vom 18. Januar 1858, der an einen alten Freund, den Philosophen Bouchitté, gerichtet ist. Bouchitté, der ein Werk über die Beweise für die Existenz Gottes veröffentlicht hatte, hatte ihm zuvor einen Brief geschrieben, in dem er bekräftigte, daß der Mensch Gott mit dem Herzen und dem Geiste erkennen könne. Daraufhin antwortete ihm Tocqueville: »Alles andere ist neben dieser Frage unwichtig.« Aber nachdem er wiederholt hatte, daß er an die Vorsehung und an die göttliche Gerechtigkeit glaube, fügte er hinzu, daß ein »Hintergrund« existiere, den er nicht erfassen könne, »dieser sei die Erklärung der Welt, das Konzept dieses Werkes Gottes, von dem wir nichts verstehen, nicht einmal unseren Körper, noch weniger unseren Geist und den Sinn des Schicksals dieses einzigartigen Wesens, das wir Mensch nennen...«.[1]

Tocqueville bekümmerte es seit langem, daß er kinderlos geblieben war, und es ist nur verständlich, daß dieser Kummer mit den Jahren wuchs. So brachte er einen Großteil seiner Zuneigung seinem Neffen Hubert entgegen, einem der Söhne Édouards, der zunächst in Wien, dann in Berlin eine diplomatische Laufbahn begann. Er schrieb ihm Briefe, in denen er sich bemühte, Hubert die Familientraditionen zu vermitteln und sein Denken in eine bestimmte Richtung zu lenken. Er schätzte die

---

1 A. de Tocqueville 1983a, Teil 2: 29. Briefe an Corcelle vom 1. August 1850; dort auch die oben zitierte Passage, S. 428; an Madame de Swetchine vom 2. Februar 1857, ebd. S. 314-335; an Gobineau vom 24. Januar 1857. A. de Tocqueville 1959: 276 ff.; an Bouchitté vom 18. Januar 1858. A. de Tocqueville 1867b: 476 f. Der Brief von Bouchitté befindet sich in den Archives Tocqueville, Akte 17.

Ernsthaftigkeit dieses Neffen, hielt ihn aber für zu gesetzt und zu sehr überkommenen Denkweisen verpflichtet. Trotz aller Zuneigung warf er ihm vor, daß er dem jungen Alexis de Tocqueville nicht ähnele, nichts von seinem leidenschaftlichen Temperament geerbt habe.

Mehr als je zuvor war er sich bewußt, wie schnell die Zeit verging. So beschäftigte er sich nun in verstärktem Maß mit seiner Jugend und seiner Vergangenheit als Staatsmann. Er erklärte manches Mal, daß er durch das Alter zwar ruhiger geworden sei, diese Ruhe aber oft mit Melancholie einhergehe. Zum Beispiel schrieb er seiner Frau aus Paris das Folgende über die Aufmerksamkeiten, die ihm Bibliothekare und Archivare erwiesen: »Als ich *Über die Demokratie in Amerika* schrieb, wurde mir keiner dieser Vorzüge zuteil, aber ich war jung, glaubte an eine Sache und hegte Hoffnungen. Dadurch konnte ich auf das Wohlwollen der Bibliothekare und die Gefälligkeit der Archivare verzichten. Cuvier hat in einer Mansarde ein hervorragendes Werk geschrieben... Meine Mansarde war ein kleines Zimmer in der *Rue de Verneuil,* wo ich in der tiefen Dunkelheit an einem Werk arbeitet, das es mir ermöglichen sollte, aus dieser Dunkelheit herauszutreten.«[1]

In den Briefen, die Tocqueville nach der Veröffentlichung des Buches *Der alte Staat und die Revolution* erhielt, wurde oft der Wunsch geäußert, daß bald eine Fortsetzung des Werkes erscheinen möge. Er selbst hatte sich in seinem Vorwort dazu verpflichtet, den »Weg dieser Revolution« zu verfolgen und die Gründe aufzuzeigen, warum die Franzosen sich nach dem Enthusiasmus von 1789 mit einer Regierung abgefunden hatten, die »stärker und absoluter war als jene, die durch die Revolution gestürzt worden war«. Er fügte hinzu: »Einen Teil dieses zweiten Werkes habe ich bereits skizziert, es ist aber noch nicht würdig, der Leserschaft vorgelegt zu werden.«[2] Diese letzte Äußerung entsprach jedoch keineswegs der Realität.

Im Sommer des Jahres 1856 verspürte er den Wunsch, sich etwas Luft zu verschaffen und Abstand zu seinem Werk zu gewinnen. Er dachte dabei an eine Arbeit, die nicht zu seinem Hauptinteressensgebiet gehörte, aber nicht allzuweit davon entfernt lag: So versprach er Buloz, für die *Revue des deux mondes* eine Studie über Perthes zu verfassen,

---

1 Unveröffentlichter Brief vom 18. April 1858.
2 A. de Tocqueville 1952, Teil 1: 73.

einen jener Deutschen, die zunächst Bewunderung für die Ereignisse von 1789 empfanden, sich dann aber zu den Nationalisten des Jahres 1814 gewandelt hatten. Hierzu arbeitete Tocqueville den ersten Band der Biographie durch, die Perthes' Sohn verfaßt hatte und machte sich fragmentarische, aber wohlüberlegte Notizen.[1] Später erklärte er jedoch, er fühle sich nicht in der Lage, alle seine Gedanken in einem Zeitschriftenartikel zusammenzufassen, und gab diese Arbeit auf, obwohl er den Wunsch hatte, sich der *Revue* gegenüber gefällig zu zeigen.

Anschließend nahm er allmählich wieder die Arbeit an der Fortsetzung des *Altes Staates* auf. Dabei wich er von seinem ursprünglichen Konzept ab, über das Konsulat und das Kaiserreich zu schreiben, sondern konzentrierte sich auf die eigentlichen Revolutionsereignisse. Das Problematische hierbei war, eine Verbindung zwischen dem bereits veröffentlichten Band und den zwei unveröffentlichten Kapiteln von 1852 über die Ursachen des *18. Brumaire* zu finden. Eine solche Verbindung war nur durch ein chronologisches Vorgehen zu erreichen. Für Tocqueville war dies jedoch eine neue Arbeitsweise, denn in *Der alte Staat und die Revolution* hatte er eine Momentaufnahme Frankreichs am Vorabend der Revolution entworfen, und *Über die Demokratie in Amerika* von 1835 stellte eine soziopolitische Beschreibung Amerikas dar. Dem Verlauf der Ereignisse zu folgen bedeutete, daß der Soziologe sich zum Historiker wandeln mußte.

Tocqueville hatte keineswegs die Absicht, sich auf die bloße Aufzählung der aufeinanderfolgenden Ereignisse zu beschränken, die die Revolution ausmachten. Diese sollten in seinem Werk nur als Gerüst für die Darstellung der sich wandelnden Einstellung der Franzosen oder gewisser Klassen der Gesellschaft dienen. Daher fiel es ihm schwer, sein Thema genau einzugrenzen: Er hatte den Eindruck, daß es ein unförmiger Körper sei, den man nur durch die Schleier hindurch greifen könne, die ihn verhüllten. Am 20. September 1856 analysierte er diese Schwierigkeit in einem Brief an Freslon:

»Die Problematik meines derzeitigen Unterfangens ist ... sehr viel komplexer als frühere. Wenn ich mich von den Einzelheiten der Ereignisse zu sehr entferne und lediglich die Veränderungen in den Vorstellungen und den Gemütswandel der Nation während der Revolutionszeit (die mein eigentliches Thema sind) untersuche, bin ich zu undeutlich,

---

1 Diese Notizen wurden veröffentlicht in: ebd.: 255 f.

und alles ist wenig greifbar; wenn ich aber zu sehr ins Detail gehe, stürze ich in einen riesigen Ozean, den ich doch schon von allen Seiten durchquert habe und sehr gut kenne. Allein von seinem Anblick wird mir bereits schwindelig ... Ich bin noch nicht einmal so weit gekommen, daß ich das Land klar genug vor mir sähe, um die Bewohner nach dem Weg zu fragen.«[1]

Mehr als ein Jahr später (am 6. Dezember 1857) beweist ein Brief an Beaumont, daß Tocqueville einige Fortschritte gemacht hatte, aber immer noch nicht meinte, seinen Gegenstand im Griff zu haben:

»[Mein Thema] auf eine neuartige Weise anzugehen, erscheint mir fast illusorisch, aber darüber nur Allgemeinplätze zu wiederholen, die wir hören können, seit wir auf der Welt sind, ist mir auch nicht möglich. Darüber würde ich an Langeweile sterben, noch bevor ich den Leser langweilen würde. Vor allen Dingen muß ich die beiden Gleise, Gedanken und Fakten, miteinander in Verbindung bringen. Über letztere genug aussagen, um erstere verständlich zu machen und den Leser dazu zu bringen, daß er verspürt, wie wichtig und interessant diese sind, aber doch keine Geschichte der Revolution im traditionellen Sinne schreiben... Ich sehe das Objekt, das ich malen möchte, vor mir, aber das Licht flackert und erlaubt es mir noch nicht, das Bild genau genug zu erfassen, um es reproduzieren zu können.«[2]

Zu diesem Zeitpunkt jedoch hatte er bereits alle ihm wichtig erscheinenden Quellen ausgewählt, um seine Vorstellungen umzusetzen. In einem Brief an den englischen Finanzminister George Lewis, der ein sehr gebildeter Mann war, erläuterte er am 6. Oktober die Gründe für seine Auswahl:

»Da ich sehr viel lieber die geistigen Bewegungen und den Gemütswandel beschreiben möchte, die nacheinander die Ereignisse der Revolution hervorgebracht haben, als über die Ereignisse selbst zu berichten, brauche ich weniger historische Dokumente, als vielmehr Schriften, in denen die Haltung der Öffentlichkeit zu den verschiedenen Zeitpunken offenbar wird: Zeitungen, Broschüren, Privatbriefe, Verwaltungspost.«[3]

Tocqueville war zu Ohren gekommen, daß das *British Museum* über eine einzigartige Sammlung solcher Dokumente verfügte, und er bat

---

1 Unveröffentlichter Brief.
2 A. de Tocqueville 1967, Teil 3: 522.
3 A. de Tocqueville 1867b: 410.

Lewis, ihm hierüber Näheres mitzuteilen. Nachdem dieser ihm die Richtigkeit der Information bestätigt hatte, entschied er sich, im darauffolgenden Jahr nach London zu reisen.

Kurze Zeit nach diesem Briefwechsel erfuhr er wohl durch Ampère, daß die kaiserliche Bibliothek 1855 einen Katalog der vorhandenen Dokumente zur französischen Geschichte veröffentlicht hatte. Bis dahin war es den Historikern nicht möglich gewesen, eine seriöse Bibliographie der Broschüren und Werke aus der Zeit des alten Regime und der Revolution zu erstellen. Dies war nun problemlos möglich, und auch Informationen über die Bestände der Bibliothek waren nun ohne weiteres zu erhalten. Sie waren zwar nicht so reichhaltig wie die des *British Museum*, umfaßten aber dennoch eine bedeutende Menge an Dokumenten.[1] Für Tocqueville war dies ein um so glücklicherer Zufall, als er durch seine guten Kontakte zum Verwalter Taschereau und zu einigen der Bibliothekare in den Genuß erstaunlicher Sonderrechte kam: »Man hat mir besonders in der kaiserlichen Bibliothek eine außergewöhnliche Freundlichkeit entgegengebracht, die mir die Arbeit sehr erleichtert. Ich kann jetzt sogar auf dem Land arbeiten. Ich habe ein Exemplar des gedruckten Kataloges erhalten, in dem die Werke aufgeführt sind, die mit der Revolution zu tun haben. Ich gebe aus diesem Buch alle Werke an, die ich benötige, und sie werden mir zugeschickt. Vieles sind Broschüren oder einzelne Schriftstücke. Man hat mir bis zu einhundertfünfzig gleichzeitig gesandt. Das ist ein Beispiel dafür, was es bedeutet, Menschen zu helfen«, schrieb er am 1. Februar 1857 an Beaumont. Und einige Tage später erwähnt er Freslon gegenüber, daß er in drei Tagen fünfzig Broschüren ausgewertet habe.[2]

Bei all diesen Recherchen konzentrierte sich Tocqueville auf den Zeitraum zwischen 1787-1790. Im April 1857 verließen er und seine Frau die Cotentin-Halbinsel, um einige Wochen in Chamarande in der Nähe von Marys alter Tante Mrs. Belam zu verbringen, bei der diese aufgewachsen war. Das Schloß, das wohl von Mansart errichtet worden war, war von einem Händler aus Paris aufgekauft worden, der die Beete und Statuen im Park zerstört hatte, um Kartoffeln anzubauen. Darüber hinaus vermietete er Wohnungen im Schloß. Im Oktober 1857 kaufte Persigny das Anwesen zurück und wurde somit zum Hausherrn der Tocque-

---

1 Siehe Ledos 1936.
2 A. de Tocqueville 1962, Teil 3: 457. Unveröffentlichter Brief an Freslon, Archives Tocqueville.

villes. Um den alten Zustand wiederherzustellen, entsandte er jedoch einen Schwarm von Arbeitern auf das Grundstück, was die Tocquevilles im Frühjahr 1858 zur Flucht veranlaßte. Von April bis Juni 1857 verbrachte Tocqueville die Wochenenden in Chamarande, vierzig Kilometer von Paris entfernt. Am Montag abend oder Dienstag morgen begab er sich jeweils für drei oder vier Tage nach Paris, wo er vor allem daran arbeitete, seine Quellensammlung in den Archiven zu vervollständigen.

Dennoch gab er sein Vorhaben, nach England zu reisen, nicht auf. Im Juni 1857 traf er in London ein und hielt sich dort sehr wahrscheinlich bis zum 24. Juli 1857 auf. Dort zeigte er sich von der im *British Museum* vorhandenen Fülle von Broschüren über die Revolutionszeit begeistert. Jedoch war nichts katalogisiert, so daß er sechs Monate Zeit benötigt hätte, um sich einen Überblick zu verschaffen. Er beschränkte sich deshalb auf Recherchen im *State Paper Office,* in dem der diplomatische Schriftwechsel der Jahre 1787 bis 1793 aufbewahrt war. Dieses Archiv war der Öffentlichkeit normalerweise nicht zugänglich, doch Lord Clarendon, der Außenminister, machte für Tocqueville eine Ausnahme. So konnte sich der Autor davon überzeugen, daß die Behauptung, England habe den revolutionären Aufruhr in Frankreich geschürt, eine unhaltbare Legende war. Insgesamt empfand Tocqueville die Ergebnisse seiner Studien als unbefriedigend. »Meine Reise nach England bietet mir sicherlich gewisse Annehmlichkeiten, aber sie wird für meine Arbeit nicht von großem Nutzen sein«, schrieb er seiner Frau.

Diese »Annehmlichkeiten« jedoch waren für den Autor äußerst schmeichelhaft. Das Buch *Der alte Staat und die Revolution* war von der Aristokratie und den intellektuellen Kreisen in England mit Begeisterung aufgenommen worden. Tocqueville wurde zu einem äußerst begehrten Gast. Von Anfang an wurde er mit Einladungen überhäuft, die er jedoch alle – selbst die von Lord Palmerston – ausschlug, denn er wollte sich nach seiner Forschungsarbeit lieber abends allein beim Essen im Athenäum-Club erholen. Letztlich war er dann aber doch beinahe jeden Tag bei bekannten Persönlichkeiten aus Aristokratie oder Politik zum Mittagessen zu Gast und begab sich nach dem Abendessen in Gesellschaft. Gleich zu Beginn seines Aufenthaltes war er wie 1835 mit Mérimée zusammengetroffen und bemerkte boshaft, daß dessen Titel als Senator des Kaiserreiches anscheinend nicht dagegen spräche, daß man diesem einen Platz links von der Gastgeberin zuwiese und ihn selbst, Tocqueville, zu ihrer Rechten plaziere.[1] Ein Auszug aus einem Brief an seine Frau schildert, wie er empfangen wurde: »Gestern war ich zum Abendessen bei Lord Granville eingeladen, was ich zunächst ablehnte. Lady Granville schrieb mir aber daraufhin und bat mich, doch zumindest am späteren Abend zu erscheinen. Ich war also dort. Mehrere bedeutende Minister waren anwesend und einige der bekanntesten Damen Englands. Anscheinend war mein Buch beim Diner das Unterhaltungsthema gewesen. Somit war es jedem noch frisch im Gedächtnis. Als ich eintrat, wurde ich so sehr umringt, gelobt und gehätschelt, daß es mir fast peinlich war.«[2] Der alte Lord Lyndhurst, der noch einer anderen Epoche angehörte, sagte ihm, daß er das Buch des Jahrhunderts geschrieben habe. Prinz Albert ließ Tocqueville durch Lord Clarendon ausrichten, daß er ihn gerne kennenlernen würde und daß es keinen anderen Menschen auf der Welt gebe, mit dem er sich ein Treffen so sehnlich wünsche. Zum vorgeschlagenen Termin war Tocqueville aber bereits zusammen mit Reeve zum Essen beim Herzog von Nemours eingeladen, der ihm durch Reeve hatte ausrichten lassen, wie sehr ihm daran gelegen sei, seine Bekanntschaft zu machen. Prinz Albert erklärte sich daraufhin einverstanden, das Treffen auf den nächsten Tag zu verschieben.[3]

Tocqueville entfloh mehrmals aus London, um das befreundete Ehepaar Grote auf dem Land zu besuchen und um unter persönlicher Führung von Lord Hatherton und Lord Radnor deren große Güter zu besichtigen.

Am Ende seines Aufenthaltes stellte ihm Sir Charles Wood eine kleine Flotteneinheit zur Verfügung, die ihn nachts von Portsmouth nach Cherbourg brachte, wo er zur großen Überraschung der Einwohner am 25. Juli um acht Uhr morgens an Land ging. Eine englische Zeitung berichtete ihren Lesern, daß ein hochrangiger französischer Beamter, der Einzelheiten eines Treffens zwischen Königin Victoria und Napoleon III. geregelt hatte, auf einem britischen Schiff nach Cherbourg zurückbegleitet worden sei.

Tocqueville hatte während seines Aufenthaltes in England erneut jene englische Aristokratie vorgefunden, mit der ihn so viele Gemein-

---

1 Unveröffentlichter Brief an seine Fau vom 29. Juni 1857.
2 Unveröffentlichter Brief an seine Fau vom 27. Juni 1857.
3 Siehe zu diesem Treffen: A. de Tocqueville 1955, Teil 1, Anhang: 353.

samkeiten verbanden. Er hatte dort auch den freiheitlichen Geist verspürt, den er in seinem Land so sehr vermißte. Zwar hatte er vor 1848
den englischen Imperialismus bekämpft und sich danach über die Gunst-
bezeugungen dieses freien Landes gegenüber dem französischen Despoten entsetzt. Doch war es nach dem Empfang, den England ihm bereitet
hatte, nicht unvermeidlich, daß er in diesem Land eine zweite Heimat
sah? Es braucht auch nicht zu erstaunen, wie sehr er für die Engländer
und gegen die aufständischen Hindus Partei ergriff: Für ihn handelte es
sich hier um einen Kampf zwischen Zivilisation und Barbarei. Trotzdem
übersah er nicht die Fehler der britischen Politik oder den Hochmut der
Briten (sein Briefwechsel mit Reeve belegt dies), aber gegen Ende seines
Lebens spielte der Austausch mit Engländern in seinen Briefkontakten
eine größere Rolle als je zuvor.

Die Englandreise, die ursprünglich als Arbeitsaufenthalt geplant war,
stellte letztlich eine Unterbrechung seiner schriftstellerischen Tätigkeit
dar. Nach seiner Rückkehr mußte Tocqueville die Arbeit wieder neu
aufnehmen, und erst Ende Oktober 1857 meinte er, mit der Abfassung
des ersten Buches seines neuen Werkes beginnen zu können, das ihn bis
Januar 1858 beschäftigte. Das Buch setzt sich aus sieben Kapiteln zusammen, die dem Leser den Zeitraum von 1787 bis zur Versammlung der
Generalstände im Mai 1789 schildern. Der Autor hatte, wie es seiner
Gewohnheit entsprach, die Kapitel später noch einmal überarbeiten wollen, um eine endgültige Fassung zu erstellen. Dazu hatte er jedoch keine
Gelegenheit mehr.[1]
  Dennoch sind diese Skizzen weiterhin von großem Interesse. Tocqueville arbeitet darin zunächst den Zusammenhang zwischen der Französischen Revolution und der großen intellektuellen Unruhe heraus, die
Europa damals ergriff. In der Folge zeigt er, daß in Frankreich die Privilegierten die ersten waren, die sich gegen die Macht des Königs auflehn-
ten: Nachdem dieser gestürzt worden war, zerbrach das Bündnis der
verschiedenen gesellschaftlichen Klassen, die hinter der Versammlung
der Notabeln oder den Gerichtshöfen standen, welche den Aufstand
angeführt hatten. Statt dessen brach nun ein Konflikt zwischen dem
Dritten Stand und den Privilegierten aus, welcher auf den sozialen Strukturen gründete, die Tocqueville in *Der alte Staat* analysiert hatte. Manch-

---

1 Diese Kapitel sind veröffentlicht in: A. de Tocqueville 1952, Teil 2: 33-139.

mal, und darin läge die Größe der Ideale von 1789, wurde dieser Klassenkonflikt von dem Gefühl überlagert, daß man der gesamten Menschheit gegenüber eine Aufgabe zu erfüllen habe.

Die Vorstellung, daß die Geistesgeschichte in ganz Europa von der Französischen Revolution beeinflußt worden war, war damals etwas vollkommen Neues. Ebenfalls war die Bewertung der Revolution von 1787 und 1788 als einer »Revolution der Aristokratie« noch nicht üblich. Weder Michelet, der auf seine Vorstellung eines Volkes, das sich für Gerechtigkeit erhebt, fixiert war, noch Thiers, der lediglich über den oberflächlichen Ablauf der Ereignisse berichtet hatte, hatten die Bedeutung dieses Aspekts erkannt. Madame de Staël war vielleicht die einzige, die dies als Zeitzeugin und Historikerin vorausgeahnt und in ihren *Betrachtungen über die vornehmsten Begebenheiten der Revolution* angedeutet hatte. Doch hatte vor Tocqueville niemand so klar die unmittelbaren Ursachen für die Ereignisse von 1789 hervorgehoben und begriffen, daß der Zusammenkunft der Generalstände eine »große Revolution« vorausgegangen war.

Zu dem Zeitpunkt, als Tocqueville dieses Buch schrieb, war er bereits mit der Vorbereitung des nächsten beschäftigt, das den Generalständen und der *Constituante* gewidmet sein sollte. Als Quellen verwendete er die großen Sammlungen von Buchez und Roux, die zeitgenössischen Zeitungen und die Briefe der Abgeordneten an ihre Wähler. Diese Dokumente reichten aber noch nicht aus, um die vorrangige Rolle der Hauptstadt Paris zu umreißen und um die Anarchie in der Provinz genauer verstehen zu können. Im April 1858 begab er sich deshalb nach Paris, um in den Archiven die Entschlüsse der städtischen Behörden, die Briefe von Bailly, La Fayette und dem Minister des Königshauses sowie die Berichte der Verwaltungsbehörden in den Provinzen einzusehen.

Doch bereits im Mai plagten ihn Hals- und Magenschmerzen, und er fühlte sich einsam. Es gelang ihm nicht, das Thema zu gliedern; sein Gemütszustand schwankte zwischen Enthusiasmus und Mutlosigkeit. Deshalb entschloß er sich, nach Tocqueville zurückzukehren und die weiterführenden Arbeiten auf einen späteren Zeitpunkt zu verschieben.

Die Arbeit an dem Buch über die Revolution gelangte nicht über dieses Stadium hinaus, und man kann erkennen, wie weit Tocqueville noch von seinem Ziel entfernt war. Abgesehen von dem umfangreichen Vorwort, das 1856 erschien, lagen bis 1859 nur neun Kapitel in mehr oder weniger sorgfältig ausgearbeiteten Entwürfen vor: Sieben davon handelten über die direkten Ursachen der Revolution und zwei über den Aufstieg Bonapartes. Der Autor hätte sie – besonders die sieben ersten Kapitel, in denen er noch Lücken gelassen hatte, um später Zitate einzufügen – sicherlich noch einmal gründlich überarbeitet.

Zu den weiteren Kapiteln existieren nur ungeordnete Notizen über Gelesenes oder eigene Gedanken. Zum Konsulat und zum Kaiserreich sind diese nicht sehr aussagekräftig, zu den Anfängen der Revolution hingegen weitaus bedeutender. Jedoch bleiben zwei wichtige Epochen, die Zeit der Gesetzgebenden Nationalversammlung und des Wohlfahrtsausschusses, unerwähnt. Den Revolutionskrieg, der auf die gesamte Zeit einen großen Einfluß hatte, hat Tocqueville überhaupt nicht untersucht. Einige rasch formulierte Urteile über die Zeit der Schreckensherrschaft und des Kaiserreiches dürfen nur als Arbeitshypothesen aufgefaßt werden und nicht als Ergebnis gründlicher Überlegung.

Aber wenn diese Umstände auch einige Lücken erklären können, muß es doch nichtsdestoweniger überraschen, daß zwei große Themenkreise fast völlig ausgeklammert werden:

1. Der Einfluß des Krieges auf die Entwicklung der revolutionären Ideologie. Schon auf die Rolle, die die Kriege des *Ancien Régime* bei der Zentralisierung der königlichen Macht gespielt hatten, war Tocqueville kaum eingegangen. Als Abgeordneter hatte er sich gegen Kriege ausgesprochen, die dem Feind ein bestimmtes politisches System aufzwingen sollten, Kriege jedoch, die dazu dienten, in bedrohlichen Zeiten die Ehre der Nation zu verteidigen, befürwortete er ohne größere Bedenken. Scheinbar hat er dabei weitgehend übersehen, wie sehr der Krieg, jene schwere gesellschaftliche Krankheit, die Institutionen des kriegführenden Landes verändern kann.

2. Die zweite, noch überraschendere Lücke ist das Fehlen jeglicher detaillierter Aufzeichnungen über die Jakobiner. Es ist unwahrscheinlich, daß Tocqueville diese Problematik nicht erkannt hat, denn sein ganzes Leben lang hat ihn die Existenz dieser »neuen Rasse von Revolutionären« verfolgt, die sich durch die Französische Revolution in der gesamten Welt ausgebreitet hatte.

Schon nach seiner Amerikareise stellte er fest, wie wenig die Männer von 1793 mit wahren Demokraten gemeinsam hatten. Bereits in seiner Jugend konnte der Konvent wohl nur schmerzhafte Erinnerungen in ihm wachrufen. Unter der Julimonarchie lernte er die Überlebenden und ihre Nachfolger kennen, die nun der dynastischen Linken und den radikalen Gruppierungen angehörten, denen er, vom Parteienspektrum her gesehen, nahestand. Mit großem Interesse untersuchte er während der Zweiten Republik das Denken und Handeln dieser Männer, doch löste dies bei ihm anscheinend nur Ratlosigkeit aus. Wann und wie waren diese Männer von den gemeinsamen Idealen des Jahres 1789 abgewichen? Manchmal nahm Tocqueville wohl an, daß die sozialen Unruhen, die zu Beginn der Revolution auf dem Land ausgebrochen waren, die Entwicklung der jakobinischen Ideologie geprägt hatten. Auch war er sich der neuen Interessen bewußt, die zur fanatischen Verteidigung der Revolution geführt haben konnten. Eine feste Meinung hatte er sich in dieser Frage aber anscheinend noch nicht gebildet.

Manchmal schrieb er auch gar nichts über die Dinge, die ihn am meisten bewegten. So hielt er sich in diesem Punkt sicherlich bedeckt, um später nach der Analyse der Broschüren und Zeitungen aus der Zeit des Konvents Stellung zu beziehen. Dies war ihm aber nicht mehr gegeben.

26

Cannes

Bereits mehrmals haben wir die schwache Gesundheit Tocquevilles erwähnt. Schon in seiner Jugend hatte er unter Verdauungsschwierigkeiten gelitten, die zum Teil für sein nervöses, reizbares Naturell verantwortlich waren. Dennoch hatte er die Anstrengungen der Amerikareise mit nur einem gesundheitlichen Einbruch, von dem er sich innerhalb weniger Tage erholt hatte, gut überstanden. Als Abgeordneter der Julimonarchie und der Zweiten Republik litt er immer wieder unter gesundheitlichen Beschwerden, die ihn manches Mal ans Bett fesselten, jedoch jeweils immer nur für kurze Zeit. Das erste unübersehbare Zeichen seiner sich verschlechternden Gesundheit war die schlimme Krise vom März 1850 gewesen, während der er Blut gehustet und man ihn schon aufgegeben hatte.[1] Von der allmählichen Besserung, die nach dem in Sorrent verbrachten Winter 1850-1851 eintrat, haben wir bereits berichtet. Im Juli 1851 war er jedoch nicht in der Lage, seinen Bericht über die Verfassungsrevision vollständig vorzutragen. Von diesem Zeitpunkt an konnte eine sehr langsam voranschreitende Tuberkulose im rechten Lungenflügel festgestellt werden. Nach einem weiteren schweren Rückfall im Jahr 1853, über den uns wenig bekannt ist, war er gezwungen, ein Jahr in der Touraine zu verbringen. Er wurde dort von Doktor Bretonneau behandelt, doch, wie es scheint, hauptsächlich wegen seiner Magenschmerzen. Diese wußte der Arzt vorübergehend mit einem von ihm sehr geschätzten Gemisch aus Silbernitrat und Belladonna zu lindern. Während der folgenden Jahre war Tocquevilles Gesundheitszustand schwankend. Aus

---

1 Vgl. S. 326

seinen Briefen geht hervor, daß er häufig unter langwierigen Angina-, Grippe- und Bronchialerkrankungen litt, die nicht immer gut ausheilten. Beaumont war der Ansicht, daß es ein Fehler war, die Winter in den Jahren 1855, 1856 und 1857 auf der Cotentin-Halbinsel zu verbringen, wo es nicht nur kalt, sondern auch feucht und stürmisch war. Genausowenig wie Beaumont und die anderen Freunde war sich Tocqueville selbst der Verschlimmerung seiner Krankheit bewußt, die dem Leser ihrer Korrespondenz auffallen muß. Tocquevilles Gesundheit war bereits seit Jahren so labil, daß niemand das Voranschreiten der Krankheit bemerkte.

Im April 1858 war Tocqueville zu Arbeiten an der Fortsetzung seines Buches nach Paris gereist. Dort litt er unter so starken Magen-und Halsschmerzen, daß er, als er sich Mitte Mai immer noch schlecht fühlte, seine Nachforschungen aufgab und nach Schloß Tocqueville zurückkehrte. Um den 20. Juni hustete er wieder Blut. »Acht Jahre zuvor war dies der Beginn einer schlimmen Krankheit gewesen. Ich glaubte, wieder davon befallen zu sein, und meine Frau noch mehr. Sie ließ in aller Eile meinen Bruder holen, der bei Cherbourg wohnte, und einen Arzt. Dieser Zwischenfall wiederholte sich nicht. Aber seither bin ich nicht mehr derselbe. Auch heute fühle ich mich immer noch nicht wieder auf dem Damm (23. Juli).«[1] Dennoch empfing er im August wieder Freunde; da er jedoch verdächtige Geräusche im Brustkorb hörte, reiste er am 13. September nach Paris, um dort die berühmten Ärzte Andral und Charruau zu konsultieren. Sie stellten eine Entzündung in der rechten Lunge fest und verordneten drei Wochen lang Zugpflaster. Charruau schickte den Kranken nach Tocqueville zurück; am 28. September mußte er sich aber zum Anlegen des dritten Zugpflasters, das Charruau allerdings durch ein Beizmittel ersetzte, noch einmal nach Paris begeben. Obwohl die Ärzte angeblich eine Verbesserung des Zustandes des Kranken feststellten, legten sie ihm nahe, den Winter im Süden zu verbringen. Da Madame de Tocqueville keine Seereise nach Italien auf sich nehmen wollte, versicherte Andral, daß Cannes auch ein geeigneter Ort sei. So folgte Madame de Tocqueville ihrem Gatten in die Hauptstadt nach, und am 28. Oktober reisten sie nach Cannes ab.

Die Reise war sehr beschwerlich, obwohl das Ehepaar sie in kleinen Etappen zurücklegte: Am 28. Oktober übernachteten die Tocquevilles

---

1 A. de Tocqueville 1867a: 449 f. Brief an Mrs. Grote.

in Dijon, am 29. in Lyon, am 30. in Valence und am 31. in Aix. Dort
ruhten sie sich am 1. November aus und reisten am nächsten Tag nach
Cannes weiter, wo sie am Abend des 4. November ankamen. Bis Lyon
waren sie per Eisenbahn gereist, in Aix hatten sie nur sehr mittelmäßige
Kutscher gefunden, um ihre Reise fortzusetzen. »Im Rhonetal wurden
wir von einem nördlichen Sturm überrascht, der die Brücken wegriß,
während wir am Ufer entlang reisten. Seitdem war es ständig kalt. Die
uns umgebenden Berge sind schneebedeckt und es friert jede Nacht.«
Während der letzten Etappe ihrer Reise schneite es ununterbrochen,
von Fréjus bis kurz vor Cannes. Tocqueville erinnerte an das Schicksal
zahlreicher Kranker, die man zu spät in den Süden geschickt hatte und
die unterwegs in Herbergen ihren Leiden erlagen. Dieser plötzliche Win-
tereinbruch, der auch in der *Correspondance* von Mérimée bezeugt ist,
führte Tocqueville vor Augen, wie schwach er war. Am 6. November
1858 schrieb er an seinen Bruder Édouard: »Ich kam so erschöpft in
Cannes an, daß ich nicht hätte weiterreisen können... Selbst hier friert es
in der Nacht und die Berge sind weiß. Aber diese ungewöhnliche Wetter-
lage kann nicht andauern. Die Landschaft ist wunderschön, und das
Haus haben wir auch bestens getroffen.«[1]

Die Villa »Montfleury« gehört heute zur Stadt Cannes. Damals
befand sie sich eine halbe Meile östlich der Stadt inmitten von Orangen-
und Zitronenhainen, auf halbem Wege zwischen der Anhöhe Croix-des-
Gardes und dem Meer. Das Haus lag recht geschützt, und die Meeres-
brise brachte den Blumenduft mit. Man hatte von dort aus auch einen
herrlichen Blick auf die Bucht und die Insel Sainte-Marguerite. Das
Haus war nach Süden gelegen, der Weg dorthin führte durch eine Dat-
tel- und Zypressenallee. Die Villa war für zwei Familien gebaut worden,
so daß sechs der vorhandenen Zimmer ungenutzt blieben, wenn die
Tocquevilles keinen Besuch hatten. Cannes entwickelte sich damals allmählich zu einem beliebten Kurort. Mérimée, der dort am 1. Januar
1859 anreiste und etwa bis zum 20. Februar blieb, schrieb über die Stadt:
»Sie wird von Tag zu Tag kultivierter, fast zu sehr.« Er sah voraus, daß
der Bau der Eisenbahn, den man durch den eventuell bevorstehenden
Krieg in Italien nun schnell vorantrieb, Cannes eine Invasion von Menschen aus Marseille bescheren würde. Bis dahin war es noch ein aristo-

---

1 Unveröffentlichte Briefe an seinen Bruder Édouard vom 1. und 6. November. – Brief an
  Beaumont vom 11. November. A. de Tocqueville 1967, Teil 3: 603 ff.

kratischer Kurort, in dem man die Notabeln des Kaiserreiches, einige Russen und vor allem eine große Kolonie von Engländern antreffen konnte. Woolfield und vor allem Lord Brougham hatten den Charme dieses Ortes entdeckt. Mit Lord Brougham hatte Tocqueville sich vor fünfzehn Jahren überworfen, weil der Lord ihm im Zuge der Auseinandersetzung über das Durchsuchungsrecht während einer Rede eine »unglaublich ignorante Haltung« vorgeworfen hatte; daraufhin waren öffentlich Briefe von recht aggressivem Ton ausgetauscht worden. Senior, der von Tocquevilles Gesundheitszustand erfahren hatte, hatte Lord Brougham geschrieben, daß er eine spontane Versöhnung empfehle.[1] Brougham stattete Tocqueville daraufhin einen Besuch ab, und wenn die beiden Männer sich auch kaum unterhielten, so stellte der Engländer Tocqueville doch seine reichhaltige Bibliothek zur Verfügung. Diese erlaubte ihm, sofern er gerade in der Lage war zu lesen, gegen die Langeweile anzukämpfen. Tocqueville konnte sich zwar nur mit gedämpfter Stimme unterhalten, empfing aber dennoch mehrmals den Freiherrn von Bunsen, der seinem weiterhin bestehenden Interesse an der Politik genüge tat. Das alles bewegende Thema jener Zeit war der zu erwartende Ausbruch eines Krieges zwischen Österreich und Piemont. Frankreich hatte angekündigt, daß es an der Seite Piemonts kämpfen werde, um die Befreiung des Lombardisch-Venetianischen Königreiches zu erreichen. Bei seiner Ankunft in Cannes glaubte Tocqueville, daß Napoleon III. nach seinen anfänglichen Drohungen letztlich doch einem Konflikt ausweichen würde. Bunsen, der einstmals Botschafter Preußens in London gewesen war, wußte aber über die militärischen Vorbereitungen Frankreichs Bescheid und war von einem Eingreifen Napoleons überzeugt. Dies scheint er Tocqueville auch mitgeteilt zu haben.

Die Bewohner der Villa »Montfleury« unterhielten nur wenige und unregelmäßige Kontakte zur Außenwelt. Tocqueville war in einem besorgniserregenden Zustand der Erschöpfung in Cannes angekommen, und die erste Woche war außergewöhnlich kalt gewesen. Später wechselte mildes, sonniges Wetter mit Regentagen und Kälteeinbrüchen ab. Das Leben im Haus war ganz auf die medizinische Versorgung des Kranken ausgerichtet. Durch die Reise war auch Madame de Tocqueville erkrankt; während des gesamten Aufenthaltes sollte sie sich nicht wieder erholen. Sie litt unter so starken Halsschmerzen, daß man ihr das Spre-

---

1 Unveröffentlichter Brief Seniors an Brougham, Bibliothek der Universität London.

chen verbot, und ihre Augen waren so entzündet, daß sie ganze Tage im
Dunkeln verbringen mußte. Trotz allen guten Willens konnte sie deshalb
ihren Gatten nur unzureichend pflegen. Er wurde jedoch regelmäßig von
zwei Ärzten untersucht: Dr. Sève, der ihm vor seiner Abreise in Paris empfohlen worden war, und Dr. Maure aus Grasse, ein ehemaliger Abgeordne-
tenkollege der parlamentarischen Gremien von 1846 und 1849, der auch
ein Freund von Thiers war. Dieser hatte dem Arzt geschrieben, er möge
sich um Tocqueville kümmern, wofür dieser dem ehemaligen Staatsmann
seine Dankbarkeit aussprach. Manchmal übernachtete sogar einer der beiden Ärzte in der Villa »Montfleury«. Gewöhnlich wurde der Kranke aber
abwechselnd von zwei Schwestern des Ordens *Bon-Secours* gepflegt, die
auch an seinem Bett wachten: Schwester Valérie und Schwester Gertrude.
In den letzten Tagen vor Tocquevilles Tod, ab dem 10. April 1859, erhielten
sie außerdem Unterstützung von dem jungen medizinischen Sekretär Tha-
dée Dujardin-Beaumetz, der sicherlich von Corcelle geschickt worden
war. Obwohl Tocqueville zu dieser Zeit nicht mehr fähig war, sich mit seinem Werk zu beschäftigen (was er noch in Paris gehofft hatte), so konnte
er auf geistige Nahrung doch nicht verzichten. Deshalb stellte er ab November einen Vorleser ein:

»Ich hatte Bücher bestellt, die ich seit langem lesen wollte, die mir
aber nie untergekommen waren. Am Abend, wenn mir das Lesen zu
viele Schmerzen bereitete, bat ich einen Vorleser darum. Ich habe in
Cannes einen jungen Seminaristen kennengelernt, der einen Teil des
Abends mit uns verbrachte und vorlas. Dieser zukünftige Levit ist über-
ängstlich. Da die Wege zu uns am Abend unbelebt sind, läßt er sich
trotz seiner neunzehn Jahre von seiner Mutter herbegleiten, die im Vor-
zimmer strickt, während ihr Sohn uns französische Prosa in Provenza-
lisch verwandelt. Nun, er liest nicht schlecht und ist eine große Hilfe.«[1]

Alexis de Tocqueville erhielt auch von seinen Brüdern moralische
Unterstützung: Hippolyte verbrachte ab Anfang Dezember drei Monate
in Cannes und kehrte während der letzten Tage seines Bruders noch
einmal dorthin zurück. Édouard konnte zunächst nicht kommen, da
seine Frau ebenfalls erkrankt war. Nachdem er sie jedoch nach Nizza
begleitet hatte, reiste er von dort mindestens zweimal nach Cannes in
die Villa »Montfleury«. Dort hielt er sich auch mit seinem Sohn Hubert
auf, als Alexis starb.

---

1 A. de Tocqueville 1970: 415. Brief an Ampère vom 5. Dezember 1858.

Auch Alexis' Freunde hatten sich erboten, zu kommen. Da Corcelles Anwesenheit Tocqueville eher störend als hilfreich erschien, brachte er ihn davon ab, die Reise zu unternehmen. Am 4. März jedoch schrieb er an Beaumont, dessen Besuch er vorher abgelehnt hatte:

»Mein guter Freund, ich weiß nicht, ob mir jemals etwas schwerer gefallen ist, als auszusprechen, was ich nun sage: *Ich bitte Sie zu kommen*. Wir sind hier jetzt allein, Hippolyte ist abgereist, Édouard ist in Nizza auch kurz vor der Heimreise ... Die Gemütslage meiner Frau macht mir Sorgen, mein Freund. Sie ist krank, kränker als vor einem Monat. Es ist offensichtlich, daß sie nun an ihren letzten körperlichen und seelischen Kräften zehrt, daß dieser Zustand in ihr Vorstellungen, Gefühle, Schmerzen und Ängste hervorruft; ich weiß nicht, wozu diese ihren Geist verleiten könnten...«[1] Daraufhin reiste Beaumont eilends nach Cannes und blieb dort bis zum 6. April.

Am 9. April traf Louis de Kergorlay ein, um ihn abzulösen. Bis dahin war Kergorlay durch den Gesundheitszustand seiner Frau und den Tod eines ihrer kleinen Kinder nicht abkömmlich gewesen. Sobald es ihm möglich war, reiste er nach Cannes und verbrachte die letzte Woche von Alexis' Leben bei seinem Freund. Ampère hielt sich zu dieser Zeit, wie bereits erwähnt, in Rom auf. Ihm war, im Gegensatz zu den Freunden in Paris, nicht bewußt, wie ernst Tocquevilles Zustand war. Als es Madame Guillemin im März gesundheitlich besser ging, entschied er sich, zu dem Freund zu reisen. Am 9. April, sicherlich vor der Ankunft Kergorlays, schrieb Tocqueville seinen letzten Brief.

»Mein lieber Freund, was Sie mir in Ihrem letzten Brief mitteilen, erfüllt mich mit Freude, das sage ich Ihnen ganz offen. ich werde Sie niemals mit noch mehr Freude empfangen, und das obwohl ich niemals so wenig in der Lage war, ihre Gegenwart zu genießen. Denn die Kehle meiner Frau ist in einem so bedauernswerten Zustand, daß sie sich fast ständig einer Schiefertafel bedienen muß. Ich kann keinen Fuß mehr vor den anderen setzen; ich darf nur leise und wenig sprechen. Wenn man mir etwas länger vorliest, kann ich nicht mehr folgen. Nichtsdestoweniger schreibe ich: Kommen Sie, kommen Sie, denn nichts ist egoistischer als die wahre Freundschaft und ein weiteres Gefühl, das man besonders angesichts meines derzeitigen Zustandes nicht mehr ausspricht. Schon

---

1 A. de Tocqueville 1967, Teil 3: 615. Brief an Beaumont vom 4. März 1859.

jetzt wird Ihr Bett gemacht sein, Ihr Zimmernachbar wird Édouard sein, der einzige Bewohner des Hauses, der sprechen kann...«[1]

Als dieser Brief Rom erreichte, war Ampère bereits abgereist. Am 17. April betrat er in Marseille wieder französischen Boden und freute sich, endlich seinen Freund wiederzusehen. Dort erfuhr er, daß Tocqueville am Tag zuvor gestorben war.

Tocqueville ging es in Cannes manchmal besser, manchmal schlechter, wie es dem Krankheitsverlauf der Tuberkulose entspricht. Man bekommt den Eindruck, daß die Krankheit sich im Körper insgesamt ausbreitete, denn es traten Magenschmerzen und Appetitlosigkeit auf, die ihm die Nahrungsaufnahme unmöglich machten, und von Zeit zu Zeit schlimme Blasenschmerzen. Dr. Maure hielt ihn von Anfang an für einen hoffnungslosen Fall; Dr. Sève hatte noch recht lange etwas Hoffnung.

Anfang November erholte sich der Kranke langsam von der Reise. Gegen Ende des Monats, als sein Bruder Hippolyte den Cotentin verließ, um nach Cannes zu reisen, fühlte sich Tocqueville besser und meinte, auf dem Wege der Genesung zu sein. Möglicherweise war die Abreise des Bruders der Anlaß für Meldungen in den westfranzösischen Zeitungen gewesen, die von einer lebensbedrohlichen Krankheit Tocquevilles berichteten – Meldungen, die in *La Patrie* vom 1. Dezember 1858 sowie in der *Gazette de France* vom 2. Dezember übernommen wurden. In den darauffolgenden Tagen schrieb Tocqueville deshalb zahlreiche Briefe, um seine Freunde zu beruhigen.

Erst Anfang Januar 1859 trat eine erneute Verschlimmerung ein. Am 7. Januar schrieb Mérimée der gemeinsamen Bekannten Madame de Boigne:

»Es ist nicht leicht zu sagen, wie es Herrn Tocqueville geht. Er empfängt niemanden und seine Frau auch nicht. Sein Bruder ist manchmal beunruhigt, manchmal sorglos. Von den beiden Ärzten, die ihn untersuchen, hält ihn der eine für verloren, der andere hat noch Hoffnung. Vor kurzem hat er Blut gehustet, vorgestern ging es etwas besser.«

Am 18. Januar zeigte er sich in einem Brief an Edward Ellice noch pessimistischer: »Hier ist der arme Tocqueville, der eine schwere Bronchitis hat und eine zerfressene Lunge. Ich fürchte, er wird diese Gegend nie mehr verlassen.« Am 25. Januar schrieb er wieder an Madame de

---

1 A. de Tocqueville 1970: 423 f.

Boigne: »Dem armen Tocqueville geht es abwechselnd besser und schlechter. Ich habe seinen Arzt gesprochen, der ein Mann von Geist und ein Freund von Thiers ist. Er sagte mir, daß er keine Hoffnung habe, daß die Lunge von Tuberkulose befallen und bereits von Geschwüren übersät sei. Auch seine Stimmung ist schlecht. Er wird immer trauriger ob seiner Lage, und es mangelt ihm völlig an Energie. Ich weiß aber nicht, ob Energie ihm noch helfen könnte. Vielleicht sollte er es doch noch mit Madeira versuchen.«[1]

In der Tat war der Januar für den Kranken schlimm gewesen und hatte ihn geschwächt. Im Februar ging es ihm etwas besser: Er hustete kein Blut mehr, hatte wieder Appetit und konnte – von einer der beiden Schwestern gestützt – kurze Spaziergänge machen oder sich zumindest in der Sonne auf der zur Villa führenden Zypressenallee aufwärmen. Es scheint jedoch, daß er ab März erneute Rückfälle erlitt, die die Ärzte damals »das Ringen mit dem Frühjahr« nannten. In seinem sehr geschwächten Zustand erlag der Kranke am Abend des 16. April, um sieben Uhr, einem Herzstillstand.

Alle Briefe, die Tocqueville aus Cannes geschrieben hatte, verströmen Optimismus. Zwar beklagte er sich über seinen Zustand und gestand ein, daß der Januar der Monat seines Lebens war, den er mit einem schwarzen Kreuz kennzeichnen müsse, er schien aber trotzdem niemals den Tod zu fürchten. Natürlich stimmt es, daß Tuberkulosekranke gewöhnlich bis zum Ende optimistisch bleiben. So bestätigen die Zeugen seines Aufenthaltes in Cannes, seine Brüder und Beaumont, daß dieser sonst so klar sehende Mann sich seines Zustandes nicht bewußt war.[2] Darin hatten sie wohl recht, aber die Frage ist berechtigt, ob Tocqueville nicht seine Ängste möglicherweise verheimlicht hat, denn er hatte vor seiner Abfahrt aus Paris noch Beaumont »unter vier Augen« sehen wollen. Der Freund könnte später die Wahrheit verheimlicht haben, um Mary zu schonen, die davon überzeugt war, daß ihr Mann nicht wußte, daß er nicht mehr lange zu leben hatte. Die Äußerungen Mérimées, der mit Dr. Maure im Vertrauen war, zeigten Tocqueville nämlich äußerst beunruhigt.

---

1 P. Mérimée: *Correspondance générale*, 2e série, Bd. III. (1859-1860). – Brief an Madame de Boigne S. 20. – Brief an Edward Ellice S. 24. – Brief an Madame de Boigne S. 35.
2 Siehe besonders A. de Tocqueville 1957: 116.

Wenige Fragen haben so viele zum Teil so heftige Auseinandersetzungen ausgelöst, wie die religiösen Überzeugungen Alexis de Tocquevilles.

Die Kommentatoren, die Tocqueville für einen gläubigen Katholiken hielten, teilten sich in zwei Gruppen auf: Diejenigen, die behaupteten, daß er schon immer gläubig gewesen wäre, und diejenigen, die belegen wollten, daß er in den letzten Wochen vor seinem Tod oder sogar während der letzten Tage zum christlichen Glauben zurückgekehrt wäre.

Wir meinen nicht, daß man Tocqueville als einen Mann ansehen kann, der sein ganzes Leben lang glaubte. Zwar kann man nicht ausschließen, daß er manchmal kurzfristig zum Glauben seiner Kindheit zurückkehrte, aber in seinen Werken gibt es zu viele Hinweise auf seine religiösen Zweifel, als daß man diese These heute noch vertreten könnte. Er bedauerte dies sicherlich, denn er hatte zum katholischen Glauben, der seine Kindheit geprägt hatte, eine emotionale Bindung behalten. Im übrigen besuchte er weiterhin zumindest in Tocqueville die sonntägliche Messe, da er wie viele Notabeln seiner Zeit, die vom Glauben abgekommen waren, weder den Pfarrer kränken noch die Gemeinde schokkieren wollte. Wir haben auch die These angeführt, daß er ab 1856, möglicherweise nach dem Tod seines Vaters, verstärkt von religiösen Zweifeln ergriffen wurde. Madame de Tocqueville jedoch war, dafür gibt es zahlreiche Zeugnisse, seit ihrer Abkehr vom Protestantismus im Jahre 1835 eine zutiefst überzeugte, fromme und nur mäßig tolerante Katholikin.

Die umstrittene Frage, die sich in bezug auf Alexis stellt, ist die folgende: Hat er im Frühjahr 1859 den katholischen Glauben und die katholische Lehre angenommen?

Die Ursprünge dieser Diskussion sind in einer Äußerung Gustave de Beaumonts zu suchen. Er hatte in dem Vorwort zu den *Œuvres et Correspondance* von Tocqueville, die er ab 1860 herausgab, geschrieben: »Tocquevilles Ende war wie sein ganzes Leben sehr christlich. Zu Unrecht hat man von einer Bekehrung gesprochen; er brauchte keineswegs bekehrt zu werden, da in ihm niemals die leiseste Spur von Unreligiosität zu finden war.«[1] Im Folgenden schwächt Beaumont die Behauptung etwas ab und schreibt, daß er immer »von sehr vielen Zweifeln ergriffen« war und daß seine religiösen Überzeugungen einen Teil seiner politischen Überzeugungen ausmachten.

---

1 A. de Tocqueville 1867a: 120.

Wir meinen nun bei einer genaueren Untersuchung des Manuskripts zu diesem Vorwort, den Grund für die Ungereimtheiten dieser Passage entdeckt zu haben: Es existiert noch eine erste Version, die Beaumont nicht vernichtet hatte und die Tocquevilles wahre Gedanken wiedergab, bevor Madame de Tocqueville ihn (aller Wahrscheinlichkeit nach) um eine Abschwächung seiner Äußerung bat:

»Kurz vor seinem Tod hat seine Frau das Thema Beichte angesprochen.

›Komm' mir nicht mit Beichte – nein, niemals! Niemals. Niemals wird man mich dazu bringen, mich selbst zu belügen, mir etwas vorzugaukeln, wenn es mir an Glauben mangelt; ich will mir treu bleiben und mich nicht durch Lügen erniedrigen.‹

Seine Frau kam sanft auf das Thema zurück, er antwortete dasselbe noch einmal und fügte hinzu:

»Nicht die Beichte an sich stößt mich ab; ganz im Gegenteil, sie würde mir gut tun; es ist eines der schönsten und bewundernswertesten Dinge in der christlichen Religion, diese Erniedrigung des menschlichen Stolzes, die Schwächen zuzugeben, und dieses Eingeständnis des Herzens, das sich ganz in eine andere Seele ausschüttet, um sich zu reinigen. Aber die Grundvoraussetzung für die katholische Beichte ist der Glaube an alle Dogmen der katholischen Kirche; und diese Dogmen, die ich mit meiner Vernunft immer abgelehnt habe, will ich weder anerkennen noch ihnen zustimmen, wo ich sie in Wahrheit doch immer noch ablehne!«

Madame de Tocqueville, die weiterhin genauso sanft darauf beharrte, betonte, daß keine solche Erklärung von jemandem verlangt werde, der zur Beichte geht. Und nachdem sie das Thema mehrmals angesprochen hatte, gelang es ihr, ihn davon zu überzeugen, daß der Priester, dem er sein Geständnis anvertrauen würde, von ihm nichts verlange als die Ernsthaftigkeit seiner Reue. Später ließ Tocqueville selbst den Pfarrer von Cannes rufen, demgegenüber er sein Herz auf so bewegende Weise öffnete, daß es den würdigen Geistlichen zutiefst bewegte. Nie zuvor hatte er einem selbst in seinen Fehlern so ehrenhaften, großherzigen und bewundernswerten Menschen die Beichte abgenommen. Tocqueville begann mit einem umfassenden Eingeständnis seiner Fehler, und als er noch mehr ins Detail gehen wollte, hielt ihn der Pfarrer von Cannes zurück und erklärte, er wolle nichts weiter hören.

»Kurz darauf, da ihm das vollständige und genauere Eingeständnis seiner Fehler noch zur umfassenden Erleichterung seiner Seele fehlte, bat er seine Frau, diese ihm so teure Seele, die würdig war, die vollständige Beichte zu hören, das Werk des Priesters fortzusetzen und diese detaillierte Beichte, deren Notwendigkeit er spürte, anzuhören. Madame de Tocqueville wollte dies erst am nächsten Tag tun und bat ihn, in Ruhe den Frieden seines Gewissens zu genießen.

Dies tat er, aber nichts mehr, und in dieser Situation hat er die heilige Kommunion zusammen mit der Frau empfangen, die ihn sein ganzes Leben lang treu begleitete. Kurze Zeit später berichtete er mir selbst diese wichtigen Ereignisse in seinem Leben, schilderte in bewundernswerten Worten das Glück, das er durch diese christliche Kommunion empfand, die zwischen ihm und seiner Frau ein Band mehr geknüpft hatte, das einzige, das zur Vervollständigung ihrer Verbindung noch gefehlt hatte.«[1]

In einer Unterhaltung mit Senior zeigte sich Beaumont überzeugt davon, daß Tocqueville sich nicht wirklich bekehrt habe: »Er ist mit seinen Zweifeln gestorben, das weiß ich.«

Rédier und Lukacs haben diese Behauptung Beaumonts bestritten, sie als Unwahrheit angesehen.[2] Lukacs wies darauf hin, daß Beaumont die zur Veröffentlichung bestimmten Texte seines Freundes abgeändert habe. Dies trifft zweifellos zu, doch er tat dies – häufig ungeschickt –, um zu verhindern, daß Tocqueville posthum Groll auf sich zöge, oder um seinen Stil zu verbessern. Nachdem wir alle auf Beaumont zurückgehenden Abschriften und Korrekturen von Texten überprüft haben, können wir sagen, daß er nirgends einen der Gedanken Tocquevilles, für die er Bewunderung empfand, bewußt geändert hat. Rédier seinerseits hatte gegen Beaumont einen Brief Tocquevilles an Madame Swetchine ins Feld geführt, den Falloux hatte veröffentlichen wollen, der jedoch schließlich verbrannt wurde. Diese Unterschlagung war von Madame de Tocqueville angeordnet worden, die sich darin von einer falsch verstandenen Ergebenheit leiten ließ (unveröffentlichte Texte beweisen dies). In der

---

1 Dieser Text befindet sich in den *Archives Tocqueville*, Akte 52, und ist an J.J. Chevallier weitergeleitet worden, der ihn als Anmerkung veröffentlichte in: A. de Tocqueville (Hrsg. J.J. Chevallier): O.C. Bd. IX. Paris. 1959. S. 13 f.

2 A. Rédier 1925: 291 ff.; J. Lukacs 1964. Der erste dieser beiden Autoren hat eine Aussage von Schwester Gertrude angeführt, eine der beiden Schwestern, die Tocqueville in Cannes pflegten. Der Zweite hat die Bemerkungen wiedergefunden, die in der Sammlung der *Congrégation de Bon-Secours* über die letzten Tage Tocquevilles geschrieben worden waren. Beides sind sicherlich interessante Zeugnisse, aber von zweifelhaftem Erkenntnisgehalt.

Handschrift Madame de Beaumonts, die für ihren Gatten Texte abschrieb, ist uns ein Exemplar dieses Briefes erhalten geblieben, und es ist sehr wohl anzunehmen, daß Gustave hiervon wußte und auch höchstwahrscheinlich an diesem »frommen Betrug« beteiligt war. Darüber hinaus ist zu bemerken, daß Beaumont zwar ungläubig war, aber wohl nicht die heftigen antireligiösen Gefühle hegte, die man ihm unterstellt hat.

Indes gibt es Hinweise, die für eine Bekehrung Tocquevilles sprechen. So besteht keinerlei Grund, daran zu zweifeln, daß Alexis in Cannes seinem Bruder gegenüber die Absicht ausdrückte, seinen religiösen Pflichten an Ostern nachzukommen (Ostern war in diesem Jahr am 24. April), und daß er seinem Neffen Hubert ankündigte, er werde in Zukunft religiösen Dingen mehr Aufmerksamkeit widmen. Diese Äußerungen können nicht in der alleinigen – wenn auch sicherlich vorhandenen – Absicht gemacht worden sein, Édouard und Hubert zu gefallen. Wir nehmen an, daß Tocqueville in diesen Gesprächen den Wunsch äußerte, die religiösen Fragen zu erhellen, die ihn bereits seit einigen Jahren bedrückten und die durch seine Krankheit sicherlich noch quälender geworden waren.

Vor allem sind hier auch die von Beaumont erwähnten Tatsachen nicht zu vergessen: die Gespräche mit dem Pfarrer von Cannes, die Beichte und das Abendmahl. Man weiß überdies, daß Dupanloup, als er Tocqueville besuchte, in seinem Zimmer eine Messe zelebrierte. Dies kann nicht einzig als Ausdruck der Höflichkeit gegenüber dem Bischof von Orléans gewertet werden, auch wenn Tocqueville ihn sehr schätzte und seine liberale Haltung mochte. Einen Besuch des Pfarrers von Cannes hatte Tocqueville zunächst abgelehnt, dann aber selbst gewünscht. Wenigstens einmal hat dieser im Krankenzimmer eine Messe gelesen, und nachdem Tocqueville die Beichte abgelegt hatte, empfingen er und seine Frau die heilige Kommunion. Rédier bestätigte, daß kein Geistlicher so gegenüber jemandem handeln könne, der nicht wirklich glaubte, ohne dadurch Gotteslästerung zu begehen. Obwohl wir genausowenig wie Rédier Theologen sind, scheint uns das nicht zuzutreffen, denn Tocqueville kann durchaus mit voller Überzeugung erklärt haben, daß er sich wünsche, einen festen Glauben zu haben. Wir sehen die Doktrin der Kirche folgendermaßen: Durch die Sakramente kann man die göttliche Gnade empfangen, die notwendig ist, um diesen Glauben zu entwickkeln. Dies kann man zumindest aus der »liberalen Haltung« des Pfarrers von Cannes interpretieren. Wenn Beaumont betonte, daß Tocqueville die Kommunion feierte, um die gefühlsmäßige Bindung zu seiner Frau zu erneuern, dann hat er zwar die Wahrheit gesagt, aber eben nicht die ganze Wahrheit, denn er hat sicherlich selbst nicht diesen Wunsch zu glauben empfunden und auch nicht diese Bindung an die Kirche nachvollziehen können, die Tocqueville verspürte. Auch wenn es zunächst so aussehen mag, geht aus den Tatsachen keine geistige Bekehrung zum Katholizismus hervor.

Mehrere Schriften, die in den Jahren nach Tocquevilles Tod veröffentlicht wurden, haben die Öffentlichkeit von seiner Bekehrung überzeugen wollen. Wir wollen hier nicht auf die ergebnislosen Kontroversen eingehen, die diese Veröffentlichungen ausgelöst haben, sondern nur auf das Schweigen von zwei Freunden Tocquevilles verweisen, die wohl am besten Bescheid wußten.

So das Schweigen Kergorlays, der die gesamte letzte Lebenswoche seines Freundes bei ihm verbrachte. Man weiß, daß Tocqueville ihm seine intimsten Gedanken anvertraute. Wenn also Rédier behauptet, daß Beaumont die Haltung Tocquevilles nach seiner Abreise aus Cannes nicht gekannt haben kann, so vergißt er dabei, daß es kaum vorstellbar ist, daß er Kergorlay, mit dem er befreundet war, nicht über die letzten Stunden ihres gemeinsamen Freundes befragt hat.

Zweitens das Schweigen Corcelles, der den medizinischen Sekretär Dujardin-Beaumetz zu Tocqueville entsandt hatte, der diesem dann ebenfalls während seiner letzten Lebenswochen beistand. In den *Archives d'Harcourt* ist ein an Corcelle gerichteter Brief von Dujardin-Beaumetz aufbewahrt. Dieser berichtet ausführlich über die letzten Stunden Tocquevilles und weist, so scheint es, nicht auf ein religiöses Ende hin, was erstaunlich ist, wenn man bedenkt, daß der Brief für den sehr frommen Corcelle bestimmt war. Hier nun die wichtigste Passage:

»Ich muß Ihnen hier leider den Tod Ihres guten Freundes, Monsieur de Tocqueville, mitteilen. Am Freitag hatte er zwei Erstickungsanfälle erlitten, die durch den rauhen Mistral, der seit drei Tagen wehte, verschlimmert wurden. Doch hatte er die Nacht recht ruhig verbracht. Am Morgen fühlte sich Monsieur Tocqueville etwas besser: aber weh uns! Kaum hatten wir Hoffnung geschöpft, schon wurde sie wieder zunichte gemacht. Auf einen schrecklichen Anfall von zwei Stunden folgte eine so tiefe Ruhe, daß ich schon glaubte, daß die Zeit gekommen sei, in der es scheint, daß die Natur sich von ihren Anstrengungen erholt und ihre Kräfte für den letzten Kampf erneuert. Diese Befürchtungen habe ich Monsieur Hippolyte de Tocqueville und Monsieur Édouard de Tocqueville mitgeteilt. Im Verlauf dieses Tages wurden nacheinander die Atmung, der Pulsschlag und die Kräfte schwächer. Monsieur de Tocqueville hat seine Brüder und Monsieur L. de Kergorlay empfangen und einige tröstliche, gute Worte an sie richten können, ohne jedoch dabei zu wissen, daß der Moment des Abschieds so nah gerückt war. Madame de Tocqueville ist nicht von der Seite ihres Mannes gewichen. Er blieb ruhig, konnte sich etwas unterhalten und einer kurzen Lektüre folgen, von Zeit zu Zeit etwas Angst und Husten, und gegen fünf Uhr begann der letzte Anfall. Ersparen Sie mir bitte, Monsieur, Sie mit einem ausführlichen Bericht dieser Dinge zu belasten. Ich kann ihnen in aller Ernsthaftigkeit versichern, daß wir alles in unseren Kräften stehende getan haben, um Monsieur de Tocqueville diese Stunden zu erleichtern und seine Hoffnung aufrechtzuerhalten. Jedoch ist nur der Herr allmächtig, er entschied, seine hilfreiche Hand von uns zu nehmen. Leider bleibt uns nur, seinen Willen zu bewundern und über der sterblichen Hülle Monsieur de Tocquevilles um eine herausragende Seele zu trauern, die Gott zu sich rief.«[1]

Auch Corcelle selbst, der zuweilen einen aufdringlichen Bekehrungseifer an den Tag gelegt hatte, hat nirgends auf ein christliches Ende Tocquevilles hingewiesen, dessen Haltung vor seiner Abfahrt nach Cannes er immerhin genau kannte. Sein Schweigen inmitten der öffentlichen Kontroverse erscheint uns bedeutsam.

Wir glauben daher nicht, daß sich Tocqueville in letzter Konsequenz bekehrt hat. Wir tendieren zu der Annahme, daß er in gefühlsmäßigem Einklang mit jener Religion starb, die er durch den Abbé Lesueur einstmals lieben gelernt hatte, ohne aber ihre Dogmen anzuerkennen. In diesem Bereich kann der Biograph nur die Zeugnisse auswerten, die andere, denen sich sein Held mitteilte, hinterlassen haben. Wir würden es nicht wagen, bei einem Menschen wie Alexis de Tocqueville, der bis zuletzt so lebendig, leidenschaftlich und rätselhaft geblieben ist. Aussagen über seine letzten Gedanken als gesichert darzustellen. Man sollte nicht versuchen, um jeden Preis auch das letzte Geheimnis zu lüften.

---

1 Dieser Brief befindet sich in den *Archives d'Harcourt*.

Nach einer christlichen Feier in Cannes wurde der Sarg Tocquevilles nach Paris überführt, wo er in der Krypta der Kirche *La Madeleine* aufgebahrt wurde. Von da aus wurde er nach Tocqueville gebracht und dort am 10. Mai beigesetzt.

Es war Tocquevilles Wunsch gewesen, auf dem Friedhof des kleinen Dorfes, das er so geliebt hatte, begraben zu werden, und er hatte auch darum gebeten, daß ein einfaches Holzkeuz auf sein Grab gesetzt werde. Am Tag seiner Beerdigung waren neben seinen Familienangehörigen auch Corcelle und Ampère anwesend, der die Witwe von Cannes zurückbegleitet hatte. Es war eine Feierlichkeit ohne öffentliche Ehrung, bei der sich aber eine riesige Menschenmenge drängte, allen voran die Kinder, die die von ihm gegründeten Schulen besuchten. Fünf Jahre später folgte ihm Madame de Tocqueville ins Grab.

Epilog

Tocquevilles Werk hat ein überraschendes Schicksal erfahren. Bei seinem Tode war der Autor in Frankreich, England und den Vereinigten Staaten, ja sogar in Deutschland berühmt. Zwischen 1880 und 1930 geriet er in Vergessenheit, seither aber erlebte sein Werk eine Renaissance, und heute gehört er zu jenen politischen Denkern, über die in allen großen Kulturkreisen am meisten geschrieben wurde.

Wir werden hier nicht auf die Schwankungen seiner posthumen Bedeutung eingehen.[1] Wir beschränken uns auf die Feststellung, daß Tocqueville in dem Maß seine Leserschaft zurückerobert hat, wie die großen sozialen Seuchen der modernen Welt auftraten: der Totalitarismus, die Entfremdung des Menschen in der Konsumgesellschaft, die Allmacht einer anonymen Bürokratie. In der Verurteilung dieser Übel scheint Tocqueville unser Zeitgenosse zu sein.[2] Sein Werk ist so reichhaltig, daß die Exegeten der Hitlerzeit andere Wahrheiten hervorgehoben haben, als es die heutigen Kommentatoren tun.[3] Tocqueville hat von Beginn an die Gefahren der demokratischen Gesellschaften aufgezeigt und verurteilt, Gefahren, die sie bereits als Keime in sich trugen. Aus diesen Stellungnahmen sprach Furcht, zeitweilig auch Pessimismus, aber auch die feste Überzeugung, daß der Mensch diese Gefahren bewältigen könne, wenn er von seiner Freiheit, dem speziellen Charakteristikum des Menschen unter allen Lebewesen, Gebrauch mache. Denn der Mensch könne sich

---

1 Françoise Melonio hat eine Doktorarbeit über die Rezeption von Tocquevilles Werk in Frankreich in Arbeit.
2 Der Ausdruck stammt von J.P. Mayer.
3 Siehe die hervorragenden Kommentare von R. Nisbet 1976/77: 59-75.

vorübergehend beugen und unterwerfen, aber er bliebe in der Lage, aufzustehen und zu kämpfen.

Tocqueville ist nicht nur der Autor eines richtungweisenden Buches über Amerika und eines weiteren Werkes über die Ursachen der Französischen Revolution, dessen Bedeutung heute wiederentdeckt wird. Das Schreiben war für ihn niemals Selbstzweck, genausowenig wie »leben um des Lebens Willen« für ihn ein gültiges Motto war. Er wurde zu dem Zeitpunkt geboren, als die alte Welt der Aristokratie zerfiel; er wollte nicht die Privilegien, sondern die Pflichten beibehalten, die er in seinem Erbe fand und wollte sie seinen Vorstellungen gemäß auf die neue Gesellschaft anwenden. Die Verwirklichung dieser gesellschaftlichen Aufgabe ist der Kern seines sittlichen Strebens und schafft die Einheit zwischen seinem Denken und seinem Handeln. Diese hohen ethischen Ansprüche an die eigene Person haben einige Widersprüche und Fehler nicht verhindern können (ein manchmal fast schon engstirniger Ehrgeiz, ein übertriebenes Streben nach Ansehen). Durch seine Veranlagung war er eher zum politischen Schriftsteller als zum Staatsmann geeignet: Einerseits zeichnete er sich durch eine klare, weitsichtige Denkweise aus, die im Streben nach Wahrheit nicht nachließ, andererseits wurde er trotz eines gesunden Menschenverstandes von lähmenden Skrupeln und Zweifeln gequält.

Es ist bereits oft gesagt worden, daß er ein Liberaler sondersgleichen war. Was ihn unseres Erachtens von vielen seiner Zeitgenossen unterschied, war sein stark entwickelter Sinn für die Solidarität unter den Menschen. Diese Ansicht mag den Leser überraschen, wenn er an die in seinen *Erinnerungen* großzügig ausgeteilten Schläge denkt und sich der Bitterkeit entsinnt, die Tocqueville manchmal ob seiner persönlichen Niederlagen an den Tag legte. Als er aber geäußert hat, daß er sein Verhalten Gott gegenüber rechtfertigen könne, weil er die Menschen geliebt habe, hat er ein wahres Urteil über sich selbst gesprochen. Diese Zuneigung hat er nicht nur der Menschheit im allgemeinen entgegengebracht (wie manche Philanthropen es tun, um damit zu entschuldigen, daß sie die Menschen, in ihrer unmittelbaren Umgebung verachten), sondern auch den Menschen, mit denen er persönlichen Umgang hatte, und zwar in einer Hierarchie, die der seines großen Vorbildes Montesquieu entgegengesetzt war: seine Familie, die Bewohner der Cotentin-Halbinsel, die Franzosen und dann die anderen...

Der Wunsch, der Allgemeinheit zu dienen, war für sein Werk, das viele verschiedene Themen umfaßt, bestimmend; von Berichten im Generalrat bis hin zu Überlegungen über die Zukunft der christlichen Gesellschaften. Damit immer einher geht bei ihm die Vorstellung, daß eine Gesellschaft sich zwischen Gut und Böse entscheiden muß, wenn sie dem Menschen Glück ermöglichen will.

Das Werk Tocquevilles ist weder abstrakt, noch zeigt es Gefühlskälte. Man findet darin die Leidenschaft eines Mannes, welche von einem Denken und einem Stil beherrscht wird, die sich am klassischen Vorbild orientieren. Diese Leidenschaft ist eine »Tugend« in dem Sinn, wie der Begriff in der Antike und von Montesquieu verstanden wurde. Tocqueville aber hat eine sehr hohe Auffassung von der Rolle des Bürgers: Sie ist für ihn ein Beitrag zu dem von der Vorsehung bestimmten Werk der Schöpfung, die, um sich fortzuentwickeln, des freien menschlichen Willens bedarf.

Danksagung

Die Anregung zu dieser Biographie erhielten wir von dem Urgroßneffen Alexis de Tocquevilles, Graf Jean de Tocqueville. Seine Kinder, der Graf und die Gräfin von Hérouville, haben diesen Wunsch bekräftigt und alles in ihrer Macht Stehende getan, um uns die Arbeit an diesem Werk zu erleichtern.

François Furet hat sich bereit erklärt, diese Biographie, die er auch selbst hätte verfassen können, im Rahmen der von ihm herausgegebenen Reihe zu veröffentlichen.

Françoise Mélonio schließlich half uns bei der mühsamen Arbeit, die Zitate zu überprüfen, die Anmerkungen zu erstellen und die Korrekturfahnen zu lesen.

Ihnen möchten wir an dieser Stelle unseren Dank aussprechen.

Kurzbiographie

Kindheit und Ausbildung

29. Juli 1805	Geburt von Alexis de Tocqueville in Paris
bis 1820	Erziehung durch Abbé Lesueur
Nov. 1821	Eintritt Tocquevilles in die Rhetorikklasse des Collège Royal
Aug. 1823	Abschluß in Philosophie
1823-1826	Jurastudium in Paris
1821-1826	Freundschaft mit Rosalie Malyes
6. April 1827	Ernennung Tocquevilles zum Hilfsrichter am Gericht von Versailles
Jan. 1828	Bekanntschaft Tocquevilles mit Gustave de Beaumont

Reisen und schriftstellerische Karriere

2. April 1831	Einschiffung Tocquevilles und Beaumonts nach Amerika
20. Febr. 1832	Rückreise nach Frankreich
Mai 1832	Besichtigung der Gefängnisse von Genf und Lausanne und des Zuchthauses von Toulon
Jan. 1833	Veröffentlichung von *Amerikas Besserungssystem und dessen Anwendung auf Europa;* Auszeichnung mit dem Prix Montyon
10. Aug.-Mitte Sept. 1833	Englandreise
Jan. 1835	Veröffentlichung von *Über die Demokratie in Amerika*
Mai 1835	Gemeinsame Reise Tocquevilles und Beaumonts nach England
7. Juli-16. Aug. 1835	Aufenthalt Tocquevilles und Beaumonts in Irland
26. Okt. 1835	Heirat Tocquevilles mit Mary Mottley

Jan. 1836	Tod der Mutter Tocquevilles
1835	Veröffentlichung der Denkschrift über den Pauperismus
1. April 1836	Veröffentlichung von *Die gesellschaftliche und politische Ordnung Frankreichs vor und nach 1789*
1840	Veröffentlichung des 2. Teils der *Demokratie*; vorläufige Aufgabe der schriftstellerischen Tätigkeit

Politische Karriere

März 1839	Wahl Tocquevilles zum Abgeordneten von Valognes
Ende 1840	Zuwendung Tocquevilles zur linken Opposition
Mai 1841	Reise Tocquevilles und seines Bruders Hippolyte und Beaumonts nach Algerien
9. Juli 1842	Erneute Wahl Tocquevilles in die Deputiertenkammer
1846	Erneute Afrikareise
27. Jan. 1848	Rede Tocquevilles zu der sich ankündigenden Revolution
24. April 1848	Wahl Tocquevilles in die Konstituierende Nationalversammlung
Mai 1849	Reise nach Deutschland
3. Juni 1849	Ernennung zum Außenminister
31. Okt. 1849	Entlassung aller Minister durch Louis-Napoléon
März 1850	Schwächeanfall Tocquevilles; Beginn seiner Tuberkulose
Nov. 1850	Genesungsurlaub in Italien; Weiterarbeit an seinen *Erinnerungen*
2. Dez. 1852	Nach dem Staatsstreich Rückkehr Tocquevilles ins Privatleben

Rückkehr ins Privatleben

Juni-Sept. 1854	Deutschlandreise
1852-1855	Arbeit an *Der Alte Staat und die Revolution*
9. Juni 1856	Tod des Vaters Tocquevilles
Juli 1856	Veröffentlichung von *Der Alte Staat und die Revolution*
Juni/Juli 1857	Englandreise
28. Okt. 1858	Reise von Alexis de Tocqueville und seiner Frau nach Cannes, um dort den Winter zu verbringen
16. April 1859	Tod Tocquevilles durch Herzstillstand
1864	Tod seiner Frau

Zeittafel

5. Mai 1789	Versammlung der Generalstände
14. Juli 1789	Sturm auf die Bastille
4./5. Aug. 1789	Erklärung der Menschen- und Bürgerrechte
21. Jan. 1793	Ludwig XVI. wird guillotiniert
27. Juli 1794	Sturz Robespierres

1799-1804 Das Konsulat

9. Nov. 1799	Staatsstreich vom 18. Brumaire: Bonaparte tritt an die Spitze einer provisorischen Regierung.

1804-1814 Das erste Kaiserreich

2. Dez. 1804	Napoleon krönt sich in Notre-Dame de Paris zum Kaiser der Franzosen.
1812	Feldzug gegen Rußland
16.-19. Okt. 1813	Völkerschlacht bei Leipzig
2. April 1814	Napoleon wird vom Senat abgesetzt und ins Exil nach Elba geschickt.

1814-1830 Restauration der Bourbonen

6. April 1814	Ludwig XVIII. wird auf den Thron der konstitutionellen Monarchie gehoben.
Mai 1814	Erster Pariser Friede
März 1815	Napoleon kehrt aus dem Exil zurück: Herrschaft der Hundert Tage

18. Juni 1815	Schlacht bei Waterloo
14.-22. Aug. 1815	Wahl der ultraroyalistischen »Chambre introuvable«, die 1816 wieder aufgelöst wird.
16. Sept. 1824	Tod Ludwigs XVIII.
1824-1830	Sein Bruder besteigt als Karl X. den Thron.
Juli 1830	Eroberung Algeriens
1830	Die »Juliordonnanzen« lösen die Julirevolution aus.

1830-1848 Die Juli-Monarchie

30. Juli 1830	Die Kammer beruft den Herzog von Orléans zum Generalstatthalter des Königreichs.
2. Aug. 1830	Karl X. geht nach England ins Exil.
1830-1848	Regierung Louis-Philippe
1834-1839	Karlistenkriege in Spanien
1839-1841	Orientalische Krise
22.-24. Febr. 1848	Februarrevolution
24. Febr. 1848	Ausrufung der 2. Republik

1848-1852 Die zweite Republik

Juni 1848	Pariser Juni-Aufstand der Arbeiter; Cavaignac läßt die »rote Gefahr« zusammenschießen.
10. Dez. 1848	Sieg Louis-Napoléon Bonapartes bei den Präsidentschaftswahlen
1849	Römische Krise
2. Dez. 1851	Staatsstreich Louis-Napoléons: Durch ein Referendum läßt er den Staatsstreich ratifizieren.

1852-1870 Das zweite Kaiserreich

2. Dez. 1852	Louis-Napoléon besteigt als Napoleon III. den Thron.
1854-1856	Krimkrieg
19. Juli 1870	Ausbruch des deutsch französischen Krieges
4. Sept. 1870	Ausrufung der 3. Republik

Literatur

ABRANTÈS, Duchesse de: *Mémoires sur la Restauration ou Souvenirs historiques sur cette époque, la révolution de Juillet et les années du règne de Louis-Philippe Ier.* Paris. 1835-1836. (dt.: *Memoiren über die Restauration, oder: Historische Erinnerungen aus der Zeit der Restauration, der Revolution von 1830 und den ersten Jahren der Regierung Ludwig-Philipps.* Bd. 1-18; übersetzt von L. von Alvensleben. Leipzig. 1833-1838.)

ADAMS, H.B.: *Jared Sparks and Alexis de Tocqueville.* Baltimore. 1898.

ANCELOT, V.: *Un salon de Paris,* 1824-1864. Paris. 1866.

ANSEL, J.: *Manuel de la question d'Orient.* Paris. 1923.

APPERT, B.: »Séjour au bagne de Toulon du 8 au 13 décembre 1827«, in: *Journal des prisons.* 1828a, S. 4-101.

– »Voyage de 1828. Bagne de Rochefort, bagne de Lorient, bagne de Brest«, in: *Journal des prisons.* 1828b, S. 398-487.

ARON, R.: »Tocqueville retrouvé«, in: *Tocqueville Review.* Herbst 1979. S. 8-23.

BALDENSPERGER, F.: *Le Mouvement des idées pendant l'émigration.* Paris. 1925.

BARANTE: *Souvenirs.* Paris. 1840-1901.

BASTID, P.: *L'Avènement du suffrage universel.* Paris. 1948.

BEAUMONT, Comte de: *La Maison de la Bonninière de Beaumont.* Paris. 1907.

– *L'Irlande social, politique et religieuse.* 2 Bde. Paris. 1839.

– (Hg. Jardin, A.): *Lettres d'Amérique.* Paris. 1973.

– *Marie ou l'esclavage aux États-Unis.* Paris. 1835. (dt.: *Die Wüstenbraut.* Wien. 1853.)

BÉNÉDITE, L.: *Théodore Chassériau, sa vie et son œuvre.* Paris. 1931. Bd. II.

BERGERON, L.: *La Question de l'esclavage dans les colonies françaises sous la monarchie de Juillet.* Paris. 1950.

BERTIER DE SAUVIGNY, G. de: *Ferdinand de Bertier de Sauvigny.* Paris. 1948.

– *Ferdinand de Bertier et le mystère de la Congrégation.* o.O.o.J.

– *La Restauration.* Paris. 1955.

Blic, E. de: *Hervé Clérel, comte de Tocqueville*. Dijon. 1951.

Blosseville, E. de: *Mémoires de John Tanner ou trente années dans les déserts de l'Amérique du Nord*. Paris. 1835.

Bluche, F.: *Les Magistrats du Parlement de Paris au XVIIIe siècle*. Paris. 1960.

Boesche, R.: »Tocqueville and Le commerce. A Newspaper expressing unusual liberalism«, in: *Journal of the History of Ideas*. April-Juni 1983. XLIV. Nr. 2. S. 277-292.

Boissel, J.: *Gobineau*. Paris. 1981.

Botto, E.: »Libertà politica e libertà morale nel pensiero di Tocqueville«, in: *Rivista di filosofia neoscolastica*. 1981. 73. Jahrgang. Nr. 3. S. 497-511.

Bressolette, M.: »Tocqueville et la culture universitaire«, in: *Études*, 332. Januar 1970. S. 5-13.

– »Tocqueville, mémorialiste féroce«, in: *Littératures*. 19. 1972.

Brogan, H.V.: *Tocqueville*. Bungay. 1973.

– »Tocqueville and the American Presidency«, in: *Journal of American Studies*. 15. 3 (Dezember 1981). S. 357-375.

Brunn, D.: »Les Relations entre la France et le Canada de 1830 à 1850«, Les Relations entre la France et le Canada au XIXe siècle (colloque du 26 avril 1974). *Cahiers du Centre culturel canadien*. S. 14-17.

Bussière, A.: »Le maréchal Bugeaud et la colonisation de l'Algérie«, in: *Revue des deux mondes*. 1853. Bd. IV. S. 449-506.

Campagnes d'Afrique. Lettres adressées au maréchal de Castellane. Paris. 1898.

Carné, L. de: *Souvenirs*. o.O.o.J.

Carriez: »Le Lycée de Metz«, in: *Revue du Rhin et Moselle*. 1924.

Cestre: »Tocqueville témoin et juge de la civilisation américaine«, in: *Revue des cours et conférences*. 1933-1934.

Chateaubriand, F. R.: *Mémoires d'outre-tombe*. Paris. 1976. (dt.: *Von Jenseits des Grabes. Denkwürdigkeiten*. o.O. 1849/50.)

Chevalier, M.: *Lettres sur l'Amérique du Nord*. Paris. 1836. (dt.: *Briefe über Nordamerika*. Leipzig. 1837.)

Chevallier, J.-J.: »De la distinction des sociétés aristocratiques et des sociétés démocratiques en tant que fondement de la pensée politique d'Alexis de Tocqueville«, in: *Revue des travaux de l'Académie des Sciences morales et politiques et comptes rendus de ses séances*. 109. 1956. S. 116-136.

Collas, G.: *La Vieillesse douloureuse de Madame de Chateaubriand*. 2 Bde. Paris. 1961.

Constant, B.: *De la liberté des anciens comparée à celle des modernes*. Paris. 1819. (dt.: *Über die Freiheit*. Übersetzt von W. Lüthi. Basel. 1946.)

Contamine, H.: *Metz et la Moselle de 1814 à 1870*. Nancy. 1932.

Cougny et Robert: *Dictionnaire des parlementaires*. o.O.o.J.

Darmon, J.-J.: »Sous la Restauration, des juges ›sondent la plaie si vive des prisons‹«, in: *L'Impossible Prison* (Hg. Perrot, M.). Paris. 1980. S. 123-146.

DIEZ DEL CORRAL, L.: »Tocqueville y Royer-Collard, Historia economica y pensamiento social«, in: *Estudios en hommage à Diego Mateo del Peral.* Madrid. 1983. S. 75-86.

DINO, Duchesse de: *Chronique.* Paris. 1909. Bd. II.

DORAN, E.: »Two Men and a Forest, Chateaubriand, Tocqueville and the American Wilderness«, in: *Essays in French Literature.* XIII. November 1976. S. 44-61.

DRESCHER, S.: *Tocqueville and England.* Cambridge. 1964.

– »Tocqueville's Two Democracies«, in: *Journal of the History of Ideas.* 25. April-Juni 1964. S. 201-216.

– *Tocqueville and Beaumont on Social Reform.* New York. 1969

DREWITZ, I.: Bettina von Arnim. München. 1978.

DUFF, A.B. u. Degros, M.: *Les Lettres du colonel Callier.* Paris. 1950.

DUPUY, E.: *Alfred de Vigny, Les Amitiés.* Paris. 1912.

DUROSELLE, J.B.: *Arnaud de l'Ariège et la démocratie chrétienne.* Maschinengeschriebene Doktorarbeit. 1959.

EICHTAL, E. de: *Alexis de Tocqueville.* o.O.o.J.

ESQUIROS, A.: *Histoire des Montagnards.* Paris. 1847.

FACON, N.: La Question méridionale, in: *Saggi di Litteratura italiana in die Gaetano Trombatore.* Mailand. 1973.

FALLOUX, A. de: *Mémoires d'un royaliste.* o.O.o.J.

FOURNIERE, Y. de la: *Alexis de Tocqueville, un monarchiste indépendant.* Paris. 1981.

FREUND, D.: »Max Weber und Alexis de Tocqueville«, in: *Archiv für Kulturgeschichte.* 56. 2. 1974. S. 457-464.

FÜGEN, H.-N.: »Demokratie und Literatur, Literatursoziologie bei Alexis de Tocqueville«, in: *Kölner Zeitschrift für Soziologie und Sozialpsychologie.* 17. 1965. S. 106-118.

FURET, F.: *Penser la Révolution française.* Paris. 1979. (dt.: *1789, vom Ereignis zum Gegenstand der Geschichtswissenschaft.* Frankfurt – Berlin – Wien. 1980.)

GALARNEAU: *La France devant l'opinion canadienne.* Quebec. 1970.

GANS, E.: »Le salon de Madame Récamier«, in: *Revue de Paris.* 7. Februar 1836.

GARGAN, E.T.: »The silence of Tocqueville on education«, in: *Historical reflections.* 1980. Bd. 7. Nr. 2-3. S. 565-575.

GASTON-MARTIN: *Histoire de l'esclavage dans les colonies françaises.* Paris. 1948.

GERBOD: *La Vie quotidienne dans les lycées et collèges au XIXᵉ siècle.* Paris. o.J.

GHISALBERTI, A.M.: *Roma di Mazzini a Pio IX.* Mailand. 1958.

GILMAN, D.: »Alexis de Tocqueville and his Book on America«, in: *Century Magazine.* September 1898. S. 703sq.

GIROD de l'Ain: *Biographie du Maréchal Valée.* Paris. 1902.

GRANDMAISON, Ch. de: *Alexis de Tocqueville en Touraine.* Paris. 1893.

GROSCLAUDE, P.: *Malesherbes, témoin et interprète de son temps.* Paris. 1961.

HALÉVY, L.: *Histoire du peuple anglais.* Bd. III: *»De la crise du Reform Bill à l'avènement de Sir Robert Peel«.* Paris. 1923. (Neuauflage 1974)

HAMBURGER, J.: »Mill and Tocqueville on Liberty«, in: *James and John Stuart Mill Papers of the Centenary Conference.* Toronto. 1976. S. 111-125.

HAMILTON, Madison, Jay: *The Federalist on the Constitution Written in the Year 1788.* Washington. 1831.

HARRISON, K.: »A French forecast of American Literature«, in: *South Atlantic Review.* 25, 1925. S. 350-360.

HATCHER, W.B.: *Livingston.* New Orleans. 1940.

HEINE, H.: *Werke, Briefwechsel, Lebenszeugnisse.* Bd. 7. *Über Frankreich* (1831-1837). Berlin. 1970.

HERETH, M.: *A. de Tocqueville. Die Gefährdung der Freiheit in der Demokratie.* Stuttgart. 1979.

– u. Höffken, J.: *Alexis de Tocqueville – Zur Politik in der Demokratie* (Symposium zum 175. Geburtstag von Alexis de Tocqueville). Baden-Baden. 1981.

HOEGES: »Guizot und Tocqueville«, in: *Historische Zeitschrift.* CCXXVIII. 1974. S. 328-353.

HUGO, V.: *L'Histoire d'un crime* (Bd. VIII, Œuvres Complètes). Paris. 1968. (dt.: *Geschichte eines Verbrechens.* o.O. 1965.)

JARDIN, A.: »Alexis de Tocqueville, Gustave de Beaumont et le problème de l'égalité des races«, in: *L'Idée de race dans la pensée politique française contemporaine.* Marseille. 1977. S. 200-219.

Journal de Cherbourg.

Journal de la librairie.

JULIEN, A.: *Histoire de l'Algérie contemporaine.* o.O.o.J.

KENT, J.: *Commentaries on American Law.* 4 Bde. New York. 1826-1830.

KÜHN, J.: *Alexis de Tocqueville als Abgeordneter. Briefe an seinen Wahlagenten Paul Clamorgam (1837-1851).* Hamburg. 1972.

LACOMBE, Ch.: *Vie de Berryer.* o.O.o.J.

La Gazette de France.

LAMARTINE, A. de: *Jocelyn.* Paris. 1960 (1836). (dt.: *Jocelyn.* o.O. 1840).

– (Hg. Guillemain, H.): *Lettres inédites (1821-1851).* Porentruy. 1944.

L'Ami de la religion et du roi.

LAMBERTI, J.-C.: *La notion d'individualisme chez Tocqueville.* Paris. 1970.

– *Tocqueville et les deux démocraties.* Paris. 1983.

LANGE, V.: *Visitors to Lake Oneida. An Account of the Background of Sophie von La Roche's Novel ›Erscheinungen am See Oneida‹.* Symposium II. Mai 1948. S. 48-74.

LANGERON, R.: *Un conseiller secret de Louis XVIII: Royer-Collard.* Paris. 1956.

L'Annuaire de la Manche.

LA ROCHEFOUCAULD-LIANCOURT: *Voyage dans les États-Unis.* o.O.o.J. (dt.: *Reisen in den Jahren 1795, 1796 und 1797 durch alle an der See gelegenen Staaten der nordamerikanischen Republik.* Hamburg. 1799).

LEBACQOZ, A.: »De Tocqueville à Valéry Giscard d'Estaing«, in: *Revue des deux mondes.* Januar-März 1982. S. 350-355.

LECLERC, J.-M.: »Alexis de Tocqueville au Canada«, in: *Revue d'histoire de l'Amérique française*. XXII. 1968. S. 353-364.

Le Constitutionnel.

Le Correspondant.

Le Courrier français.

LEDOS: *Histoires des catalogues imprimés de la Bibliothèque nationale*. Paris. 1936.

L'Européen.

Le Journal des débats.

Le Moniteur universel.

Le Siècle.

Le Temps.

LEUSSE, Comte de: *Notes sur l'émigration de la baronne de Montboissier et de sa famille*. Châteaudun. 1935.

Lettres de Custine à Varnhagen von Ense. 22. Februar. 1841.

LHOMMÉDÉ, E.: *Un département français sous la monarchie de Juillet; le Conseil général de la Manche et Alexis de Tocqueville*. Paris. o.J.

LHOMOND, Abbé: *Doctrine chrétienne en forme de lectures de piété*. o.O. 1783. (dt.: *Die christliche Lehre, dargestellt in der Form frommer Lesestücke*. Übersetzt von M. Brug. Augsburg. o.J.)

LOMÉNIE, L. de: »Publicistes modernes de la France, Alexis de Tocqueville«, in: *Revue des deux mondes*, 21. 15. Mai 1859.

London Review.

LUKACS, J.: »The Last Days of A. de Tocqueville«, in: *The Catholic Historical Review*, 50. Juli 1964. S. 155-170.

MAISTRE, J. de: *Les Soirées de Saint-Petersbourg ou Entretiens sur le gouvernement temporel de la Providence*. o.O. 1821. (dt.: *Abendstunden zu St. Petersburg, oder Gespräche über das Walten der göttlichen Vorsicht in zeitlichen Dingen*. o.O. 1824).

MANENT, P.: *Tocqueville et la nature de la démocratie*. Paris. 1982.

MARCEL, P.-R.: *Essai politique sur A. de Tocqueville*. Paris. 1910.

MARSHALL, Drescher: »American Historians and Tocqueville's Democracy«, in: *Journal of American History*. 55. 3 (1968). S. 512-532.

MARTINEAU, H.: *Stendhal et le salon de Madame Ancelot*. Paris. 1932.

MARTONYL, E.: »Une contribution à l'étude du vocabulaire politique du XIXe siècle. L'usage du terme ›égalité des conditions‹ par Tocqueville‹, in: *Acta Romanica* V. Szeged. 1978. S. 235-249.

MARX, K.: *Die Klassenkämpfe in Frankreich, 1848-1850*. Berlin. 1895.

MATTEUCI: »Il problema del partito nelle reflessioni d'Alexis de Tocqueville«, in: *Il Pensiero politico*. I. 1968. S. 39-92.

McINNIS, E.: Brief an Reeve vom 3. Januar 1838, in: *Canadian Historical Review*. 1938. XI. S. 394-397.

MÉLONIO, F.: »La religion selon Tocqueville, ordre moral ou esprit de liberté«, in: *Études*. Januar 1984. S. 73-88.

Melun, A. de (Hg. Le Camus, Comte de): *Mémoires*. Bd. I. Paris. 1891.

Mérimée, P.: *Correspondance générale*. Paris. 1951-1961. (dt.: Teilweise übersetzt in »Œuvres« von H. Elsner und K. Herrmann. Bd. I-VII. Stuttgart. 1845-1846.)

Meyers, M.: *The Jacksonian Persuasion*. Stanford. 1957.

Michel, P.: *Un mythe romantique, les Barbares, 1789-1848*. Lyon. 1981.

Mollat, G.: *La Question romaine de Pie VI à Pie IX*. Paris. 1932.

Moulard, J.: *Camille de Tournon*. Paris. 1914.

Mueller, I.W.: *John Stuart Mill and French Thought*. Urbana 1956.

Nisbet, R.: »Many Tocquevilles«, in: *American Scholar*. 46. 1976-1977. S. 59-75. *Note sur le système pénitentiaire et sur la mission confiée par M. le ministre de l'Intérieur à MM. Gustave de Beaumont et Alexis de Tocqueville*. Paris. 1831.

Orr, L.: »Tocqueville et l'histoire incompréhensible, l'Ancien Régime et la Révolution«. *Poétique* XII. 49. Februar 1982. S. 51-70.

Pappe, H.O.: »Mill and Tocqueville«, in: *Journal of the History of Ideas*. April-Juni 1964. S. 217-234.

Passy, L.: *Le Marquis de Blosseville*. Paris. 1898.

Pavie, T.: *Souvenirs transatlantiques*. Paris. 1833. (dt.: *Atlantische Erinnerungen*. Braunschweig. 1834.)

Perrot, M.: *L'Impossible Prison, Recherches sur le système pénitentiaire au XIXe siècle*. Paris. 1980.

Pessen, E.: »Tocqueville's misreading of America, America's misreading of Tocqueville«, in: *Tocqueville Review* IV. 1. Frühling-Sommer 1982. S. 5-22.

Pierson, G.W.: *Le Second Voyage de Tocqueville en Amérique. Livre du centenaire*.
– *Tocqueville and Beaumont in America*. New York. 1938.

Pineton de Chambrun, A. de: *Nos historiens, Guizot, Tocqueville, Taine*. Paris. 1888.

Poussin, G.T.: *Considérations sur le principe démocratique qui régit l'Union américaine et de la possibilité de son application à d'autres États*. Paris. 1841.

Pouthas, Ch.-H.: *Guizot sous la Restauration*. Paris. 1923.
– »La politique de Thiers pendant la crise de 1840«, in: *Revue historique*. 1938. S. 72-96.

Qualker, T. H.: »John Stuart Mill, disciple de Tocqueville«, in: *Western Political Quarterly*. 13. 1960. S. 1880-1889.

Quentin-Bauchart, P.: *Lamartine homme politique*. Paris. 1903.

Rédier, A.: *Comme disait Monsieur de Tocqueville*. Paris. 1925.

Reeves, R.: *American Journey, Travelling with Tocqueville in search of Democracy in America*. New York. 1982. (dt.: *Eine nordamerikanische Reise*. Übersetzt von C. Seeger. Frankfurt – Berlin – Wien. 1984.)

Rémond, R.: *Les États-Unis devant l'Opinion française 1815-1852*. Paris. 1962.

Rémusat, C.E.: *Mémoires de ma vie*. o.O.o.J.

Révérend, A.: *Titres, anoblissements, pairies de la Restauration*. o.O. 1902.

Revue contemporaine et athénaéum français.

Revue des deux mondes.

Revue européenne.

Revue républicaine.

RICCOBONO, F.: »Osservationi su eguaglianza e democrazia in A. de Tocqueville«, in: *Rivista internazionale di filosofia del diritto.* 1977. Reihe 4. Bd. 54. Nr. 4. S. 887-903.

RICHTER, M.: »Tocqueville on Algeria«, in: *Review of Politics.* 25. S. 362-398.

ROSSI, P.: »De la Démocratie en Amérique«, in: *Revue des deux mondes.* 23. (15. September 1840). S. 884-904.

SCHLEIFER, J.T.: *The making of Tocqueville's Democracy in America.* Chapel Hill. 1980a.

– »Tocqueville and american literature: a newly acquired letter«, in: *Yale University library Gazette.* 1980b. Bd. 54. Nr. 3. S. 129-154.

– »Tocqueville and religion, some new perspectives«, in: *Tocqueville Review.* IV. 2. Herbst-Winter 1982. S. 303-321.

SAINTE-BEUVE, CH.-A.: *Causeries du lundi.* Bd. 15. o.O. 1862. (dt.: *Montagsplaudereien.* o.O. 1870.)

SEIDEL, K.-J.: »Tocquevilles Forschungsaufenthalt in Bonn 1854«, in: *Rheinische Vierteljahres-Blätter.* 41. 1977. S. 283-297.

SIMPSON, C.M. (Hg.): *Correspondence and conversations with Nassau-William Senior 1834-1859.* London. 1872. (New York. 1960)

SOUTHGATE, D.: *The Most English Minister...* New York. 1966.

STORY, J.: *Commentaries on the Constitution of the United States.* (Gekürzte Ausgabe). Cambridge, Mass. 1833.

SZRAMKLEWICZ, R.: *Les Régents et censeurs de la Banque de France nommés sous le consulat et l'Empire.* Genf. 1974.

TALLAGUIER, B.: *Les Idées politiques et sociales d'Alphonse de Lamartine.* Montpellier. 1954.

TOCQUEVILLE, A. de (Hg. Beaumont, G. de): *De la Démocratie en Amérique.* Œuvres complètes. Bd. I-III. Paris. 1864.

– (Hg. Beaumont, G. de): *Mélanges fragments historiques et notes sur l'Ancien Régime et la Révolution et l'Empire, voyages, pensées, entièrement inédites.* Œuvres complètes. Bd. VIII. Paris. 1865.

– (Hg. Beaumont, G. de): *L'Ancien Régime et la Révolution.* Œuvres complètes. Bd. IV. Paris. 1866a.

– (Hg. Beaumont, G. de): *Correspondance (avec L. de Kergorlay et E. et A. Stoffels) et œuvres posthumes.* Œuvres complètes. Bd. V. Paris. 1866b.

– (Hg. Beaumont, G. de): *Études économiques, politiques, et littéraires.* Œuvres complètes. Bd. IX. Paris. 1866c.

– (Hg. Beaumont, G. de): *Correspondance 1829-1859.* Œuvres complètes. Bd. VI. Paris. 1867a.

– (Hg. Beaumont, G. de): *Nouvelle correspondance, entièrement inédite 1831-1866.* Œuvres complètes. Bd. VII. Paris. 1867b.

- »Mémoire sur le paupérisme«, in: *Le Bulletin des Sciences économiques et sociales du Comité des travaux historiques et scientifiques*. Paris. 1911. S. 17-37.
- (Hg. Mayer, J.-P.): *De la Démocratie en Amérique*. Œuvres complètes. Bd. I, Teil 1 und 2. Paris. 1951. (dt.: *Über die Demokratie in Amerika*. Übersetzt von H. Zbinden. München. 1976.) ·
- (Hg. Jardin, A.): *L'ancien régime et la révolution*. Œuvres complètes. Bd. II, Teil 1 und 2. Paris. 1952. (dt.: *Der alte Staat und die Revolution*. Übersetzt von T. Oelkers. Bremen. 1959.)
- *Erinnerungen*. Übersetzt von D. Forster. Stuttgart. 1954.
- (Hg. Mayer, J.-P., Rudler, G.): *Correspondance anglaise*. Œuvres complètes. Bd. VI. Paris. 1955.
- (Hg. Mayer, J.P.): *Voyages en Sicilie et aux États-unis*. Œuvres complètes. Bd. V, Teil 1. Paris. 1957. (dt.: »In der nordamerikanischen Wildnis« (Auszüge). Übersetzt von H. Zbinden. Stuttgart. 1960).
- (Hg. Jardin, A.): *Voyages en Angleterre, Irlande, Suisse et Algérie*. Œuvres complètes. Bd. V, Teil 2. Paris. 1958.
- (Hg. Degros, M.): *Correspondance d'Alexis de Tocqueville et d'Arthur de Gobineau*. Œuvres complètes. Bd. IX. Paris. 1959.
- (Hg. Jardin, A.): *Écrits et discours politiques*. Œuvres complètes. Bd. III. Paris. 1962.
- (Hg. Monnier, L.): *Souvenirs*. Œuvres complètes. Bd. XII. Paris. 1964.
- (Hg. Jardin, A.): *Correspondance d'Alexis de Tocqueville et de Gustave de Beaumont*. Œuvres complètes. Bd. VIII. Teil 1, 2 und 3. Paris. 1967.
- (Hg. Jardin, A.): *Correspondance avec Pierre-Paul Royer-Collard et avec Jean-Jacques Ampère*. Œuvres complètes. Bd. XI. Paris. 1970.
- (Hg. Jardin, A., Lesourd, J.-A.): *Correspondance d'Alexis de Tocqueville et de Louis de Kergorlay*. Œuvres complètes. Bd. XIII, Teil 1 und 2. Paris. 1977.
- (Hg. Gibert, P., Brosolette, C., Jardin, A.): *Correspondance d'Alexis de Tocqueville et de Francisque de Corcelle; Correspondance d'Alexis de Tocqueville et de Madame Swetchine*. Œuvres complètes. Bd. XV, Teil 1 und 2. Paris. 1983a.
- (Hg. Kerr, A. P.): *Correspondance d'Alexis de Tocqueville avec Adolphe de Circourt et avec Madame de Circourt*. Œuvres complètes. Bd. XVIII. Paris. 1983b.
- (Hg. Perrot, M.): *Écrits sur le système pénitentiaire en France et à l'étranger*. Œuvres complètes. Bd. IV. Paris. 1984. (dt.: »Amerikas Besserungssystem und dessen Anwendung auf Europa« (Auszüge). Berlin. 1833.)
- *De la Charte provinciale*. Paris. 1829.
- *Mémoires*. Unveröffentlicht. Auszüge veröffentlicht von E. de Tocqueville unter dem Titel »Épisodes de la Terreur«, in: *Le Contemporain, Revue d'Économie chrétienne*. Januar. 1861.

TROLLOPE: *Domestic manners of the Americans*. o.O. 1832. (dt.: *Leben und Sitten in Nordamerika*. Übersetzt von H. Franz. Kiel. 1835.)

TURNER, F. J.: *The Frontier in American History.* New York. 1920. (dt.: *Die Grenze – Ihre Bedeutung in der amerikanischen Geschichte.* Übersetzt von Ch. v. Cossel. Bremen. 1948.)

Un salon de Paris.

VACHON, M.: *Le palais du Conseil d'état et de la Cour des Comptes.* Paris. 1879.

VEUILLOT: *Les Français en Algérie.* Tours. 1845.

VIARD, P.: *L'Administration préfectorale dans le département de la Côte-d'Or sous le Consulat et le Premier Empire.* Paris. 1914.

VIER, J.: *La comtesse d'Agoult et son temps.* Bd. V.; o.O., o.J.

VILLEMAIN, A.: »De la démocratie en Amérique par Alexis de Tocqueville«, in: *Journal des savants.* Mai 1840. S. 257-263.

VIRTANEN, R.: »Tocqueville and the Romantics«, in: *Symposium 13.* Nr. 2. 1959. S. 167-185.

VOSSLER, O.: *Alexis de Tocqueville – Freiheit und Gleichheit.* Frankfurt/M. 1973.

WEBER, M.: *Gesammelte Aufsätze zur Wissenschaftslehre* (Hg. Winckelmann, J.). Tübingen. 1988.

WHITE P.L.: *The Early Life and Letters of Cavour.* 1810-1848. London. 1825.

WHITE, P.L.: »American Manners in 1830«, in: *The Yale Review.* 12. 1923. S. 118-131.

ZUCKERT, C.: »Not by preaching: Tocqueville on the role of religion in American democracy«, in: *Review of politics.* 1981. Bd. 43. Nr. 2. S. 259-280.

Personenregister